KB211515

종교와
철학 산책

Ryu, Sungtae's stroll in Religion and Philosophy: An autobiography

종교와 철학 산책

류성태 지음

學古房

머리말

『종교와 철학 산책』이라는 제목 가운데 '산책'의 이미지는 다소 부드러운 수필 및 소설 같은 느낌으로 다가온다. 이를 학문적으로 접근한다면 딱딱하게 느껴지는데, 산책이란 용어로 인하여 독자에게 편안하게 다가설 수 있다는 뜻이다. 산책의 시간은 자신의 고요한 여백과도 같다는 점에서 본 저술에 썩 어울린다고 본다.

톨스토이는 장애인 친구를 생각하여 눈이 보이지 않는 여백이 어떠한 것인가를 체험하고자 며칠간의 여백으로 눈을 감고 지낸 적이 있었다. 아무것도 보이지 않았지만, 속마음과 겉마음이 선명하게 구분되었다고 그의 회고록에서 고백하고 있다. 누구나 지난날을 회고하기 위해 눈을 감고 조용히 생각하는 시간이 많아진다면 삶의 흔적들도 산책할 만큼 선명하게 그려질 것이다. 정신없이 살았던 시간이 자신의 삶을 정리할 수 있는 소묘(素描)의 현장으로 인도해주기 때문이다.

본 저술의 편안한 접근을 위해 스케치해 본다면, 모두 4편으로 구성되어 있다. 먼저 총설에 이어서 1편 성장기의 추억 29장, 2편 출가와 예비교역자 시절 27장, 3편 중년기의 인재 양성 25장, 4편 장년기의 자아실현 23편, 에필로그이다. 이를 쉽게 구분한다면 출가 이전의 청소년기, 출가 이후 예비교역자의 성장기, 교수 활동의 중년기, 자연 회귀의 장년기라 할 수 있다.

이 같은 기억의 순간들을 기록의 시간으로 만든 것은 중학교 2학년 때부터 쓰기 시작한 일기장 덕택이다. 초등학교 시절은 아련한 기억에 의존한 관계로 세세하게 담아내지 못했으며, 중·고등학교 시절의 「백화일기」를 통해서 추출한 기록이 금과옥조(金科玉條)로 다가온 것이다. 예비성직자 시절에 쓴 「수행일기」, 교역 생활 때 쓴 「마음일기」는 막연한 상상이 가미된 기억보다는 기질 변화와 삶의 침잠(沈潛) 과정을 알도록 기록의 현장으로 되새김하는 데 도움이 되었다.

유유히 흐르는 물처럼, 때론 거친 바람처럼 지나온 삶들을 되새김하며 고백한 소재들은 '나'를 주체화하려는 부담으로 인해 주저하는 마음이 있었던 것도 사실이다. 혹시라도 자신의 영예(榮譽)를 드러내려는 숨은 의도가 있는 것은 아닌가 하고 생각되기 때문이다. 집필을 망설이고 있던 차, 여식(女息) 지수가 "아빠, 자서전은 삶의 역사이자 인생의 나이테이니 반드시 써야 해요."라고 하였던 것이 큰 힘이 되었다.

막내아들을 출가의 길로 인도한 어머니, 형들과 누나, 그리고 정토와 자녀에게 이 자리를 빌려서 감사의 마음을 전한다. 또 교역자로서 우뚝 서게 격려해 준 출가 연원(淵源) 교무께도 감사한 마음이다. 대학 강의실에서 열심히 강의를 들어준 예비교역자, 지도교수의 논문지도를 성실히 받아준 석·박사 제자들에게도 고마움을 보낸다. 33년의 교육현장에서 근무한 공적으로 국가로부터 '근정훈장'을 수여 받게 된 것도 감사한 일이다. 물심양면으로 저술 발간에 힘을 준 선학제현(先學諸賢), 그리고 출판을 맡아준 학고방 하운근 사장께 감사의 마음을 전한다.

2024년 6월 20일
철산 류성태 합장

총설:

내 인생의 삼원색

인생을 색깔로 비유하는 것이 가능할까? 송나라의 장횡거(1020~1077)는 말하기를 "인간의 감정에서 색깔이 발현된다."(發于情則見于色)라고 하였다. 여기에서 색깔이란 기색(氣色)이거나 안색(顔色)일 수 있으며, 심상으로서의 심색(心色)일 수 있다. 과연 어떤 색깔로 나의 삶을 음미해볼 수 있을 것인가를 생각해 보는 것만으로도 흥미로운 일이다. 인간의 육체를 보면 피는 빨간색이고, 몸집은 노란색에 가까우며, 서양인의 눈은 유독 파란색이다. 인간을 해부해 보더라도 내장에는 빨강 파랑 노랑에 더하여 다양한 색깔이 있을 것이다. 여러 색상 가운데 삼원소(三元素)가 있으니 그것이 바로 색의 기본 바탕이다.

빛의 삼원색은 빨간색 초록색 파란색이라면, 색의 삼원색은 빨강 파랑 노란색이다. 기본색깔인 삼원색을 목적적 비율로 섞으면 여러 색깔을 나타낼 수 있다는 점에서 인생을 다양한 색상으로 묘사하는 것이 가능하다. 이에 색깔의 세 가지 삼원색으로 나의 삶을 조망해 보고자 한다.

과연 내 일생을 색깔로 표현해낼 수 있을까? 그러면 비 온 뒤에 저 너머 빛나는 무지개 색깔로 나타날 수 있을까를 기대하면서, 인생 철학을 예술로 데생해 보고자 한다. 주로 학문 연마에 매달려온 내가 예술적 삼원색을 통해서 미학적(美學的)으로 삶을 반추(反芻)해보는 시도는 참으로 가상한 일이기도 하다. 얀 스체판스키Jan Szczepanski 는 '지성인의 범주를 학자로서 지적 체계를 정립하는 자, 그리고 미학적 가치를 형성하는 자'라 했다. 학문으로 지식을 섭렵하면서도 미학적으로 삶의 가치를 구현하는 자가 지성인의 참모습이라는 것이다.

예술과 미학의 가치에 등장한 세 가지 기본 색상 곧 노란색, 빨간색, 파란색으로 인생을 재음미함으로써 지나온 삶의 편린(片鱗)을 회고해 보고자 한다.

첫째, 노란색으로 인생의 색깔을 수놓아본다. 노란색은 삶에서 고독한 시기로서 유년기에서 청년기 전반까지 초년 운의 삶을 회상하게 한다. 고독은 왜 노란색인가? 이 노란색은 인간의 기능을 자극하고 발생한 상처와 그 상처를 회복시키는 두 가지를 상징하기 때문이다. 고독했던 어린 시절은 가난한 살림에 더하여 홀어머니 밑에서 자란 암울했던 고통의 시기라는 점에서 노란색과 썩 어울린다.

어린 나이인 7세에 황달에 걸려 거의 죽다시피 하다가 살아난 나는 곧바로 아버지의 열반에 슬픔조차 느끼지 못하던 때로서, 그로 인하여 어머니의 고단한 생활이 시작되었다. 내가 가정이라는 것을 인식했을 때는 초등학교 1학년에 입학하던 시기였다. 이때 큰 형은 결혼하여 이미 분가한 지 오래고, 큰 누나는 익산에서 자취하며 고등학교에 다녔으며, 둘째 누나는 한성중학교에 다녔고, 둘째 형은 초등학교 6학년에 재학 중이었다. 막내가 2학년이 되자 둘째 누나는 병으로 열반에 들었으니 나에게 유·소년 시절은 여러 상처투성이로 기억될 뿐이다.

초등학교 5학년 때를 지내면서 둘째 형은 학업을 마치고 서울로 취직하러 갔으며, 그로 인해 어머니와 단둘이 대나무밭에 둘려진 시골 초가집에서 고단한 생활을 하게 되었다. 골약(骨弱)했던 막내아들이 지게를 지고서 고구마를 나르고, 어머니는 둘째 누나의 열반으로 눈물을 지새우던 때였으니 그때의 상처를 생각하면 지금도 눈물이 쏟아진다. 천수답(天水畓)으로서 다랑이 논 세 마지기에다가 산 너머에 있는 남의 밭을 빌려 농사를 지었으니 가난이 찌들어지도록 겨울 한파가 엄습했다. 이에 정식 중학교에 다니지 못하고 고등공민학교에 들어가 일찍 검정고시 준비하느라 다른 생각 없이 공부에 여념이 없었던 것을 보면 다른 친구들에 비해 빨리 철이 든 것 같다.

검정고시에 합격한 후 정식 고등학교를 들어갔을 때 상처가 치유되는 자부심도 잠시였고, 또 대학에 들어갈 수 없다는 패배감에 하늘이 노랗게 보였다. 홀어머니가 농사지어서 대학 학비를 댈 수 없다는 좌절감에 빠졌기 때문이다. 종합고등학교 상과 반에 들어가 일찍 주산과 부기를 배우며 취직 준비를 하였으니 경제적으로 대학에 갈 형편이 되지 못한 탓이다.

고등학교 3학년 후반기, 사회에 돈 벌러 가서 공장에 취직하고자 하였으나 취향이 맞지 않아서 결국 포기하고 방황의 시기를 맞기도 했다. 이때 군대를 빨리 마치고 와야겠다고 생각하여 군대에 지원했으나 결국 호적이 2년 늦게 된 탓에 군(軍)에서조차 받아주지 않아 황망(慌忙)스러웠다. 다행히 해병대에 입대원서를 제출하였지만, 이내 직행버스에 몸을 싣고 오는 과정에서 옆에 앉아있는 해병대 상병과 대화를 나누던 중, 그가 정강이뼈를 보여주며 아예 입대를 포기하라 하였다. 어머니와 누나는 갈피를 못 잡는 나를 보고 이때다 싶어서 원불교 교무가 되도록 인도하여, 방황의 기로(岐路)에서 출가의 길을 단행하였다

짧은 1년 동안 계룡산 삼동원에서 간사 생활을 마무리한 후 원광대 원불교학과에 입학하였다. 간사 1년과 예비교역자 4년이라는 시련기를 겪으며 학업과 기질단련의 두 가지에 매진하게 되었다. 이때야말로 고독의 시련기로서 삼원색의 한 색깔로 상징한다면, 나의 초년 운으로서 하늘도 노랗고 땅도 노랗게 물들었던 노란색이다.

상처와 회복 사이에 매몰된, 다시 말해서 청소년기의 힘들었던 인생을 되돌아보면 노란색은 '유대인의 별'이 말해주듯이 죽음을 의미하는 색이다. 1215년 로마 교황청은 노란색을 이단 종교에 대한 경계의 색상으로 삼았다. 이 노란색

은 중세사회에서 사람의 모든 권리가 박탈당하는 '인간이 아닌 것'을 표시하는 색깔이었으므로, 눈마저 노란색으로 변한 황달로 인해 죽음에서 겨우 벗어난 나의 초년 운으로서 힘들었던 것이 우연치고는 죽음의 유대인과 암흑의 중세사회를 상징하는 노란색으로 투영된 것이다.

둘째, 빨간색으로 내 인생을 소묘(素描)해 본다. 그것은 인재 양성의 현장에서 봉사활동을 했던 시기이며, 인생 전반(全般)의 삶에 있어서 중년 운과 관련된다. 그러면 봉사는 왜 빨간색으로 연결되는가? 빨간색은 강렬하여 심리적으로 정열, 적극성을 표현하는데 활기와 야망을 갖게끔 한다. 흔히 빨간색은 열정을 표시하는 것으로 스페인에서 투우 경주를 할 때 빨간 헝겊으로 소를 유인하는데 그것은 흥분의 색깔이기 때문이다. 또 중국 사람들이 유난히 빨간색을 좋아하는 민족이라든가, 실버silver 세대가 빨간 넥타이를 좋아하는 것은 아직도 정열이 있다는 반대급부적 심리의 표출이 아닐까를 상상하게 한다.

여기에서 중년 운을 빨간색과 관련하려는 것은 그만큼 중년기에 나의 활동은 심신의 정열과 안정을 가져다주었기 때문이다. 이를테면 내외적인 안정감을 얻게 된 것은 1983년의 결혼과 관련된다. 정토의 내조와 자녀의 성장이 가져다준 행복은 그 무엇에 비유할 수 없을 것이다. 수제치평(修齊治平)의 중심에 '제가(齊家)'가 있기 때문이다. 정토의 억척 살림에 더하여 만영과 지수는 학업에 성실하여 지금은 서울에서 사회 구성원으로서 충실히 살아가고 있다. 부모로서 가정안정과 교육을 향한 열정은 인생사에서 행복이라는 큰 선물로 다가오고 있다.

그리고 나의 중년기는 땀방울이 맺히는 열정의 시기였다. 삶의 이력에서 볼 때 1983년부터 시작된 석·박사 대학원 5년과 조교 4년은 중년기의 출발로서 학문 연마의 시기로 그것은 학문에 젊음의 열정을 쏟았다는 것이다. 대학원 수업을 받을 때 류병덕, 한기두, 한종만, 송천은 박사의 열강과 김형철, 서경전, 김홍철 교수의 강의를 마치 수보리(須菩提)처럼 수지독송(受持讀誦)하고자 하였다.

손의 염주를 돌리며 선지자(先知者)의 가르침을 들이키려는 의욕이 충천했기 때문이다.

대학원 석사 2년과 박사 3년의 도제(徒弟) 수업을 마치고 곧바로 시간강사를 시작했다. 군산에 있는 개방대학(현재는 호원대학)과 원광대의 첫 강의에 기대감으로 다가왔다. 일명 보따리장사가 힘들었으나 배운 혜지(慧智) 발현에 나름의 성취감을 통한 가르침의 희열이 살갗에서 돋아나는 기분이었다. 강사 시절에는 강의를 더 못해서 아쉬움이 컸는데, 그것은 궁핍의 시절에 한 푼이라도 더 벌려는 강사료와 직결되었기 때문이다. 그리고 호원대학의 강의를 몇 년 후에 후배인 이영관 교무에게 양보한 보람도 없이 그의 열반이라는 고통을 겪었다.

또한, 중년의 열정은 교수 33년의 중심에 있다. 원광대 일반 대학생들에게 「종교와 원불교」 과목을 강의하던 중, 교수 중반기에는 원불교학과 학생들에게 전공강의를 하게 되었다. 인재 양성의 보람을 느끼게끔 대학생들을 지도하면서 얻게 된 것은 강의 후반기의 황홀함이었다. 내 강의를 잘 알아듣고 중간고사와 기말고사 성적이 좋은 학생들을 바라보며, 침이 튀기다 못해 침이 말라버려 피곤한 줄 모르고 강의의 마력에 빠져들었기 때문이다.

강의에 더하여 교학 논문을 쓰는 일은 힘든 과정이었으나 하나의 논문이 발표되어 지면에 게재될 때마다, 인류를 향도할 이론을 창출하는 사회의 지성에 속해 있다는 소속감을 얻게 되었다. 교수 생활을 통틀어 모두 100여 편이 넘는 논문을 게재하고 보니, 제법 창의적인 아이디어와 설득력을 얻게 되면서 지적 역량이 커지고 지평이 확대되는 격물치지(格物致知)로의 접근이 가능하게 되었다.

더욱이 저술작업을 하면서 좌고우면(左顧右眄)하지 않고 외골수로 나가다 보니 고독했지만, 착시현상인지 하늘이 빨갛게 보이는 등 물아(物我) 미분의 열정을 쏟은 것 같다. 책 한 권을 발간하면 산고(産苦)를 겪는다고 하는데, 한 권 한 권이 쌓여 33년 동안 발간한 『대종경 풀이』, 『불교와 원불교』, 『중국철학사의 이해』 등 33권의 책을 나의 책상 위에 쌓아 올려보았다. 조금 과장해서 천장이 가까워짐을 보고 스스로 대견하면서도, 한편으로 내가 저술한 책이 종교와 사회에 얼마나 도움이 될까를 생각하면 부질없다는 생각에 두려움이 생기곤 하였다. 그만큼 내가 쓴 글에 책임감이 엄습해 왔다는 뜻이다.

여기에 더하여 동양학대학원의 동양철학 석사생들과 일반대학원의 박사생들의 학과장(주임교수)으로서 10년 동안 전공과목을 강의하면서 80여 명의 박사를 길러낸 것은 보람 가운데 잊을 수 없는 것이다. 논문의 목차와 내용을 지도하는 과정 중에 한 대학원생으로부터 "미쳐버리겠네."라는 소리를 면전(面前)에서 들을 때 식은땀을 흘린 적도 있다. 박사 논문을 읽어주면서 긴 밤을 지새우곤 했으나, 나의 지적 역량이 부족하다는 것을 느낄 때가 한두 번이 아니었다.

빨간색의 중년기에 또 하나를 꼽으라 하면, 교수의 세 가지 책무를 연상하게 한다. 교육, 연구, 봉사가 그것으로 여기에서 봉사활동을 했던 순간들이 가슴에 와닿는다. 무의탁 노인들의 점심 밥상 봉사활동, 재활원의 원생들을 위한 봉사활동, 대학생들의 사회봉사 지도교수, 원불교 대학 동아리 선심회(禪心會) 지도교수 등의 봉사활동과 익산시 환경 지킴이 봉사활동도 기억에 남는다. 보람 가운데 봉사의 가치가 가장 값진 것임을 느낀 것은 우연이 아니며 교육과 연구에만 치우치지 않고자 했던 신행(信行)의 자신과 다짐의 결과였다.

셋째, 파란색으로 인생사를 그려본다. 그것은 교수 퇴임 시점으로부터 자연으로 회귀의 시점까지일 것이다. 이것은 나의 삶에서 말년 운을 상징한다. 말년의 회귀는 왜 파란색인가? 자연에의 회귀와 같이 파란색은 초목의 초록색에 가깝고 푸른 장강(長江)의 물과 관련이 있으며, 특히 하늘색과 같은 색조는 평온함과 평화로움의 상징이다. 그리고 하얀 지면(紙面)에서 눈을 떼고 자연에 펼쳐진 파란 옥색(玉色)을 바라보며 우주 대자연과 데이트하며, 저 멀리 펼쳐진 산하대지를 밟고 도보여행도 하며 건강을 지키고 살다가 푸르던 대자연이라는 요람에 회귀하는 여명기일 것이다.

아울러 인생 후반기에는 종교와 사회의 조직에서 벗어나 개인의 일상을 자유롭게 맞이하는 시기가 될 것이다. 이것은 우선 절필(絶筆)을 선언하는 것에서 출발한다. 물론 퇴임을 준비하면서 이미 절필을 하기 시작하였다. 2년 전 월간 원광의 논설위원으로서 잠시 활동하며 글을 두 번째 쓰다가 절필할 필요성을 느끼면서 논설위원도 그만두었다. 논문도 2023년 중반을 끝으로 절필하였다. 나아가 기나긴 고뇌의 저술작업도 본 자서전『종교와 철학 산책』이 마지막이다. '마지막'이라는 말은 잘 쓰지 않는데, 도·불(道·佛)의 가르침으로 시지불견(視之不見)과 청지불문(聽之不問)을 되뇌이며 보이지 않고 들리지 않은 세상을 음미하려 한다. 영어로 말하면 "Read between the line"이라는 문장에 썩 어울린다.

인생의 황혼기는 파란색의 산하대지에 나 자신을 내던지는 것을 연상하게 한다. 자연과 친구삼아 대화를 나누고, 흙과 친구삼아 소꿉장난했던 어린 시절로 돌아가고 싶다. 대지의 잡초를 밟으며 신발에 초록색 물이 들도록 거닐고자 한다. 인생 중반기에 취미로 사진을 찍기 시작했던 것을 발판으로 삼아서, 인생 후반기에는 카메라를 더욱 가까이하여 나의 친구로 여기며 산하대지를 담아낼 것이다. 장자는 이를 '소요유(逍遙遊)'의 기쁨이라 하였다.

인생 후반으로서 황혼기에 맛보는 소요자적(逍遙自適)의 삶은 맑은 영혼과 마주하려는 삶일 것이다. 영혼은 백색과 자색(紫色)으로 나타난다는데, 이 가운데 자색의 푸른 색깔이 제일 좋다고 하였다. 그리고 사람의 기운에는 대개 다섯 가지 색깔이 있다. "검은색은 탐심이 많은 사람이요, 붉은색은 진심이 많은 사람이다. 노란색은 치심이 많은 사람이요. 흰색은 정심(淨心)이 많은 사람이다. 그리고 푸른색은 일심을 잘 단련한 사람이다." 이는 조전권 종사의 언급으로, 옥색의 기운으로서 푸른색은 여명기의 심신 단련과 관련되므로 일심으로 생사대사를 연마하라는 의미이기도 하다.

하여튼 초년 운과 중년 운, 그리고 말년 운을 굳이 회고한 발단은 50대 중반부터 일반대학원과 동양학대학원의 명리와 풍수, 관상 전공의 학과장(주임교수)을 맡으면서이다. 이는 동양철학이라는 큰 범주에 접근함으로써 명리학자들을 양성하는 과정에서 인생을 예술철학과 명리철학으로 논하는 것이며, 이 모두가 원불교학의 지평 확대에 필요한 과목들이라 본다. 나의 전공은 학부에서는 원불교학, 대학원에서는 노장철학(老莊哲學)을 전공했다는 점에서, 철학적 명운론(命運論)과 원불교학의 해석학적 시각을 동양문화로 접목하면서 조망해 본 것이다.

삼원색을 동양문화로 접목하면서 내 일생의 삶이 무채색(無彩色)이면 더 좋을 터인데, 굳이 긁어 부스럼 만들 듯이 세 가지 원색으로 표출해내려는 마음 자체가 오히려 싱그러운 상상력이라 고집하고 싶다. 노란색이 있어서 초년 운의 역경을 견디어냈고, 빨간색이 있어서 중년 운의 꽃을 피웠으며, 파란색이 있어서 말년 운의 여명기를 아름답게 보낼 희망으로 가득 차 있음에 '보보일체대성경(步步一切大聖經)'으로 순간순간이 행복하다. 다른 미사여구가 필요 없음을 자서전에서 전하려는 것이다.

제1편   성장기의 추억

제2편   출가와 예비교역자 시절

제3편 중년기의 인재 양성

제4편 장년기의 자아실현

부록

제1편

성장기의
추억

아버지 열반과 지게질

　지난 67년이란 세월이 아스라하게 다가온다. 비틀즈의 「오블라디 오블라다」는 '인생은 흘러가는 것'을 의미하며, '인생이란 둥글둥글 호박 같은 세상'과 같다는 것을 상징한다. 또 "호박 같은 세상 둥글둥글 살아요"라는 글이 2019년의 「세상 이야기 마당」에 나오는 말이다. 농촌의 초가지붕을 타고 올라간 호박 덩굴에서 주렁주렁 많은 호박이 열린다. 호박도 둥글둥글, 내 마음도 둥글둥글, 열차 바퀴도 둥글둥글, 지금 열차가 출발하고 있는데, 눈을 감고 지나온 둥그러운 인생사를 산책하는 마음으로 인생 열차에 오른다.

　내가 태어난 고향은 호박 덩굴이 올라간 초가지붕 아래 38가구가 오순도순 모여 사는 시골 마을이다. 흙 내음으로 가득한 고향마을이 어렴풋하게 떠오르지만 지금도 달려가고 싶은 심경이다. 고향의 부드러운 흙을 밟고 맑은 공기와 물을 마시며 어릴 때 맘껏 뛰놀던 시골길을 활보하고 싶다. 이미 고향을 떠나왔지만, 부모가 오랫동안 살았던 집터는 진한 향수로 다가온다. 흙 내음 맡아가며 고향을 둘러봐도 옛 모습은 사라졌으나 여전히 포근하게 느껴진다. 가슴 속에 담아둔 고향은 인생 열차와 더불어 과거의 추억여행으로 인도하고 있다.

　막내로 태어나 개구쟁이 시절에 열반한 아버지의 얼굴은 희미한 기억으로 남아있다. 내가 7살 때인 1963년 4월 12일 열반에 들었기 때문에 상여 나가는 모습 외에 기억이 잘 나지 않는다. 초등학교에 들어가기 전 이른 봄날, 아버지가 갑자기 아파서 숨을 헐떡였다. 이내 호흡이 곤란해지자 아랫동네에 거주하는 할머니가 줄달음에 오셨다. 열반 직전의 아버지 존함을 부르며 슬퍼하셨다. 한참의 세월이 흐른 뒤 슬픔의 감정을 알 즈음인 고교 1학년(1973) 겨울이 되어서야 "슬프게도 아버지 얼굴을 잘 기억하지 못한다. 뵙고 싶은 아버지, 이 불효자를 어찌하오리?"라며 애타는 심정을 일기장에 기록한 적이 있다.

슬픔이 뭔지도 모를 나이에 아버지가 가족 곁을 떠나던 날의 기억은 뚜렷하다. 많은 사람이 집에 모여들자 나는 그저 아무런 감정 없이 여기저기 두리번거렸다. 열반 3일째 되던 날, 둘째 형이 영정을 들고 앞장섰으며 가족들은 뒤에서 슬픔을 가누지 못한 채 뒤따랐다. 동네 사람들이 선두에서 만장을 든 채 앞길을 선도하고 있었으며, 가족은 곡읍(哭泣)을 하며 뒤따르는데, 슬픔을 담아가는 꽃상여는 선산으로 향하였다. 한 소년은 철없이 흥미롭다는 듯이 좌우 대열을 오가면서 구경꾼처럼 지켜보았던 까마득한 순간들이 눈에 아른거린다.

1960년대 우리나라의 평균 수명은 52세에 불과했으며, 아버지는 53세에 열반하였으므로 평균 수명은 겨우 넘긴 상태였다. 어린 나이에 아버지의 열반으로 아버지에 대한 기억이 거의 없어서 항상 궁금했다. 2021년 6월 1일 새벽에 꿈을 꾸다가 잠에서 깨어났다. 어렸을 때 엄하기만 하고 눈도 마주치지 않았던 큰아버지가 갑자기 꿈에 나타났다. "저희 아버지가 돌아가신 이유는 무엇인가요?" "식사를 하고 배가 아파서…." 큰아버지는 평소 무서운 분인데 나의 꿈에 나타나서 아버지에 대해 자세히 언급해 주었다. 큰아버지의 아버지에 대한 인상을 듣고 슬펐으며 꿈속에서도 눈물을 흘렸다. 아마도 자서전을 준비하면서 아버지에 대한 연민의식이 쌓여 꿈에 나타난 것 같다.

아버지의 열반 후 우리 가족은 기일이 되면 천도를 염원하며 간절히 제사를 지냈다. 열반 후 1년 동안 시골집 마루 한쪽에 아버지 영정을 모실 공간을 만들어 아침나절 그곳에 물을 떠놓고 음식을 진설하여 제례(祭禮)를 올렸다. 동양의 고전 『오행대의』에서는 "죽은 사람의 혼(魂)은 올라가 신이 된다."라고 하며, 『역경』에서도 종묘에서 고인을 위해 정성을 다해 제사를 올린다고 하였다. 중학생 때(1972)의 일기장을 보자. "내일이 아버지 기일이므로 대구에 살던 큰형이 왔다. 형제 사이란 얼마나 좋은가?" 오붓한 한 가족이 모여 극진히 제사를 올렸다.

아버지 기일이 되면 어김없이 타지에서 살고 있던 형제 남매들이 집에 오니 더욱 좋았다. 어머니와 단둘이 외롭게 살고 있던 나는 형제간이 얼마나 그리웠겠는가? 중학교 3학년 때의 일이다. "오늘은 아버지 기일이다. 슬픈 감정이며 아버지 얼굴을 다시 한번 뵀으면 했는데 안타깝다. 밤에 집안사람들이 집에 모였다." 기일에는 큰형, 큰 누나, 둘째 형이 집에 와서 정성을 다해 아버지 추모의 예를 올린 것이다. 일기장에 기록된 것처럼 추석의 제례도 마찬가지였다. 아침 일찍 일어나 아버지 제사를 지냈다. 아버지가 열반한 지 10년이란 세월이 흘렀다. 내 나이 17살, 오전에 집으로부터 2km 떨어진 선산에 있는 아버지 산소에 다녀왔다.

아버지와의 사별로 인해 홀로 남은 어머니, 그리하여 당신의 전담 일은 가중되었다. 물론 아버지는 젊은 시절 객지에서 직장생활을 한 관계로 어머니와 거의 떨어져 살았으며, 어머니는 홀로 남아서 가정경제와 자녀교육을 위해 온갖 희생을 다 하였다. 논은 산 다랑이의 천수답이어서 가뭄 때 흉년을 극복해야 했고, 밭은 여기저기 산등성이에 띄엄띄엄 있어서 산 너머를 오가는 데도 힘이 겨웠다. 누나는 외지에서 중·고등학교를 다녔으며, 두 형은 직장에 다닌다고 집을 일찍 떠났으니 나와 어머니 단둘이 시골에 살았다.

어머니의 전담 일을 도와준다고 나름 노력했지만, 잔심부름뿐으로 역부족이었다. 생전 아버지가 지고 다니던 지게가 팽개쳐져 있었는데 아버지의 열반 몇 년 후 11살 때 나는 주인 잃은 지게를 물끄러미 바라보았다. 한구석에 처박혀 있던 지게를 눈여겨보면서 어머니의 집안일을 조금이라도 돕겠다는 심정으로 지게의 크기를 줄일 생각을 하였다. 어머니에게 지게를 줄여달라고 하여 곧바로 지게의 두 발을 15cm 정도 끊어내고 초등학생의 신장 크기에 맞추었다.

지게의 긴 두 발을 줄인 후 과연 어린 내가 지게를 지고 집과 멀리 떨어진 전답의 고구마와 콩 등을 나를 수 있을까를 생각하였다. 너무 일찍 어른 흉내를 내는 것은 아닐까? 아직 뼈가 굵게 자라지 않은 초등학교 5학년생으로서 지게를 지고 다니면 키가 작아질까를 고민하였다. 고민도 잠시뿐, 어머니의 힘든 일상을 돕는 일이 급하다고 생각한 나머지, 지게에 짐을 지고서 비틀거리며 오가다가 쉬고 또 쉬고 하였다. 동네 어른들은 어린 꼬마가 비척비척 지게를 지고 다닌다며 안타까워하였다.

주위 마을 사람들에게 너무 일찍 지게질하는 모습이 불쌍해 보였던 것 같다. 그러나 어머니가 머리에 짐을 이고 다니는 모습을 보면서 "남자는 지게에 짊어지고 여자는 머리에 짐을 이고 간다."라는 '남부여대(男負女戴)'의 고사성어가 생각나는 시기는 아니었으나 아들로서 무언가라도 돕지 않을 수 없었다. 초등학생으로서 지게를 지던 모습은 당시 일기를 쓰지 않았기 때문에 기록에는 없지만, 중학교 3학년 봄철에 기록한 다음 일기장이 있다. "수업을 마치고 집에 오니 올해 들어서 지게를 지고 거름을 날랐는데 고되었다. 어머니와 같이 봄보리를 파종한 후 잠시 밖에 나와서 놀려고 하니 어둡고 해서 집에 돌아왔다." 지게를 지고 전답을 오가는 날이면 가냘픈 다리에 힘줄이 튀어나온 느낌이었다. 나름의 보람은 있었지만, 힘에 겨운 탓에 자신 스스로 생각하면 대견해 보이면서도 안타까웠다.

울퉁불퉁한 들판 길에 지게를 지고 다니면서 무거운 짐을 나르면 기진맥진했다. 그러나 일손 부족으로 어쩔 수 없이 산 너머의 밭에 지게를 지고 오르내리면서 너무 힘들었다. 뒷산 넘어가는 길이 가팔라서 한 번씩 오르내리면 다리에 쥐가 나는 듯했다. 양쪽 종아리에 알이 볼록 나와 있었으며, 힘줄은 다른 또래보다 더욱 튀어나왔고, 작열하는 태양을 피하지 못하여 얼굴이 새카맣게 탄 농촌 머슴 같았다.

고등학교에 들어가서도 여전히 농경사회 운송 수단의 농기구인 지게와 친구가 되었다. 봄철이 되면 지게를 지고 운반한 것은 전답에 사용할 퇴비였으며, 가을에는 밭에서 캔 고구마와 논에서 벤 나락 다발들이었다. 당시 여름철의 일기를 보면 "땀 흘리며 방죽안 밭에 거름을 냈다. 일 중에서 제일 고된 것이 지게를 지고 짐을 운반하는 것이다."라고 기록되어 있다. 또 초겨울의 어느 일요일 아침에 어머니가 재너머 방죽안에 가서 서숙대를 지게로 운반해 오라고 하였다. 나는 할 수 없이 대답은 했지만, 힘든 일이라서 짜증이 났다. 봄과 가을의 농촌은 어쩔 수 없이 바쁜 일상이었고, 자신조차 학생인가 일꾼인가를 혼동하는 때가 종종 있었다.

어린 시절 고생했던 기억이 청소년이 되면서 인내력을 갖게 한 계기가 되었다. "젊은 시절의 고생은 사서도 한다."라는 말이 그것이다. 어느덧 세월은 흘러 스무 살 때인 1976년 출가하면서 홀어머니 곁을 떠나 대학 생활을 하면서 지긋지긋하게 보였던 농촌 생활의 끝을 맺었다. 대학 생활을 마치고 교역자의 길에 들어서서 다소 힘들더라도 농촌의 힘들었던 인고(忍苦)의 지난 시간이 보약(補藥)으로 작용한 것이다.

출가 후 대학 원불교학과 2학년 때(1978) 처음으로 고향에 갔다. 추석날 고향 선산의 산소에 다녀온 후 기도를 올리었다. "법신불이시여, 저는 비록 아버지와 일찍 사별했지만, 원불교와의 인연으로 이렇게 아버지 묘소 앞에서 대종사 제자가 되어 오게 된 것에 정말 감사합니다. 아버지, 어린 시절의 고별이었기에 비록 얼굴이 기억나지 않지만, 아버지가 아니었다면 제가 어떻게 이 육신이 있었겠습니까?" '부모은'을 가르쳐주신 덕으로 오늘 이렇게 아버지께 감사함을 전한 것이다. 꼭 성불제중을 하여 부모님을 희사위에 올려드리겠다는 다짐을 여러 번 하였다. 출가자로서 올린 기도는 부모 은혜의 무한함을 인지하면서 보은하고 싶은 마음으로 새롭게 다가왔다.

'회룡고조(回龍顧祖)'라 했던가? 한참 세월이 흘러 고향을 방문해보니 어린 시절 지게를 지고 오르내리던 산자락은 이미 신도시로 개발되어 있었고, 땀방울을 흐르게 했던 산등성이는 차들이 오가는 대로로 변해버렸다. 인생무상이라 했던가? 지나온 자취를 산책하며 회상해 본 삶은 무상에만 머물게 하지 않으리라 상상하면서 두 번째 역으로 출발해 본다.

3남 1녀의 일원 가족

고향을 떠나온 지 오랜 세월이 흘러서인지 허전한 마음에 더하여 산속에서 불던 뻐꾸기 소리를 들은 지도 옛날이다. 시인 정지용(1902~1950)의 '고향'이라는 시(詩)가 가슴에 스친다. "산 꿩이 알을 품고 뻐꾸기 제철에 울건만, 마음은 제 고향 지니지 않고 머언 항구로 떠도는 구름. 오늘도 뫼 끝에 홀로 오르니 흰 점 꽃이 인정스레 웃고, 어린 시절에 불던 풀피리 소리 아니 나고 메마른 입술에 쓰디쓰다." 한하운(1920~1975)의 시 '보리피리'에 더하여 한국 현대 시의 성숙에 도움을 준 정지용의 글이 마음의 황량함을 메꾸어 준다.

향수를 돋구는 시구에 나타나듯이 뒷산에 거니는데 갑자기 꿩들이 놀라 달아나던 일, 뻐꾸기 울면 봄인 마냥 즐거웠던 일, 곡식을 뽑아 보리피리 만들어 불던 일 등이 엊그제 같다. 내가 태어난 고향은 정읍시 북면 승부리 금곡(344-2번지) 마을이다. 아버지는 이곳 승부리 426-1번지에서 태어난 후 어머니와 결혼하여 같은 마을에 분가하여 새 보금자리를 만들었다. 우리 남매들은 한적한 시골 마을에서 부모의 지극 정성 보살핌으로 무탈하게 성장하였다.

같은 동네에 살던 5형제 중 3남이었던 아버지는 형제 사이에 인물이 좋고 동네 상가(喪家)에 가서 만장을 써주는 등 문필력(文筆力)이 뛰어났으며, 어머니는 처녀 시절부터 원불교를 독실하게 믿었다. 아버지가 일찍 돈 벌러 타지로 나간 탓에 어머니는 힘들던 나날을 종교적 신앙심으로 극복하면서 홀로 가난한 가정을 꾸려갔다. 내가 초등학교 1학년에 다닐 때까지 가족은 어머니 슬하의 3남 2녀였다. 막내인 나와 큰형의 나이 차이는 22살, 둘째 누나와 11살, 셋째 누나와는 9살, 넷째 형과는 5살 차이었다.

둘째 누나 류명정은 효녀로서 어머니를 도와 전답을 가꾸고 어린 막내를 보살펴주는 등 지극 정성이었다. 하지만 누나는 횟배가 아파서 중학교에 다니다가 치료조차 제대로 받지 못하고 열반하였다. 어머니는 둘째 누나의 열반 직후 3년 동안 매일 울었다. 아버지의 열반 때 어머니는 눈물을 보이지 않았지만, 누나의 열반에 3년이 지날 때까지 눈물샘이 마르지 않았다. 남편이 열반하면 산에 묻고 자녀가 열반하면 가슴에 묻는다는 말이 현실인 것을 그때야 알았다.

명정 누나가 10대의 젊은 나이에 열반한 것이 너무도 안타까웠으나, 누나와 잊지 못할 추억이 있다. 초등학교 1학년 시절로서 어느 날, 나는 친구와 길거리에서 싸우고 있었는데 우연히 귀가하다가 싸우는 동생을 보았다. 둘째 누나는 상대방을 혼내주고 싸움을 말리었으니, 누나가 어찌도 그렇게 고맙고 반가웠는지 모른다. 서정주의 시 「목화」라는 제목을 보면 다음의 글이 있다. "누님, 눈물겹습니다. 이 우물물같이 고이는 푸름 속에, 다소곳이 젖어 있는 붉고 흰 목화 꽃은, 누님 누님이 피우셨지요?"라는 애수의 글이 그것이다. 둘째 누나의 얼굴이 서정주 시에 투영되어 나타난다. "명정 누나, 무엇이 급하여 그렇게 빨리 갔나요?"라고 내생에 만나서 물어보고 싶다. 한참 세월이 흐른 1973년 '누나'라는 한국영화가 방영되었는데, 누나는 영화의 주인공처럼 나에게 그리웠으나 현실에서는 다시 만날 수 없게 된 것이다.

명정 누나가 열반한 후에 남은 가족은 어머니와 3남 1녀였다. 계타원 손도심 어머니의 신앙심을 그대로 이어받은 현산 류종근, 숙타원 류숙정, 기산 류현기는 하나같이 일원 가족으로 활동하고 있다. 자녀를 강하게 키운 어머니는 다른 사람들과 달리 정신력이 강하고 불법(佛法)의 이치를 깨달은 분이었다. 결혼 전부터 어머니는 북면 화해교당에 다닌 관계로 신앙심이 강하였고, 또 일찍 아버지가 만주에 가서 직장을 다녔던 관계로 홀로 오랫동안 고생하면서 강한 정신력으로 자녀들을 돌볼 수밖에 없었다.

큰형 현산은 막내인 나와의 나이 차이가 22살이나 되므로 아버지 같은 분으로 기억된다. 초등학교 때 대구에 사는 큰형 집에 가면 주변 사람들이 아들이냐고 물어볼 정도였다. 큰형은 돌아가신 아버지 역할을 하였다. 숙정 누나가 고교에 다닐 때 학비를 마련해 주었고, 열반한 명정 누나 아팠을 때 약값을 준비했으며, 현기 형 중학생 때 학비를 마련해 주었고, 또 형이 군대에 근무하던 중 아팠을 때 약과 돈을 보내주었다. 막내에게도 중학교 학비와 고등학교 학비 일부를 마련해주었으니 정말 돌아가신 아버지 몫까지 해주었다. 어린 시절, 큰형이 나의 도꼬리 옷을 사서 보내왔는데, 아버지가 이 옷을 동네 사람들에게 자랑하면서 나의 별명이 '도꼬리'가 된 것이다.

숙타원 누나는 내가 9살(1968)에 고향 시골집에서 결혼식을 올렸다. 이때 매형이 우리 집에서 한동안 같이 살았다. 매형은 월남전에서 싸워 다친 후 귀국하여 병 치료를 거의 마치는 과정에서 집에 놀러 왔으며, 해평 외숙모가 중매하였다. 당시 누나의 나이는 20세였고 매형의 나이는 28세였으므로 나이 차가 많았기 때문에 처음엔 어머니가 결혼을 반대하였지만, 결혼 당사자들의 고집에 어쩔 수 없이 결혼을 허락하였다.

부모의 의사를 넘어서 결혼할 수 밖에 없는 일들이 일어나곤 하는데 남녀 당사자의 결혼은 신비로운 만남이라던가? 희랍어 원본에는 결혼이 '신비 mysterion'로 번역된 것을 인정한 에라스무스(1466~1536)는 네덜란드의 가톨릭 사제였다. 그의 언급대로 숙타원 누나와 이태선 매형은 미래를 꿈꾸며 결혼이라는 신비의 세계로 나아갔다.

매형과 누나는 동네 사람들이 보는 앞에서 구식결혼을 하였는데 당시 군인들이 와서 축하해주던 모습이 지금도 눈에 선하다. 매형 이태선은 당시 맹호부대 중사였으며, 월남전에서 월맹군의 총을 맞아서 오른팔 부분에 찰과상을 입었다. 다행히 오른쪽 팔을 사용하는 데 불편은 없었으며, 월남 퀴논에 있으면서 깊은 강에 익사할 뻔한 군인을 살려낸 공로가 있어서 '인헌무공훈장'을 받았다. 이 정도면 국가에 충성하고 가정엔 자상한 인품을 지닌 분이라 자랑할만하다.

매형이 월남전에서 귀국하면서 가져온 녹음기가 있었는데 시골 촌놈인 나는 그 녹음기 소리를 듣고 신기했다. 녹음한 나의 목소리가 녹음기에서 흘러나오니 당연히 호기심이 발동하였다. 매형으로부터 녹음기 사용을 허락받고 녹음도 해보고 매우 신기하여서 한동안 즐겼다. 매형은 막내처남을 귀여워해 주고 싶은 내색을 하지 않아서 편안했다. 녹음테이프를 틀면서 음악을 듣고, 가족의 목소리가 녹음된 것을 들어보면 참 좋았는데, 나 자신의 녹음된 목소리가 귀에 익지 않았는지 이상했다.

누나와 매형이 우리 집에서 분가하지 않고 살면서 자연스럽게 한 가족이 되었으며, 결혼 초반부터 한동안 어머니와 같이 살았다. 매형이 집에서 돼지막사를 만들고 돼지를 손수 키우던 모습이 눈에 선하다. 분주한 일상에서도 매형은 어린 막내처남과 어울려주었다. 매형은 어린 나와 함께 오목 가둬 먹기 게임을 즐겼다. 나는 오목 게임을 할 때마다 번번이 졌다. 이에 심술이 나곤 하여 바둑판을 뒤집어버려도 쾌히 받아주는 아량이 넓은 매형이었다.

내 나이 열 살 때 누나는 첫 조카 은경이를 낳아서 막내 삼촌으로서 조카를 업어서 보살피며 귀여워 해주었다. 누나는 3녀 1남의 가족을 두었는데 은경, 영도, 덕신, 인순 가운데 3명의 조카 모두 국가 공무원에 합격하여 지금은 공무원으로서 역할을 충실히 하고 있다. 누나의 첫 가정 살림살이가 녹록하지 않았지만, 조카 영도는 장자 역할을 하고 세 딸은 국가의 공무원으로서 근무하고 있으니 삼촌으로서 매우 자랑스럽다.

누나 가족은 자녀들이 성장할 때까지 힘든 가사를 꾸려갔다. 김제로 이사하여 상점을 꾸렸으며, 그 후 대전으로 이사를 했다. 매형이 신탄진 전매청에 다니게 되면서 그곳에 터를 잡은 것이다. 고등학교 1학년 때 나는 대전 누나 집에 갔다. 매형은 어린 처남을 데리고 대전 보문산에 올라갔다. 이런저런 대화를 하며 구경시켜 주고 이남이 고모 집에 잠시 들렀다가 대전 공설운동장의 체육관을 안내해 주었다. 보문산에 놀러 간 추억을 더듬으며 40여 년 만에 그곳에 가 보았는데 어린 시절에 산책했던 보문산은 전혀 딴판으로 변해 있었다.

세월은 무정하게 흘러 2020년 봄날 매형이 열반하여 슬픈 마음을 다 가누지 못하였다. 매형의 열반과 더불어 유해가 화장장으로 이동하였는데 '인헌무공훈장'의 마크가 새겨진 태극기가 유해를 감싸고 있어서 국가를 위해 헌신한 매형이 자랑스러웠다. 애국자답게 월남전에서 용감했던 매형에게 지면으로나마 감사함을 전한다. 희로애락을 우리 가족과 함께 한 매형께 고마운 마음이다.

둘째 형 기산은 동생에게 화 한번 내지 않고 자상하며 친구같이 대해주었다. 전혀 부담을 주지 않고 지금까지 대화를 서로 편하게 주고받았으니 가장 터울이 적은 나이차 때문이었다. 신앙생활을 돈독히 하는 모습에 고마운 마음이다.

하여튼 효도와 우애를 중시하던 어머니와 자녀 4남매는 일원(一圓) 가족으로서 행복감이 더했다. 어머니는 원불교 신앙심이 돈독했고 4남매는 모두 원불교 신앙인이기 때문이다.

동·하 절기의 질병

'엄마 젖이 최고'라 하여 모유 수유가 분유를 먹는 아기들보다 시력이 좋다고 해서 유명해진 사람은 호주 애들레이드에 있는 아동병원의 마리아 아키테스 박사였다. 3남 1녀의 막내로 태어난 나는 체질적으로 약하였으며, 여러 이유 가운데 모유를 충분히 먹지 못한 것도 하나의 이유이다. 43세에 막내아들을 낳았으니, 동란 후 50년대의 가난한 환경에 따른 어머니의 연령층은 영양 부족으로 수유가 쉽지 않았다. 나에게도 예외는 아니었으며 대신 풀떼죽을 먹고 자란 탓인지 유년기에는 다소 허약한 편이었다. 보릿고개를 넘긴 사람들이라면 알겠지만, 식량부족으로 먹은 풀떼죽이란 잡곡의 가루로 풀처럼 쑨 죽이다.

후천적으로도 약한 체질에다가 마음이 여리고 소심했으니 아픈 치레를 자주 한 시골 아이였던 것은 당연하다. 본래 체질이 약한 사람이 어디에 있겠는가마는 모친의 늦은 출산이 나에게 약한 체질로 이어진 것 같다. 중세 의학에서 갈레노스가 말한 체질론을 보면 점액질, 다혈질, 담즙질, 우울질 등 네 종류로 분류하고, 각 체질에 따라 빈번히 나타나는 질병과 건강상태, 그리고 성격까지 제시했다. 나는 다혈질은 아닐 것이고 어머니와 단둘이 오랫동안 살았던 탓에 우울질에 가까웠던 것 같다.

이처럼 약한 체질에다가 성격도 소심하여 조그마한 질병에도 많은 고생을 했다. 7살 무렵에 동네 아주머니들이 나의 노란 눈동자를 보고 놀라면서 어머니에게 "왜 아들 죽어가는데 그대로 둬요? 빨리 치료를 해주어야지." 두 눈동자가 노랗게 물들어 있었고 황달로 죽어가기 직전이었다. 황달은 헤모글로빈 혈색소와 같이 철분을 포함하고 있는 특수 단백질이 체내에서 분해되는 과정에서 생성되는 황색의 담즙색소(빌리루빈)가 몸에 필요 이상으로 과다한 경우 생기는 병이다. 그로 인해 눈의 흰자위(공막)나 피부, 점막 등에 노란색을 드러낸다.

주위 사람들의 안타까운 염려에 어머니는 그제서야 아들의 황달이 심각한 줄 알고서 여기저기 담방 약을 얻기 위해 수소문하기 시작했다. 지금과 달리 60년대 초에는 위생의식이 약했고, 또 가난한 시골 생활에 이어서 전문병원이 없었으니 의약 처방이 어려웠다. 어머니는 주변에서 담방 약으로 황달 치료법을 알아서 말린 오이 꼭지를 구해왔다. 계절적으로 쉽게 구하기 힘들었지만, 다행히 이웃 동네에서 말린 오이 꼭지를 얻어온 것이다. 오이 꼭지를 빻아서 나의 코에 뿌리기 시작하자 노란 콧물이 쏟아져 나왔으며, 이러한 방식으로 몇 차례 치료하였는데 신기하게도 어느새 황달이 낫기 시작했다. 병든 환자로서 노랗게 물들었던 눈동자가 본래 상태로 돌아와 원기를 회복하였다.

아픈 치레를 하였던 당시는 육이오를 넘긴 지 오래지 않아서 우리나라의 영아 사망률이 절반에 육박할 정도였지만 나는 다행히 살아남는 행운을 누린 것이다. 나의 호적이 2년 늦게 된 이유로는 부모가 아들 호적 올리는 것을 깜빡 잊기도 했겠지만, 영아 사망률이 높아서 내가 살아남을 것인가를 보아가며 호적을 늦게 올렸을 수도 있다. 세 살까지 살아남으니까 아버지는 서둘러 면사무소에 가서 호적에 올렸다. 옛날 어른들에 있어서 자녀의 호적을 바른 날짜에 올리는 인식이 부족한 탓에, 본래 나이보다 2년 늦은 경우가 적지 않았다.

어수선한 어린 시절이었지만 다행히 아이들은 지금보다 즐거웠다. 무더운 여름철이나 칠석날, 동네 아이와 청소년들은 삼삼오오 방죽에서 목욕하며 즐겼다. 초등학생, 중학생, 고등학생들은 동네 주변의 방죽에 가서 목욕하곤 했는데 그 어느 날의 기록을 소개한다. "무척 더웠다. 오늘 기온은 33도라고 한다. 내일은 학기말 시험이라 또 너무 더운 탓에 5교시만 하고 끝마치었다. 친구들과 방죽에 목욕하러 갔다. 목욕한 후 돌아오니 다시 몸에 땀이 흘렀다." 견우와 직녀가 오작교에서 만난다는 칠석날에는 참외와 수박을 먹으며 뛰놀다가 이내 더워지면 방죽에 가서 목욕하였다. 학창시절에 황톳빛 방죽에서 덤벙덤벙 목욕하면 거머리에 물린 줄도 몰랐지만 심신이 맑고 시원하였다.

이따금 수업을 마치고 귀가하면서 주변 방죽에서 목욕하거나, 쉬는 날에 심심풀이로 친구들과 목욕을 하였다. 여름철에는 가까운 방죽에 가서 친구들과 수줍음도 없이 발가벗고 목욕을 하였다. 학교를 오가는 길목에 박가 방죽이 있었으며, 이곳에서 물장구치며 친구들과 즐겁게 놀았다. 목욕은 초등학생 때만이 아니라 중학교와 고등학생 때도 즐거운 놀이의 하나였다. "고교 친구로서 성석, 기상, 기수, 찬영, 영길이가 집에 놀러 와서 대추 방죽에 가서 목욕했다. 이어서 모교인 북면초등학교에 가서 다른 팀과 30분 정도 축구를 한 후 친구들과 헤어졌다." 고3 때의 일로서 목욕하며 축구를 하는 등 청소년기의 놀이는 신나는 게임이었다.

시골 농촌에는 돈을 주고 목욕하는 공중목욕탕 시설이 아예 없었으며, 그렇다고 사치스럽게 해수욕장에 가서 목욕할 여유도 없었다. 공중목욕탕이 없었기 때문에 들판의 방죽에 가서 목욕하는 것이 물놀이의 유일한 방법이었다. "오늘은 나라를 위해 싸우다 돌아가신 것을 기리는 현충일이다. 고단해서 낮잠을 좀 잤다. 그리고 방죽에 가서 목욕을 시원하게 하니 하늘을 훨훨 날 정도로 마음이 가벼워졌다." 현충일의 오수(午睡)를 즐긴 후 목욕하였으니, 청소년 시절의 아련한 추억에 더하여 입가에 미소를 머금게 한다.

죽마고우들과의 목욕은 즐거운 추억이면서 한편으로 기억하고 싶지 않은 아픈 추억도 있다. 목욕을 하게 되면 사람마다 차이가 있겠지만 귀에 물이 들어가 시골아이들이 중이염을 앓게 되었다. 나 역시 친구들과 어울려 여름에 방죽에 가서 멱을 감는 일이 부지기수였으며, 이때 어김없이 중이염에 걸렸다. 지난해 앓았던 중이염이 자연스럽게 치료될 무렵이었으나 또 다른 해에 귀에 물이 들어가 중이염을 앓게 되었다. 요즘에야 이비인후과에서 치료를 받지만, 어린 시절은 '이비인후'의 '이(耳)'자도 몰랐으므로 목욕을 한 후 하루 이틀이 지나면 귓속에서 오염된 농이 흘러나오게 된다. 하룻밤을 자고 나면 귀는 먹먹해서 들리지 않아 고통스럽기 그지없었다.

중이염은 쉽게 낫지 않는다는 점에서 고통이 점증하였다. 한번 중이염을 앓게 되면 한 달이 넘도록 낫지 않는 경우가 있었으니 그때의 고통이 어떠했겠는가? 중이염이란 물이 귓속으로 들어가면서 발병하는데 염증이 이관을 통해 중이(重耳) 공간까지 파급될 경우 노폐물이 제대로 처리되지 못하고, 중이에 염증을 일으킨 결과 노폐물이 쌓이게 되면서 농으로 흘러내리는 것이다. 지난해 아픈 경험이 있지만, 철이 없던 탓에 철이 바뀌면 다시 멱을 감는데 물속 헤엄을 치면 으레 귀에 물이 들어가곤 하였다. 이 중이염에 걸리면 얼굴 밑에까지 농이 흘러내리는 경우가 있어서 냄새도 고약하고, 보기도 흉하여 주변 사람들에게 민망스럽고 천박하게 보였다.

해마다 걸리는 중이염으로 인해 나의 귀 고막은 취약해져 갔다. 중이염을 자주 앓았던 데다가 설상가상으로 중학교 2학년 때 학교 급우들이 수업시간에 떠들어 영어 선생으로부터 전체가 뺨을 맞았다. 그것이 나에게 화근이 되어 고막에 천공이 생겼으며 이것이 또한 중이염을 악화시켰다. 훗날 당시 뺨을 때린 중학교 하정택 선생의 회갑을 기념하여 중학교 동창들이 찾아뵌 적이 있으며, 이분을 뵙자 반갑기도 하고 한편으로 왼쪽 귀가 멍하니 소리가 잘 들리지 않던 기억을 되돌리니 안타깝기도 했다.

고막의 천공에다가 중이염 때문에 현역에 입대하지 못하였다. 대학을 마치고 징병을 받아서 강원도 103 보충대에 장정으로 4일간 머무르면서 신검을 받았는데, 결국 귀향을 당하여 보충역으로 국방의무를 마감할 수밖에 없었다. 보충대에서 귀향 통보를 받자마자 나는 한 의무병에게 군대에 갈 수 있도록 선처를 해달라고 했는데 그 의무병은 나를 보고 의아해하였다. 다른 사람들은 귀향을 받아 보충병이 되려고 돈을 쓰는데, 현역으로 입대하려고 한다고 하며 "너는 참 이상하다."라고 했다.

　여름철의 중이염 외에도 겨울철 자주 걸리는 질병은 손발의 동상이었다. 동네 앞에 산언덕이 있는데 그곳에 눈을 쌓고 썰매장을 만들어 놀이터로 만들었다. 이때 비료 포대를 썰매 삼아 그곳에 앉아 언덕 아래로 내려가면 빠른 속도로 40m의 거리를 내려오는 짜릿한 감정은 느껴본 사람만이 알 것이다. 겨울에 눈이 내리면 또한 대나무로 눈썰매를 만들어 타기도 하였다. 그리고 논에 가서 썰매를 타다가 얼음이 깨져 물에 빠지면 양말은 다 젖어 그야말로 발이 꽁꽁 얼게 된다. 이때 논둑에 불을 놓아서 얼었던 발을 녹이면서 또 썰매를 타면 손발은 동상에 걸리는 것이다. 동상이란 영하 2~10℃ 정도의 심한 추위에 피부가 노출될 경우 피부의 연한 조직이 얼어서 그 부위에 혈액공급이 끊긴 상태를 말한다.

　더구나 온난화란 말이 전혀 언급되지 않았던 60년대의 초등학생 시절은 얼마나 추웠던가? 학교를 오가는데 손발이 얼어붙을 정도였다. 양말을 두 켤레를 신어도 발이 차가웠다. "발과 손이 동상에 걸려 무척이나 가려웠다. 어머니는 담방 약으로 마른 가지 대를 삶아서 발과 손을 적셔주었다." 동상이 치료되어도 이미 나았던 손발에 또 동상이 걸리곤 했다. 저녁에 잘 때마다 간지럽고 아팠다. 어머니는 마른 가지 나무를 물에 끓여 담그게 하고, 또 손을 콩 자루 속에 파묻고 꽁꽁 매어 주어서 잠들면 어느새 동상은 낫게 되니 어머니는 의사이자 마술사 같았다. 어린 시절은 아픔의 애환을 반복하면서 크고 작은 질병에 노출되었지만 내 목숨은 질겼던가 보다.

시골 소년의 놀이문화

자녀들이 밖에 나가서 놀다 오면 어머니는 항상 손을 씻으라 한다. "안 씻어요." "엄마, 왜 손을 씻어야 해요?" 누구나 한 번쯤 어린 시절 해봤던 말이다. 이는 예나 지금이나 마찬가지이다. 국제아동안전기구 세이프키즈Safe Kids의 한국법인 세이프키즈코리아Safe kids Korea는 2020년 7월, 어린이 눈높이에 맞는 손 인형극을 제작하며 손을 씻게 하는 '위생 안전' 콘텐츠를 제작해 배포하였다.

밖에서 친구들과 흙장난하고 보면 어느새 손은 먼지투성이가 되기 때문에 손을 씻지 않고 방에 들어올 경우 야단맞기 일쑤였다. 초등학생 때 흙은 일종의 놀이하기에 부드러운 질료였다. 아리스토텔레스는 우주를 구성한 4종류의 질료로서 불, 물, 공기, 흙을 언급하였으며, 여기에 근거하여 생명체가 살아가고 있다고 했다. 지구상에서 도시아이들과 시골아이들의 차이점은 이 흙을 질료로 삼고 놀이한 경험의 유·무일 것이다. 손등 위에 축축한 물기 있는 흙을 올려놓고 두드리며 "두껍아 두껍아, 헌집 줄게 새집 다오."를 속삭이며 놀았던 시절이 그립다.

겨울에 밖에서 흙장난하고 오면 이내 손이 트곤 하여 고통스러울 때 어머니는 물을 따뜻하게 끓여서 세숫대야에 나의 손을 불리어 씻겨주곤 하였다. 시골아이들은 특히 겨울에 손이 터서 손등에 피가 나는 경우가 많았기 때문에 어머니는 이 고통에서 벗어나도록 손발의 청결 교육을 하였다.

소년기에 친구들과 함께 흙장난을 즐겼던 것처럼 몇 가지의 놀이문화가 있다. 당시에 즐겼던 놀이는 나무로 만든 총을 가지고 숲에서 하던 전쟁놀이인데 이는 시골 아이들의 흔한 광경이었다. 이 가운데 생각만 해도 즐거웠던 놀이로는 몇 가지를 거론할 수 있다.

첫째, 구슬치기 놀이다. 서로 구슬을 맞추어 따먹는 게임으로 집중해서 상대방 구슬에 정확히 맞춰야 구슬을 따먹게 된다. 갖고 노는 새 구슬은 둥글고 영롱하게 빛이 나는 특징이 있어 인드라망의 예화에 나오는 구슬 같다. 그물코 하나하나에 있는 각자 구슬의 색은 다르지만, 인드라망의 보주(寶珠)에 연결되어 있어서 어느 각도에서 보든 구슬마다 삼라만상이 다 보인다. 시골아이의 흥미를 끄는 구슬에서 인드라망의 영롱한 구슬로 변화되기까지 시간이 흘렀지만, 우주 만유가 하나의 유기체로 연결되어 있음을 알게 해준 불법의 심오함에 도취되었다.

둘째, 딱지치기 놀이다. 이것은 근래 '오징어 게임' 영화에서도 선보였듯이 일종의 패치기로서 종이를 재료로 하여 만든 딱지를 가지고 친구들과 딱지 따먹기를 하는 것이다. 초등학생 때 지난 학기에 사용한 헌 교과서를 뜯어서 딱지로 만들어 친구들과 종이 따먹기를 했다. 종이를 생각하니, 나는 2019년 7월 8일에 독일의 괴테 생가를 방문한 기억이 새롭다. 괴테에 의하면 "이 종이쪽지들을 분류하고 모아서 철하면서 … 내 마음속에서 정리하는 식으로 쪽지들을 재구성하는 동안에, 나는 많은 종이뭉치를 주시하며 전율한다."라고 하며 종이뭉치의 고마움을 1786년 9월 8일에 기록하였다. 내가 딱지로 사용한 종이와 괴테가 말한 종이뭉치 차이가 무색하게 나타난다.

셋째, 숨바꼭질 놀이다. 겨울에 수수다발이 보관된 모정에서 숨바꼭질 놀이를 하였는데 그곳은 숨을 공간이 많아서 좋았다. 모정의 공간에 깡통을 놓고 술래가 눈을 감고 "무궁화 꽃이 피었습니다."라고 한 후 사람을 찾으러 다녔다. 숨은 사람을 찾는 순간 술래는 가운데 있던 깡통에 얼른 가서 터치해야 하는데, 날렵하지 못하면 계속 술래가 되어 나중에 힘들어 울음을 터트리곤 하였다. 흥미롭게 불법연구회에서는 초창기의 겨울 정기훈련 때 선객들이 어린아이처럼 즐겁게 술래잡기를 하였는데, 소태산 대종사가 심판을 보았다. 제자 김영신이 눈을 가리고 술래가 되어 사람을 찾다가 겨우 한 사람을 찾았다. 그런데 별 반응이 없어서 위에서 아래로 더듬었는데 어쩐지 느낌이 달랐다. "아, 아가 왜 이래." 가린 수건을 풀어보니 대종사였다.

넷째, 땅뺏기 놀이다. 넓은 땅에 둥그런 원을 그리고 각자 코너에서 자신의 한 뼘만큼 동심원을 만들어 사금파리로 영역을 키워가는 놀이였다. 원래 손재주가 있는 친구들은 곧잘 땅의 영역을 키워가며 승리했지만 나는 썩 잘하지 못하여 패하곤 하였다. 손재주가 없는 사람들은 항상 꼴찌를 하여 별로 흥미를 느끼지 못한 것이다. 어린 시절 땅뺏기 놀이에서 동심원을 그리던 추억이 생생한데, 성년이 되어 그때 그 시절의 동심원은 어쩜 그렇게 일원상을 닮았을까를 생각하니 격세지감이다.

다섯째, 자치기 놀이다. 이 놀이는 다소 위험하였다. 두 팀 가운데 공격팀이 오른손 막대를 잡고 작은 막대를 올려치면 수비팀이 공중에 뜬 막대를 받느냐 못 받느냐에 따라 공격과 수비가 바뀐다. 그러나 막대를 잘못 받다가 이마를 다치는 때가 있으므로 조심해야 한다. 고등학생 때에도 이 놀이를 즐겼다. 겨울방학 때 쓴 일기를 소개해 본다. "친구들과 재미로 자치기 놀이를 하는데 그 막대가 나의 이마에 정통으로 맞았다. 어느새 이마에서는 피가 흘러내렸다." 공중에 튀어 오른 막대를 손으로 잡으려다가 이마에 맞았으니 승부 욕에 가려 결국 큰 상처를 입고 말았다.

여섯째, 논두렁에서 즐기는 것으로 쥐불놀이다. 나와 친구들은 동네 앞에 있는 텃논의 쥐구멍을 찾아 그 속에 불을 놓으면 연기가 구멍에 스며들어 안에 숨어있던 쥐가 뛰쳐나오며, 그 쥐를 잡으러 여기저기 뛰어다니느라 정신이 없었다. 그리고 깡통에 줄을 달아서 깡통 속에 숯불을 넣고 원을 그리며 돌리면 밤하늘의 동심원이 되어 보기에도 좋다. 정월 대보름날의 쥐불놀이는 과연 불꽃놀이의 백미였다.

일곱째, 겨울철 농한기 때 친구들과 즐겼던 물고기 잡기이다. 시골에 살았던 관계로 영양보충에도 좋은 방죽의 물고기였기 때문에 흥미가 절로 났다. 고등학교 1학년 때 동네의 상훈, 종술, 용우와 물고기를 잡으러 시작굴에 갔다. 맨발로 물속에 들어가니 발이 너무도 차가웠다. 처음에는 못 견딜 것 같았는데 조금 있으니 멍하여 감각을 잃을 지경이 되었다.

여덟째, TV와 라디오의 복싱, 축구 중계방송의 관전이다. TV에서 복싱 중계를 재미있게 보았던 경기는 1975년 1월 5일로서 주니어 미들급 동양 챔피언 임재근 선수와 동급 1위의 대전에서 임재근 선수가 10라운드에 승리했다. 더욱 흥미로운 게임은 세계 타이틀전이었다. 동년 10월 1일, 텔레비전 특집으로 세계 헤비급 챔피언 논타이틀전의 알리와 프레이저의 15회전 경기를 보았다. 알리가 14회전에 TKO승을 거두었다. 또 동양 미들급 챔피언 유재두 선수와 와지마의 복싱 동양 주니어 미들급 경기가 열렸는데 7회전에 유재두가 다운 3개를 얻어 KO승을 거두어서 너무도 통쾌했다.

다음으로 대놓고 자랑할 것은 못 되지만 과자 따먹기 놀이는 중·고생 시절의 흥밋거리였다. 한가한 오후에 친구 집에 가서 정호, 용철, 나 셋이 과자 내기 화투를 쳤다. 나는 첫째 판에는 2등을 했고 둘째 판에는 1등을 해서 50원만 냈으니, 내가 가장 적게 돈을 낸 셈이다. 다음으로 차가운 겨울밤에 친구들과 방죽안 영식이 집에 갔다. 화투 게임으로 토끼탕 내기를 했는데 나는 800원을 내어야 했지만, 돈이 없어 500원만 주었다. 일종의 도박과 같은 느낌이나 전혀 중독성이 없는 단순성 놀이로서 계절에 한두 번 있는 정도였다.

겨울철 눈싸움 놀이도 빼놓을 수 없다. 나의 고향은 노령산맥의 줄기에 뻗은 칠보산이 저 멀리 보이는 전경(前景)으로, 눈이 많고 겨울이 유난히 긴 시골 마을이었다. 내장산을 끼고 있는 곳이므로 겨울에는 눈이 많이 내렸다. 눈이 내릴 때 하얀 떡가루가 온 벌판을 뒤덮어 마음마저 흔들거리곤 했다.

친구들과 삼삼오오 팀을 만들어 눈싸움하고, 심술궂게 살짝 다가가서 친구 등속에 눈을 넣기도 하였다. 이따금 하얀 눈이 소복소복 쌓이는 아침 일찍 운동 겸 눈을 쓸고 있는데, 아이들과 멍멍이는 눈이 좋아서인지 떠들며 뛰어 놀았다.

시골 소년으로서 힘들었던 놀이의 추억이 있다. 초등학교 5~6학년 여름방학 시절로 기억이 된다. 동네 친구들과 아이스케이크를 파는 판매 행상을 두어 번 경험하였다. 13살짜리 꼬마가 종일 15km를 거닐며 금곡, 승부, 탑생이, 장구산 등을 돌면서 아이스케이크를 파느라 힘들었다. "아이스케이크 얼음과자~"라고 외치며 그 무거운 통을 메고서 어떻게 용기를 내어 팔러 다녔던가를 생각하면 놀이라 보기에는 우습기만 하다. 친구들이 함께하자고 해서 객기로 따라다니며 흉내를 낸 것 같다. 마치 『아이스케이크를 파는 여인』(2013)을 연상하는 것일까? 저자 박대원이 10년 동안 찍은 사진들과 노트를 한 권으로 만든 사진집이 보고 싶다.

깊이 각인된 시골 소년의 아이스케이크 행상체험은 두고두고 잊지 못할 것 같다. 지난날의 놀이문화를 상상해보면 과거와 오늘의 어린이 놀이 차이는 비교할 수 없다. 요즘엔 스마트폰으로 인터넷에서 게임을 하면서 머리를 싸매는 경우가 많은데, 과거의 농경사회는 그저 순박함을 지닌 채 흥에 겨웠고 아날로그 놀이가 흥미진진했다.

놀이문화는 고대로부터 이어온 것으로 안다. 공자 말하였다. "배부르게 먹고 하루해를 마치면서 마음을 쓰는 곳이 없다면 어렵다. 장기와 바둑이라도 있지 않은가?" 이 말은 『논어』 「양화」편에 나온 말이다. 성년들의 장기와 바둑은 어린이들의 구슬치기, 술래잡기, 딱지치기 문화에 비교된다. 지난 농경사회의 놀이문화가 오늘날 AI 시대의 놀이문화보다 멋졌던 것 같다.

집성촌의 가난과 어머니

1927~1929년에 만들어진 「고향의 봄」은 이원수 작사와 홍난파 작곡으로, "나의 살던 고향은 꽃피는 산골"이라는 노래 가사가 떠오른다. 내가 살았던 고향은 고흥류씨(高興柳氏) 집성촌(集姓村)이다. 동성동본의 일가친척이 집단으로 거주하는 마을을 집성촌이라고 하는데 집성촌은 임진왜란과 병자호란 이후에 여기저기에 생겨났다. 전란(戰亂)으로 인해 전통 풍속이 파괴되고 17세기부터 성리학적 이데올로기와 중국식 풍습이 상속과 혼인에까지 강력히 이식되어 부계(父系) 중심의 가부장제가 정착되었기 때문이다. 시골 마을로서 류씨 집성촌은 대부분 가난하였고 입신양명한 사람이 거의 없었다.

동네 사람들은 예외 없이 굶주림의 보릿고개 시절을 겪었다. 1960년대는 못 먹어서 나타나는 신체적 현상인 '부황'으로 얼굴이 붓고 온몸이 붓는 사람들이 많았는데, 이것이 짐짓 기아(飢餓)의 실체였다. 우리 집 농사는 천수답 세 마지기와 서너 마지기의 밭농사가 전부였으며 가을에 수확해서 무밥, 고구마밥, 콩나물밥으로 식사를 해결하는 방식이었다. 끼니를 거르는 보릿고개 시절이었으므로 설움 가운데 배고픈 설움이 가장 큰 설움이었다.

이때는 누구나 가난하였기 때문에 가난한 것이 죄는 아니었으며, 간식은 오히려 사치였으니 주린 배를 채우는 동네잔치나 애경사 때의 음식이었다. 긴 겨울밤에는 밤 10시만 되면 배가 고팠으며, 어쩌다 동네 사람이 열반한 경우 그곳에 가서 구경하고 있으면 밤늦게 팥죽이 나왔다. 범석, 기영, 재옥과 저녁나절 초상집에 가서 놀다가 이날 밤 10시쯤 팥죽이 나와서 맛있게 먹었다. 또 어느 날 초상난 종술의 집에 가서 밥과 팥죽을 먹었다. 영가를 달래기 위해 친구들과 빈 상여를 어깨에 메고 살짝 취한 김에 친구들과 함께 '언나 언나(雲亞 혹은 어노로도 표현함) 언나리 영차 언나.'를 했다. 애사(哀事)에 함께하며 친구들과 팥죽을 먹는 그야말로 야밤의 간식이 최고였다.

지난 흥취가 남아있는 고향마을 금곡은 대대로 양반들이 사는 집성촌이었으며, 동네에 타성씨(他姓氏)도 있었는데 류씨가 아닌 하씨 집안이 아랫동네에서 빵을 만들었다. 월남파병 후 제대한 동네 하상현 아저씨가 돈을 벌어와서 빵 공장을 만든 것이다. 학교에 오가면서 배고플 무렵이면 동네에 빵 굽는 냄새가 나서 가보곤 하였다. 부스러기라도 옆에 있으면 주워서 먹고 싶은 심경이었다. 동네에 빵 공장이 생겼음에도 불구하고 몇 년간 빵 하나 못 얻어먹을 정도로 구두쇠 사장이었으며 구수한 빵 냄새로 요기하는 것을 다행으로 생각했다.

1960~70년대에는 초라한 살림으로 시계를 차는 것도 사치였다. 운 좋게도 시계를 선물로 받았다. 누님으로부터 받은 달러 시계를 차고 학교에 갔는데, 친구들이 우르르 몰려들어 시계 좀 보자고 해서 보여주었다. 중학생이 시계를 차고 다니므로 주변 친구들이 시계를 구경하자고 하여 여기저기 손대어 고장이 났다. 시계가 고장 났을 때 눈앞이 캄캄했는데, 겨우 고치게 되어 안도의 한숨을 쉬었다.

집에서 고등학교와의 거리가 꽤 멀었지만, 가난한 탓에 버스를 탈 차비가 없어 도보로 학교에 가는 것이 당연한 일이었다. 학교까지 거리가 5km이므로 걸어서 족히 1시간 남짓 걸렸다. 먼 거리를 통학하던 친구 봉윤이가 자취하겠다고 해서 나는 학교에서 가까운 외갓집을 소개해 주었다. 나도 자취하면 좋으련만, 환경이 그렇지 못하니 정말 부러운 생각이 들었다. 속으론 사막에서 물을 원하듯이 자취만 하고 싶었다.

어머니는 가정의 가난함을 극복하기 위해 홀로 농사와 부업을 하였다. 양잠이 그것으로 집의 안방에 누에를 키우면서 어린 시절부터 누에와 친숙해졌다. 누에 고추를 짓기 전에 큰 누에를 나의 팔에 놓아두면 슬슬 기어 올라가는 모습에 가려운 곳을 긁어주는 것처럼 시원했다. 누에를 전혀 키우지 않은 친구가 집에 놀러와 나의 이러한 모습을 보고 기겁하였다. 바퀴벌레를 보는 마냥 화들짝 놀라는 것이었다. "벌레 한 마리도 진리의 섭리로서 오고 간다."라는 좌산종사의 법문이 일체유심조와 같이 오묘하게 다가온다.

가난을 극복하는 방편으로 힘들게 소규모의 누에를 키웠는데 우리 집의 누에 키우는 양은 반(0.5) 매였다. 고등학생 때의 일로서 8월, 아침 일찍 북면 사무소에 가서 누에 씨앗 반 매를 사 왔다. 집에 0.5매는 적어 보이나, 누에가 점차 크면 잠실이 따로 없으므로 큰방을 다 차지했다. 농촌은 여름 한 철 농한기이나 양잠 일은 일손이 필요하여 종일 뽕잎을 따고 누에 밥만 주었다.

양잠에 있어서 누에농사의 주의할 사항은 뽕나무 근처에 어떠한 농약도 하지 말아야 한다는 것이다. 누에농사가 흉년인 이유로는 누에가 냄새에 약하기 때문으로 뽕나무 근처에 조금이라도 농약을 할 때 거의 흉작에 가까웠다. 초가을 어느 날의 일이다. 어머니가 애지중지 키우던 누에가 거의 아파서 누에고치 집을 짓지 않는다고 한숨을 쉬었다. 엊그제 면사무소에서 동네 소독을 했는데 약간의 냄새를 맡았나 보다. 지켜보는 아들로서 안타깝고 황당할 일이었다. 면에서 와서 소독한 사람들이 원망스러웠다. 누에농사가 흉년이라면 시골 농사에 큰 타격인 점은 상상하기 어렵다.

사실 어머니는 누에고치를 팔아서 일 년 농사 비용을 마련함으로써 나의 신발과 옷을 사는 데 도움이 되었는데, 누에농사의 흉년으로 어려움을 겪었다. 누에농사가 잘된 때도 있다. 어머니가 시장에서 나의 흰색 운동화와 메리야스를 사 와서 마음이 들떴다. 얼마 전에 누에를 키워 1등급을 받아 돈을 마런한 것이다. 농사 풍년은 1년 식량의 넉넉함을 가져다준다면 누에농사는 이에 부족한 집안 경제의 숨통을 트는 역할을 하였다.

또 어머니는 논에 가서 우렁이를 잡아서 시장에 내다가 팔았다. 논에서 한나절 우렁이를 잡아 와서 삶은 후 다음날 식당에 가서 팔았다. 초등학교 1~2학년 때 어머니를 따라 시장에 다닌 적이 있다. 우렁이를 상가에 팔러 다닐 때 나는 어머니 뒤에 졸졸 따라다녔다. 요즈음 식당에 식사하러 가면 우렁이 쌈밥과 된장이 성찬이다. 이따금 식당에서 우렁이 된장을 먹을 때면 논에서 우렁이를 잡아서 시장에 팔던 어머니 생각에 눈시울이 붉어진다.

시골에서 돼지를 키우는 일도 목돈마련에 도움이 되었다. 겨울철 어느 날 눈이 많이 내렸다. 추운 날씨에 바람마저 세차게 불었다. 어머니가 집을 비운 저녁 시간에 키우던 돼지가 우리에서 뛰쳐나와 나는 간신히 잡아넣었는데, 조금 있다가 또 나오고 밤 10시가 넘어서도 뛰쳐나와 힘들게 하였다. 어처구니없게 하룻밤에 모두 7번 돼지가 우리 밖으로 탈출해 버렸다. 혼자 모든 일을 처리하려니 너무 힘들었다. 추운 겨울, 캄캄한 밤 10시에 잠을 자려고 누웠는데 집 마당에서 꿀꿀 하며 다니는 모습을 상상해본다. 두어 달 전 어머니가 시장에 가서 돼지 새끼를 1만 원에 사 왔을 때는 참 보기 좋았지만, 좀 컸다고 우리를 뛰쳐나온 돼지를 바라보니 미운 오리처럼 밉상 그대로였다.

어머니는 돼지를 키워 마련한 목돈으로 어려운 가정사를 꾸렸다. 가난을 모면하기 위해 돼지를 키우고 닭을 키운 것이다. 1년 키운 돼지를 팔았는데 무게 140근이 나갔다. 돈 29,600원을 받았다. 1970년대 학창시절에 3만여 원의 가치는 대단하였다. 당시 쌀 한 가마에 5천 원 정도였으니, 이 돈이면 추석을 대비하고 나의 학비를 마련하는데 충분한 것이다. 어머니가 애써 돼지를 키워서 마련한 돈은 필요한 물건이나 이전의 외상값을 갚는 경우가 많았다. 여자는 약하더라도 어머니는 강하다는 말이 있는데, 홀로 꾸려온 가난한 살림에 억척이었던 어머니 모습에 썩 어울린다.

어느 날 어머니가 나에게 시장을 다녀오라고 하였다. 아파서 시장에 갈 수 없다고 하여 대신 나에게 닭 두 마리를 시장에 팔라고 했다. 수탉은 1,200원에 팔고 암탉은 900원에 팔아서 모두 2,100원을 받았다. 이 돈으로 라디오 밧데리를 230원에 샀고, 어머니가 관절염으로 고통을 겪어서 신신파스를 샀으며, 사인펜 6색과 모조지도 샀다. 돈을 좀 아끼지 못해서 어머니에게 불효자인 것 같았다. 고교 시절의 나는 붙임성이 부족한 성격이었는데 지금 생각하면 어떻게 시장에 가서 닭을 흥정하며 팔았는지 신기하기만 하다.

농촌에서 돈을 마련하는 일은 또한 어머니가 밭에 농작물을 키워 시골 장날 읍내에 가져다 파는 것이었다. 어머니는 밭에 심은 농작물을 정성껏 키워 시장에 팔아서 돈을 마련하는 것에 큰 관심을 가졌다. 농촌에서는 특별한 경제활동이 보장되지 않기 때문이다. 어머니는 필요한 돈을 마련하기 위해 콩, 호박과 고구마를 팔려고 비 오는 날임에도 장에 갔다. 아들 보기에 마음이 아팠지만 어쩔 수 없었다. 궂은 날에도 저렇게 하여야만 할까를 생각했지만, 자식을 위해 오직 뒷바라지를 해주는 어머니의 사랑은 무한하였다.

가난한 살림으로 농촌에서 어렵게 살면서 어머니는 다른 어머니보다 강한 교육열로 자녀를 교육하느라 정성을 다하였다. 어머니는 젊을 때부터 너무 고생하신 분이다. 형, 누나를 이렇게 키워주셨는데 왜 아버지는 일찍 그렇게 어머니를 고생시키고 돌아가셨는지 원망도 하였다. 이 세상에서 내 육체를 선물한 가장 고마운 어머니이다. 앞으로 무엇보다 먼저 어머니를 기쁘게 해드리겠다고 생각하곤 했다. 그 보답은 아들의 출가였다. 고등학교를 졸업한 후 나는 어머니가 그렇게 염원했던 원불교 출가의 길을 선택했기 때문이다. 어머니가 "4남매 가운데 막내아들 성태가 출가해서 가장 효도하였다."라고 한 말씀이 귓전에 맴돈다.

학교 급식과 출석점수

미국의 케네디 대통령은 취임사에서 전 인류의 적이 바로 '빈곤'이라 하였다. 가난의 고통은 어느 나라든 달갑지 않아서 피하고자 할 것이다. 현대그룹의 정주영 전 회장 역시 "핍박과 가난의 일제 치하 36년에서 벗어나 한숨 돌릴 새도 없이 벌어진 동족상잔의 6.25로 우리는 철저하게 파괴되었다."라고 『이 땅에 태어나서』의 회고록에서 전하고 있다. 그들이 말한 것처럼 가난을 겪어보지 못한 사람이라면 어떻게 가난의 고통을 알 수 있겠는가? 인간의 설움 가운데 배고픔의 설움이 가장 큰 고통일 것이다.

내가 초등학교에 다닐 때는 60년대로서 6.25가 끝난 후 10여 년밖에 지나지 않은 탓에 우리나라는 전란의 후유증으로 고통을 겪는 시기였다. 보릿고개로 먹을 것이 없어서 얼굴에 부황이 생기는 경우가 적지 않았다. 식량이 떨어질 춘궁기(春窮期)에는 정부에서 식량 융자를 제공하여 가을에 수확한 후 갚도록 하는 것이 유행이었다. 수확 양식이 부족하여 봄철에 바닥이 나고, 보리가 아직 여물지 않은 5~6월에는 어느 가정이든 춘투(春鬪)가 시작되는 등 빈궁하였다.

가난으로 끼니를 거르는 고통을 겪은 초등학생들은 오후 수업을 하지 않더라도 국가 후원의 학교 급식으로 점심때 옥수수죽을 먹고 자랐다. 중학생 때에도 친구들 가운데 도시락을 가져오지 못하여 점심밥을 굶는 경우가 있었다. 도시락을 먹을 만큼의 여유 있는 가정형편이 아니어서 점심밥을 굶는 학생들이 상당수였으므로 국가에서 원조를 해주었다. 이에 점심 대용으로 옥수수죽을 제공하였다. 중학교에 다닐 때 학교에서 점심시간에 옥수수죽 나눠준 것을 먹으니 과연 꿀맛이었다.

　농촌의 경우 학교의 급식 제공이 없으면 여러 학생은 굶는 상황이었다. 학교에서 이따금 점심에 옥수수죽을 안 줬다. 이는 땔감이 부족하거나, 무슨 사정으로 재료가 오지 않는 경우였다. 무척 배고팠지만 잠은 안 오니 좋았다. 자율학습을 마치고 친구 종운이의 도시락을 나눠 먹고 상점에서 빵 좀 사서 먹었다. 가난을 극복하면서 학교 야간 자율학습 시간에 전등을 켜고 공부하니 설상가상으로 모기가 교실 안으로 모여들었다.

　실제 중학교 급식소에서 점심을 며칠간 제공하지 못하는 것은 땔감이 부족하거나 땔감이 물에 젖는 경우였다. "장마철이라 지금 한창 전염병이 번질 때이므로 소독을 철저히 해야 한다. 밖에 비가 계속 내려서 학교 당국이 점심으로 죽을 쑤지 못하여 우리는 점심밥을 굶었다. 무척 배고픈 경우가 적지 않았으니 우리 반 친구들은 너나 할 것 없이 야위었다." 공부를 열심히 하는데 비가 온다고 점심으로 옥수수죽을 못 먹었으니 지금은 토픽감이다. 60~70년대에 한창 성장할 시기에 점심을 못 먹는 상황이라면 오늘날의 중학생들은 과연 믿을 것인가?

　급식으로는 옥수수죽 외에 분유와 옥수수빵도 나누어주었다. 이때 등교를 하면서 옥수수빵을 나르는 경운기에 달라붙어서 몰래 빵을 빼먹으려는 친구들이 있었다. 엔진소리가 워낙 큰 탓에 경운기의 뒤를 따르면서 옥수수빵 한두 개를 빼내어 먹는 일이 목격되곤 하였다. 빵을 몰래 먹는 모습에 장발장이 떠오른다. 1800년대의 빅토르 위고의 소설 『레미제라블』의 주인공 장발장은 가난과 굶주림으로 한 조각의 빵을 훔친 죄로 인해 5년의 감옥살이를 하게 되었지만, 사제의 도움으로 죄과를 뉘우치고 자비심을 발휘한 것이다.

다음으로 학창시절의 출석성적은 어떠했는가? 학교에서 출석이 중요하다는 것을 알았다. 초등학생 때 담임선생의 영향이 커서 공부를 잘한 때가 있었고, 어쩌다 결석하는 때도 있었다. 중학생 때에는 스스로 공부를 열심히 하였으며, 거기에는 공부 잘하는 학생들과 경쟁심마저 생겼다. 시험을 볼 때 좋은 점수를 받기 위해 잠 안 오는 약을 사 먹고 악착같이 공부했다. 그러나 1~2등은 하지 못했지만 3~4등은 하였다. 특히 영어는 열심히 공부한 결과 학급에서 1~2등을 하였다.

그러나 평소 학업성적보다는 출석의 개근상이 더 좋다고 생각하였다. 그 것은 시험 때 집중적으로 공부를 열심히 하는 것과 달리 365일의 지속적인 성실성이 요구되는 출석이 더 가치가 있다고 판단했기 때문이다. 중학교 1학년 때 개근상을 받았고, 2학년 때도 학교에 열심히 다녔으므로 개근상을 받았다. 3학년 때도 마찬가지였다. 중학교 졸업식 때 3년 개근을 수상한 것은 홀어머니의 고생을 생각하여 일찍 철이든 탓이다. 나는 여전히 학업성적보다는 개근상을 선호하였으며, 고등학생 때에도 3년 개근상을 받았다.

집에서 중학교까지의 거리가 가까운 거리도 아니고 2.5km 거리에 있었다. 고등학교와의 거리는 5km였다는 점에서 결석을 하지 않고 다니기 쉽지 않았지만, 출석이 중요하다는 일념으로 학교에 다녔다. 비가 오나 눈이 오나 학교에 가는 일을 하루의 중요 일과로 여겼으며 오로지 결석하지 않겠다는 다짐을 했다. 지금 생각해 봐도 옳은 판단이며 좌우명이 '성실'인 이유가 여기에 있다.

수업을 받는 중에 일부 학생들은 다른 곳에 마음이 가 있었다. 특히 야간 수업 시간은 자율학습으로 진행되었기 때문에 담임선생의 지도가 소홀한 틈을 타서 몰래 교실을 빠져나가는 학생들이 있었다. 자율학습을 하다가 모르게 도망가는 학생들이 있었는데, 선생님이 이를 알고 내일 벌을 준다고 하였다. 응당 벌을 받아야 한다고 생각했다. 고교 2학년생이자 사나이로서 한번 하겠다면 끝까지 고수해야지, 수업을 받다가 중간에 도망가다니 학생으로서 반성해야 할 일이다.

먼 거리의 학교에 다니는데 출·결석의 복병은 날씨였다. 소나기가 내리거나, 눈이 많이 올 때는 도로 사정으로 학교 다니기가 힘들었다. 요즘과 달리 당시에는 첫눈 내릴 때 날씨가 너무 추웠다. 자전거 핸들을 잡은 손이 얼어서 입으로 호호 불며 학교에 갔다. 우리 반 학생 몇몇이 결석을 자주 하고 중간에 가버린 학생들이 있어서 담임선생은 또 이를 알아차렸다. 왜 학교에 나오기가 싫어서 결석하는 것일까? 보라는 듯이 나는 3년간 반드시 개근상을 받고자 결심했다. 고등학생 시절에 공부를 잘하는 것보다 출석을 잘하는 것에 더 큰 의미를 둔 관계로 출석하고자 노력하였다.

학교의 야간자습에 빠진 적이 없고, 다만 정시에 교실에 들어가지 못한 경우가 딱 한 번 있었다. 그것은 복싱의 세기적 대전 때의 일이다. 저녁 시간에 세계 헤비급 복싱 챔피언 알리와 버그너 경기를 본 후 슬쩍 학교에 들어간 탓이다. 나는 친구 기수와 1시간 늦게 학교 울타리를 넘어 교실에 들어갔는데 양심의 가책이 되어 미안하였다. 고교 친구인 기수와는 가장 친한 사이로서 그가 학교 근처에서 자취하는 관계로 자취 집에서 시간 가는 줄 모르고 복싱 경기를 보다가 학교 자율학습에 늦고 말았다.

전 원광고등학교 정광훈 교장의 세 가지 실천 운동 가운데 하나를 소개해 본다. "성실하게 노력하여 수업에 충실한 생활을 하자." 또 세 가지 버릴 운동의 하나를 소개한다. "결석 지각 조퇴를 하지 말자." 학교 수업에 충실함으로써 결석을 하지 말아야 한다는 것이다. 학교의 선생으로서 무기력해지는 일은 무엇보다 학생들이 결석하는 일일 것이다.

어떻든 고교의 한 학년을 마감하면서 가장 보람 있는 일은 결석을 하지 않았던 것으로 개근상을 받는 것이었다. 결석하고 싶은 마음이 전혀 없었던 것은 아니며, 하루도 빠짐없이 일터에서 농사를 짓는 근면한 어머니의 DNA를 닮고 싶었기 때문이다. 고등학교 1학년 개근상을 받으며 다짐을 또 했다. "오늘 한 학년을 마치는 종업식을 했다. 1학년의 전 과정을 오늘로서 마감하는 날이다. 1년 개근상을 받았으며, 내년에도 개근할 결심이다." 고등학교 2학년 때의 일기에도 근면의 의지가 잘 나타나 있다. "오늘은 학기 말 방학이다. 2학년으로서 내가 받은 상은 개근상이다. 비가 오나 눈이 오나 학교에 꾸준히 나간 보람이다. 2년 연속으로 개근상을 받았다." 중학교 3년 개근상, 고등학교 3년 개근상을 받은 것은 보람 있고 자랑할만한 일이라 본다.

  나름의 생각으로 내가 일찍 철들어버린 이유는 학교를 왜 결석해서는 안 되는지 인내의 가치를 알았기 때문이다. 고등학생 때의 공부는 진로선택 때문에 힘들었으며 이에 인내해야만 했다. "지금 솔직한 심정은 학교의 딱딱한 생활이 싫다. 참아내기 힘들지만 인내하면서 공부하겠다. 나는 종합고등학교의 문과 입시반과 상과 취직반 가운데, 가정이 가난하여 선택한 상과 취직반에 들어왔다. 노력해서 문과생에 부럽지 않은 학생이 되자. 자포자기하지 말자." 고등학교 1학년 때의 다부진 각오가 잘 나타나 있다. 가난한 삶의 체험과 출석의 성실함이 맞물리는 시간이었다.

  출석을 위한 출석이 아니라 결석하지 않겠다는 결심이 곧 불문율로서 출석을 통한 성실의 가치를 지키기 위함이었다. 중학교 3년과 고등학교 3년 결석을 하지 않은 이유이다. 대학에 들어와서도 출석의 중요성은 변치 않았으나 부득이하게 결석한 때가 있었다. 곧 수업에서 결석해야 할 상황에 직면하였다. 1학년 기말고사를 대비한 동기생들의 모임 공부에 내가 지도해야 할 영어공부 3교시가 하필 대학수업 3교시와 겹치는 것이었다. 무엇을 선택해야 할지 망설이다가 영어 모임 공부의 좌장으로서 결석을 했다. 이러한 결단은 출가 후 선공후사(先公後私)의 가치관과 관련된다고 생각했기 때문이다.

농군의 아들과 품앗이

혼히 알고 있는 쌀 '미(米)' 자는 어의적으로 88번의 인고를 말한다. 그것은 팔(八)+팔(八)이 미(米) 자로서 쌀 한 톨을 만들어내려면 농부의 88번이라는 고통의 노력이 있어야 한다는 뜻이다. 이러한 인고의 땅에서 살아가는 인간으로서 생명을 유지하는 것이 대견스럽다. 쌀을 만드는 농사일이 아니라 푸른 잔디 위의 전원주택에서 양 떼를 몰고 목동이 되어 피리 불며 노니는 사람으로 태어나고 싶다면 어떠할까?

그러나 한 생명체가 개인이 원하는 데로 태어날 장소에 대한 선택권이 부여되어 있지 않다. 불교에서 말하는 업(業)이 그것으로 오로지 부모가 사는 곳에 태어날 운명으로서 농촌 혹은 도시에 태어난다. 내가 아무리 부유한 도시에 태어나고 싶다고 해도 부모가 농촌에서 살았으므로 나의 탄생지는 시골의 농촌인 셈이다. 그곳의 이름은 비단처럼 아름다운 고을이라 하여 '금곡(錦谷)'이라 불렀다. 마을 뒤에는 월봉봉이 있고 앞에는 칠보산이 병풍처럼 펼쳐져 있어서 비단 고을과 같았다.

금곡은 읍내에서 4km 정도 떨어진 시골 마을로서 맑은 공기에 더하여 밤에는 별과 달이 영롱하게 밝혀주는 정겨운 곳이다. 학창시절의 고향에 대한 그리움이 있다. "오늘 밤은 달이 참 밝다. 또 여름철임에도 불구하고 덥지 않고 달밤에 시원한 바람을 친구삼아 어머니와 밭에서 말린 보리를 다발로 묶었다. 시(詩)라도 읊고 싶은 시골 청년 농부의 감성이다. 하지만 누가 보아주는 사람 없이 단지 저 달님과 친구가 되었다." 초저녁의 달님은 노곤한 심신을 달래주는 듯 시상(詩想)의 친구가 되어주곤 하였다.

그렇다고 농촌은 시나 읊듯이 한적한 전원주택처럼 살 수 있는 상상의 공간이 아니다. 봄철부터 불철주야 농군으로서 살아가야 하는 고단한 여정인 것이다. 어머니 역시 전형적인 농군으로서 바쁜 농촌의 일상에 지쳐 있었고, 아들이 농사일을 도와주면서 겪는 고생은 가히 어머니에 비교할 수 없다. 집안일을 할 사람이 어머니밖에 없으니 일요일을 기다려 막내아들이 도와주곤 했다. 마음과 육체가 힘들지만 어쩔 수 없었다. 어머니가 아들보다 수십 배일을 더 하신다. 오후에는 지게 지고 방죽안에 거름을 나르는데 뒷산 고개를 넘어가기가 식은땀 나듯이 무척이나 힘들었다.

또 어머니와 아들이 시작굴 밭에 갔다. 밭에 난 풀을 메고 있는데 비가 내리기 시작했다. 어머니는 "넌, 정말 일할 복이 없다."라고 했다. 곰곰이 생각해보니 내가 일하려고 하면 비가 오거나 다른 일이 겹치는 일이 많았다. 철없는 마음에 주말에 비라도 오면 좋겠다고 생각했다.

중학교가 위치한 곳은 농촌이므로 농번기에 짧은 방학을 하며, 방학 전이라도 집안일이 바쁘면 농촌 학생들은 조퇴했다. 일터로 향하면서 나의 콧노래가 절로 나왔다. "농민들은 발걸음을 재촉한다. 나는 학생이면서 농군의 아들이다. 내 발걸음은 논밭을 향한다. 랄랄라… 콧노래야 이 마을에 메아리쳐라." 논에 모를 심는 날이면 학교에서 오전수업만 마치고 조퇴한 후 집안일을 도와주었다. 수업 1교시를 마치고 모를 심기 위해 조퇴를 하여 논에서 모를 성의껏 심었다. 일꾼 5명을 동원하여 모를 심은 것이다. 이날 따라 들에서 점심을 먹으니 꿀맛이었다. 오후에도 열성으로 모를 심었다. 밤에 땀이 날 정도로 방이 더웠으며 점심때 일꾼들의 밥을 했기 때문이다.

우리 집 소유의 논은 모두 세 마지기의 천수답(天水畓)이며, 가뭄에는 모를 심기 힘들어서 흉년이 든 적도 많다. 선생님 모임이 있어 학교 수업이 없는 날, 논두렁에 물이 새지 않게 논두렁을 만들었는데 천수답이므로 논 다랑이의 물이 적어서 작업이 쉽지 않았다. 올해 풍년이 들어서 피땀 흘린 노력이 헛되지 않아야 할 것이라 빌어본다. 어머니는 늦게까지 논에 남아서 밤 10시에야 귀가하는 것이 태반이었다. 농사철에 비가 오지 않으면 어머니는 논에서 한참 동안 하늘을 멍하니 바라보며 한숨을 쉬었다.

자주 있는 일은 아니지만, 농사꾼의 아들로서 가장 어려웠던 것은 힘에 겹도록 지게를 지고 짐을 나르는 일이었다. 농번기의 짧은 방학이므로 아침부터 각오하고 내 몸을 잠시 집안일에 맡기기로 했다. 지게로 밭에서 보리를 날랐다. 너무 피곤했지만 참고 견디어야 했다. 오르막길이 있으면 반드시 내리막길도 있을 것이다. 농번기 이튿날 하늘에서는 맑은 공기가 나를 반겨주었다. 지게로 거름을 밭에 나르니 농촌의 내음이 코를 향했다. 일하던 중 나의 지게가 부서져서 옆집 창옥이 아버지가 고쳐주었다. 아버지로부터 물려받은 지게라서 이따금 부서지는 일이 있었다.

지게로 등짐을 하는 것에 버금가는 일로서 힘든 작업은 논에 농약을 하는 일이었다. 어머니가 오후에 농약을 하자고 하여 우선 농촌의 바쁜 일손을 보태야 한다고 생각해서 조퇴하고 농약을 했다. 17세의 앳된 나이에 무거운 농약 통을 메고 농약을 하면 독한 냄새로 머리가 아팠다. 농약을 하지 않으면 농사를 짓지 못하므로 농약이 필요하다. 어느 날 아침 일찍 작은아버지 자전거를 빌려 읍내에 가서 잎새 농약을 구매해 왔다. 바로 논에 가서 혼자 농약 9통을 뿌렸다. 약을 하고 나니 어깨가 뻐근하고 머리가 아팠다. 어머니는 홀로 힘든 작업이므로 수업 기간에도 아들에게 결석하라고 했지만, 나는 학교에 가서 오전수업만이라도 마치고 조퇴한 후 논에 와서 같이 농약을 했다.

농촌의 일 가운데 힘든 일은 또 논에 가서 피를 뽑고 잡초를 제거하는 김매기였다. 피는 모와 비슷해서 이따금 벼를 피로 알고 잘못 뽑았지만 어머니는 야단하면서도 미소지었다. 논에 가서 김을 매는데 너무 더워 조금 하다가 포기하고 말았는데, 어머니는 매일 푹푹 찌는 무더위에 얼마나 수고할까를 생각하면 아들 교육 때문이다.

우리 집의 일이야 눈치를 보지 않고 쉬어가면서 하지만, 동네 품앗이로 모심기를 하면 눈치를 봐야 해서 더욱 힘들었다. 친구 기영이네 모를 심으러 갔다. 친구 간에 품앗이하면서 힘들었지만, 점심을 들에서 먹으니 정말 무엇과도 바꿀 수 없는 꿀맛이었다. 모를 심을 때 허리가 아팠다. 게다가 거머리가 많아서 혼났다. 모를 심고 승부 놀이터에서 수평, 철봉 운동을 했다. 그 피곤한 가운데서도 집에 와서 또 집안일을 도와주었다. 피곤함이야 어쩔 수 없지만 하얀 살결이 이젠 검둥이로 변할 정도여서 속상했다.

며칠 후 마을에 사는 후배의 모심기 품앗이를 했다. 품앗이는 일의 효율성이 있고 또 남의 논에서 일하면 점심밥은 진수성찬이었다. 그저께 내가 학교에 가고 없었기 때문에 금용이가 우리 논의 모를 심어주었던 관계로 일종의 품앗이였다. 올해 처음으로 모를 심었는데 종일 수그려 일을 하다보니 너무 힘들었다. 하지만 농촌의 아들이라는 자부심으로 모를 심었다.

논일만이 아니라 밭일을 하는 것도 서로 품앗이를 했다. 친구 춘봉이 밭에 가서 무와 배추를 파종해주고, 또한 나의 밭에 와서 일했다. 일종의 품앗이를 한 셈이다. 밤엔 낮에 일했던 땀을 씻어내기 위해 아랫동네 우물에 가서 친구들과 목욕을 했다. 아랫동네 우물은 동네에서 조금 떨어져 있어서 밤에 목욕해도 주변 사람들에게 큰 지장이 없었다. 우물도 얕은 편이어서 물을 퍼서 올리는 것이 수월했다. 바로 옆에 냇물이 흐르는 관계로 물이 많아서 밤에 목욕하기 적격이었다.

품앗이 외에 친구 집에 가서 허드렛일을 도와주고 친구 또한 우리 집에 놀러와 밭일을 도와주었다. 한홍과 상선이가 오후에 집에 놀러 왔다. 친구들과 어울려 시작굴 밭에 고추를 파종하는데 거름을 날랐다. 친구들이 도와준 덕분에 혼자 하기에 힘든 일이 수월했다. 중학교 동기인 한홍이는 허물없이 가깝게 지내는 친구였다.

농촌에 살면서 가장 보람 있는 일은 농작물을 수확하는 일이었다. 가을 어느 날 아침부터 탈곡하기 시작했다. 점심시간까지 탈곡하면 끝마칠 줄 알았는데 오후 4시에야 끝났다. 탈곡 후에도 붙어있는 벼 이삭이 너무 많아서 어머니 홀로 타작하려면 며칠 걸릴 것 같았다. 이에 사촌 정화 형에게 사정하여 밤에 40분간 일을 더 했다. 탈곡한 벼가 무려 14가마였으니 풍년인 것 같다. 밤에도 늦게까지 탈곡을 하는 경우가 있었다. 심신이 피곤한 것은 핑계이며 일이 있으면 작업해야 한다. 수확기이면 어느 해라 해도 분주했다. "현재 밤 11시 40분이다. 밤 7시부터 탈곡기로 탈곡을 해서 이제야 끝나 목욕하고 일기 쓰는 중이다."

논밭 일을 마치고 저녁에 잠을 잘 무렵이면 허리가 아프고 어깨가 쑤시고 육체 상태가 엉망이었다. 다음날의 일을 장담할 수가 없는 일이다. 아침에 일어나니 감기에 걸렸다. 정말 목구멍이 칼칼했으나 쉰다는 것은 언감생심이다. 일터에 나가서 철새 밭의 긴 풀을 베었는데 거름과 땔감을 만들기 위해서이다. 낫으로 벤 풀을 석양에 지게로 날랐다. 몸을 아끼지 않고 일을 했다. 열심히 일해야 겨울철 굶지 않고 따뜻하게 보내는 농촌 살림살이다.

농촌에 살면서 힘든 전담 일은 견디기 쉽지 않았지만, 내심 농촌의 발전을 기대하기도 하였다. 따스한 봄날, 일어나자마자 식사 후 바로 논에 가서 쟁기가 작업할 수 없는 공간을 삽으로 팠다. 삽질과 괭이질을 하니 허리가 아프고 다리와 팔도 아팠다. 단 2일간 일을 해도 피곤한데 날마다 일하는 농촌 일꾼들은 얼마나 고될까를 생각해 본다. 청소년기의 고생은 사서도 한다고 하므로 고통을 피하고 싶지는 않았으나, 솔직히 농사꾼은 되고 싶지 않았다.

자전거의 꿈과 외갓집

과거의 주 운송수단은 화학 에너지를 사용하지 않고 인간과 동물의 물리적 힘을 통해 굴리는 수레 그리고 자전거였다. 자동차가 교통수단으로 등장하기 전까지 자전거는 긴요한 운송수단이었다. 청년 시절의 아놀드 토인비는 고대 로마를 찾아 이탈리아 전역을 자전거로 답사하였다. 이러한 정경을 시오노 나나미는 『로마인 이야기』에서 흥미롭게 소개하였다. 지금도 자전거로 세계여행을 하는 모험가들을 보면 용기가 대단하다.

자전거는 과거 수레와 같이 소중한 운송의 재산이었던 것 같다. 1920년대로서 원불교의 초기교단 시절, 소태산 대종사는 총부 주재 당시 토요일, 자공회(유년회)를 가르치는 방편으로 계문 항목을 만들었다. 벽에 낙서하지 말 것, 사무실 앞에 자전거 만지지 말 것, 산업부의 김치 장독에서 김치 꺼내 먹지 말 것, 불장난하지 말 것 등이다. 불법연구회 사무실 앞에 있던 자전거를 아동들에게 만지지 말라고 한 것은 흥미로운 일이며 그만큼 자전거가 소중하였기 때문이다.

어린 시절에 세발자전거를 그렇게 갖고 싶었다. 아랫집 아이가 세발자전거를 가지고 놀면 타고 싶어서 어쩔 줄 몰랐다. 동네 부잣집 어린이에게 세발자전거가 있어서 나는 자전거를 뒤에서 밀어주면서 타보자고 하여 겨우 얻어 탄 적이 있다. 뒤에서 여러 번 밀어주어야 그 대가로 겨우 한 번 얻어 타는 어린 마음이 어떠했을까? 10살 소년으로서 생각하기를, 어머니는 나에게 왜 세발자전거를 사주지 않을까를 생각했지만 가난한 집안 살림을 미처 알지 못했다.

1970년대 초반, 중학생이 되면서 집에서 학교까지 거리가 멀어서 자전거로 통학하고 싶었다. 어머니에게 자전거를 사달라고 하면 "너는 왜 속이 없느냐? 엄마가 무슨 돈이 있다고 그래?" 이렇게 질타하였다. 사촌 작은집에 자전거가 있어 타보고 싶었고, 사촌 동생에게 자전거를 가지고 나오라고 하여 자전거 타는 법을 배웠다. 작은아버지가 5일 장에 자전거 타고 다니는 관계로 장에 내다 팔 짐을 실을 수 있는 튼튼한 자전거였다.

꿈에라도 자전거를 타보고 싶었으며, 대구에 사는 큰형이 자전거를 사주면 좋겠다고 기대했지만 장담할 수가 없었다. 중학생 때까지 자전거를 갖고 싶은 욕심은 그저 욕심에 머물러 있을 뿐이었다. 그렇게 갖고 싶었던 자전거는 고등학교 2학년이 되어서야 가능하였다. 5km 떨어진 고등학교에 다니기가 힘든 줄 알고 어머니가 목돈을 마련하여 잘 아는 자전거 판매상에 가서 중고 자전거를 1만5천 원에 사주었다. 자전거 소유의 꿈이 실현되던 고교 2학년 때 너무도 기뻤다.

고등학생으로서 1학년을 다 마치고서야 자전거를 소유하였는데, 성년이 되어 1983년 조교 때에도 대학 등교에 자전거 통학을 했다. 이때 원광대 송천은, 서경전, 김홍철 교수가 자전거로 대학에 출퇴근하였고, 나 역시 교수가 되어 한 학기 자전거 통학을 한 적이 있다. 또 2008년 7월 31일 원광대에서는 전 교직원에게 자전거를 지급했는데, 레스포(삼천리) 접이식 자전거였다. 오늘날 청소년들에게 자전거는 더이상 소유하고 싶은 대상이 아니며, 더구나 캠퍼스에는 사람 힘으로 움직이는 자전거 대신에 충전해 쓰는 킥보드가 최근 유행하면서 자전거는 드문드문 탈 정도이다.

한편 어린 시절을 생각하면 외갓집 정경이 눈에 선하다. 어머니의 고향은 북면 화해리 부근에 있는 곳이다. 주소는 남산리 오산이지만 실제로 북면 화해리에 가까운 곳이다. 화해리에 교당이 있는데 이곳이 화해 제우(際遇)의 성적지로서 대종사와 정산종사가 처음 만났던 곳이다. 어머니는 어린 시절부터 오산 바로 옆의 화해교당에 다니면서 처음으로 대종사를 친견하였다. 어머니의 신성과 성자 만난 인연으로 막내아들이 출가한 것 같다.

우리 집은 초등학교에서 2km 떨어진 관계로 나는 이따금 학교 근처에 있는 외갓집에 책가방을 맡겼다. 고교 수업을 마치고 자전거와 책가방을 외갓집에 맡기고 바로 대전 누나 집에 갔다. 어머니가 집에 없기 때문이다. 대전에 가보니 누나가 6일 전 딸(덕신)을 낳았다고 한다. 어머니는 2일 후에 온다고 하여 나는 하룻밤을 자고 집에 내려가기로 했고, 매형의 녹음기를 빌렸다. 고등학교 1학년 때로서 갓 태어난 조카를 신기한 듯 바라보고 귀가하였다.

이따금 겨울철에 외갓집을 방문할 경우 무척이나 땅이 질퍽하여 잘 다니지 못하고 외출만 하면 바짓가랑이에 진흙이 묻었다. 장화가 없어서 걷기 매우 불편했다. 어머니의 고향 오산은 "마누라 없이는 살아도 장화 없인 살 수 없다."라고 할 정도로 질퍽한 시골길이었다. 겨울철 외갓집에만 가면 옷은 진흙으로 범벅되고 양말도 메기 잡듯이 진흙탕에 적셔서 어머니는 조심하라고 하였지만 어쩔 수 없었다.

이처럼 어렸을 때 어머니를 따라 외갓집에 자주 다녔다. 집에서 걸어서 30분 정도의 거리에 있으며, 어머니 남매가 오산 외갓집에 살고 있어서 애경사에는 단골로 다닌 것이다. 외삼촌 기일날 외갓집에 가면 맛있는 반찬이 나오고 돼지고기도 먹어서 참 좋았다. 소화 장애가 있다면 이러한 기일이었다. 애경사에 돼지고기 찌개를 맛있게 먹은 후 설사를 하였기 때문이다. 기일에 어김없이 고기 종류의 음식을 많이 먹다 보니 소화 장애가 일어나는 것은 불을 보듯 뻔한 일이었다.

다른 용무로 외갓집에 간 것은 외사촌 형댁에 뽕나무가 있어서 뽕잎을 따러 다녔다. 집에서 누에를 키우는 관계로 뽕잎을 따러 2km 떨어진 외갓집에 포대를 가지고 갔다. 외갓집 재선형 집에 뽕나무 몇 그루가 있어서 그곳에서 뽕잎을 따왔다. 누에 먹일 뽕잎이 부족할 때 먼 타지에서 구해온 것이다. 따온 뽕잎을 주면 누에의 갉아먹는 소리가 마치 밖에서 소나기 오는 소리와도 같았다.

외갓집을 자주 다니다 보니 외사촌들과는 가깝게 만나는 사이였다. 어머니를 포함한 3남매가 오산에 살고 있었는데 큰 외삼촌 2가구, 작은 외삼촌 1가구가 한마을에 있었다. 큰 외숙모 댁, 해평외숙모 댁, 김제외숙모 댁이 그곳이며 외갓집에 갈 때는 옷을 정갈하게 입고 가는 편이었다. 정읍 은화양복점에 가서 전에 맞춘 옷을 5,800원에 찾아왔다. 집에 와서 옷을 입어보니 마음에 들었으나 당시의 유행을 따르다 보니 하의가 좀 작아 불편하였다. 새옷을 입고 기분 좋게 오산 외갓집에 갔다. 또 외사촌 완선 형이 북면에서 양복점을 하였기 때문에 중학생 때 이곳에서 옷을 수선하거나 맞추었다. 오래간만에 외갓집에 가보니 많이 달라진 것 같았다.

오산마을에 살던 세 외갓집은 이제 뿔뿔이 흩어져 친척들이 다른 지역에 살고 있다. 작은 외삼촌이 김제로 이사를 왔는데 외숙모가 김제 출신이라 그곳으로 온 것이다. 1975년 1월 1일에 북면초등학교에 가서 재미있게 축구를 한 후 외사촌 동생 국선을 만나서 김제 외삼촌 댁에 갔다. 다음날이 외삼촌 생신이라 했기 때문이다. 지금도 외사촌 형제간들과 소통하고 있으며, 정이 많은 외사촌 봉선형은 이따금 전화로 안부를 물어오곤 한다. 국선 동생이 현재 익산에 살고 있어서 어쩌다 만나면 과거를 회상하고 추억에 젖는다.

우등상과 씨름우승

다음의 글을 소개해 본다. "두 사람이 서로 부여잡고 씨름을 하는 데에 공교히 적수를 만난다고 하자. 두 적수가 서로 버티고 승부를 결단하려고 할 때 그 힘이 오죽이나 쓰이며, 더운 땀인들 얼마나 흘리겠는가?" 이는 주산 종사의 어록에 있는 글이다. 그 의미를 새겨보면 우등상과 씨름 상장은 공통으로 상대방과 경쟁에서 흘린 땀으로 얻어진 값진 선물이라는 것이다.

코흘리개로서 초등학교 1학년에 입학하여 2km 떨어진 학교의 거리가 만만하지 않았으나 큰 어려움 없이 학교에 다녔다. 1학년 때 둘째 형은 6학년이었으므로, 형을 따라다니며 의지할 데가 있었기 때문이다. 학교에서 물을 마시고 싶어 6학년 교실에서 공부하는 형에게 찾아가 물을 달라고 하여 물을 얻어 마신 적도 있다. 형 친구들은 어린 동생을 보고 귀여워했다. "너, 형의 얼굴을 닮았구나."라고 하면서 반갑게 말을 건네는 형 친구들이 친형 같은 느낌이었다.

추억을 머금은 초등학생 시절에 받은 상은 주로 출석 및 학업 우수상이었다. 물론 행복은 성적순이 아니며, 가치 있는 행동이 더 행복을 가져다주는 것이다. 인간이 어떻게 하면 행복해질 수 있는가를 조사했는데, 40대 중반의 남녀 초등학교 동창들의 생활기록부를 분석하였다. 생활기록부에서 6년간의 성적을 보면 지능과 큰 연관이 없었고 행동이 큰 영향을 미쳤다는 것이다.

어린 시절의 정서적 안정과 바른 행동이 행복의 성공에 직결된다는 것으로, 지능보다 행동의 성실함이 행복을 더 가져다준다는 사실을 지상파 TV 다큐멘터리에서 방영했다. 학업상과 출석상의 균형이 필요한 이유이다.

학교의 성적만이 꼭 사회의 모범생이 된다고 생각하지 않는다. 윤은기는 『하트경영』에서 말하기를, 현재 우리가 학교에서 시행하는 교육은 입시 위주로 치우쳐 있고 두뇌 계발에 초점을 맞추고 있는데, 학교의 우등생이 반드시 사회의 우등생이 되지는 않는다는 것이다. 학교의 진정한 우등생에게는 기본적으로 성실한 학습 태도와 행동의 진실함이 중요하다.

더욱이 초등학교 때 상장을 받는 일은 담임선생의 영향이 크다는 것을 알았다. 1~2학년 때와 달리 3학년 때 담임과 정서상 멀어진 감이 있었으며, 그로 인해 상장을 받지 못했다. 우등상을 받지 못한 이유는 열심히 공부하지 않았기 때문이지만, 결석을 한두 번 했다는 사유로 담임으로부터 혼나면서 친밀감이 부족했다. 1~2학년 때 담임선생의 깊은 관심으로 공부를 열심히 하고 출석도 빠지지 않았지만, 3학년 때는 담임의 학생 관심이 소홀해져 결석을 한두 번 하였다. 화단에 물을 자주 주지 않고 무관심하면 화초가 메마르게 된다는 것은 성장 과정의 초등학생에게도 비유되는 것 같다.

초등학교 6학년 때에도 담임선생과는 친밀감이 별로 없었다. 내가 두세 번 결석했는데 담임선생이 꾸짖은 것이 반발감을 낳게 했으며, 그것은 학업 성적에 좋지 않은 영향을 미쳤다. 사제 간에 친밀도가 왜 필요한가? 오늘의 스승은 전날의 학생이니, 먼저 전날 교육의 득실을 살펴보라고 말한 한용운 스님의 『조선불교혁신론』의 언급이 떠올랐다. 역지사지에서 볼 때 학생 때도 있고 스승이 될 때도 있다는 것으로, 내가 초등학교 때 학생이었지만 이제 성인이 되어 대학생들의 스승이 아닌가? 스승이 학생에게 관심이 부족하다면 학생들의 관리 부족으로 이어지고 마는 것이다.

이러한 사실은 초등학교 때 1~2학년과 4~5학년 때 나 자신과 관련되는 일이었다. 담임선생이 나에게 살갑게 다가와 주었기 때문에 학업 우등상과 개근상을 받았다. 초등학교에 열심히 다녔던 때는 1~2학년 때였지만, 3학년 과 6학년 때에는 사제 관계의 서먹함과 소홀함으로 인하여 집중력이 떨어진 것 같다. 1~2학년 때에는 같은 반 이강빈의 누나 이정자 선생이 담임선생이 었는데, 나를 예뻐해 주어서 더욱 열심히 공부했고 학교에 충실하였다. 초등 학생 때는 사제간 상호 소통이 민감하다는 증거이다.

초등학생 때 우등상을 받은 것은 선생의 관심 외에 가족의 섬세한 사랑 때 문이며, 어머니의 무한한 사랑에 보답하는 의미도 있었을 것이다. 어린 시절 에는 어머니의 근실함이 나에게 영향을 미쳤다. 하루 농사일을 마친 후 어머 니는 밤마다 책을 읽었다. 힐러리 클린턴은 그녀의 회고록 『살아있는 역사』 에서 말하기를 "어머니는 샌가브리엘 골짜기에 몇 킬로미터나 뻗어있는 오 렌지밭을 뛰어다니며 햇빛 속에서 익어가는 향긋한 과일 냄새에 열중했다. 밤에는 책 속으로 도피했다."고 했다. 힐러리의 어머니는 읽기와 쓰기를 잘한 다고 선생님들한테 칭찬을 받는 우등생이었다고 한다. 근면한 부모 밑에서 성장하면 자녀도 그 영향을 받는다는 것이다.

한편 초등학교 시절의 우쭐한 추억이 있다. 6학년 때 교실 바닥에서 급우 들과 1대1 씨름을 하였다. 나는 50명의 같은 반 학생들과 교실 바닥에서 씨 름 경기를 하여 1등을 하였다. 상품은 없었으나 담임선생은 황소상이라며 나 의 손을 치켜세웠다. 힘도 세지 않았는데 1등을 한 것에 대하여 나 자신도 놀 랐다. 곰곰이 생각해 보니, 초등학생 때부터 지게를 지고 산비탈을 넘어서 농 작물을 나른 일이라든가, 논밭에서 농약통을 메고 땀방울을 흘리던 농사꾼 아들로서 일한 것이 뚝심의 근력으로 다져진 결과였다.

농촌에서 가장 힘들었던 것이 어린 시절 고구마라든가 거름을 지게에 지 고 땀 흘려 나르다 보면 종아리에 힘줄이 튀어나왔다. 또 밭에서 일하는 어 머니의 농촌 일을 도와주면서 체력이 다져진 것이다. 햇살북 시리즈로 『꼬마 농부』를 보면, 2017년 4월 15일 KBS 1TV에 방영된 한국의 애니메이션 꼬마 농부 라비를 굳이 거론하지 않더라도, 나의 얼굴은 분명 그을린 시골의 꼬마 농부 같았다.

그리고 오리(五里) 조금 넘는 초등학교 등굣길을 이따금 뛰어다니면서 지구력이 생겼으리라 본다. 먼 거리를 걷고 뛰고 하니 상대적으로 많이 운동한 것이다. 방목된 망아지처럼 6년 동안 학교에 다니면서 나름 체력이 쌓여갔다. 집에서 길러진 것이 아니라 방목된 염소나 양들이 성장에 좋듯, 마치 시골에 방목된 아이처럼 나도 모르게 강해졌다. 하지만 키는 다른 친구에 비해 다소 작은 편이었다. 그래서 덩치 큰 친구들이 나를 과소평가하여 씨름에서 이길 수 있다고 방심하자 그들을 3분 이내에 넘어뜨렸다. 6학년 교실 바닥에서 씨름하여 키 큰 아이들을 무릎 꿇리고 보니, 나를 골려줬던 아이들이 조금 조심하는 눈치를 보였다.

나는 승부욕이 강했지만 어머니가 비교적 늦은 나이인 43세에 막내아들을 낳았으므로 스스로 몸이 약하다고 생각했는데 씨름에서 우승하자 나 자신도 신기했다. 갓난아이 때 수유(授乳) 부족으로 나약해 보였지만 내게 힘이 있었던 것은 아무리 생각해봐도 신기하였다. 초등학교 4학년 때 아버지의 유산인 지게를 작게 만들어 고구마 등을 뚝심으로 나른 것이 체력을 뒷받침해 주었다. 그래서 초등학교 50여 명의 또래와 씨름하여 황소상을 받아 우쭐하였고, 체력에 자신을 갖게 된 것이다.

초등학교 6학년을 통틀어 4번의 학업 우등상을 받은 것에 대해서는 꾸준한 노력이 있었으므로 가능하였다. 6번 가운데 4번의 학업 우등상과 개근상, 그리고 1번의 씨름 상을 받은 초등학생 시절이 매우 자랑스러웠다. 철이 좀 들었더라면 6년 우등상에 6년 개근상을 받았을 터인데 욕심이 과한 것 같다. 이는 중·고등학교에 다니면서 각고의 노력 끝에 실현 가능했다.

소풍의 추억들

초등학교 소풍을 며칠 앞둔 어린이의 마음은 그 날짜를 기다리기 지겨워 하루가 빨리 갔으면 한다. 소풍을 2~3일을 앞두고 날씨에 대하여 유난히 관심이 많았고, 밤에 잠이 잘 오지 않은 때도 있었다. 예나 지금이나 소풍날을 손꼽아 기다리는 것은 틀에 박힌 일상생활에서 벗어나 자연과 벗하면서 그간 쌓인 스트레스를 풀기도 하고, 신선한 바람을 쐬고 싶은 마음에서 비롯되는 것이라고 김홍운 교수는 「수학여행 유감」에서 밝힌 적이 있다.

초등학교와 중·고등학교 졸업할 때까지 해마다 두 번의 소풍이 있었는데, 그것은 봄 소풍과 가을 소풍이다. 동심(童心)에 젖어 소풍 가는 날은 너무도 설레고 재미있었다. 친구들과 손잡고 거닐며 감상하는 자연의 경치가 신비로웠고, 철없는 마음에 학교 수업을 안 한다는 그 자체가 마냥 즐거웠다. 소풍 가는 날이 기대되는 것은 학생이나 어른이나 같은 생각일 것이다.

그런데 소풍 가는 날, 하필 비가 올 때가 많아서 애를 태우곤 했다. 학교를 관리하는 관리인이 포플러를 베어 하늘이 노해서 비가 온다고 했는데 순진하게 소문 그대로 믿었다. 소풍날을 하루 앞두고 비구름이 잔뜩 끼어 연기되거나 취소되는 등 오락가락한 때가 있었다. 고등학교 1학년 때의 일이다. "소풍 날, 비가 와서 책을 가지고 학교에 갔다. 다행히 예정대로 소풍 간다고 해서 제대로 준비를 못 하고 자전거와 책가방을 가까운 거리의 해평 외숙모댁에 맡기고 버스로 고창 선운사에 갔다. 오던 비는 멈추었지만, 올해 선운사 단풍이 별로이다." 이날 오락시간에 나는 대중 앞에서 노래를 부르고 칫솔 하나를 받았다. 부끄럼을 타고 붙임성이 없는 내가 노래를 불렀다는 것은 선물에 유혹되었는지 참 의외인 것 같다.

어느 소풍날 설레는 아침, 어머니가 준비해준 도시락을 어깨에 메고서 집을 나서며 그저 신났다. 어머니로부터 용돈을 받는 날이어서 좋았는데, 초등학생 때 어머니로부터 5원 혹 10원을 용돈으로 받아 원하는 장난감을 살 돈은 아니었지만, 군것질할 수는 있었다. 당시 1원의 가치는 붕어빵 한두 개 정도 사서 먹을 수 있는 정도였다. 그렇게 갖고 싶었던 플라스틱 장난감 총은 300원이었으니 엄두조차 내지 못하였다. 행상들이 어린이들과 소풍에 합류하면서 군침이 도는 과자며 장난감으로 동심을 유혹하였다.

어머니는 간혹 용돈 10원을 주면서 잔돈을 남겨오라고 했는데 그와 관련한 추억이 있다. "초등학교 2학년 때 소풍 간다고 어머니에게 용돈을 달라고 했더니 10원짜리 동전 하나를 주면서 5원을 남겨오라고 했다." 당연히 꾸중을 들을 줄 알면서 돈 한 푼도 남겨오지 못한 이유로는 사탕을 사고, 풍선을 사면 금방 용돈이 떨어졌기 때문이다. 어머니는 왜 용돈 남겨오지 않았느냐고 혼내지 않고 슬쩍 넘어가 주었다. 소풍날의 기쁨을 어머니가 함께하려는 듯이 웃어넘긴 것이다.

목적지의 거리가 멀어도 소풍 가는 날은 기분이 좋았다. 보통 4~5km 떨어진 유적지와 사찰에 갔고 중·고등학생 때는 다소 먼 거리를 갔다. 중학교 때 기억나는 소풍 장소는 금산사였으며, 고등학교 때는 주로 내장사와 선운사였다. 소풍 갔을 때 추억은 보물찾기나 오락이었다. 그리고 친한 친구들과 기념사진을 찍고, 또 점심때 친구 김기수와 김창기 등과 도시락을 같이 먹는 것이 재미있었다. 도시락의 맛도 좋았지만 상쾌한 공기를 마시며 친구들과 야외에서 함께 노니는 시간이 행복했다.

해마다 가는 소풍보다 더 기쁜 날은 졸업여행일 것이다. 학교를 졸업할 시기로서 5학년생의 졸업여행이 기다려지고 있었는데 보통 3박 4일의 여행 일정이므로 경비가 만만치 않았다. 1969년 가을의 일로서 초등학교 졸업여행을 가지 못한 아쉬움이 컸다. 경제적 여유가 없다고 어머니가 허락하지 않아서 경주의 졸업여행을 가지 못했다. 바로 옆집 친구는 졸업여행을 다녀왔지만, 나는 집안 사정을 잘 알기 때문에 이내 포기하였다.

이처럼 졸업여행을 가지 못한 점에 안타까움이 있었는데, 그것은 시골 초등학생으로서 꿈에서나 갈 수 있는 경주였다. 어머니께 졸업여행으로 경주를 가고 싶다고 졸라봤지만, 집안의 뻔한 주머니 사정으로 아무 소용이 없었다. 그러나 중학교 3학년 때 수학여행을 갈 수 있었던 것은 학교와 비교적 가까운 곳의 김제 금산사였기 때문이다. 1박 2일 코스에 버스로 1시간 거리에다가 비용이 적게 들어서 어머니는 수학여행을 허락했으며, 금산사 템플스테이 형식으로 3학년 남학생 전체가 큰 사찰 방에서 잠을 잤다.

초등학생 때의 경주와 고등학생 때의 설악산 여행은 가지 못했기 때문에 아쉬움이 크다. 그러나 오로지 한 번의 중학생 때 졸업 여행은 가능했으므로 금산사 여행은 초등학생 때 가지 못한 졸업여행에 위로가 되었다. 그날은 1972년 4월 22일이었다. 가슴에 벅찬 순간을 일기에 담았다. "아침에 일어나 보니 기분이 상쾌했다. 책가방 없이 기쁜 마음으로 등교한 후 급우들과 버스를 타고 재미있게 금산사로 졸업여행을 갔다. 금산사의 대웅전은 내장사보다 웅장해 보였다. 우리나라의 국보가 있으며 이곳에서 여기저기 사찰 탐방 경험을 했다." 이날 해 질 무렵 절에서 조금 떨어진 곳에 있는 국보 26호 거북선 주위에서 친구들과 맘껏 춤을 추며 시간 가는 줄 모르고 놀다가, 밤 9시가 되어 사찰 대중 방에서 잠을 잤다. 남학생들 전체가 방 하나에 잠을 자는데 여기저기서 소곤대곤 하여 새벽에야 겨우 잠이 들었다.

다음 날 아침 일찍 일어났지만 피곤한 줄도 모르고 산기슭의 흐르는 물에서 세수하였다. 사찰에서 아침밥을 제공했는데 산나물 위주의 반찬이 많아서 맛있게 먹었다. 어제와 마찬가지로 절에서 조금 떨어진 곳에 가서 친구들과 어울려 즐겁게 놀았다. 손수 빌린 카메라로 친구들과 추억 사진을 찍었다. 학교에서 수업할 때에 시간이 다소 지루했는데 금산사 소풍날에는 왜 그렇게 시간이 빨리 가는지 아쉬웠다.

견문이 별로 없었던 16살 나이의 시골 중학생답게 금산사 사찰의 여기저기를 돌아보며 고요한 산사(山寺)의 기운에 심취되면서도 신기했다. 금산사의 정취가 오늘날 송학사로 이어지는 느낌이 든다. 김태곤의 다음 노래 가사가 생각난다. "산모퉁이 바로 돌아 송학사 있거늘, 무얼 그리 갈래갈래 깊은 산속 헤매나, 밤벌레에 울음 계곡 별빛 곱게 내려앉나니, 그리운 마음 임에게로 어서 달려 가보세." 이 노래는 김태곤 가수가 언젠가 원광대 대학원에 입학할 당시 맛보기로 불러주었으며, 나는 면접 교수의 일원으로서 그에게 인터뷰한 적이 있다.

지금에야 금산사는 한나절 코스이며 익산에서 승용차로 1시간 거리이다. 그러나 중학생 때 북면의 시골 태생이라 그런지 먼 이방의 사찰을 온 것 같이 신기하고 설렘으로 가득했다. 농촌의 촌뜨기가 버스를 타고 금산사에 도착하자 산의 맑은 공기에 기분이 너무 좋았고, 사찰 한쪽에 자리를 잡고 보물찾기를 할 때 설렘 그대로였다. 나는 보물을 찾기에 젬병이어서 기념품을 받지 못했지만 그래도 마냥 좋아서 잊지 못할 추억의 시간이었다.

친구들과 즐거움의 시간을 금쪽같이 나누며 사찰을 배경으로 기념사진 몇 장 찍은 것이 지금도 나의 책상 서랍에 남아 있다. 초등학생 때 느끼지 못한 수학여행을 변성기의 중학생 때 느껴보니 행복했다. 경주에 가보지 못한 아쉬움이 금산사에서 확 풀리는 느낌이 들었다. 1박 2일 소풍을 마치고 귀가할 시간에 학생 7명이 늦게 나타나서 담임선생의 마음을 애태웠다.

초등학교나 중학교 소풍 때와 달리 고등학교 소풍 때에는 담임선생을 위한 선물을 준비하였다. 고등학교 2학년 때의 일기를 보면 18세의 나이답게 선생님들의 선물을 준비할 정도의 철이 든 것 같다. "4월 19일 소풍 갈 준비로서 선생님의 수고로움에 보답해야 하는데 돈이 부족하였다. 우리 반 대표들과 희망하는 학생들에 한해서 선생님 소풍선물을 준비한다고 100원씩 모았다. 나는 돈이 없어 어쩔 수 없었다." 여기에서도 가난한 농부의 아들이라는 흔적을 남기고야 말았다.

고등학교 3학년 때의 소풍은 학교 근처의 소풍이었다. 그날은 봄 소풍 가는 날로서 날씨가 화창하여 더욱 들뜬 기분이 들었다. 장소로는 학교 뒷산 가까운 곳에 갔다. 친구 김기수와 나는 높은 산봉우리에 올라가서 사진을 찍었다. 가까운 친구 몇 명과 산허리에서 오락하며 우정도 나누면서 즐겁게 보냈다. 일부 고등학생들은 반발의 청춘기라서 술과 담배에 유혹된 채 주변에서 어슬렁거렸다. 아니나 다를까, 급우 몇 명이 술을 먹다가 들켜서 지도부에 끌려갔다. 물론 술을 먹은 것은 잘못이지만, 소풍을 즐기던 차 고교생을 지나치게 구속하면 안 된다고 생각했다. 소풍이라는 분위기에 동질감을 느꼈는지 다소 관용을 베풀었으면 하는 아쉬움이 있었기 때문이다.

어떻든 인생의 소풍은 학창시절만이 아니라 여전히 진행형이어야 한다고 본다. 고운 최치원이 말했듯이 한국인은 풍류를 즐기는 민족이 아닌가? 그리고 주산 송도성 종사의 다음 「마이산 행감」이 가슴 속에 깊이 스며온다. "좋은 산수(山水)가 있다면 일부러라도 찾아가서 볼 터인데 그래 진안을 왔다가 마이산을 그저 두고 간단 말이오? 인자요산(仁者樂山)하고 지자요수(智者樂水)라. 어찌 무미(無味)한 속사(俗士)의 행사(行事)를 하리오?" 마이산에 여러 차례 방문하였는데, 주산 종사의 감성을 공유하기에 안성맞춤이다. 인자들이여! 설악산, 해운사, 직지사, 속리산, 내장사, 선운사, 금산사, 마이산은 모두가 마음치유의 신비롭고도 아름다운 도량이 아니던가?

중학교 입학과 사춘기

'중 2학년'이라 하면 겁 없는 세대로 간주된다. 중학생이란 체형이 커지면서 아직 철이 덜 든 나이이기 때문이다. 이때는 사춘기의 출발로서 소년과 청년의 중간지점에 있다. 서울대 이면우 교수는 말하기를 "중학생들의 이성 교제에도 명품 패션이 유리하다. 이들이 자라 성인이 될 10~20년 후의 우리 사회는 어떻게 될까?"라고 『생존의 W이론』(2004)에서 말하였다. 사춘기의 어중간한 세대를 곱게 보려는 마음은 아마 꼴을 잘 보는 사람일 것이다.

사춘기 시절은 나에 있어서 철이 들 듯 말 듯, 그러나 철든 쪽으로 빨리 선회한 것 같다. 그 이유에 대하여 하나하나 기억해낼 것이다. 고향 친구들 가운데 돈 많은 집안의 아이들은 읍내의 중학교에 입학했고, 가난한 아이들은 수업료가 비교적 싼 면 소재지의 중학교에 입학하였다. 면사무소에서 가까운 중학교는 이름만 중학교이지 행정체제는 고등공민학교였다.

중학교 입학생의 수가 총 70여 명 정도에 불과했으므로 급우들과 금방 가까운 사이가 되었으며, 담임선생도 시골티의 외모에 성격도 꾸밈없어 좋았다. 1학년 때의 담임은 하정택 영어 선생이었으며, 2학년과 3학년의 담임은 조기택 영어 선생이었다. 담임선생과 정을 붙이며 학교에 다니는데 어느 날 아침부터 비만 내려서 어쩐지 학교에 가려니 걱정스러웠고 마음도 착잡했다. 조기택 담임선생이 이직(離職)한다고 했다. 공부할 때도 눈물만 나올 것 같고 집중이 안 되었다. 영어 선생으로서 배려가 남달랐던 조기택 선생께 드리고자 어머니에게 김치를 담아달라고 하여 가져다드린 적도 있다.

영어공부에 취미가 붙을 즈음, 또 다른 취미가 생기기 시작했다. 중학생 때부터 카메라를 빌려와서 사진 찍기를 좋아했다. 1970년대는 모두 필름 카메라였는데 경험이 부족하였으므로 사진을 잘 찍었다고 해도 필름을 버리는 경우가 많았다. 수동 카메라였기 때문에 한 통 20판 사진을 다 찍으면 카메라 필름을 되돌려서 꺼내야 하는데, 21판도 찍힐 수 있다고 생각했기 때문에 필름 돌림판을 힘껏 돌렸다. 그러나 필름이 헛돌아 이미 찍은 필름을 빼낼 수가 없었다. 억지로 필름을 꺼내려고 씨름하다가 빛이 차단된 이불 속에서 꺼내면 문제가 없을 것 같았다. 곧바로 이불 속에서 카메라의 필름을 뽑아 감아서 사진관에 가지고 갔다. 카메라 속에서 헛바퀴 도는 필름은 암실(暗室)에서만 빼낼 수 있는데도 불구하고 이불 속에서 무지무식하게 필름을 꺼낸 바람에 빛이 들어가 이미 찍은 필름은 거의 버렸다.

학창시절을 떠올리면 이 같은 취미활동도 좋았지만 무조건 열심히 공부해야 한다고 생각했다. 부모와 선생이 학생들에게 주문하는 것은 하나같이 공부 열심히 하라는 것이었다. 그 속에서도 공부 방향을 안내받는 때가 좋았다. 생물 선생이 오늘 하신 말씀이 아로새겨졌다. "공부는 무조건 열심히 해야 하는 것이 아니다. 이것은 이것이다거나 혹은 아니다를 분명히 파악하라." 어째서 이것인가, 아닌가를 분명히 알고서 공부하는 것이 진정한 공부라고 하였다. 문제의 본질을 파악함으로써 공부 목적을 분명히 하라는 것이다.

학창시절 가운데 중학생 때 공부를 가장 열심히 한 것 같다. 그 이유는 고등공민학교를 졸업하더라도 고등학교 입학자격 '검정고시'에 합격해야 했기 때문이다. 나는 꼭 고등학교에 가야 한다는 공부의 목적이 분명하였으므로 열심히 공부하고 결석을 하지 않았다. 고등공민학교 졸업장만으로 고등학교에 입학할 수 없었으므로 국가가 시행하는 검정고시 합격증서가 있어야 정식 고등학교에 들어갈 수 있는 자격이 주어졌다.

10대 중반에 누가 그렇게 공부를 열심히 하려고 하였을 것인가? 더구나 중학교 시절은 변성기에다 사춘기의 시작이다. 사춘기 청소년의 감성은 불안하다던가? 90년대 이후에 풍미했던 일부 대중음악은 광란에 가까운 굉음이었으므로 감정이 예민한 사춘기 청소년들의 정서를 자극하곤 했다. 그러나 70년대 사춘기 때, 나는 트로트 음악에 흥미를 느끼며 밤에 고향마을 앞 냇가에서 변성기의 쉰 목소리로 찢어질 듯 유행가를 불렀다. 남진의 '멋쟁이 높은 빌딩', 나훈아의 '정든 나의 고향역' 가사를 읊조리며 한때 가수가 되고 싶었다.

이때는 목소리가 갑자기 굵어지고 모든 행동에 있어서 어린이와 어른 사이의 어정쩡한 시기였다. 다음 일기의 내용을 소개한다. "우리는 지금 사춘기이므로 공부하기 싫고, 마음이 어른스러워진다. 나는 성장하며 호흡한다. 인간을 행복하게 살고 싶은 생각이지만 가능할까? 고생을 조금 한다고 박차버리면 감정에 치우쳐 취급을 받지 못할 것이다." 사춘기로서 감정의 기복에 끌리면 안 된다는 절제의 사유가 싹튼 것도 중학교 2학년 때부터이다.

사춘기 감성의 기복이 컸던 만큼 비가 오고 눈이 오면 동심의 세계에서 노닐었다. 어느 날 종일 비가 내렸다. 비를 맞으며 낙엽을 밟고 숲속을 거닐면 참 좋을 것 같았다. 나는 원래 낭만적인 성품은 아닌데 그냥 풋내기 청춘을 즐기고 싶었다. "수업을 받고 있는데 창밖에는 하얀 눈이 펑펑 내리고 있었다. 마음이 뒤숭숭해지면서 동심으로 돌아가 눈사람을 만들어 눈싸움하고 싶었다. 중학생으로서 지금 받는 수업에 태업하는 것 같다." 비가 오거나 눈이 오면 주변 환경에 반응하는 청소년기의 감성은 수줍은 듯하다.

또 다른 감성의 터치는 어떠했는가? 마치 문학소년 같다. 어느 날 밖에서 누가 부르는 듯 소리가 났다. 창문을 열고 바라다보았다. 아무도 없고 보이는 것은 파릇파릇한 희망의 잎사귀뿐이다. 아마 봄기운에 취한 모양이다. 사춘기의 울적한 감성에 너무 취했지만, 사계절의 변화에 매우 민감했던 것은 춘하추동을 그대로 보여주는 자연의 묘미(妙味)와 관련이 있어 보인다.

나의 사춘기 때 풋내기처럼 이성 친구를 사귀고 싶었으며 엽서카드도 보내는 등 감성에 젖는 시기였음은 분명하다. 시골에서 어머니와 단둘이 사는 관계로 '고독'이라는 외로움을 탔다고나 할까? 편지를 비교적 많이 주고받은 편이었다. 한해 후반기에 즈음하여 연하카드를 여러 친구에게 보냈다. 친척들에게도 카드를 보냈는데 모두 15편의 편지를 보낸 것이다. 10월의 가을날에 15편의 편지를 보냈다는 것은 사연이 많아서보다는 시골 소년의 어설픈 외로움을 달래려는 유일한 방편이었기 때문이다.

외로움을 탈 즈음에는 창피하게도 얼굴에 여드름이 나기 시작했다. 중학교 2학년 때부터 여드름이 나면서 고민이 시작된 것이다. 피부가 좋지 않았기 때문이라 보는데 어떻든 사춘기의 여드름은 주변 친구들에게 부끄러운 일이었다. 중학교 2학년 때의 일기를 소개해 본다. "요새 왜 얼굴에 여드름이 나는지 모르겠다. 친구들의 말로는 여자 생각하면 여드름 난다고 하는데 그게 정말인가? 그래서 나는 점심시간을 이용해서 기영이와 약방에 가서 여드름 약인 '텍스타 연고'를 사 왔다." 연고를 바르더라도 여드름이 없어지지 않아서인지 거울을 쳐다보면 괜히 우울하고 짜증만 났다.

이팔청춘에 여드름이 난다는 것은 당연하다고 생각할 것이다. 내 피부가 안 좋을까? 아니면 변덕스러운 계절을 탄다고나 할까? 설사 여드름 많은 얼굴이라 해도 청소년의 사춘기는 따스한 봄날처럼 스쳐 지나기에 그저 좋았던 때인 것 같다. 훈훈한 봄의 입김이 동토를 녹이듯 살랑살랑 나의 살결을 스치며 한 겹의 옷을 벗기고야 말았다. 겨울 동안 잠자던 모든 생명체에게 즐거운 미소를 던졌다. 동장군이 배추 우거지를 시냇물 속에 감옥살이시켰는데 봄은 해방군이란 이름으로 이 우거지를 석방한 것이다. 앳된 시골 총각이 시인행세를 하며 우수(憂愁)의 감회(感懷)에 흠뻑 젖은 느낌이다.

중학생 때는 시상(詩想)에 젖을 만큼 감성이 예민했다는 것이고, 실제 유행에도 민감한 반응이 나타났다. 2학년 때 나팔바지가 유행했으므로 이에 편승하여 나팔바지 교복을 맞춰 입었다. 그러나 사회 유행에 유혹되어 나팔바지, 미니스커트, 장발족 등의 풍조가 학생들을 호기심으로 이끌기만 하면 건전한 가치관은커녕 학생들은 거친 시류(時流)에 물들게 된다.

시류에 흔들리면서도 청춘을 노래하던 고등학생의 사춘기에 밤하늘의 별들은 나의 연인이 되어주었다. 수업 후 토요일 석양이라 피로함을 발산하고 싶어서 벌판에 거닐며 파란 공기를 들이마시고 거대한 별들과 속삭였다. "나의 존재를 알아주며 마냥 미소 짓는 저 별들아! 나하고 청춘을 나누자. 별님아! 나의 누나가 되어다오. 나는 별님의 남동생이 되어줄 거야. 오늘 밤만은 내가 너보고 누나라고 부르고 싶다." 제법 문학도의 체질이었던 것 같다.

문학도를 꿈꾸고 연인을 사귀고 싶던 고등학교 3학년 때의 기억은 여러 번 생각해봐도 싱그럽다. 19세의 내 나이는 패기가 넘치고, 황금시대에 적격이었다. 하지만 나는 현재 좋은 나이임을 미처 모르고 있으니, 세월이 지나면 훗날 풋풋한 청춘이 그리워지고 아쉬움이 남을 것이다. 18~19세 청년 나이답게 섬세한 감성이 있었구나 하는 생각이다. "나도 20세가 있었구나."라고 외치고 싶은 마음은 고금(古今)을 통하여 한결같다.

그러면서도 자신에 대한 정체성의 의문은 꼬리를 이었다. 이때가 '나'란 누구인가에 대한 정체성 혼돈의 시기였다. "그렇게 많던 모기는 이제 자취를 감추고 길가에는 코스모스가 만발하다. 맑은 공기를 마시며 들판에 헤매는 그대여! 당신은 누구인지 나도 몰라. 아마 저 높은 하늘만 알 거야." 잠시 감상에 젖어본다. 소크라테스는 너 자신을 알라고 했는데 도대체 나는 어떠한 존재란 말인가? 철이 들지 않은 시기의 감성 소재였기에 설익은 고민이 시골 청년을 번민과 공상의 세계로 몰아간 청소년기의 정체성과 연결되었다.

일기는 내 인생의 선물

일기는 누구나 한 번쯤 쓰고자 결심했을 것이나 중단하지 않고 써 내려간 일기의 주인공은 그렇게 많지 않을 것이다. 그만큼 일기 쓰기를 빠뜨리지 않는다는 것이 어렵기 때문이다. 잘 알려진 「안네의 일기」는 자신의 독백이요 인생을 지도하는 스승이었다. 1942년 6월부터 1944년 8월까지 2년간 써 내려간 「안네의 일기」는 세인들에게 많은 영향을 주었다. 그녀가 사춘기 때 마음의 성장, 기성세대에 대한 비판의식, 곤경에 처했을 때 불굴의 정신으로 극복한 일기장의 소재들이 돋보인다. 안네는 소녀답지 않게 격조 높은 문장으로 세상 사람들에게 감동을 주었다.

초등학생 때 방학 숙제로 일기를 처음 써본 경험은 있으나 내가 자발적으로 쓰기 시작한 것은 중학교 2학년 때이다. 1972년 2월 28일이 그 첫날로서 중학교 겨울방학 끝자락에 일기를 쓰기 시작하였다. 일기를 쓰게 된 동기는 무엇이었을까? 아마 '나'의 일상을 기록에 남겨 훗날 회고(回顧)의 시간을 갖기 위함이었을 것이다. 일기장 앞표지의 제목은 「백화일기」이며, 얇은 노트 표지에 맑고 소박한 꽃이 그려져 있어서 하루하루의 소중한 흔적을 담아내는 나의 친구였다.

첫 일기를 쓰면서 일기장 제일 앞쪽에 "나의 생활을 적어본다. 일기는 꾸밈없이 소박하게 쓸 것을 약속한다."라고 기록했다. 또 사자성어로 '일심전력

종교와 철학 산책

(一心全力)'이라 기록했다. '소박하게'라는 용어를 사용한 것은 나의 성격이 투박한 데서 나온 것이며, 일심으로 힘을 다해 일기를 쓰겠다는 것은 자신과의 다짐이다. 그 덕에 일기를 쓰기 시작하던 날부터 고교 3학년 때까지 7권 분량의 시리즈로 된 일기장이 지금도 나의 반짝이는 보물로 간직되고 있다.

소년티 갓 넘은 2월 꿈 많던 중학생 시절, 지금 생각해도 설레는 나이에 기록한 첫날의 일기를 보면 일상을 펜글씨로 또박또박 써 내려간 탓인지 사진 찍어 놓은 것 같다. 이 기록물이 없었다면 나 자신의 청소년기는 단지 기억 속에서만 맴돌 것이다. "오늘은 처음으로 일기 쓰는 날이다. 학교에서 공부할 때 선생님께서 19일~21일에 시험을 본다고 하였다. 어쩐지 책임이 무거웠다. 대전에 사는 누나가 잠시 왔다가 6살 조카 은경이를 집에 맡겨두고 갔다. 공부 좀 하려니 막상 공부가 잘 안 된다." 일기 첫 장에 노란 은행잎을 하나 끼워둔 채 쓴 감성의 일기를 읽어보니, 6살의 조카는 벌써 50대 중반을 넘어섰고, 첫날의 일기는 이제 보물창고가 되었다.

첫 일기 시작의 한해를 넘기고 1973년 두 권째의 일기장 앞표지에는 「생활의 거울」이라 제목을 달고 다음과 같이 기록했다. "일기는 생활의 거울이다. 보람과 참됨을 가져다준다. 솔직하게, 뚜렷하게, 확실하게, 구성 있게 쓰련다." 삶의 거울로 삼고자 다부진 생각으로 써 내려간 글들이 새록새록 내 인생의 역사가 된 것이다.

수십여 년 전의 일기를 읽다가 보면 기록은 분명한데 나의 뇌리에 기억이 전혀 없는 친구들의 이름도 적혀있으니, 아무리 생각해 보아도 무상한 세월이 망각을 선물한 것 같다. "현수의 집에 가서 놀았다. 인수가 그곳에 있어서 가요계에 대해 재미있게 대화를 나누다가 집에 오니 밤 9시였다." 인수와 현수의 얼굴이 떠오르지 않는다. 일기 뒷장에 나오는 상진이라는 이름도 기억나지 않는다. 그들의 얼굴이 전혀 떠오르지 않으니 50여 년 망각의 무서움이란 이런 것인가? 잊힐 뻔한 세월을 기록으로 남겼기 망정이지, 일기장도 없이 무작정 자서전을 쓴다고 덤빈다면 안개 낀 제로섬만 보일 것이다.

　현재의 나이로 봐서 아직은 기억상실의 시기는 아니지만 아득한 반세기 전의 친구들 이름이 생각나지 않는 것은 너무 긴 세월의 공백 탓이라고 본다. 실제 고등학생 때의 일기에도 이를 염두에 둔 것 같다. "망각이란 두 글자가 겁이 났다. 왜 잊어야만 하는가? 인간이기에 순리에 따라야 한다고 본다." 기억하는 시기가 있으면 망각의 시기가 있는 것이 무상의 인생사이기 때문이다. 기억하고 망각할 줄 모르면 머리가 커질 것이며 그것은 슬픈 일이다. 세월이 약이라는 말은 망각의 세월을 인정하라는 뜻이다.

　무엇보다 일기를 나 자신의 독백으로 쓰기 시작한 것은 사생활을 쉽게 외부에 노출하지 않으려는 내성적인 성격과 관련된다. 청소년기에는 부끄러움을 많이 탔으며, 이에 속내를 쉽게 털어놓지 못하고 일기장에 담아뒀다. 어머니는 남의 집에 밥 먹으러 잘 가지 못하는 막내아들을 '청관 내기'라고 했다. 부득이 남의 집에서 식사할 경우 대단한 용기가 필요했다. "동네 친구 용철의 할아버지 기일이라 가 봤더니, 가족이 들어오라 하여 어쩔 수 없이 방에 들어갔다. 밥을 주자 부끄러움을 무릅쓰고 밥을 먹었으나 잘 넘어가지 않은 느낌이 들었다. 나의 성격은 수줍던 어린 시절에서 조금씩 달라져야 할 것이다." 중학생의 내성적인 성격이 고등학생이 되면서 실제 조금씩 변화가 왔다.

　사실 중학생 때부터 나의 성격이 어떻다고 인지하기 시작하였으며, 점차 성숙의 과정을 거치면서 내성적인 탓인지 몰라도 막내의 외골수로서 무엇이든 한 번 하고자 결심하면 기어코 실행하는 성격이었다. 일기를 한번 쓰기 시작한 이상 중간에 포기할 생각을 하지 않는 외고집이 좋은 것 같다. 그러나 일기를 몇 년간 쓰는 가운데 그만 쓰고 싶은 유혹도 있었다. "고등학교 3학년이라 요즈음 일기를 꼬박꼬박 쓰기 힘들다. 야간자습 후 밤늦게 12시가 되어 집에 오면 잠이 와서 일기 쓰기가 소홀해지기 쉽다." 힘들 때는 일기마저 귀찮아지는 마음은 어쩔 수 없었지만, 자신과의 약속은 남아일언중천금처럼 지켜야 했다.

　집안의 막내로서 욕심도 많고 남에게 지기 싫어하여 뭔가를 결정하면 그것에 매달리는 외고집이 좋은지 어떤지를 잘 몰랐다. 다음의 일기장을 읽어본다. "내 성격은 원래 한 가지에 힘을 쏟으면 끝까지 하는 편이다. 몇 가지 예를 들어 말한다면, 우선 어려웠던 영어공부를 포기하지 않고 열심히 하고 있다. 다음으로 역기 운동을 좋아한다. 중학교 2학년 때부터 시작하여 지금까지 운동하고 있다. 나의 애착 곧 꾸준히 하려는 외고집이 있는 것이다." 대학교수가 되어서도 연구실에 가져다 놓은 실내용 역기를 50대 초반까지 하였다. 일단 뭔가를 결정하면 옹고집처럼 집착하는 성격이 긍정적으로 작용했는지는 몰라도 일기를 오랫동안 쓰게 된 계기가 되었다.

　중학생 때 쓰기 시작한 일기는 고등학교 3학년까지 거의 빼먹지 않고 썼으며 문학 소년과 같이 글짓기를 하는 듯했다. 대학생 때에도 4년간 「수행일기」라는 제목으로 일기를 기록에 남겨 두었으니, 인생의 중요한 흔적들을 놓치지 않고 기록에 남겨 둔 일기장은 내 인생의 가장 큰 선물이자 일생을 회고하는 귀중한 자료이다. 누구로부터 받은 선물보다 일기장이 값진 이유는 나 자신에게 자존감을 세워주었고, 스스로 대견하다는 것을 느끼게 하였으니 보물 이상의 가치를 지니고 있다.

　일기장이 고스란히 남겨진 것은 어머니의 덕택이다. 어머니는 아들의 일기장을 농장 속에 소중하게 간직해 두고 있었다. 원불교에 출가하여 간사(행자)를 살았고, 예비교역자 생활을 하였으며, 군대를 다녀올 사이에 일기장은 얼마든지 잃어버릴 수 있었다. 시골 소년의 지난 시절을 기록에 남겨둔 50여 년 전의 일기장을 뒤적이며 이렇게 회고의 글을 써 내려간다는 것이 얼마나 행운일까를 생각해 보면 일기장을 보관해준 어머니께 감사할 따름이다.

　일기를 쓰면서 얻은 수확은 나 자신을 기록물에 노출한 독백의 시간이 인생 가치관의 형성에 적지 않은 영향을 주었다는 점이다. "나는 누구인가?"의 정체성을 정립해왔던 희로애락의 순간들이 사라지지 않고 종이에 담아둔 그 자체가 고통과 번민을 거친 자아(自我) 성장기의 매듭으로서, 지난 시절의 보물창고인 셈이다. "일기 쓰는 시간마다 나 자신이 누구인지 의심하고 싶구나. 의심 후에는 스스로 살을 꼬집어보겠지. 꼬집은 후에 아무런 실마리를 찾지 못하고 단지 '아~' 그 소리뿐이다. 인간은 나면서부터 번민이다. 번민 자체가 결국 참 나를 찾아가게 할 것이다." 중·고생 때 회의(懷疑)의 시간, 그리고 번민이라는 단어가 자아 성장에 커다란 계기가 된 셈이다.

빈손으로 왔다가 빈손으로 가는 게 인생사인데, 번민과 성장의 삶을 자서전에 남기는 일은 아상(我相)으로 이어질 수 있어 마음 내키지 않을 수도 있다. 그러나 나의 딸 다영(지수)이가 2021년 추석에 "아빠, 자서전을 남겨요. 아빠 자녀가 자서전을 읽고 인생에 도움이 될 것이니까요."라고 했을 때, 포기했던 마음을 다시 가다듬고 인생을 되돌아보는 시간을 가졌다. 2022년 1월 22일 구정 즈음에 집에 와서 또 딸은 "아빠가 나의 아빠여서 고마워요. 다음 생에도 나의 아빠가 되어줘요. 난 아빠와 엄마의 딸이 되겠어요." 이내 나는 자서전을 꼭 써야 하겠다고 하면서 딸 바보가 되고야 말았다.

지금은 빛바랜 노트이지만 일기장은 새롭게 『종교와 철학 산책』이라는 자서전으로 변신하고 있다. 지나온 삶의 환희를 발견하는 촉매제가 되어 차단된 시·공간을 달빛이 비춰주듯이 맑은 영성으로 끌어들인다. 인도의 시인 타고르는 보름달이 유난히도 맑은 어느 날 밤, 배를 타고 여행하면서 독서를 하다가 피로해진 채 책을 덮고 촛불을 껐다. 바로 그 순간 배의 모든 창문을 통해 은은한 달빛이 밀려 들어와 배 안을 가득 채웠다. 그는 그날 밤의 감성을 일기에 다음과 같이 썼다. "아름다운 달빛이 사방에서 나를 에워싸고 있었는데도 작은 촛불이 그 아름다움으로부터 나를 차단하고 있었다." 타고르의 언급처럼 나의 일기장은 한동안 차단된 시공의 침묵에서 밤하늘의 달빛이 되어 맑은 영성의 선물로 다가오고 있다.

운동을 통한 건강관리

　건강에 대한 관심도는 고금(古今)을 초월해 있다. 조선조 철학자 퇴계는 젊어서 너무 공부만 하다가 소화불량으로 몸이 마르는 병에 걸렸다. 이에 그가 평생 건강비법으로 삼은 것이 명 태조 주원장의 아들 주권(朱權)이 지은 '활인심(活人心)'이며, 퇴계는 이를 「활인심방」이라 하였다. 그의 건강비법에 맞게 머리는 자주 빗어야 하고, 손으로는 얼굴을 쓰다듬어야 하며, 이는 자주 마주쳐야 하고, 침은 항상 삼켜야 한다. 봄에는 '휴~' 하면 간을 도와 눈이 밝아지고, 여름에 '훠~' 하면 심화(心火)가 가라앉으며, 가을에 '스~' 하면 폐가 윤택하고, 겨울에 '취~' 하면 신장이 편안하며, 사계절 모두 '후~~' 하면 지라에 좋아 소화가 잘된다. 이는 그가 평생 건강비법으로 삼은 호흡법이다.

　건강은 이처럼 삶의 우선순위이다. 수잔 에이브럼스는 성공의 법칙 10가지를 설명하면서 "먼저 인생에서 가장 중요한 것이 무엇인가를 생각하라. 당신은 체력단련에 열심인가?"라고 하였다. 이를 공감하는 뜻에서 나의 일기장을 살펴본다. "건강은 돈으로 사는 것이 아니다. 오로지 강한 투지력과 지속력에 달려 있다. 운동으로 역기를 했다. 건강을 위해서이고 육체미를 위해서였다." 인생에서 가장 중요한 것은 건강이고, 이 건강은 돈으로 살 수 없는 것으로, 체력단련을 위해서 일찍이 역기를 선택한 것이다. 운동에 있어 육체미를 거론한 것도 청소년기의 우쭐한 몸짱의 감정이 섞이어 있다.

건강에 관심을 지녔던 시기에 운동으로써 역기를 선택한 것은 육체미에 호감이 갔던 중학생 때이다. "역기를 시작한 동기는 중 2학년 때 귀가(歸家) 중 신공리 다리로 걸어가니 어떤 군인의 육체미가 너무도 튼튼해 보여 부러웠기 때문이다. 지금까지 역도를 지속해온 덕분에 근육이 생겼다." 가슴에 왕(王)자 표시가 있는데, 서양에서도 이를 'Six pack'이라 하며 튼튼한 복부 근육을 말한다. 갓 소년티를 벗어나던 해에 군인 가슴의 왕(王)자 표시가 우상처럼 느껴져서 역기 운동을 해야겠다고 다짐했다.

곧바로 집에 와서 역기 도구를 준비하였다. 우선 마음속으로 '건강'이라는 가치와 육체의 근육단련을 소중히 새겼다. 이웃집에서 한 삽 정도의 시멘트를 얻어왔고, 또 산에서 튼실한 나무 하나를 베어왔으며, 집 모퉁이에 역기 틀을 만들기 시작했다. 솜씨가 좋은 친구 용우와 종술에게 협조를 구하고 만반의 준비를 했다. 조금은 어설펐지만 집 모퉁이에 역기 틀을 완성했다. 사람에게 제일 중요한 것은 뭐라 해도 건강이다. '건강' 두 글자를 새기며 역기를 통해서 심신을 단련하고자 다짐했다. 중 2학년 2월의 어느 날 어설프게 만든 역기 도구였지만 첫 시도가 좋았다.

그러나 얼마 가지 못해서 역기 도구는 부서졌다. 난감했지만 언젠가 외갓집에 갔을 때 보아둔 그 도구 생각이 났다. 외갓집에 가서 큰 외숙모에게 이것을 빌려달라며 허락을 얻었다. 곧바로 외가에서 누워서 하는 역기 받침대를 가져왔다. 사람이란 첫째 건강해야 한다. 아무리 돈이 많아도 몸이 아프면 그 무슨 소용이랴? 아령과 줄넘기는 간간이 했고 역기 운동도 열심히 하였다. 아령 운동은 현재도 진행형이다.

초보자로서 역기를 하려면 호흡의 조절이 필요하며 자칫 맹장염에 걸린다고 조심하라는 조언을 들었다. 또 꾸준히 하려고 했으나 중간에 포기하지 않을까 조바심도 났으며, 중간에 역기 운동의 공백 기간도 있었지만 포기하지 않았다. 육체미 운동을 약 한 달간 안 해서 몸이 안 풀렸으나 마음을 고쳐잡고 다시 역도를 하며 슬슬 풀었다. 역기를 하는데 고비가 있었는데, 키가 안 큰다고 잠시 그만둔 일이 그것이다. 그러나 비가 조금씩 오는 날에도 불구하고 쉼 없이 역기를 했다.

역기를 지속하면서도 성장의 시기이므로 여러가지로 고민했다. 그 고민이 일기에 그대로 나타난다. "키가 안 크면 어찌할까? 친구들에게 이 고민을 말했더니 그러면 역기를 중단하라고 했다. 역기를 그만둘까 여러 번 망설였다. 그러나 키는 클 만큼 크겠지. 역기를 하더라도 키가 안 큰다는 법은 없을 것이며, 1974년도에 네 번째 맹세한 역기를 왜 하지 않으랴?" 다짐하고 또 다짐하며 느슨해진 마음을 챙겼다.

역도를 중단할 것인가에 대한 번민이 계속되었던 것은 여린 마음 탓이기도 했다. 역도를 반드시 하겠다는 다짐은 곧 사그라지곤 하였으나 또 다짐하면서 차선책을 내놓았다. "지금부터 역기를 잠시 중단하고 줄넘기를 하겠다. 역기를 많이 하면 부작용이 있다고 생각했기 때문이다. 줄넘기 운동을 하면 날씬해지고 건강해지리라 본다." 줄넘기를 한동안 하다가도 순간순간 역기 도구를 보니 조석변이(朝夕變異)라던가, 다시 역기를 시작하였다.

그리하여 건강과 멋진 우상의 육체미를 생각하며 역기를 계속했다. 어느덧 나의 근육은 몰라보게 단련되어 친구가 부러워할 정도로 왕자 표시가 새겨졌다. 날씨가 더워 상의를 벗고 메리야스만 입으니, 역도를 한 결과로서 가슴이 벌어진 모습을 본 옆 학우들이 근육이 좋다며 부러워하였다. 역도를 꾸준히 한 보람이라고 생각했다. 그러나 아무리 열심히 역도를 해도 채식만 하는 농촌의 가난한 청년이라 왕자 표시에는 한계가 있었다.

고등학교에 입학한 후 동아리 활동으로 역도부에 들어가서 운동을 했다. 고교 3학년 학생 몇 명이 와서 역도부에 들어오라고 해서 나는 망설임 없이 역도부에 등록했다. 꾸준히 역도를 해서 몸과 마음의 건강을 챙기겠다는 셈법이다. 역도를 하는 도중 몇몇이 태만하고 도장에 나오지 않자 역도부장은 회원 단체를 엎드리게 한 후 쇠파이프로 엉덩이를 세 차례 내리쳤다. 갑자기 하늘에 노란 별 세 개가 나타났다.

역도에 더하여 본연의 학업에도 욕심이 생겼다. 상과(商科) 학생이므로 주산학원에 다니려고 결심했는데 시간이 문제였다. 오후 수업이 6시 30분에 끝나고 역도부에서 역기를 약 30분 한 후 7시 25분이면 교문을 나서기 때문이다. 신입생 때는 주산을 1급 정도 따고 싶은 마음으로 학원에 다니려고 했지만, 이 또한 포기했고 역도부에서 계속 활동하기로 했다.

얼마 후 또 고등학교 3학년 선배들이 태권도 동아리에 들어오도록 반강제적으로 다그쳤다. 호남고등학교는 태권도로 유명해서 전국체전 메달을 딴 경우가 있으므로 학교정책으로 태권도를 권장하였다. 태권도부에 들어오라고 거의 강압을 해서 대신 역도부에서 빠져나올 수밖에 없었다. 역도부에서 활동한 지 불과 1학기밖에 안 되었는데 그만두기로 했다. 일부러 빠진 것이 아니라 태권도를 해야 하므로 두 가지 운동은 할 수 없었기 때문이다. 정든 역도실에 이젠 발길이 끊기겠으나 아쉬움을 뒤로 하였다.

역도는 집에서 틈틈이 하겠다고 생각하고 태권도장으로 발길을 돌렸다. 태권도는 선배들의 위압 때문에 배우지 않을 수 없으니 자발적인 운동이 되겠는가? 수업 마치고 태권도장으로 갈 땐 어쩐지 발길이 무거운 느낌이다. 발이 자꾸 다른 데로만 가는 것 같았다. 그렇게도 정들였던 역도장을 지나치는데 마음 한구석에는 아쉽기만 하다. 고교 수업은 오전 8시 45분에 시작하여 오후 6시 20분에 마치고 태권도장에 가서 태권도를 하고 나면 밤 8시였다. 그 후 집에 오면 밤 9시가 되었으니 이것이 힘든 하루의 일과였다.

역도보다 운동신경이 더 요구되는 태권도는 체질적으로 맞지 않았다. 고교 1학년(1973)으로서 9월 24일 저녁에 태권도장에서 대련하면서 승부 욕이 발동되었다. 태권도 대련에서 친구 김순태와 맞붙었다. 그는 나보다 2급이 앞서 있었으므로 내가 불리했다. 대련하는 도중 한눈파는 사이에 돌려차기로 입술을 강타당했다. 입술이 터져 피가 흘렀지만, 노력해서 언젠가 꼭 순태를 꺾겠다고 다짐했다. 터진 입술을 악물고 대련을 끝마쳤지만 분한 마음에 피까지 흘려 심신의 상처가 적지 않았다.

한동안 태권도에 익숙해지면서 심사를 여러 차례 했는데 심사결과에서 파란 띠를 받았다. 태권도 심사에 임한 지 벌써 세 번째였다. 6급 심사를 보았는데 여전히 운동하기 싫었으나 앞으로 열심히 하겠다고 다짐했다. 파란 띠를 받은 후 3개월이 지나면 빨간 띠를 받으며 1년이 지나면 검정 띠를 받아 유단자가 되는데, 고교 2학년에 올라가서 보충수업 때문에 부득이 운동을 포기하고 말았다.

그러나 개인적으로 역도와 태권도, 수평과 줄넘기 등을 한동안 연습하면서 신체적 건강을 유지하는 데 도움이 되었다. 아무리 돈이 많더라도 건강하지 못하면 그 많은 돈을 어디에 쓰겠는가? 인간에 있어서 첫째도 건강, 둘째도 건강, 셋째도 건강이다. 고교 시절의 체력은 비교적 왜소한 편이었기 때문에 건강이 뒷받침되어야 한다는 것을 알고 있었다. 다음은 고등학교 3학년 때 받은 나의 체력장 결과이다. 100m를 14초에 뛰고, 던지기는 27m였다. 멀리뛰기는 3.9m, 키는 168cm였다. 70년대 당시 고교생으로서 168cm 신장은 평균 중반 정도 되었으나 지금은 어림없다.

건강에 대한 신념은 대학에 들어와서도 변함없었으며 운동을 꾸준히 하는 데 동기부여가 되었다. 건강의 중요성 때문에 대학교수가 된 후에도 나의 연구실에 약식 역기대를 가져다 놓고 오랫동안 운동하였다. 나중에 연구실의 공간이 부족하여 학사담당 교무에게 정들인 역기를 가져가도록 했다. 성년이 되어 저술 작업을 하다가 건강이 상할 때도 있었지만, 다행히 건강이 쉽게 회복된 것은 평소 운동을 통해 건강관리를 해온 나의 인내심과 관련되어 있다. 이제는 세월의 흐름에 따라 가벼운 산책으로서 걷는 운동을 하고 있다.

인성교육과 한문 서당

　새천년을 전후하여 연세대는 옛 서당의 모습을 재현한 서당인 「한문방」을 학기 중 교내에 설치키로 했다는 기사를 오래전에 읽은 적이 있다. 이곳에서는 『논어』 『맹자』 등의 강의와 함께 다도, 서예, 참선, 시조, 창 등의 교육을 실행한다는 것이다. 「한문방」의 설치를 주도한 대학 학장은 각 대학에 우리 고유의 사상과 풍류를 느낄 수 있는 공간이 필요하다고 하였다. 이는 내가 어린 시절 경험한 것처럼 서당이 곧 인성교육과 직결된다는 점에서 적극 공감한다.

　어머니는 동네 어른들에게 인사를 잘하라고 귀에 닳도록 아들을 가르쳤다. 나는 7세에 아버지의 열반으로 홀어머니에게 길러진 관계로 철저하게 예절교육을 받았다. 주변에 인사성이 있는 사람이 되라는 것이다. 어머니의 자녀교육이 훗날 대학생 신입생(1977) 때의 일기장에 투영되어 있다. "인사를 잘하는 것도 인격에 있어 큰 자본이 된다. 한 인간이 완성되어가는 데는 무수한 진통을 겪기 마련이다. 진통을 참아내야 인격완성이 되는 것이다." 인사성이 없는 사람은 가정교육의 부족으로 여겨지며, 특히 아버지 없이 자랐다는 식의 소리를 듣지 않도록 어머니는 예절을 중시하였다.

　형제간의 인성교육도 중요하다. 큰형과 나이 차는 22년 차이이므로 아버지와 같은 위상이었다. 성장기에 큰형으로부터 인간교육을 받는 때가 적지 않았다. 이따금 큰형으로부터 쓰디쓴 꾸중을 들었는데 모든 일을 침착하게, 그리고 요령 있게 하라는 충고였다. 꾸중을 들을 땐 눈앞이 캄캄했지만, 곰곰이 생각해 보니 동생의 단점을 고칠 수 있도록 해주어 감사한 마음이다. 멀리 떨어진 큰형 집에 가면 동생의 고충을 들어주면서도 뼈있는 가르침을 빼놓지 않았다. 큰형은 대우받고 인정받으려면 자기에게 달려 있다며 청소년기의 동생을 섬세하게 훈도(訓導)하였다.

큰누나와의 나이 차이도 11년 차이이므로 성장기에 어렵게만 느껴졌다. 누나는 어머니보다 더 엄격하게 동생을 지도하였다. 어린 시절 막내가 잘못하면 꾸지람을 하는데 어머니보다 누나의 꾸중이 더 무섭게 받아들여졌다. 누나의 엄격함이 어머니에게 철없이 기대려는 막내의 의타심을 벗어나게 해주는 계기가 되었다. 그러나 성년이 되어서 누나는 어머니와 같은 존재로 자비를 베푼 가장 가까운 남매지간이 되었다.

둘째 형으로부터 느껴지는 포근한 감성은 동생으로서 외롭지 않게끔 해주었다. 5살 위인 형은 동생에게 크게 꾸중하지 않고 편하게 대하는 성격이었다. 크게 혼내지는 않았지만 자상한 손위 친구 같은 따스함으로 다가왔다. 그래서 형의 친구들이 집에 오면 동생을 살갑게 해주었으며 형이 군에 갔을 때는 누구보다 아쉬웠다.

외연을 넓혀보면, 청소년기에는 고등학교 선생의 훈화가 감성 변화에 큰 영향을 미쳤다. 담임선생의 가르침이 생각난다. 남자는 최소한 경제적 힘이 있을 때까지 여자를 늦게 알아야 한다는 것이다. 한창 공부할 젊은 나이에 여자와 연애를 하다 보면 공부에 집중하지 못하기 때문이라는 것이다. 남녀 간의 사랑은 관능적인 것보다는 정신적인 사랑이 우선이라고 덧붙였다. 고교생으로서 반발심이 강했던 1학년 때 담임 박의정 선생은 또 엄격하게 지도를 하였다. 우리 반이 수업시간에 떠들었다고 운동장에 나가서 단체로 기합받기도 하였다. 인성교육은 학교 담임의 역할이 크다는 것을 알았다.

고등학교 2학년 때(1974)에도 담임선생의 인성교육은 학생들에게 영향이 컸다. 유수열 담임은 우리에게 정서교육과 인간교육에 대해 좋은 말씀을 자주 해주었다. 담임의 말씀에 학생들 모두 긍정적으로 받아들였다. 스승의 가르침에 급우들은 따뜻한 인성으로 감화되곤 하였기 때문이다. 같은 반 학생들은 살갑게 느껴지는 유수열 선생이 모친 열반으로 결근하였을 때 각각 100원씩 모금하여 부조하였다.

스승의 가르침과 달리 급우들끼리 서로 싸우고 고통스러웠던 것은 완력에 의해 상대방을 짓누르는 반항기였기 때문이다. 중학교 3학년 때(1972)의 일기를 본다. "학교에서 종례 시간에 같은 반 친구들끼리 말다툼으로 싸움이 일어나는 것을 보았다. 급우끼리 싸움한다는 것은 생각을 해봐야 한다. 서로 참아야 한다는 것이 머리에 떠올랐다." 고교 1학년 때 일기장에도 인성에 대한 고민이 나타난다. "힘센 학생들이 몇몇 학생들이 수업시간에 떠들었다고 한 학생을 마구 때렸다. 어찌 감히 그렇게 사정없이 때리다니 인간으로서는 생각해야 할 문제이다. 그러면 힘이 없는 학생들은 누구를 믿고 학교에 다니란 말인가?" 인간의 평등이 무엇인가를 학우들은 알아야 할 것이다.

학창시절에 술과 담배는 어떻게 느껴졌을까? 중학생 때의 일이다. 학교에서 집에 올 때 학생들이 길에서 담배 피우는 것을 보았다. 벌써 학생이 담배를 피운다는 것은 생각을 해봐야 할 문제이다. 고등학생 시절에는 어떠했는가? 고향 친구 기영이 집에 갔다. 이 친구는 너무 소주를 많이 마셔서 술에 취해 부축해 주느라고 애를 먹었다. 또 어느 날 연지동 고봉권 집에 가서 기영의 애정 사건을 해결하러 갔다. 사람은 한번 실수를 하면 벗어나기 힘들다. 친구 기영의 인성은 착하지만, 그가 술 먹고 저지른 한 번의 실수는 밉기만 했다. 여전히 기영은 나의 죽마고우이다.

사실 고등학생 때 이성 교제에 대한 나의 생각은 건전하였다. 고교 친구 김창기는 미남이라 그런가는 몰라도 교제하는 여자 친구들이 많다고 머리

아파했다. 교제는 어디까지나 자유지만 여자를 많이 상대하는 것은 좋지 못하다는 것을 얘기해주고 싶었다. 물론 건전한 이성 교제는 인격성숙에 도움이 된다고 보는데, 그에 따르는 절제력이 중요한 것이다.

인성교육의 문제에 있어서 길거리에서 돈을 줍거나 잃었을 때 나의 고민이 나타났다. 고등학생 때의 일이다. 집에 오는 중 길거리에 500원 동전이 땅에 떨어져 무심코 주웠다. 그리고 상점에서 50원어치 봉투를 샀는데 집에 와 보니 100원어치가 왔다. 이날은 참 이상한 날이었다. 돈도 생기고 봉투도 덤으로 왔으니 양심상 미안한 마음이 들었다. 주인 없는 돈을 그대로 두고 오려다가 그냥 주워서 한순간 기분이 좋았지만, 그 돈을 잃어버린 자는 얼마나 아파했을까를 생각해 보면 지금도 그 당시의 처사에 대해 안타깝다.

성장기의 인성교육은 동네 한문 서당에 다니면서 그 영향을 미쳤다. 내가 서당에 다니게 된 것은 동네 이웃 형들의 덕택이었다. 금곡마을의 중·고등학생들 가운데 공부하고 싶은 학생들을 모아 한문을 배우기로 했다. 한문은 8년 선배인 종훈, 재성이 가르친다고 하였다. 과거에도 방학 때 한문을 가르쳐온 동네 전통이 있으므로 지원자들이 많아서 희망 학생들이 함께 배우기로 했다. 초등학교 6학년 때부터 한문을 배우기 시작했으며, 이때 인성교육을 받았는데 그곳은 주로 방학 때 열린 동네 서당이었다.

농촌 학생들이므로 쉬는 날 낮에는 노동하였으므로, 주로 겨울철 저녁 시간에 서당을 개설하였다. 저녁 식사 후 서당에 다니며 한문을 배우고 인간의 됨됨이도 배운 것이다. 밤 7시 30분부터 또래 학생들은 이웃 덕규 아저씨 집에서 한문을 배웠다. 낮 동안에는 새마을운동과 가사를 돕고 저녁 시간에 서당에서 공부하였으므로 지친 심신에 다소 졸렸다. 온종일 삽질하며 농로를 크게 내기 시작했다. 밤에는 한문 배우러 가니 시간이 부족했지만 기분은 좋았다. 이따금 훈장 어른이 숙제를 내주는데 숙제를 해오지 않은 학생들이 있으면 밤에 귀신 이야기를 하곤 한다. 그러면 수업을 마친 후 캄캄한 밤에 집에 올 때 귀신이 나올까 봐 무서워서 진땀을 흘리는 경우가 많았다.

서당에서는 한두 달 한문을 배운 후 훈장 선생을 위해 책거리를 한다. 1975년 1월 30일 저녁, 마을 서당에서 중·고등학생 300자 한자 쓰기를 완성한 후 책거리를 한다고 했다. "오늘 한문 수업을 모두 끝내고 이틀 후 학교 개학을 하므로 다음 학기 방학 때 서당을 또 열기로 했다. 정호, 용철, 나는 각자 350원을 모금하여 뽀빠이와 라면을 송규, 재성, 종훈, 덕규 4분의 서당 훈장께 성의 표시로 보답했다." 겨울방학의 긴 밤을 이용한 인성순화의 한문수업을 통해 얻은 한문 지식은 성장하는 청소년들에게 기대 이상이었다.

청소년 시절의 인성교육은 부모, 학교 선생, 동네 어른들에 의해 동시적으로 전개되었다. 당시는 시골 문화였기 때문에 한 동네에서 평판이 좋지 않은 아이는 따돌림받는 상황이었으므로 인성교육이 매우 중요하였다. 청년 시절의 한 생각에, 인간은 빈틈이 없고 완전한 인간이 되기 위해 부단히도 노력해야 한다고 보았다. 모든 일은 자기 뜻대로 되질 않기 때문이다. 완숙한 인간을 보면 존경심이 생기는 이유가 여기에 있다. 모든 인간이 대나무와 같이 곧은 마음이면 세상의 부패는 없을 것이며 한 명의 낙오자도 없을 것이다.

오늘날 여전히 인성교육이 중요하게 여겨진다. 그리하여 인성교육법이 생겼는데 인성교육을 진흥하기 위하여 2015년 1월 20일 공포되었다. 본 인성교육법은 「대한민국헌법」에 따른 인간으로서의 존엄과 가치를 보장하고 교육기본법에 의해서 "건전하고 올바른 인성을 갖춘 국민을 육성하여 국가사회의 발전에 이바지함을 목적으로 한다."라는 것이다. 내가 살았던 금곡마을의 인성교육은 건전하고 올바른 인격을 함양시키도록 마을공동체에서 운영하는 '서당'이었으며, 또 중학생 때부터 '교당'에 다녔던 것도 이러한 인성교육에 큰 도움이 되었다.

전깃불과 노트공부의 일심

시골에 살면서 중학생 때까지 전기의 혜택을 누리지 못하였다. 전기가 세상에 등장한 것은 19세기로서 니콜라 테슬라가 처음 전기를 발견했고, 1830년대에서 1840년대로서 제1차 전환기에는 철도, 우편, 전신, 사진 등이 발명되었다. 뒤이어 1870년~1880년대의 제2차 전환기에는 전기와 전구, 합성유기 화학물질이 등장한 것이다.

어린 시절부터 살았던 금곡마을은 1970년대까지 호롱불 아래에서 살다가 그 중반쯤에 전깃불이 들어왔다. 너무도 설렘으로 연상되는 서영택의 시 「칸나에 전깃불 들어온 날」은 다음과 같다. "뻐꾸기들이 울음을 토할 때마다, 전깃불이 들어와 화단이 빛난다. 회화나무가 마을 입구에서 위병소 초병이 검문을 하고, 앞으로나란히 검열에 전깃불에 비춰진 걸린 등불들이, 눈 마주치지 않으려고 아래를 보고 있다. 환한 칸나의 저녁." '행복한 종말'의 칸나 꽃말이 의미하듯이 호롱불의 종말이 전깃불의 시대로 진입한 것이다.

시골 마을에 전기가 없던 시절, 특히 겨울철 촌락에서 공부하는 분위기는 문풍지로 들어오는 찬바람의 한기를 느끼며 바람 속의 호롱불을 연상하게 한다. 석유가 아까워 저녁 10시 이전에 호롱불을 끄고 일찍 잠을 자는 농촌의 한기(寒氣)를 아는가? 호롱불보다 밝은 것은 촛불이었으며, 촛불을 켰을 때 노트 속의 글씨가 밝게 보였다. 촛불을 켜고 공부하는 가정은 부유한 가정이지만 나의 고향은 호롱불을 켜고 사는 편이었다. 어쩌다 부유한 친구 집에 놀러가서 남폿불을 볼 때 대낮같이 밝은 느낌이었다.

저녁에 호롱불이나 촛불을 켜 놓고 공부하다 잠들면 화재로 불행한 사건들이 발생하곤 했다. 나 역시 중학교 2학년 때 호롱불을 켜고 누워서 공부하다 깜빡 잠들었는데 자칫 화를 당할 수 있었지만, 어머니가 바로 발견해서 불이 나지 않았다. 호롱불에 의한 화재사고는 흔한 일이었다.

문명의 이기(利器)로 인해 늦게야 칠흑 같은 호롱불에서 벗어나 전기 혜택을 누린 때가 고등학교 1학년 때로서 처음 동네에 전깃불이 들어오니 밤에도 대낮같이 밝았다. 그때의 감동이 일기장에 잘 나타난다. "1973년 10월 30일의 시골 마을은 역사적인 순간이다. 오늘 밤에 마을 사람 모두가 기다리던 전기가 들어왔다. 어제까지 호롱불에서 밤을 보냈는데, 오늘 밤부터 대명천지로서 눈이 찬란하게 부시다. 호롱불 시대에서 전깃불 시대로 전환하니 기원전에서 기원후로 진입한 것 같았다." 오죽하면 『불이 번쩍! 전깃불 들어오던 날』(양영지, 밝은 미래)이라는 책이 나의 눈에 번쩍 뜨일까를 생각해 본다.

밝게 비춘 백열전구 덕택에 노트를 읽을 때 작게 쓴 글씨가 똑똑하게 보였다. 공부를 잘하는 비결로는 학교에서 노트필기를 열심히 하고, 또 노트를 통해 집에 와서 복습하는 일이다. 당시에는 참고서가 많지 않았던 관계로 교과목 담당 선생이 분필로 칠판에 써준 내용을 열심히 노트에 필기하였고, 전깃불 밑에서 노트에 줄을 쳐가며 읽고 또 읽었다.

지금이야 노트필기를 할 때 손쉽게 볼펜을 사용하지만, 중학교에 다닐 때는 잉크병에 잉크 물을 타서 펜으로 썼다. 잉크 병에 물들일 때 나의 손이 파란색으로 변하는 것은 물론 교복과 가방에도 물들었다. 한 번 잉크 물이 들면 잘 빠지지도 않아서 지저분해 보였지만 털털한 습성에 어쩔 수 없었다. 여름엔 하얀 교복에도 잉크 물이 들어서 어머니는 빨아도 잉크 물이 없어지지 않는다며 조심하라고 했다.

이때 파카 만년필은 매우 귀한 선물로 여겨져 부잣집 학생이 아니면 그러한 만년필을 만져보지도 못했다. 학생으로서 만년필이 있다면 그 집안이 잘사는 편이었다. 만년필은 고대 이집트에서도 발견되었고 현대 만년필은 1884년 미국의 루이스 워터맨이 발명했다고 한다. 요즘 편리하게 볼펜이 등장하여 중학생 시절처럼 하얀 교복에 잉크 물드는 걱정은 하지 않아도 된다.

선생님이 칠판에 기록한 내용을 노트에 잉크물을 들이듯 착실히 정리한 덕택에 집에 와서 노트 속의 글을 열심히 외웠다. 그만큼 노트를 통해 암기할 항목이 많았다. 노트 정리는 꼼꼼하게 했으며 때로는 왼쪽에 질문을 적는 칸을 만들고 아래쪽에는 요약문을 두어 강의내용을 일목요연하게 알 수 있도록 하는 코넬식 방법을 사용하였다. 하루에 한 번씩 노트를 읽어 내려가면 10일이 지날 때 열 번 읽은 결과이므로 요점이 자연스럽게 외워졌다.

특히 중학교에 다닐 때 노트필기를 열심히 하고 암기에도 노력했다. 공부 과목으로는 고등학교 입학자격의 검정고시 교과목으로서 국어, 영어, 생물, 미술 4과목이었다. 나는 취향에 따라 생물과 수학의 선택에서 생물을 선택하였고, 미술과 음악의 선택에서 미술을 선택하였다. 고시 관련 노트의 암기는 필기한 분량이 많아서 한꺼번에 외워지지 않으므로 매일매일 조금씩 차분하게 공부해야만 했다.

음악과 수학에 비해 상대적으로 생물과 미술은 좋아하는 과목이 되었다. 중학생 때 단골로 미술시험에 나온 문제가 있다. 우리나라에서 가장 오래된 목조건물이 무엇이냐는 질문으로 그것은 '영주 부석사의 무량수전'이다. 나중에 꼭 부석사를 가보고 싶었는데, 영주와 가까운 지역으로 구미에 사는 이천수 박사의 도움으로 50년만인 2021년 8월 16일 부석사 무량수전을 방문하여 감회가 새로웠으며 카메라 셔터를 연신 눌러댔다.

중학교 미술 시간에 또한 명화 '저녁종'과 '모나리자'에 대해 배웠는데, 언제 실물 그림의 모나리자를 볼 수 있을 것인가를 생각해 보았다. 삶의 버킷리스트는 아니었지만, 기회가 되면 밀레의 1857년 작 '저녁 종'과 레오나르도 다빈치의 15세기 작 '모나리자'를 보겠다고 다짐했다. 그날이 현실로 다가왔다. 나는 운 좋게도 코로나가 발생하기 이전, 예비교역자들과 독일과 프랑스로의 졸업 연수를 갔는데, 그날이 2019년 7월 13일이다. 프랑스 루브르 박물관을 방문하여 세계적 명화 모나리자를 보는 순간 환희로 다가왔다. 원작 모나리자를 보며 손수 사진을 찍고자 순서를 기다리는데 군중들이 몰려 혼비백산이었지만 그 순간이 황홀했다.

이어서 중학교의 생물 선생은 칠판에 글씨를 빽빽하게 정리해주었는데, 노트 정리가 힘들었다. 정성스럽게 노트에 기록한 후 집에 와서 정리한 노트를 한두 번 읽고 다음 날에도 이러한 일을 반복하였다. 특히 생물은 읽고 또 읽었는데, 주로 암기해야 할 내용이 많았기 때문에 어려웠다. 본 생물 과목은 자연에 대한 이해도를 깊게 했으며, 그 인연으로 인생 중반부터 사진에 취미를 느끼면서 살아있는 생명체에 대한 사진 찍기에 매료되었다.

중간고사와 기말고사 기간에는 따로 공부할 필요가 없었다. 평소의 일과로서 매일 한 번씩 노트를 읽은 탓에 자연스럽게 외워졌기 때문이다. 집에 오면 일단 그날 배운 노트를 한 번은 꼭 읽는 습관에 암기가 수월하였다. 시험 기간에 닥쳐서 공부하는 것이 아니라 집에 와서 노트필기 한 것을 매일 한 번씩 읽으면 저절로 암기되었다.

노트필기의 필체가 별로 좋지는 않았지만, 중학생 때부터 펜으로 글씨를 또박또박 쓰는데 익숙했던 관계로 읽기에 불편하지 않았다. 그리고 무슨 일이든지 암기해야 할 사항이 있다면 반드시 노트에 정리하는 습관을 길들였다. 기록을 중시하여 일기를 계속 쓸 수 있었던 것은 이처럼 중학생 시절에 노트 기록을 꼼꼼히 습관화한 덕택이라고 본다. 평소 생각하던 것처럼 "기록은 역사이다."라는 말을 후학들에게 전하고 싶다.

검정고시의 합격

우리나라의 입시제도 가운데 광복 후 대학 입학자격 검정고시를 실시한 것이 처음이다. 학교에 다니지 않고 독학하는 사람이 대학에 진학할 기회와 문호를 개방하기 위하여 교육부에서 연 2회 본 제도를 실행하였다. 내가 응시한 검정고시는 정식 중학교가 아닌 고등공민학교에 다닌 관계로 고교에 입학하고자 할 때 반드시 합격해야 하는 시험이다. 검정고시에 통과해야 고등학교 입학자격이 부여되므로 그 중압감이 크게 다가왔다.

검정고시 준비에 나름 힘들었지만, 인내와 성실로써 고시를 준비하는 기간이었다. 중학 3학년(1972) 때 검정고시를 앞둔 심경이 일기장에 그대로 나타난다. "검정고시의 중압감으로 고민도 많다. 시간을 아껴가며 노력하겠다고 각오했다. 검정고시 합격할 때까지 당분간 바보가 되어야 할 것 같다." 고등학교 입학을 위한 자격시험의 합격이라는 비장함이 간직돼 있다.

검정고시에 합격하지 못 하면 고등학교에 갈 수 없다는 판단에서 시험 준비는 인생 진로를 가늠하는 것이라 생각을 했다. 조숙했다고 할까? 언제나 미래를 준비하는 생활을 해야 하며, 준비 없는 생활은 나태한 생활이자 줏대 없는 생활이라는 중학생 때의 다짐은 분명했다.

중학생으로서의 자세는 학업에 충실히 임해야 한다는 다짐, 즉 인고(忍苦)의 정신자세가 우선 필요하였다. 학교생활에서 학업에 충실히 하자는 것이다. 세월이 흘러만 가고 검정고시 날은 닥쳐오고 이 어려운 시기의 극복을 어떻게 해야 하는가? 그것은 인내만이 가능할 것이다. 어린 마음속에 기억으로 남은 것은 혹독한 겨울이나 뜨거운 여름철에도 불구하고 고시를 위해 공부했던 것이며, 그땐 전쟁터에 나가는 실전(實戰)과도 같이 여겨졌다.

중학교 2학년이 되자 본격적으로 실전을 대비해야 했으며, 이에 검정고시를 위해서 여름방학이나 겨울방학도 없었다. 쉬어야 할 방학 때 집중 수업을 하는 관계로 오히려 체력소모가 더 컸다. 여름방학에 자율학습을 할 때는 집에 와서 점심을 먹은 다음 다시 학교에 가서 공부하는 때가 많았다. 두 번을 오가며 땀을 뻘뻘 흘렸으며, 여름 날씨가 너무 더웠다.

저녁의 자율학습도 예외는 아니었다. 낮에는 더워서 힘들었지만, 저녁에는 졸렸고 바로 옆에 습지가 있어서 모기가 많아 공부하기 힘들었다. 밤늦게 수업이 끝날 무렵 집에 오는 것을 포기하고자 할 때도 있었다. 학교에서 밤 자율학습을 하니 무척 잠이 오곤 했다. 어느 날 새벽 12시경 학교에서 자려고 하는데 모기 때문에 집으로 가야 할 것 같았다. 급우인 평수와 지수가 신공리 다리까지 데려다주어서 밤에 혼자 귀가했다. 신공리 다리는 학교와 집의 중간지점으로서 육이오 때 도깨비가 많이 나오던 곳으로 유명하여 겁이 많았던 탓에 저녁 늦게 귀가할 때 귀신 나올까 봐 진땀을 흘렸다.

자율과 타율을 겸하여 공부를 열심히 한다고 다짐했어도 고등공민학교에 다닌 관계로 주위 친구들로부터 자존심이 상할 때가 있었다. 한동네 친구 4명 가운데 고등공민학교에 2명, 중학교에 2명이 다니고 있었으며, 이는 자신의 의지와 달리 가정의 경제적인 형편과 관련되었다. 그래서 반드시 검정고시에 합격하여 고등학교에 입학하는 것이 나의 자존심을 회복하는 길이었으며, 시험과목은 4과목으로서 암기 위주의 과목들이었다.

14~16세라는 어린 나이로서 무슨 영문인지 모르겠지만 고등학교에 입학해야 한다는 집념이 솟아올랐다. 그래서 고등공민학교에서 열심히 수업

을 받았고, 귀가하는 길에서도 노트를 들고 다니며 외우고 또 외웠다. 홍대용은 『담헌서』에서 "학문하는 사람은 읽고 외우지 않으면 의지할 곳이 없다. 매일 배운 것을 먼저 정밀하게 외어야 한다."라며 먼저 한번 읽고 다음 한번 외우고 또 본다고 했다. 한번 읽고 다시 순서대로 되풀이하여 총합 30~40번을 읽고 그친다고 했으니 이를 귀감으로 삼았는지 노트를 읽고 또 읽었다.

검정고시를 한 달 정도 앞두고 담임선생이 시험 비용에 대하여 공지하였다. 1972년 7월 6일 오후, 3학년 담임선생이 검정고시 경비로 약 6천 원을 준비하라고 했다. 이 돈은 우리 농촌에서 벅찬 돈이라 걱정이 되었다. 50여 년 전의 6천 원이면 지금은 어느 정도의 가치인지 모르겠지만 시골에서는 큰돈이었다.

검정고시의 시험 날짜가 발표되자 마음부터 조마조마 바빠지기 시작했다. 3학년 1학기의 끝자락에 시험 날짜가 정해진 것이다. 1972년 7월 29일에 시험보는데 시간은 너무도 빨리 흘렀다. "학생으로서 세상에서 제일 무서운 것은 뭘까?"라고 질문한 한비야는 『중국견문록』에서 '당연히 시험'이라고 하였듯이, 시험 날짜가 정해지자 심장이 쿵쿵 떨리듯 경직된 느낌이 하루 이틀 동안 계속되었다.

우선 검정고시를 준비하는데 몇 가지의 서류를 갖추어야 했다. 신록의 여름날 비가 새벽에 내려 1~2학년 방학을 했다. 3학년 검정고시 볼 학생들만 며칠 내로 호적초본을 떼어오라고 했다. 지금은 호적초본이 없어졌으나 당시에는 국가인증 자격시험을 볼 때 호적초본을 제출해야 했다.

실제 검정고시 원서를 작성할 때에 손이 떨렸다. 전주에서 검정고시 볼 원서를 작성하는데 진땀이 났다. "서류에 붙일 내 사진이 정말 어색하게 나왔다. 집에 올 때 외갓집 근처의 호남선 고속도로를 건설하는 현장에 가보았다. 1972년 현재 우리나라는 눈부시게 발전하고 있다." 원서를 작성하면서 명암판 사진을 보니 초라한 얼굴이었다. 시험을 준비하느라 몰골과도 같았지만,

입술을 꼭 다문 의지는 충천해 보였다.

원서를 쓰고 서류를 갖추는 과정에서 정식 시험 목전에 모의고사를 보았다. 문제의 난이도는 전년도와 유사하게 출제한 수준이었다고는 하지만 좀 어렵게 느껴졌다. 모의고사의 성적표를 받아보니 별로 좋지 않은 점수를 받았다. 4과목 평균 76점이었다. 물론 시험이 어렵게 나와서 공부 잘하는 친구들의 점수도 신통치 않았다. 모두 60점 이상이면 합격하지만 한 과목이라도 과락 40점이면 불합격이다.

드디어 시험 보는 날이 다가왔다. 1972년 7월 29일이 디데이D-day였다. 광주와 전주 두 곳에서 검정고시를 보았다. 29일 광주에서 시험을 쳤고, 30일 전주에서도 시험을 봤다. 두 곳에서 시험을 본 이유는 한곳에 떨어지면 다른 곳에서 합격할 기회의 가능성을 열어주었기 때문이다. 시험 직전에 학생들의 얼굴을 보니 새파랗게 질려있는 것 같았다. 면 소재지의 시골 촌뜨기 학생들이 전남·북의 도청소재지에서 시험을 본다고 하니 그랬던 것 같다.

며칠 후에 시험 결과를 발표했는데 나는 광주시험에서도 합격하고, 전주에서도 합격했다. 그러나 왠지 전주에서 합격증은 나오지 않았는데 그 이유를 잘 몰랐다. 광주에서 검정고시를 본 결과, 우리 학교에서 응시한 20명 가운데 합격자는 3명이었다. 3명의 합격자 가운데 나의 점수가 학교성적에서 1위였다고 담임선생이 발표하였다.

여린 마음에 20명 응시자 가운데 17명이 시험에 떨어지고 3명만의 합격이라니 속이 쓰라렸다. 물론 시험에 낙방한 사람이라 해서 사회에 성공하지 말라는 법은 없다. 스티븐 스필버그는 아카데미 최고감독상을 2번이나 수상하였으며,「쉰들러리스트」,「라이언일병 구하기」 영화를 히트시켰다. 그는 어린 시절 아버지 8mm 카메라로 영화를 만드는데 열정을 쏟아붓는 데 온 힘을 발휘했던 관계로 남가주대학교 입학시험에 두 번이나 낙방했다. 시험에 떨어져도 낙심하지 말고 재도전하면 되는 것이다.

영화 관람과 감성순화

영화는 도대체 무엇인가? 영화에 대해 할리우드의 역사에 남을 감독들의 명언이 있어 주목된다. 「철모」와 「지옥의 영웅들」의 감독 사무엘 폴러는 "영화는 전장이다."라고 하였다. 「코난-바바리안」과 「긴급명령」을 각본한 존 밀리어스는 "영화는 항상 허세를 부리는 것이다. 세상에 영화 만드는 사람보다 허세를 부리는 건 없다."라고 했다. 「대부」와 「지옥의 묵시록」의 감독 프란시스 포드 코폴라는 "당신 뜻대로 사는 건 어떤 창의성도 없다. 예술은 운과 재능에 달렸다."라고 했다. 「산딸기」와 「제7의 봉인」의 감독 잉마르 베리만은 "어떤 예술도 영화의 방식으로 우리의 양심을 지나치지 않고, 감정으로 곧장 오지 않으며, 영혼의 깊은 곳까지 오지 못한다."라고 하였다.

모두 나의 감성순화에 도움이 되는 명언으로 새겨진다. 어린 시절부터 영화를 보는 것에 관심이 많았지만, 초등학생 때에는 영화를 보러 갈 기회가 거의 없었다. 어쩌다 구정 때 형을 따라가 한두 번 영화를 본 적은 있다. 개인적으로 기회가 있었다면 면 단위의 넓은 모래언덕에 천막을 둘러치고 임시 극장을 만들어 영화를 상영하는 장소에서 맴돈 적은 있다. 노천극장의 영화를 볼 돈이 없었기 때문에 표를 구할 엄두도 내지 못했다. 천막 근처에서 친구들과 어울려 놀다가 영화가 끝날 무렵 20여 분 남겨놓고 천막을 하나하나 거둘 때 10여 분 정도 공짜 영화를 보면서 촌뜨기 답게 흥에 겨웠다.

중학생 시절에는 영화 보는 것을 좋아했다. 성장기에 견문과 감수성이 있었다면 독서나 영화를 감상한 덕택이라고 생각한다. 청소년 시절에 관람한 영화를 일일이 나열할 수 없지만, 일기장에 기록된 영화 제목을 장르별로 소개하면서 관람한 영화감상을 소개해보고자 한다.

첫째, 애국심 발현과 관련한 영화였는데 중학교 3학년으로 기억된다. "오늘 아침에 보슬비가 내렸다. 영화를 보는 날인데 걱정이다. 2교시 끝나고 다행히 날씨가 좋아져 「안중근 의사」 영화를 보러 갔다. 사나이가 한번 태어났으면 보람 있는 일을 해야 하는데, 안중근 의사는 독립운동을 하느라 고생이 많았다." 원수 이토 히로부미를 응징한 의사였으니 큰 나라의 일꾼이 되겠다는 생각이 머리에 몇 번이고 스쳤다. 고등학생 1학년 때에도 해방의 기쁨을 알리는 영화를 보았다. 학교단체로 오후 3시 프로 「광복 20년」 영화를 관람했다. 다음 해에는 반공영화 「김두한」을 보았다. 김두한의 일상은 흥미진진하였으며 젊은이들의 국가관을 심어주는 영화였다.

둘째, 세계적 명화를 관람하면서 느낀 감상으로 고 2~3학년 때 본 영화들이다. 어느 날 학교에 가니까 영화를 본다는 말이 떠돌았다. 마음이 들떴으며, 5교시 수업을 하고 영화를 보았다. 외국영화 「언제나 마음은 태양」으로 낭만과 보람을 강조하는 영화였다. 몇 달 지나서 명화를 볼 기회가 또 있었다. 6교시 마치고 단체관람으로 「삼손과 데릴라」 영화였다. 신의 위력으로 삼손의 힘이 강해진 것과 작은 공주와의 사랑을 나누는 장면이었다. 『벤허』라든가 「머제스틱」, 「리틀엔젤스」 명화에 이어서, 대학에 들어와서 2학년 때 (1978)에는 『25시』 등을 보았다.

셋째, 무술영화는 당시 흥행하던 영화였다. 중학교 3학년 때 학교공부 3시간 끝나고 친구와 시내에 갔다. 중국영화 「주홍도」를 보았는데 내용이 난해해서 이해하기 쉽지 않았다. 해마다 설날이 오면 영화 보는 것이 당연한 일로 여겨졌는데 구정에는 정읍극장에 가서 「흑권」을 관람했다. 태권도 8단의 한국 선수와 공수도 7단의 일본 선수가 대결하는 장면이었다. 태권 선수가 공수도 선수를 물리치는 것으로서 일본해방과 독립운동을 연상케 하는 영화였다. 그리고 몇 개월이 지나서 이소룡 주연의 「용맹가강」이라는 영화를 보았다. 의협심이 강해지던 따라서 흥미진진했다.

넷째, 중학교 3학년 때 친구들과 애정 영화를 보러 갔다. 봉섭, 인규, 기영과 성림극장에서 「결혼반지」 영화를 보았다. 고등학생 때에도 으레 영화를 본다고 하면 '와' 하고 환호성을 질렀다. 학교에서 좋은 소식이 우리의 흥미를 끌었다. 3교시 마치고 학생 전체가 영화를 본다는 것이었다. 영화 제목은 「꽃새」였다. 애정 영화로서 우리의 마음을 사로잡았다. 사춘기 시절이라 사랑을 소재로 한 영화는 호기심으로 다가온 것이다.

다섯째, 감성을 호소하는 슬픈 영화를 보면서 눈물을 흘리기도 했다. 초등학생 때 본 영화로서 「저 하늘에도 슬픔이」라는 영화는 대구 명덕초등학교 4학년 이윤복이 쓴 일기를 1964년에 출판한 것을 원작으로 해서 1965년에 방영된 영화였다. 이후 속편이 제작되었고 두 차례 리메이크되었다. 고등학교에 들어온 후 신입생으로서 「슬픈 꽃잎이 질 때」라는 제목의 슬픈 영화를 보았다. 영화 관람 후 밤에 집에 올 때 어느덧 슬픔은 잊은 채 하늘에 달이 방긋 웃어 환하게 밤길을 안내해 주었다.

여섯째, 가족을 소재로 한 영화가 또한 흥미를 끌었다. 중학교 3학년 때 친구와 함께 본 영화가 기억나는데 그것은 중앙극장에서 상영한 「계모」 영화였다. 영화를 보고 어머니의 은혜를 어떻게 갚아야 할까를 생각했다. 또 날씨 좋은 날 친구 기영의 외막에 가서 참외를 먹고 정읍극장에 영화를 보러 갔다. 「사랑하는 아들딸아」라는 제목으로서 슬픈 영화였다. 어머니의 정이 아들과 딸에게 얼마나 깊게 다가오는가를 알게 해주었다.

일곱째, 세계의 인종차별과 관련한 영화를 보았으며, 그것은 고등학교 1학년 때 관람한 단체 영화였다. 수업 5교시 마치고 「귀향」이라는 영화를 단체로 보았는데 백인과 흑인의 차별이 심한 내용이었다. 흑인이 농사를 짓는데 백인이 강압적으로 땅을 빼앗아 농사를 짓는 장면이다. 나중에 흑인이 땅 주인이라는 것을 친구가 증명하여 다시 그 흑인이 자기 땅을 되찾아 농사를 짓는 이야기이다. 흑백의 인종차별을 벗어나자는 교훈이 스며있었다.

여덟째, 친구 간의 우정을 주제로 한 영화는 신선하게 다가왔다. 고교 친구 창기와 유림극장에 가서 「나 혼자는 못 산다」라는 영화를 보았다. 주연인 나훈아는 섬에 산다. 어느 날 신일용은 서울에서 의사의 신분으로 나훈아가 사는 마을로 실습을 왔다가 우의를 다진 나훈아의 동생 창숙을 사랑하게 되며 결혼에 골인하는 내용이다. 또한, 언젠가 수업을 마치고 창기, 찬영과 함께 정읍극장에 영화를 보러 갔다. 「정따라 웃음따라」와 「나와 나」 2개의 영화를 상영했다. 관람 후 느낀 감상으로 우정을 소중하게 해야 한다는 것이다.

아홉째, 전쟁영화는 흥미진진하였으며, 고등학교 2학년 때 본 두 편의 영화는 긴장 만점이었다. 6교시 마치고 단체로 본 것이 「증언」인데 6.25 전쟁의 참화를 상기하는 내용으로, 전쟁이 터지자 남한의 고등학생들이 의용군에 끌려가 피를 흘리며 쓰러지는 소재로서 나라를 위해 목숨을 바친 희생정신을 기리는 계몽영화였다. 그리고 12월 어느 날 3교시 수업만 하고 성림극장에 가서 「나바론」 영화를 관람했다. 미국영화로서 특공대원이 적 기지를 폭파하는 장면이 긴장 넘쳤다.

열 번째, 종교를 소재로 한 영화를 보았다. 고등학교 3학년 때 본 명화이면서 종교성이 진한 내용이었으며, 이는 4교시 수업 후 「소돔과 고모라」로서 종교영화였다. 『구약성서』의 「창세기」에 기록되어 있는 악덕과 퇴폐로 인해 신의 노여움을 받아 유황과 불에 의하여 모두 멸망했다(18장 20~21절, 19장 24절)는 내용으로 출발한다. 아브라함에 의뢰하여 천사는 소돔에 사는 롯과 그 가족을 멸망에서 구하는 내용의 기독교 영화였다.

열한 번째, 과거 전통을 소재로 한 고전 영화였다. 중학교 3학년 때 나는 종술과 영권 셋이서 정읍에 갔다. 정읍 장날이라 군중이 많았으며 시장에서 원숭이가 재주를 부리는 것을 보았다. 생전 처음 원숭이를 본 것으로, 신기했으며 산 경험이었다. 그리고 「꼬마 암행어사」 영화를 보았다. 몇 개월 후 연극도 관람했는데 「송파산 놀이」 연극이었다. 고전무용 연극으로 옛날을 회상하면서 깊은 정감이 건넸다.

열두 번째, 원한과 관련하거나 불의를 고발하고 정의를 앞세우는 영화는 의협심을 가져다주었다. 1972년 3월 21일, 시내에 가서 영화를 보았는데 제목은 「사나이 현주소」이다. 복수하는 내용으로 누구나 인간이면 원한이 있다고 해서 그것을 원수로 삼지 말고, 또 복수하지 않도록 하는 교훈의 영화였다. 1년 후 10월 20일, 수업을 마치고 고된 교련 연습을 4시간이나 했다. 그 후 성림극장에 단체 영화 「샤프트」를 보러 갔다. 외국영화인데 그것이 던지는 교훈은 정의에 사는 사람은 끝에 가서 행복해지고, 비법(非法)으로 사는 사람은 끝내 나쁜 결과를 남긴다는 점이다.

다양한 영화를 보면서 청소년기의 감수성을 키웠고, 성장하면서 견문을 넓혔다. 또 역사의식이나 애국심 그리고 희로애락의 인생사를 파악하는 데 도움이 되었다. 훗날 「아바타」 영화의 명장면을 보면서 장엄함도 느끼었다. 2020년 한국의 「기생충」 영화가 제92회 아카데미 시상식에서 각본상, 국제영화상, 감독상, 작품상의 주인공이 되기가 무섭게 2021년의 「오징어 게임」이 세계인들의 이목을 끌었다. K드라마의 열풍, 곧 한류로서 한국영화가 이처럼 세계문화에 영향을 미친다는 점에서 자부심을 느낀다. 청소년기의 성장 과정에서 영화감상을 통한 감성순화에 더하여 문화적 안목이 키워졌음을 감사하게 생각한다. 영화는 인생사에 있을법한 내용을 드라마로 각색한 것으로, 삶의 희로애락을 맛보게 하는 망아(忘我)의 묘술인 것 같다.

초가집의 라디오극장

금곡 촌락은 내가 고향을 떠나오기 전까지 마을 뒷산(월봉봉)을 병풍 삼아 38가구가 오순도순 살았던 곳이다. 초등학교 때에는 온전히 초가지붕이었는데 중학교에 들어서면서 함석집이 하나둘 생겨나기 시작하였다. 시골의 초가지붕은 논에서 벼 수확을 한 후 지푸라기로 나래를 엮어 이엉을 한 후 비바람을 막아주는 지붕 형태이다. '초가삼간'이란 가장 작은 초가집을 말하는데 1973년 작곡된 홍세민의 「흙에 살리라」의 노래 가사에 나오는 단어이다. '초가삼간 집을 지은 내 고향 정든 땅'으로 시작되는 이 노래는 "왜 남들은 고향을 버릴까?"라고 안타까이 여기며, 부모님 모시고 효도하면서 흙에 살리라고 했다. 초가삼간에서 살았던 추억에 젖어 노래를 흥겹게 부른 적이 있다.

초가삼간의 허름한 곳에서 살면서도 나름 낭만적인 풍경 속에서 산들바람, 그리고 때론 광풍을 맞으며 시상(詩想)의 시간을 가진 적이 있다. 조선조의 왕이 정승들에게 물었다. "광풍이 몰아치는 벌판에서 초가삼간을 보존하는 방법이 무엇이냐?" 영의정이 대답했다. "사방의 문을 활짝 열어놓고, 광풍이 쇠잔해지기를 기다리면 됩니다." 사방의 문을 열어놓으면 산바람이 집 문풍지를 간지럽히고, 혹시 바람이라도 세게 불면 방문을 걸어 닫고 사나운 비바람이 지나기만을 기다렸으니 자연의 순리에 따르면 된다. 집 주위에는 대나무들이 많아서 바람이 대나무를 흔들어대면 어린 시절에 겁이 많았던 나는 밤엔 오싹해지는 기분이 들었다.

이처럼 고풍(古風)의 사리 대문을 넘나들며 살았던 초가집이란 시골의 한적한 지붕 형태로서 농민들의 주거지였으며 순박한 시골 풍경 그대로 꾸밈이 없었다. 진나라 시인 도연명(365~427)은 "사람 사는 속세에 초가집을 짓고 살아도, 명리(名利)의 시끄러운 다툼은 없다. 묻노니 어떻게 그렇게 할 수 있는가?"라고 하며 "산 기운 맑아서 저녁놀이 곱고, 나는 새와 함께 돌아온다."라는 시를 읊었다. 시골 사람들은 순박하였으며, 솔바람의 기운을 받아서인지 인심은 향기롭고 뒷산에서 지저귀는 새소리는 귓전의 음악이었다.

내가 태어난 초가집 뒤로는 아담한 산봉우리가 있어 바람을 막아주는 양지바른 곳이었다. 2021년 어느 날 풍수 박사를 대동하고 태어난 집터를 가보았다. 아버지가 태어난 집은 동네 중턱에 있고, 내가 태어난 집은 뒷산 바로 밑에 위치하여 동네에서 비교적 높은 곳에 자리하고 있다. 풍수 박사에게 아버지가 태어난 집터와 내가 태어난 집터의 풍수 운세에 대해 알아봤다. 내가 태어난 집터는 뒷산이 받쳐주고 있어서 이 동네에서 최고의 명당이라고 하였다. 내심 기분이 좋았던 점은 이 집터에서 4남매가 일원(一圓) 가족으로 태어나 사회 구성원으로서 지금껏 무탈하게 살아왔다는 것이다.

고등학교 졸업을 앞둔 19세까지 나는 뒷산을 병풍 삼아 노닐었는데 1년 농사의 마무리는 두 가지 큰일이 끝나야 가능했다. 그 하나는 김장하는 일과 그 둘은 초가지붕의 이엉을 얹는 일이다. 어머니는 나래를 엮어서 차곡차곡 쌓아놓고, 나는 틈틈이 어머니를 도와서 겨울이 닥치기 전 나래 엮는 일을 거들었다. 고등학생 2학년 시절, 11월의 일기를 뒤적여 본다. "초가집을 이양하기 위해 볏 집단으로 나래를 엮었다. 작년에도 엮었지만, 올해 들어 처음으로 나래를 엮기 시작하였다." 중학생 때부터 나래를 엮기 시작하였으며, 고등학생 때에는 제법 어른 흉내를 내면서 숙달된 일꾼과 같이 일을 했다.

초가집의 이엉 작업은 나래 40~50개 정도를 만들어야 가능했으며, 어머니를 도와가며 나는 하루에 한두 개의 나래를 엮었다. 어머니는 하루에 4개 정도, 나는 이틀에 한 개 정도 나래를 엮는데 10일 남짓의 시간이 들었다. 18세의 나이였던 12월 8일의 일기장을 보면 "오늘 오후에도 나래 한 장을 엮었다."라고 기록되어 있으며, 이때가 초겨울이었으므로 눈이 많이 내리기 전에 지붕의 이엉 작업을 완성해야 했다.

나래를 엮으면서도 지붕의 마무리 작업은 지붕 꼭대기를 덮을 용마름 엮는 일이다. 용마름은 초가지붕 제일 위의 틈새를 막는 것으로 빗물이 새지 않도록 하는 것이다. 새벽부터 종만이와 우리 집 지붕을 이양할 용마름의 볏집단을 갈퀴로 긁었다. 종만이는 그의 부모 및 여동생과 우리 집 작은방에서 무료로 전세를 살았다. 대신 우리 집안일을 도와주는 것으로 보답하였다.

모자(母子)가 나래를 틈틈이 엮는다고 해도 초가지붕을 이양하는 일은 솜씨 좋은 동네 목수의 몫이었다. 우리 집의 초가지붕을 이양하는 날, 목수 송규 아저씨가 작업하고 또 이웃 동네의 남철과 종길이가 와서 서둘러주어 지붕이양을 깨끗이 마무리했다. 나도 수업을 마치고 와서 허드렛일을 도와주었다. 1년을 마감할 3일을 앞두고 1년 농사를 다 끝내는 일에 합력한 남철과 종길이는 원불교 청년이었다. 그들은 집안일을 도와주는 고마운 교도로 각인되고 있으며 어머니와 나 역시 원불교 승부교당의 중대사를 도와주었다.

시골의 초가집에서 어머니와 막내아들이 농사짓고 오순도순 살면서 귀를 살갑게 해주는 것은 안방 라디오였다. 아담한 초가지붕 아래에서 라디오 소리가 날 때 그야말로 '초가집 라디오극장'이 되는 것을 상상해 본다. 라디오가 있기 전에는 동네 가정마다 스피커를 설치하여 연속극을 들었다. 읍내 본부에서 시골 마을에 전선을 설치하여 라디오를 틀어주면 유선(有線) 라디오에서 음악과 드라마를 들을 수 있다. 스피커를 설치하는 비용으로는 가을 농사철이 끝나면 사업 담당자가 현금 대신에 곡물을 받으러 온다. 우리 집도 스피커를 설치한 후 뉴스, 날씨, 연속극을 즐겨 들었다. 어쩌다 태풍이 불면

전선이 떨어져 며칠간 라디오를 듣지 못하는 불편함이 있었지만, 다행히 복구되면 스피커는 시골의 라디오극장과 세상 돌아가는 뉴스 채널이었다.

유선으로 설치된 라디오를 한동안 듣고 있었는데 대구에 사는 큰형이 라디오를 사주어서 유선방송은 듣지 않아도 됐다. 가까운 이웃 사람들이 다채널의 라디오 연속극을 들으러 우리 집에 왔다. 라디오가 있으니 참으로 좋았다. 어머니는 라디오극장을 들으며 인생사의 시름을 없앴고, 누나가 중·고등학교에 다닐 때 누나 친구들이 우리 집에 와서 라디오극장을 들으며 담소를 나누던 모습이 눈에 선하다.

한동안 즐기던 초가집 라디오극장은 아쉽게 문을 닫게 되었다. 그때가 1973년 4월 4일의 일이다. 밤에 학교에서 집에 도착한 후 책가방을 방에 내려놓자마자 어머니는 "아이고, 우리 라디오 잃어버렸다."라고 가슴 아파했다. 이 말을 듣는 순간 나는 정신이 없었다. 속으로 무척 가슴이 쓰라렸다. 그러나 겉으로는 어머니께 잃어버린 것은 우리가 관리를 잘못해서 그런 것이니 너무 서운하게 생각하지 말자고 했다. 매일 아침 6시 45분에 연속극을 즐겨 들었는데 이젠 라디오가 없어서 얼마나 서운할까? 라디오를 모르게 가져간 도둑은 앞으로 도둑질을 안 했으면 좋겠다. "도둑아, 부탁한다. 우리같이 쓰라린 마음을 절대로 다른 사람에게까지 겪지 말도록 하라." 라디오를 잃어버린 후 어머니는 풀이 죽어 힘이 빠져 있었다.

라디오를 분실한 뒤 집안은 매우 썰렁했다. 인생의 애환을 전해주는 라디오극장은 이제 청취할 수 없다고 생각하니 서운하기만 했다. 토요일이라 해도 썰렁한 분위기에 허전하였다. 며칠 전만 해도 라디오를 들었는데 지금은 듣지 못하고 토요일이면 '6대가수쇼'를 오후 7시 30분에 꼭 들었는데 무슨 이유로 누가 라디오를 가져갔을까? "내 마음을 안다면 지금이라도 돌려주렴." 이렇게 푸념하면서도 라디오가 없을 때는 잘 몰랐는데 라디오를 분실하고 보니 모자(母子) 마음의 허전함은 극에 달하였다.

라디오를 분실한 몇 개월 이후 이대론 안 되겠다 싶어서 1973년 7월 28일에 다시 라디오를 샀다. 라디오를 새롭게 듣게 되니 숨통이 트이는 것 같았다. 라디오 서해방송에서 방영하는 '6대가수쇼'를 듣는데 내가 좋아하는 가수 나훈아가 군대에 가서 등장하지 않고 이용복이 나왔다. 언제나 토요일만 되면 쇼를 듣는데 3년간 우상의 목소리를 들을 수 없어 허전했다. 집에서 시간이 있을 때면 라디오에서 흘러나오는 유행가를 들으면서 꿈많던 학창시절을 보냈다.

가정 형편이 어려운데도 라디오를 다시 산 것은 어머니와 단둘이 살기 때문에 외로움을 달래기 위함이었다. 비용은 들었지만 라디오를 참 잘 샀다고 생각한다. "12월 15일 지금 라디오에서는 1974년도를 보내면서 불우한 이웃을 돕자는 얘기가 흘러나온다. 정말 우리는 추위에 떨고 있는 가난한 사람들에게 따뜻한 정을 베풀어야 하겠다." 유행가만이 아니라 라디오극장에서 방영하는 인생 드라마의 청취에 이어서 연말에 훈훈한 미담들이 소개될 때 나의 여린 감성은 풍요롭고 따뜻해져 갔다.

지금은 TV로 시선이 쏠리고 있으나 여전히 라디오가 매력적인 부분이 적지 않다. "교당 차를 운전하고 다녀오는 길에 차량이 정체되어 그냥 기다리기 힘들어 라디오 스위치를 올렸다. 채널을 이리저리 바꾸다 보니 라디오 청취율 1위를 차지한다는 '라디오 시대'라는 프로그램이 진행 중이다. 진행자가 노래 사이에 편지들을 유쾌한 말솜씨로 소개를 하는데 너무나 우습고 재미있어서 '아, 과연 퇴근길에 지친 운전자들에게 청량제 같은 역할을 하긴 하겠구나' 싶었다." 이 글은 원불교 교정원장인 나상호 교무가 『마음은 어디서 쉬는가』(1997)에 게재한 수행일기이다. 여전히 라디오는 고금과 시공을 초월하여 새로운 소식을 전해주는 매체로서 한가로운 이순(耳順) 공부에도 좋은 것이다.

시골 친구와 배구 게임

시골의 눈 맑은 친구들이 이따금 생각난다. 달마 조사는 말하기를 "친구를 선택하여 교류함은 눈에 있다. 눈이 나쁘면 정(情)이 반드시 엷다."라고 하였다. 어린 시절 같은 시·공간에서 성장한 친구들로는 한 살 위의 류종술과 류용우가 있고, 동갑의 김재옥과 김정호가 있다. 그리고 한 살 아래의 류준수와 하용철 등이 있다. 종술은 청소년 시절부터 손재주가 있어 대나무 제조업에서 활동하고 있으며, 용우는 건강상의 이유로 요양하고 있다. 재옥은 소방관으로 근무하다가 퇴임하였고, 준수와 용철의 소식은 잘 모른다.

같은 동네에 살며 중학교 동창이면서 친한 고향의 친구는 김재옥이었다. 재옥은 공부도 잘했는데 그의 형 광호가 결혼하였을 때 기억이 새롭다. 구식결혼을 한다고 하여 구경을 했기 때문이다. 신식결혼보다 구식결혼이 더 멋있고 우리 고유의 맛을 느낄 수 있었다. 결혼할 총각들에게 구식결혼을 하라고 권하고 싶을 정도이다. 하지만 먼 훗날 내가 원불교 남중교당에서 결혼식을 할 때 27세 총각과 23세 처녀는 구식과 달리 신식결혼을 하였다.

이웃 동네의 친구 가운데 나와 가장 가깝게 지냈던 중학교 동기로는 류기영이었으며, 그 친구와 서로 어울리며 노닐던 학창시절의 추억이 많다. 기영이 집과 우리 집을 번갈아 오갔다. 친구와 같이 밭에 가서 감자를 캐서 수레에 담아오기도 했으며, 나는 집에서 감자를 익혀서 그와 같이 먹는데 너무 뜨거워서 '호호' 불면서 식혀 먹었다. 저녁 식사할 때 입안 피부가 벗겨질 정도였다. 친구 간에 각자 집안일을 도와줄 일이 있으면 기꺼이 도와주고, 또 간식거리인 감자가 있으면 소담스럽게 같이 먹었다.

친구들 가운데 가깝게 지냈던 것으로, 미소를 살며시 짓는 이한홍은 죽마고우로서 공부도 잘하는 중학교 동기이다. 카네기는 말하기를 "미소는 가정을 행복하게 만들고, 친구들에게는 우정을 심어준다."라고 하였다. 항상 웃음을 머금은 이한홍의 집에 가서 잠을 잔 적이 있으며, 그의 어머니는 우리 동네에서 시집을 간 류씨 집안이다. 명절 때 전화 통화를 하곤 하는 한홍은 훗날 초등학교 선생을 오랫동안 하다가 장학관으로 역할을 하였다.

우직하지만 변함이 없는 친구로서 고범석은 내가 다녔던 중학교 교장의 아들이었다. 세월이 흘러 그의 소식을 들으니 중학교 수학 선생을 했다고 한다. 지금은 시골에 내려가서 성실하게 소를 키운다는 것이다. 『논어』「학이편」에서 증자(BC.506~BC.436)는 말하기를 "친구와 더불어 사귐에 성실하지 못한가?"를 말하며 일일삼성을 언급하였다. 중학교 교장 선생의 장남에다가 수학 선생의 명함을 가졌음에도 은퇴 후 다시 농촌에서 소를 키우는 우직함과 성실함이 그의 멋진 인상으로 다가온다.

이처럼 세월이 흐르고 성인이 되어 '시골 친구'들이 이따금 생각난다. 죽마고우(竹馬故友)들로서 소년 시절의 추억은 잊으려 해도 잊히지 않는다. 중학교에 다닐 때 우리 학교는 남녀공학이었으며, 자연스럽게 윗동네와 아랫동네에 사는 친구들이 많았다. 이때 졸업 동기들은 가난한 시골 친구들이므로 일부가 상급학교에 진학하지 못했지만 다정한 친구들로 남아있다. 고교생 때의 일기장을 보자. "구정 저녁에 이웃 동네 친구들이 집에 놀러 왔다. 중학교 동기인 기영, 영순, 경자가 와서 같이 노래를 부르고 화투도 치며 시간 가는 줄 몰랐다. 시간을 묶어놨으면 좋으련만, 10시 넘어서 아쉽게 헤어졌다." 소박한 친구들이 모이면 시골스러웠지만 그저 흥에 겨웠다.

친구에 대한 소중함이 더해지던 1973년 3월, 호남고등학교에 입학한 후 처음으로 민방공훈련을 받았다. 2교시째 공부를 하는데 학생들은 종이 울려 바로 산에 올라가서 몸을 숨겼다. 수업 후에 집에 와보니 한성중학교의 앨범이 도착해 있었다. 중학교의 추억으로 친구들의 얼굴을 보니 마치 새로 한성중학교에 입학한 양 처음 본 얼굴 같았다. 이제 겨우 졸업한 후 2달이 지났는데, 앞으로 얼굴을 잊어버릴 것 같은 마음이 든다. 나의 정든 중학생 시절은 무엇과도 바꿀 수 없는 추억이다. 그저 소박한 미소의 친구들은 젊은 시절 희로애락을 함께 했지만, 무상하게 이제 시공을 달리하여 살고 있다.

한해가 바뀌어 1년 행사로서 동네 친구들과 중학교 졸업식에 이어 송년회를 개최하여 서로의 우의를 건네며 흥거운 시간을 보내기도 하였다. 졸업 2년 후 1975년 마지막 날, 모교인 한성중학교의 졸업식을 했다. 2년 후배인 종국과 영권이 졸업한다고 하여 같이 모교에 가서 260원에 꽃을 사서 후배들 가슴에 달아주었다. 올해를 마감하며 저녁에 사촌인 영순 누나 집에 가서 재옥, 종국, 영식이와 팔뚝 매 맞기 화투를 쳤다. 화투에 소질이 없는 나는 번번이 매를 맞아 팔이 부어올랐다.

고등학생 때 도시락을 난로에 같이 데워 먹었던 가까운 친구는 김기수였다. 그는 성격이 참 좋았으며 배려할 줄 아는 친구였다. 그의 집에 가서 하룻밤을 자고, 우리 집에서도 하룻밤을 자는 경우가 있었다. 1976년 출가한 2년 후(1978) 그 친구를 오랜만에 만났다. 고등학교 동기 기수가 원불교 중앙총부에 나를 찾아온 것이다. 무척 반가웠으며 고마움으로 총부를 구경시켜 주었지만, 단체생활에 묶인 몸이라 저녁 식사를 대접하지 못하고 아쉽게 이별을 했다. 그 후 이따금 전화로 친구와 우정을 나누는 시간을 가졌다.

중·고등학교 시절에 친구를 많이 사귀지는 않았지만, 특히 기억에 남는 친구들로는 공부 잘하는 학생들이었다. 일기장을 보면 시공을 함께 했던 친구들이 눈에 선하다. 이들 중학교 동기들은 철우, 봉환, 한홍 등이며, 고등학생 친구는 창기, 기수 등이다. 이 가운데 철우는 고등학교 영어교사를 했고 양봉환은 행정고시에 패스하여 우리나라 지방의 중소기업청장까지 했다. 그는 풍수와 명리에 관심이 많았으므로 칼럼니스트 조용헌과의 만남을 주선해주었고, 2021년 12월에 풍수지리에 관심이 많아 대학의 강두열 풍수학 교수와 만남의 장을 열어주었다. 초판 자서전에서는 중학교 남자 동기생들의 일부 명단이 올려져 있는데, 재판에서는 여자 동기생으로서 책을 선물한 현숙, 순임, 미라, 양자, 홍님, 옥실, 리현, 향란, 경숙, 화자, 경자 등의 명단을 올렸다.

근래 한가하거나 외로울 때 옛 친구들을 생각하다가 용케도 친구의 전화번호를 알아내어 전화를 걸어서 그 시절의 아름다웠던 추억을 떠올리며 반가운 목소리를 듣기도 했다. 나이가 들었는지 이들의 목소리가 그리웠나 보다. 2021년 12월을 전후하여 양봉환, 류기영, 박인규, 이한홍, 고범석, 김기수 등과 전화를 하면서 서로의 안부를 물었다. 이들은 이미 퇴임을 한 경우가 대부분이며, 전화를 끊을 때 서로 "친구야, 언젠가 우연히 만날 날이 있겠지만 부디 서로 건강하자."라고 부탁하였다.

다음으로 친구들과 중·고교생 때 즐겼던 운동을 소개해 보고자 한다. 이들과 유대를 도모하는 여러 스포츠 가운데 특히 배구를 좋아했다. 축구와 달리 배구는 시골의 좁은 공간에서 동네 어울리는 유일한 운동이었기 때문이다. 6인조 게임으로서 휴일이나 명절 때 운동하기에 적격이었다. 주말이나 칠석날 등의 오락게임으로서 신나게 즐긴 것이다. 수업을 마친 후 백중날이라 어른 팀과 학생팀이 배구를 했는데 학생팀이 이겼다. 땀이 주룩주룩 흘리는 데도 공만 오면 땀이 어디론가 싹 달아났다. 고등학교 1학년 때의 휴일에는 유독 배구를 하는 날이 많았다. 동네 친구들이 도시로 흩어져 직장을 잡기 이전이었으므로 서로 모이는데 수월하였기 때문이다.

배구장은 동네의 뒷산 중턱을 평탄화 작업으로 만들었다. 산 중턱이 비교적 넓은 터였기 때문에 청년들이 2~3일 작업을 하여 좋은 배구장이 마련된 것이다. 어느 날 오후에 승부마을 학생들과 금곡마을 학생들이 배구시합을 했다. 장소는 동네 뒷산 배구장이었으며, 우리 마을 팀이 3번 전부 승리했다. 금곡 팀의 배구 포지션이 잘 구성된 것이다. 중 3학년 여름날의 일기장 기록을 보자. "우리는 선수 포지션을 구성했는데 나는 센터, 종술과 용우는 공격, 영권은 풀백, 재옥과 종국은 사이드를 맡았다. 상대팀은 영제, 중웅, 종진, 범석, 기영, 만선, 종대였다. 이들은 서로 1~2년 동네 선후배 사이였다." 일기장의 꼼꼼한 기록을 보니 얼마나 재미있었던 날인지, 아름다운 추억으로나마 당시의 그림을 연상하듯 생생하게 그려진 것이다.

우정을 나누는 배구를 하면서 상대 팀과 내기 시합을 하였으며, 승부욕의 긴장감으로 팽팽한 경주를 할 수 있었다. 그때 단연 등장한 승자의 상품은 맛있는 간식거리 '뽀빠이'였다. 배구 게임에서 우리 동네 팀이 이겨서 패한 승부 팀이 뽀빠이를 사 와서 같이 먹었다. 또 다른 날 이웃 동네 친구들과 배구를 했다. 우리 팀이 승리해서 뽀빠이 2봉지를 받았다. 조금 있다가 또 배구를 했는데 이번에는 우리 팀이 져서 뽀빠이 사주는데 1인당 50원을 지출했다. 겨울방학 때의 배구 경기는 시소게임으로 승자가 되거나 패자가 되지만 이러한 긴장의 과정이 흥미로웠다.

청소년기의 친구들과 배구를 한 추억을 더듬으면서, 훗날 뜻밖의 재회를 하면서, 또 수십 년 만에 전화하면서 감상이 드는 것으로, 친구란 과연 어떤 인연인가를 생각해 봤다. 친구에 대한 불교의 가르침을 소개해 본다. 친구는 진리에 들어가게 하는 문이며, 성인이 되게 하는 수레이며, 지혜에 이르게 해주는 배이며, 빛나는 횃불이며, 험한 길을 비춰주는 등불이며, 길을 건너는 다리이며, 뙤약볕을 가려주는 양산이며, 자비가 일렁이는 파도라는 것이다. 『화엄경』「입법계품」에서 밝힌 친구의 덕목이다. 친구여, 아는가? 친구란 어둠을 밝혀주는 횃불이며 희로애락을 공유하면서 내 편이 되어준 고우(故友)로서 어두운 밤거리를 밝혀주는 가로등이다.

송우회 결성과 4H 활동

한민족에게 오래전부터 상부상조하는 '두레'의 전통이 있었다. 이 시대를 살아가는 우리 공동체에 무엇보다 필요한 것은 협력과 화합의 상생 정신이라고 삼성그룹의 이건희 전 회장은 『생각 좀 하며 세상을 보자』에서 언급하고 있다. 전통의 두레가 시골의 친목계와 같은 것이다. 내가 살았던 농촌 역시 예외는 아니었으며 동년배를 중심으로 결성한 '송우회'가 그것이다. 고향 '금곡'에는 희로애락을 함께 한 죽마고우들이 의젓한 청년이 되면서 이 두레 정신의 계를 결성하였다.

1974년에 송우회를 결성하는 과정에서, 친목계의 성격을 띠고 서둘러 부모들의 허락을 받아서 1월 11일 회칙장부를 만들었다. '송우회(松友會)'라는 명칭은 내가 만들었으며 회칙장부도 친구들의 동의를 얻어서 손수 작성하였다. 당시의 일기를 소개한다. "송우회란 겨울이라 해도 소나무처럼 시들지 않고 변함없도록 돈독한 우정을 상징하기 위해 지은 이름이다. 끈끈한 친목 모임으로 사시사철 변함없는 '소나무와 같은 우정'을 원했기 때문이다. 회원명단은 류종술, 류용우, 류성태, 김정호, 하용철, 류종만, 류종국, 정영권, 류영식으로 모두 9명이다." 우선 쌀을 모으기 위해 1인당 쌀 10근씩 갹출하였다. 송우회 활동의 주요 목적은 친목 외에 회원들의 결혼식 때 당사자에게 금 4돈을 선물하기로 하고, 부모 회갑과 유고 시에도 기념품을 해드리기로 하였다.

이렇게 하여 결성된 송우회는 동네 지기들 간의 기쁨과 슬픔을 공유하며 미래를 위해 두레처럼 협력하는 정신을 출발점으로 하였다. 1년에 한두 번씩 돌아가며 송우회 모임을 했다. 앞으로 종자돈을 키우기 위해 매년 정례 모임을 할 때마다 회원들은 쌀 한 말씩 갹출하기로 했으며, 결혼할 때 회원들의 결혼반지를 해주기로 했다. 계모임은 계원의 나이순으로 하였다. 송우회 첫 정례 모임을 종술 집에서 했다. 동네 어른들로부터 어린이 취급받던 우리가 이제 청년이 되었다는 뿌듯한 마음이 지속되었다.

송우회 모임을 하면서 회비는 목적사업에 사용하는 것 외에 늘려가도록 하고, 모임을 주최하는 회원 집에 기념품을 증정하며 회원 가정의 애경사를 챙겼다. 계를 결성한 후 이듬해(1975)의 두 번째 모임을 했다. 회원들은 각각 쌀 7근 반씩 가져왔으며, 2말 2되는 회재(會財)에 보태고, 2말은 3,500원에 팔아 계를 개최한 집에 거울을 증정하였다. 74년에 종술 집에서 계를 하여 거울 1,750원에 사서 선물했고 75년에 용철 집에 1,750원에 거울을 선사했다. 송우회를 몇 번 개최하면서 벌써 쌀 한 가마 모았으며, 오후에는 친목 오락으로 배구코트 장에서 배구를 하였다.

세 번째 계모임은 순서에 의해 나의 순서였으므로 송우회 개최 때 쓰일 땔감 나무를 산에서 가져왔다. 송우회를 준비하는 날이라 나무를 마련하면서도 마음이 들떠 있었다. 그리고 어머니가 음식을 준비하는 데 옆에서 도와드렸다. 송우회 제3회 정기총회를 우리 집에서 했지만, 취직으로 인해 불참한 회원은 류종술, 류용우, 정영권으로 어딘가 모르게 허전했다. 9명 회원 가운데 3명이 빠지다 보니 6명의 회원은 우리 집에서 허전함을 달래기 위해 서로를 위로하고, 막걸리 한 잔씩 마시면서 상을 두드리며 노래도 불렀다.

회원들 간에 계모임을 1년에 한두 차례 개최할 때마다 우정을 나누면서 음식도 맛있게 먹고 춤을 추며 즐거운 놀이도 하는 등 재미가 있었다. 고등학교 3학년 겨울의 계모임 날을 기록해 두었다. "대지가 꽁꽁 얼고 눈바람이

휘몰아치는 날씨이다. 49년 만의 혹한이 찾아왔다. 예정대로 용우 집에서 제6회 송우회 정기총회를 했다. 재미있게 춤도 추며 오래간만에 파티를 여는 기분에 긴장감마저 풀렸다." 재옥이는 회원이 아니지만, 서로 어울려 즐거운 순간을 보냈다. 회원들은 어머니의 손맛으로 진수성찬을 나누고 상을 두드리며 번갈아 가며 노래를 부르면서 우정의 정감을 건네었다.

그러나 세월이 흐르면서 일부 회원들이 취직하러 도시에 진출하는 바람에 송우회의 결속력이 점차 약해졌다. 나 또한 1976년 3월 원불교에 출가하는 바람에 자연적으로 친목 모임은 해체되었다. 이전의 선배들은 농촌에 살면서 시공간의 이동이 적었기 때문에 계모임이 계속되었지만, 우리는 70년대 산업화의 물결에 따라 타지에서 직장을 갖는 관계로 해체될 수밖에 없었다. 계원들이 외지로 나가면서 고향을 등지자 해체되는 것은 시간문제였다. 송우회에서는 회원들이 결혼할 때 금 4돈을 선물하기로 했지만, 해체된 이후 한동안 무소식이었다. 익산의 남중교당에서 거행된 나의 결혼식 행사(1983.5.15.)에 뜻밖에 일부 회원들이 참여했으나 선물은 받지 못했다.

한편 동네 청년들은 또 다른 모임으로서 면 단위로 후원을 해주는 '4H 그룹'을 결성하여 농촌 청년들의 미래상을 꿈꾸었다. 이때가 고교 3학년생으로 1975년 봄날이다. 저녁에 금곡마을 청년들이 모여 4H Head, Health, Heart, Hand 그룹을 구성하고 활동에 대해 계획을 세웠다. 회장은 이춘봉이 맡았고 부회장은 윤덕남과 류종광이 맡았으며 꼼꼼하기로 알려진 탓에 나는 총무를 담당했다. 이틀 후에 정식으로 종만이 집에 모여 4H 회의를 열었다. 이날 임원을 다시 편성하였는데, 임시로 내가 사회를 보았다. 보도원 류덕규, 회장 이춘봉, 부회장 김정호(남) 윤덕남(여), 총무 류성태, 오락부장 하용철(남), 오락부장 류선옥(여), 체육부장 류종국이 뽑혔다.

동네 청년들이 4H를 구성하여 활동하게 되자 면사무소의 후원이 뒤따랐으며, 4H를 위한 강의를 이따금 듣고 나무를 심으며 고향 청년들의 꿈을 설계하였다. 동네 4H 회원 6명이 북면 농촌지도소에 가서 울력으로 꽃나무를 심기도 하였다. 이어서 북면 사무소에 가서 각 동네의 4H 회원들의 오락회에 이어서 배구를 했는데 우리가 2등을 했다. 비누 한 개씩 상품을 받았는데 회장 춘봉과 총무인 내가 받은 비누는 이번 모임에 참석하지 않은 여회원들에게 나누어 주었다.

4H 모임에서는 청년토론회, 농산물 품종개발 연구, 동네 청소 등에 대해 협의를 하였다. 1975년 봄날 밤에 4H 임시총회를 윤덕남 여부회장 집에서 했다. 여러 가지 열띤 토의를 하고 보니 밤 11시가 넘어서 끝났다. 20여 일후에 다시 모임을 했다. 4H 회의에서 밭을 경작할 것인지, 품종은 무엇으로 할 것인지에 대한 토론을 했으며, 자금을 마련하기 위해 토끼를 기르자는 의견도 있었다. 그리고 한 달에 한 번 마을 청소를 하기로 하였다. 하필 청소하는 날 늦잠을 잤기 때문에 청소에 참여하지 못할 뻔 했다. 4H 회원들에게 아침 청소에 나오라고 했는데 마이크 소리조차 못 들었다. 늦게야 알아차리고 부랴부랴 서둘러 동네 청소에 함께했다.

매년 어버이날에는 4H 임원들이 부모들께 효도하는 행사를 개최했다. 5월 8일은 어버이날이라 4H 긴급회의를 개최하여 동네 부모들께 카네이션을 달아드리기로 하고, 밤에 부모들과 잠시 소창을 하기로 했다. 4H 여부회장이 나에게 시내에 가서 색종이를 사 오라고 했다. 이미 어두컴컴했지만 서둘러 자전거를 타고 4km나 떨어진 읍내에 가서 색종이를 사 왔다. 여성회원들은 꽃 만드는 데 정성을 모았다. 어버이날을 기념하여 부모들께 효도하기 위해 밤에 4H 회의 주최로 마이크를 틀고 노래를 부르며 위로했다. 4H 결성 3개월이 지난 기념의 값진 행사로서 국수와 술로 어른들을 대접했다.

또 다른 행사로 친선운동을 통해 농촌 총각과 처녀들의 사기를 진작시키기도 하였다. 동네 4H 회원들에게 동네 어른들이 16일에 배구를 한다고 하여 함께 하자고 했다. 그러나 청년들은 송우회 계를 해야 하므로 못 한다고 했다. 어른들은 계를 다음으로 미루고 배구를 하자고 했다. 이 말에 몹시 불쾌하여 안 된다고 했다. 그러나 생각해보니 청년들이 어른들의 부탁을 거절하기에는 버릇없어 보일 것 같아서 이날 저녁에 송우회를 미루기로 합의하기 위해서 4H 임시회의를 개최했다.

이처럼 어떠한 중대 사항이 있으면 중지를 모으기 위해 회의를 개최했다. 4H 회의에서는 회원들의 생일과 송별회 등을 주관하기도 하였다. 회원 생일날 저녁, 4H 회장 춘봉과 회원 춘심의 생일을 기념하여 생일파티를 해주었다. 20여 일이 지난 후 밤에 4H 회원들이 또 모였다. 회원 김윤자의 생일이라 회원들은 축하 모임을 했다. 생일 떡도 나누는 등 더욱 즐거운 시간이었다.

젊은 날의 즐거운 시간은 마냥 보장해주지 않은 것 같다. 나는 고등학교 3학년 2학기 때 학교 당국에서 조기취직을 허락하여 외지로 떠난 관계로 모임을 지속할 수 없었다. 4H 회원들이 취직하러 떠나려는 나에게 송별회를 해준다고 했다. 그러나 정중히 이 제안을 거절했으며 괜히 서글퍼지는 것이 싫어서였다. 시골 고향을 떠난 후 사회 취직을 몇 달간 경험한 결과 너무 힘들어서, 그리고 뜻한 바가 있어서 직장 진로를 바꾸기로 했다. 그것이 결국 출가로 이어졌고 송우회와 4H도 탈퇴하는 바람에 점차 이 모임들은 해체되었다.

한동안이었지만 중·고등학생 시절의 송우회와 4H 활동은 농촌 청년들에게 희망을 심어주고 결속력을 키워준 점에서 의미가 적지 않았다. 오늘날 농촌에는 청소년이 거의 없어 격세지감이지만, 58년 개띠와 57년 닭띠를 전후한 베이비붐 세대들이 친목계를 결성하여 '송우회'라 손수 이름을 짓고 활동한 것은 결속의 순간들이었다. 4H 회원이 되어 비교적 꼼꼼하다는 평에 내가 총무를 담당하면서 4H 운영의 살림에 보람도 있었지만, 오늘날 도농(都農)의 격차에 의한 농촌에는 아기 울음소리가 사라진 지 오래고 실버silver 세대로 구성된 농촌의 실상을 보면 가슴이 아프다.

고교입학과 자전거통학

서양 명문대 출신의 현각 스님은 1990년 로빈 윌리엄스가 주연한 「죽은 시인의 사회」라는 영화를 감명 깊게 본 적이 있다며, 영화에 나온 학교가 흡사 "내 고등학교 생활을 그대로 옮겨놓은 듯해 진한 감회에 젖었다."라고 하였다. 출가 이전 스님의 고교 시절은 어떠한 생활이었을까? 아마도 '죽은 시인의 사회'라는 말이 풍기는 뉘앙스를 보면, 고등학생의 현각에게 출가를 결심케 하는 번민이 적지 않았으리라 상상해 본다.

입시 자격의 검정고시에 합격한 후 나는 정식 고등학교에 입학하는 기회가 주어졌다. 중학생 때 못 누린 자존감을 고등학생이 되어서야 회복한 기분이었다. 고교입학 서류 준비를 위해 면사무소에 가서 호적초본을 신청했다. 고등학교에서 열심히 공부하여 원대한 꿈을 한발 한발 실현하겠다는 설렘으로 다가온 것이다. 고등학교에 합격한 후 입시서류를 내고 입학금을 내면서 가슴은 뛰었다. 고교 입학금 28,470원을 농협에 가서 냈으며, 호남고교에 가서 모자에 부착할 모표와 뱃지 등을 샀다.

1973년의 꽃피는 3월 3일, 고등학교에 처음으로 등교했다. 신입생들은 이름표를 받고 담임선생과 교실에서 상견례를 하며 들떴으며, 고등학생이 된 그 기분은 말로 뭐라 형언할 수 없었다. 나는 호남종합고등학교 상과 제1학년 1반 26번이었다. 교과서를 받고 담임선생도 좋은 분 같았다. 어쩐지 의젓한 마음이 드는데, 고등학생이 된 마음에서 그렇다. 요즘에는 추첨으로 고교에 입학하지만, 당시 검정고시와 고교입시라는 두 번의 시험을 통해 고등학교에 입학했으며, 내가 입학한 호남고는 정읍에서 명문고로 알려져 있다.

시골 촌놈이 교복에 뱃지를 부착하여 고등학교에 다니다 보니 점점 자부심이 생겼다. 첫 수업의 분위기가 일기장에 다음과 같이 기록되어 있다. "즐거운 마음으로 고등학생으로서 교복을 입고 집을 나섰다. 마냥 즐겁기만 했다. 모든 것이 우러러보는 것만 같다. 드디어 고등학교 첫 수업시간이다. 담임선생은 새로운 말씀으로 격려해줬다. 오늘은 어색한 첫날이지만 그래도 옆 짝지와 다정다감한 마음이 든다." 앞으로 급우들과 즐겁게 지내자고 서로 인사를 나누면서 첫날 수업을 설렘 속에 마감했다.

고등학교 2~3학년 때 담임 류수열 선생은 나와 같은 성씨라서 더욱 챙겨주는 것 같았다. 그리고 고등학생 2학년에 올라가자 중학교 옛친구들을 고교 교정에서 다시 만났고 1년 후배들이 생겼다. 재수생으로서 중학교 동창 이한홍은 호남고 합격, 김정호는 이리 상고에 합격했다. 1년 후배인 하용철은 호남고에 합격했지만 안타깝게 유준수는 전주고등학교에 탈락하고 말았다. 이들 가운데 이한홍은 동기생으로서 한해를 쉬고 검정고시 합격한 관계로 1년 후배가 된 것이며, 김정호는 동갑인데 고등학교에 재수하여 합격하였다.

학교와 집의 거리가 멀리 떨어져 있으므로 다니기 쉽지 않았다. 집에서 5km나 되는 신작로를 걸어 다녀야 했기 때문이다. 더욱이 비포장도로였기 때문에 차가 지나가면 먼지투성이였고, 비가 오면 도로 사정이 좋지 않아서 차가 지날 때 물벼락을 맞는 때도 있었다. 거리가 멀어서 무엇보다 자전거가 필요하였다. 학교에 통학하려고 어머니께 자전거를 사달라고 했는데, 어머니는 돈이 없어 사줄 수 없다고 했다.

먼 거리의 학교에 다니다 보니 심신은 지쳤으며 아침 일찍 수업하고 밤늦게 끝나므로 자전거가 더욱 필요하다는 것을 알았다. 대구에 사는 큰형에게 자전거 사달라고 편지를 했다. 학교 수업을 마친 후에 저녁에 주산을 배우고 싶은데 너무 늦은 시간일 것 같아서 포기했다. 큰형이 자전거 구매의 비용을 보태준다고 했는데 한동안 소식이 없어 답답하기만 했다.

2학기로서 9월이 시작되자 어머니가 잘 아는 자전거점에서 저렴한 비용으로 중고 자전거를 사주었다. 1학년 2학기 때부터 자전거통학을 시작했으며, 학교에서 집에 오는 도로 중간지점의 선산에 아버지 산소가 있었다. 밤늦게까지 야간자습을 마치고 귀가하는 과정에서 마음속으로 하늘에서 아버지가 돌봐 주실 거라는 것을 알고 안심하고 조심스럽게 통학을 했다. 비포장도로에서 자전거 뒤 의자에 빈 도시락을 싣고 오는데 덜거덕거리는 소리가 한밤중을 섬뜩하게 했다.

국도(國道)라 해도 도로 사정이 열악해서 울퉁불퉁한 비포장도로를 달리는데 자전거 타이어가 자갈과 부딪치는 소리에 요란하였다. 자전거를 중고로 산 관계로 낡아서 덜커덩 소리가 들린 것이다. 덜커덩거리는 소리가 자장가처럼 들리어 눈을 살며시 감아본다. 그러면 자전거는 어느새 술에 취한 듯 방향을 못 잡으니 얼른 눈을 떠서 위험을 막았다. 새벽에 기상하여 밤늦게까지 공부하느라 심신이 지쳤기 때문에 자전거를 타면서도 졸렸다.

비포장 신작로에 다니게 되자 자전거는 자주 고장이 났다. 2~3년 된 중고 자전거였기 때문에 더욱 그랬다. 비라도 오는 날이면 자전거는 종일 비를 맞아 녹이 쉽게 슬어버린다. 자전거 스텐드에 달린 용수철이 떨어져 나가서 50원을 주고 달았다. 또 자전거 앞바퀴에 펑크를 때우는데 50원을 주었다. 어느 날 또 자전거가 고장 나서 말고개 근처의 형제 자전거점에 맡겨 수리하였다. 분해 소지를 하고 브레이크와 페달 등을 고치는데 1,400원이 들어갔다. 수리하는데 돈이 상당히 필요하여 자전거 핸들을 새것으로 가는데 1,500원이 들었던 일들을 생각해 보면, 자전거 타기의 불편함보다 오히려 가난한 살림으로 인해 어머니에게 부담을 주어 수리비를 받기가 어려웠다.

자전거가 고장 나는 것은 어쩔 수 없는데 하필 캄캄한 밤이나 비가 올 때 고장이 나면 어찌할 바를 몰랐다. 고 3학년 때의 일이다. 저녁 수업을 마치고 밤 11시 20분 자전거로 귀가하는 도중 자전거 앞 차대가 부러졌는데 다행히 다치지는 않았다. 밤늦게 자전거 수리점의 주인을 깨워서 자전거를 맡겨 놓고 집에 터벅터벅 걸어오니 자정이 넘었다. 자전거 고치는데 2,000원이 들어간다고 하여 걱정이 앞섰다. 또 어느 날 밤에 야간자습을 마치고 자전거를 타고 집에 오는 중 헤드라이트가 나가버려 캄캄한 밤에 비포장도로를 조심스럽게 타고 오기도 했다. 5km나 되는 등·하교 자전거통학은 험난한 가시밭길과 같았다.

날씨가 좋지 않아 춥거나 눈비가 올 때 자전거통학은 참으로 힘들었다. 목장갑 두 겹을 끼었는데도 자전거 핸들을 잡은 손이 얼어버리는 것 같아서 손을 호호 불면서 등교했다. 입춘이 지났는데도 때아닌 눈이 많이 내렸다. 미끄러운 눈길에 자전거를 타고 등교하다 보니 차가운 바람에 손이 꽁꽁 얼었다. 밤늦게 수업을 마치면 밖이 캄캄하고 비가 내릴 때 정말 곤란했다. 설상가상으로 자전거 브레이크가 잘 듣지 않았다. 거기에다 옷은 이미 속옷까지 빗물로 스며들어 흠뻑 비를 맞고 집에 왔다. 고난의 행군과도 같이 피곤하였으나 "나는 성공할 거야."라고 되뇌이면서 정신적으로 인내력을 키우게 되었다.

고교 시절의 자전거통학에 고생한 일만 나열했는데 시상(詩想)에 젖는 일도 있었다. 밤늦은 귀갓길에 달님은 나의 친구가 되었다. 우문우답(愚問愚答)의 일이 벌어진 일도 있다. 1975년 6월 16일, 밤늦게 자전거를 끌고 동네 1년 후배 용철과 귀가하는 밤이 훤한데 달이 안 떴다고 서로 대화하며 왔다. 귀갓길 말고개 근처에서 몇 청년들이 우리의 말을 듣고 "야, 이 멍청아. 달이 구름 속으로 들어가서 안 보이지 달이 안 떠?"라고 핀잔을 주자 기분은 나빴으나 한편으로 우스웠다. 어떻든 고등학생 시절에 여러 가지로 시련이 많았으나 나에게 인고(忍苦)의 시간이었다.

생활기록부의 영어 취미

일생을 살아가면서 지구공동체의 일원이 되고자 하려면 무엇보다 외국인들과의 의사소통이 가능해야 한다. 현대는 지구촌Global Village의 시대라는 점에서 문명인의 자격으로 살아가기 위해 '외국어' 하나 정도의 구사 능력은 상식적인 일이다. 독일의 안과 의사 히르슈베르크는 75세에 현역을 은퇴한 뒤 외국어로 아랍어를 공부하기 시작하였으며, 그 결실이 7권짜리 『안과 의학의 역사』 서적을 남기게 된다.

비교적 이른 학창시절에 나는 외국어 공부의 소중함을 알고서 학업에 임했던 것 같다. 1970년 3월, 중학교에 입학하자 처음 접하는 교과목으로서 영어가 흥미로웠다. 중학교 영어교사는 하정택 선생이었으며, 이분은 나의 큰형수와 친척 사이였다. 영어 선생은 어느 날 나의 친형에게 "성태는 영어공부를 잘한다."고 칭찬해주었다고 한다. 큰형은 미군 부대에서 군속으로 근무하고 있었기 때문에 영어를 잘하였으며, 나는 미 군속으로 근무하는 큰형의 영어 실력을 닮아가고자 하는 마음으로 영어를 열심히 공부하였다.

영어 교과서를 처음 보는 순간, 쉽게 할 수 있는 공부가 아니라는 것을 깨달았다. 영어단어를 외우기가 쉽지 않았으며 기초문법에 충실해야 했기 때문이다. 수학은 공식을 외우지 못하면 문제를 풀 수 없듯이, 영어도 단어를 외우지 못하면 독해가 안된다. 이 과목들은 기초가 튼튼해야 가능한 공부라는 것이다. 중학교 1학년 때부터 영어단어를 외우기 위해 모르는 단어는 사전을 찾아서 암기하기로 하였다. 힘든 공부이고 이미 시작하였으면 마음을 굳게 먹지 않으면 안 된다고 새기며 영어 단어암기에 열중하였다. 노트를 쓸 때 한국말 다음에 괄호를 만들어 영어로 쓰는 연습을 시작한 것이다.

고등학교 때의 영어 수업은 권혁추 선생이 하였으며, 이분 덕택에 영어를 더 열심히 공부하는 계기가 되었다. 수업을 마치고 쉬는 시간에 2학년 2반 어느 학생이 나의 영어 시험점수가 1등이라고 권혁추 선생이 말했다는 것이다. 이 말을 듣고 책임감이 무거워졌다. 권혁추 선생이 나를 불러 교무실에 갔더니 고 3학년 대상 전라북도 모의고사 영어 50문제 중 상위권 점수를 받았다고 했다. 공부할 용기가 백배 생겼다.

이처럼 중학생 때 흥미를 느낀 영어는 고등학생 때까지 이어졌다. 고등학교 1학년 영어 시간에 어제 본 시험의 성적을 학생들에게 불러주었다. 우리 반에서 처음으로 내가 100점을 맞아 1등을 했다. 그런데 나는 반갑다기보다 지금 잘하고 나중에 잘못하여 성적이 하락할까 봐 걱정이 앞섰다. 그리고 영어만 잘할 것이 아니라 다른 과목도 잘해야겠다고 다짐했다.

하지만 영어 외의 수학에는 흥미가 떨어졌다. 어느 날 수학 선생이 나에게 핀잔을 주어 창피를 당한 일도 있었다. 집에서 시간표를 잘못 보아 공통수학 책을 못 가져왔다. 최선관 수학 선생이 왜 책을 안 가지고 왔냐며 "영어보다 수학을 잘 못 해서 그러냐? 영어공부를 하듯이 수학을 열심히 하라."고 했다. 같은 반 학생들 앞에서의 꾸지람에 얼마나 창피했는지 모른다.

영어 문법에 흥미가 있어서 다음 단계로 영어 회화에 관심을 두기 시작했다. 앞으로 외국인과의 편지를 주고받을 수 있을 정도의 공부가 필요하다는 것을 알았으며, 그것은 공부를 더 잘하겠다는 다짐으로 이어졌다. 제법 영문 편지도 쓸 수 있게 되었는데 중 1학년부터 닦아온 영어 실력을 발휘할 수 있었기 때문이다. 고등학교 2학년으로서 외국어 편지를 쓰기 시작했으며, 미국의 브렌다 및 네덜란드의 노리스와 펜팔을 하는 계기가 된 것이다.

보다 실질적으로 영어 회화연습을 하기 위해 녹음기를 이용하여 회화 테이프를 듣고자 하였다. 대전에 사는 누나에게 공부 계획을 말하고 매형이 월남에서 사 왔던 녹음기를 빌려달라고 하였다. 집에 빌려와서 녹음기를 틀어서 노래를 부르고 영어공부도 열심히 했다. 매형의 고마움에 영어 회화를 더 매진하게 되었고, 곁들여 유행가 뽕짝 노래도 즐겨 들었다.

고등학교 3학년 때 한층 영어공부에 심취했기 때문에 학교 수업 외에 영어학원에 다녔다. 밤에 근처 학원에 가서 기본영어와 종합영어를 선택하여 공부하였다. 한 달에 1,500원씩 내고 수업을 받았는데, 밤 8시 30분에서 9시 30분까지 안진회 선생의 강의에 약 30명 남짓 학생들이 모였다. 수업을 마친 후 밤에 배운 종합영어는 실력을 키우는 데 도움이 되었다.

시간을 아껴가며 열심히 공부한 결과 영어에 취미가 있었고, 학교성적이 좋다 보니 같은 반 학생들의 수업 요청이 있었다. 급우들이 영어 실력이 부족하다고 하여 아침저녁으로 가르쳐달라고 했다. 류수열 담임선생께 이 사실을 말씀드리자 허락하였다. 분필을 언어 수업을 마친 후 40분간 과외수업을 해주었다. 평소보다 아침 일찍 학교에 갔다. 같은 반 학생들에게 영어를 30분간 가르쳐야 했기 때문이다.

고교 3학년 때 급우들에게 영어를 가르치면서 느낀 소감은 다음 일기에 나타난다. "아침에 영어 강의를 하느라 바쁘고 목이 칼칼하다. 가르친다는 것이 배우는 것보다 얼마나 어려운가를 새삼 느꼈다. 오후 강의시간에는 문법을 설명하다가 막힌 것이 있었다." 학생으로서 나의 반 학생들에게 영어 수업을 한 지가 벌써 10일째이므로 제법 노련해지기 시작했다. 처음에는 떨렸으나 이제 기법이 생긴 것이다. 나중에 담임선생이 나에게 영어시험 문제를 만들어오라고 해서 15문제를 가져다드렸다. 가르침이 배움이요, 솔선이 수신(修身)이라 본다.

담임선생은 나의 고등학교 3학년 생활기록부에 영어에 조예가 있다고 기록하였다. 그리고 졸업을 얼마 앞둔 제자에게 조언하기를, 앞으로 멋진 인생을 설계하라고 했다. 그리고 류수열 담임선생이 노트 한 권을 사주었다. 아마 같은 반 학생들을 위해 조석으로 영어를 가르쳤다고 주신 것 같다. 담임선생은 나에게 가르침의 기회를 준 잊지 못할 스승이다.

고교 시절의 장래 소망은 당연히 해외 유학이었다. 고등학생 때의 일기장을 보자. "졸업하면 낮에는 직장에서 일하고 밤에는 영어학원에 다니고자 한다. 영어 회화를 공부하여 통역관이나 외국 유학을 가는 것이 나의 희망이다." 스스로 어떻게 하면 영어를 잘할 수 있을까를 고민하는 시간도 가졌다.

아직은 여력이 부족하지만 앞으로 공부할 기회가 있으면 영어공부에 흥미를 갖고 더 열심히 공부하겠다고 스스로 다짐했다. 고교를 졸업한 후 출가하여 1년 동안 간사 생활을 한 후 대학입시를 치르게 되었는데, 그때가 1977년 2월로서 시험 과목 가운데 영어시험 문제가 제일 쉬웠다. 대학입학 필기시험을 보는데 시험 감독으로 원광대 송천은 교수가 들어왔다. 나의 영어답안을 보면서 "자네 어느 고등학교 출신이야?"라고 묻기에 '호남고 출신'이라고 하자, 명문이 아니라고 판단해서 그러는지 별 반응이 없어 보였다.

현재 67세의 나이에도 EBS 라디오 영어 프로그램을 하루에 1시간 이상 청취하고 있다. 중학생 때 스스로 다짐한 약속을 지키기 위해 중학교와 고등학교, 대학교에 이어 지금까지 영어 회화를 꾸준히 연마하고 있다. 전문서적을 참조하여 논문을 쓰는 일에서부터 외국 여행에서 영어 회화를 할 수 있어서 참 좋다. 세계 공통언어가 영어라는 점에서 그렇다.

어느 여류여행가는 언어를 하루아침에 익힐 수 있는 기적 같은 비법이 있는 것이 아니며, "지금 우리는 영어를 비롯해 한두 가지 외국어를 하지 않고는 살 수 없는 시대를 살고 있다."라고 했다. 『중국견문록』에서 이를 밝힌 점에 공감한다. 노년기에도 여전히 영어공부를 놓지 못하는 이유이다.

정체성 고민과 대의원·규율부

프랑스의 시인 토머스 머튼(1915~1968)은 자신의 정체성에 대해 다음과 같이 말한다. "정체성, 단순히 고요와 평화 안에서 쉬는 것이 아니다. 고독 속에서 자연과 체험을 통해 관계를 맺는 것이다. 바로 그 관계 안에서 내 정체성을 찾는다." 그는 현대의 영적 스승으로 존경을 받고 있다. 그가 말하는 정체성을 상기하면서 나 자신의 고독한 젊은 날의 흔적에서 얻어진 자아(自我) 성장기로서 지난 고등학생 시절을 되돌아본다.

고등학생 때 '나'의 정체성을 묻는 글귀는 자신의 존재지수를 한껏 높이는 흔적으로 남아있다. "찬란하게 빛나는 봄날의 태양 아래, 축 늘어진 가로수 밑 한길을 걷는 너, 진리를 탐구하러 학교를 찾아가는 너는 도대체 누구냐?" 일기장에 드러난 고등학생 때 자신의 진로와 관련한 정체성의 문제는 나의 존재에 대한 고민을 많이 하게 했다.

고교생으로서의 위상과 졸업 후의 진로문제로 인해 자기의식이 보다 강해졌으며, 특히 학년이 올라갈수록 자신에 대한 번민이 더욱 많아졌다. 인생 전반기에 있어 매우 중요한 시기인 고등학생의 위치에서 나 자신은 무엇을 생각하고 있는가를 되새기곤 했다. 청소년기의 운명이 고달프다고 불평했지만, 그래도 하루하루 뜻깊은 시간을 보내고자 했으며, 그것은 다시 돌아오지 않는 청춘기였기 때문이다. 18세 전후의 피 끓는 시기에 미래를 희망으로 맞이하려는 긍정 마인드는 자아정체성의 번민을 오히려 활로 개척의 방향으로 전환하게 하였다.

자신의 존재지수가 높이고자 고민하던 고교 2학년 때(1974) 나는 학교 대의원에 선출되었다. 이때가 정체성의 존재지수를 향한 번민의 시기로서 다음과 같이 기록해 놓고 있다. "고등학교 2학년 HR 시간에 류성태, 고기상, 서종열이 고교 대의원에 뽑혔다. 내가 대의원이 된 이상 힘이 닿는 데까지 힘껏 2학년 1반을 위해 일을 해보겠다." 류수열 담임선생이 추천한 이들 세 명은 학급에서 공부를 잘하는 모범생이라며, 대의원으로 뽑은 이유를 급우들에게 밝히었다.

모범 학생으로서 대의원에 선발된 이상, 나는 학생들의 선도와 상담에도 관심이 적지 않았다. 오전 조회시간에 고교생들 전체 앞에서 대의원 임명장을 받을 땐 왠지 나도 모르게 사명감이 컸다. 대의원으로 활동하면서 학생들의 애로사항 청취와 봉사활동, 문예활동을 하였다. 『호남학보』를 반갑게 받아 읽었으면서 1974년도의 호남고 행사를 낱낱이 살펴보았다. 학습으로는 문예, 행동으로는 봉사와 관련한 일들을 대의원들과 상의하면서 학급에 도움이 되는 방향으로 학생들을 유도한 것이다.

고등학생의 간부 생활을 하면서 1박 2일의 간부 병영훈련에도 참여했다. 처음으로 읍내 주변의 군부대에 들어가 M1 소총 사격에 참여했다. 나의 체격과 달리 총이 너무 크고 무겁다는 생각이 들었으며, 4발을 발사하고 보니 귀가 한동안 먹먹했음은 물론 긴장한 나머지 얼굴에 땀방울이 맺혔다. 이어서 화생방 훈련에 임하면서 얼굴에 눈물 콧물이 또 범벅이 되어 두고두고 잊을 수 없는 군대훈련을 체험했다.

다음으로 고등학교 3학년 때(1975) 나는 일부 학생들이 선망의 대상으로 여기던 규율부(지도부) 후보로 뽑혔다. 규율부가 된다는 사실에 기분이 며칠 동안 들떠 있었으나, 어느 날 류수열 담임선생이 나를 부르더니 "성태, 너는 학생들에게 영어 보충수업을 조석으로 가르쳐라."라고 하면서 대신 규율부를 하지 않으면 좋겠다고 하였다. 6명의 규율부 후보의 한 명으로 뽑혔던 나의 명단을 은근히 내리려는 담임선생의 깊은 의중을 파악하였다. 무관의 규율부 대신 문관의 보충수업에 매진하도록 하려는 배려로 받아들였기 때문이다. 내가 빠진 규율부 자리 대신에 급우 서성석이 규율부가 되었는데, 아니나 다를까 서성석은 졸업 후 부사관학교에 임대하여 무관의 부사관을 했다는 소문이 들린다.

학교 규율이 엄하기로 소문난 호남고교의 전통을 생각하며 규율부를 내심 하고 싶었지만, 급우들 영어 지도에 더 노력해달라는 담임선생의 인도가 더 가치 있는 일이라 생각했다. 다만 규율부원이 아니라 해도 학생들의 요구사항에 관심이 있었던 터이므로, 고교 대의원의 신분으로서 규율부 선생께 고등학생들의 빡빡머리를 스포츠머리로 할 수 있도록 건의하였다. 대의원들과 건의한 결과 학교 당국에서 이를 수용하였다. 학교에서 3학년에 한해 스포츠머리를 해도 좋다고 하자 기쁨에 벅차서 당장 머리를 스포츠 형식으로 깎았는데 비용 100원이 들었다. 빡빡머리를 벗어나 사회인이 된 기분이었다.

이처럼 3년간의 내 청춘을 함께한 호남고는 읍내에서 인문계의 명문으로 알려져 있었으니, 본교의 육사 입학생이 많았으며 2003년도에 졸업생 3명을 장군으로 배출하기도 하였다. 또 학생들의 교육과 규율이 매우 엄격하였다. 어느 조회시간에 일제 점호를 했다. 나는 준비를 철저히 하여 아무런 문제가 없었다. 학생으로서 직분을 지켜야 하며, 또 외모와 내면을 충실히 해야 앞으로 사회활동도 잘할 수 있으리라 생각했다. 절도 있는 학생, 공부 잘하는 학생이 되라는 학교의 방침 속에 규율 활동은 엄격하면서도 자율성을 키우는 교육으로 유도하였다.

학교의 엄격한 지도방침은 6월 운동장에서 하는 조회시간에도 잘 나타났다. 조회시간에 비가 심하게 내렸다. 단상에서 학생들에게 훈화 말씀을 전하는 교장 선생께 주변에서 우산을 받쳐드리니까 "학생들도 비 맞는데 내가 우산 쓰면 되겠는가?"라며 거절하였다. 엄정 절제의 순간을 지켜본 순간 교장 선생이 정말 존경스러웠다. 학생을 훈도하고 배려하는 인품의 교장 선생 밑에서 공부하는 우리 학생들은 미래의 동량(棟梁)이 될 것이라 확신했다.

한편 고등학교 1~3학년 때 연중행사로 전개되는 동학운동 행사에 학생들이 동원되었다. 정읍에 있는 고등학생들은 선별적으로 동원되어 1894년의 갑오동학혁명을 기념하는 행사가 이뤄진 것이다. 물론 일요일이라 해도 이날 중·고등학생들은 거의 학교에 갔다. 고부에서 전봉준이 동학운동을 벌인 것을 기념하기 위해 제8회째 기념행사가 있었기 때문이다. 고교 1학년 때 나도 같이 행사에 참여했지만 그뒤 학교에서 자습을 했다. 3학년이라 대입을 준비해야 하므로 동학 기념행사에 참여하지 않지 않아도 된다는 학교의 배려였던 것이다.

학교 행사 가운데 또 기억이 생생한 것은 고교 운동회 때의 일이다. 1975년 5월 11일 화창한 봄날에 체육대회가 열렸는데, 3학년 1반으로서 나는 한 조가 되어 '완전군장'을 하고 왕복 8km 달리기 경주에 참여하였다. 5명 1조로 구성된 5~6개 팀이 목적지를 돌아오는 경주로서, 일종의 병사들이 지옥의 산악달리기를 하는 것과 유사하였다. 모의 장총을 매고 완전군장을 한 후 마라톤을 하면서 다리가 후들거렸지만, 급우 5명이 한 팀이 되어 "으샤, 으샤"를 하며 열심히 뛰어 골인 지점에 1등으로 들어왔다. 이날 같은 반 친구들은 마라톤 1등, 배구 패배, 축구 우승이라는 높은 실적을 보이자 서로가 '만세'를 부르며 환호했다.

감수성이 예민했던 청소년 시절, 희로애락을 공유한 고등학교 친구들과의 추억과 우정은 진한 감정으로 다가왔다. 같은 반 김기택 학생의 아버지가 돌아가셨기 때문에 학생들은 100원씩 모금하여 위로의 마음을 전하였다. 또 친구 창기 생일(12.7)이라고 친구 6명이 초대되었는데 나는 그의 집에 갔다.

창기 어머니께 인사드리고 생일파티를 했으며 맛있는 떡과 고깃국이 나왔다. 애사와 경사에 함께 하는 고등학생들은 졸업 후 다시 만날 수가 없었기 때문에 아쉬움이 크다. 세월이 무상하던가, 기택과 일부 친구들이 이미 세상을 떠났다는 슬픈 소식이 들린다.

인생사는 기쁨과 슬픔이 쌓여가며 추억으로 남는 것이다. 수업을 마치고 친구들과 즐거운 시간을 함께한 것도 아름다운 추억이다. 친구 집과 우리 집을 교대로 해서 하룻밤을 같이 지새운 것이 얼마나 기뻤는지 모른다. 나는 홀어머니와 살고 있었으므로 외로움을 달래기 위해 친구들을 집에 초대하는 시간을 가지곤 했다. 고교 2학년 때로서 12월 25일 토요일, 학교 수업을 마치고 연상과 희균이가 우리 집에 녹음기를 빌리러 왔다. 나는 녹음기를 가지고 친구 집에 놀러 가서 연지동에 사는 연상의 집에서 저녁밥을 먹은 후 뒷동산에 올라가서 녹음기 음악 소리에 맞춰 친구들과 댄스를 하면서 즐겁게 시간을 보냈다. 한껏 흔들어댄 고등학생들의 막춤이 지금도 눈에 선하다.

하버드대 출신으로 한때 화계사에서 한국 승려로 변신한 현각 스님은 고등학교 시절을 다음과 같이 회고한다. "평일에 열심히 공부하고 주말에는 친구들과 열심히 놀았다. 특히 주말이면 친구 집에서 돌아가며 열리는 파티가 아주 재미있었다." 나 역시 일주일 수업을 마치고 친구들의 집에 가기도 하고 집에 초대하여 노닐며 밤하늘의 별을 보듯 풋풋한 낭만을 즐겼다.

고교 3년의 일상을 회고해 보면 학교에서 열심히 공부하고, 또 친구들과 자유롭게 추억을 만들며 돈독한 우정을 쌓은 것이다. 정식 중학교가 아닌 고등공민학교에 다니다가 검정고시에 합격한 후 정식 고등학생이 된 당시 나의 심경은 자아 존재감을 확인시켜주었다. 그러나 청소년으로서 여전히 우수에 젖으면서 고교 시절의 자신에 대한 정체성에 대한 많은 사유의 고민은 나를 내적으로 성장시켜 주었고, 고교 간부로서의 활동은 앞으로 다가올 미래의 삶에 적극성을 갖게 한 계기가 되었다.

해외펜팔의 감성 터치

편지에는 상대방에 대한 설렘의 비밀이 숨겨져 있고 자신의 감성이 지면(紙面) 속에 담기어 있다. 아득한 한나라 시대의 사마천이 마음을 편지에 담아 보낸 글이 오늘날에도 독자들에게 유명하다는 사실이 신비스러울 정도이다. 어느 날 사형으로 처형될 절망에 빠져 있는 옥중의 임안(任安)에게 사마천이 보낸 편지를 읽어보면 우리의 관심을 끌고 있다. 겨울에 보낸 편지 탓만도 아닌데, 읽는 사람의 마음을 춥고 떨리게 한다는 내용이 『사마천과 함께하는 역사여행』(다케다 다이준 저)에 고스란히 담겨있다.

마음을 흥겹게 하고, 떨리게도 하는 편지를 통하여 우정을 쌓고 싶을 때가 청소년기이다. 고등학교 2학년(1974) 11월의 일이다. 그동안 열심히 공부한 외국어의 활용을 목적으로 해외펜팔을 하고 싶은 충동이 생기었다. 전에 가입한 메아리 펜팔협회에 뱃지를 신청했는데 도착했기 때문이다. 그리고 메아리클럽에서 펜팔을 소개해 주었는데 나와 동갑인 미국 여고생으로서 메인주에 사는 브렌다Brenda이며 그녀와 1년 넘게 편지를 교환하였다. 소식을 기다리던 차 브렌다로부터 편지와 사진이 왔다.

시골 촌놈이 외국인과 펜팔을 할 수 있다는 기쁨에 취하여 어머니와 친형에게 자랑하였다. 대구에 사는 큰형 집에 갔는데 형수와 조카들 모두 편안해 보였으며, 형은 미군 부대에서 16년째 근무하는 중이었다. 형에게 미국 브렌다 편지를 보여주었다. 형수는 미국에 갈 수만 있다면 250,000원의 비행기 표를 사줄 터이니 가보라는 것이어서 마음만으로도 고마웠다.

며칠 후 미국 소녀 브렌다에게 답장을 보냈다. 영작(英作)을 통해 그녀에게 영문편지를 쓰게 되었으니, 외국인과 소통할 수 있다는 생각에 자부심이 생겼다. 한 달쯤 지났을 때 브렌다로부터 학수고대하던 편지를 우체부 아저씨가 가져왔다. 브렌다의 답글 편지가 온 것이다. 내가 시를 좋아한다고 했는데, 손수 지은 시 두 편을 보내왔다. 나의 서툰 영어 실력으로 편지에 보냈는데 브렌다는 내가 전하고자 하는 내용을 충분히 이해하는 것 같았다.

한동안 시간 가는 줄 모르게 갈색머리 브렌다와 편지와 사진을 주고받았다. 그녀가 보내온 그림엽서는 미국이라는 이국적 풍경에 한가로이 풀을 뜯고 있는 말들의 모습이었다. 브렌다가 보낸 자신의 독사진에 대한 답례로 나의 독사진도 보내주었다. 브렌다에게 보낼 '내장산 관광 기념 책자'를 포장하고, 또 크리스마스 카드를 사서 보내기도 했다. "친구 브렌다여! 불변의 우정을 키워가자."라는 문구로 연하장을 보낸 것이다.

펜팔로서 브렌다와 같은 19살의 청춘 나이에 걸맞게 봄날의 생일날 축하의 카드와 선물을 주고받았다. 휴일의 한가로운 날 집에서 낮잠을 자고 있는데 밖에서 뚜벅뚜벅 소리가 나더니 누군가 노크를 했다. 우체부 아저씨가 미국 브렌다의 소포를 들고 온 것이다. 뜯어보니 미국경치를 담은 달력과 포대화상 선물이었다. 건전한 이성 교제가 참 좋다고 생각하며, 가슴에 깊이 잊지 못할 우정의 선물을 받은 것이다. 서로의 편지 왕래가 언제 멈출지 모르겠지만 우정의 시간을 최대한으로 연장하고 싶었다.

고교 2학년 때의 기억으로 음력 3월 18일, 브렌다로부터 나의 생일을 기념하는 카드와 선물을 받았으며 나 또한 그녀의 생일을 기해 감사의 마음을 전했다. 5월 13일, 브렌다 생일 날짜에 맞게 서울 메아리 펜팔협회에서 한복인형을 790원에 사서 부쳤다. 해외펜팔에 약간의 비용이 들었는데 어머니는 영어공부를 하는 데 도움이 된다고 하니 기꺼이 응원의 박수를 보내주었다.

외국인과 선물을 주고받으며 서로 소박한 꿈을 언급하기도 했다. 이를 일기에 담았다. "브렌다에게 작은 약속을 하였다. 겨울방학 동안 더욱 열심히 영어공부를 하겠다는 것이다. 그리고 나의 희망은 영어 회화를 잘하여 미국에 유학하여 브렌다를 만나보는 것이다." 희망이 실현되지 않을 줄 알면서도 만나고 싶다는 소박한 마음을 전했는데, 6·25를 겪은 나라의 가난한 농부의 학생이라 유학은 경제적으로 힘들 것이라 생각했다. 나는 그녀가 보내준 포대 화상을 지금도 고이 간직하고 있다.

어느 날 브렌다의 어머니 열반 소식을 들었다. 슬픔의 편지를 받은 날이 고교 2학년으로 1975년 1월 3일이다. 위로의 마음으로 편지를 보냈다. 브렌다로부터 편지가 왔는데 43세밖에 안 된 그녀의 어머니가 돌아가셨다고 한다. 슬퍼서 무어라 표현해야 할지 모르겠지만, 우리나라에 살고 있다면 금방 조문이라도 갈 터인데 그렇지 못하고 위로의 편지만을 보냈다.

슬픔은 여기에 그치지 않았다. 서로 1년 정도 편지를 주고받다가 브렌다의 뜻하지 않은 편지를 읽었다. 그녀가 좋아하는 남자친구가 생겼다는 것이다. 손을 떨구며 편지를 읽어내려가는데 나에게 다른 여자 친구를 잘 사귀어보라고 했다. 미국 친구와 편지를 주고받으면서 느낀 점은 미국 학생들은 첫째, 자기 감정에 매우 솔직하며, 둘째 서구인의 가치관이 동양인과 다르다는 것이다. 이별이란 슬픈 일이지만 받아들일 수밖에 없는 일이다. 이 허전함을 달래기 위해 해외에서 온 편지들을 다시 한번 읽어보았다. 미국의 브렌다로부터 편지가 끊어진 지 50년의 세월이 흘렀지만, 잊지 못할 외국인의 첫 펜팔 친구이다.

고통의 마음 아픈 흔적을 떠나보내는 것은 어려운 일이다. 그 뒤 영문편지를 쓰는데 도와준 급우 송영길이 미국인 친구에게서 우표를 붙여왔다고 나에게 자랑했다. 이에 영길의 부탁으로 나는 외국인 편지를 이따금 번역해주곤 하였다. 이제 여러 통의 편지를 번역해 보니 이해하기 쉽게 해석하는 방법을 알게 되었다. 그동안 브렌다와 편지를 주고받은 경험을 십분 활용하였기 때문이다.

편지의 번역과 영역에 고마움을 느낀 송영길은 나에게 제안을 해왔다. 네덜란드 '노리스'라는 연상의 여인을 소개하면서 그녀에게 편지를 해보라는 것이다. 노리스는 영길이의 형 두봉과 펜팔을 해왔는데, 두봉은 개인 사정 때문에 어렵다며 대신 나에게 펜팔을 하라고 권했다. "내가 어떻게 대신해?"라고 하니, 그냥 해보라고 해서 다소 주춤했다. 그러나 브렌다와 이별의 상처를 잊기 위해서 심신을 추스르며 노리스에게 편지를 보냈다.

두 번의 이별을 겪고 싶지 않았지만, 친구의 권유로 편지를 했다. 마침내 1975년 6월 24일, 네덜란드에 사는 노리스로부터 답장이 왔다. 설레고 기쁜 마음으로 편지를 읽어 내려갔다. 이국의 그림엽서와 가수들 사진을 붙여왔으며, 스치는 인상으로 좋은 친구가 될 것 같았다. 두어 달 지난 후 노리스로부터 또 답장이 왔는데 우편엽서 3장에 사진 한 장을 붙여왔다. 사진을 보니 귀염둥이 누나였다. 부유하고 귀티가 있어 보이기 때문에 호감이 갔다.

노리스와는 한동안 청춘 시절을 이야기하며 우정을 나누던 10월에 노리스에게 220원 우표를 붙여 편지를 보냈다. 그림엽서 2장, 우표 몇 장, 여행 때 찍은 사진을 함께 보내주었다. 노리스는 친구라기보다는 나보다 세 살이 많은 누나, 곧 연상의 여인으로 사귀었다. 하지만 고등학교를 졸업한 직후 출가하여 원불교 예비교역자가 되면서 또 이별의 안타까움을 겪고야 말았다.

아쉬운 감성이야 어떻겠는가? 회자정리(會者定離)라 했다. 어떻든 해외펜팔을 통해서 스스로 번역과 영작의 현장감 있는 외국어 공부를 했으며, 그것은 라디오와 학교에서 배우는 영어공부와는 느낌부터 달랐다. 해외펜팔의 장점은 생생한 영어공부의 기회로서 자기 나라를 소개하고 서로 선물을 교환할 수 있으며, 직접 외국어 공부에 도움을 준다는 점이다. 그만큼 국제감각의 폭이 키워진다는 것이다. 국내의 로맨스가 아니라 해외펜팔의 풋사랑으로서 학창시절의 감성 터치 흔적을 늦게나마 자랑하고 싶다.

새마을운동의 참여

　새마을운동은 박정희 전 대통령의 가장 큰 업적 가운데 하나로 평가되고 있다. 이는 1970년대 박정희 정부의 주도 아래 전국적으로 전개된 지역사회 개발 운동으로 더 잘 알려져 있다. 낙후된 농촌 환경의 개선과 경제부흥의 목적으로 '근면, 자조, 협동'이라는 구호 속에서 본 운동이 전개되었다. 내가 중·고등학생 때 새마을운동이 활기차게 전개되었으며, 다음은 고 3학년 때의 일기이다. "친구와 북면에 영화를 보러 갔다. 영화의 내용은 새마을 사업과 유신이념이 곁들인 반공 영화라고 한다. 그러나 어른들만 와 있고 나의 또래들은 오지 않았기 때문에 영화를 보지 않고 집에 왔다." 하루가 그렇게 무료하게 지나가 버렸다.

　혹자는 새마을운동이 박정희 대통령의 유신과 정권 연장의 수단으로 이루진 것이라고 비판하기도 한다. 그러나 우리나라의 새마을운동은 자랑할 만한 일이라 본다. 한국 역사상 위대한 업적으로 1위가 새마을운동(1971)이고, 2위는 서울올림픽(1988)으로 알려져 있다. 이어서 경부고속도로 개통(1970)과 광주민주화운동(1980), 4·19혁명(1960)임을 한국갤럽 여론조사에서 밝히고 있다. 60년대 보릿고개 속에서 농촌의 빈곤함을 벗어나기가 어려웠는데, "우리도 한번 잘 살아 보세."라며 새마을운동을 통해 보릿고개 시절을 극복하는 계기가 되었다.

새마을운동의 울력은 보릿고개를 넘길 겸 시골의 농로를 키우는 일이었다. 고 2학년 때 나는 이따금 이 농로를 넓히는 일에 참여하였다. 새마을 사업에서 온종일 삽질하며 농로를 크게 내기 시작했는데 막노동과 같아서 매우 피곤했다. 삽이나 괭이를 들고, 때로는 지게를 지고 일터에 나갔다. 민둥산에 나무를 심으러 나가는 등 울력은 솔직하게 말해서 거친 노동이었다.

주로 겨울에 새마을운동을 했기 때문에 추운 날씨의 여부를 떠나 두툼한 옷을 입고 작업을 하러 나갔다. 고교 2학년 겨울방학 때로서 아침에 동네 새마을 사업을 한다는 종소리가 들려서 삽을 들고 일하러 나갔다. 목적지는 동네에서 조금 떨어진 용소굴 길을 넓히는 작업이었다. 아침 바람이 쌀쌀했으나 일을 부지런히 하니 금방 땀방울이 맺혔다. 사람들이 다니기를 꺼리는 용소굴은 귀신 나오는 곳으로 유명하여 이번 기회에 길을 넓혀 환하게 하면 좋겠다고 판단했다.

농촌에 살아본 사람이라면 농민들이 가장 힘든 일로서 길을 넓히는데 지게를 지고 일하는 등짐이라는 것을 알고 있다. 어느 날 새마을 사업을 하는데 지게를 가지고 나오라 하여 하루가 힘든 작업일 것이라고 생각했다. 좁은 길 운송 수단의 농기구로서 지게는 흙을 담아 이동하거나 다리를 놓기 위해 나무를 운반할 때 사용되었다. 남의 집에 일하러 가면 품삯을 받기 때문에 땀 흘려 일해도 보상이 따르지만, 새마을운동은 그러한 금전적 보상이 없으나 농촌 미래를 위해 일한다는 보람이 있었다.

지게로 운반하기 힘든 일로서 무거운 돌을 나르는 것은 차량을 이용할 수밖에 없었다. 오후에 동네 사촌 정화 형의 경운기에 돌을 실어 나르는 작업에 합력하였다. 무거운 돌의 운반작업은 매우 힘든 일이었다. 다른 집안의 경우 주로 아버지나 아저씨가 새마을운동에 나오는데, 나는 고등학생으로서 대신할 사람이 없기 때문에 어른 흉내를 내며 일을 해야 했고 대화 상대도 없어서 힘들고 피곤하였다.

새마을 사업에 동참하는 중간에 다른 용무가 생기기도 했다. 한참 작업을 하고 있는데 같은 마을 친구의 작은어머니가 와서 나에게 중학교 동기 김재옥의 검정고시 합격증서를 오늘 찾아와야 한다는 딱한 사정을 해서 나는 새마을운동을 제쳐두고 버스로 1시간 거리의 전주로 향했다. 전주에 도착하니 오후 4시 30분이었다. 5시에 사무를 마치기 때문에 택시를 타고 교육청에 간신히 도착하여 증명서를 받아서 친구 집에 가져다주었다. 캄캄한 밤에 도착하자 수고했다고 친구의 작은어머니는 저녁밥을 지어주었다. 친구를 위한 일이라면 급한 일을 먼저 하는 것이 순서라 해서 부리나케 전주에 다녀온 것이다.

또 새마을 울력을 하는 날, 원불교 교무님이 잠시 방문하였다. 오후에 새마을운동을 몰입해서 하고 있는데, 원불교 교무님이 어머니를 만나고자 했지만, 집에 어머니가 안 계셔서 내가 밭에 가서 모셔왔다. 교무님이 우리 집에 와보니 어머니가 부재중이라 마을에서 일하고 있는 나를 발견하고 어머니를 모시고 오라는 것이었다.

새마을운동 가운데 가장 잘한 일로는 시골 농촌 길을 넓히는 일로서 좁은 길을 넓히는 일에 재미가 있었다. 울력하면서 길가에서 캐낸 소나무 뿌리를 가져와 잘 다듬어 예술작품으로 만들었다. 농로를 넓히는 과정에서 여러 나무뿌리를 캐내는 작업을 했다. 이에 버려진 나무뿌리를 범상히 보지 않고 예술품으로 만들고자 했으니 바쁜 와중에 미적 감각으로 다가왔다. 네덜란드의 화가 빈센트 반 고흐(1853~1890)가 나무의 뿌리들이 있는 경사면을 화폭에 담아 더욱 알려진 「나무뿌리」와도 같아 참 예술적으로 다가온 것이다.

동네 사람은 옛날의 두레처럼 울력하면서 그 보상으로 마을의 편의시설을 만드는 것에 관심이 있었다. 새마을운동을 해서 모은 돈으로 동네 앰프를 사왔다. 새마을운동을 시작할 때 그동안 종을 치며 사람들을 모이도록 하였는데, 이제 앰프 음악을 송출하기로 한 것이다. 44,000원의 비싼 비용이 들었지만 잘한 일이다. 앰프를 설치한 관계로 다음 날부터 새마을운동 노래를 흥겹게 틀어주면서 울력을 나오라고 했으니 늦잠을 잘 수 없을 정도로 소리가 크게 들렸다. 이제 늦잠을 자서 못 나온다는 핑계는 할 수 없을 것 같았다.

새마을운동을 한 결과, 농부들이 지게를 지고 짐을 나르는 작업환경에서 수레가 다닐 수 있도록 마을 길과 농로를 넓혔으니 여러 가지로 편리했다. 아침 일찍 보리를 찧으려고 하용철의 짐수레가 우리 집에 와서 짐을 실어갔다. 참 기분이 좋았다. 몇 년 전만 해도 허리 아프게 지게로 조금씩 운반해야 했는데 지금은 새마을 사업 덕택에 수레가 집 마당까지 들어오다니, 농촌도 이제 얼마나 편한가? 편해진 노동환경에서 일을 열심히 하면 부자가 된다. 대한민국이여! 영원히 성장하라. 농민이여! 영원히 성장하라.

출가한 직후에도 새마을운동에 간접적으로 동참한 적이 있다. 1976년 3월 2일, 고교를 졸업한 후 원불교에 출가하여 신도안 삼동수양원에서 간사(행자) 생활을 하고 있는데, 새마을훈련 본부의 간부들이 이곳 수양원에 와서 훈련을 받기도 하였다. 삼동원은 이제까지 장소만 빌려주던 훈련원에서 직접 주관하는 프로그램을 운영하여 1978년부터 연 15,000명의 일반교도, 250명의 전국 학생 간부를 훈련 시켰다. 교단 내 훈련뿐만 아니라, 새마을 중앙연수원 교관단 훈련(1979), 함열 천주교의 피정(1980), 전국 방송통신대 간부훈련(1981)도 삼동원에서 열린 것이다.

간사 생활을 마친 후 원광대 원불교학과에 입학하여 3학년 때(1979) 나는 예비교역자들 가운데 뽑히어 용인 새마을연수원에 가서 7일 동안 훈련을 받았다. 대학생 대표로 훈련을 받으면서 새마을운동의 역사, 새마을운동의 업적, 농촌의 미래발전에 대한 전문강사들의 강의를 들었다. 농촌운동으로 다른 나라의 모델이 되기에 충분한 새마을운동은 저개발국가의 발전 본보기로 선정되어 2010년까지 아시아, 아프리카 등 103개 나라의 5만여 명이 한국에 와서 교육을 받은 모범 사례가 되었다. 새마을운동답게 앞으로 새마음 운동이 활활 타오르면 좋겠다.

친구들과의 배낭여행

여행을 좋아하지 않은 사람이 얼마나 있을까를 생각해 본다. 여행을 좋아하는 독일인들의 몸속엔 '방랑벽 바이러스'가 있다고 한다. 1895년 세기말 도시 문명을 장려하기 위해 헤르만 호프만의 주도하에 베를린에서 시작한 '반더포겔Wandervogel'이란 운동이 있었는데, 이 용어는 '철새'란 의미로 방랑벽 바이러스이다. 여행을 좋아하는 사람에게 역마살이 있다고 하는 것과 같다. 이팔청춘 시절의 젊은 혈기에 한밤중 완행열차에 배낭을 짊어지고 타지로 홀연히 떠나고 싶었던 것은 나만의 일은 아니었으리라.

고등학교에 다니면서 가장 기억에 남은 추억은 고교 3학년 때 급우들과 배낭여행을 간 것이다. 1975년 여름방학 때의 일로서, 가정형편 상 대학진학은 꿈에도 생각하지 못했으므로 학창시절의 마지막 여행이 될지도 모를 배낭여행을 4일간 다녀오기로 했다. 여행코스로는 순천 송광사, 경남 남해대교, 여수 동백섬, 남원 춘향골 등이었다. 급우인 서성석이 7월 말 여름방학에 마지막 여행이 될지도 모른다며 캠핑을 가자고 하여 여행계획에 대하여 말했다. 남해안 일대를 4박 5일로 가자는 것이다. 비용은 각각 6천 원이 필요하다고 했는데, 나에게 조금 벅찬 비용이었다.

배낭여행의 부푼 기대는 좋았지만, 현실로 돌아와 생각해봤을 때 가난한 농부의 아들이기 때문에 경비 마련이 걱정이었다. 초등학생 때 수학여행을 가지 못했고 중학생 때는 수학여행 형식의 1박 2일 동안 가까운 금산사에 간 것이 고작이었다. 고등학생 때에도 수학여행을 가지 못하여 서운하던 차에 3학년으로서 한 학기 남겨두고 배낭여행으로 보상받는 기분이었다. 경비 마련에 양심의 가책은 되었지만, 대구에 사는 큰형에게 수업료를 내야 한다고 핑계를 대고, 24,000원(여행비 포함)을 송금해달라고 편지를 보냈다.

마침내 어머니와 큰형의 도움으로 수업료를 내고 남은 돈으로 여행을 가기로 하였으며, 비용을 절약하기 위해 여러 생각을 했다. 옆집 친구인 김정호에게 등산 장비를 빌려달라고 했다. 이웃 친구 정호가 익산 상고에 다니고 있었으므로 익산에 가서 텐트와 야전삽을 빌려왔다. 익산역에 내려 익산 시내를 처음 거닌 것은 고고 3학년 때였다. 현재 제2의 고향이 된 익산은 '이리'로 호칭되었으며 당시 거리의 풍경은 왠지 모르게 낯설지 않았다.

다음으로 입고 갈 등산복이 필요하였다. 또 경비를 절약하기 위해 화려한 등산복은 어울리지 않을 것 같아서 고교 교련복이 좋다고 생각했다. 여행 전날에도 농사일을 도와야 할 상황이었으므로 논에 가서 잡초를 뽑는데 너무 뜨겁고 일하기가 싫어서 어머니께 꾀병을 부리고 집에 와버렸다. 다음날 교련복을 입고 캠핑가기 때문에 옷을 손질했다. 농사일에 꾀병을 부린 이유로는 이기심인지 몰라도 몸이 너무 피곤할 경우를 생각해서 배낭여행을 위한 충전의 시간을 갖기 위해서였다.

고교생활의 대미장식으로서 여행의 출발 날짜 1975년 7월 30일 아침이 밝았다. 모든 등산 장비를 준비하여 오전 9시경 정읍 시내로 향했다. 먼저 동행할 서성석의 집에 가니 아무도 없었다. 한참을 기다리다 보니 성석이가 나타났다. 무슨 일인지 기분이 안 좋아 보여서 여행을 가지 않으려 하자 내가 가자고 졸랐다. 함께 할 규태와 천웅이가 오지 않아서 또 기다렸다. 날씨는 이날따라 33~34도를 오르내려 불쾌지수가 높았다. 오후 늦게 천웅과 규태에게서 전화가 왔다. 오늘 여행 일정을 내일 새벽으로 미루자는 것이다. 다소 맥이 풀린 상황이었지만 한 가닥의 희망을 품고 미룰 수밖에 없었다. 오전 9시부터 시간을 무료하게 보내고 밤 11시쯤 짐을 다시 꾸려서 성석, 규태, 천웅과 나는 4인 1조로서 19세 청춘의 꿈을 품고 기차역으로 향했다.

함께 하기로 한 친구들이 여행 당일에도 망설인 이유는 모두 가정환경이 넉넉하지 못해서 부모들이 허락하지 않았기 때문이다. 그러나 이미 약속한 여행이었고 학창시절의 마지막 여행이라는 명분에 의해 겨우 허락을 얻었다는 것이다. 4명 모두가 여행경비 마련에 여유롭지 못했으나 휘발유, 버너, 텐트, 쌀 등을 싼 가격으로 샀고, 차비 정도를 마련하여 여행을 떠났다. 한밤중 정읍역에서 모기에게 시달리다가 새벽 12시가 되어 기차에 몸을 싣고 드디어 학창시절의 피날레를 장식할 여행을 떠난 것이다.

기차가 연기를 뿜듯이 칙칙폭폭 떠날 때의 설렘으로 첫 정착지에 도착하니 온몸이 피곤했다. 새벽 1시 20분 송정리역에 도착하니 잠도 못 잤고 엊저녁에 시달린 탓에 침이 바싹 마르는 등 고생이 이만저만이 아니었다. 이어서 시내버스를 타고 아침 일찍 광주에 도착하였다. 곧 무등산행 버스를 탔는데 버스마저 좌우로 흔들리는 관계로 머리는 빙빙 돌았다. 무등산을 땀 흘리며 올라가다가 물 흐르는 산기슭에서 잠시 쉬었다. 시원한 물속에 들어가 흘린 땀을 씻어내면서 피로가 싹 풀리는 듯했다. 발을 물에 담그고 2분 정도 있었는데 7월 한여름임에도 불구하고 발가락이 얼얼했다.

배낭을 멘 청춘 일행은 다음 여행지인 순천 송광사로 향했다. 광주에서 순천역까지 거리는 꽤 멀어서 완행열차를 두어 시간 탄 것 같다. 순천에 도착한 후 시외버스 정류장에서 송광사 행 버스에 몸을 실었다. 광주, 순천, 송광사까지 약 4시간 정도 버스를 타고 가면서 일행들은 다행히 차멀미는 하지 않았지만 흔들리는 차에 몸을 맡긴 채 꾸벅꾸벅 졸았다. 송광사에 내리자 하필 비가 와서 텐트도 치지 못하고 민박 방 하나를 700원에 빌렸다. 손수 밥을 지었는데 밥이 설익은 듯이 보였으나 배고픈 탓에 그야말로 꿀맛이었다.

밥을 먹은 후 얼마나 피곤했던지 눕자마자 바로 잠이 들었다.

하필 여행가는 날이 장날이던가? 둘째 날의 날씨마저 우중충했다. 초등학교 소풍이라면 일정을 연기라도 할 수 있을 터인데 이미 우중(雨中) 여행이 시작되었으므로 어쩔 수 없는 일이었다. 종일 비가 내리니 비감한 생각으로 여행 날짜를 잘 못 잡았나 하는 생각이 들었다. 아침 일찍 일어나 송광사 입장료로서 1인당 100원씩 모두 400원 주고 들어가 구경을 했다. 우리나라 3대 사찰로는 해인사, 통도사, 송광사인데 이곳 송광사는 고즈넉하고 솔바람 불어오는 산사(山寺)다워 보였다. 승보 사찰로서 스산한 분위기가 풍기는 사찰의 고요함이 우리의 마음을 사로잡았다.

다음 일정으로 경남의 남해로 향했다. 남해대교는 남해군 설천면 노량리와 하동군 금남면 노량리를 잇는 다리이다. 한국 최초의 현수교로서 길이 660m, 너비 12m, 높이 52m의 웅장한 다리이다. 1968년 5월에 착공하여 1973년 6월 22일 준공되었으므로 내가 방문했을 때는 2년밖에 되지 않아 엊그제 신설된 다리처럼 깨끗해 보였다. 남해대교에 도착했을 때 거대한 다리가 우리를 환영하는 것 같았다. 감탄사가 나올 정도로 아름다웠으며 대교 아래로 배가 오가고 있었다. 휴대하고 간 선그라스를 하의(下衣) 호주머니에 넣고 거닐었는데 안경이 대교의 다리 난간에 심하게 걸려서 깨져버리자 속이 상했다. 형이 집에 남겨둔 안경이라 속상했지만, 마음을 달래면서 밤 10시쯤 대교 아래에 텐트를 치고 친구들과 취침에 들었다.

여행 3일째 되던 날 다행히 날씨가 좋았으며, 들뜬 마음에 여수로 향했다. 어제까지 비가 내려 못마땅했는데 오늘은 마음에 들 정도로 쾌청한 날씨였다. 남해대교와 작별을 하고 남해에서 배를 타고 여수로 출발했다. 무려 3시간 배를 탔는데 배멀미를 심하게 하여 머리가 빙빙 돌았다. 여수에 도착하여 근처 만성리 해수욕장에 갔는데 주말이라 인파가 많았다. 작열하는 태양 아래에서 피부를 태웠으므로 피부는 검붉게 물들었다. 수영복 입은 청춘 남녀의 모습이 한 고교생의 시선을 사로잡기에 충분했다.

오후 늦게 여수역에서 기차를 타고 마지막 여행코스인 남원으로 향하였다. 남원에 도착하니 밤 10시가 조금 넘어서 들판에 텐트를 칠 상황이 되지 못하여 부득이 여관집에 가서 잠을 자기로 했다. 아침 일찍 남원 광한루에 가서 춘향과 이도령을 만났으며 춘향의 어머니인 월매도 만났다. 춘향의 향기를 머금고 조그마한 연못에서 보트를 타면서 젊음을 만끽했다. 연못의 잉어는 크고 수가 많아서 장관이었다. 우리 일행은 성춘향과 이별을 하고 아쉬움을 남긴 채 정읍으로 향했다. 집에 도착하자마자 피곤했던지 곤한 잠이 들었다. 아무리 여행이 좋아도 내 집만 못하였다.

이번 여행을 통해 견문을 넓힘과 더불어 친구들과 고교 시절의 마지막 추억을 만들면서 기대에 찬 미래를 설계했다. 지금 50여 년의 긴 세월이 지난 탓에 여행 친구들 가운데 같은 반 친구 서성석의 얼굴은 기억하고 다른 친구들의 기억은 가물가물하다. 여행 사진으로나마 친구들을 감상하면서 회상할 수 있을 따름이다. 이들을 한번 만나보고 싶은 생각이 굴뚝 같지만 찾을 수 없으니, 시절 인연이라 그런지 아쉬움이 크다.

고교 시절의 배낭여행이 학창시절의 마지막이라 생각했지만, 어찌 된 일인지 배낭여행의 기회가 또 왔다. 출가 덕택에 대학에 입학하고 성년이 되어 대학생 지도교수로 역할을 하였기 때문이다. 2003년도 여름방학을 기해 하태은, 박도연, 노성대, 이혜성, 원성제 예비교무들과 인도 9일, 네팔 6일간의 배낭여행을 했다. 원광대 '사람사랑위원회'의 후원으로 여행을 한 것이다. 서영수 교무는 우연히 같은 코스의 배낭여행을 다녀온 후 다음의 글을 남긴 적이 있다. "휴양을 맞이하여 재충전하였다. 귀하게 얻은 휴양 년을 낭비하지 않으려 30년을 원했던 인도, 네팔여행을 다녀왔다. 50대 중반이 되어 떠난 나 홀로 배낭여행이다." 배낭여행은 삶의 재충전이라는 점에 공감한다. 더구나 배낭여행은 미래를 설계하고 견문을 넓히는 옹골진 시간이었다.

해병대 지원의 우여곡절

1960년대 초등학교 시절에 멋진 제복을 입은 해군 중사가 이따금 우리 동네에 놀러 와서 우상처럼 보였다. "나도 커서 군에 가면 저렇게 멋진 제복을 입고 씩씩하게 다닐 수 있겠지."라고 생각하며 군대 생활을 동경하였다. 그가 바로 고모 아들인 낭곤 형이었다. 해군 군복을 입은 멋진 사나이의 모습은 지금도 눈에 어른거린다.

몇 년 후 1970년대에는 사관학교를 졸업한 육군 장교가 되고 싶었다. 친구 기영의 외막에 가서 참외를 먹고 오는 길에 육사 생도를 보았다. 제복이 장엄하게 보였으며 내 희망은 멋진 군인이 되는 것으로 씩씩한 군인 장교가 꿈이었다. 그 웅장한 호령으로 부하들을 거느리며 적을 무찌를 때의 통쾌감, 상상만 해도 정말 멋진 인생이 시작될 것만 같았다. 내 성격과 달리 긴장감 넘치는 전쟁영화를 좋아한 탓인지 부하 군인들을 호령하는 장교가 되고 싶은 꿈에 사로잡힌 것이다.

그러나 군인에 대한 동경심은 1973년 6월, 둘째 형이 군에 입대하면서부터 달라졌다. 형이 입대한 뒤에야 군 생활이 힘들다는 것을 알았기 때문이다. 고등학교 시절엔 군대 생활이 곧 닥치게 될 힘겨운 의무라는 것이다. 형이 입대하고 보니 걱정이었지만 국방의무를 실행한다는 점에서 동생으로서 자랑스러웠다. 학교 수업을 마치고 집에 오니 군에 간 형이 입고 간 옷을 담은 소포가 6월 14일 집에 도착했다. 형의 옷을 보자마자 마음이 울컥했다. 군대 훈련받느라 얼마나 고생이 많을까?

입대한 지 6개월 만에 군에 간 둘째 형의 반가운 편지를 받고 보니 그 속에 사진이 동봉되어 있었다. 형의 얼굴이 말라 보여서 정말 국방의무는 쉬운 일이 아니라는 것을 알았다. 어머니가 둘째 아들의 사진을 보고 눈물을 흘렸다. 동생은 이렇게 포근한 이부자리에서 일기를 쓰고 있는데, 군에 있는 형은 동토(凍土)를 지키느라 얼마나 수고가 많을까? 이어서 두 번째 받은 편지로서 일병 계급장을 단 사진을 보니 얼굴이 야위어 보였다. 어머니는 아들 사진을 보고 "아이고 내 새끼, 살이 많이 빠졌구나."라고 시름 하였으며, 아들에 대한 진한 모정(母情)을 느낄 수 있었다.

고등학교를 졸업한 후 직장 취업이 여의치 않자 나는 곧바로 군대에 자원 입대하려고 하였다. 입대도 쉽지 않았는데, 이때 나의 호적 나이가 2년 늦게 된 17세였으므로 너무 어리다는 것이다. 17세에 군에 입대하려고 하니 서류를 받아주지 않았다. 육군과 해군, 그리고 공군 어디에서도 17세 청년의 입대가 불가능하다는 것이다. 최소한 18세 이상이어야 한다고 했다. 군에 가려고 했던 것은 고등학교를 졸업한 후 당시 직장생활을 해봤자 비전이 밝지 않다고 생각한 끝에 군대부터 다녀오는 것이 좋겠다고 판단했기 때문이다.

이러한 고민 속에서 육군과 해군, 공군 가운데 어디에 입대하는 것이 좋을지 대해 한동안 고민을 하였다. 고교 3학년 겨울방학 때, 해군으로 제대한 외가 쪽의 형에게 문의하였다. 해군지원도 괜찮다는 형의 답을 들은 결과 희망하는 직장도 신통치 않고, 그렇다고 허송 시간만 보낼 수 없어서 군 지원 의지를 꺾지 않았다. 남아(男兒)의 의무를 성실히 수행하고자 하는데 취직 전 빨리 군대 다녀오고 싶은 마음이 꿀떡 같았기 때문이다.

천신만고라던가, 17세의 청년을 받아주는 군대가 마침 한 군데 있었다. 그것은 귀신 잡는다고 잘 알려진 해병대였다. 해병대는 17세의 나이라도 신체가 건강하면 지원 가능하다는 것이다. 이에 기쁜 마음으로 광주병무청에 방문하여 군대 입대의 지원서를 제출한 후 홀가분하게 직행버스를 타고 귀가하는데, 옆좌석에 군인 한 명이 앉아 있었다. 휴가 나온 해병대 군인으로 나는 그에게 해병대에 입대하려고 한다며 방금 지원서를 제출했다고 했다.

그 군인은 다짜고짜 나에게 정강이뼈를 보여주며 입대하지 말라고 하였다. 훈련이 고달플 뿐만 아니라 군기가 강하여서 어지간하면 버티지 못하니 알아서 하라는 것이다. 이에 나는 집에 와서 곰곰이 고민해 보면서 해병대에 대한 장밋빛 생각을 접고 이내 해병 입대를 포기하였다. 지금 생각하면 해병대 지원을 잘 포기했다고 생각한다. 체력이 그렇게 강하지 못했던 나로서 막강한 해병 군기에 부적응이라도 한다면 어찌할 것인가?

부적응이라는 용어가 나오는 이상, 군인이란 속어로 '군바리'라는 말을 사용하기도 한다. 졸병은 더욱 서럽다는 비어(卑語)와 같은 개념으로 다가오는 용어이다. 한국 문학사 최초의 군대소설 「D데이의 병촌(兵村)」(홍성원, 1966)에서도 장교는 성이라도 있지만, 병사는 단지 개수로 표시될 뿐이었다고 안경환 전 서울대 법학전문대 교수가 언급하였다. 그가 말하듯이 90년대 초에 등장한 「졸병시대」(김신)가 한동안 화제로 등장했고, 이때가 되어서야 비로소 졸개 병사도 소설의 주인공이 된 것이다. 군인의 인권 차원에서 처우가 달라진 현 군대를 상기하면 당시의 군바리 신세가 서러웠을 것이다.

당시 해병대를 지원하여 그곳에 적응했더라도 군바리 신세가 되어 말뚝을 박았을지도 모르며, 이에 원불교에 출가(出家)할 기회를 얻지 못했을 것이다. 우연히 직행버스에서 만난 해병대 병사가 나의 구세주로서 군대 입대를 만류한 것이 지금 생각해 보아도 얼마나 고마운지 모른다. 인생의 기로에서 전생의 선연(善緣)이 아니었는지 은근한 미소를 머금어 본다.

군대에 입대하는 것을 당분간 포기하고 있던 차, 어머니와 누나는 방황하고 있는 나의 사정을 속속들이 알고 있었다. 이때가 기회라고 생각했던지 원불교 교무가 되는 출가를 적극적으로 권하였다. 한동안 거부하고 또 망설이다가 가족의 간곡한 염원으로 1976년 3월 힘들게 출가를 결정한 후, 마침내 간사(행자) 생활을 지원하고 성직의 길로 들어선 것이다. 먼 친척 벌인 낭곤형과 사선형으로부터 느낀 해군 우상, 또 해병대 사병의 충고, 그리하여 어머니와 누나의 출가권유 등이 나의 인생행로를 결정짓게 하는 전환점이었다.

예비교역자 생활을 하던 동기생이 군대에 가는 것을 지켜보니 지나온 여정이 아련한 추억으로 다가왔다. 1학년 때(1977)의 수행일기에는 다음의 기록이 있다. "1학년 장성은 교우가 입대한다고 하기에 송별회를 해주었다. 군대생활을 무사히 마치고 다시 이 회상에서 만나기를 법신불 전에 기도드렸다." 남자는 한번 태어나면 국방의 의무가 있다고 하지만, 같은 방을 쓰던 동지가 군대에 입대할 때에는 서운했다. 오랫동안 소식이 끊겨 허전함을 금치 못하던 차, 2022년 8월 6일 장성은 교무와 전화 통화를 했다. 강산이 두세 번 변할 때 들려오는 목소리는 여전히 학창시절의 목소리 그대로였다.

어떻든 대학 2학년을 마치면 군에 입대하는 다른 도반들과 달리 나는 대학 4학년을 졸업하고 군대에 가기로 했다. 세월이 흘러 1983년 3월 21일에 제대한 후 다시 교역자의 생활을 시작했고, 이어서 동년 3월 22일부터 원광대 조교 생활을 하게 되었다. 만일 나의 출생년도가 제대로 되어 있었다면, 또 입대를 지원하던 순간에 해병대 병사의 만류가 없었다면, 어떻게 출가하여 인재 양성의 대열에 설 수 있었을까를 생각하면 출가의 선택은 삼세를 걸쳐 염원한 것이었으니 아슬아슬했던 마음을 쓸어내린다.

우물과 눈물의 차이

인심 좋던 과거 시절로 돌아가면 시골 마을의 물 인심은 대대로 후하였다. 시골길을 지나가는 길손이 우물가에 다가설 때 물을 길던 아낙이 물 한 잔을 건네주며 시원하게 목을 적시고 가라고 하는 경우가 흔하였다. 『주역』 정괘(井卦)에서 "시골은 바꾸어도 우물은 바꿀 수 없다."라며 오고 가는 이가 우물의 맑은 물을 마신다고 하였다. 방랑객이 어느 동네의 우물가에서 물 한 모금 축이며 "야, 물맛 좋다."라고 하면 옆에서 이를 지켜보는 이들도 덩달아 가슴 속이 시원함을 느끼곤 했다.

1960~70년에 비해 새천년을 넘긴 2020년대 도농(都農)의 환경에서 크게 변화된 두 가지를 든다면 하나는 수돗물이요, 다른 하나는 전깃불이다. 70년대는 이 두 가지가 제공되지 못했고 호롱불 아래에서 바느질하고 마을의 샘물을 길어 날랐기 때문이다. 시골집에는 수도시설이 없어서 비가 오나 눈이 오나 물지게를 지고 동네 우물에서 물을 길어다 마셔야 했다.

물지게를 지고 샘물을 퍼 날라서 집안의 부엌에 있는 물 항아리에 채우고, 항아리가 비면 또 채우는 방식으로 식수를 준비하였다. 고교 1학년 때의 일기장을 보자. "집의 물 항아리가 비어서 물을 길었다. 인간에게 없어서는 안 될 물, 하지만 물이 귀한 줄 모르는 인간들이다. 물이 이 세상에 생명수로 역할을 하고 있다." 생명체의 활력을 위해서는 물의 고마움을 알아야 한다.

동네 우물에 가서 물을 퍼 나르는 작업은 어머니가 주로 하였으나, 조금이라도 집안일을 돕고자 나는 휴일에 우물에 가서 물지게로 물을 퍼 날랐다. 마을 어머니들은 마을의 우물가에 모여 빨래하고 물을 나르는 것이 힘들었지만 빠뜨릴 수 없는 바쁜 일상의 일이었다. 어머니의 고충을 잘 알고 있었으므로 중학생 때 나는 어머니께 큰 효도는 못 했지만, 조금이라도 도와주려고 우물에서 양쪽 물통에 채워서 물지게를 지고 집에 가져왔다.

어머니의 일손을 덜어드리는 시간은 주로 토요일이나 일요일이었으며, 혹은 학교 수업을 마친 후 쌀쌀한 가을의 석양이었다. 어느 토요일에 교련 수업을 마치고 고교 선우회 클럽이 축구를 한다고 해서 잠시 남아 있다가 집안일을 돌보기 위해서 곧바로 집에 왔다. 석양에 우물에 가서 물지게로 물을 길어왔다. 당시에는 토요일에도 학교에 다녔는데 주말 수업은 없어진 지 이미 오래고, 내가 고등학생과 대학생 때 받은 교련 수업도 이제는 사라졌다.

중학교 3학년 때 우물과 관련하여 잊지 못할 추억이 있다. 어머니가 마을 우물에서 물을 긷다가 두레박을 빠뜨렸다. 나보고 건지라고 했지만 건지지 못했다. 동네 어른에게 건져달라고 부탁해서 간신히 건졌다. 동네 우물은 두 개가 있었으며 윗동네와 아랫동네에 각각 하나로서 아랫동네 우물은 깊이가 얕지만, 윗동네 우물은 깊이가 십 수 척(尺)이나 된다.

한편 우물과 눈물은 같이 '물'에 속한다는 점에서 서로 연결이 가능할지, 아니면 성격상 전혀 다를지 모르겠지만 여기에서 어머니의 눈물에 대해 언급해 보고자 한다. 어머니의 눈물을 초등학교 때 가까이에서 지켜 보아왔다. 원래 우리 가족은 3남 2녀였는데, 초등학교 1학년 때 둘째 누나가 10대의 나이에 병으로 열반하여서 지금은 3남 1녀이다. 명정 누나가 열반한 이후 3년 동안 어머니는 날마다 눈물을 훔치며 살았다.

명정 누나는 생전에 효녀였으므로 어머니와 전답에 같이 다니면서 집안일을 도와주었지만 횟배가 자주 아팠다. 주위에 병원도 없고 가난하여서 병원에 갈 엄두도 내지 못하였다. 누나는 병이 심해져서 늦게나마 정읍 초생의원에서 수술을 하였으나 소용이 없었다. 아버지가 열반하였을 땐 담담한 표정을 하며 눈물을 보이지 않던 어머니는 누나가 세상을 떠나자마자 날마다 눈물을 흘렸다. 누나 열반 후 어머니는 3년 정도 슬퍼하고 또 슬퍼한 탓에 눈물이 아예 말라버린 것이다.

3년이 지나 어머니의 눈물은 한동안 보이지 않았다. 어머니는 또 다른 차원에서 눈물을 흘리기 시작했다. 산 중턱에 있는 12개의 논 다랑이에 비가 오지 않으면 모를 심지 못하는 천수답(天水畓)에 앉아서 희망을 잃은 듯 눈물을 훔치었다. 가뭄이 들면 1년 농사는 흉년이 들기 때문에 꽁보리밥만 먹어도 다행이었다. 바싹 마른 논에 모를 심지 못하게 되자 가슴이 바짝 타오른 어머니는 그저 하늘만 바라보며 애를 태웠다.

비가 와야만 모를 심는 천수답을 바라보면서 하늘을 원망해야 할 것인가? 다음은 고등학교 1학년 때의 일기이다. "하늘을 미워해야 옳으냐? 논을 원망해야 옳으냐? 아침 학교에 갈 때도 걱정만 휩싸여 뭐가 뭔지 도저히 형용할 수 없을 정도이다. 수업 시간에도 창밖을 바라보며 생각하기를, 남들 논은 모를 다 심었는데 왜 우리 집 논의 모를 심지 못할까? 수업 마치고 집에 온 후 논에 가보니 물이 바싹 말라 있었다." 논에서 멍하니 서 있다가 집으로 오려고 하니 발길이 무거웠다.

눈물은 전이된다고 할까? 어머니의 눈물은 이제 전이되어 막내아들의 눈물이 되어 흐르곤 하였다. 아버지를 떠나보낸 어머니는 아버지의 몫까지 일해야 했으므로 힘들어했다. 고등학교에 다닐 때 어머니는 밭에서 수확한 고구마 순, 고구마, 모시 잎, 호박, 가지 등을 머리에 이고 10리가 넘는 시장에 가서 판매한 금액으로 학비를 마련해주었다. 이에 나는 무사히 중학교, 고등학교까지 졸업할 수 있었다. 막내아들을 위해 한없이 고생하고도 묵묵히 막내를 키워낸 어머니의 희생은 나의 눈물샘을 자극하곤 하였다.

고등학교 2학년 가을날, 눈물이 흘러내리던 일화를 소개해 본다. 어느 날 어머니는 나에게 보여줄 곳이 있다며, 엄마 무릎을 보라는 것이었다. "내가 너의 수업료 마련하기 위해 저녁나절에 모시 밭에 가서 모시를 베는데 어딘가 아프더니 무릎 아래로 피가 줄줄 흘러내리더라. 알고 보니 나의 무릎 살이 푹 파인 상처로 남았다. 어찌나 아팠던지 치마로 동여매고 집에 오니 쓰리고 아파서 견디기 너무 힘들었다." 무정한 이 아들의 눈물샘을 자극하고 만 것이다. 어머니가 자식을 가르치기 위해 이곳저곳 논을 찾아 우렁이를 잡아 삶아서 팔고, 모시 잎 따다가 삶아서 팔고, 고구마 순 따다가 팔고, 품팔이한 품삯 받아서 아들 수업료를 마련해 주었으니 눈물이 멈추지 않았다.

이에 조금이나마 보상하려는 듯이 스무 살의 막내아들은 어머니의 소원에 따라 원불교에 출가한다고 하자 그렇게 기뻐하던 모습이 유일하게 눈물을 잠재우는 것이었다. 가족 남매가 들으면 서운할지 몰라도 "4남매 가운데 성태, 네가 출가하여 큰 효도를 했다."라고 하면서 어머니는 기쁨의 눈물을 흘리는 것이었다. 원불교학과 신입생으로서 토요일 외박을 허락받고 대전에 가서 어머니를 뵈었다. 어머니는 나의 낡아버린 겨울 잠바를 보고 눈물을 흘리는 게 아닌가?

훗날 대학교수로서 종교와 관련한 강의를 하면서 나는 종교의 절대자를 언급할 때마다 빠뜨리지 않은 말이 있다. "학생 여러분, 하나님과 부처님이 이 세상에 출현하였다면 누구일까요?" 학생들은 이내 아무런 대답을 하지 못하자 나는 하나님과 부처님은 여러분들을 낳아 키워주신 '어머니'라고 했다.

자녀에게 용돈과 학비를 마련해주고 대가를 바라지 않으며, 낮은 자리에서 눈물을 훔치고 무조건 희생하는 분이 어머니이다. 조건 없이 희생하는 어머니의 갸륵함과 하해(河海)와 같은 부모 은혜를 새겨본다. '물'은 같으나 우물의 물과 눈물의 물이 다른 이유로는 우물의 물은 단맛이 나지만 눈물의 물은 어머니가 흘린 희생의 눈물인 점에서 쓰디쓴 짠맛이 나기 때문이다.

취업의 미로(迷路)

「미로」는 2007년도에 중국 상하이 TV에서 방영한 중국 드라마이다. 한 가정의 여의사로 성공한 아내가 가정사에 소홀해지자 그녀의 남편과 갈등을 그린 내용이다. 전하려는 소제야 다르겠지만 나 역시 '미로'의 순간이 있었으니 그것은 이보다 50년 전(1975)에 벌어진 진로의 방황과 관련된다.

그 출발은 다음과 같다. 종합고등학교의 상과 취직반에 입학한 이후 3학년 2학기 때(1975) 현장실습 겸 취업을 나갈 준비를 했다. 내가 속한 상과 1반의 취업 반에게 주어진 특혜는 고교 마지막 학기에 취직을 허락하고 있었다는 점이다. 일찍 사회생활을 경험하려는 다음의 고백이 이것이다. "내일 대전에 취직하러 간다고 하니 영길, 기상, 오백, 명철, 기수, 종열, 종국, 성석 등 8명의 급우가 송별회를 해주기 위해 학교에서 5km나 먼 거리의 우리 집에 왔다. 고기상은 만연필을 선물로 가져왔다." 나는 친구들과 앞 동네에 사는 기영의 외막에 가서 참외를 실컷 먹었다. 영길과 기수는 바쁘다고 집에 가고 나머지 친구들과 대화하다가 저녁을 대접했다.

학교를 떠나 취업할 곳은 대전에 있는 인척 손사장의 자동차부속 공장이었다. 대전에 사는 누나에게서 나의 취직 문제로 편지가 왔다. 대전 '안전공업단지'라는 회사인데 자동차 부속품을 만드는 곳이라고 한다. 취직에는 꾸준히, 그리고 착실하게 근무하는 자세로 신용이 있어야 한다는 것이다. 누나는 일자리를 마련해주면서 동생에게 인내력을 가지고 임하라고 부탁을 하였다.

취직할 공장의 손사장은 어머니가 어린 시절 살았던 고향의 친척이다. 어머니는 손사장의 선친 묘소 벌초를 매년 대신 해온 돈독한 인연으로 막내아들의 취직을 부탁하였다. 고교 3학년 2학기에 손사장의 자동차부속 공장에 취직하게 된 계기가 여기에 있다. 쇠붙이로 자동차 부속품을 만드는 공장인데 직장에 가서 일하면 학창시절의 공부와 멀어지게 될 것은 분명했다. 육체노동으로 몸은 피곤하여 근무환경이 힘들 것이기 때문이다.

드디어 취직하러 대전으로 출발하는 날이 왔다. 1975년 8월 5일, 사회인으로서 첫발을 내딛는 희망으로 가득하였다. 원불교 교무님이 나에게 송별금 300원을 주었다. 친구 용우와 기영은 나를 정읍역으로 배웅을 해주었다. 정읍역에 와보니 급우들이 와 있었다. 종열, 연상, 영길, 기수, 기상이가 기차 타는 모습을 보기 위해서 왔다고 한다. 급우들이 이렇게 잘해주는 것을 보니 "내가 학급 친구들에게 신뢰를 얻었구나."라는 자부심이 들었다. 급우들과 헤어진 후 친구 정호와 같이 기차를 탔으며 친구는 익산역에 내리고 나는 대전에 사는 누나 집에 무사히 도착했다.

직장에 다닐 나의 숙소는 대전에 사는 누나 집이었다. 직장에 출퇴근할 만반의 준비를 하였다. 아무리 친누나라 해도 숙식을 제공해준다는 사실이 미안한 일이고 너무도 고마웠다. 누나는 친남매여서 그렇다고 해도 매형이 처남의 꼴을 보아준다는 것은 쉽지 않았을 터인데 흔쾌히 받아주었다. 직장생활의 성공 여부는 얼마만큼 견디어 보람찬 생활을 하느냐가 문제이다. 어머니가 누나에게 옷을 사라고 1,500원을 주었는데 상하 옷 한 벌을 2,100원에 샀다. 600원이 빚진 셈이며 공장 생활의 첫 월급을 타서 갚을 예정이다. 누나는 자상하게 동생에게 옷도 사주고 출퇴근할 차비도 마련해 주었다.

첫 출근을 하기에 앞서 누나 집에 잠시 머물고 있는데, 손사장의 사모가 다닐 회사에 한번 가보자고 하여 회사를 구경시켜 주었다. 일할 곳은 회덕에 있는 자동차부속 공장으로서 안전공업주식회사였다. 사모는 나에게서 열심히 하겠다는 다짐을 받고 공장의 곳곳을 구경시켜 주었다. 공장 내부가 기름 냄새에다가 다소 어색했으며 내일부터 일을 나오라 했다. 공장 일원이 된다는 것에 부담이 있었지만, 긴장된 마음으로 내일을 기약하였다.

출근을 하루 앞둔 긴 밤을 보내다 겨우 잠이 든 후, 1975년 8월 8일 새벽을 맞이하였다. 마음을 가다듬고 일어나 출근 준비를 하였다. 조금은 상기된 상태로 버스를 타고 회덕으로 향했다. 도착해보니 공장의 작업환경은 녹록하지 않았다. 학창 시절에는 교실에 앉아서 공부만 하던 터였으나 노동 현장에서 종일 서서 작업을 해야 했기 때문이다. 난생처음 근무할 회사에 출근해 보니 아는 사람은 아무도 없고 일은 서먹서먹하여 딱딱했다. 자동차 부속인 밸브를 만드는 작업인데 공장은 생각보다 커 보였다. 오전에 구경하고 오후에 심부름하면서 시간을 보냈다.

종일 서서 일해야 하는 작업환경이라서 다리가 너무 아팠다. 사회 초년생으로서 출근부터 퇴근까지 하루 12시간 정도 서서 시간을 보내다 보니 견디기 힘들었다. 공장 현장의 거친 작업과 노동환경이 근무 시작부터 힘들겠다는 생각이 들었다. 출근 2일째이므로 전날보다는 덜 서먹했지만 그래도 어떻게 일을 할지를 몰랐다. 고교에서 상업 공부를 하다가 공장에 뛰어들었는데 공업 분야의 일이라 낯선 것이다. 아침 7시에 집에서 출발하여 오후 6시 30분에 퇴근하는 일정이다. 일요일에도 출근해야 했는데 회사가 바쁘기 때문이며 평일보다 월급이 150% 더 나온다고 했다.

3일째도 같은 마음으로 어떻게 하면 잘 적응할 수 있을까를 고민하였다. 그러나 작업이 점차 어렵게만 느껴졌고 직장생활 4일째가 고비였다. 기름으로 밸브를 닦는 단소로운 일에나가 좀 일찍 들어온 선배들이 잔심부름을 거칠게 시켜서 불만스러웠다. 초심으로 임하려 했지만 작업 조건에 대한 불만으로 적응하기 어려울 것 같다는 불안감이 스쳤다.

장래성이 없고 힘든 육체노동이라는 것과 박봉이기 때문에 하숙비 마련도 어렵다는 것을 알아차렸다. 물론 대학을 못 나왔지만, 중졸 출신들이 이렇게 하라, 저렇게 하라는 명령은 너무 힘들었다. 밤에 곰곰이 생각한 후 누나에게 조심스럽게 회사에 장래성이 없다고 말하자 내 의견에 동조하였다. 회사 그만두려면 내일부터 그만두라는 것이다. 직장생활에 대한 다부진 결심은 사라지고 출근 4일 만에 그만두려니 마음이 착잡하기만 하였다.

인내심을 시험하는 순간, 마침내 진로 선택의 새로운 결단을 내렸다. 다소 성급한 것 같았으나 나의 취향과 전혀 달라서 미련 없이 대전 회덕공장은 나흘 만에 그만두고 시골 어머니에게 갔다. 그리고 진로에 대해 다시 고민하기 시작했다. 집에서 며칠간 고통스럽게 머물다가 1975년 8월 하순에 머리도 식힐 겸 익산 춘포면 삼포리의 사촌 형 집을 방문하였다. 3년 전에 한 번 방문한 이후 문안 인사를 드릴 겸 좋은 취직자리가 있는가에 대해서 알아보았다. 고교의 실습 기간이라 자유시간이 어느 정도 허용된 탓이다.

익산의 이문안 큰어머니와 사촌 형, 그리고 형수에게 정식으로 취직하기 전까지 임시로 여기에서 머물러도 되는지 물으니, 반갑게도 그렇게 하라고 했다. 이곳에 머물며 자개 공장의 일을 도와주기로 했으며 이때가 1975년 8월 29일이었다. 사촌 형의 집에서 3일을 머문 후 9월 1일 다시 정읍으로 돌아왔다. 큰어머니는 양말과 차비를 주면서 언제든 오고 싶으면 또 오라고 하였다. 집에 가기 위해 익산역에 도착하자 배가 고파 식당에서 우동 한 그릇을 사 먹은 후 오후 6시 30분 통학 열차를 타고 고향으로 귀가하였다.

여전히 근무하기에 적합한 취직자리 찾기란 쉽지 않았으며, 이때부터 나에게는 매우 힘든 시간이 엄습하기 시작되었다. 며칠 후 다시 익산에 사는 사촌 형의 집에 방문하였으며 그곳에 머무는 동안 자개 찍는 것을 도와주기로 했다. 종일 앉아서 자개를 찍는 것은 여간 힘든 일이 아니었다. 대전에서 종일 서서 일해야 하고, 익산에서는 종일 앉아서 일해야 하니, 초짜 사회인에게 만만치 않은 노동의 현실이 버거웠다.

이곳에서 10여 일을 보내며 사촌 형의 공장 일을 도와주었으며, 당시의 심경이 다음 일기장에 기록되어 있다. "이른 아침 7시부터 자개를 찍기 시작했다. 작업 현장에 적응하고자 재미있게 웃으며 일을 하게 되니 시간이 빨리 갔다. 12시 10분에 점심시간이 되어 40분 쉬고 50분부터 소화도 덜된 상태에서 앉은 상태로 오후 일을 시작했다. 저녁 7시에 작업이 끝나려면 까마득했다. 무려 오후에만 6시간 30분 동안 앉아 있어야 하니 너무도 힘들었다." 일과를 마치고 밤에 또 자개 3장을 붙였다. 옆에서 누가 하라고 해서 한 것이 아니라 그저 스스로 했다. 하지만 자개를 종일토록 찍으니 어깨, 허리, 머리, 팔, 다리가 짓물리도록 아팠다.

세간에 거론되는 말로서 "인간은 환경에 적응하며 산다."라고 했던가? 대전의 회덕에서 힘든 노동 현장을 한 번 겪어본 것을 반면교사(反面教師)로 삼고, 사촌 형의 집에서 자개 찍는 작업을 꾹꾹 참으면서 일했다. 점차 적응하면서 나의 자개 찍는 솜씨를 보고 주위에서 칭찬했지만, 그 칭찬 소리가 듣기 싫었다. 시골의 답답한 작업실에서 같이 일하는 사람은 큰어머니, 사촌형, 형수, 용우, 나, 미례, 정오, 부덕, 준례이며, 먼 훗날 방황했던 시절의 기억을 위해 일부러 명단을 적어두었다.

방황기의 추억은 시간이 흐를수록 소중해지는 법이다. 1975년 2학기에 한동안 사촌 형의 집에서 일하던 도중, 인생 후반기에 후회스럽지 않도록 진로의 변경을 했다. 세파가 나를 시험하려 했던가? 방황기에 겪은 고통의 순간들은 '고진감래(苦盡甘來)'라 하는 것으로, 시련의 미로에서 벗어난 기분이었다. 사회출발의 미로는 닥쳐온 시험 가운데 값진 시험이었다. 회덕에서의 중노동과 생손까지 애린 익산에서의 자개 찍는 노동은 나에게 변곡점의 시련기로서 진정 진로 선택을 다르게 해야만 하는 모진 채찍이었다.

제2편

출가와
예비교역자
시절

모태신앙과 원불교

한 가정의 독실한 신앙생활은 부모의 영향이 크며, 이에 자녀들은 부모의 종교를 자연스럽게 따르는 성향이다. 그것이 곧 모태신앙이라 할 수 있다. 성경에 의하면 '어머니의 태(胎)에 있을 때부터 가지게 된 신앙'이란 뜻으로, 자기 의지나 결정권과는 상관없이 탄생 후 부모(모친)에게서 전수받은 신앙을 가리킨다(딤후1:5)는 것이다.

어머니는 결혼 전부터 고향인 오산과 가까운 거리의 화해교당에 다녔다. 결혼 후 어머니는 승부교당에 다니며 농촌 생활의 가난한 살림 속에서도 자녀들을 올곧게 키우며 신앙심으로 살았다. 아버지는 만주에 돈 벌러 가서 오랫동안 집을 비운 관계로 어머니 홀로 자녀를 돌보면서 경제적으로 어려움이 많았다. 어머니 홀로 땡볕에서 논밭을 일구면서 가난한 가정을 꾸리고 자녀를 키우며 견뎌낸 힘은 진한 모성(母性) 그 자체였다.

어려운 가정환경 속에서도 어머니는 법회 날 교당 법회에 빠지는 일이 거의 없었으며, 어린 자녀들은 어머니를 따라서 교당에 다녔다. 어머니의 등에 업혀, 또는 손잡고 교당에 따라다니며 법회를 보는데 어린 막내아들은 홀로 교당 마루에 누워서 철없이 잠들곤 했다. 초등학생 때에는 교당에 가서 법회를 보고, 또 사월 초파일에 연등 구경도 하였다.

온갖 가정사를 도맡아 감당해야 하는 어머니는 집안 살림살이에 억척이었으며 어떠한 난관이든 돈독한 신앙심으로 극복하였다. 이에 영향을 받은 큰형은 원불교 유일학림 2기로 익산 총부에서 한동안 교육을 받은 후 재가로서 지내고 있다. 누나도 원광 여자상업고등학교를 졸업하고 출가하려고 하였으나 현재는 대전교당의 재가 교도로서 열심히 활동 중이다.

중·고등학교에 다니면서 나는 간헐적으로 승부교당의 학생회 법회에 참여했다. 이에 고등학교 1학년 때 원불교를 믿는 가족에 대한 자부심이 있었다. "고구마밭 잡초를 매고 나서 라디오를 들으니 원불교를 소개하는 내용이었다. 1916년 4월에 대종사께서 창건하였다. 어머니, 형, 누나, 나 전부가 진실한 성자(聖者), 위대한 원불교를 믿는다." 한 가족이 일원 가족으로서 불연(佛緣)을 맺은 행복감은 그 무엇과도 비교할 수 없었다. 큰형은 원불교 100주년 행사에 1억 원을 희사하고, 2024년 5월 항마위에 승급했다. 또 큰형수가 열반하였을 때도 천도를 염원하며 4천만 원을 교단에 희사했다. 숙타원 누나와 기산 형 역시 대전교당에서 보은 활동을 하면서 신앙생활을 하고 있다.

둘째 형은 원불교를 믿으면서도 젊은 시절 잠시 교회에 다니다가 다시 원불교 법회에 참석하고 있다. 나 또한 초등학교 때 친구가 전도사의 아들이었던 관계로 그를 따라 장로교에 잠시 다닌 일이 있다. 특히 여름방학 때 주일학교에 다니면서 주기도문도 외우고 여름 훈련이 끝나면 상품으로 연필도 받았다. 그러나 어머니의 지극 정성인 신앙심으로 인해 자녀들은 모태신앙의 영향을 받지 않을 수 없었으며, 하나같이 교당 일꾼으로 신행(信行)을 돈독히 하며 살고 있으니 참으로 다복하다.

중학생 때(1972)의 교당 생활에 대한 신심의 정도가 일기장에 잘 나타나 있다. "저녁에 원불교에 갔다가 왔다. 신앙 경험은 인생의 스승이다. 4월 28일은 대종사 대각의 날이다. 앞으로도 원불교를 열심히 믿겠다." 지속적인 원불교 신앙생활을 다짐하고 있는 내용이다. 중학생으로서 토요일에 원불교 학생회 법회를 보았던 것은 가족의 종교적 신념과 관련된다.

고등학교 3학년 때(1975)에도 교당 일을 도와주고 학생 법회에 참여했다. 저녁 시간을 이용하여 원불교 승부교당에 가서 탈곡기로 보리타작을 하였다. 먼지가 무척 많아서 말할 수 없을 정도로 목이 칼칼하였다. 정말 농촌에 살아본 자만이 이런 고충을 알 것이다. 탈곡을 마치고 우물에 가서 목욕한 후 한밤중에 와서 잠을 청하니 모기들이 시끄럽게 방해하였다. 한 여름날 밤의 교당 일이라 힘들었으나 신앙심에 따른 보람이 있었다.

학생 법회를 전후하여 학생회원들과 윷놀이를 하고 탁구도 치면서 서로 어울리며 정신적으로 성숙할 수 있었다. 어느 날 원불교 간사로 근무하는 보상이가 교당에 와서 친구들과 윷놀이를 하자고 했다. 학생회 회원들이 함께 모여 게임도 하며 뜻있는 시간을 보냈다. 원불교에 가서 탁구게임을 했는데 처음 쳐보는 탁구여서 매우 서툴렀다. 저녁에 또 원불교에 가서 청년들과 대화를 하며 시간 가는 줄도 몰랐다. 집에 오니 밤 10시가 되었다. 고등학교 사춘기 시절의 교당 법회와 더불어 흥겨운 학창 시절을 보냈던 것이다.

원불교 명절날에는 교당에 가서 가정의 행복과 인류평화를 위해 기도하였다. 고교 3학년 때의 5월 18일은 초파일로서 부처님 오신 날이었다. 밤에 승부교당에 가니 교당 마루와 마당에 기도의 연등이 많이 걸려 있어 참 보기 좋았다. 다음은 출가한 후의 수행일기이다. "오늘은 석가탄생일이자 원불교학과 지방교당 실습하는 날이어서 나의 출신인 승부교당에 갔다. 교당에 도착하여 부처님 오신 날을 위해 등을 다는 작업을 도와주었다."

어머니를 따라서 다닌 교당은 농촌교당이므로 농사일과 관련한 신앙체험이 많았다. 고등학교 1학년 때의 일이다. 집에서 1년 농사로 누에를 키우는데 초가을 날 누에가 집을 짓지 않을 때 나는 기도의 신앙심으로 다가섰다. 아침에 일어났을 때 누에가 여전히 집을 짓지 않았다. 어머니는 힘겨워하며 누에를 키워 나의 학비를 준비해왔지만, 이번에는 어쩔 수 없었다. 그러나 "대종사님, 어머니를 위하여 누에가 바로 깨어나 집을 짓게 해주세요."라고 기도했다. 농약 냄새가 나는 뽕잎을 먹은 탓에 누에 상당수가 집을 짓지 않았으며, 그 고통을 종교적 신앙심으로 극복하고자 했다.

또한, 논에서 모를 심는 날에 원불교 교무는 순방차 와서 가족처럼 합력하였다. 집안일까지 도와주는 잊을 수 없는 교무님이다. 언제나 훌륭한 말씀을 해주는 원불교 승부교당 심혜관 교무님이다. 곤타원 심교무는 나의 중·고등학교 시절 승부교당의 주임교무로서 어머니에게 많은 신앙심을 채워주고 가족 구성원들에게 신심을 북돋워 주었다.

중·고등학생 때 어머니가 집을 오랫동안 비우면 원불교 교무는 섬세하게도 나의 안쓰러움을 알고 반찬을 챙겨주었다. 어머니가 대전 누나 집에 가신 후 20일째 집을 비워서 나 혼자 생활하고 있는데 원불교 교무님이 세정을 알아주었다. 밤에 원불교 교무님이 간사인 보상 편으로 미역국, 김을 보내주었으니 없던 반찬에 너무도 고마웠다. 당시 간사인 보상은 전무출신을 하지 않았지만 교당 일을 보좌하며 교당 생활의 일꾼이었다.

돌이켜 보면 우리 가족이 한결같은 일원상 신앙을 해서 너무 행복했고 그것이 어린 시절부터 오늘날에도 계속되고 있다. 고교 1학년 때의 일이다. 학교 시험을 마치고 고등학생 모두가 운동장에 모였다. 어느 목사님이 학생들에게 희망과 마음의 양식을 넣어주기 위해 좋은 말씀을 해주었다. 나는 원불교를 믿는다. 하지만 종교를 믿는 것이 서로 다르더라도 진리는 같다고 본다. 어느 종교나 좋은 것을 가르쳐주기 때문이다.

더욱 감사하게도 현산 큰형은 서울에서 신앙생활을 하고 있으며, 숙타원 누나와 기산 둘째 형은 대전교당에 다닌다. 누나는 교당 봉공회장으로 오랫동안 활동했으며, 둘째 형은 대전교당에서 부회장을 맡고 있으므로 남매는 돈독한 일원 가족인 셈이다. 어머니의 오롯한 염원과 신성으로 자녀들이 일원 가족이 된 것에 대해 법열(法悅) 충만으로 다가오며, 한 가족이 같은 신앙을 하고 있다는 사실에 희열감과 자부심이 적지 않다.

출가의 연원과 전무출신 지원

    연원(淵源)이란 '연못이 이뤄지게 된 원인 및 배경'을 뜻하는 것으로, 일의 출발에 있어서 처음 맺는 인연을 말한다. 소태산이 깨달음의 연원을 석가모니로 삼은 것이 그 대표적인 예이다. 불가의 출가 연원은 입문하게 된 첫 인연을 말하며, 그렇다면 나의 출가 연원도 있을 것이다.

    갓난아이 시절에 어머니의 등에 업혀 외갓집과 교당에 자주 갔고 초등학생 때는 엄마의 손을 잡고 다녔다. 외갓집은 2km 정도 떨어진 곳에 있었고 애경사 때 그곳에서 며칠간 머무르다 오곤 했다. 어머니는 10대부터 화해 제우지(際遇地)가 있는 화해교당에 다니면서 신앙심을 키웠으며, 실제 그곳에서 대종사를 친견하였다. 식사하는 새 부처님 성안(聖眼)을 문틈으로 뵌 적이 있었는데 상추쌈을 맛있게 드시는 모습이었다고 한다. 대종사는 어머니에게 "궁금한 것이 있으면 이공주 선생에게 가서 배워라."라고 하였다.

    외갓집에서 10분 거리에 있는 화해교당은 소태산 대종사와 정산종사의 인연을 맺어준 김해운 할머니의 집 근처이고 손자 김인용·김정용 선진이 이곳에서 태어났다. 내가 다닌 북면초등학교도 화해리의 근처에 있다. 어머니는 결혼 전에 화해교당에 다니다가 결혼 후에는 승부의 앞마을 금곡에서 살게 되었다. 결혼 후 어머니는 한동안 승부 마을에 사는 정사근 교도를 만나 화해교당에 같이 다녔다. 나중에 정사근 교도의 남편이 승부에 교당 터를 희사하면서 화해교당의 연원으로 승부교당을 세웠다.

고등학교를 졸업한 후 나는 진로 선택의 문제로 힘들어했다. 고교 졸업과 더불어 군대에 가려다가 입대하지 못하였고, 잠시 방황할 때 어머니가 조심스럽게 막내아들에게 원불교 교무가 되기를 권하였다. 누나도 동조하며 동생이 출가하면 좋겠다고 하였다. 처음엔 출가하라는 소리를 듣자마자 나에겐 강한 거부감으로 다가왔다.

어머니와 누나는 3일 동안 나를 설득하였다. 3일째 되던 날, 나는 홀연히 "어머니와 누나가 아들과 동생에게 아닌 길을 권하지 않을 것이다."라는 생각을 하면서 거부감을 잠시 내려놨다. 누나는 원불교에 은사님이 있다고 하여 동생이 출가하면 불편 없이 잘 안내해 줄 것이라 했다. 불현듯 나는 "출가를 해볼까?"라는 생각이 머리를 스쳤다. 마침내 1975년 12월 초에 누나는 나를 데리고 익산의 서경전 교수를 만나러 갔다.

출가 연원 교무님과 상견례를 하면서 나는 출가를 확고히 결심하였으며, 간사(행자) 생활을 하는 것이 좋겠다고 하였다. 계룡산 신도안의 삼동원에서 간사 생활을 하겠다고 약속하여 1976년 3월 초부터 간사생활을 시작하여 그해 1년을 마친 후 12월, 원광대에 입학하기 위해 전무출신 지원 서류를 준비하기 위해 동분서주하였다. 전무출신 지원서를 제출하기 위해 모교인 호남고등학교 졸업증명서 2통, 생활기록부 사본 1통을 600원에 받아왔다. 그 뒤잠시 대전 누나 집에 기거하면서 새로운 마음으로 출가의 길을 가기 위해 마음을 가다듬었던 일들이 간사 생활 후반이었다.

1976년 12월 27일, 원불교 중앙총부에 들렀다. 오후 1시 10분에 익산역에서 내려 굽이굽이 2차선 도로를 달리는 버스에 몸을 맡기자 이내 중앙총부에 도착하여 관련 부서에 교역자(전무출신) 지원 서류를 제출하였다. 곧바로 직행버스에 몸을 싣고 대전 누나 집에 갔다. 지원 서류를 제출한 이후 하루하루가 희망으로 다가왔으니, 그때 중앙총부에 가는 길이었지만 전생의 인연이었는지 그렇게 낯설지 않은 느낌이었다.

이제 전무출신의 지원 절차에서 면접을 보는 일이 남아있었다. 그러나 간사 생활을 하면서 대입시험 준비를 주로 한 관계로 원불교 공부는 소홀히 하여 걱정이 앞섰으며, 전무출신 면접시험에 어떻게 답을 해야 할지 잘 몰랐다. 며칠이 지난 후 익산 삼포리에 사는 사촌 형 집에 와서 잠시 머물렀다. 1977년 1월 10일 아침, 삼포리에서 전무출신 면접을 보기 위해 익산총부로 출발했는데 농로(農路)가 미끄러웠다. 사촌 형의 자전거를 빌려 타고 중앙총부까지 8km를 가는데 눈이 많이 내려서 두 번이나 미끄러져 넘어졌다. 면접을 잘 마치고 동화병원에서 건강검진을 하였다. 안경을 안 낀 상태에서 시력 좌 0.8, 우 1.0이었으며 눈이 나쁜 줄 알았는데 거의 정상이었다.

대학에 입학하기 전 다행히 출가의 길, 곧 '전무출신'의 의미가 무엇인지 간사 생활을 하면서 틈틈이 숙지하였다. 간사 생활을 하던 1976년 5월 어느 날, 삼동원 동산원장이 "성태 너, 전무출신(專務出身)의 뜻이 무엇인 줄 아느냐?"라고 질문하였다. 그러면서 "전무출신이란 공익을 위해 오롯이 힘쓰는 신분이다. 다르게 해석하면 돈 '전(錢)' 없을 '무(無)'로서 월급을 받지 않고 봉사하는 사람이 전무출신(錢無出身)이다."라고 풀이해주었다.

아직은 도가(道家)의 철이 덜 들었는지 전무출신을 서원할 때 무아봉공이란 말이 무색하게도 교단에 대한 나의 조건적인 요구사항들이 잠재해 있었다. 그러나 1년이 지나고 원불교학과에 입학하면서 그러한 것들이 부질없는 일이라 생각되었다. 처음에 전무출신을 '나' 중심에서 생각했는데 사심 없는 마음으로 오로지 자신을 이 회상에 바쳐야겠다고 서원을 다졌다. 신심과 공심이 발아되기 이전이어서 그 조건적인 희망 사항은 입신양명과도 같이 세속적이었지만, 진정 위공망사(爲公忘私)의 길이라는 것을 깨달았다.

예비교무로서 위공망사의 출가자 자세로 충실한 삶을 살아가는 것밖에 다른 생각을 하지 않았다. 출가하여 충실한 삶을 살지 못한다면 전무출신의 생활도 빈 껍질처럼 되어버린다. 심신작용과 감각 감상의 대조를 통해서 참신한 공부를 해야 참다운 수행자가 될 것이다. 불지(佛地)를 향한 적공의 방편으로 신입생으로서 밤 10시 잠을 자기 전, 10분 정도 명상하는 것을 습관화하였다. 이때마다 원불교 회상에 입문하여 출가하지 않았다면 나의 인생은 어떻게 되었을까를 되뇌이곤 했다. 이 회상을 만나지 못하였으면 아마도 허무한 인생이었을 것이다.

어머니와 누나의 출가권유에 의한 전무출신의 지원과 시작은 나만을 위함이 아니라 대중을 위한 공동체적 삶의 사유에 길들어진 시기로 인지된다. 예비교역자 1학년 때의 수행일기를 보자. "정신을 개벽하고 대중을 건지기 위해 전무출신의 길을 찾아 부지런히 공부하는 중이다. 자신만 잘하면 되겠지 하는 생각은 버리고 다 같이 잘하고, 잘못은 서로 책임을 지는 마음의 자세를 갖추어야 한다." 이에 신앙인이자 수행자로서 나를 위한 이기주의가 아니라 세상을 위한 이타주의라는 안목을 키워나가도록 노력했다.

그리하여 전무출신의 삶을 통해 설사 원불교의 기둥 역할은 되지 못하더라도 기꺼이 서까래 역할은 해야 할 것이다. 기둥이든, 서까래든 자신이 교단에 얼마만큼 희생 봉사심으로 사느냐에 희열감이 있다. 다시 한번 자신의 역할을 생각하면서 전진하는 사람이 되고자 했다. 출가의 가치는 나의 성공 가치에 초점을 두는 것보다는 희생 가치에 몰입하는 것과도 같이 느껴졌다.

환골탈태(換骨奪胎)의 삶으로 연결된 출가자의 생활, 그리하여 어머니와 누나의 출가권유는 나에게 여러 선물 가운데 가장 큰 선물로 다가왔다. 또 출가의 연원이 되어준 서경전 교수와 간사 생활을 세세하게 지도해준 오희선 교무, 그리고 엄하고도 자상한 이병은 삼동원장을 잊지 못하는 이유이다. 석가모니를 연원 삼은 소태산 대종사의 가르침을 날마다 새기며 기질 변화를 해 온, 또 인재 양성의 터전에서 일생을 바친 교역자의 삶이 얼마나 고마운 일인가를 생각해 보니 전무출신 지원자로서 축복 받은 사람이다.

간사 생활의 이모저모

불교 조계종의 비구·비구니가 되기 위해서는 속세를 떠나 출가해야 하며, 행자로서 출가 본사에서 교육을 받은 후 행자교육원을 이수하여 사미(니)계를 받고 승적을 신고하게 된다. 이어서 승가대학을 졸업하고 비구(니)계를 받아 승려가 되는 것이다. 행자교육원은 조계종의 종헌에 "발심 출가하여 득도 수행코자 하는 남녀 행자들에 대한 승려의 기본 자질을 갖추어 사미(니)계를 수지할 수 있도록 초급 의무교육을 실시하는 종단의 상설기관이다."라고 규정하고 있다.

불교의 '행자제도'가 원불교에서 말하는 '간사제도'이다. 간사는 원불교에 출가하여 교역자가 되기 위한 첫출발로서 불교의 행자와 같은 교육과 훈도를 받는다. 나는 원불교 교역자가 되려는 꿈, 곧 전무출신(專務出身)을 지원한 후 간사 생활을 성실히 한 결과 대학 생활이 수월하였다. 예비교무로서 간사를 겪어본 사람과 그렇지 않은 사람을 보면, 전자의 경우 기질단련을 통해 공부 길을 쉽게 찾는 편이기 때문이다.

여기에서 교역자의 첫 출발인 간사 생활의 이모저모를 살펴보고자 한다. 1976년 초에 출가를 서원하고 간사 생활을 하기 위해 중앙총부 총무부에 찾아갔다. 중앙총부 총무부에서 간사 생활을 하고자 희망했는데 이미 이곳에 간사가 왔다고 하였다. 다른 곳을 찾게 되면서 논산의 계룡산 자락 신도안의 삼동수양원에 간사가 필요하다는 것을 알았다. 이에 1976년 3월 2일 완행열차에 몸을 싣고 두마의 양정역에서 내렸고, 양정에서 신도안을 가기 위해 또 버스를 탔다.

15분 정도 버스를 타고 구비 길을 지나 물설고 낯선 곳에 내려서 계룡산 자락의 삼동원에 도착하니 입구에서부터 돌탑들이 여기저기 쌓여 있어 느낌이 색달랐다. 두리번거리니 저쪽에서 여자 교무가 나를 보며 "어디서 오셨나요?"라고 하였다. 간사 생활을 하러 왔다고 하니, 반갑게 맞이해 주었다. 이어서 삼동원 원장과 구성원들에게 인사를 드린 후 숙소를 안내받았다. 논산군 부마면 대궐터에 있는 삼동수양원 간사 숙소에서 첫날 하룻밤은 생각이 많은 탓인지 쉽게 잠이 오지 않고 뒤척였다. 3일째부터 막연한 불안감이 들었으며, 여기에서 버텨낼 수 있을 것인가를 고민했다.

3월 3일 이른 봄날 아침, 삼동원 텃밭에서 혼자 일하는데 겨울이 채 가시지 않은 상태에서 손발이 얼어붙었다. 힘든 하루가 이렇게 시작된 것이다. 삼동원의 총무를 담당하는 오희선 교무가 나의 간사 생활이 힘든 줄 알고 4일째 되던 날, 잠깐 사무실에 다녀가라고 하였다. 삶은 달걀을 내놓고 따뜻한 차를 끓여주면서 "여기는 좀 힘든 곳이지만 법 높은 스승들이 있고 도인들이 많으니 잘 견뎌내라."고 하였다. 원불교 간사 근무지로서 수계농원과 삼동원이 힘들다는 것은 이미 알고 이곳에 왔다.

그렇게도 힘든 간사 생활의 일정은 다음과 같이 진행되었다. 새벽 5시 기상에서 6시까지 좌선과 아침기도를 마치고, 7시 20분에 아침 식사, 8시에 작업을 시작하여 오전 일과는 12시에 마친다. 점심 식사 이후 1시부터 오후 5시까지 작업을 한다. 저녁 7시에 공사시간, 8시에는 간사들의 주경야독으로 『철자집』 공부를 하며 공식 일정을 마친다. 나는 개인적으로 저녁 8시 40분부터 원불교학과 입시 공부한 후 11시 30분에 취침하였다. 2년 일찍 들어온 이진하 및 송기원 간사가 선배로서 간사 생활을 하고 있었으며, 초보인 나에게 간사 생활에 대해 친절하게 안내해주었다.

　간사의 일과에 며칠간 길들어지고 있을 때 먼저 들어온 김중관 간사는 내가 밤에 홀로 공부하는 모습을 별로 좋아하지 않았다. "성태 간사는 여기 공부하러 왔나 봐?"라고 푸념하는 것이었다. 그러나 신도안에서 간사 생활을 하면서 대입 예비고사를 준비해야 했기 때문에 어떠한 시선에도 흔들리지 않았다. 오자마자 습관처럼 저녁에 공부하는 것을 못마땅하게 여기는 경우가 있었지만 어쩔 수 없었다. 간사로 근무하기 시작한 지 2개월 뒤에 임도석 간사가 들어왔으며, 서로 인사를 나눈 후 같이 간사 생활을 열심히 하였다.

　대산종사가 주재하던 삼동원은 훈련 도량이면서 전답이 많은 자급자족의 농장이므로 간사들의 노동력이 필요하였으며, 일손이 더 부족할 경우 품삯을 들어서 동네 일꾼과 함께 일을 하였다. 간사의 힘든 일로서 삼동원의 인분(人糞)을 푸는 일이었다. 삼동원에는 수양을 하러 오는 교도들이 많았고, 그로 인해 재래식 화장실은 한 달을 전후하여 채워지곤 하였으니 인분 작업은 일상의 일로 여겨졌다. 인분을 담은 인분통을 지게로 전답에 나르면서 힘들었지만, 남몰래 영어단어장을 호주머니에 넣고 다니며 외웠다.

　겨울과 초봄엔 덜 분주한 까닭에 말단 간사로서 영농교육을 받으러 다녔다. 계룡산 자락의 농촌과 산촌을 겸한 삼동원은 두마면에 속해 있어서 지역민을 위한 면사무소의 영농교육을 받아야 했다. 아침 10시에 동계 영농교육을 신도초등학교에서 받으러 임도석, 송기원 간사와 함께 참석했다. 그동안 학과 수업을 준비했는데 영농을 위한 벼농사 공부를 하게 되니 좀 어색했으나 곧 적응하기 시작했다. 시골의 농촌 출신에다가 새마을운동을 한 경험이 있고 4H 모임에도 참여한 경험이 있으므로 적응하기 어렵지 않았다.

　삼동원 선·후배 간사들은 서로 챙기면서 적응할 수 있도록 가족 같은 분위기를 만들어갔다. 나보다 2개월 늦게 간사로 들어온 도석교우가 서울에 갔다가 스낵을 사 와서 신고식을 하였다. 다음날 나는 신발이 다 닳아서 350원을 주고 고무신 한 켤레를 구입했다. 그리고 대입 입시를 준비하느라 잠시 출타한 후 며칠 만에 삼동원에 돌아왔다. 밤에 송기원 간사가 나에게 밖에 머물다 왔다며 신고식을 하라고 했다. 나는 호주머니에서 300원을 털어서 신도안 가게에 가서 뽀빠이와 음료수를 사 왔다. 선후배 간사들의 돈독한 정감이 삼동원 생활의 고단함을 극복하는 데 많은 도움이 되었다.

삼동원의 간사로 살면서 개판농장에 많은 노동력이 필요했으므로 항상 몸이 고단했다. 곡식을 심고 수확하며, 가을에는 방앗간에 가서 탈곡해오는 등 수없이 분주한 일들이 밀려 있었기 때문이다. 삼동원 식구들과 내왕하는 교도들의 식량을 자급자족하는 관계로 간사들이 감내해야 할 일들이 많았다. 간사 임도석과 같이 이웃 마을 부남리 1구에 가서 나락 3가마를 찧어서 가져왔다. 간사 초기에 가보고 6개월 만에 방앗간에 가보니 나그네처럼 느껴졌다. 교단에서는 수계농원과 삼동원이 농장일로 가장 어려운 간사 근무지였음은 잘 알고 있었지만, 주경야독을 하였으며 보람도 적지 않았다.

삼동원이라는 주경야독의 도량에는 교도들이 숙박할 여러 채의 숙소가 있었다. 넓은 도량인 관계로 겨울에는 돌담을 쌓는 일이 일상사였으며, 보일러 동파라든가 전기 고장이 많았다. 당시 간사 생활의 수행일기에는 다음의 기록이 있다. "밤늦게 삼동원 법당에 보일러 수리를 하기 위해 기술자가 와서 빨간 기와집으로 안내했다. 보일러 기술자처럼 뭐든지 기술 하나 있으면 굶지는 않으리라. 보일러공처럼 한길로 꾸준히 갈고 닦아 개척하면 반드시 알찬 내일이 약속될 것이다. 현재 간사의 힘든 과정은 미래의 약이 되니 미래의 꿈이 완성되도록 노력하겠다." 스스로 다짐하는 생활이었으며, 간사로서 오랫동안 생활하고 있던 선배 간사들은 미장 기술까지 터득하였다.

이처럼 영육쌍전의 현장에서 노동하는 간사들은 일요일에 신도교당에서 법회를 보고, 밤에는 삼동원 동산원장의 법문을 받들었다. 꿀벌은 슬퍼하지 않는다는 원장님의 말씀이 법문으로 다가왔다. "일이 많으면 행복하다. 일이 없는 사람은 불쌍하다."라는 말씀은 간사 생활에 있어서 사실적인 교훈이다. 아마 인간은 일하지 않고 살아간다면 그 순간은 편할지언정 무위도식하게 될 것이다. 저녁 공부 시간에 동산원장의 근엄하면서도 자상하게 노동도 훈련이라는 말씀에 간사들은 존경심으로 받들며 영육쌍전의 법문을 새겼다.

동산원장의 법문을 청취하며 점차 교리 공부라든가 전무출신의 정신을 터득하였다. 1976년 11월 22일의 수행일기에 다음의 글이 있다. "오후 늦게 눈이 쏟아지는데 농장 밭에서 무를 뽑았다. 손발이 꽁꽁 얼어 조금 후에 거의 마비 상태였다. 얼마 전 저녁 공사시간에 원장님은 간사들에게 '어려울 때, 곤란할 때 여러분들이 겪은 일은 훗날 보람이 된다.'라고 했던 말씀이 떠오른다." 삼동원 오희선 교무는 간사들에게 세심한 배려를 하였다. 이따금 과일을 주었는데 이날 따라 챙겨준 사과 2개와 귤 1개는 꿀맛이었다. 초심의 간사로 살았던 지난날을 묵연히 회고해 보면 동산원장과 김혜봉, 오희선 교무의 고마움을 잊을 수 없다.

삼동원 교무들의 알뜰한 챙김이 전무출신의 정신을 놓지 않은 계기가 된 것이다. 간사를 마치고 원광대에 입학할 때 선배 간사들이 챙겨주었다. 삼동원 출신의 간사들이 훗날, 교역자 생활의 모범생으로 살아가는 모습을 보면서 이곳 간사 출신으로서의 자부심이 적지 않았다. 그 자부심은 선남자로서 서원을 굳게 하는 것이었다. 『석씨요람』에 선남자가 출가하려 하지만 의발(衣鉢)을 얻지 못하고 절에 거주하는 자를 '반두바라사'라 하는데, 이를 오늘날 번역하여 행자라고 한다. 불교 행자나 원불교 간사는 선남자 선여인의 출발로서 숙겁의 불연(佛緣)임을 다시 한번 깨닫게 된 것이다.

동산 원장의 새벽 노크

여러 용어 가운데 '새벽'이란 뜻은 어둠을 벗어나는 상징성으로 다가온다. 새벽 시간에는 명상을 하거나 새로운 시를 읽는 여유를 가져다준다. "하섬 새벽 별은 씻긴 듯 더 영롱하다. 보드가야 숲사이로, 그 별빛도 저랬던가? 해마다 아쉬운 별아, 내게는 언제 그 별이 될래?" 이공전 종사의 시(詩)이다. 마음에 새겨지는 것으로 새벽 별은 나에게 인생 전환기의 용트림과 같은 고행이자 희망의 메시지였다. 새벽 노크를 염두에 두며 지난날을 회상해 본다.

고교의 졸업과 동시에 출가를 결심한 후 나는 삼동원에서 간사 생활을 하면서 틈틈이 예비고사 준비를 해야만 했다. 당시에는 예비고사를 치러야 대학에 진학할 수 있었기 때문이다. 동산원장께 저녁 시간은 대입 공부에 매진하겠다고 말씀드리니 대견한 듯 "그렇게 하라."고 특별히 허락했다. 간사들은 저녁 일정으로 7시 삼동원 회의에 참여해야 했는데, 사전 양해를 구하고 촌음을 아끼며 대학입시 준비를 하였다.

저녁 7시부터 공부를 시작하여 새벽 12시까지 모두 5시간 공부에 초점을 맞춘 것이다. 간사 생활을 시작한 지 한 달이 지난 어느 날 새벽 12시 조금 지나서 동산원장이 갑자기 나의 숙소에 노크도 없이 들어오는 것이었다. 불을 켜고 자는 줄 알았던 것으로, 그때 당황스러움은 이루 말할 수 없었으며, 순간 책상에서 일어나 그대로 얼어버린 채 꼼짝할 수 없었다. 동산원장의 인상은 삼동원 간사들에게 엄격한 카리스마로 남아 있었기 때문이다.

잊어버릴 수 없는 이 추억은 동산원장의 추모 저술인『동산에 달오르면』에 다음과 같이 수록되어 있다. "류성태는 전무출신을 서원하고 스무 살 되던 1976년 3월 초 서경전 교무의 인도로 삼동원에 들어왔다. 낮에 고된 작업을 하고도 밤이면 공부를 하였다. 새벽 12시 경이었다. 갑자기 문이 벌컥 열리는 바람에 성태는 깜짝 놀라 일어났다. '뭣 하느냐?' '교학과에 갈 공부하고 있습니다.' '낮에는 작업하고 밤늦게 공부하고 애쓰는구나. 네가 지금 보잘것 없고 하찮은 것 같지만, 앞으로 큰일 하겠다.'"라며 등을 토닥거리며 격려하였다.

동산원장으로부터 꾸중을 받은 일도 있었다. 교역자 생활을 제대로 하려면 남 못지않게 적령기에 입학하여 공부해야 한다고 생각한 끝에, 간사 생활을 1년만 하고 대학에 진학하겠다고 말씀을 드리니 동산원장은 깜짝 놀랐다. 삼동원 간사 출신은 모두 3~4년 근무를 하고 공부하러 가는데 근무 1년 만에 대학에 갈 것이라고 하니, 굳은 표정으로 2년 더 근무하라는 것이다. 사실 중앙총부나 교당에서는 보통 2년이면 순공비생으로 추천해주는 편인데, 삼동원에서는 3년 이상 근무하였다. 진학하더라도 학비(용금)를 주는 일이 거의 없었으며, 졸업하면 또 삼동원으로 불러와 근무시켰다.

근무연수를 덜 채운 상태에서 대학에 가는 바람에 스승의 말씀을 어겼다고 생각한 나는 마음에 부담을 안고 있었다. 이에 방학 때 삼동원에서 시간을 함께하는 것이 좋다고 생각한 것이다. 죄송한 마음의 심리가 다음 일기에 나타난다. "간사 생활을 삼동원에서 짧게 했기 때문에 원불교학과 입학 후 첫 여름방학을 신도안에 가서 보내고 싶다. 신도안에서 대산 종법사 법문을 받들며, 삼동원 후배 간사들과 즐겁게 시간을 보낼 예정이다." 스승의 말씀을 거역하고 간사 생활을 조금밖에 못 했으므로 여름방학 때마다 삼동원에서 동산원장을 모시고 대산종사의 법문을 받들기로 했다.

계룡산 자락의 삼동원에서 짧게 간사의 길을 밟았으므로 방학 때마다 간사근무지에서 삼동원 동산원장을 찾아뵙는 것이 도리라고 생각했다. 간사 생활을 더 하라는 말씀을 어긴 탓이다. 예비교무 1학년 1학기를 마치고 여름방학에 신도안에 가서 동산원장을 뵈었다. 비록 원장님 말씀을 어겼지만, 스승은 원장님이며 끝까지 지도를 받겠다고 말씀을 드리니, "잘 왔다."라며 미소를 지으셨다. 대학의 첫 여름방학은 동산원장의 미소를 새기며 삼동원에서 스승 모시는 자세로 임했다.

자비의 미소로 한 제자를 다시 포용한 동산님의 넉넉한 품이 다음과 같이 『동산문집』(1994)에 기록되어 있다. "저녁 공사 때면 동산원장은 임원(간사)들에게 성태의 공부심을 가지고 번번이 예를 들었다. '성태는 밭에 똥지게를 지고 다니면서 영어 단어장을 들고 외우고 다녔다. 마음만 먹으면 얼마든지 일하면서 공부할 수 있는 것이다.' 그 뒤 성태는 교학과를 다니다가 방학 때 신도안에 갔다. '네가 기왕에 입학했으니 열심히 공부하거라. 전탈전여(全奪全與)해라. 그걸 표준 잡고 열심히 살거라.' 동산은 말을 듣지 않고 제 생각대로 나간 후진을 다시 품에 안고 여러 가지로 정성껏 챙겨주었다." 본 기록처럼 스승의 제자 사랑이 무한함을 느끼게 해준다.

무한 사랑을 베푸는 원장님과 삼동원 구성원들에게 실망을 주지 않으려고 대학에 입학하여 정성스럽게 공부를 했다. 『동산문집』에서는 이에 대해 또 기록하고 있다. "류성태는 삼동원 임원출신 가운데 유일하게 학계에 진출하였으며, 교단에서 가장 연소한 만 33세에 철학박사 학위를 취득하였다. 현재 원광대학교 교학대 교수로 예비교역자들을 가르치고 있다." 『동산문집』에 나의 이름이 여러 번 등장한 것이 자랑할 만한 일은 아니라 본다. 사실 수계농원이나 삼동원에서 간사 생활을 한 교무들은 학문과 거리를 두는 근무환경이었지만, 힘든 여건의 근무지에서 모범간사 생활을 한 사람들로서 하나같이 환골탈태(換骨奪胎)의 도인이 된 것이다.

간사 생활의 험지로 잘 알려진 삼동원에서 간사 생활을 하던 어느 날, 신산 김혜봉 교무가 계룡산 골짜기에서 결혼식을 올렸다. 당시 말단 간사인 나는 그곳에 가져갈 몇 개의 짐을 들고서 야단법석의 결혼식장에 함께 하였다. 계룡산의 깊고 넓은 공간에 신랑 신부가 입장하자, 주례인 동산원장은 이들에게 고요하면서도 뚜렷하게 전무출신의 자세에 대하여 법문을 내렸다.

선배 간사인 이진하 교무 결혼식에도 주례사를 해주는 자상한 원장님이었다. 어느 날 생각하지도 않은 일로서 우리 가족이 삼동원에 방문했다. 큰형과 누나, 매형이 신도안 삼동원에서 내가 어떻게 살고 있는가 궁금하여 보러 온 것이다. 간사 생활을 하는 곳에 손수 찾아왔다는 점에서 고맙기만 하였다. 동산원장은 이때도 가족을 반갑게 맞이해주는 정 많은 분이었다. 스승 훈도와 혈연으로서의 가족 은혜는 힘들었던 간사 생활에 활력을 가져다주었다.

간사 시절의 잊지 못할 자정 무렵, 법 높은 동산원장이 말단 간사의 방문을 열던 추억, 그것이 바로 '새벽 노크'의 추억이다. 동산님이 다녀가신 뒤 30분 정도 공부를 더 하고 새벽 1시 넘어서 잠자리에 들 때 두 손 모으고 반드시 성불하리라고 심고를 올렸다.

『동산에 달오르면』의 표제(表題)답게 동산에 새벽달이 기울 때 깊은 잠에 빠져들었다. 자신의 목표가 큰 것이든 작은 것이든 새벽 별을 보는 마음으로 노력한다면 한 점 부끄러움이 없을 것이다. 고교 3학년 2학기 때 진로에 대한 방황을 거울삼아 간사 생활에서는 성불제중이라는 목표를 향해 뚜벅뚜벅 걷겠다고 다짐을 하던 순간들이었다.

예비고사에 얽힌 사연

1969학년도부터 1981학년도까지 실시해 온 대학입학의 예비시험 제도가 있었는데 그것은 다름 아닌 '예비고사' 제도이다. 대학생 숫자의 양적 팽창에 따르는 질적 저하를 방지하고 각 대학의 질적 격차를 줄임으로써 대학의 평준화를 위한 제도였다. 현재는 고교 3학년 학생들로서 대학선택의 입학원서를 여러 번 제출하는 것이 가능하지만, 그 당시는 예비교사에 떨어지면 그해 대학에 갈 수 없었다. 나는 고등학교를 졸업한 후 취직할 것으로 생각하여 아예 대입 예비교사를 준비하지 않았다. 그러나 1975년 말에 출가를 결심하면서 원광대에 입학해야 했기 때문에 새 마음으로 예비고사를 준비할 상황에 직면하였다.

출가 후 삼동원에서 간사 생활을 하면서 주경야독으로 낮엔 영육쌍전을 하고 밤엔 예비고사 시험준비를 하였는데, 그 과정이 인고(忍苦)의 시간으로 힘들었다. 고교생 때 취업을 위해 공부하였지만, 갑자기 진로를 변경하면서 대입 예비고사를 대비해야 했기 때문이다. 간사 생활을 하면서 시험을 준비하다가 예비고사에 대한 압박감으로 간사 생활을 잠시 쉬면서 사가에서 입시 공부에 몰입하기로 했다. 시험이 끝난 뒤에 다시 삼동원의 간사로 되돌아왔지만, 예비고사 시험을 준비하느라 신심이 조금 떨어진 것 같았다.

간사 생활 후반의 공백기에 대한 미안함과 아쉬움이 있었는데, 지난 일상을 되돌아보면 더욱 그렇다. 1976년 3월부터 삼동원에서 간사 생활을 하다가 6월에는 빡빡한 간사 일정으로 인해 나만을 위한 공부를 하기 어렵다고 생각했다. 이에 6월 30일에 사가에 가서 대입 예비고사 준비를 하겠다고 하며 삼동원 교무께 허락을 받았다. 같이 한 간사들도 열심히 공부하여 합격한 후 삼동원에서 다시 만나자고 하였다.

대학 예비고사를 준비하기 위해 대전 누나 집에 와서 본격적으로 시험공부를 했다. 간사 생활을 중단할 정도로 예비고사 공부가 그렇게 어려운지 의아해하겠지만, 고교 상과생으로서 예비고사를 따로 준비하지 않은 탓에 어려웠고 새롭게 출발하는 심정으로 임했다. 대전에 사는 누나 집에서 통학버스를 타고 사설 학원에 다녔으며, 토요일과 일요일에는 독서실에서 주야로 공부했다. 그러한 여정은 1976년 7월1일부터 11월11일까지 청산학원과 선화독서실에 4개월간 다녔다.

힘들게 준비하여 예비고사를 치른 후 합격의 날을 손꼽아 기다렸다. 예비고사 발표는 12월 28일로 예정되어 있었으며 일기장에 다음의 소회(所懷)가 기록되어 있다. "만약 예비고사에 떨어진다면 걱정이다. 고등학교 취직반에서 공부한 후 진로를 갑자기 바꾸어 문과 공부를 하기가 쉽지 않았다. 시험을 잘 보았다면 모르는데 걱정이 앞선다." 합격자 발표일을 6일 앞두고 합격이냐, 낙방이냐가 판가름 날 것이라며 불안한 마음을 감출 수 없었다.

버겁게 다가선 예비고사에 떨어진다면 어떻게 할 것인가를 고민하면서 발표일을 기다리는 것이 고통스러웠다. 합격자 발표일 당시의 일기이다. "1976년 12월 28일, 오늘 오후 2시에 대학 예비고사 합격자 발표일이다. 나는 합격 여부에 대한 궁금증으로 일찍 발표 장소에 가보았다. 내 수험번호는 '46137'번인데, 두 번 세 번 번호를 확인해 봐도 없었다. 놀란 눈으로 봐도 없으니 탈락한 것이다. 어머니와 누나는 나의 지극한 노력을 잘 알고 있었으므로 탈락 소식을 믿지 않았다." 그래서 풀이 죽어 있는 나를 보더니 같이 발표

장소에 가보자고 했지만 나는 자존심 상해서 거절했다.

발표일 하루가 지난 심경은 슬픈 모습 그대로였다. 낙방하다니 괴롭고 분했다. 그렇게 노력했으나 "예비고사에 낙방하다니?"를 여러번 되뇌이었다. 신도안 간사 생활을 하면서 틈틈이 공부하다가 후반에는 대전 청산학원에 다니며 열심히 공부했는데도 시험에 떨어졌다. 여전히 누나는 실망했고 어머니는 아들의 낙방을 믿지 못하겠다며 수험번호를 다시 알려달라는 것이다. 기어코 수험번호는 알려주지 않고 익산에 내려가 입시에 낙방했다고 추천 교무께 알렸으며 얼마 지나지 않아 마음은 무덤덤해졌다.

내 마음에는 이미 낙방에 굴하지 않고 다시 시험에 도전하리라는 굳은 의지가 서 있었다. 이에 포기하지 않고 다음에 또 예비고사를 보기로 하였으니, 간사 생활이 모두 3년이기 때문에 2년이 남아서 가능한 일이라 생각했다. 시험에 다시 도전하려는 결의에 차서 연말에 다음과 같이 다짐했다. "1976년을 돌아보면 예비고사의 합격을 위해 열심히 노력했지만 낙방한 쓰라림을 가져다준 해이다. 병진년을 보내며 정사년(1977)에 나의 재도전이 이루어지길 빌 뿐이다." 상과생으로서 진로를 바꾸다 보니 벌어진 일이며, 의지를 포기하지 않고 시험대에 다시 오르는 일이 필요하다고 판단했다.

그런데 어느 날 문득 전무출신을 하려는데 꼭 예비고사를 보아야 할 것인가를 생각해 보니 그렇지 않다는 것을 알았다. 예비고사에 불합격하더라도 원광대 원불교학과를 청강생으로 다닐 수 있기 때문이다. 추천교무인 서경전 교수도 이 같은 견해에 공감하고 청강생으로 원불교학과에 입학하라고 했다. 1977년 1월 6일에 대학입시를 위해 입학원서, 주민등록초본과 고교생활기록부 사본 1통, 명함판 사진 6장, 접수료 7천 원을 준비했다. 다음날 7일 원광대학교 본부에 가서 입시서류를 제출하였다. 그 뒤 며칠 후 대학 입학시험을 보았으며 시험 장소는 현재의 보건대 본관으로 당시 숭산 박길진 원광대 총장이 시험장을 다녀갔으며, 융산 송천은 교수가 시험 감독을 했다.

예비고사에 떨어진 줄 알고 원광대 청강생으로 대학입시를 응했는데 정말 믿기지 않은 일이 벌어지고 말았다. 1977년 2월 초, 나는 마음을 추스르고 심기일전하여 삼동원의 간사로 머물러 있는데 어머니로부터 급한 전화가 왔다. 오늘 대전시 교육청에서 전화가 왔다며 어머니는 다음과 같이 전했다. "왜 류성태 학생의 예비고사 합격증을 안 찾아가나요?"라는 것이었다.

어머니도 아들이 시험에 낙방한 줄 알았는데 '합격'이라고 하니 깜짝 놀라 대전 교육청에 바로 가서 예비고사 합격증을 찾아왔다며, 나에게 빨리 합격증을 찾아가라는 것이다. 시험에 낙방한 줄만 알고 포기했는데 발표일에 내가 혹시 '46137' 합격번호를 잘못 본 것인가? 아니면 귀신이 곡할 노릇인가? 분명 나는 예비고사가 떨어진 줄 알았는데 합격증을 찾아가라고 하니 순간 무언가에 홀린 기분이었다. 아니, 홀려버렸다.

들뜬 기분으로 곧바로 신도안에서 버스를 타고 대전에 가서 예비고사 합격증을 늦게나마 받아들고 보니 고시라도 합격한 것처럼 마냥 즐거웠다. 추천교무께 이러한 사실을 알리고 예비고사 합격증을 가져다드리자, 아직 대학입학 이전이므로 대학본부에 연락을 취하여 청강생에서 본과생으로 전환할 수 있다고 했다. 이에 나는 차분하게 본과생 입학 절차를 밟았다.

예비고사 합격과 관련한 해프닝을 정리하면서, 설사 예비고사에 떨어졌다고 해도 원광대 원불교학과에 청강생으로 입학하려 했다는 점에서 성직을 지속하려는 내 마음이 고마웠다. 또 기왕 예비고사 합격하였으니 원광대 행정실에서 본과생으로 절차를 밟아 준 점도 고맙기 그지없다. 간사 생활을 하면서 새벽 12시까지 예비고사 시험준비에 정성을 기울이며 집념을 굽히지 않았던 '나' 자신에게 고마움을 전하지 않을 수 없다. 간사 생활 도중에 사가에 가서 공부할 여건을 마련해준 삼동원 교무님, 그리고 숙식을 제공하며 합력해준 매형과 누나, 그리고 어머니의 염원에 감사한 마음과 법신불께 고개 숙일 따름이다.

대입시험 준비

70년대 우리나라의 대학시험은 예비고사에 이어서 필기시험을 보아야 했다. 프랑스에서도 대학에 들어가려면 반드시 '바칼로레아'라는 대학입학자격시험에 합격해야 한다. 이 시험의 첫날에는 종일토록 철학시험이 있다. 고등학교 3학년을 '철학 학년'이라고 할 정도이니 1년 동안 철학 시험준비에 여념이 없다는 것이다. "정열이란 무엇인가?" "남이란 무엇인가?"라는 문제 등이 출제된다고 하니 참으로 부러운 소재의 시험이다. 주입식 교육보다 훨씬 진보한 논술 중시의 시험에다가 가치 중심의 문제이기 때문이다.

1976년 11월 나는 예비고사 시험에 이어서 곧바로 대입 필기시험을 준비하였다. 이 두 가지의 시험준비는 간사 생활 속에서 주경야독으로 이어졌으며 그것은 나의 인내를 시험하는 기간이었다. 간사 생활도 벅찬데 대학의 시험이라는 과제가 있었기 때문이었다. 삼동원의 1천일 새벽기도에 참석하고 방에 들어와서 이부자리를 보니 몸을 녹이고 싶었으나 "게으르면 안 돼."라고 다짐하며 입시 공부를 했다. 삼동원 간사들은 겨울방학 기간 중 오전 시간에 선(禪) 수련을 하는데 나는 대입시험 공부한다는 구실로 참석을 하지 않고 공부하다가 졸기를 반복하곤 했다.

한동안 예비고사에 합격했는지 모른 상태에서 대입시험 준비를 하는 관계로 긴장의 끈을 놓을 수 없었다. 대학시험을 한 달여 남겨 두고 간사로서 동선(冬禪)에 불참하는 것이 힘들 것 같아서 삼동원에서 며칠 머물다가 양해를 얻었다. 간사들은 모두 동선에 참여하는데 나만 예외로 이곳에서 계속 입시 공부한다는 것이 공동체 생활에서 어려울 것 같아서 결단을 내렸다.

그리하여 동년 11월 24일, 사가에 가서 대입 준비를 하겠다며 삼동원의 허락을 받았다. 대입시험 준비를 위해 또 사가에 간다고 했을 때 허락해준 교무님께 감사한 마음뿐이다. 삼동원 총무 일을 맡은 오희선 교무는 내가 대전 누나 집에 공부하러 갈 때 학원비에 보태라고 15,000원을 주었다. 대전에서 공부하고 있을 때 찾아와서 "성태 간사, 얼굴이 많이 여위었다."라며 자비심으로 식당에 가서 맛있는 음식을 사주었다.

대전에서 예비고사를 준비한 후 다시 대입시험을 준비하는데 누나의 가정형편상 어렵다는 것을 알고 며칠 후 대구 큰형에게 그곳에서 대입 준비를 하면 어떻겠는가를 물었다. 큰형수는 이곳으로 오라고 하여 대구로 내려갔다. 대구에서 대입 준비를 하면서 서경전 교수, 오희선 교무께 안부 편지를 보냈다. 삼동원에서 간사로 있을 때의 신심과 사가에서 입시 공부를 할 때의 신심이 다르다는 것을 알게 되었다. 심신이 나태해졌기 때문이다. 홀로 공부를 한다는 것이 쉬운 일 같지만, 극기(克己)하는 일이라 쉽지 않았다.

대입시험 준비를 하면서 제출할 서류들이 필요했다. 시험 서류를 준비하는 경비는 큰형의 도움을 받았다. 대입 서류로 준비할 건강진단서를 떼는데 1,500원과 명함판 사진 3매가 필요하다고 형수께 염치 불고하고 부탁했다. 형수가 비용을 주겠다며 전에 약속한 상의는 사줄 여력이 없다고 하여 오히려 잘 되었다. 너무 빚진 삶을 좋아하지 않기 때문이다. 아침 일찍 도립병원에 가서 대입을 위한 건강진단서를 발급받으러 갔는데 요금이 3,450원이 든다고 하여 다시 돌아왔다. 형수께 돈이 없어 그냥 왔다고 하니 언짢은 기색이었지만 어쩔 수 없는 일이었다.

대구에서 한동안 공부를 하려다 보니 점차 큰형 가족의 눈치가 보였다. 큰

형은 이곳에서 계속 공부하라고 했는데 마음이 편하지 못하여 다시 대전에 왔다. 다음날 삼동원에 잠시 들러 며칠간 보내는 가운데 대입시험 날짜가 며칠 남지 않았다. 나는 부리나케 익산에 사는 사촌 형을 찾았다. 한 달도 남지 않은 시간에 오로지 이곳에서 공부하고 싶다고 하니, 사촌 형이 쾌히 허락하였다. 대학시험 준비를 위해 익산의 사촌 집에 간다고 어머니께 말씀드리자 그곳에서 머물 양식으로 백미 두 말을 가지고 가라고 하였다.

1977년 정월 초하루, 익산역에 내려서 버스를 타고 춘포의 삼포리 들판에 내리니 을씨년스럽게 이날따라 너무도 추웠다. 쌀과 책가방을 들고 사촌형 집에 걸어올 때 살을 깎는 듯한 추위가 엄습했다. 큰어머니도 반가이 맞아 주었고 사촌 형도 반갑다며 "성공한 사람치고 고생을 안 한 사람이 없다."라며 용기를 북돋아 주었다.

익산 사촌 집에서의 공부 분위기는 고교 3학년 2학기 때 잠시 머물렀던 곳이므로 편안하게 느껴졌다. 입시를 준비할 공부방은 자개를 찍었던 작은 방으로 온돌 설치가 시원찮아서 추운 겨울에 잠을 잘 정도는 아니었다. 형수는 불도 안 들어오는 곳에서 공부하려는 나를 보고 심히 걱정된다면서 안쓰러워했다. 찬 바람이 불어와 겨울다운 맛을 톡톡히 보여주었다. 약 2시간 동안 공부방을 청소했는데 난방이 없는 관계로 걸레로 방을 닦자마자 바로 얼어서 방바닥이 미끌미끌했다. 큰어머니는 이렇게 추운 방에서 어떻게 공부하느냐며 성화였지만 공부하겠다는 나의 신념을 막을 수는 없었다.

추운 냉방이라도 좋다는 의지와 달리 한겨울 추위에 맞서 공부하려는 나 자신을 바라다보니 바보스러웠고, 냉방에서 과연 버텨낼 수 있을 것인가 내심 걱정도 했다. 냉방에서 하루를 보낸 후의 일이다. 머리가 아프기 시작했다. 어제 불도 들어오지 않은 추운 다락방에서 공부하느라 그랬나 보다. 며칠 동안 냉방에서 대입 공부하다가 너무 추워서 아궁이에 불을 피웠다. 물을 끓여서 머리를 감고 양말을 빨았다. 그동안 입었던 옷과 양말을 세탁하는 등

비록 힘이 들었지만 젊은 시절에 고생하며 난관을 극복하려는 의지로 역경을 이겨나가는 것이 오히려 기쁘게 느껴졌다.

혹한의 겨울에 냉방이라 졸리지는 않았지만, 가진 것 없는 나에게 그만한 공간이라도 허용되어서 다행이었다. 그러나 냉방에서 공부한다는 것은 무리였으며, 홀로서기에 지친 나는 이따금 무기력해 보이기도 했다. 대입 공부를 열심히 하려 했던 마음과 달리 집중이 안 되어 걱정이었다. 오후에 머리가 아픈 걸 보니 감기에 걸린 것 같다. 잠을 실컷 자고 나니 좀 좋아졌다. 나태해진 마음과 잡념을 극복하고 대입시험 준비에 열심히 임하였다. 여전히 코에서는 콧물이 나왔지만, 이곳에서만큼은 물러나지 않고 공부해야 하겠다는 나의 다부진 의지를 누구도 꺾을 수는 없었다.

대입시험 날짜가 코앞으로 다가오자 제출할 서류가 또 있었다. 이전에 큰형 집에서 건강진단서를 받아놨는데 나머지 서류들이 필요하였다. 대전 누나 집에 주민등록 주소를 옮겨놓은 탓에 대전에 잠시 머물던 어머니가 서류를 만들어 우편으로 보내왔다. 입학원서, 주민등록초본, 명함판 사진 6장, 접수료는 7천 원이 필요했다. 서류는 등기 편지로 받았으며, 또 고등학교 생활기록부 사본이 필요하여 나는 바로 모교에 방문했다. 서류 준비와 제출 작업이 쉽지 않음을 느꼈다.

대학 입학원서를 제출하기 위해서 익산 사촌형 집에서 8km가 넘는 원광대까지 자전거를 타고 갔다. 그리고 며칠이 지나 1977년 1월 11일 오후 2시에 예비소집 장소인 원광대학에 갔다. 수험번호는 159번으로서 무사히 합격하기를 기도했다. 드디어 원광대 입학시험을 보는 날이 밝았다. 며칠간 내린 눈이 쌓인 데다 아침에 많은 서리가 와서 거리는 마치 눈이 내리는 것 같았다. 손에 두꺼운 장갑을 끼었지만 찬 서리에 손을 호호 불며 자전거 타고 원광대로 향하였다. 시험 첫 시간이 국어였는데 약간 어려운 편이었고, 이어서 영어를 보았는데 기본실력으로 문제를 풀 수 있었다. 수학시험은 취미가 없어 소홀했던 탓으로 어려웠으며 국사시험도 만만치 않았다.

이날 대입시험을 본 응시자 47명 가운데 예비고사 합격 본과생은 16명이고 나머지는 청강생이었다. 시험을 본 후 며칠 지나 합격자 발표일인 1월 20일에 학교에 갔다. 나의 수험번호 159번이 합격자의 명단에 있어 기뻤다. 원불교학과 입시에서 20명 정도가 떨어졌다. 예비고사 합격자 수험번호로서 100~116까지 합격을 했고, 청강생으로서 147~179번 사이의 합격자는 148, 152, 154, 156, 159, 165, 166, 167, 168, 169, 172, 173번이었다. 대입시험을 볼 때까지도 예비고사에 합격한 줄을 몰랐기 때문에 나는 청강생으로 시험에 응시하여 합격했다. 대입 합격 후에 서류 절차를 밟았으며, 대학입학 서류를 내면서 익산총부 교육부에 들렀는데 동향(同鄕)의 유승인 교무를 처음 만났다. 어머니와 가까운 엄제댁 따님이라고 하여서 무척이나 반가웠다.

어떻든 대학 입시에 합격한 결과에 만족하지 않고 또 다른 결심으로 매사 시험에 임하듯 살아야 한다고 다짐을 하였다. 어려서부터 가정의 힘든 환경에서 살았던 탓에 어떠한 역경에서도 잘 이겨내려는 나의 의지는 강렬하였다. 목표 성취를 향한 나의 집념과 의지는 어머니의 인내력을 물려받은 것 같다. 어머니가 80세까지 밤마다 책을 읽고 공부하는 모습을 아들이 지켜보았으므로 나 역시 노력만이 답이라 판단했다. "공부에 머리가 좋고 나쁜 것을 따지자는 것이 아니다. 노력 없이 좋은 성적을 올릴 수 없다. 노력으로 우열이 가려진다는 사실이 정설이다. 일념으로 노력하는 것보다 좋은 것은 없다."라고 기록한 학창시절의 일기를 다시 읽어보면서 지난 날의 고통을 감내한 자신에게 고마웠다.

어머니의 희생과 순공비

동양의 충효(忠孝) 전통에 따라 자녀는 항상 부모께 감사한 마음을 가져야 하며, 국가에서도 '어버이날'을 제정하여 효도의 미풍양속을 이어가도록 하고 있다. 대학 2학년 때로서 어버이날의 감회가 새롭다. "오늘은 어버이의 날이다. 그래서 어머니가 더욱 그립다. 자녀를 거룩한 희생심으로 키워주었던 천사이시여!" 생전에 대종사 뵈었던 말씀을 전해주고 대종사님과의 인연을 맺어준 어머니의 은혜는 하해와 같다.

더욱이 막내아들을 교단으로 이끌어준 어머니의 은혜는 무어라 가히 표현할 수 없다. 출가 후 예비고사와 대학입시를 보고 나서 추천 교무를 찾아 뵈었다. 추천 교무는 나에게 이번 대학을 반공비생(기숙사비의 자비 부담)으로 원불교학과에 들어오면 어떻겠냐고 하였다. 가족과 협의한 후 알려드리겠다고 하여, 어머니께 이러한 사정을 전했다. 그러나 어머니는 경제 사정이 딱하므로 어찌할 수 없다고 하였다.

기숙사에 빨리 들어가고 싶은 마음은 희망사항으로 다가왔지만, 가정 형편이 어려웠으므로 간사 생활을 더 하기로 하여 나중에 순공비로 대학에 입학하기로 결정한 것이다. 며칠 후 추천 교무를 만나서 간사 생활을 더 하겠다고 하니 흔쾌히 "그렇게 하라."며 다음과 같이 당부를 하였다. "가정환경이 그러니 억지로 들어갈 수 있겠느냐? 올해 못 들어가면 아주 순공비 추천받을 때까지 삼동원에서 간사 생활을 하면서 열심히 원불교 공부를 해라." 이 가르침을 당연한 말씀으로 새기고 도인이 되는 것이 중요하며, 대학입시에 시일의 조만(早晚)이 무슨 필요가 있을 것인가를 자책하였다.

삼동원에서 1~2년 더 간사 생활을 한 후 대학에 입학하겠다는 다짐을 하게 되자 오히려 마음이 편안하였다. 그런데 1977년 초겨울 어느 날 어머니는 나에게 뜻밖의 제의를 하였다. "나는 경제적 자력이 없어 너에게 기숙사 식비를 마련할 돈이 없다. 너에게 순공비 자격을 주기 위해 내가 대신 삼동원에 가서 봉사하겠다." 막내아들을 대신하여 교단에 헌신 봉사하겠다는 어머니의 따뜻한 정을 느꼈다. 마음은 감사했지만, 어머니를 고생시켜드릴 수 없으며 아들이 삼동원에서 간사 생활을 2년 더 근무하겠다고 했다.

그러나 어머니의 결연한 의지를 꺾지는 못하였다. 어머니는 아들이 기숙사비 혜택의 순공비 자격이 될 수 있는 길이 무엇인가를 이미 고민해왔다. 삼동원 간사근무지에서 내가 채우지 못한 근무연수를 대신 채우겠다는 것이다. 그리하여 삼동원의 총무와 이미 상의를 한 후, 동산원장의 허가를 받아서 아들 근무연수의 부족 시간을 대신하여 어머니는 삼동원의 주무(主務)로서 식당일을 하기 시작하였다.

어머니가 교단 봉사를 시작한 후 나는 뜨거운 모정(母情) 속에서 반드시 성불제중을 통해 부모를 희사위로 올려드리겠다고 했다. 어머니는 대종사를 뵈었던 신성과 화해교당에 다닌 후 승부교당을 혈성으로 창립했다. 평소 자녀 한 명은 반드시 출가시켜야 하겠다는 의지를 키웠는데, 『동산문집』에는 모자(母子)의 이러한 상황을 기록해 놓고 있다. "성태가 교학과에서 수학하는 동안, 어머니가 삼동원 식당에서 3년간 근무하였다. 아들 대신 근무하였다. 아들이 1년 반공비, 3년 순공비 혜택을 받도록 하였다." 동산원장이 여러모로 두 모자를 챙기고 보살핀 이유이다.

어머니가 삼동원에 근무연수를 채우기 직전까지 나는 1학년을 반공비로 다녔다. 반공비 학생으로 1학년을 다니는데 1년에 식사비용으로 백미 5가마, 기숙사 비용으로 8만 원이 들었다. 1년 동안의 반공비 비용은 어머니가 어렵게 마련한 20만 원을 챙겨주어서 해결하였다. 순공비가 되기 전까지 어머니는 아들의 기숙사 생활비를 마련하느라 여러 가지로 고생한 것을 잘 알고 있다. 어머니가 삼동원에서 아들 대신 근무하는 관계로 마침내 나는 대학 2학년부터 순공비 혜택을 받게 되었다.

아들 대신에 어머니는 삼동원 주무로서 식당 일을 도우면서 힘들었겠지만, 아들은 교단사를 위해 헌신하겠다는 신심으로 임하였다. 예비교무 시절, 방학 때마다 삼동원에 가서 어머니를 뵙고 고생시켜드린다고 하자, "나도 공중사에 봉사하는 것이 좋다."라며 낙도생활을 하고 있으니 걱정하지 말라는 것이다. 어머니는 아들을 대신하여 삼동원에서 힘든 생활을 하였지만, 당신을 위해서도 내생(來生)의 복을 짓는 일이라 했다.

평소에 어머니는 자녀 4남매 가운데 "성태가 원불교에 출가하여 가장 행복하다."라고 자주 언급하였다. 내가 대학에 입학한 후 봄날, 처음으로 어머니는 기숙사를 방문하였다. 어머니를 뵙자마자 눈시울이 붉어졌지만 억지로 참고 반갑게 맞이하였다. 전에 뵐 때보다 주름살이 더 늘어난 것 같아 마음이 아파서 자식으로서 송구스러웠다. 어머니는 옷과 용돈을 가지고 왔다.

아들이 출가하여 열심히 적공의 법력을 키워간다면 어머니를 희사위에 올려드리는 기회가 될 것이며 이것이 부모 보은의 하나이다. 개인으로서 어머니를 위한 봉양도 필요하지만, 부모를 희사위로 올려드리도록 공중사를 잘하고자 했다. 교단에서는 명절대재 때 선조 부모 조상을 추모하는 것이 자녀로서의 효도라 본다. 어느 명절대재 날, 대각전에서 엄숙히 대재를 모시면서 잠시 어머니를 생각했다. 앞으로 부단히 이 공부와 이 사업을 잘하여 어머니를 희사위로 모셔드려야겠다.

돈이 궁해질 무렵 어머니는 푼푼이 돈을 모아 용돈으로 쓰라고 인편으로

7천 원을 보내왔다. 어머니를 찾아뵐 때마다 죄송한 것은 어머니 손때묻은 돈을 받는 것이었다. 대학 2학년 2학기 생활비 2만 원을 어머니가 보내왔다. 무한 희생심에 대해 자식으로서 감사할 뿐이다. 출가 후 이따금 어머니를 만나 뵈러 갔다. 어머니는 나를 보며 "너를 보니 반갑지만 돈 때문에 먼저 겁난다."라고 하였다. 학비 마련에 얼마나 심려가 컸겠는가? 아들을 만나면 겁난다는 어머니의 말씀은 지금도 가슴에 저리어 오며, 대신 아들은 교단에서 열심히 보은하며 살겠다는 마음으로 생활하였다.

1977년 11월 6일, 창립 2대 2회 말 기념식을 중앙총부에서 거행했다. 이 날 7천여 교도와 내빈들이 원불교 중앙총부에 모였다. 나는 어머니를 만나자마자 반가워서 두 손을 꼭 잡았다. 어머니는 호주머니에서 2,000원을 꺼내 용돈으로 주었고, 삼동원 오희선 교무도 3,500원을 주어서 감사함으로 받았다. 먼 훗날에도 어머니와 스승의 보살핌을 망각하면 안 될 것이다.

1981년 2월 원불교학과를 졸업한 후, 삼동원 동산원장의 발인식에 참석하기 위해 어머니는 삼동원 교무 및 간사들과 중앙총부를 방문했다. 동산원장은 어머니가 삼동원에 근무할 때 건강을 염려하며 많이 챙겨드렸는데 불현듯 열반으로 아쉬움이 많은 터였다. 발인식 후 삼동원 임원들이 중앙총부에 주재하던 대산 종법사를 배알하였는데 계타원 어머니도 함께 하였다.

예비교무 시절 심고 시간마다 어머니를 향해 기도드렸다. 아들을 키워서 전무출신의 길로 인도하고, 아들을 위해 삼동원에서 봉사하고, 물심양면으로 도와주신 어머니의 희생심이 오늘의 '나'를 우뚝 서게 한 것이다. 다음의 문구가 생각난다. "지금까지 살아오는 동안 많은 여자를 만났지만, 어머니처럼 영리하고 지혜롭고 따뜻한 여성을 만나보지 못했다." 하버드대 출신으로 한국에서 한동안 생활을 한 현각 스님이 언급한 말이다. 어머니는 항상 지혜롭게, 그리고 따뜻하게 자녀를 품어준 세상의 부처님이자 하느님으로 나에게 다가온 것이다. 삼세의 불연(佛緣)으로 함께 함에 감사하며 불효에 대한 후회도 적지 않다.

대학입학과 출가 감상담

1977년 2월 중순에 원광대 원불교학과 입학통지서를 받아 마음이 무척 기뻤다. 입학의 기쁨 속에서 대학 학비는 장학금의 혜택을 받는다고 해도 순 공비 학생이 되기까지 기숙사 비용은 어머니께 의존해야 하는 마음이 편치 않았다. 대학입학 서류를 학교에 제출하면서 약간의 돈이 필요했으며, 어머니는 아들이 돈을 달라고 하자 쌈지 주머니에서 3천 원을 주면서 서류제출 비용으로 사용하라고 하였다. 아들로서 참으로 죄송한 마음이 들었다.

동년(同年) 2월 하순, 이방인이 새로운 세계로 들어오는 기대감으로 이불과 방석, 그리고 옷 등을 구닥다리 큰 가방에 담아서 예비교역자 기숙사인 학림사에 들어왔다. 학림사에 들어오니 낯익은 얼굴이 있었는데, 어린 시절 외갓집에서 자주 만났던 손흥도 교우는 곧 나의 당숙이었다. 먼저 손흥도 교우가 반겨주어서 낯설지 않았다. 나는 손교우에게 "당숙이라 부를까요?"라고 질문을 하였더니 손교우는 "여기는 공가이니, 공가의 명칭대로 부르도록 하라."고 하여, 공과 사를 분명히 하는 심법을 닮아야 하겠다고 생각했다.

대학에 입학한 신입생 신분으로서 학교 분위기가 달라지면서 고등학교 때와는 다른 세상이 펼쳐졌다. 대학교와 고등학교의 큰 차이를 보면, 고교 때는 8교시~10교시를 했는데, 대학에 들어오니 헐렁하게도 금요일은 2시간 수업, 토요일은 1시간 수업이면 일주일을 마쳤다. 대학생은 시간적 여유가 있으나 스스로 공부해야 하기 때문에 아직은 자율성이 부족한 상태에서 머리가 아팠다. 고교생 때는 타력에 의존하였는데 대학생으로서 자력으로 공부해야 하므로 부담이 갔으나 출가의 심경에서 공부의 요령을 찾아보고자 분주했다. 고교 생활과 달리 의복과 두발을 자유롭게 하는 대학 생활은 참으로 자유스러우면서도 분방한 느낌이 들었다.

모교인 읍 단위 호남고와 시 단위 원광대의 외형적인 규모는 비교할 수 없을 정도로 차이가 크다는 것을 알았으며, 대학의 일반학과 학생들과 원불교학과 학생들의 차이 역시 크게 느껴졌다. 새내기로서 수행일기를 썼다. "원불교학과 신입생들은 다른 대학생들보다 정숙하게 보이고 종교인의 냄새가 풍겼다. 대학의 첫 시작이기 때문에 앞으로 변함없이 성실한 모범생이 되어야 하겠다." 신입생으로서 덩위성을 느끼는 순간들이었다. 생활에 법(法)과 마(魔)가 싸워 방황할 때가 있었으며, 법 있게 사는 자세가 필요했다. 특신급으로서 법과 마가 싸워 법이 이길 때 예비교역자의 참모습일 것이다.

기숙사에 입사하여 신입생 신분으로 교난의 선신들께 처음으로 인사를 드리고, 또 기숙사 공동체 생활에 익숙하기 전이어서 정신이 없을 정도였다. 기숙사 생활이 간사 생활을 할 때와 다른 점이 많았다. 간사 때는 정신보다 육체적인 피로가 많았으나 기숙사 생활을 하고 보니 육체보다 자율성을 챙기는 등 정신적인 피로가 더 많았다. 신입생들은 원불교의 기관을 방문하고 여러 스승을 뵈었으며 이분들을 만날 때마다 인자함이 풍겼다. 각 기관의 교무들이 신입생이라고 축하의 박수를 보내주는데 너무 많은 환영을 받은 탓에 얼떨떨한 느낌이 들었다.

의젓한 대학생으로서 입학식 참여를 위해 처음으로 신사복과 넥타이 차림을 하고 보니 어색할 정도로 어울리지 않았다. 새 옷을 입은 후 몇 시간이 지나자 점차 분위기에 익숙해진 것 같다. 웅장한 원광대 입학식에 우리 예비교무들은 희망의 눈빛으로 참석하였다. 입학 첫날에 정신무장을 하여 대종사의 교법을 믿고 전무출신을 하기로 서원했고, 대학에 들어온 이상 교단에 심신을 헌신하겠다고 결심했다. 입학식 후 새로운 마음으로 임한 첫 수업에서 학생들의 초롱초롱한 눈망울에다가 교수의 해박한 강의가 시야를 넓혀주어 좋았다.

입학 후 이틀째 날에 기숙사의 선배 교우들이 신입생들을 위한 환영회를 개최했다. "이제 내가 대학생이 되었구나!"라고 실감하였다. 신입생은 남녀 40명이었으며 그 가운데 남자 20명 여자 20명이었다. 신입생을 맞이해주는 사감님과 교우들의 따뜻한 마음에 위로가 되었다. 원불교학과 신입생 환영회에서 느낀 것은 어둠을 밝혀주는 촛불과 같은 전무출신이 되리라는 굳은 서원이었다. 스승과 선배들이 신입생을 위하여 따뜻한 환영을 해준 것에 감사드리며, 환영회에서 선·후배가 어느새 서로 어울려 장기자랑도 하였다.

재학생들과 신입생들이 같은 방에서 살기에 아직은 익숙해지기 이전이므로 선배 교우들과 달리 신입생들만의 전용 방에서 살았다. 신입생 1학년 남학생 20명은 2개월간 학림사 8호실에서 훈련받는 심경으로 임하였다. 1학년의 책임 방장으로서 2학년 최세종 교우가 신입생들을 지도하며 하나하나 자상하게 살폈다. 부지런함으로 나의 모델이 된 최방장은 과연 본보기였다.

갓 입학한 남학생 20명은 두 달간 함께 살다가 마침내 5월 15일, 선배 교우들과 합방하면서 더욱 조심성이 생겼다. 선배 교우들의 잘못을 보더라도 거기에 연연하지 말고 자신 성찰의 계기로 삼으라는 사감 말씀이 다가왔다. 선배 교우들과 신입생들은 같은 방에 생활하는 관계로 서로 이끌어주고 충고를 해주었다. 선·후배 간에 서로의 단점을 고치도록 격려하고 선을 권장하면서 성불제중의 서원을 새기는 것은 참으로 진급하는 생활이 될 것이다. 사실 선배들과 같은 방에 사용하는 것은 처음에 부담스러웠지만, 얼마 지나지 않아서 선·후배 관념은 사회적 위계와 달리 같은 배를 탄 반야용선의 도반(道伴)으로 느껴졌다.

기숙사 입사 후 보름 정도 지나자 신입생들은 처음으로 공식 외출을 허락 받았다. 모처럼 나들이를 할 때 익산 시내의 길거리가 신기했으며, 그동안 원광대학교 이외의 다른 곳은 외출이 금지되어 있던 터였다. 1학년생 모두 이 시간만큼은 새장에서 나온 새와 같이 느껴졌다. 우리는 새장 속에서 훈련을 잘 받아 훨훨 나는 새가 되어가는 것처럼 군대에 입대하여 첫 휴가 나온 마냥 격리되었다가 자유롭게 해방된 느낌이 들었다.

신입생으로 생활하면서 교단의 행사가 많았던 것 같다. 각종 기념행사를 했고, 중앙교우회 모임에서 간사 시절에 함께 했던 영산선학대학 교우들도 만났다. 신입생으로 다니던 한 달 만(1977. 3. 31)에 대산종사는 다시 종법사로 추대되어 중앙총부에서 기념식을 했다. 삼동원에서 같이 간사를 살았던 도용, 길량 교우를 만났다. 삼동원에 근무하는 오희선 교무, 도석, 영수, 동연, 덕은 간사들을 만나자 1년 전의 친정 생활이 오버랩되었다. 다시 만난 신도안 간사들이 여간 반갑지 않았기 때문이다.

대학 1학년에 다니는 동안 삼동원 오교무는 나를 세밀하게 챙겨주었다. 1학년 입학 후에도 신도안 삼동원에서 간사로 살았을 때 챙겨준 총무님은 바늘까지도 챙겨주시니 은혜로웠다. 또 신입생의 한 달 생활 마무리 때인 3월 31일에 오교무는 2천 원을 용돈으로 쓰라고 주었다. 고마운 마음에서 4학년 선배에게 의타심이 생기는 것 같다고 감상을 말하자, 그런 생각 말고 공사를 잘하면 된다고 했다.

공인이 된 신입생으로서 누구나 스승들 앞에서 출가 감상담을 한번은 반드시 해야 한다. 김수환 전 추기경은 신부가 되려는 동기를 다음과 같이 밝혔다. "제가 여덟 살 때 아버님이 돌아가시고 어머님 혼자 8남매를 키우셨죠. 막내인 저하고 바로 위 형님에게 공부를 시키면서 너희 둘은 신부가 되라고 권했어요. 제가 신부가 된 근본적 동기는 어머니라고 할 수 있습니다." 내가 교무로 출가한 동기와 유사한 점이 있다.

유사하게도 나의 경우 어린 일곱 살 때 아버지가 열반하고, 어머니가 아들의 고교 졸업 때 출가를 적극적으로 권유했다. 입학한 지 두 달이 지나서 1977년 5월 11일 수요 야회시간에 나는 중앙총부 대각전에서 출가 감상담을 하였다. 과거 간사 생활부터 현재 대학생에 이르기까지 유머를 곁들여가며 솔직 담대하게 출가 감상담을 이어갔다. 감상담에서 출가동기에 대하여 10분 동안 자세하게 언급하였다. 어머니와 누나의 출가 권유가 무엇보다도 출가한 동기임을 밝히며 권유에 의함에서 솔선의 생활을 하겠다고 했다.

출가 감상담 시간에 힘주어 말한 것은 간사 생활 1년 동안의 기질 변화였다. 차분하게 출가 감상담을 하면서 지난날의 종교적 삶을 돌이켜 보고, 스승들께 접붙이는 삶을 살겠다고 하였다. 이어서 나의 출가 연원인 서경전 교수와의 관계를 말하였다. 다음으로 삼동원에서 간사 생활을 할 때 동산원장의 보살핌에 의해 이 자리에 설 수 있었다며 감사를 표하였다. 감상담이 끝나자 스승들과 동지들의 큰 박수 소리에 대각전 안의 큰 울림으로 당혹했지만 법열 충만이었다.

도가의 풍토에서 신입생들의 출가 감상담은 들으면 들을수록 좋다. 대학 1학년 여름방학 때 수계농원에서 10일간 노력 봉사를 하면서 저녁이 되면 야회를 개최하여 동지들의 출가 감상담을 듣는 시간이 행복했다. 소중한 동지들의 출가 감상담을 들을 때마다 느끼는 것은 모두 성불제중을 목표로 하여 한 길을 가는 기러기떼라는 것이다. 수계농원 봉사활동 마지막 날 밤에 교우들의 출가 감상담을 듣고 지해원 원장의 법문을 받들며 그간의 피로가 풀리는 느낌이었다. 언제나 어디서나 교역자라면 공감하는 것이지만, 신입생들의 출가 감상담을 듣는 시간은 삼세의 불연으로 만나서 초심(初心)을 새기게 하는 법열 충만의 시간이다.

마음아, 친구하자

어느 날 우연히 떠오르는 문구가 있었는데 "마음아, 친구하자."라는 것이다. 참 좋은 구절이라고 생각하며 글을 쓰는데, 금천 어린이서점에서 『안녕, 마음아』라는 책이 발간되었다고 한다. 인성교육의 출발인 어린이들에게 마음을 친구삼아 착한 마음 작용에 대한 가르침을 밝히고 있는 내용이다. 마음을 친구삼는 길은 남녀노소를 가릴 것이 없는 것 같다.

출가를 단행한 후 대학생이 되면서 기숙사 공동체 생활에 합류하였다. 남학생은 학림사에서, 그리고 여학생은 정화원에서 심량을 키우는 예비 성직자 과정을 밟기 위함이다. 학림사 생활을 하면서 원불교학과 예비교역자로서 대학 생활의 특성에 맞게 과학의 학문 섭렵이 중요하지만, 도학의 마음공부가 더 중요하다는 것을 알았다. 예비 성직의 길을 걸으면서 혼탁한 세상을 선도할 교화자이기 때문이다. "마음아, 친구하자."라는 말은 자신을 통제할 수 있는 중요한 수단이 마음이므로 마음공부의 주역이 되자는 뜻이다.

마음을 친구로 삼으려는 것은 마음을 맑고 편안하게 정화하는 공부를 하자는 뜻으로, 비유하면 집 주변을 깨끗하게 청소하는 심정과 같은 것이다. 이미 고등학교 2학년 때(1974)부터 심신을 맑히는 사유에 길들어진 것 같다. "아침 일찍 일어나 집 주변의 잡초를 제거하였다. 여기저기에 지저분한 풀이 나 있어서 미관상 좋지 않아 잡초 제거를 하고 보니 기분이 좋았다. 사람 마음도 이렇게 돌보지 않으면 누런 곰팡이가 필 것이다." 중·고등학생 때 원불교 학생회를 간간이 다니며 마음공부에 익숙해진 보람이 하나둘 생겨났다.

집이나 전답의 잡초를 제거하는 것을 일로만 볼 것이 아니라 잡념을 제거하는 심경으로 임한다면 마음의 친구가 되는 것이다. 대학 1학년 때 순간순간의 잡념 제거가 마음 정화와 연결되어 있음을 피부로 느끼었다. 기숙사 전답의 풀을 제거하는 작업을 하면서 감각감상으로 떠오르기를, 밭이 깨끗하게 되니 마음도 맑아지고 그 가운데 마음공부에 정성스러워진 것 같았다. 대학 생활에서 잡념을 제거하는 마음이 구업(舊業)을 녹이는 것이다.

잡념 제거의 마음을 친구로 삼아야 하는 근본적인 이유는 누구나 마음에 잡초와도 같은 생각, 곧 욕심이 있기 때문이라고 본다. 하고 싶은 것에 욕심을 부리면 마음 성찰이 필요하며, 마음 그릇이 작으면 도심을 담을 여백이 적어지는 것을 스스로 느낀다. 욕심은 결국 사욕(私慾)에 의해 발생하는 것이며, 그것은 내 마음을 좁게 만드는 요인이다. 사심 집착이 나의 단점으로 고착된다면 내 마음의 정화(淨化)는 요원해지고 말 것이다.

예비교역자 시절에 은근슬쩍 일어나는 사심의 고통에서 벗어나려는 화두를 삼은 것 같다. "마음을 놓으니 한없이 늘어지고 마음이 흐트러지니 한없이 간사해지는구나. 붙잡아야지 하면서도 안 잡히는 마음, 이 간사한 마음을 어떻게 붙잡아야 하는지?" 대학생으로서 학교를 오가면서 마음에 빈틈이 있는 것 같았다. 그 빈틈을 메우려고 노력했으나 마음이 또 산만해진다. 청년 시절에 간사한 마음으로 흐르지 않도록 하는 화두의 마음 대조 공부는 누구나 불성(佛性)을 지닌 존재라는 점에서 더욱 필요하다는 것을 알았다.

평소 마음공부를 하는 사람과 안 하는 사람은 다르다고 본다. 일상의 감정처리에 있어서 더욱 다르다. 수도자는 감정처리를 조심해야 한다. 인간이면 누구나 어떠한 상황에 따라 호오(好惡)의 감정이 생기기 때문이다. 좋을 때는 문제가 되지 않겠지만 감정이 상할 때는 자기 맘대로 내뱉는 것이 인간 심리

종교와 철학 산책

이다. 중생이 될 것인가, 수도인이 될 것인가? 예비교무 2학년 때 기로(岐路)에 서서 들쭉날쭉한 감정 관리에 많은 시간을 보내며, 정화되지 않는 마음을 부여잡고 중생의 마음에서 부처가 되도록 더욱 씨름한 것 같다.

감정 기복의 문제는 사소한 시비에서 나타난다. 다음의 수행일기를 소개한다. "아침 특활시간에 어느 교우가 나의 태도에 대해 고칠 사항이 있다고 시비를 거는데 이에 대해 거부감이 생겼다. 도인은 마음이 넓어야 하는데 그렇지 못하다는 것은 아직도 아상이 많다는 증거이므로 깊이 성찰해야 할 것이다." 누군가가 충고를 해주면 그것을 잘 받아들이지 못하는 경우가 있다. 행동의 지적사항에 대해서 반발심이 생겨나면 마음공부에 마장이 된다.

그리하여 감정처리에 미숙하면 친구 관계가 갈등으로 표출된다. 학창시절 가끔 괜히 미워지는 교우들이 있었다. 이에 감정 기복의 경계를 당하면 미워하는 마음을 제거한 후 그에게 다가서서 열린 마음으로 대화를 하곤 하였다. 미워지는 교우는 내가 잘못한 결과인가? 아니면 그 교우가 잘못한 것인가를 냉철하게 판단해보면 감정처리를 잘못한 원인은 근본적으로 나에게 있음을 알았다. 마음공부에 방심한 결과, 미워지는 마음이 생기기 때문이다.

출가자라면 미움을 놓고 상대방을 배려하며 선도하는 적공, 곧 제생의세(濟生醫世)의 목적의식을 갖고 성직을 수행해야 할 것이다. 예비교무로서 속세의 묵은 짐에 얽매여서 마음에 부끄러움이 있는가를 대조하는 공부가 필요한 이유이다. 마음에 부끄러움이 있는지, 내가 부족하다면 무엇이 부족한지 살펴본다. 공심(空心)으로 텅 비운 후 진리를 담아야 한다. 감정의 기복이 이따금 생겨나는 청년 류성태의 아픔은 마음공부로 달래야 했다. 대학 2학년의 시절은 이러한 속세의 짐을 던져버리는 적공의 시간을 할애한 것이다.

속세의 짐 속에 살다보면 어느 순간 마음에 구멍이 나는 것 같다. 쓸모없는 말들이 나의 입가에 맴돌고 있지 않은가? 마음을 잡아보겠다고 다짐했던 때가 엊그제인데 작심삼일이다. 마음을 챙겨보고 또 챙겨본다. 구멍 뚫린 마음에는 살며시 나타난 사심 잡념이 득실거린다. "여름방학이 끝나간다. 방학 동안 잠시 방심한 것 같다. 오늘 다시 마음을 가다듬어서 2학기를 정신 차려 준비하겠다." 학창시절 기질 단련의 수행일기는 방심의 문제와 시비에 구속되는 마음을 벗어나야 한다는 내용이 자주 등장하였다.

석가모니는 '일체유심조(一切唯心造)'라고 했다. 속박의 모든 것은 시비의 마음 작용과 관련되는 것으로, 일체가 마음의 한 작용에서 비롯되기 때문이다. 마음이 심술을 부리는지 모두가 나른해 보인다. 일체유심조란 말이 맞는 것 같다. 나 자신이 병들면 세상이 병들어 보이고, 나 자신이 공부 잘하여 대종사의 심통 제자가 되면 다 대종사의 분신으로 보인다. 기숙사의 사춘기로 간주하는 대학 2학년 시절은 울퉁불퉁한 기질을 단련하면서 유혹의 경계와 많이 싸웠던 때였다.

고통의 유혹을 물리침으로써 마음을 친구로 삼자는 것이며, 이는 마음공부를 소홀히 할 수 없다는 뜻이다. "마음공부 잘하자." 이는 우리들의 입에 자주 오르내리는 말이다. 말로만 그치지 말고 실행에 옮기어 어떤 입장도 능히 녹여낼 수 있는 속 깊은 공부를 해야 할 것이다. 상대심을 버리고 오로지 포용 정신으로 모든 것을 대하려면 마음공부를 하지 않을 수 없다. 마음을 친구로 삼자는 것은 영성을 살찌워서 모든 중생을 포용하는 자비심으로 바라보는 마음을 갖자는 뜻이다.

자비심을 발현하기 위한 마음공부를 위해서 마음의 거울을 마련해야 한다. 마음의 거울에 대하여 노자는 '현람(玄覽)'이라 하였다. 우리가 화장하는 거울을 가방에 가지고 다니면서, 마음을 바라보는 현람과 같은 거울은 챙기지 못하는지를 살펴봐야 할 것이다. 원불교학과 1학년 때의 수행일기를 본다. "마음 병을 비추는 마음 거울을 간직하자. 그리하여 바다보다 넓은 마음으로 중생의 마음 병을 치료하는 제생의세의 길로 나아가자." 날마다 새기고 되새기며 오염된 마음을 닦아 낼 거울을 간직하자고 다짐했다.

예비교역자의 습관 떼기

그리스의 철인 플라톤은 인생의 고뇌를 깊이 인식하였다. 그는 이성적 관점으로 인식할 수 없는 풍속(風俗) 등은 습관이라고 하여 배척했다. 인생의 고(苦)는 바로 이 습관에 얽매여 일어나는 허상이라는 것이다. 플라톤이 이데아 이론을 밝히면서 습관을 극복하지 못하면 허상에 사로잡힌다고 했다. 현상계는 생멸 변화하고 불완전하며 이데아만이 완전하고 영원불변한 실재라고 보면서 습관을 벗어나 허상을 넘어서라는 것이다.

만일 습관에 끌려다니면 그것이 업(業)으로 나타난다. 업은 '카르마karma'라고 하는데 여기에 어쩔 수 없이 끌려 사는 것을 불교 용어로 '업력'이라 한다. 이 업력은 중생이 지은 전생의 습관에 의해 전수된 것이며, 현생에서 훈습(熏習)된 업은 내생에도 영향을 주면서 선업과 악업으로 나누어진다. 이를테면 현재 나의 업은 출가 이전에 습득된 습관이며, 정법을 만나서 구습을 극복하지 못하고 자행자지할 때 장차 악업을 짓게 된다는 것이다.

여기에서 구도자이자 조선 선비사상가로 잘 알려진 한훤당 김굉필(1454~1504) 선생의 선비정신을 되돌아보자. 그는 「한빙계(寒氷戒)」에서 "정심솔성(正心率性)이라, 마음을 바르게 하고 타고난 본성을 따르라. 통절구습(痛絶舊習)이라, 옛 습관을 철저히 끊어버려라. 불망언(不妄言)이라, 말을 함부로 하지 마라." 등의 계문을 설하였다. 인성함양에 있어서 습관이 참 무섭다.

출가하여 예비교무 생활을 하면서도 속세의 습관을 떼지 못한 상황이 자연스럽게 나타났다. 고교 동창으로부터 온 편지를 보자마자 "야, 이놈한테서 편지가 왔구나."라고 무의식적으로 반가움을 표했지만, '이놈'이라는 말은 잘 못되었다고 판단한다. 세속의 언어습관이 그대로 나타났다는 점에서 반성했다. 버릇 고치기 곧 심신의 단점을 고치기가 참으로 힘들다.

누구나 심신의 안일함에 빠지면 무의식적으로 그 편안함에 길들어진다. 예비교역자 시절의 수행일기에는 다음의 기록이 있다. "묵은 습관이나 관습에 무심코 빠져드는 것 같아서 나도 모르게 조심스럽다. 기숙사는 사가가 아니고 공가이기 때문에 개인의 안일과 업력에 끌리는 생활은 마음 병에 걸렸다고 생각하여 조심해야 할 것이다." 마음에 병이 들었다는 것은 과거의 편견과 습관에 떨어져 자성(自性)을 잃게 됨으로써 나타나는 현상이다.

예비교역자 생활을 곰곰이 돌아보면서 업력에 휘둘리는 일로는 남을 무의식적으로 흉보는 것이었다. 상대심으로 대하여 마음의 평정심을 갖지 못한 탓이다. 가끔 본의 아니게 수도자로서 남의 과실을 말하는 경우가 있었다. 허물없다고 생각하여 언어에 경거망동한 습관이 있음을 알았다. 일상생활에서 친구 사이의 언어생활에 절제가 없을 때 마음의 평정심을 잃기 때문이다. 아만심을 놓고 차분히 침착한 마음을 가져야 한다.

또한, 전생의 업력에 자주 끌리는 것으로는 자신의 주관에 따라 상대방을 바라보는 선입관이다. 교양강좌 시간에 어느 교수가 언급한 것으로 "어느 한 지엽적인 생각으로 남을 평가하지 말라. 선입관으로 평가하는 사람이 더 비굴하고 못난이다."라고 하였다. 누구나 선입관으로 바라보는 것이 정견(正見)을 벗어나므로 잘못된 일이다. 대학 1학년 때 일주일에 한 번씩 교양강좌가 열렸는데 강의 내용에서 인생의 새로운 교훈을 얻곤 하였다.

인간은 누구나 자기의 선입관을 쉽게 벗어나지 못하는 경우가 있으므로 삶의 바른 판단이 필요하다. 우리는 사적인 생각에 끌리는 미완의 존재이기 때문이다. 그것은 석가모니가 고통의 원인에서 말한 것처럼 조그마한 욕심과 관련된다. 욕심이 많으면 넘치므로 큰일을 위해 작은 욕심을 내려놔야 한다. 호랑이를 잡으러 가는데 토끼를 잡으려 하면 본래 목적을 이룰 수 없다. 대학 1학년 2학기의 첫날, 마음 성찰로서 생각해 본 것들이다. 잡다한 욕심은 다 버리고 자성을 맑게 수양하여 성자가 되려는 본연의 욕심만 취할 일이다.

또 업력에 자주 끌려서 울컥 화를 내는 마음 곧 진심(瞋心)이 문제이다. 그것은 나 자신이 집안의 막내로 살면서 고집이 생겨나고, 세속에서 자유롭게 살다가 보니 무심코 쌓인 습관 탓이다. "대학 1학년 동기생들의 영어모임 공부 시간에 강의하면서 조금 신경질이 났다. 과거의 세속 습관이 아직 남아있는 것 같다." 더욱 조심해야 할 것이다. 화내는 마음이 극에 달하면 화병이 생기므로, 누구나 이 울화통을 이겨내도록 노력해야 한다.

다음으로 업력에 끌리는 것은 치심(痴心)이며, 이러한 치심은 아만심의 극치이다. 함께 기거하는 8호실의 교우 한 명이 방 당번인 내가 의무를 다하지 못하자, 옆에서 "그러한 식으로 당번을 하느냐?"라고 하여 모멸감에 얼굴이 뜨끔했다. 은근히 그 사람에 대해 거리감이 생긴다. 어떻게 하면 치심이 없어질까를 생각해 보았다. 주위 사람이 충고하면 시시비비를 가리는데 매몰되지 말고 그 본의를 생각하여 기꺼이 받아들여야 한다. 신입생으로서 치심은 아직 길들어지지 않은 망아지처럼 어리석은 아상에 가려 남의 충고를 받아들이지 못하는 데서 생겨난다.

그렇다면 습관으로 생겨나는 탐·진·치의 삼독심을 녹이는 방법은 무엇일까? 무엇보다 고요한 곧 묵언(默言) 공부가 필요하다. 학림사에 입사한 뒤 4월 30일은 1학년으로서 처음 맞이하는 묵언일이었다. 마음속으로 아무 말도 하지 말아야 하겠다고 결심했지만, 무의식적으로 혼잣말을 했다. 쓸데없는 말들을 자꾸 하게 되니 묵언을 하면 실수가 적어지므로 더욱 언행에 조심해야 한다. 묵언의 자성 반조(返照)에서 탐·진·치가 녹아나는 것이다.

맑은 자성을 돌아보며 탐·진·치의 업력을 녹임으로써 자신의 단점을 고칠 수 있는 실마리가 생기며, 여기에서 인격의 성숙과 상호 신뢰감이 쌓인다. 주위의 상대방으로부터 인정을 받지 못한다면 그것은 헛된 삶이다. 남에게 신뢰를 받으려면 어떤 경계도 극복하고 진급하는 삶이어야 한다. 여기에는 단점을 하나하나 고쳐갈 때 가능한 일이다. 누구라도 단점은 있다고 본다. 인간은 완벽한 존재가 아니기 때문이다. 나에게도 단점이 있다는 것을 알고 고쳐가는 지혜를 활용하여 업력을 소멸해야 한다.

이미 출가한 초년생으로서 업력을 소멸하지 못한 채 공부심 없이 무기력하게 살아간다면 사생(四生)으로 태어난 인간으로서 구제받기 어렵다. 공부심이 있어야만 자기 발전이 있다는 사실을 잊어서는 안 된다. "무덤덤한 생활을 하는 나 자신을 바라보니, 느낀 바도 그리 많지 않고, 그렇다고 고민이나 걱정 같은 것도 없어서 잘 사는지 못 사는지 모르겠다. 긴장이 서서히 풀리는 때 다시금 마음을 챙겨야겠다."라고 성찰의 글로 다짐하며, 이럴 때일수록 정신을 차려 수양 공부에 진력해야 한다. 공부심이 없다는 것은 나태하고 방심한다는 것으로, 위파사나 수행과 같이 순간순간 마음 챙김의 시간이 아쉽다는 것이다.

마음 챙김으로 업력을 없애는 요긴한 방법에 있어서, 기숙사의 단체 회화를 통해서 불교의 포살처럼 서로 성찰하는 시간을 갖는 것이 필요했다. 그리고 궁극적으로 동지와 스승의 지도를 받아야 한다. 기숙사에서 한 학기에 몇 번의 단체회화 시간을 가졌다. 학림사 회화시간의 제목은 「기숙사 생활, 이대로 좋은가?」에 대한 것이었다. 1년이 지나 학년이 올라갈수록 사명감이 없어지고 의욕이 없는 이유는 무엇인가? 그것은 스승과의 문답 감정이 부족한 탓이다. 동지들과 허심탄회하게 대화하며 스승의 가르침을 새길 때 습관극복으로 인격성숙과 신앙심이 깊어진다는 점을 깨닫게 되었다.

낭만의 대학 시절

인간에게 낭만이란 주로 청춘기에 찾아오는 것으로서 생기(生氣)의 아름다운 감성 표출로 이어진다. 인생의 아름다움을 추구하는 낭만주의는 근세에 유행하였다. 18세기를 지배한 합리주의의 꽉 짜인 틀에 반발해 튀어나온 프랑스의 낭만주의는 이성보다 감성을, 특히 이국적(異國的) 취미와 신비주의를 지향하였다. 이 낭만주의는 합리 가치에만 치우친 인간의 감성을 되돌린 시대적 이념과도 같았다. 나는 고등학교 때 과학 공부에 치우친 합리주의적 성향에서 탈피, 대학에 입학하여 감성을 중시하는 낭만의 가치에 노크한 셈이다. 대학생으로서 낭만의 학창 시절은 또다시 돌아오지 않는다고 보았으며, 젊음의 낭만을 찾으면서도 열심히 공부하겠다고 다짐했다. 기숙사 생활을 하면서 공부 외에 나름 '낭만'이라는 키워드를 즐겨 찾은 이유이다.

낭만을 추구하는 대학생들의 브랜드는 '대학축제'였으며, 여기에 참여하는 것은 젊은이들의 잔치이자 축제문화였기 때문이다. 원광대의 축제인 원탑제가 한창 들뜬 캠퍼스 분위기를 자아냈다. 3일의 축제를 맞으면서 젊은 감성들은 왕성한 혈기를 내뿜었으며, 그렇다고 들뜬 기분에만 빠져 있으면 안 되었다. 동정간 여여(如如)의 마음을 가져야 할 필요가 있기 때문이다. 대학생으로서 젊음의 축제 무대에 참여하다 보니 마음이 들뜨지 않기란 어려운 일임을 알았으며, 축제에 함께 하는 것은 젊은 끼의 발산이었다.

대학생으로서 체전 기간에 학과별 경주를 할 경우 나는 응원부대로서 열띤 응원을 하였다. 이때 목이 쉬도록 응원했던 일이 생각난다. 5월 봄날의 일기를 소개한다. "원탑 체전 중 단과대학별 서로 열전에 열전의 경주를 했다. 자신은 중·고등학생 때 학과 공부에 치중하고 활동을 별로 하지 않았지만, 대학생이 되면서 축제에 능동적으로 참여하면서 응원도 솔선수범으로 하였다." 생기발랄한 대학 1학년생으로서 처음 맞이한 낭만의 대학축제에서 선수로 뛰지 못했으나 목이 쉬도록 응원을 했다. 적어도 응원상만큼은 일등이라 생각하고 응원했는데, 준우승밖에 하지 못해서 서운한 것을 보니 나도 인간이었나 보다. 승부에 있어서 우승하고 안 하고가 문제가 아니라 젊음의 축제를 즐기는 낭만 그 자체가 좋은 것이다.

학교의 행사 외에 기숙사 생활에서도 낭만을 찾으려고 노력했다. 기숙사 오락회가 즐거웠는데 계절에 한두 번 학림사 깔깔 대회를 개최했다. 예비교역자로서 스트레스를 해소하기에 참 좋은 시간이었다. 이때 사회인들에게는 술과 담배가 따르지만, 출가 도반들은 법정으로 도심을 발휘하는 건전한 놀이라 업그레이드된 기분이었다. 가을학기 중간에 '깔깔깔' 하며 장기자랑을 뽐내는 기숙사생들을 바라보면서 어느새 한 해가 빠르게만 흘러갔다.

대학생으로서 즐거웠던 날들 가운데 기억에 남는 것은 기숙사생 전체가 봄과 가을 두 차례 나들이하는 소풍이었다. 신입생으로서 1일~2일까지 낭만의 가을 소풍 가는 날이라 더욱 즐거운 시간이었다. 지리산 연곡사를 거쳐 피아골에 오른 후 노고단에 갔다. 산에 오르기가 힘들었지만, 선후배가 서로 격려해주며 젊음의 낭만을 한껏 즐기고 보니 1박 2일이 순식간에 지나버렸다. 2일 늦은 밤 11시에 귀사했으나 잠자리에 들기까지 다시 피아골이 눈에 선하였다. 즐거웠던 봄 소풍과 가을 소풍은 그야말로 해방의 시간으로서 젊음을 산하대지의 자연에 맡기면서 힐링healing을 하는 축제와도 같았다.

대학 2학년 때(1978) 교화단 모임으로 전주 덕진공원에 소창을 갔다. 학림사 예비교역자들은 단 모임을 통해 대자연과 대화의 길을 마련했다. 덕진공원에 사람들이 많이 와서 구경하고 있는데, 중년 부인들이 "내 나이가 어때서?"라고 하는 듯 길거리에서 춤을 추며 즐겁게 놀고 있었다. 도시의 생존경쟁에 시달리다가 오늘 하루 한껏 즐기는 사람들과 시공을 함께 하면서 기숙사생들은 마음 충전의 시간을 보냈다. 대학생만이 아니라 부인네들도 지나가는 청춘을 아까워하듯 춤을 추는 모습을 보면서, 대학생들은 미래를 바라보며 그리고 중년(中年)은 지난 과거를 새겨보며 서로 다른 세상의 낭만을 만끽한 것이다.

무엇보다 대학 시절의 추억은 대학 생활을 마감하기 전의 졸업여행일 것이다. 3학년 선배들이 대자연과 하나 되어 심신의 피로를 풀기 위해 설악산으로 졸업여행을 떠났다. 2학년인 나도 다음 해에 졸업여행을 가는데 세월이 빨리 흘러가기를 기대하는 것 같다. 영생의 고락을 같이할 동지들이기에 하나 된 마음으로서 졸업여행을 즐기고 온 선배는 선배대로, 후배는 후배대로 시간은 빨리 갔지만, 낭만을 즐기던 시절이 그저 행복할 따름이었다.

과연 나의 졸업여행은 어떠했을까를 생각해 보니 그날이 또렷한 추억으로 남아 있다. 3학년 가을에 3박 4일의 설악산 졸업여행을 갔다. 남학생들은 화사한 등산복을 입었고, 또 여학생들은 정복이 아닌, 모처럼의 자유 복장들이었다. 한종만 교수가 지도교수로 동행하였고, 김민연 부사감이 동행하였다. 동향인 류종춘이 운전하는 여행 버스 속에서 동지들과 즐겁게 노래를 부르면서 설악산에 도착했을 때는 노을빛 석양이었다.

이날 저녁 설악산 여관 주인은 원불교 교도여서 저렴한 비용으로 숙박하도록 허락해주었다. 첫날 저녁에 남녀 동기생들(불맥학년)은 둥그렇게 앉아서 노래를 부르다 보니 저녁 10시 조금 넘었다. 다음날 알게 된 사연인데 여학생들은 밤 10시를 조금 넘어 숙소에 들어온 탓에 사감으로부터 혼났다고 한다. 다음날은 언제 그랬냐는 듯이 경포대에서 남녀 교우들과 법정을 나누면서 사진을 찍고, 맛있는 음식을 먹으며 낭만의 대학 생활을 아낌없이 보냈다.

대학 학창시절의 졸업여행에서 절제된 낭만을 즐기려는 도심(道心)이 함께 하면서도 이때만큼은 도방하(都放下)의 방랑자가 되고 싶었다. 헤르만 헤세는 인도여행에서 낭만을 즐기면서 방랑자가 되기를 자처했다. 독일 낭만파 시인들은 동경의 대상을 '파란 꽃'이라고 하면서 꽃 속에 살며시 미소 지으며 끝없는 방랑의 길을 떠났다. 헤세가 낭만의 동경심에서 자유로이 창공을 떠다니는 구름처럼 온 세상을 유랑하였다는 『헤르만 헤세의 인도 여행』의 서문에 공감이 간다. 가수 박인희의 번안곡인 방랑자를 연상하며 하얀 구름처럼 연꽃을 바라보는 듯 미래를 동경하는 순례 여행을 다녀왔다.

대학 시절에 영화감상 또한 즐거운 낭만의 시간이었으며 젊은 날의 추억으로 남아 있다. 그러나 무작정 낭만을 즐길 여유가 없었던 것도 사실이다. 어느 일요일 오후에 영화를 보자고 하는 동지들이 있었으나, 10월 한 달은 계획대로 열심히 살자고 다짐했기 때문에 정중하게 이러한 제의를 거절하고 기숙사에서 공부했다. 과거 성현들은 칼날 같은 결심을 통해 정진했다. 나도 결단력으로 정진하고자 했지만, 대학 생활에서 도반의 제의를 거절하여 영화조차 볼 시간이 없었다는 것은 다소 아쉬운 절제력 같았다.

그러나 절제 없는 낭만은 자칫 방종이 뒤따른다는 점을 인지하는 시기가 고등학생 때보다는 대학생 시절이다. 대학생들에게 스스로 제어할 수 있는 자율의 의지가 필요하였기 때문이다. 대학 생활의 방종에서 벗어나 한 길을 향해 한 시간도 허비하지 말고 한마음 밝혀 한 빛을 향하리라고 다짐한 것도 이 때문이다. 고교생의 타율성에 비해 대학생에게 주어진 자율성이 낭만이냐, 아니면 방종이냐를 판단할 인지력으로 직결된 것이다.

한편 연기자로서 연극에 참여해 본 경험이 전혀 없었는데, 대학생 행사에서 용감하게도 연기자로 참여하는 기쁨을 누렸다. 1년을 결산하면서 깔깔회 성격의 사생의 날 행사가 그것이다. 사생 전원이 이번 행사에 일심 합력으로 함께 했다. 연극 연습 시간에 나는 처음으로 김중배 역할로서 참여했다. 처음이라 너무 어색하여 얼굴이 붉어지고 배꼽 빠지듯이 한바탕 웃으며 낭만의 시간을 보냈다. 연극이 끝나고 곰곰이 생각해 보니 내가 김중배 역할을 했다니, 절로 웃음이 나왔다.

예비교역자로서 연극배우로 참여하기는 쉽지 않았지만, 개인만이 아니라 단체로서 함께 생활하는 관계로 색다른 연기자로서의 참여에 용기가 생겼다. 대학 2학년생들은 '불맥의 대행진' 행사를 준비하면서 종일 정신없이 연극을 연습했다. 불맥의 대행진 행사에 기숙사 학생들의 주최로 연극을 하면서 동지들간에 결속의 시간이 되었고, 이처럼 대학 1학년과 2학년의 학창 시절은 낭만의 추억 만들기에 바쁜 시간이었다.

낭만의 시설에는 이성과의 교제가 단골로 거론되곤 한다. 대학의 일반학과 대학생들 사이에 "너 미팅해보았어?"라는 말이 유행어가 되었다. 그러나 예비교무들에 있어서 이성의 문제는 일반 학생들의 경우와 다를 수밖에 없다. 한 예비교무가 이성 문제로 사가로 돌아갈 수밖에 없다는 소식을 들었다. 전무출신의 길에 합류한 동지인데, 육근 하나하나 사용할 때 원만구족하게 사용해야 재색(財色)의 경계를 무난히 넘을 수 있다고 본다.

물론 '데이트'라는 말이 어색하다면 그것은 대학생의 청춘 심리와 동떨어진 것이다. 20대의 청년들로서 대학 생활의 프리미엄이란 이성과 데이트를 하는 것으로, 어쩌면 이것은 낭만의 수순(隨順)이라 본다. 그러나 여기에도 법도가 있다. 법도에 맞고 분수에 어긋나지 않도록 대학생으로서 자제하는 것이 필요하다. 하늘과 땅 사이에 존재하는 모든 생명체는 질서와 조화 속에 있다. 절제된 데이트의 활력을 생각하면 이것도 청춘기의 프리미엄으로서 낭만 에너지라고 본다. 나이란 숫자일 뿐이라 생각하면 남녀노소 모두가 낭만의 순간들을 흥겹게 만들어갈 수 있을 것이다.

동기생들의 모임 공부

원기 62년(1977)에 원광대 원불교학과에 입학한 동기생들은 모두 40명이었다. 입학 후 처음에 친구를 대신할 '교우'로 불리는 용어가 어색하였지만, 기숙사에 거주하면서 점차 익숙해짐과 더불어 분주한 대학 생활이 시작되었다. 기숙사에서 설렘의 한 학기를 마치고 2학기에 접어들자 여러 역할이 맡겨졌다. 1학년 교우들의 구성을 3단으로 나누었는데, 나는 3단장을 맡았다. 앞으로 단장으로서 교우들을 우선 생각하며 지내겠다고 다짐했다. 신입생의 일원으로 교화단 조직 속에서 바쁘게 살아가야 하는 상황이 전개된 것이다.

대학 캠퍼스에 분주하게 다니면서 무엇보다 힘들었던 것은 시험공부였다. 중간고사와 기말고사 기간이 돌아오면 혼자 시험을 준비하는 것이 힘들기 때문에 신입생 교우들과 공동체가 되어 시험공부를 하였다. 교우들 상당수가 고교 졸업 후 2~3년의 간사 생활을 하고 왔기 때문에 타과 대학생들보다 두세 살 나이가 많았다. 간사(행자) 생활을 마치고 온 탓에 학문과의 거리를 둔 3년여 공백이 흘러갔으므로 대학수업이 쉽게 적응되지 않았다. 영어의 경우가 특히 그러했다. 영어공부는 학습 리더가 필요하여 학교에서 수업한 교과목을 복습하는 데 조력해야 했다.

중·고등학교 때 영어공부에 흥미가 있었고 고등학교 2학년 때부터 급우들을 가르친 경험이 있으므로 신입 동기생들이 중간과 기말고사 복습을 이끌어 달라고 하였다. 남을 가르치려면 두 배의 노력이 필요하고 개인의 공부시간이 부족하지만, 교우들의 공부 진작을 위해 열심히 하겠다고 했다. 그리하여 나는 복습할 시간을 내어 원불교학과 1학년 교우들에게 영어를 가르쳤다. 학림사 서방(西房)에 모여서 영어지도를 하는데, 내 목소리가 커서 주변에 들렸는지 선배들이 나를 쳐다보며 "성태, 영어 잘하는가?"라고 물었다.

처음에는 영어모임의 리더를 쉽게 할 수 있다고 방심했기 때문인지 몰라도 가르칠 준비를 충분히 하지 않았다. 강의에 자신감이 넘쳐 경솔하게 생각한 것 같다. 영어 교과서를 교우들에게 강의했는데 준비 없는 강의여서 교우들에게 딱딱한 느낌을 주었기 때문이다. 대충 공부한 강의가 대중에게 얼마나 미안했는지를 깨달았다. 문장의 번역에 한 번 막히기 시작하니까 계속 막혀서 어찌할 바를 몰랐다. 가르치며 배우는 시간이었는데 학생들을 가르치려면 스스로 배우는 자세가 중요하다는 것을 서서히 터득하였다.

첫 모임 공부를 교훈 삼아 다음부터 사전 강의를 꼼꼼하게 준비하였다. 오전 모임 공부에서 영어 교과서 독해를 해수었는데 사전 준비하였던 관계로 막힘없이 강의할 수 있어 기분이 좋았다. 강의 후 모임 공부를 마치고 돌아오니 공부에 참석하지 않은 교우 몇 명이 있어서 성의를 몰라준 것 같아서 화가 났다. 수행자의 화냄은 금물인데 말이다.

하지만 신입생으로서 영어모임 공부의 리더 역할을 하면서 이따금 매끄럽게 진행하지 못한 점에 반성이 되었다. 옆에 앉아 있는 교우가 영어 워크북 workbook 문법을 물어보기에, "독해를 위주로 하지 왜 문법 위주로 공부하려하는가?"라고 퉁명스럽게 대답했다. 그 교우 말하기를, "워크북을 다 소화시키지 못하면서 무슨 독해를…?"이라고 반문하자 나의 얼굴이 붉어졌다. 교우들을 위한 학습 봉사라고 생각할 때 상대방을 배려하는 마음이 더 필요했다. 내가 태어나던 해 방영된 미국 드라마 「누구를 위하여 종을 울리나?」를 생각하면 영어복습 봉사는 나보다 교우들을 위한 울림의 종일 것이다.

사실 입학 동기생들은 대학교의 필수과목 영어 수업에 스트레스를 많이 받고 있었다. 오랜 기간 간사 생활하면서 학문을 놓다 보니 영어 단어를 까맣게 잊어버려 가장 자신감 없는 교과목이 영어라는 사실 때문이다. 실력에 뒤떨어진 교우들은 막고 품는 식으로 영어공부를 했다. 교양필수의 과락(科落)을 막기 위해서이다. 영어모임 공부에서 동기생들에게 문장해석을 하는데 한 교우가 녹음해달라고 했다. 나는 2/3 정도를 해주었더니, 1/3마저 다 해달라는 것이었다. "시간이 없어서 못 해줘, 다음에 수업을 처음 시작할 때 아예 녹음하라."라고 하면서 또 퉁명스럽게 거절했다. 마음속에서 화가 치밀었는데 마음공부를 위해 참느라 시간이 좀 걸렸다.

1학년 1학기 중간고사에 대비한 영어 수업을 이끌면서 나 자신의 학과 공부에 밀려 있어서 조금 힘이 들었다. 그러나 스트레스를 받지 않으려고 노력했으며, 기말고사에도 계속 그 역할을 해야 했다. 모임 공부에 정성으로 임한 관계로 과락(科落)이 한 명도 없도록 동기생들의 영어점수를 높일 수 있었다. 2학기에도 중간고사 공부를 주관하면서 학기말고사에 성실하게 협력했다. 1학기 초에 어설프게 지도했지만, 2학기 말에는 상당히 성과를 올린 것 같아 기뻤다. 무엇이든 정성으로 준비하면 자신도 모르게 성장한다는 원리를 깨달았다. 한 학기에 두 번의 영어시험 공부를 이끌다 보니 기진맥진할 상황이었지만 도반의 영어성적이 좋게 나올 때는 쌓인 피로가 싹 풀렸다.

한 학년 영어공부의 리더로서 더욱 신이 났으므로 교우들에게 학업성적을 올리도록 망아의 심정에서 희생심으로 성의껏 임하였다. 중간고사의 영어시험이 닥쳐오자 교우들의 영어모임 공부를 오후 1시 50분~5시 30분까지 무려 3시간 40분을 해주었다. 혼자 칼칼한 목소리로 3시간 40분을 어떻게 이끌었을까를 생각해 보니 나 스스로가 신들린 듯 놀랐다. 당시 젊은 예비교역자로서 좋아하는 교과목이었으므로 나도 모르게 몰입된 채 망아(忘我)의 홀연한 세계에 빠져들었던 것 같다.

시험에 대비한 1학년의 영어공부 외에도 기숙사 1~4학년 아침 1시간 동아리 모임 가운데 나는 영어회화반에 가입하였다. 영어 특활반의 일원으로 활동하면서 문장 해석상의 문제에서 이따금 자만했던지 나의 주장을 굽히지 않아서 교우들에게 미안하였다. 대학 2학년이 되면서 영어회화반을 이끌어 달라는 부탁을 받았다. "영어반의 리더를 맡으면서 주의해야 할 사항 몇 가지를 생각해 보았다. 첫째, 절대로 나 자신을 드러내지 말고 배우는 자세로 임할 것이다. 둘째, 평상심으로 영어공부를 할 것이다. 셋째, 모임 공부에서도 대종사의 심법으로 다가설 것이다. 넷째, 겸손과 성실로 임할 것이다. 이미 동급생의 영어 수업을 이끌면서 시행착오를 겪었기 때문에 영어회화반의 리더로서 여유가 생겨서 구성원들의 반응이 좋았다.

좋은 반응 속에 2학년의 2학기가 시작되어 기숙사생의 영어 회화 동아리를 이끌면서 리더로 심부름꾼의 입장이 되어 합력하였다. 영어반을 위해 책을 복사하는데 1장당 복사비를 5원 싸게 하려고 복사집을 선택하는데 시간이 소모되었다. 가격을 싸게 하는 것보다 일을 보다 효율적으로 처리하는 것이 더 바람직하다는 것을 작업취사의 시각에서 생각해 보았다. 영어 회화 구성원들을 위한 복사 심부름이 중요하고, 또 저렴한 비용을 염두에 두는 것도 필요하지만, 일의 효율성을 판단하는 취사가 마음공부의 덤으로 다가왔다.

하지만 대학 동기생들을 위한 영어시험 준비의 리더, 그리고 기숙사 영어 회화반 리더를 겸하니 자연스럽게 나를 바라보는 시선이 긍정적이지만은 않았다. 어느 날 원불교학과 남학생들은 한기두 사감을 모시고 1학년을 결산하는 회화 시간을 가졌다. 참회의 포살(布薩)처럼 서로의 단점을 충고해줌으로써 원만한 불보살이 될 수 있도록 하기 위함이다. 동기생들이 나에게 해준 충고는 다음 세 가지였다. "첫째, 너무 바쁘게 사는 것 같아서 여유 있는 생활이 아쉽다. 둘째, 너무 영어공부만 한다. 셋째, 학문에 다소 치우친 감이 있으나 그 속에 열정이 있어서 본받고 싶다." 사감님은 나에게 보설(補說)로서 충고하기를 "성태는 주종관계를 뚜렷하게 하고 교전 공부를 열심히 하여 법 있게 생활하라."라고 하였다.

사감님의 말씀을 듣고 곰곰이 생각한 결과, 영어만 열심히 공부한다는 지적에 나로서 억울한 점이 없지 않았지만, 정산종사의 다음 법문이 다가온다. "혼자 잘하지 말고 동지들과 함께 잘하라."라는 것을 실천했다는 점이다. 사실 영어 실력을 뽐내려고 한 것이 아니며, 뽐낼 만큼의 영어 실력도 없다. 다만 동지들의 심부름꾼으로 합력하려는 마음뿐이었다. 영어시험 준비를 하면서, 나 혼자 100점 맞는 것보다 같이 80점 맞자는 차원에서 동기생들의 모임 공부가 중요했다고 본다. 중간고사와 기말고사를 대비하여 도반들에게 영어 기출(旣出)문제를 풀어주고, 영어 회화 시간에 같이 공부하는 분위기에 젖었던 결과는 다 같이 80점 맞자는 법문을 실천한 자부심인 것이다.

어떻든 본래 의도와 달리 학림사 생활에서 사생들에게 영어를 가르치며, 개인적으로 영어를 집중적으로 공부했기 때문에 이따금 주변에서 성태는 영어공부만 한다는 소리가 들렸다. 원불교 교리 공부도 열심히 하는데, 교우들의 영어시험 공부를 이끌다 보니 그러한 소문이 들렸을 것이다. 물론 다른 학생들에 비해 나의 책장에 많이 꽂힌 원서(原書)들을 열심히 공부한 탓이기도 하다.

학창시절의 학문적 균형을 갖추라는 충고는 당연하다고 보며, 대학을 졸업한 후 도학과 과학을 병행하는 공부를 해야 한다는 것으로 더욱 인식되었다. 다만 하나의 교과목에 공부하다 보면 거기에 빠져드는 외골수의 성격 탓이라 스스로 위로하기로 했다. 대학 졸업 후 석사와 박사과정에 입학하여 한문 서적을 주로 접하는 동양철학을 전공하면서 영어 위주의 공부에 대한 선입관은 불식되어갔다. 균형감각 속에서도 중요한 것은 도학이든, 과학이든 공부심을 놓지 않고 공부에 더욱 열정을 가지면 못할 일이 없다는 것을 수행자로서 깨달았다는 사실이 중요하다.

정신없이 흘러간 대학 생활

1914년 미국에서 개봉된 '바쁜 날'의 영화처럼 세상에 회자되는 말로서 '바쁨 중독'이란 말이 있다. 본인이 의도치 않더라도 직장생활과 사회생활, 나아가 대인관계에서 정신없이 사는 사람들이 바쁨 중독에 걸린 사람이라 본다. 박달식 교무는 「전무출신의 생명」이라는 글에서 다음과 같이 말한다. "참 바쁘다고 한다. 무엇 때문에 바쁜가? 참 일이 많다고 한다. 무슨 일을 하고 있는가? 바쁘게 할 일이 있고, 바쁘지 않아야 할 일이 있다." 그렇지만 나의 예비교역자 시절은 바쁘기만 했다.

출가하자마자 삼동원에서 간사 생활을 마치고 대학 1학년 출발부터 바쁘게 지낸 탓에 세월의 무상함을 느끼기 시작한 것 같다. 물론 1년이라는 한 해가 바뀌다 보면 누구나 이러한 감상을 가질 것이다. 1976년을 보내며 서운했던 일은 나이 한 살을 더 먹어 21살이 되는 것이었다. 청춘의 시간이 좀 길었으면 하는 생각이 들었다. 또 1년이 지났다. 1977년도는 정신없이 바쁜 해였다. 그러나 간사와 대학 1학년 때 시간이 바빴다고 변명하는 것은 좋지 않다. 여유가치를 모르고 주인 정신이 부족하였던 관계로 정신이 없었나 보다. 알찬 해를 맞이하겠다는 말이 또 앞선다. 해마다 느끼는 감정이지만 세월이 빠르다는 것을 알게 된 것은 나이가 들고 철이 들었다는 증거이다.

지난날을 돌이켜 보면 기숙사에 입사하면서, 특히 신입생 시절은 무언가에 쫓기는 듯 바쁘기만 했다. 그것은 아직 기숙사 생활에 익숙하지 못했다는 것이며, 요령 있게 시간을 활용하지 못했기 때문이다. 2학년이 되어서도 사정은 녹록하지 않았다. 정신없이 살았던 한 예를 들면 신발을 바르게 신을 틈도 없이 바빴다는 것이다. 아침에 바빠서 신을 질질 끌고 가는데 사감님이 꾸중하였다. 아무리 바빠도 신발 신을 시간을 가지라고 했다. 바쁠수록 정신을 차려서 침착한 생활을 해야 할 것이다. 어느 날 또 무의식적으로 수업시간에 쫓겨서 한쪽 신발을 신고 한 발로 방에 들어가 책을 가지고 나왔다. 얼마나 바빴으면 신발을 벗을 줄 모르고 들어갔는가를 보면 참 민망할 정도였다. 공부심 없이 방심하며 살다가 보면 이렇게 된다.

인정할 것은 인정해야 한다. 분주하다는 변명으로 자기합리화에 빠져서 주변 정리를 못 하고 살았던 것이 바쁘게 산 흔적이며, 그것은 고삐 풀린 망아지의 삶과 같다. 일상의 생활 태도를 보면 책상 서랍의 정리정돈이 잘 안 되어 있었던 것도 마음을 풀어버린 것 같았다. 정신없이 사는 바람에 좌우 동지들을 돌아볼 겨를이 없었다. 시간이 없다는 핑계로 분주하게 살았으니 변명할 여지도 없다.

그러면 예비교역자의 기숙사 생활이 왜 정신없이 흘러갔는가를 하나하나 살펴보고자 한다.

첫째, 한 학기에 두 번의 시험을 준비하느라 바빴다. 다음의 수행일기가 이를 말해준다. "시험을 볼 때면 항상 바빴던 내가 여유 있어 보이니 아무래도 변화가 있나 보다. 나태했던 자신과 인내심이 부족했던 점에서 이에 대비한 공부를 했기 때문이다." 1학년의 마지막 시험으로서 국사시험을 보았다. 너무도 1년이 빨리 끝난 것 같다. 중간고사와 기말고사를 볼 때 자신도 모르게 후다닥 시험공부를 하다가 시험을 마치면 그저 허전하기만 하였다.

둘째, 학교 수업을 들으면서 교수들이 부과하는 리포트를 쓰느라 정신이 없었다. 매 학기 초에는 수업에 적응하느라, 또 수업과목이 많아서 바쁘기만 했고, 학기 말에 리포트 숙제가 많아 과제 하느라 시간이 쏜살같았다. 성의 없이 숙제하는 것 같아서 성적이 좋지 않을지 모르므로 다시 한번 숙제 작성에 심혈을 기울여야 했다. 1학년의 대학 생활에서 리포트 쓰는 시간에는 해야 할 독서의 분량이 많아서 더욱 힘들었다. 이럴 때일수록 마음 놓기가 쉬운데 언제나 동할 때 정을 생각해야 하며 중심이 흔들려서는 안 된다.

셋째, 공동체 기숙사의 꽉 짜인 일정으로 인해 개인적 시간이 부족한 점도 없지 않았다. "요즘 시간이 빨라서 어찌할 줄 모르는 심정이다. 시간에 대한 애착심이 생긴다. 기숙사생 성가 연습 등으로 날마다 쫓기는 생활이지만, 알찬 하루가 장식된다는 것을 생각하면 짜증보다 오히려 즐거움이, 피로보다는 마음의 안식처를 찾을 수 있다." 수행일기에 나타나듯이 바쁜 피로가 누적되었다. 또 대학 1학년으로서 남녀 전체 회화 시간을 가졌는데 개인적으로 눈코 뜰 새 없다. 적극 회화에 참여하여 서로의 일상사를 반성해야 하는데 가식적으로 참여하는 것 같은 느낌이었다.

넷째, 타성에 젖은 탓에 한 학기를 마무리하거나 지난 1년을 돌이켜 볼 때 그저 시간이 허무하게 지나가버린 것 같다. 학림사에 들어온 지가 엊그제 같은데 벌써 종강 소리가 귓전에 들리는 것을 보니, 여름방학이 코앞이다. 7월 1일이니 벌써 한 학기가 다 지나버린 셈이다. 이루어 놓은 것은 없는데, 시간이 금방 흘러가버려 정신 차려야 할 것이다. 성불제중에 많은 시간이 필요한데 허무하게 지나가는 1년이라는 세월이 야속하기만 했다. 한 학기를 마무리할 즈음에 피부로 느끼는 것은 세월이 유수(流水) 같다는 점이다.

어차피 하루하루가 분주하다면 계획을 세워 살면서 실속이 있으면 좋을 것이다. 허송세월을 그저 보내지 말고 계획적인 생활이 필요하다는 뜻이다. 허무하게 지나버린 대학 생활의 한 학기를 되돌아보며, 언행에 주의하고 교전을 깊이 이해하며 한 학기를 마무리하고자 하였다. 각자에게 주어진 시간은 흐르기 마련이지만 바쁜 시간 속에서 계획을 짜임새 있게 세워 실천하면

원하는 목표를 이루어 내면의 실속을 챙길 수 있다.

바쁘게 기숙사 생활을 하다가 보니 마음 대중을 어떻게 잡고 공부하며 시간을 활용해야 하는지 출가 추천 교무께 말씀드릴 기회를 만들었다. 대학생으로 생활한 후 반(半) 학기가 지나면서 나는 스승께 그동안 바쁘게 살았던 생활을 보고했다. 스승의 당부 말씀은 다음과 같다. "첫째, 원불교 공부에 바탕을 두고 특기를 연마하라. 둘째, 언제나 대중을 의식하고 법동지들을 내 친형제처럼 생각하라. 셋째, 바쁜 생활 속에서도 철학 서적을 꼭 읽어라." 스승의 말씀을 받들어 더욱 충실히 살겠다고 다짐을 했다. 부족한 부분을 보충하고 공동체 생활에 적응하며, 학술적 지혜를 축적하는 일이 바쁜 예비교역자 생활에서 중심을 잡는 공부 길이다.

중심 잡는 공부의 요령을 터득해야만 하는 때가 왔다. 대학 4학년 2학기 중반을 맞이하면서 생각하기를, 공부의 요령터득은 허무하게 보내지 않고 결실을 거둬야 한다는 절박감과 관련된다. 서늘한 바람이 살결을 스치자 그렇게도 무더웠던 여름 날씨가 8월 말이 되니 속절없이 물러가고 있다. 대학 4학년의 학창 시절도 치열한 것 같지만 수업의 열매를 만들지 않으면 허무하게 지나가 버릴 것이다. 대학 생활의 허무함이란 공부의 요령을 모르고 살 때 나타나는 것으로, 무엇보다 이를 경계해야 한다.

기숙사 생활을 하면서 허무하게 흘러가는 시간을 붙잡을 수 없겠지만, 결실을 위해 순간순간의 조각 시간을 활용해야 한다는 것은 기숙사 생활을 해본 교역자라면 공감할 것이다. 시간 활용을 잘하는 방법은 틈틈이 생기는 자투리 시간의 활용이다. 그러나 방심하면 이마저 소용없게 되는 것이다. "조각 시간을 잘 이용할 줄 알아야 하는데 전혀 그렇지 못하고 있으니, 기말고사 등을 대비하여야 할 것 같다." 조각시간이란 마음을 챙기면 충분히 활용할 수 있지만, 한순간 방심하면 자신도 모르게 허비하게 된다.

어김없이 흐르는 시간은 붙잡을 수 없지만, 그렇다고 아까운 청춘의 대학

시절을 정신없이 보낸 세월을 탓해서는 안 된다. 고학년이 될수록 점차 기숙사 생활에 익숙해지면서 지금까지 시간의 노예였던 것에서 시간의 여유를 찾아야 하는 이유이다. 시간에 얽매이는 생활을 하느냐, 아니면 여유롭게 사느냐는 한 마음의 차이이다. 시간에 구속되는 생활을 하는 느낌이 들 때마다 무엇이든 여유롭게 살아야 할 것이라고 다짐했다. 여기에서 바쁘게 사는 사람과 여유롭게 사는 사람의 결과는 정신 차린 사람만이 간파할 것이다.

도가의 삶에서 허둥허둥 시간을 허비하는 것처럼 어리석은 일이 없으며, 그것은 지난 시간을 다시 붙잡을 수 없기 때문이다. 이 세상에서 가장 무서운 것이 무엇인가를 곰곰이 생각하면 '세월'인 것 같다. 세월이 흘러 겨울이 지나면 봄이 오며, 이러한 춘하추동의 순환 속에서 결국 막다른 골목길에서 죽음과 맞닥뜨린다. "예비교역사 1학년을 마치고 새 학년을 맞이하는 2월 28일이 되었으니 참으로 1년의 세월은 하염없이 흘러가 버렸다. 잠시 마음의 여유를 갖고 두리번거리니 중앙총부의 설경은 참으로 장관이었다. 휘몰아치는 바람과 하얀 밀가루가 뒤범벅된 오늘 날씨는 생로병사의 세상을 전달하는 것 같다." 1년이 가고, 2년이 가고, 나이만큼이나 세월이 빨리 흘러가는 것을 여유 찾는 시기인 이순(耳順) 중반에야 알았다고 하면 어리석게도 늦은 감이 없지 않을 것이다.

물론 바쁘다는 것도 모르고 살아간다면 우둔한 일이다. 그것은 방향감각을 상실했기 때문이며, 결국 정신 차려 수양해야 할 시간마저 놓치고 만다. "우물쭈물하다가 내 이럴 줄 알았다." 영국의 극작가 겸 소설가인 버나드 쇼의 묘비명을 굳이 연상시켜야 할 것인가? 너무 바쁘게 살다 보니 심신이 고갈된 것 같다는 상념의 경계를 넘어서야 할 것이다. 바쁘게 살면서 여유를 찾지 못한 학창시절의 나를 발견하고서 "내가 무엇을 하러 이곳에 왔는가?"를 다시 한번 성찰해 본다. 흘러가 버린 시간은 멈추게 할 수 없지만, 정신없이 지나가는 인생의 시계는 고장 난 벽시계라면 얼마나 좋을까?

챙김과 화합의 동지애

챙긴다는 말은 일반적으로 물건을 챙긴다는 용도에 자주 사용한다. 그러나 원불교에서는 사람 및 마음을 보살핀다는 면에서 챙긴다는 말을 더 사용하는 편이다. 여성 교역자로서 여래위에 오른 용타원 종사는 다음과 같이 말하였다. "우리가 챙겨야 할 마음의 첫째는 은혜를 느끼고 감사하는 마음과 받고 싶은 마음보다 베푸는 마음이 더하는 마음이다." 「202호 토굴가」에서 챙김이란 받고자 하는 것보다 베푸는 마음이 더 하는 것이라고 정의하였다. 출가를 서원하고 기숙사에 입사하면서 호법 동지와 좌우 인연들이 서로 따뜻한 감성으로 챙기는 것을 보고 포근하게 느껴지면서 참 출가를 잘했다고 생각했다.

실제 좌우 선배 교우나 교무들로부터 많은 챙김을 받은 때는 예비교역자 시절이다. 신입생으로서 기숙사에 입사하면서 놀랐던 점은 선배들의 후배에 대한 배려와 음식 공양이었다. 교무 훈련 기간에 학림사에 음식 공양이 많이 들어왔다. 선배 교무들이 알뜰하게 챙겨줌으로 인해 후진이 더욱 은혜롭게 성장한다. 선·후진이 서로의 벽을 허물면서 은혜를 베풀며 교단을 이끌어 간다면 세계의 주역들이 될 것이다. 출가자로서 선진과 후진의 간격 없는 배려와 만남의 시간은 도가의 아름다운 전통이라 본다.

기숙사의 선배들도 후배들을 자상하게 보살피고 친절하게 챙겨준다. 기숙사에 입사해서 선배의 따뜻함을 알게 된 것이다. "4학년 김삼진 교우가 비 오는 날 우산을 챙겨주었다. 비 올 때 사용하라고 주었는데 고마움을 느꼈다. 1학년으로서 선배를 대면한 지 얼마 지나지 않았는데 챙겨주어 그 심법을 배워야겠다." 1년이 지나자 김 선배는 졸업 후 부산 당리교당으로 발령을 받았다. 또 김 선배는 손흥도 교우와 나를 초대해서 외식을 대접했다. 챙겨주는 마음은 따뜻하게 감응한다. 법연이자 지연(地緣)으로 더욱 알뜰하게 챙겨준 선배의 심법은 교단 미래의 활력으로 자리할 것이다.

세상의 냉혹함과 달리 도가의 선·후배 교우들 간의 상호 챙김은 좋은 인상으로 다가왔다. 3월 19일, 2학년(1978)으로 진급한 지 얼마 지나지 않아 선·학원의 중앙교우회가 열렸으며, 국한 없는 법연(法緣)의 대화를 통해 서로 챙겨주는 마음이 돋보였다. 또 세월이 지나 원불교학과 4학년 선배 교우들이 졸업할 무렵 학림사에서 정성스럽게 '상원의 밤' 행사를 했다. 서로 법연을 맺으면서 대종사의 심통 제자임을 확인한 선배 교우들의 앞날을 빌었다. 뒤이어 기숙사 4학년 졸업 법회가 동산선원에서 개최되었다. 상원암(4학년 숙소)의 선배들을 위해 후배 교우들이 환송하는 마음으로 임했으며, 3년 후의 나는 어떻게 변화되어 있을까를 상상해 보았다.

이 같이 챙김의 일상은 예비교역자들이 법연으로서 같은 길을 가는 동질의식에서 비롯된다. 어느 봄날 토요일 아침에 기숙사 모 교우 집에 모내기하러 갔다. 개인 시간이 부족하고 행사가 많아서 시간을 나누어 사용했지만, 동지애를 발휘하여 법연의 소중함을 체험할 때 혼과 혼의 만남이 이루어짐을 알았다. 개인의 바쁜 일정을 미루고 동지애를 발휘하는 것은 선공후사의 자세로서 성불제중의 목적이 같기 때문이다.

낙원 건설이라는 같은 목적지를 향하는 예비교역자 가운데 대학에 다니다가 군대에 입대하는 동기생들이 하나둘 생겼다. 동기들은 서로 챙겨주며 입대한 교우에게 편지를 쓰고, 또 면회도 가면서 서원을 다지는 챙김의 시간도 가졌다. 1학년 어느 교우가 입대한 후 얼마 지나지 않아 동기생들이 면회하러 간다고 하였다. 법동지란 친형제처럼 소중하다는 것을 알아가고 있었다. 서로 법맥(法脈)을 이어갈 동지들이므로 소중하게 챙겨주어야 한다.

부득이 학교에 다니다가 건강상의 문제로 휴학을 하는 동료에게는 챙김이 더 필요하다. 기숙사의 바쁜 생활을 하면서 건강관리가 잘 안 되는 동지들이 늘어났다. 동기생 여자 교우가 축농증으로 수술을 받았으므로 교우 몇 명이 문병 갔는데 나는 기도를 통해서 동지의 쾌유를 염원했다. 같이 수업을 받다가 교우 몇몇이 개인 사정상 휴학을 한다고 했다. 같은 학년으로서 아쉽지만 어쩔 수 없다고 생각한다. 동기생들이 건강 문제로 휴학을 할 때마다 아쉬움은 너무도 컸다.

고마움과 아쉬움을 나누는 끈끈한 관계로 이어진 동지들이 서로 챙기는 것과 챙김을 받는 것에서 상생의 인연으로 이어진다. 마음공부를 하는 도반들의 상대방에 대한 배려가 그것이다. 서로서로 챙겨주는 마음에 일원대도(一圓大道)를 향하는 마음은 더욱 힘나게 한다. 그간 나는 챙김을 많이 받았지만 스스로 챙겨준 사람들은 손에 꼽을 정도이다. 인과를 안 이상 나 자신만의 챙김을 받는다면 도가에 빚지는 삶이 될 것이다.

도가에서 서로 챙긴다는 것은 또한 동지들의 화합으로 이어진다. 이 회상 만난 기쁨을 누리기 위해서는 화합이 필수적이다. 불교의 이상사회는 '승가 Samgha'이며, 이것은 교단 화합을 이상으로 삼는 공동 집단이라는 뜻이다. 구성원들 사이에 갈등이 생긴다면 단체생활은 어려울 것이다. 화합에는 합창 연습보다 더한 것이 없으며, 기숙사 성가 합창을 할 때 한 교우라도 화음을 맞추지 못하면 그 합창은 멋진 성가 소리를 낼 수 없다. 다 같이 힘을 합해야만 곡조의 화음이 이뤄지기 때문이다. 신입생을 포함한 예비교무 120명의 합창 소리가 하모니를 이룰 때 화합의 멜로디는 세상을 평화롭게 만들 수 있으리라 확신했다.

어느 가을날 성가 연습의 하모니를 통해 예비교무들은 성가를 레코드에 녹음할 것이라 하였다. 송관은 교수의 지휘로 예비교무 전체가 정성스럽게 성가 연습을 하여 레코드판 취입이라는 기대감이 컸다. 전체의 화음(和音) 가운데 어느 한 사람이라도 방심하면 다시 하고, 또 반복하는 등 모두 수고로움이 많았다. 1978년 9월 28일은 드디어 성가를 레코드에 담는 날이었다. 예비교무 전체가 전주 MBC 방송국에 가서 성가 합창을 녹음하였다. 우리는 하나같이 동화되어 사명감으로 성가를 불렀다. 송관은 교수가 땀을 흘리며 풍류의 정신으로 지휘하는데 우리 예비교무들이 많은 감명을 받았다. 단체생활의 화합은 이처럼 성가의 레코드 녹음이라는 결실로 이어진 것이다.

다음으로 동기생들 칭호인 '불맥학년'이 1978년 원불교의 육일재재를 기념하기 위해 추보연극을 준비하는데 화합하는 마음으로 임하였다. 육일대재 「추모의 밤」 행사를 위해 열심히 성가를 부르고 합력하였다. 준비과정이 얼마나 정성스럽게 화합하는 자세로 이어지느냐에 따라 연극 성패의 여부가 달려 있다. 불맥 동기들은 일체가 되어 추모의 '불맥의 행사'를 마친 후 연극 평가회를 했다. 그 내용은 하나로 뭉치면 큰 소리가 난다는 것이다. 각각의 개성은 있겠으나 단체의 결속력(結束力)으로 서로서로 인화하며 챙기는 마음이 우리 교단의 심법이다. 기숙사 생활에서 공이 사보다 중요하다는 것을 알고 수행하는 것 자체가 화합의 상징이다.

무조건 화합만을 외치자는 것은 아니다. 화합에는 어려움도 있을 것이나 공사를 통해서 자발적인 자세로 마음을 모으는 자세가 중요하다. 예비교무들의 한울림 합창단이 10월 초에 전국 순회공연을 갈 것인가에 대해 회의를 하였다. 찬성하는 측과 대학 생활이 바빠서 어렵다는 측의 상반된 견해가 있어 상호 협동심이 부족함을 느꼈다. 기숙사 생활에서 개인적인 생각보다 단체행동이 생명이라 보는데, 설사 찬반 경계가 있다고 해도 대의를 위해서 합력해야 할 것이다. 아쉽게도 전국 순회공연은 학교 일정상 진행하지 못했지만 화합하려는 마음은 하나같았다.

　전국 순회공연은 못 했다고 해도 원광대 축제 때 한울림 합창단은 또 하나의 화합을 이루어냈다. 서원을 새기며 동지 간 이루어내는 화합의 결과는 단연 결실로 이어진다는 것을 체험했다. 1977년 5월의 원탑제 행사에서 원불교학과 한울림 합창단이 최우수상을 받았다. 예비교무들이 협력하여 열심히 임했기 때문이다. 합창 연습을 할 때 정성스럽게 임한 결과라 본다. 정성에는 이루어지지 않을 일이 없다는 것을 알고 원불교학과생들은 합창에 협력하여 단결심을 보였다. 대학생으로서 느끼는 화합의 응집력이 용광로의 열기로 나타난 것이다.

　만일 화합을 하지 못한다면 결국 동지애가 부족하고 대중의 공인을 받지 못한다. 개인 주장이 과도할 때 불협화음이 나타난다. 꿈많던 학창시절, 기숙사의 사춘기라고 하는 2학년 교우들은 상호 동지애가 부족하다고 생각하여 7일간의 특별기도를 시작하였다. 도가의 공부는 인화로써 동지들과 동고동락할 수 있는 신앙인으로 살아야 한다. 자신에 집착하여 스스로 고립되면 남과 화합을 하지 못하게 되고 자기 고립에 떨어진다. 수행자는 고립되어서는 안 되며, 도반들과 더불어 화합하는 것이 필요하다.

　상호 챙김은 물론 화합하는 심법은 원불교 정서와 함께 하는 것이며, 그러한 심법은 도가 생활에서 중요하다고 본다. 화합의 자세는 모든 기술 가운데 가장 중요하다고 정산종사는 가르쳤다. 하지만 나는 잘 아는 사람하고는 인화하는데 낯선 사람에게 쉽게 다가서지 못하는 습관이 있었다. 인화하는데 상대심을 놓고 함께 하는 마음을 가지는 것이 참 기술이라 본다. 학림사에서 동지들과 형제처럼 화합하도록 하겠다고 기도로써 다짐했다. 교단의 아름다운 전통으로서 동지간 화합의 물줄기를 따라 큰 강물에서 하나가 되어 한마음이 된다면 그것은 둥그런 일원상 진리에 용해되는 것이다.

학림사의 사모곡

'사모곡(思母曲)'이란 고려 시대에 등장한 것으로 작자 미상의 민요이다. 이 사모곡은 조선 초기에도 전승되었으며, 그 내용은 어머니의 사랑을 기리는 내용이다. 여기에서 사모곡의 용어가 갖는 상징적 의미는 예비교역자로서 만유의 어머니인 법신불이 되려는 '기도곡(祈禱曲)'이라 풀이하고 싶다. 출가한 후 4년간 성불제중을 향한 신앙체험과 수행담의 사모곡이 수행일기를 통해서 나타나곤 했다. "항시 원불교 교단을 위해 오롯하게 심신을 바칠 수 있는 마음으로 살겠다. 동작 하나하나 법신불을 향해 기도하는 마음으로 대학생활에 열심히 임하겠다." 대학생으로서 1학기를 마감하며 법신불 일원상을 향해 다짐한 사모의 기도이다.

예비교역자 시절, 가슴속에 깊이 파고든 '사모곡'은 무엇이었을까? 정법회상에서 부처가 되고자 노력하고 중생을 구원하려는 기도의 시간은 사모곡의 간절한 연주 장면이었다. 예비교무 2학년 때의 사모곡의 흔적은 다음과 같다. "정화원과 학림사에서 공부하는 120여 예비교무들은 모두 하나이다. 가는 길이 하나요, 원하는 바도 하나이기 때문이다. 대종사께서 창립한 회상도 하나의 회상이요 진리도 하나이다. 우리는 둘이라는 경계를 없애도록 간절히 기도드린다." 하나 되는 마음으로 기도하는 시간은 예비교역자의 삶에서 둥그런 일원상을 닮아가기 위해 사모하는 시간이었다.

사모곡의 간절한 기도 내용은 심고(心告)를 통해서도 나타났다. "무엇이든지 심고 생활로 임하면 큰 힘을 얻을 것이다. 어머니가 자식 잘되라고 보살피듯이, 우리가 부처를 닮아가도록 노력하여 심중(心中)을 고백하는 심고 생활은 신앙인에게 매우 중요한 일이다. 구멍 뚫린 마음은 메꾸고 헛된 생각은 정성으로 다독여 비우는 기도 생활이 좋다." 조석(朝夕) 심고를 통해서 동정 간 조촐한 마음으로 살아가는 예비성직자의 삶은 그래서 영성을 살찌우는 것이다.

법신불 전에 기도하고 조석으로 조촐하게 심고를 올리는 나의 독백은 일원상 진리를 향한 사모와 관련된다. 젊은 예비교무 시절에는 진리에 대한 확신이 얼마나 자신을 성장시키는 일인지는 잘 몰랐다. "너는 지금 무슨 생각을 하고 있느냐? 진리를 생각하느냐? 일원상 진리에 솟구쳐서 하나가 될 수 있도록 노력하라." 진리와 스승은 성불제중을 할 수 있는 자신을 성찰하도록 이끌어준다는 사모의 독백은 간간이 수행일기에서 발견된다.

그렇지만 대학 시절에 과연 기도의 심정을 일관했는가를 냉철하게 되돌아보지 않을 수 없다. 누구에게나 성장통(成長痛)이 있기 마련이다. 어느 때 흐트러진 생활상을 보면서 정신 차려 공부해야 하겠다고 다짐했고, 신앙체험을 통해서 고난의 여정을 헤쳐나가야 했다. 대산종사의 '춘풍하육추수동작(春風夏育秋收冬作)'이라는 법문을 새기면서 춘하추동 신성으로 살아갈 것이다. 나 자신과 진리를 향한 사모의 노래를 부르면서, 봄바람이 산하대지를 일깨워서 여름에 생명체를 육성하고 가을에 결실을 거두며 겨울에 저장하는 원리를 체득하여 정법의 궤도에서 이탈하지 않도록 정신 차리자는 것이다.

교무수업을 준비하는 예비교무 때 성장의 고통을 겪으며 신근(信根)이 뿌리박기 시작하므로 참 진리에 대한 의심이 있을 수 있다. 적공이란 쉽지 않은 것이므로 좌선 시간에 졸리거나 무력감이 올 때도 있었다. 다음은 예비교역자 2학년 때의 사모곡이다. "오늘 하루 나태로 인해 무력감이 밀려왔다. 나의 신근(信根)을 법신불에 깊이 뿌리 박아서 어디에도 흔들림이 없는 신심으로 거듭나자." 신성의 적공으로 어떤 비바람에도 흔들리지 않는 신성을 갖도록 사모의 간절함을 간직했던 예비교무 시절이 더욱 소중하게 느껴진다.

신성과 직결된 나의 사모곡은 도인(道人)이 되려는 염원과 관련되어 있다. 사심 잡념을 없애고 보면 신심 서원이 키워질 것이며 훌륭한 도인의 길에 들어설 것이다. 대학생 후반기, 출가 연원 교무께 찾아가서 1년 동안 살면서 겪은 경계들을 고백하고 새롭게 기도 생활을 할 것을 다짐했다. 고등학생 시절에는 군인이 되고 싶었으며, 졸업 후 잠시 사회 직장생활을 통해 부귀를 얻고 싶었다. 이제 출가의 길로 들어선 이상 세상의 도인 되는 꿈이 사모곡의 1번지가 된 셈이다.

숭고한 도인이 되는 것은 부단한 자기성찰이 없으면 안 된다. 그래서 출고반면(出告反面)의 시간에 성탑을 향하거나 성적지 순례를 하는 것이 자신을 돌아보는 뜻깊은 시간이었다. 학림사와 정화원에 귀사한 후 곧바로 1학년 모두 성탑에 가서 두 손을 모으고 기도했다. "저희 모두는 무사히 수계농원에 잘 다녀왔습니다. 조금이나마 창립 정신을 체험하고 보니 사심을 녹이는 자신들을 발견한 것 같아서 감사합니다." 그 외에 초기교단의 흔적을 찾아 "만석평의 밭 갈기도 눈물겨워라."라는 성가 가사를 상상하며 성적지의 순례와 불법연구회 창립총회 개최지인 보광사의 탐방은 나의 신심과 서원을 다지는 사모곡이었다. 이 모든 것들은 교단의 창립 정신을 새기게 해주었다.

예비교무로서 또 다른 사모곡은 무아의 시간으로 대산 종법사를 뵙는 시간이었다. "오후에 잠시 틈을 타서 우리 학년은 대산 종법사 법문을 받드는 시간을 가졌다. 나의 행동이 종법사와 같이 되도록 노력할 것이다. 삿된 욕심, 사심 잡념을 없애야 할 것이며, 큰 원을 가져야 한다. 신심과 서원이 사무치도록 기도해야 한다." 예비교무 전체가 대산 종법사를 뵐 때마다 법문으로 무아(無我)가 되어야 하고, 공중생활을 하면서 책임을 질 줄 알아야 한다는 것을 새겼다. 무엇보다 학창 시절의 사모곡은 경전 연마에서 발견되었다. 경전은 대종사, 정산종사, 대산종사를 지면으로 뵙는 시간이기 때문에 간절함으로 다가온 것이다. 마음 혁명이 일어난 것 같은 느낌이 이따금 생긴다. 전에는 도학에 신심이 적었는데 신심이 새롭게 생겨난 것이다. 『대종경』 법문이 나의 좌표요 『정산종사법어』, 『대산종사법어』가 금과옥조로 다가왔기 때문이다. 모든 성자는 영원히 곁에 있어 줄 수 없으므로 이를 대신하여 경전이 인생의 지침이 되어주는 것이다.

예비교무 시절의 사모곡 중에서 귀에 닳도록 들은 법문은 신심, 공심, 공부심이었다. 지금은 여기에 자비심 하나가 더 거론되고 있다. 신심, 공심, 공부심에 더하여 자비심으로 예비교무 생활을 살아가도록 노력하였음을 고려하면 현재의 삶이 진급할 수밖에 없다. 어떤 일이든 사심(四心)이 필요하다. 여기에서 좋은 열매가 맺는다는 것은 인과를 아는 사람이라면 잘 알 것이다.

학창 시절의 기질 변화를 위해 오매불망 사모곡을 부르곤 하였다. 어느 날 꿈에서 성자를 만났다. 그것은 대학 후반기에 현시된 것이다. 대학 4학년 (1980) 어느 봄날에 대종사님이 꿈에 환희심으로 나타난 것이 아닌가? 나는 황홀감에 젖어 감히 다가서지 못하고 저만치서 사모하는 마음으로 성안(聖顔)을 뵈었다. 둥그런 자비의 눈빛으로 나를 바라보는 것이었다. 기도를 올리며 꿈에라도 성안을 뵙고 싶다고 여러 번 기도드렸는데 그 꿈이 이루어진 것 같았다. 황홀했던 순간의 꿈은 두고두고 잊고 싶지 않은 것이다.

꿈은 잠재의식의 결과에 따라 나타나는 것으로, 꿈을 꿀 당시의 육체적 상황과 심리 현상을 드러내는 자연스러운 마음의 활동이다. 소태산 대종사는 『금강경』을 보라는 몽조(夢兆)가 있어 이를 구해본 후 석가모니불은 진실로 성인 중의 성인임을 알았다. 나 또한 소태산 대종사의 꿈을 꾸어 황홀함을 맛보았으니, 적공의 예비교역자 시절의 세파(世波) 속에 성숙한 심법과 자비심은 사모곡의 연주와 더불어 넓고도 잔잔한 호수로 변화해 왔음을 새삼 느껴본다.

수양과 학문의 간극

이편과 저편의 이해관계나 사유 방식에 차이가 있다면 그것은 간격이 있다는 것이고 간극(間隙)이 생겼다는 것이다. 간격 혹은 간극은 A라는 매체와 B라는 매체의 틈새라고 할 수 있다. 교조 소태산에 의하면 "큰 도는 서로 통하여 간격이 없건마는 사람이 그것을 알지 못하므로 스스로 간격을 짓게 되나니…"라고 『대종경』 성리품 5장에서 언급하였다. 이러한 간격을 좁히기 위해 그는 어떠한 해법을 제시하고 있는가? 누구나 만법을 통하여 한마음을 밝히는 이치를 알아 행하라고 하면서 '만법귀일(萬法歸一)'의 소식을 전하고 있다.

그러면 예비교역자로서 가장 큰 간극으로 다가왔던 것은 무엇인가? 이를 극복하기 위해 과연 나는 만법귀일의 마음공부에 길들어졌는가를 살펴보고자 한다. 과학이라는 틈과 도학이라는 틈을 메우기 위한 공부를 위해 얼마나 노력했는가를 반성하려는 뜻이다.

원광대 문리과대학(현재 교학대학) 원불교학과에 입학하면서 남학생의 경우 학림사, 여학생의 경우 정화원이라는 중앙총부의 서로 다른 기숙사 공간에서 공동체 생활을 하였다. 지금은 두 기숙사가 같은 공간으로 건축되어 '서원관'이라는 양지바른 곳에서 예비교역자들이 거주하고 있다.

사실 대학의 개념으로 단과대학을 뜻하는 'College'라는 단어는 기숙사란 의미의 'Collegium'에서 유래하였다. 기숙사에서 단과대학이 유래했다고 하니, 기숙사인 서원관과 교학대학이 공동체 성격인 이유이다. 학림사에 처음 입사하면서 적응하기 힘들었던 것은 수행일기에 나타나듯이 새벽 좌선 시간에 앉아 있으면 발에 쥐가 나고 졸리는 일이었다. "그간 참선을 학림사 8호실에서 하다가 오늘부터 대각전에서 했다. 약 1시간 앉아서 참선할 때 졸음이 오며 온몸이 쑤신다." 이미 간사 생활을 했는데도 여전히 새벽 좌선은 다리 아파서 힘들었다.

예비교역자 시절에 좌선 시간의 고민은 좌선 시간에 졸음을 견디어내기 힘들었다는 점이다. 정신수양을 위해서는 이 졸음을 어떻게 극복해야 할까를 화두로 삼은 이유이다. 새벽 시간에 졸린 이유가 공동체 생활의 타이트한 프로그램과 밤늦게까지 학과공부에 매달렸기 때문이다. 좌선하면서 졸음 반, 좌선 반으로 혼몽의 시간이었다. 그 이유를 보니, 밤 11시까지 공부하다가 잠들어 새벽에 일어나므로 5시간밖에 잠을 못 잤기 때문이다.

지도자의 인품으로서 심신을 수양한다는 것은 좌선시간에 조촐한 마음을 간직하는 일에서부터 시작된다. 그것은 유교에서 말하는 '신기독(愼其獨)'이다. 1999년 5월 16일, 대학 강의실에서 예비교무 3학년 어느 교우로부터 질문을 받았다. "교수님은 고독을 어떻게 극복할 수 있나요? 요즈음 고독에 대해 많은 생각을 해 본답니다." 기숙사 생활을 하는데, 단체 속에서 가끔 외로운 고독을 느끼기 때문이라는 것이다. 예비교역자로서 기질 변화의 몸부림과 같은 고백이다. 기숙사 생활을 하면서 신앙과 수행 체험으로 살아가는 것은 외로움을 느끼는 '신기독' 공부로서 학업 성취에 이어서 조촐한 명상의 고독을 맛보는 것이다.

과학의 학문과 조촐한 도학을 동시에 하는 일은 일반학생과 달리 예비교무의 수행 표준이자 과제이다. 출가하여 도학의 성직자 길을 선택했기 때문이다. 많은 독자의 관심을 불러일으킨 『마음 습관이 혁명이다』(2017)라는 미즈노 남보쿠의 글을 읽어보면 수양의 진수가 무엇인가를 깨닫게 해준다. "수양의 시작은 지금 하고 있는 일을 올바로 하고 게을리 하지 않는다." 이를테면 수양은 기숙사에서 새벽 좌선하는 것이요, 학문은 대학에 가서 학습하는 것이다. 예비교무에게 공간만 다를 뿐 현재의 시간 속에서 학문과 도학의 병행이 요구되는 만큼 바른 공부 표준을 세우는 것이 중요하다.

균형잡힌 공부의 표준을 세운 후 수양의 경지는 언제든, 어디서든 학문과 마찬가지로 지속적인 공을 들여야만 가능한 일이며, 이에 수양에 방해가 된다면 자신을 무기력하게 만든다. 예비교무 2학년 때 독서를 하다가 다음의 고민을 하였다. "아직도 수양력이 부족한 것 같다. 나태한 마음이 일어나고 퇴굴심마저 일어났다. 진리 앞에 성찰해야 하겠다고 다짐했다." 학문을 어떻게 하고, 수양을 어떻게 해야 하는가의 이원론적인 생각은 안 된다. 이 두 가지를 동시에 하는 겸전의 자세가 예비교역자의 공부 길에서 지속적으로 요청된다.

'학문 따로, 수양 따로'라는 이원론적 사유 방식보다는 통시적 안목으로 동시에 해야만 하는 것이며, 이는 하루의 일과를 충실히 지키는 자세와 관련된다. 오랜만에 아침 좌선을 잘할 때 새벽 산책이 한층 가벼웠다. 1학년 2학기 동안 전반적으로 좌선을 잘못했기 때문에 참회하면서 좌선과 학문에 매진하겠다고 다짐함과 동시에 하루의 일과를 새롭게 시작하곤 했다. 하루의 일과는 좌선이 그 출발선이므로 좌선을 충실히 하고, 오전과 오후에는 학교에 가서 학과공부를 충실히 하는 것이 중요하다.

일반적으로 대학생들은 학문을 오로지 공부하면 성공할 수 있다고 생각한다. 그러한 사유에 일리가 있지만, 이는 세속적 중생으로 살게 되는 미로(迷路)일 수가 있다. "내일이면 중간고사 기간이므로 오늘 수요 야회가 없으면 하는 생각을 했다. 정말 어리석은 생각이다. 이렇게까지 생각하는 자신이 얄미웠지만 중생심을 없애는 과정이라고 생각했다." 수행일기에 나타난 것처럼 대학시험을 볼 때 법회를 거르고 싶은 마음을 갖는 것은 세속적 사유에 의한 일반 대학생으로서는 가능하다. 그러나 종교를 직업으로 삼은 대학생이라는 점에서 바람직하지 않은 일이다.

대학 시절에 나는 학교 시험이 무엇보다 중요하다는 상념에 시달려 학과 공부에 치우쳤다. 신입생 신분으로 세속의 티가 섞여 있었기 때문이며, 학년이 올라갈수록 대학 생활은 학문 탐구라는 집착에 갇혀 사는 경우가 적지 않았다. 특히 중간고사를 본다고 할 때 분주해졌다. 자신의 마음을 챙기는 시간도 없이 그저 학문에 얽매인 것 같다. 중간고사 기간이 다가오자 거기에 집착하여 다른 것을 거들떠볼 여유가 없으니, 이럴 때일수록 한 마음 챙겨서 부족한 시간에 수양의 여유를 찾아야 했다.

수양의 힘을 기르면서 학교성적이나 생활의 애착(愛着)에 대해 얼마나 초연히 할 수 있는가가 과연 화두였다. 대학생 때의 감상은 다음과 같다. "저녁 7시에 텔레비전에서 국가대표 축구를 중계하였다. 기숙사 사생장이 저녁 묵학 시간이라 중계를 허락하면서 전반전만 보고 후반전은 야회이므로 볼 수가 없다는 것이다. 보고 싶었지만 참고 야회에 참여하였는데, 수양의 자세로 중계 보기를 단념하고 보니 금새 마음이 편안했다." 수양의 힘은 일상의 애착을 단념하면서 나타나며, 그것이 바로 평정심(平靜心)이다.

평정심을 소유하지 못하면 예비교무로서 많은 시행착오를 겪게 된다. 앞으로 행실의 교정을 통해 참 종교인이 되어야 할 것이다. 자유분방한 타과 대학생들을 볼 때마다 나는 그들에게 『교전』「수행편」을 가르쳐주고 싶었다. 더욱 행실을 살리고, 수양을 위해 알맹이 있는 대학 생활에 임하여 이 몸을 오롯이 이 회상에 바쳐야겠다고 다짐했기 때문이다. 자신의 부족한 부분을 평정심으로 극복하는 수행으로 전진한다면 예비교무로서 인격성숙의 과정으로서 미래의 참 지도자로 성장할 수 있게 된다.

그리하여 예비교역자로서 학년이 올라갈수록 수양과 학문의 간격을 잘 극복하는 일이 요구되었다. 삼학 병진의 힘을 갖추도록 하여 수양과 연구만 잘하면 되는 것이 아님을 점차 깨닫게 되었다. 상급학년이 되면서 성찰 과정을 통해 수양과 학문의 간극(間隙)을 극복하는 것이 과제가 된 것이다. 하루를 놓고 보더라도 정(靜)할 때는 수양을, 동할 때는 학문을 연마하면 된다고 하지만, 이 두 가지를 겸해야 하며 여기에 실행력이 뒤따라야 한다. '동정일여(動靜一如)'라는 표어가 있듯이 동할 때 정성스럽게 살고, 정할 때 조촐하게 살아야 한다고 본다. 동할 때 작업취사를 공부하고, 정할 때 정신수양만 공부한다면 그것은 잘못된 공부 길임을 점차 깨닫게 된 것이다.

무엇보다 삼대력의 인격을 갖추기 위해서는 학문을 담아낼 수양의 그릇이 필요하다. 그릇이란 항상 배우려는 수행자로서 동정 간 탐·진·치를 극복할 수 있는 근기이다. 시기하는 마음, 화내는 마음, 어리석은 마음을 제거하고 남의 잘못을 감싸주어서 자신에게 어떠한 경계가 와도 침착하게 대처하는 마음을 가져야 할 것이라고 다짐하고 또 다짐했다. 탐·진·치는 독약으로서 삼독심(三毒心)이라고 하는데 이를 극복하는 삼대력의 인격자가 되도록 노력해야 할 것이다.

신앙인과 수행인의 목표로서 삼독심을 극복하도록 심혈을 기울이는 예비교무의 생활은 무엇보다 편벽된 수행이어서는 안 된다. 새벽과 밤의 수양 시간에 더하여 오전과 오후의 수업시간을 통시적(通時的)으로 바라봐야 할 것이다. 예비교무 초보 시절의 일기를 소개해 본다. "대학생의 생활이란 진리를 탐구하며 학문의 창의력을 기르는 생활이다. 또 수양을 곁들여야 온전한 대학의 생활이 될 것이다." 온전함의 대학 생활은 학문 따로, 수양 따로 방식이 아니라는 것을 예비교역자 시절에 익히게 되었다. 곧 수양에서 연구와 취사, 연구에서 수양과 취사, 취사에서 수양과 연구를 함께 하는 통시적 공부를 통한 기질단련의 시간이 나의 조촐하고 고독한 학창 시절이었다.

8박 9일의 수계농원 일기

　짧은 기간에 써 내려간 나의 수계농원 일기는 기질단련 일기와 유사한 성격을 지닌다. 이것은 한정된 훈련 기간에 쓴 일기로서 한 부산시민이 1954년부터 1971까지 20년 동안 농촌 생활을 일깨운 『대천일기』와는 비교조차 되지 않는다. 1977년 한여름, 원광대 원불교학과 1학년 단체의 8박 9일 동안 원불교 수계농원에 참여한 봉사활동의 훈련프로그램에 관련되는 것이다. 비록 짧은 기간 수록한 일기라 해도 예비교역자로서 영육쌍전을 체험한 기질 변화의 현장이었다고 보면 좋을 성싶다.

　9일 동안 훈련을 받았던 수계농원 역사의 내력을 보면 1939년 9월, 원불교 초창기에 중앙총부 유지의 자금을 마련하기 위한 농장 성격으로 출범하였다. 이동안과 조갑종 교무가 완주의 삼례에 있는 배뫼산 아래의 임야 69,920평을 매수하여 삼례과원을 발족하면서 점차 전답으로 개간하여 농원으로 정착된 것이다.

　기질 변화의 기대를 안고서 1977년 7월 14일에 나는 예비교무 신입생 동기들과 훈련받으러 이곳 수계농원에 도착하였다. '농원'이라는 수식어가 붙은 그대로 수계농원은 원불교 영육쌍전의 체험현장으로서 역할을 해왔다. 교단 초창기부터 낮엔 노동하고 밤에 공부하는 형식의 주경야독의 현장이었다. 예비교역자들은 이곳에서 논밭의 제초작업이 얼마나 힘든가를 알았다.

수계농원의 첫 작업으로 논에 잡초를 뽑는 일을 했다. 무척이나 힘들어 얼굴에 땀방울이 송골송골 맺힐 때마다, 또 퇴굴심이 날 때마다 구인 선진의 영육쌍전 정신을 떠올렸다. 그래서 어느 한 사람도 꾀병을 내지 않고 주인 정신으로 일을 하였다. 하루하루 뙤약볕에서 일하다가 혹 연한 피부에 잡초가 거슬리기라도 하면 빨간 생채기가 생겨 무척 따가웠다.

우리는 며칠째 논에 가서 피와 잡초를 뽑고 밭에서 제초작업을 하며, 또한 수계농원의 마당을 고르는 작업도 하였다. 다음은 비가 오면 씻겨 나가는 농원의 마당을 반반하게 고르면서 느낀 감각 감상이다. 수계농원 마당 고르기 작업을 위해 괭이와 삽으로 흙을 팠는데 그 속에서 개미들이 알을 낳은 보금자리를 허물 수밖에 없었다. 측은한 마음이 들었으며, 개미들이 곧바로 알을 나른 곳으로 물어 나르는 모습을 보니 하등동물도 새끼에 대한 애착이 강하다는 것을 느꼈다. 이를 보면 부모의 은혜는 상상만 해도 헤아리기 힘들 것이다. 마당 고르기의 사소한 노동이라도 하루의 일기를 기록하는 것이 공부심이라 생각하여 농원체험의 현장을 하나하나 일기장에 남겼다.

일상의 노동 체험에는 여러 가지가 있을 것이다. 인력시장이 있을 것이고, 도시의 산업현장 체험이 있을 것이다. 농원에서의 육체노동은 막노동과도 같아서 육체가 피곤했지만 일하고 난 후의 식사는 그야말로 꿀맛이었다. 노동을 통한 창립 정신의 체득으로서 값진 나날을 의미 있게 보내려는 예비교역자들의 눈동자에 빛이 났다. 또 토요일에는 수계교당에서 법회를 보았는데 교무님이 법회 후 예비교무들에게 점심 공양을 해주었다. 학생들을 위해 정성을 다해주는 일선 교무님을 생각하니 정신 차려 더욱 열심히 공부해야 할 것이다. 노동의 식사만이 아니라 법회의 법식(法食)도 소중한 하루였다.

토요일 법회를 본 후 오후에는 휴식 시간을 가졌다. 이때 휴식하면서 수계농원에 봉직하는 임직원들과 친목의 운동을 하였다. 노동을 위한 노동이 아니라 노동을 하면서도 힐링의 가치를 찾자는 것이다. 우리 대학생들은 수계농원의 김명덕 교무, 그리고 그곳 임원들과 같이 배구를 하면서 경기에 임하여 승부 욕의 발동보다는 한 가족이 된 느낌이었으며, 법 동지들 간에 친목의 열망은 대단하였다. 상호 온몸으로 부딪치며 운동을 하게 되니 농원의 임직원들과 예비교무들은 한 식구가 된 느낌이 들었다.

농원의 일요일은 그저 쉬는 날로 생각했는데 착각임을 이내 알아차렸다. 어김없이 일터의 현장에 나가서 창립 정신을 새기면서 땀을 흘렸다. 수계농원에서는 토요일은 휴식일로 하고 일요일에는 논에 나가서 김매기를 했다. 법 동지들이 잡초를 뽑는데 일을 잘하는 농촌 출신 교우들은 도시 출신의 교우들을 도와주면서 일하다가 보니 상부상조하는 마음이 저절로 생겼다. 일상적으로 토요일과 일요일 양일간은 쉬는 날이지만, 수계농원의 경우 일손이 부족한 관계로 일요일에도 평일처럼 땀 흘려 작업을 하였다.

예비교무들이 수계농원에서 부족한 일손을 메꾸며 열심히 농촌체험을 하고 있는데, 중앙총부 원로 교무들이 위로차 방문하였다. 수계농원에서 봉사활동을 시작한 지 3일 만에 중앙총부 박제현 교육부장이 방문하여 학생들에게 다음의 법어를 설하였다. "여러분들은 여기에서 날짜 가기만을 기다리고 있는가? 나의 일이라 생각하고 열심히 하는가? 장래 어떠한 험지에서도 열심히 교화할 수 있는가?" 세 가지 과제를 내주면서 주인 정신으로 살라고 하였다. 대산 종법사와 원광대 숭산 총장도 위로차 방문하여 큰 법문을 해주시니 예비교역자들은 신앙체험을 하는 순간이었다.

농장의 체험일터에서 9일 동안 작업을 하려다 보니 훈련 후반기에 몸은 지쳐가고 있었다. 어쩌다 요행으로 "오늘 비라도 내리면 좀 쉴 수 있을 터인데."라는 생각을 했다. 하지만 여전히 황토(黃土)를 뒤덮은 농원 하늘에 뜬 태양은 작열하고 있었다. 햇볕은 곡식이 여물게 하도록 빛을 발하고 있었으며, 예비교역자들의 얼굴은 어느새 흑인이 되어 구슬 같은 땀방울이 흘러내리며 목욕하는 것 같았다. 사우나에서 목욕하듯 힘들었지만, 보람이 있는 일로서 영육쌍전의 현장임에 틀림이 없다. 뜨겁게 내리쬐는 태양을 원망할 것은 없지만 비라도 내리면 그 순간에라도 지친 육신을 쉬는 시간으로 삼고 싶었다.

수계농원의 마지막 작업 날에도 어김없이 땀방울이 주르륵 흘러내렸다. 창립 정신의 현장이었으므로 보람이 있는 훈련의 일과였다. "오늘은 수계농원 봉사활동 8박 9일 중 8일째의 마지막 날이다. 심신은 비록 지쳤지만, 오늘 하루만 노력 봉사를 하면 피로가 회복되리라 생각하여 땀을 흘리며 영육쌍전의 현장에서 진력했다. 얼굴에 흐르는 땀방울이 입에 흘러내릴 때 짠맛을 느끼며 그 속에서 창립 선진의 노고를 알 수 있었다." 그러나 아직은 가냘픈 신입생들이어서 노동에 지친 나머지 아프고 쓰러지는 몇 명의 교우들이 있었다. 너무 열심히 일했기 때문에 과로한 것 같다. 지친 몸에 온몸이 아프지만 참고 견디다 보니 9일의 농원체험이 벌써 끝나는 시간이 되었다.

훈련의 전 일정을 마치며 해산하기에 앞서 지해원 농원장의 법문을 받드는 시간을 가졌다. 이곳은 대종사의 숨결이 남아있고 창립 정신의 혼이 살아있으며, 중앙총부 자급자족의 터전이라는 정신을 새겨주었다. 9일간의 영육쌍전을 체험하고 수계농원의 임원들과 아쉬운 작별을 하면서 헤어질 때의 심정은 발길을 무겁게 했다. 그러나 같은 길을 가고 있는 호법 동지임을 확인하면서 이내 마음이 가벼워졌다. 수계농원에서 모를 심으면서 영육쌍전과 이사병행의 이치를 깨달았고, 선진들이 일궈놓은 산업현장을 몸소 체험한 것이 농원의 훈련 가치였다.

원불교학과를 졸업한 후 66동이 동기생들은 1981년 초급교무 훈련으로 이곳 농원에서 또 한 달 초급교무 훈련을 받았다. 농촌 출신으로서 나는 수계농원에서 30일 동안 노동하고 공부하며, 또 배구도 하면서 동지간의 기질 훈련과 창립 정신을 체득하였다. 하지만 수계농원은 오늘날 규모가 축소되어 그 흔적만 남아있으니 아쉬움이 못내 크기만 하다.

공동작업과 융화단장

2016년 파란 하늘의 어느 봄날, 신라 원광대사가 창건한 청도 호거산의 운문사에 방문한 적이 있다. 비구니 스님들이 넓은 채양의 밀짚모자를 쓰고 밭에서 공동 출역을 하고 있는 것이 아닌가? 새벽에 좌선하고 오전과 오후에도 선방에서 간화선을 주로 할 것 같은 적막한 산사(山寺)의 일정이라 생각했는데, 선농일치(禪農一致)를 연상하듯 농군이 된 비구니 스님들이 흙과 친구가 되어 있었다.

일제 강점기 때, 독립운동과 불교 정화를 위해 노력한 백용성 스님은 황무지를 개간하여 '반농반선'을 실천하였다. 백학명 스님도 "농사를 지으면서 참선하라."라고 제자들에게 가르쳤다. 이는 "일일부작(一日不作)이면 일일불식(一日不食)한다."라는 백장청규(百丈淸規)에서 유래하였다. 원불교의 소태산 대종사도 '영육쌍전(靈肉雙全)'을 강조하며 공동작업을 중시하였다.

출가 후 예비교역자들은 기숙사 서원관 생활의 공식 일정으로 일주일에 한 번 영육쌍전의 정신을 체득하기 위해 '공동작업'을 하였다. 지금은 서원관에서 이를 '사상선(事上禪)'이라 부르고 있는데 이마저 흔적으로만 남아있다. 학창시절 기숙사에서 경작하는 일부의 전담이 있었으며, 식당 옆 텃밭에 비닐하우스 설치를 통해 상추 등을 심어서 겨울과 초봄에도 먹을 수 있는 풍성한 채소를 마련했다.

이 같은 공동작업과 관련하여 나의 수행일기에는 다음의 기록이 있다. "저녁 식사 때 우리가 경작한 밭에서 상추를 뽑아와 상추쌈을 먹었다. 융화단이 지난 가을에 비닐하우스를 설치해서 상추를 심었는데 겨울을 잘 견디어 이렇게 푸른 상추를 반찬으로 먹으니 노동의 대가가 달콤한 것이다. 노력하면 그 결과는 인과에 의해 나타난다." 예비교역자들은 공동작업을 통해서 콩 심은 데 콩 나고, 팥 심은 데 팥 나는 인과를 체험하고, 그리하여 영육쌍전을 통해서 창립 정신을 체득하는 것이다.

기숙사 소유의 밭에서 작농하는 공동작업은 단순히 식사 반찬을 마련하기 위한 것만은 아니다. 원불교 창립 때부터 공동체의 노동이 중요시되었던 만큼 창립 정신의 체득이라는 가치를 새겨보라는 것이다. 영육쌍전의 교리 정신에서 볼 때 공동작업은 학교 수업이나 새벽 좌선 못지않게 중시된다. 소대산이 제자들에게 호되게 꾸중하는 세 가지는 새벽 좌선에 불참한다든가, 사가에서 오래 머물러 있다든가, 공동작업에 나오지 않는 경우였다.

공농작업을 하는데 기숙사 교우들은 부득이한 일이 아니면 모두 참여하지만 참석하지 못한 경우가 있다. 신입생 작업시간인데 몇몇 교우들이 참여하지 않아서 퇴굴심이 났다. 나 자신의 작업에 충실하면 될 것이지 몇몇이 빠졌다고 속상할 것은 없다. 학생들 가운데 어쩌다 한두 명이 빠질 수 있는 것이다. 상대심 없이 무아봉공의 자세로 살아야 한다고 이내 다짐하였다.

그러나 사람인 이상 자신도 공동작업에 빠지고 싶은 생각이 들었다. 몸이 피곤할 때였으며, 공동작업의 중요성을 알고 기꺼이 참여하는 것을 원칙으로 했다. "중간고사를 다 마치고 보니 피곤했다. 오늘 공동작업을 한다고 하여 피곤한 심신이 더 피곤해지는 마음이다. 달갑지 않게 보이는 작업을 위해 오후에 밭에 나왔다. 작업을 한참 하는데 얼굴에 땀방울이 맺혔다. 오전에는 작업이 싫었지만, 오후에 열심히 일하다 보니 어느새 보람으로 이어졌다." 오전에는 공부하고, 오후에는 작업하면서 영육쌍전이 절로 됨을 느꼈으며, 이

것이 바로 극락 생활이다. 부득이한 일이 아니면 공동작업에 참여하는 것이 예비교무로서 해야 할 일이며, 공동체 정신에 더하여 일과의 하나이기 때문이다.

대학의 학창시절, 공동작업 가운데 가장 기억에 남는 것은 기숙사의 재래식 화장실 인분을 퍼서 나르는 작업이었다. 인분 나르는 작업은 학림사와 정화원 예비교무라면 누구나 예외는 없었다. 도시 출신 교우들로서 처음 접하는 일이므로 한바탕 소동이 일어났지만, 청탁(淸濁) 호오(好惡)가 자성 자리에 있는 것은 아니다. 이날의 일기장을 소개해 본다. "인분을 퍼내는 작업을 하는데, 신입생들은 합동하여 거친 작업을 잘도 해낸다. 일하면서 더럽다는 어리석은 중생심을 없애는 공부를 하였다." 청탁의 중생심을 놓은 것은 공동작업의 감각 감상으로 얻어진 덤이다.

또 공동작업으로서 볏 집단을 썩히어 봄에 두엄을 운반하는 것은 거친 노동으로 두엄 냄새는 인분 냄새만큼이나 고역이었다. 예비교무들은 봄날 오후 작업시간에 코를 찌르는 두엄 나르는 작업을 했다. 영육쌍전의 의미를 느끼면서 공부와 노동을 같이 하는 병행 정신을 배웠다. 『대종경』「천도품」에서는 우주 만물이 모두 다 영원히 죽어 없어지지 아니하고 저 지푸라기 하나까지도 백억 화신을 내어 갖은 조화와 능력을 발휘한다고 하였다.

인분과 두엄 나르기의 공동작업 외에 땅 고르기가 매우 힘든 일이었으며, 인력시장에서는 이를 '막노동'이라 하는데 기피 작업의 일종이다. 고된 육체노동을 하면서 주인의식으로 하느냐, 아니면 머슴으로 하느냐에 따라 일의 성과가 달라진다. 기숙사 작업시간에 땀을 뻘뻘 흘리며 땅 고르기 작업을 하면서 느낀 점은 그저 아무렇게나 형식적으로 하는 일과 주의심을 갖고 하는 일의 차이는 머슴과 주인의 차이만큼이나 크다는 것이다. 주인으로서 땅을 고르는 일에 정성을 들이니 능률이 올라서 마음이 한층 밝아졌다.

일주일에 한 번의 기숙사 공동작업에 적응하면서 몸은 고되었으나 행복했고, 일하는 순간들이 업력을 녹이는 시간이었다. 우리가 작업하는 날 흙을 중앙총부 송대로 옮기는 일을 1시간 동안 했는데 교우들 서로가 협동심으로 마무리했다. 영육쌍전의 시간이었다고 본다. 몇몇 교우들이 노동하면서 힘들어서인지 끙끙거렸으나 나는 삼동원 개판농장의 고된 간사 생활을 겪은 탓인지 일을 하는데 수월했다. 농촌 출신이면서 삼동원의 간사 생활을 마치고 왔기 때문에 아무리 힘든 작업이라도 큰 무리 없이 해낸 것이다.

기숙사생들의 힘든 공동작업은 한 학년만 하는 경우가 있었고 1~2학년이 공동으로 하는 때도 있었다. 공동작업에 함께 하는 동지들이 많으면 활력이 넘친다. 1~2학년 예비교무들이 합동으로 울력을 할 때, 지난 추위로 인해 꽁꽁 얼어붙은 땅을 파는 데 힘이 들었다. 그러나 해동의 봄철인 관계로 조금만 땅을 파면 일이 수월하게 되었으며, 작업하는 중에도 법담(法談)을 나누었는데 이곳이 극락이라 생각했다. 선후배가 힘을 합한 해동기의 공동작업은 추웠고 또 땅을 파는 작업이 쉽지 않았으나, 봄이 온다는 기대감 속에서 마음공부의 대화를 수고받으며 봄날의 훈풍을 만나듯이 즐겁게 전답작업을 하였다.

기숙사 전체의 조직으로 운영단, 수련단, 봉공단, 융화단의 4개단 가운데 융화단이 전답의 공동작업을 담당하였다. 나는 융화단의 일원으로서 공동작업을 하였다. 작업이 가장 힘들었던 때가 있었다. "학림사와 정화원 학생들은 오늘 오전부터 종일 영육쌍전의 일터에서 작업했다. 융화단 주관으로 비닐하우스를 설치하는 일이었는데 오전 11시에 끝날 수 있다는 작업이 밤 11시까지 계속되었다. 너무 힘들고 피곤한 기색이 역력하였다. 기말고사 기간이 코앞인데 마음이 불안했던 탓이다." 공중 일을 하는데 나 자신에 얽매이는 것은 좋지 않다고 보지만, 작업을 마치고 기숙사에 들어와서 잠을 자는 시간이 새벽 12시였으니, 예비교역자 시절의 가장 길고도 고된 공동작업이었다.

예비교무 4학년 때 나는 융화단장을 하면서 공동작업을 주도하였다. 간사로서 일찍이 농촌노동을 겪었기 때문에 융화단을 주관하는 데 도움이 되었다. 융화단장으로서 아침 청소시간에 주로 기숙사 밭에 가서 작업을 관리한다. 작업에 정성을 들이는 옆 도반들을 보고 누구나 성불제중을 할 수 있다는 자부심이 들었다. 선진의 창립 정신을 이어받아 영육쌍전을 하는 생활이 그래서 참 좋다. 기숙사생 일원으로서 공동작업을 하는 것과 융화단원 소속으로서 공동작업을 하는데 차이가 있었지만, 모두 육신의 피로를 잊고 정신의 상쾌함을 얻는 노동 훈련이 좋았다.

기숙사 1년 동안의 공동작업 가운데 가장 큰 일은 김장이다. 사생 전체가 1년 먹을 김치를 마련해야 하므로 대단위의 작업이다. 11월의 중반을 넘어선 쌀쌀한 날, 기숙사 김장을 준비하기 위해서 밭에서 배추를 뽑고 씻는 일에 열심히 임했다. 융화단의 단원으로서 아침 청소시간에 밭에서 주로 일을 하는데, 김장철이라 정성으로 김장 준비를 한 것이다. 기말고사 직전이지만 기숙사생 모두가 수업을 마치고 와서 솔선하여 공심으로 김장을 도울 때 한 가족과 같이 포근한 느낌이 들었다.

김장할 때 공심을 발휘해야 하므로 누구든 예외가 있을 수 없다. 식당 주무와 사감, 그리고 학생들이 만사를 제쳐놓고 합력을 하였다. 점차 추워지는 날에 기숙사 김장을 시작하자 아침부터 원불교학과 남녀 전체가 수업시간 외에 합력하였다. 신심과 공부심도 필요하지만, 이때는 공심이 더욱 중요하다. 공중을 위하는 마음으로 임한다면 어떠한 일이든 수월하며 그것이 극락생활이라는 것을 알았다. 기숙사 김장 3일째, 날씨가 변덕스러워서 비가 오락가락하여 짜증이 났고 또한 추웠다. 마지막 날 김장하면서 피곤했지만 예외 없이 열심히 김장작업을 도왔다. 김장을 다 마치면 기숙사 1년의 여정이 끝나며, 공동작업도 잠시 휴업을 하여 각자 연고지에 가서 상시훈련이라는 긴 겨울방학을 보낸 후 새 학기 준비를 한다.

예비교역자의 교화 실습

예비교무들의 교화 실습이란 대학교육을 일선교당에서 응용, 실습함으로써 현장 교화를 체험하고 자신의 교화역량을 배양하는 일종의 커리큘럼 과목이다. 원기 98년 6월 12일자 〈원불교신문〉에 실린 어느 예비교무의 글을 보면, "교화 실습 일정표를 바라보면서 묘한 흥분과 긴장감을 느꼈다. 이 느낌은 아마 난생처음 부모님 품을 떠나 초등학교에 입학하는 소심한 어린아이의 두려움 섞인 설렘과도 같은 것이었다."라고 하였다. 이처럼 예비성직자의 시각에서 교화 실습은 기대에 찬 체험 현장인 셈이다.

교화 실습을 중심으로 파견된 예비교역자들은 현장 교화에 대해 기대감이 큰 것이 사실이다. 학창시절 방학 때 실습 이전에 2박 3일 동안 의무적으로 짧은 교화 실습을 받는데, 여름방학을 이용하여 원불교 교화부에서 예비교무들을 대상으로 어린이지도자 훈련을 시켰다. 물질이 편만한 시대의 기성세대들은 돈의 노예가 되어가고 있는데 천진난만한 어린이들에게 원불교 교리를 알리고 교화할 실력을 터득하여 여름방학을 이용해서 교화 현장으로 떠난 것이다.

교화 실습을 떠나기 전의 지도자 강습 날, 나의 일기장에는 다음과 같이 기록되어 있다. "예비교무 전체는 3일 일정으로 유년회 지도자 강습의 첫날을 시작했다. 천진난만한 어린이는 우리 교단의 꽃이다. 동심으로 돌아가서 한 티끌도 없는 순수한 마음을 키워주도록 하겠다." 교화 실습의 현장에서 예비교역자의 어린이교화를 통해서 잠재적으로 일반교화를 할 수 있는 역량을 키우는 데 도움이 될 것이다.

지도자 강습 이틀째에도 수업을 받았다. 수업에 임하는 예비교무들의 의지는 충천했으며, 그것은 어린이를 바르게 선도하려는 사명감의 발로이다. 집중 강의에 열성으로 들으면서 예비교역자의 자질을 키워가고, 나라의 일꾼인 어린이들을 미래의 바른 인간으로 교화하기 위해서이다. 원불교 중앙총부 교화부에서 진행하는 어린이지도자 강습은 예비교무로서 그야말로 현장 실습의 중요한 기회였다.

강습 3일째, 지도자 훈련이 끝나는 날이라고 해서 긴장을 풀 수 없었다. 현장 교화의 마무리 실습을 꼼꼼히 배워야 했기 때문이다. 우리 대학생들은 손수 어린이가 되어 열심히 훈련을 받았다. 이날 지도자 강습담당 교무는 잘하느냐 못 하느냐를 따지는 것보다 훈련 하나하나 관심을 가지고 정성스럽게 임하는 것이 중요하다고 하였다. 1학년생들은 특히 어린이교화를 위해 교화콘텐츠를 정성스럽게 배웠다.

3일간의 지도자 강습을 마친 후에도 사전 준비작업을 철저히 했다. 어린이 인형극을 위한 강습생으로서의 노력은 멈추지 않았다. 여름방학 어린이교화 실습을 위해 종일 그림극 10장을 그렸다. 나의 그림 솜씨는 부족하였지만, 정성을 들여 그렸으므로 스스로 만족스러웠다. 이제 어린이교화 실습을 그룹이 아닌, 혼자 해야 감당해야 하기 때문에 모든 것을 스스로 준비했다. 여름방학 가운데 3일의 시간을 내어서 교당 어린이교화 실습을 하는 일이 쉽지 않겠지만, 그림 극을 정성껏 그리고 흥미롭게 대본을 만들었다.

어린이지도자 강습과 준비과정을 통하여 예비교무로서 유년 교화의 역량에 대한 자신감을 키우는 계기가 된 것이다. 교화 현장을 나가보지 않고 어떻게 교화를 말할 수 있겠는가? 원불교 하계 어린이지도자 강습을 통해 교화 역량을 배양함으로써 현장에서 그 자부심을 가질 수 있기 때문이다.

마침내 실습 준비를 마무리한 후 어린이교화 실습을 할 교당을 정했다. 여러 도시의 교당을 생각했으나 부산지역 교당을 선택하였다. 중앙총부와는 거리가 먼 지역에서 교화를 해보고 싶은 마음으로 다가선 것이다. 또 대구에 큰형이 살고 있으므로 근처인 부산지역이 좋다고 판단했다. 경상도의 원불교 교세가 크지 않아서 조금이라도 도움을 주려는 의지가 반영되었다.

부산지역에 가서 교화 실습을 할 준비로 기대가 가득하였다. 드디어 원기 62년(1977) 8월 1일~3일까지 부산 남부민 교당에 가서 어린이 강습을 하였다. 김장원 교무가 반갑게 맞이해 주었으며 3일 동안 어린이들에게 열심히 그림 극을 보여주고 율동도 하며 지도하였다. 다소 서툴렀지만 3일간 강습을 즐겁게 마치자 김교무는 나에게 부산 시내를 구경시켜 주었다.

교당 한 군데에서 교화 실습을 마치면 그것으로 여름방학의 의무사항을 다하는 셈이다. 나의 의지가 충천하여 또 다른 지역을 선택하였는데 그곳이 여수교당이다. 겁 없는 신입생으로서 8월 8일~10일까지 여수교당에 가서 어린이 강습을 했다. 여수교당의 유향원 교무는 나의 동향(同鄕)이므로 반가운 인연으로 반겨주어서 그곳에서 유년 강습을 한 것이다. 여수교당에 며칠간 머물며 완범, 근혜 어린이에게 영어를 가르쳤다. 12일에는 여수 학생회원들과 자산공원에 봉사활동을 갔으며, 13일에는 학생 법회에서 설교했다. 21세 나이에 여수가 자랑하는 오동도를 처음 구경했다. 일선교당에서의 교화 실습은 버겁고 힘들었으나 두 번째 맞는 현장체험의 행복감이었다.

어디에서 또 힘이 났는지 나도 모르게 어린이교화 실습을 한 번 더 하기로 했다. 8월 14일 보성교당에 도착한 후 16일~18일간의 유년 강습을 한 것이다. 한 교당에 이어서 두 교당에서 훈련하기도 힘든데, 세 번째 교당에서 초인적인 힘을 발휘한 것 같다. 심신이 지쳤으나 뭔가에 홀린 듯 여전히 교화의 사명감이 충천하였다. 혼자 북을 치고 장구치고 하듯이, 어린이들을 모아놓고 그림연극을 진행하고, 율동의 춤도 가르치며 설교도 하고 학동(學童)처럼 친구가 되어 주었다. 여기에서 인상 깊었던 어린이들로서 전향희, 전남희, 전자희 3자매들이 유난히 나를 따라다니며 정감을 주고받았다.

내가 왜 이렇게 어린이교화를 위해 하나의 교당도 아닌 세 개의 교당에서 무리하게 훈련을 감행했을까? 아마도 아이들을 보면서 천진하다고 생각을 하게 된 것일까? "가끔은 나도 저렇게 천진할 때가 있었을 텐데 그 맑음과 순수함을 그대로 지키지 못하고 있음을 부끄럽게 생각할 때가 있다."라고 『나는 조각사』에서 말한 류경주 교무의 언급이 당시 내 마음을 대신하는 것 같다. 맑고 순수한 동심을 동경하고 있었던 듯싶다.

예비교역자로서 여름방학 동안 또 다른 훈련에도 참여하였다. 원불교 교무의 자녀 모임인 원친회 훈련을 위해 2박 3일 상담교사로서 참여한 것이다. 이성택 사감이 7월 27일~29일에 원친회 학생훈련에 참여하라고 하였기 때문이다. 학생훈련에는 어느 정도 자율적 선택이 있었으므로 어떻게 할 것인가를 고민하였으나 잘해보겠다고 다짐을 했다.

이때 만난 원친회원들은 오랜 불연(佛緣)으로 다가선 것 같다. 1977년 7월 원친회 중·고교생 여름훈련에서 전무출신 자녀들을 만나 훈련에 임하던 중, 한정석 교수의 장남 한성봉과 아산종사의 따님, 문산종사의 따님 등을 지도하였다. 일반 학생교화의 실습이라기보다는 전무출신 자녀의 교화 실습이라 더욱 친근감으로 다가왔다.

예비교역자로서 다소 무리하면서 분주하게 어린이교화 실습에 참여한 것은 물론 원친회 학생훈련에 참여하느라 힘든 일정이었지만, 사명감 하나로 대학 강의실을 떠나 교화 현장을 체험할 수 있었다. 대학생 신분이었지만 가르치는 기쁨의 법열로 가득했기 때문이다. 원친회 훈련, 어린이교화를 통해 느낀 점은 배우는 것이 공부가 아니라 가르치는 것이 공부라는 것이다. 한 번이면 충분한데 네 군데나 훈련에 참여했으니 스스로 다독이며 "수고했다."라며 위로하고 싶다. 젊은 시절 돈 주고도 못 살 교화체험이었다.

외국어 공부와 대산종사 통역

귀에 솔깃하지만 쉽게 다가서지 못하는 말이 있다. "프랑스어로 사랑을 속삭이고, 독일어로 신을 이야기하며, 영어로 연설하고, 러시아어로 꾸짖는다." 세간에 거론되는 말 가운데 이는 국가의 성향과 품격을 시사하는 것으로서 새겨둘만한 교훈이다. 영어로 연설을 한다는 것은 오늘날 국제화 시대에 걸맞게 외국어의 역량이 매우 중요하다는 상징적 언급이기도 하다.

중학교 입학 때부터 영어공부에 흥미를 느꼈으며, 고등학생 때에도 영어 회화를 독학하듯이 공부했다. 대학에 와서도 필수과목 외에 영어교과목을 따로 수강 신청하였다. 대학 1학년 2학기로서 교서 과목을 모두 신청한 후 여유가 있어서 선택과목 가운데 영어강의 두 과목을 더 신청한 것이다. 외국어 공부를 하면서도 물론 우리의 주체인 교전 공부를 열심히 하겠다는 뜻도 포함되어 있다. 2학년을 맞이하면서 나는 외국어 공부를 위해 녹음기를 사고 싶었다. 어머니께 부탁하여 31,000원에 녹음기를 산 후 영어방송을 녹화해 두면서 여유 시간에 리스닝listening 공부를 했다.

외국어 공부에 몰입하려면 실제 시간 투자가 필요하다. 그러나 대학 기숙사에서 외국어를 공부하는데 애로가 없지 않았으며, 정서상 도가의 공부 풍토를 의식할 수밖에 없었다. 도학을 배우러 왔는데 과학에 치중한다면 당연히 교단 정서에 맞지 않다고 본다. 학년 모임으로서 동지들의 허심탄회한 회화 시간을 가졌는데 나는 그동안 공부한 내용을 말하고 영어에 다소 치우친 공부를 했던 것도 밝혔다. 교단이 나를 위해 무언가 해주기를 바라지 말고, 내가 교단을 위해 어떻게 도움이 될 것인가를 생각했다. 미래의 비전을 위해서 외국어 하나 정도는 배우는 것이 좋다고 판단했기 때문이다.

당시 기숙사의 정서에 거스르게도 도학 공부하러 와서 과학에 치중하는 것 같다고 학년 동급생들로부터 충고를 받기도 하였다. 어느 교우와 진지한 대화를 했다. 그 교우가 나에게 직설적으로 충고를 했다. 충고의 내용은 "내가 밖에서 도를 구한다."라는 것이다. 아마 영어를 열심히 공부하고, 동기생들의 모임 공부에서 영어를 가르치다 보니 염려해준 것 같았다. 다소 영어공부에 치중하는 자신을 발견하면서도 졸업 후 원서(原書) 공부도 할 겸 해외 유학이나 해외 교화를 염두에 두고 있기 때문이라고 교우들에게 말했다.

개인적으로 외국어 공부를 열심히 하는 것은 좋지만, 외국어 공부에 치중하지 말라는 충고도 필요한 일이다. 대학 1학년 봄날, 선배 교우로부터 좋은 법담을 들었다. 과학과 도학을 병행하지 못한 나 자신을 비판하였는데, 성급히 서둘지 말라는 것이다. 도학에 바탕을 두고 과학을 공부해야 함을 다시금 느낀 순간이었다. 동기생이나 선배들의 충고는 내가 영어에 몰두하다 보니, 학문의 중도를 잡으라는 것으로 이해되었다. 고맙게 생각하며 스스로 반성이 있어야 깨달음이 있을 것이다.

이에 교역자 추천 교무를 찾아뵙고 교우들의 충고에 대한 고민을 말하였다. 마음속에 고민이 있으면 스승을 찾아뵈어 숨김없이 고백하고 공부 방향에 대해 문답 감정을 한 것이다. 동급생들의 영어강의, 외국어회화, 수강 신청의 영어선택 등은 내가 생각해 봐도 다소 치우친 감이 있었다. 그러나 영어몰입 자체의 문제보다는 나의 성격은 무엇인가에 집중하면 그곳에 몰입하는 성향이 있기 때문에 나타나는 현상이다.

앞으로 한문 공부를 할 기회가 있으면 또 한문에 몰입할 것이라는 습성은 나의 외골수적 성격 탓이다. 외국어 공부에 뜻을 굽히지 않은 것은 이 또한 교화역량을 개발하기 위함으로 생각한 것이다. 교단의 교역자들은 전인(全人)이면서 일인일기(一人一技)를 가져야 한다고 대산종사는 말하였다. 인격을 갖추면서 기능을 닦으면 그는 교단생활에서 큰 빚을 지지 않고 생활할 수 있다. 1인 1기란 사회적으로 유익한 자격증 하나를 가지라는 것이다. 요가나 서예, 한문의 자격증 취득이 이러한 예라 본다.

어떻든 외국어 공부를 열심히 한다는 주변의 인식에 대해 민감하게 반응하지 않고 스스로 감내하기로 하였다. 2학년 때 외국인이 중앙총부에 내왕하자 나는 영어 회화 실습으로 자의반 타의반 외국인 안내를 맡았다. 교학대학장이 외국인을 초대했기 때문이다. 그의 요가 특강을 들었는데 이는 대산종사께서 강조한 것이고 화신(化身) 불공이라서 흥미를 갖고 들었다. 영어 회화를 조금 한답시고 외국인의 중앙총부 안내를 맡으니 보람이 있었다. 부족한 영어 실력이지만 성탑과 훈련원을 안내하며 어설픈 해설사가 되었다.

그러나 문제는 영어공부를 아무리 노력한다고 해도 영어 회화의 실력은 늘지 않았다는 것이다. 또 어느 날 미국인이 원불교 중앙총부에 방문하였다. 영어 회화를 할 욕심으로 다가서서 접근하는 데 쉽지 않았다. 외국인과의 대화 경험이 적었기 때문이다. 미국인의 특강을 들은 이날 어느 정도는 알아들을 줄 알았는데 알아듣지 못하는 것이 태반이었다. 우물 안의 개구리임이 증명되었다. 1970년대에는 교단 정서적으로나 주위환경으로 인하여 외국어 공부의 자율성은 뒷받침되지 못했으며, 그로 인해 아무리 노력해도 통역할 만큼의 실력을 갖추기 어려웠다.

오늘날에는 원불교 해외 총부가 생기고 미주선학대학원이 설립되어서 오히려 어학연수의 기회를 장려하는 측면도 있지만, 70년대 기숙사 생활을 하던 시절에는 외국어 공부에 대한 주변의 우려가 적지 않았다. 그로 인하여 영어를 외롭게 공부했고 그것은 해외 교화를 염두에 둔 나만의 고독으로 다가왔다. 좌우의 시선을 의식해야 했기 때문이다. 도가에서 외국어 공부를 금기시하는 정서의 극복은 새로운 길을 개척하는 것과도 같이 힘들었다. 영어 공부를 하러 도가에 왔느냐는 식으로 곱지 않은 시선을 받았다는 미국 교화의 선봉 정유성 박사의 견해가 설득력 있게 다가왔다.

외국어 공부의 어려운 상황에 굴하지 않고, 교리연마를 하면서 두가지 병행 공부에 행여라도 소홀히 하지 않았다. 마침내 영어 회화의 실력을 발휘할 기회가 왔다. 대학 2학년 겨울방학 때 삼동원에서 머물고 있었는데 기독교 선교사와 동행한 한국인이 이곳 신도안에 구경을 왔다. 영어에 관심이 많아서 그에게 접근하였는데, 영어로 어느 정도 의사소통을 할 수 있었다. 외국인에게 영어로 원불교를 안내하며 삼동원 생활도 소개했다. 밤에는 신도안의 중학생 모임 야학에 선교사와 함께 참여하였다. 야학생 대표인 류영순을 포함하여 8~9명의 야학생을 위해 나는 선교사를 통역하였다.

다음날 외국인 선교사를 대동하여 대산종사의 야단법석 장소인 서용추에 동행을 했다. 대담하게도 나는 대산종사의 법문을 선교사에게 통역하였다. 대학 2학년 때이므로 당시의 영어 실력으로는 법문을 온전히 이해하기도 힘들었는데, 통역을 한다는 것은 아무리 생각해 봐도 무리였다. 어디에서 나에게 그러한 용기와 배짱이 생겼는지 지금 생각해 봐도 신기하다. 원불교 교법은 한문이 많이 섞여 있으므로 충분히 숙지하려면 시간이 필요한데, 대학 2학년생으로서 대산종사의 즉문즉설(卽問卽說)을 통역했다는 것이 믿기지 않았다. 물론 '정확하게' 보다는 어림짐작으로 통역을 하였다. 당돌하고도 용기 있게 통역에 임한 것은 영어 교전을 몇 번 읽어보았기 때문에 그나마 가능하였다.

대산종사는 이날 저녁에 외국인과 나를 조실에 불러 성찬을 베풀어 주었다. 선교사와 같이 온 한국인이 나에게 "당신 통역이 맞는 것도 같고 틀리는 것도 같다."라고 했는데, 그의 말을 듣고서 부끄러웠다. 그는 원불교 교리를 이해하기 쉽지 않았을 것이고, 나 역시 영어를 제대로 통역할만한 실력이 없었던 탓이다. 하지만 나름 최선을 다하였으므로 홀가분한 하루였다.

대산종사의 시자(侍者)로 잠시 신도안에 머물렀던 좌산 이광정 종사도 내가 통역하는 모습이 대견해 보였던 것 같다. 세월이 흐른 어느 날, 좌산종법사는 나에게 사석에서 "자네가 신도안에서 법문 통역하는 것을 보았네. 열심히 하는 모습이 참 좋았다."라고 칭찬하였다. 대산종사는 용케도 통역을 한 나를 기특하게 여기며 나중에 유학하든지, 한국에서 대학원에 진학하라고 하였다. 대산종사는 경제적으로 열악한 나의 상황을 알았기 때문에 이내 유학을 포기하고 이곳에서 대학원을 다니라고 하였다.

어떻든 학창시절 기숙사에서의 영어공부는 나에게 하나의 도전이었다. 도학과 과학 사이 주종 본말의 문제가 등장하는 것은 당연한 일이었기 때문이다. 영어공부만 열심히 하는 사람, 또는 학과 공부만 열심히 하는 사람은 정말 잘 사는 것일까? 주객이 전도되는 삶을 살아서는 안 된다고 다짐하면서 외국어 공부에 포기하지 않도록 노력했다. 공부에 정성으로 임하면 그것이 외국어든, 교전이든 자신을 내던질 수 있는 열정이 발휘됨을 알게 해준다.

무엇이든 결정하면 여기에 집중한다는 것이 나의 철학이자 신념이었다. 훗날 동양철학을 석·박사의 전공으로 삼고 고전독해(古典讀解)에 집중했던 것도 이와 관련된다. 대학에서 교수로 활동하면서 원불교 사상 정립을 위해 저술에 열정을 쏟았던 것은 간사 생활과 예비교무 시절에 주위의 열악한 환경에도 굴하지 않았던 인내심 덕택이다. 양제우 교무가 우연히 만나서 나에게 "한번 마음을 정하면 그곳에 매몰되는 철산(哲山)님이 부럽습니다."라고 하였다. 양교무는 나를 지도교수로 하여 「원불교 성인관 연구」(2018)로 박사학위를 받았던 탓에 덕담한 것으로 보인다. 주변의 온갖 어려운 상황에서도 흔들리거나 포기하지 않은 나 자신에게 자랑스럽고 고마울 따름이다.

실행이 답이다

마법의 시간으로 '72시간의 법칙'이 있다. 이는 어떠한 결심이든, 판단이든, 지식이든 72시간 내 실천에 옮기지 않으면 무용지물이 된다는 법칙이다. 그러나 72시간 이내 실천하면 성공확률이 90%라고 한다. "내일 할게."라고 하면 오늘의 패자가 되고 말며 "오늘 할게."라고 하면 오늘의 승자가 된다. 실행의 마법이 여기에서 시작된다. 19세기 미국의 시인 존 그린리프 휘티어는 "아, 그때 해볼걸!"이라 했는데, 이것은 패자들의 넋두리에 불과하다.

미국 속담에 "Easier said than done."이라는 말이 있다. "실행보다 말은 쉽다."라는 뜻이다. 그러나 예비교역자의 삶은 인격 함양의 측면에서 말보다 실천이 중요한 때이다. 예비교무 2학년 가을학기에 작성한 수행일기를 소개해 본다. "우리는 이론보다 실천을 중요시해야 한다. 실천의 효력이 크기 때문이다. 어디에 처하든 중도(中道)의 실행으로서 부지런히 살아갈 것이다." 기질 변화에 실천이 중요하다는 것으로 대학생 때 지식만을 앞세우는 우를 범하지 말라는 자신과의 다짐이었다.

대학에서는 주로 이론을 공부하므로 지식에 밝은 교수들의 가르침을 받는다. 이론을 넓혀 지식을 확대하는 것은 옳지만, 중요한 것은 이론만큼 실천이 뒤따라야 한다는 점이다. 학문을 주업으로 삼는 대학생 때는 이론적으로 밝다. 그러나 아직 자력이 생기지 않아 실천의 힘이 부족한 편이다.

사실 성장하는 청소년기의 인생 계획은 멋지고 좋으나 실천이 안 되는 경우가 많다. 행동보다 말이 앞서는 고민은 누구나 있을법한 일이다. 청년기에 계획하고 다짐했던 말들을 다 실천에 옮기지 못하는 것이 아쉽기만 했다. 실천은 다 하지 못하지만 진실로 노력한다면 언젠가 꿈은 이루어질 것이다. 그래서 스스로 다짐과 고민하는 시간이 많아졌다. 대학생 시절에 남보다 더 충실하겠다고 다짐을 했지만 실천이 부족하였기에 하나같이 나의 실천 의지에 대한 조바심 섞인 성찰이 많았다.

이따금 나는 모순투성이 같았으며, 대중 앞에서는 좋은 이야기를 하고 일상의 생활에서는 실천과 일치되지 않았다. 앞으로 아닌 생각이나 그른 행동을 삼가면서 예비교역자로서 정의롭고 뿌듯한 자세로 살아가야 한다고 다짐하고 또 다짐했다. 이러한 다짐에는 이론과 실천에서 불일치한 점이 많았다는 증거이다. 책임을 다하지 못하는 허술한 점이 발견되고, 말을 하는데 경솔함이 많았으나, 대학생으로서 정기일기를 쓸 때의 수행 고백이 자성(自省)의 계기가 되었다. 머리에서 가슴으로 이동하는 것이 어렵기만 하다.

진정 반성만 하고 실천이 되지 못하면 무기력함만 더할 뿐이다. 실천이 없는 약속은 허무하기 때문이며 대학생 때가 더욱 그렇다. "오늘 하루를 무기력하게 보냈다. 시험공부를 열심히 해도 부족한데 오히려 안일해진 것이다. 종교인으로서 실천에 최선을 다하고자 노력하지 않을 수 없다." 실천하지 못하는 것은 무기력한 생활로 연결되기 때문이다. 한 해를 보내면서 기질 변화의 과정에서 투명한 양심의 유리에 비친 자신의 모습이 왜소해질 때 결국 무명의 나락으로 떨어지는 것이다.

실행에 있어서 문제는 너무 말을 앞세우는 것에서 나타난다. 소리 가운데 실천 없는 소리는 큰 반향이 있을 수 없다. 말로 하는 것보다 행동하는 것에서 큰 소리가 나온다. 수도인은 멈출 때 멈추는 공부를 하고, 중생은 경계를 따라 흔들리는 차이가 있으니, 중생 경계에 끌리지 않아야 한다. 일일삼성에 의해 날마다 반성하면서 인과를 새기며, 말을 앞세우는 습관을 극복하기 위해 묵언(黙言)의 날을 정해 놓고 자신을 돌아보는 시간을 갖곤 했다.

자신을 돌아보며 인과를 받아들이는 일이 적공의 출발이다. 실행력이 약한 성직 초보자들에 있어서 그 원인으로 인과를 잘 모르는 경우가 있다. 물질은 날로 개벽되고 있지만, 정신교육이 제대로 되지 못한 사람을 보면 사회에 물의를 일으키는 경우가 많으므로 인과를 철저히 실행해야 할 것이다. 기숙사에서 귀에 닳도록 받든 법문이 인과의 법문이었다. 1978년 7월 2일, 중앙총부 일요법회 시간에 김중묵 교무가 설교하였는데 법문의 내용이 인과에 대한 것이었으며, 모든 것을 실행하여 백전백승하는 삶이어야 한다고 했다.

선인 선과의 생활을 통해서 실천이 중요함을 터득하는 의미에서 회화 시간에 실천의 중요성을 체감하게 되었다. 급무들의 회화 시간에 나는 마음공부를 어떻게 하는가에 대해 밝히면서, 실천을 얼마나 정성스럽게 하느냐가 중요하다고 의견을 발표했다. 앞으로 4년 동안 지식만 배울 것이 아니라 참된 실천을 얼마나 많이 할 것인가에 노력해야 한다고 다짐한 시간이었다.

학림사 전체회화에서도 대화의 방향은 마찬가지였다. 실행의 힘을 멀리서 찾지 말고 바로 이 순간 '여기'에서 찾으라는 것이다. 어느 교우가 예비교역자의 자세는 요원한 것에서 찾는 것보다는 가까운 것, 즉 실행을 옮기는 것에 있다고 하였다. 행동의 지침서로 잘 알려진 고전(古典)으로서 주자와 여조겸이 편찬한 『근사록(近思錄)』역시 모든 일은 멀리서 찾지 말고 가까운 데서 찾으라는 가르침을 베풀고 있다.

결과적으로 부처를 향한 구도자의 출가 서원(誓願)에서 가르침을 찾아야 할 것이다. 그것은 초심의 부단한 실행력과 관련된다. 원불교에 출가한 본연의 자세는 머릿속에서 맴도는 지식이 아니라 세상에서 교화 임무를 실행하는 일일 것이다. 많은 사람이 부처와 중생 사이에서 살고 있다. 대중과 함께 대중을 정법에 인도하는 것이 부처로 가는 길이고 또 나의 현재 서원이다.

예비교무 2학년 때 우연히 본 저녁 MBC TV 프로 '원불교 인물사'에서 소태산 대종사와 교정원장이 소개되었다. 원불교가 중앙 매스컴에 홍보되는 모습을 보고 앞으로 내가 실행할 사회적 임무가 커지고 있다는 것을 깨달았다.

교단 교화와 세상 교화의 사명의식에 가득한 예비교역자로서 계문을 주문처럼 외우며 실천한 결과, 한 학기를 결산하는 학림사 종강 모임에서 하나의 결실이 있었다. 학림사 간부진들이 예비교무들을 대상으로 상을 선정했는데 나는 한 학기를 보낸 후 '기숙사 생활상'을 받았다. 잘 살지도 못했는데 생활상을 준 것은 앞으로 더욱 잘 살라는 뜻으로 받아들였다. 생활상이란 평소 실천을 앞세우며 솔선하는 예비교무들에게 주는 상이다.

생활상을 받도록까지 무엇보다 기숙사에서 열심히 살도록 한 것은 학림사 사감의 훈화였다. 사감님은 나에게 '주인의 마음'으로 살라고 하였다. 이 가르침을 받들면서 몸가짐 하나하나가 중요하다는 것을 알았다. 걸을 때의 자세, 앉을 때의 자세 등 행주좌와(行住坐臥)가 중요한 이유이다. 그렇지만 한순간 방심하여 오롯한 실천에 연결되지 못하는 것이 난제이다. 이성택 사감이 "학림사에서 가장 잘 사는 사람은 누가 바르게 실천을 많이 하느냐?"에 달려 있다고 해서 속으로 부끄러웠다.

예비성직자 시절의 전반에서 본다면 실천을 중시함으로써 '사무여한(死無餘恨)'의 정신을 새기곤 하였다. 그것은 창립 정신을 선보인 구인 선진 내지 보살도를 실행한 보현보살과도 같은 삶으로, 교법실천의 선구자들이다. 나도 선각(先覺)처럼 실천할 수 있는 사람이 되고 싶었다. 예비교무 2학년으로서 5월 22일의 수행일기에 "오로지 실천이 따라야 훌륭한 인격이 될 수 있다. 구인 제자의 정신을 이어받아야 한다. 그리하여 힘껏 노력하여 살다가 중생구원을 위해 죽어도 여한이 없는 마음으로 살아야 할 것이다."라고 기록하고 있음을 보면 참 도인의 심법은 실천에 있음을 점차 깨닫게 되었다. 시험문제 하나를 풀어본다면 '실행이 답'이라는 화두를 이제야 알게 된 것 같다.

익산역 폭발사고와 자원봉사

익산(이리)을 떠올리면 한동안 '이리역' 폭파사고로 인식될 정도였다. 오늘날 익산이란 전주와 군산을 포함하여 교통도시로 발전했는데 그 역사를 보면 1912년에 대전~익산, 익산~군산 간에 철도가 개통되었다. 이어서 1914년에 익산~목포의 호남선, 익산~전주의 경편철도가 개설되는 등 익산은 교통 및 교육도시로 발전하였다. 1911년 8월 익산 군청이 금마에서 익산으로 옮겨왔으며, 1931년 4월 1일 익산읍(이리읍)으로 승격되었다.

어느 날 익산의 한밤중에 고막을 찌를듯한 굉음이 울렸다. 순간 전쟁이 일어났는가를 의심했다. 익산역 폭발사건의 요지는 다음과 같다. 1977년 11월 11일 밤 9시 15분, 익산역에 주차된 화물열차에서 30톤 TNT가 폭발하여 익산역 주변의 시내가 수라장이 되어 집들이 파손되고 인명피해가 컸다. 역전에서 4km 떨어진 원불교 중앙총부의 모든 건물이 흔들리고 학림사 건물과 반백년 기념관의 유리창이 깨졌으며 지진이 난 듯 수초 간격으로 흔들렸다. 전쟁이거나 지진이 아닌지 걱정되었으며, 폭발사고 당시에 학림사 학생들은 텔레비전 축구 중계를 듣고 있었는데 너무도 놀란 표정들이었다.

지진과 같은 엄청난 진동을 느낀 후 TV 방송국의 자막 뉴스를 통해 익산역의 폭발을 알게 되었다. 사건인즉 신무일이라는 사람이 폭약을 실은 기차 화물칸에 촛불을 켜놓고 외출한 사이에 촛불이 폭약에 불이 붙어 폭발되었다는 것이다. 익산역 폭발사고는 한 사람의 무책임이 가져다준 재앙이었다.

　너무도 놀란 기숙사 예비교무들은 어떠한 상황이 전개될 것인가를 이내 알아차린 후, 내일 새벽 봉사활동에 대해 숙의를 하였다. 놀란 가슴을 쓸어내리고 11일 밤잠을 설친 후 다음날 새벽에 예비교무 모두는 폭발사고 현장인 익산역으로 봉사활동을 나갈 준비를 하였다. 평소의 새벽 좌선은 하지 않기로 하고 곧바로 역전의 사고 현장에 봉사하러 가기로 하였다.

　새벽 4시 50분, 눈을 뜨자마자 버스를 타고 익산역에 도착했을 때 사건 현장은 그야말로 전쟁터나 다름없었다. 역전 주변의 상가유리창은 좁쌀 모양으로 파손되어 있었고 많은 건물도 무너져 내렸으며, 사망한 시신들은 이미 수습된 상태였지만 참혹한 현장이었다. 월남전 뉴스에서나 보았던 사건 현장을 직접 목격하고 보니 전쟁터가 따로 없었으며 그야말로 아비규환이었다. 이내 슬픔을 참고 여기저기에서 우리의 손길이 기다리고 있음을 알았다.

　기숙사 교우들은 새벽 동틀 때까지 역전의 주변을 정리하면서도 슬픔이 가시지 않았다. 그것은 주변에 핏자국들이 목격되었기 때문이다. 건물이 반파되거나 완파된 곳들이 있어서 가쁜 숨만 내쉬고 한참 지켜본 후에 이 잔해물들을 한 곳으로 모으고, 또 모으면서 동녘에 동틈을 알았다. 정신없이 봉사하고 보니 얼굴에 땀을 흘릴 겨를도 없었다. 우리는 주로 유리창 파편과 부서진 건축물 잔해물들을 한 곳으로 모으는 일을 하였다.

　정신없이 건물 잔해더미를 정리하며 이내 놀란 가슴을 쓸어내린 후 잠시 묵념을 하며 영령들을 천도 축원해달라고 기도를 했다. "폭발사고로 숨진 영령들을 굽어살펴 주시고, 하루빨리 수습되도록 힘을 밀어주소서." 다음날에도 봉사활동을 하러 현장으로 달려왔다. "법신불이시여, 저희 예비교무들은 한마음 한 몸으로 폭발 현장에서 작은 정성으로 봉사활동을 하오니, 이번 참사로 억울하게 희생된 영령들에게 천도 발원을 염원하옵나이다." 신무일이라는 중생이 저지른 죄업을 용서해주시고, 희생된 영가들을 천도해달라는 간절한 기도와 현장의 봉사활동 외에는 다른 도울 일이 없었다.

폭발사고 후 며칠간 계속 봉사활동을 하였다. 예비교무만이 아니라 주변 교당의 교무와 교도들도 한 마음으로 동참하였다. 어제에 이어 봉사활동을 나왔다. 처참한 이재민들을 보니 육이오 전쟁, 월남 전쟁에서 보던 장면이 실제의 모습으로 나타나다니 믿을 수가 없었다. 마치 비행기 폭격으로 익산역 주변이 폭삭 가라앉은 것과도 같았다. 영화에서 보았던 전쟁의 참화를 현장에서 지켜보는 마음에 충격이 너무도 컸다.

봉사활동을 며칠째 하는 중 11월이라 날씨마저 춥고 비가 내렸다. 익산역 부근의 이재민들은 천막 속에서 생활하는데 비가 내리자 길은 질퍽하여 더욱 불편하게 느껴지는 하루였다. 마음속으로 동포애를 통해서 불공을 해야 하겠다고 생각했다. 원불교 신앙인은 모두가 기도하기를, 이재민 모두에게 희망을 주고 전화위복의 힘을 주라고 했다. 종교인은 사회구제에 적극적으로 앞장서야 하며, 그렇지 않으면 그 종교의 사명의식을 상실하게 된다는 절박감으로 봉사에 임하여 신앙체험을 하는 현장이었다.

봉사활동을 하면서 여전히 잔해들의 정리 작업이 힘들었다. 폭파로 인한 역전 주위의 피해지역이 광범위하게 펼쳐져 있었기 때문이다. 익산역 폭발사고로 피해당한 유가족들을 위해 꿋꿋이 4일째 봉사활동을 했다. 조금은 수습되었지만 대학생들은 주로 유리 파편을 쓸어 담고, 건물더미의 잔해들을 한곳에 모으는 일을 했다. 4일째에도 건물 잔해를 정리하는 작업을 해야 했던 것은 익산역 주변 창인동 지역의 범위가 넓을 뿐만 아니라 오래된 건물이 많아서 건물이 반파 및 완파된 곳이 적지 않았기 때문이다.

봉사활동에서 또 중요한 것은 폭발사고로 인한 이재민들을 돕는 일이었다. 그들이 춥거나 배고프지 않게 도와주는 일에 무엇보다 성심성의로 임했다. 아침, 점심, 저녁으로 이재민들을 위해 라면을 끓여서 나누어주는 일을 하였다. 라면을 먹으러 줄을 서 있는 장면은 가히 몇십 미터나 되었다. 밥을 먹을 수 없는 이재민들을 위해 라면을 삶는 일과 나누어주는 일이 보통 힘든 일이 아니었지만, 봉사심으로 임하면서 힘들다는 기색을 할 수 없었다. 라면 이라도 먹기 위해 50m의 긴 줄을 서 있는 모습을 보면서 사회봉사의 보람이 크다는 것을 알았다.

봉사활동을 전력으로 하느라 학교 수업에는 등한시 하다시피 하였다. 그 렇게 밤낮으로 봉사를 하는 과정에서 온몸이 쑤시며 아팠으나 사회 불공의 가치를 체험하는 현장이었다. 예비교무들의 익산역 폭발사고 봉사활동은 꼬 박 4일간 진행되었다. 학교 수업에는 최소한으로 참여하고 봉사활동에 전념 하다 보니 어느새 얼굴도 타고 손발도 부르트고 몰골의 모습들이었다. 종교 인은 사회참여의 정신을 통해 종교 본연의 역할을 한다는 점에서 예비교무 로서 수업에 앞서 사회불공이 무엇인가를 파악하는 중요한 계기가 되었다.

봉사활동 후 며칠이 지나 기숙사에서는 이재민을 위한 성금을 모으기로 결의하였다. 여러 방안을 생각한 끝에 구두닦이를 하기로 하였다. 기숙사 신 입생들(터원)이 하루 수업을 잠시 쉬고 구두닦이를 했다. 예비교무들이 교무 들의 구두를 닦아드리고 봉사 수고료로 받은 금액을 익산역 폭발사고 이재 민을 위해 사용하자는 취지였다. 일심으로 교무들의 구두를 닦아드리고, 그 금액으로 고통받는 사람들을 위한다는 생각에 육신은 조금 힘들었으나 보람 이 있었다. 종교인의 사명의식이 여기에서 드러나는 것이다.

이재민을 위한 예비교무들의 성금 모금 두 번째 날은 일일 찻집으로 진행 되었다. 찻잔을 나르면서 가치 있는 일이라 생각하기는 했지만, 3일 후 기말 시험을 봐야 하는 처지라 당황하고 불안했다. 이럴 때일수록 마음을 챙겨서 화합해야 한다는 차원에서 찻집 장사를 잘 마무리했다. 구두닦이와 일일 찻 집을 통해 마련된 구호 성금이 비록 많지는 않았으나 이재민돕기위원회에 기꺼이 전달하였다.

교단에서는 구호 성금의 마련 외에도 합동위령제를 올렸다. 원불교 주최로 익산시 폭발사고로 희생된 열반인들을 위한 위령제를 원광여고에서 올렸으며 예비교무와 교도들이 동참하여 애도를 표했다. 비록 억울한 희생이었지만 다시 새 생명을 받아서 생전에 못다 한 일을 할 수 있도록 간절히 기도를 올렸다. 위령제를 통해 희생 영가들의 영혼을 맑히는 일은 피안(彼岸)의 내생에 어떠한 고통도 없이 극락의 삶을 살아달라는 간절한 염원과도 같았다.

그 외에 원불교에서는 중요한 행사에 직면하여 여러 봉사활동을 하면서 음식 공양을 하였다. 12월 1일 명절대재를 맞이하여 떡과 라면을 익산역 폭발사고의 이재민들에게 공양한 것이다. 교단의 지역사회 교화라는 점에서 참으로 의미 있는 일이라 생각하였다. 지역사회와 함께 나누는 종교의 사회 참여적 역할은 지대하기 때문이다.

교단사적으로 돌이켜 보면 1945년 8월 31일 국가에서 조선재외 전재동포 구제회가 결성된 것에 이어, 9월 초 원불교에서는 전재동포구호사업을 시작하였다. 익산역을 중심으로 서울, 부산, 전주 지역에서 전재민 구호사업을 적극적으로 추진하였다. 약 7개월 동안 급식 인원이 20만 명 이상이었으며, 원불교 교역자로서 송도성, 유허일 외에 황정신행 등이 주역을 맡았다. 이 사업은 "동포를 살리기 위하여 거리로 간다."라는 구호로써 전개된 사회 불공의 역사적 단면이었다.

대학에 입학한 지 1년도 되지 않아 재난을 당한 지역사회를 위하여 봉사활동을 할 수 있는 시간이 주어진 것은 종교인이자 수행자로서 큰 보람으로 다가왔다. 피해는 누구나 당할 수 있다는 측면에서 이웃이 한 가족임을 알고 그들을 진정으로 위로를 하는 자원봉사의 시간을 가진 것은 예비성직자로서는 삶의 소중한 체험 현장이자 산교육의 장이었다.

감기몸살과 휴학 유혹

무과불급(無過不及)이 좋다고 했다. 욕심이 과하여 몸이 말을 듣지 않아 몸살을 하는 경우가 매년 두어 차례 있었기 때문이다. 심하면 감기도 사망의 원인이 될 수도 있는 것이다. 감기로 죽은 사람이 있다고 하면 믿을 것인가? 독일의 본에서 태어나, 오스트리아 빈에서 살다 죽은 베토벤이 감기와 폐렴의 합병증으로 투병하다가 57세에 세상을 떠났다.

원불교 대학원이 생기기 이전, 기숙사에서 4년 동안 기거하는 예비성직자들은 스스로 심신의 건강을 챙기지 않으면 안 되는 공동체 구조 속에서 살아가고 있었다. 개인을 위한 편의시설보다는 공동체 중심의 수행공간으로 구조화되어 있기 때문이다. 바쁜 일상에서 스스로 심신 단련의 운동을 한다면 건강관리에 무난하리라 보지만, 그렇지 않을 때 건강을 상하는 경우가 있다.

기숙사에서 단체생활을 하면서 겨울철, 바이러스 감염에 쉽게 노출되어 감기가 쉽게 낫지 않곤 했다. 사가에 있다면 공동체 생활과 달리 많은 사람을 접하지 않고 어머니의 자상한 챙김을 받는데 서원관 생활은 그것이 불가능하다. 몸이 심하게 아팠을 때 몰골이 됨은 물론 용돈이 떨어져 약을 살 형편이 안 되는 경우가 있었다. 주위여건이 불비(不備)한 관계로 감기가 오래가는 것은 어쩔 수 없는 일이었다. 더구나 몸에 온기(溫氣)를 불어넣어 줄 따뜻한 겨울 코트 한 벌도 없었다. 개인적으로 구매할 여력이 부족했고 속에 털이 없는 빛바랜 바바리코트 한 벌의 단벌 신사였다. 외출복이 부족한 나는 바바리코트를 세탁한 후 말려서 입으니 그나마 온기가 조금은 있었다. 종일 강의를 들으면서 추위 고생하였기 때문에 몸의 온기를 품어주는 정도의 옷이라도 좋았다. 겨울이 다 지났는가 싶더니 밤에 또 춥고 머리가 아파서 감기에 걸릴 것 같은 느낌이 들었다.

평소 건강이 썩 좋은 편은 아니었으며, 그렇다고 체질상 약골은 아니었다. 4년 동안 대학을 다니면서 입원할 정도로 크게 아프지 않았으며, 다만 겨울에는 계절성 독감에 걸리는 편이었다. 비염이 있는 사람처럼 목소리가 편치 않았고 수업 시간에 코를 훌쩍거려 주위에 미안함도 있었다. 코를 훌쩍거리면 주변 교우들이 걱정된 표정으로 감기에 걸렸느냐고 묻곤 하였으며, 부담을 주지 않기 위해서 비염이 좀 있어서 그렇다고 했다.

요즘과 달리 1970년대의 대학가에는 따뜻한 아메리카노 커피가 없었으며, 만일 유행이라도 했다면 온기를 채우기 위해 커피라도 한 잔 마시며 차가운 몸을 녹였을 것이다. 학창시절을 한참 지나 늦게야 커피가 유행하였다. 2001년 12월 31일 안훈 교무가 메시지를 보내오기를, 감기에 걸리면 커피로 몸을 녹인다고 하였다. 수지침 박사가 무슨 감기냐고 사람들이 막 웃고 있다며, 감기에 따뜻한 생강차나 커피가 좋다고 했다. 그 시절 그 인연이 나를 지도교수로 하여 2022년에 「원불교 상·장례 문화의 방향 연구」로 박사학위 논문을 제출하여 철학박사가 되었다.

누구나 심하게 아파본 경험이 없는 사람은 아픈 사람의 심정을 잘 모른다. 아파봐야 아픈 사람의 세정을 알 것이다. 나의 일기장에 고통을 체험한 감성이 그대로 나타나 있다. "대학 2학년 새 학기를 앞두고 독감에 걸려 밥맛도 없고 생동감이 마비되었다. 누구나 느끼겠지만 아픈 사람의 심정을 누가 알 것인가?" 가벼운 감기가 아니라 지독한 감기를 앓았던 당시의 순간을 지금도 생생하게 기억하고 있다. 머리끝까지 아프고 한기가 침범하여 오들오들 떨면서 밥도 제대로 먹지 못했다.

평소 기숙사 생활 가운데 부담 없는 시간에 아프다면 그나마 다행이다. 하필 대학시험 기간에 감기가 심하게 걸려 공부도 하지 못하는 경우 마음에 번민이 생겼다. "중간고사 기간인데 심한 감기에 걸렸다. 시험 준비를 하는데 힘들었던 것은 물론이고, 온몸이 쑤시고 아팠다." 10월에 중간고사를 앞두고 몸살감기로 인하여 정신과 육신이 따로 노는 기분이었다. 시험 기간에 정신 차려 공부해야 하는데, 육신이 말을 듣지 않았기 때문이다.

아무리 아프다고 해도 법회에 빠질 수는 없지만, 새벽 일과를 지키지 못한 경우가 있었다. 대학생 시절 10월 12일 밤, 심하게 아파 독감으로 누웠는데 잠을 설쳤고, 아침 좌선 시간에 온몸이 떨리고 추워서 좌선을 나가지 못했다. 게다가 중간고사 준비를 하지 못하여 너무 힘든 하루가 되었다. 저녁 수요야회 시간에 간신히 법회에 나가서 설교를 들었는데 「유능한 운전사가 되라」는 제목이었다. 심신이 건강해야 멋진 운전사가 될 것 같다. 젊은 시절의 감기는 다행히 기력 회복이 빠르게 나타났으며, 감기몸살을 앓고 난 후 건강을 지키기 위해 곧바로 운동을 하고자 했다. 하지만 며칠 전부터 걸린 감기가 가시지 않고 아침에는 기침이 나왔다. 이열치열(以熱治熱)이라 하듯이 몸을 추스르고 일어나 오후에 교우들과 축구를 하고 나니 몸이 좀 풀리는 것 같다. 나를 지독하게 괴롭혔던 감기가 5일 지나면서 어느 정도 몸 상태가 회복되었다.

건강의 중요성을 더욱 느낀 것은 '은생어해(恩生於害)'라던가, 지독한 독감을 앓으면서이다. 예비교무 때 감기가 단골로 찾아오는 것은 겨울철로서 해마다 거치는 과정이었다. 물론 감기는 겨울에만 걸리는 것은 아니었다. 대학 2학년의 4월 어느 날에도 감기몸살로 몹시 아팠다. 기숙사에 머물며 며칠간 학교에 가지 못하고 이불을 뒤집어쓰며 땀을 빼기를 여러 번 해도 낫지 않았다. 같은 방에 사는 교우가 밥을 가져와서 먹어도 모래를 씹는 듯 도저히 밥알이 목구멍으로 넘어가지 않았다. 동지의 성의를 보아서 억지로 먹다 보니 체하기도 하였다.

　결국, 독감으로 기력이 빠지자 한기두 사감께 몸이 아파서 1년간 휴학하겠다고 하였다. 사감님이 흔쾌히 허락해줄 줄 알았는데 오히려 호통을 쳤다. "성태, 네가 감기 하나로 아프다고 휴학을 하느냐?"라고 꾸중했으니 야속하기도 했다. 중간고사는 다가오고 밥알은 모래알 같이 넘어가지 않아서 간신히 휴학이란 말을 꺼냈는데 서운했던 것도 사실이다. 지금 생각하면 휴학을 안 하기를 참 잘했다고 본다. 만일 휴학을 했더라면 학문을 연마할 시기에 공백이 생겼을 것이며 휴학 기간에 신심이 약해졌을지 모른다.

　원불교 초기교단 시절, 헌타원 정성숙 교무가 독감을 앓아누워 있을 때 소태산 대종사는 헌타원의 이마를 짚어주며 "이마가 참 단단하구나. 신심만 있으면 쉽게 나을 것이다."라고 했다. 나 역시 아프다는 핑계로 잠시 신심이 흔들릴 수 있었는데, 사감의 호령 덕택에 감기로 인한 휴학을 하고 싶은 마음을 접었던 것은 신심을 키움에도 도움이 되어 다행이라 본다.

　감기 환자가 늘어나는 것은 시공을 초월하여 있는 것 같다. 어느해 12월 3일 한 예비교무가 메일을 보내왔다. "요즘 학림사에서는 감기 환자가 점점 늘어나서 큰일이에요. 교수님 시험 기간에 다가오니 몸도 마음도 바빠지는 것 같아요." 또 어느 교무가 11월 9일 보낸 메일 내용이다. "추운 겨울이 다가왔네요. 감기는 걸리지 않았나요? 목감기로 고생하고 있어요. 교무님과 따뜻한 차 한 잔 마시며 즐거운 이야기를 나누는 기분으로 글을 적어봅니다." 스트레스를 받지 않고 건강관리를 잘해야 할 것이라고 다짐했다.

　하루하루 쌓인 스트레스가 병인 것 같다. 미국의 셸던 코언 교수는 "대인관계나 직장에서의 업무로 최소한 1개월 이상 스트레스를 계속 받은 사람은 그렇지 않은 사람보다 감기에 훨씬 잘 걸린다."라고 했다. 아쉽게도 서원관 생활에서 절제하지 못한 과로에 힘든 경우가 많았다.

강연대회와 학술발표 참가

예비교역자 시절의 공부 표준은 학문을 연마하는 지식 불공에 중점을 두면서도 좌선을 통한 정신수양에도 소홀히 하지 않고서 양자의 주종(主從)관계를 분명히 하는 것이었다. 그러나 학문을 중시하는 대학 생활이라는 상식적 사유로 인해 지식 불공의 강연대회와 학술대회에 관심을 두지 않을 수 없었다.

도학과 과학의 겸전(兼全)이라는 생각이 바른 공부 자세임은 말할 필요가 없지만, 대학생이라는 점에서 학문 불공도 중요한 것은 사실이다. 1977년 3월 27일, 기숙사에서 강연대회에 찬조 출연한 것으로는 다음과 같다. "아침에 원심합창단(원불교학과 전체 합창단)은 이리교구가 주최한 원불교 개교기념 사상강연회를 원광대에서 개최하는 데 참석해서 성가와 개교축제가 등 4곡을 부르고, 김제지구에서 개최하는 강연 대회에도 참석하여 성가를 부르고 왔다." 이처럼 대학생 때의 특별 활동으로서 강연회와 성가대회 등이 다양하게 전개되었다.

도(道)를 공부하면서도 학(學)을 무시하지 않도록 하는 활동 과정으로서 예비교무 시절은 서원관 과정과 대학 수업을 통해 지적 영역을 확충시키고 마음 지도자의 길을 밟는 과정이다. 1학기 강연을 준비하면서 「솔성요론」 9장 "무슨 일이든지 잘못된 일이 있고 보면 남을 원망하지 말고 자기를 살필 것이요."라는 제목으로 연마를 시작하였다. 본 강연을 통해서 평소 원망생활을 하는 일은 없었는가를 살펴봤다. 예비교역자로서 강연에 참여함으로써 미래 교화자로서의 설교역량이라는 기초를 쌓게 되는 것이다.

사리연구의 방법으로 강연을 하는 이유는 기성 교역자가 되면 일선 교당에서 설교역량을 키우기 위함이며, 교무로서 교리강습을 하는 데 도움을 얻자는 것이다. 강연을 통해서 나는 지적 사유와 자신의 행동을 살피는 데 얼마나 노력했는지를 반성했다. 이 강연의 공덕으로 학림사 생활의 참 주인, 전무출신의 참 일꾼이 되도록 해야 한다.

혜두 단련이라는 강연의 목적은 그저 지식만 확충하면 되는 것이 아니라 도덕적인 삶에 영향을 받도록 성찰하자는 것이다. 소피스트 가운데 케오스 섬 출신의 프로디코스는 도덕 철학적 우화 『갈림길에 있는 헤라클레스』의 저자로서, 강연을 통하여 여러 가지 방식의 외적 선행, 삶 및 죽음을 전개하면서 당시의 도덕적인 삶에 영향을 주고자 하였다. 세계 구원의 사업에는 도덕성을 중시하는 강연의 목적과도 관련되며, 여기에 부단한 신행(信行)의 노력이 필요하다.

하지만 대학 2학년 1학기 강연대회에서 나는 충분한 연마를 하지 못해서 약간 아쉬움이 있었다. 스스로 연마해서 훌륭한 강연을 해야 하는데 원고작성도 늦어져서 연마를 조금밖에 하지 못했다. 안일에 빠진 나 자신을 보고 본업(本業)인 세계사업을 하려는 준비에 소홀히 한다면 어찌할 것인가를 성찰했다. 원광대의 교훈처럼 지성과 덕성을 겸비하는 '지덕겸수(知德兼修)'의 강연이 참으로 중요하다는 것을 깨달았다.

지덕겸수의 대학생으로서 강연 외에 학술대회에 참가하는 일도 필요하다. 대회의 성격상 강연대회는 기숙사 안에서 개최하였고, 학술대회는 대학 세미나실에서 개최하였다. "오늘 원광대 학술대회가 6월 3일부터 4일까지 진행되었다. 1학년으로서 선배 교우들의 학술대회를 유심히 경청하며 학문의 진수를 배웠다." 고등학생 때에는 어쩌다 백일장에 참여하는 정도였지만, 대학에 들어온 후 학문의 꽃인 학술대회에서 선배 교우들이 발표하는 것을 보고 형설의 공을 쌓는 일이 중요하다고 생각했다.

예비교역자로서 점차 학년이 올라가면서 형설의 공을 생각한 나는 두 번의 학술대회에 참석하여 발표하였다. 1979년 3학년 때 첫 학술발표로서 「원불교 용어에 대한 고찰」이었다. 이 논문을 준비하면서 지도교수를 찾아가 목차를 점검받고 발표를 하였다. 원불교 용어의 특징을 밝히고 바람직한 원불교 용어의 활용 방향에 대하여 중점적으로 연구하였다. 원불교 용어는 일반성, 표준성, 통일성, 시대 상황성, 주체성을 중심으로 사용되는 지혜가 발휘되어야 한다는 것이다.

예비교무로서 지혜 발휘의 역량을 키워가는 학창시절에 학술발표를 하면서, 각 종교의 고유 용어가 그 종교를 신앙하는 당사자에게는 쉽게 전달될지 몰라도 무종교인이나 이종교인에게 어색하게 들리는 경우가 있다면 바람직하지 않다는 점에 초점을 두었다. 대학 1~2학년 때에는 아직 학술발표 분위기에 익숙하지 않았지만, 학년이 높아질수록 지적 수준이 확대되어야 한다는 책임감이 뒤따라 직접 참여하였다.

대학 3학년 학생으로서 학술발표에 참여한 결과 최우수상은 받지 못하고 우수상을 받았다. 우수상이라도 받은 것은 나의 힘이 아니라 지도교수의 세심한 논문지도가 뒤따랐기 때문이라 본다. 대학 시절의 학술발표는 얼마만큼 논문지도를 잘 받느냐와 직결된다는 것을 알았다. 논문완성의 체계는 선지자(先知者)의 가르침으로 전수되기 때문이다.

대학 4학년이 되어서 두 번째 학술발표회에 발표자로 참여하였는데, 3학년 때 학술발표의 경험을 교훈 삼아 더욱 연마하였다. 마침내 학술발표에서 최우수상을 받게 되어 자아 성취감을 맛보았다. 학문연마에 몰두하는 마음으로 영어 공부를 열심히 한 결과, 원서들을 참고문헌으로 인용함으로써 「라다크리슈난의 종교 회통에 대한 연구」를 발표할 수 있었다. 원탑제 일환의 학술경연대회에서 최우수상을 받아 너무도 행복하였다. 120여 명의 예비교무 앞에서 부러운 시선을 받고 고진감래의 인과원리를 터득하게 된 것이다.

그렇다고 학술발표는 반드시 상장을 받아야 하는 것은 아니라고 본다. 논문을 쓰느라 얼마나 정성을 들이느냐가 중요하며, 논문을 쓸 만큼 독서량이 뒷받침되느냐도 중요하다. 여기에서 간과할 수 없는 것으로 논문의 형식에 더하여 논문 전개의 문제의식이다. 종교 회통을 주제로 삼았으므로 원불교의 유·불·도 3교 통합활용의 정신에 따라 라다크리슈난의 종교철학 그리고 인도철학과 연계하였다.

당시 심사 교수이자 문리대 학장으로서 류병덕 교수는 최우수상을 수여하면서 다음과 같이 언급하였다. "대학생으로서 영어 원서를 번역하여 논문을 썼다는 점에서 최우수상을 받을만한 가치가 있다." 그간 외국어 공부를 하는 데 주변의 곱지 않은 시선을 아랑곳하지 않고 지속한 결과, 원서의 번역을 통한 논문작성은 나에게 하나의 성취감과도 같았다. 영어 자체만의 공부가 아니라 방편의 외국어 공부를 통해서 지평(地坪)을 넓히면서 틈틈이 정진했던 결과이다.

류병덕 학장은 심사평을 덧붙이고 있다. "류성태가 아직 학부생임에도 불구하고 원서를 통해서 학술발표를 한다는 것은 칭찬해주어야 할 일이다."라고 하며 최우수상을 주는 이유를 밝혔다. 원서를 통한 논문작성은 대학생 때보다는 석사 이상이어야 가능하다는 것이다. 이에 더하여 박사과정에 들어가서 영어만이 아니라 한문·일본어를 참고자료로 이용하는 지혜가 십분 발휘되었다. 최우수상을 받은 계기로 1986년 원광대학교 박사과정에서 공부할 때 원광대학교 출판국을 통해서 라다크리슈난이 지은 『전환기의 종교』A Religion in a Changing World 를 김낙필·김혜광·안자은 교무와 공동으로 번역서를 발간하였다.

라다크리슈난에 대하여 석사 논문을 쓴 김성훈 교무의 논문을 읽으면서 논문작성에 많은 도움이 되었다. 김교무는 나의 논문을 읽으면서 라다크리슈난은 인도의 대통령이자 옥스퍼드대 교수를 역임한 분이라며, 그에 대하여 심도 있는 연구의 필요성을 강조하였다. 라다크리슈난은 원불교 정신과 어울리게도 종교 회통을 주장하였다. 또 서양 근세철학의 비평가로서, 인도의 철학적 전통에 대한 신념을 보인 역사가로서『인도철학사』를 저술한 세계적 석학으로 잘 알려져 있다.

지식 불공을 하던 학창시절을 회고해 보면, 예비교역자 4년 동안 매년 강연대회에 참가하면서 설교 연마를 했다. 또 학술대회에서 모두 두 차례 참여하여 적극적인 교리연마 및 학술연마의 디딤돌을 마련한 것이다. 학창시절에 학문 천착(穿鑿)의 과정을 밟음으로써 실제 교수가 되어 연구 활동에 원동력이 되었다. 그것은 소태산 사상을 보편화·철학화를 추구하는 데 도움이 되었다는 뜻이다. 지난 나의 학창시절은 외학(外學)을 터부시하던 때였지만, 다행히 외서(外書)를 섭렵하면서 원불교 해석학의 지평 확대라는 지적 가치관의 확립과 교학(敎學) 심화에 가교가 된 것이다. 이러한 과정들은 인재 양성 기관에서 고등종교로서의 원불교 위상을 정립하는데 일익이 되리라 본다.

언젠가 서울대학교 교수 윤이흠 박사는 한 학술대회에서「사회변동과 한국의 종교」라는 주제로 다음과 같이 말하였다. "원불교가 전개한 사업들 가운데 가장 괄목할만한 분야는 역시 학술 및 교육사업이다. 이는 역시 원광대학이 그 기반을 이루고 있다." 또한, 1951년 9월 5일 원광대학 인가를 계기로 원불교는 인재 양성, 그리고 원불교 사상의 대사회적 보급이라는 과제를 현대 대학 기구를 통하여 해결할 수 있다고 하였다. 교학의 정립에 외국어 연마는 물론 학술서적의 독서, 그리고 교서의 심오한 이해와 열정이 뒷받침되는 그야말로 지식 불공이 앞으로도 후학들에게 더욱 필요할 것이다.

교육부 선발 해외여행

대학 4학년 때 발생한 일로서 1980년 5월의 광주 민주항쟁을 생각하면 지금도 가슴이 저려온다. 5월의 설움을 예견했던가, 전국에 계엄령이 선포되었다. 어수선한 시국을 안정시켜달라고 심고를 올린 후 새벽 좌선하러 중앙총부 대각전에 가는 도중 총부 정문(원광대 후문)을 바라본 순간, 그곳에서 군인들이 무장을 한 채 지키고 있었다. 놀란 가슴을 쓸어안고 좌선을 마치고 돌아왔다. 학교는 휴교령이 내려졌으며 어떠한 사람들도 대학 정문에 들여보내지 않았다. 일부 학생들은 수업을 받지 못하고 체루탄이 쏟아지는 주변 도로에서 데모하는데 연기가 자욱하여 눈물이 흘러나왔다.

이러한 와중에 국가 문교부(현 교육부)는 동년 6월, 대학생 40명을 선발하여 8월에 대만과 일본에 견학을 보내려는 공문을 전국의 대학에 보냈다. 80년 5월을 추모하며 착잡한 마음으로 해외여행을 하는 기회가 온 것이다. 원광대에서 영문과 고환택과 원불교학과 류성태 2명의 학생이 대표로 선발되어 광주민주화운동이 일어난 지 3개월 만에 해외연수를 떠나게 되었다. 기대에 한껏 부풀었지만 한편으로 편하지 않았다.

이 같은 민주항쟁의 슬픔에 잠겨 있을 수만은 없었다. 어떻든 교육부의 해외연수 파견계획으로 원광대에 2명이 할당되었기 때문에 나는 이에 타천(他薦)으로 응모하였다. 영어 회화를 할 줄 알고 모범 학생이라야 하는데 원광대학교가 종립대학이므로 원불교학과 학생이라는 명분도 얻었다. 당시 면접 관은 원광대 교무처장이자 교도였으며, 이에 나는 예비교역자의 프리미엄을 갖고 또 면접할 때 영어 회화가 어느 정도 가능했다는 점에서 높은 점수를 받았다.

해외 연수의 원광대 대표 자격으로 선발되면서 학교에서는 일본을 선택할 것인가, 대만을 선택할 것인가를 결정하라고 했다. 나는 대만을 선택하였으며, 그 이유로는 일본 선택은 보름간 일본만을 여행하며, 대만 선택은 대만 10일과 일본 5일의 기회가 주어져 양국을 여행할 수 있었기 때문이었다.

난생처음 해외여행을 준비하는데 마음의 설렘은 잠시 멈추고 각종 서류를 작성하며 여권을 발급받는데 분주하게 움직였다. 1980년은 해외 자유여행이 있기 이전이므로 서울에 가서 하루의 소양 교육을 받아야 했다. 기차를 타고 소양 교육을 받으러 가던 날, 나의 심장은 서울역에 닿기 전부터 뛰었다. 소양 교육 담당자는 대학생들에게 한국인으로서 긍지를 가지라고 하면서 국제 예절을 가르쳐주었다. 아리랑 노래를 합창하고, 방문할 대만 민요를 배우는 등 흥미진진한 교육 프로그램이었다.

소양 교육까지 받은 후 처음 해외연수를 시작한 것은 예비교무 4학년 때였다. 기숙사생들은 연수를 앞둔 나를 부러워하였으며, 처음으로 해외여행을 간다고 생각하니 꿈을 꾸는 것과도 같았다. 학림사와 정화원생들은 수요일 야회 때 대각전에서 나에게 '해외포교가'를 불러주며 짧은 환송회를 해주었다. 교단 교역자의 경우, 1959년 숭산 박광전 원광대 총장이 처음 구미와 동남아 여행을 갈 때 김포공항까지 배송했던 것이 생각났다. 지금이야 해외여행이 자유화되었으므로 이웃집 드나들듯이 떠나지만, 당시의 해외여행은 매우 이례적인 일이었다.

마침내 1980년 8월 30일~9월 14일까지 보름 동안 생애 첫 해외여행이 시작되었다. 난생처음 비행기를 타볼 기회를 얻었다. 비행기를 처음 타보는 심경은 어떠하였겠는가? 비행기 타기 전 신발을 벗고 타야 한다는 농담에 실제 그렇게 타려는 순진한 대학생들이 있었으니 격세지감이다. 오늘날은 80년대의 학창 시절과는 크게 다르지만 '현대'를 특징짓는 3V는 Visa(해외여행), Visit(교제), Villa(별장)이다.

비자를 발급받는 것이 아무렇지도 않은 현재의 일상이 1980년의 비행기를 처음 탄 순간과는 천양지차였다. 그 시절 시골 아이가 어쩌다 출세하여 횡재를 얻었나 싶었다. 황홀하게도 비행기 아래에서 구름이 지나가는 것을 보면서 고등학생 펜팔 때 외국을 가고 싶은 꿈이 이루어지는 것 같았다. 구름 위에서 뛰어놀고 싶었던 동심(童心)이 현실로 나타난 것이다. 약 2시간 30분의 비행을 마치고 대만 송산 비행장에 안착했다. 대만은 아열대기후이기 때문에 한국보다 훨씬 더웠다. 땀을 뻘뻘 흘리면서도 어린이가 된 마냥 공항을 두리번거리며 촌놈이 국제신사가 된 기분에 마음이 한껏 들떠 있었다.

날씨가 덥다고 해도 동행한 한국의 남학생들은 국제신사답게 넥타이를 매고 여학생들은 한복을 입고서 이국의 주변을 다니다 보니 애국심도 생기는 등 한국 대학생으로서 자랑스러웠다. 대만에 도착한 첫날 저녁에 대만의 한 체육관에서 외국인을 비롯한 한국 대학생을 환영하는 퍼포먼스가 열렸다. 한국과 대만은 당시 반공 국가로서 이념을 같이하며 양쪽 대사관을 운영하는 반면, 중국과는 교류가 막히어 있는 상태였다. 한국이 남북으로 나뉘고 대만도 중국과 나뉜 점에서 자유를 수호하는 민주국가이자 반공 국가라는 점에서 끈끈한 유대관계 속에 있었다.

해외여행의 둘째 날부터 대만의 명승지를 둘러보았다. 곳곳을 둘러보는 가운데 가장 인상에 남은 것이 장제스 총통의 기념관인 중정당 방문이다. 이곳을 방문했을 때 드넓은 공간의 중정당 기념관은 건립한 지 5개월밖에 되지 않았기 때문에 새롭게 단장한 모습 그대로 장엄하고 아름다웠다. 1975년 장제스 총통이 서거하자 그의 위업을 기리기 위한 기념관 설립이 국가적 사업으로 추진되었고, 1980년 4월 5일 중정기념당이 정식 개관되었다.

다음 방문지로는 자은탑(慈恩塔)이 있는 일월담을 방문하였다. 9층 탑으로서의 자은탑은 장제스의 모친을 위해 만든 탑이다. 탑 꼭대기에 올라가 보니 생각보다 높았다. 이 탑의 위치는 대만 타이중 남역현(南役縣)의 일월담(日月潭)에 있으며, 이곳 경치가 아름다워 함께한 대학생들과 단체 기념사진을 찍었다. 그 외에 공자사당을 방문하고, 불교사찰과 도교사원 등을 방문하면서 견문을 넓히었으며, 특히 대만국립박물관을 방문하였을 때 그 규모가 장대함을 알았다. 상당수의 국보급 보물들은 장제스가 중국에서 대만으로 건너올 때 가져온 것들이다.

10일간의 대만 연수에 이어서 우리 일행은 일본으로 향했다. 일본에서는 5일간 머물렀다. 애초 일본을 희망한 대학생들은 일본에서 보름 동안 머물렀는데, 대만을 희망한 대학생들은 대만에 더하여 일본에서 머무는 일정으로 여행을 하였다. 일본 명승지를 방문한 곳은 동대사를 비롯하여 나라, 그리고 임진왜란을 일으킨 장본인 도요토미 히데요시를 기념하는 오사카성이었다. 이어서 유명한 온천을 방문하여 일본인들의 목욕문화를 접할 수 있었으며, 다다미방에 더하여 기모노를 입은 일본 여성들의 옷이 색다르게 보였다.

일본에서는 연수책임자가 우리 대학생들에게 점심과 저녁 식사비를 각자 나누어 주어 자유여행 형식으로 진행하도록 하였다. 일본을 여행하면서 신기하게 느낀 것은 신간선 기차의 속도감이었다. 시속 200~250km로 빠르게 달리는 모습을 보고 우리나라는 언제 이렇게 빠른 기차가 다닐 수 있을까를 생각해 보았다. 괄목상대라 할까? 오늘날 한국 고속열차는 시속 300km를 넘게 달리는 점에서 그동안 한국의 발전상은 눈부시기만 하다. 그리고 자동차가 엄청 많았는데, 당시의 기억으로 일본의 차는 100만대를 넘었고 한국은 20만대 정도였는데, 오늘날 한국은 현대와 기아 등의 자동차 선진국이 되었다.

동방예의지국 한국에 비해 일본사람들은 질서를 잘 지키고 참 친절하다는 것을 느꼈다. 어느 날 저녁에 한국 대학생 일행들과 일본식당에 들어갔는데, 식사 후 나올 때 한국 학생들의 신발은 어지럽혀져 있었고, 일본인의 경우 신발이 가지런히 정리되어 있었다. 나는 이에 여행 가이더에게 "일본식당의 주인이 한국 사람들을 차별하는 것 같다."라고 하자, 가이더는 "일본인들은 스스로 신발 정리를 잘한다."라는 답을 듣고 이내 부끄러운 마음이 들었다.

해외연수에 함께한 대학생들과 여행을 주도한 임원들은 각 명승지에서 기념사진을 남겼다. 각자 가지고 간 카메라로 연신 셔터를 눌러댔다. 후지산을 방문했는데 후지산 정상에는 하얀 눈이 소복하게 쌓여 있었으며, 명승지답게 이곳에서 40여 명의 한국 대학생들과 임직원들이 기념사진을 찍었다. 후지산은 우리나라의 백두산이나 한라산처럼 유명한 곳이다. 후지산은 높이가 3,776m가 되며, 일본 시즈오카현(靜岡縣) 북동부와 야마나시현(山梨縣) 남부에 걸쳐 있는 산이다.

해외연수에서 찍은 기념사진과 쇼핑 선물이 40여 년 지나버린 현재 공백을 메꿔주듯 또렷한 추억으로 남는다. 여행의 공식 경비는 국가가 전액 지원을 했기 때문에 개인적으로 선물을 살 비용만 챙겨갔다. 나는 10만 원(당시 엔화 3만 원) 정도 준비해 갔으며 여행을 하며 틈틈이 선물을 샀다. 대만에서는 큰형, 누나, 둘째 형의 상아 도장을 팠는데 매형 도장을 파지 못해서 나중에 남매들로부터 싫은 소리를 들었다. 한 동안 상아 도장이 책상 서랍에 보관되어 있었는데 도장의 가죽 주머니는 낡고 헐거운 모습으로 변해 있어서 지난 세월의 무상함을 전해준다. 일본에서는 기숙사생들을 위해 선물을 샀는데, 1~4학년 예비교무 숫자가 160명이기에 볼펜 200여 개를 샀다. 사감님과 학생, 식당 엄마들에게도 미성의 선물을 챙기었다.

유·무념과 기질단련

대학 4년 동안 학림사(예비교역자 기숙사)에 살던 시절은 한마디로 유·무념 대조를 통한 기질 단련의 시간이었다. 이에 더하여 학문적 연마를 통해서 지평을 넓히는 기간이었다고 할 수 있다. 원광대 초대총장을 지낸 박광전 종사의 『대종경 강의』에서는 다음과 같이 말하고 있다. "종교 생활이나 도덕이란 매일 반성하고 참회하는 생활이다. 이렇게 함으로써 기질 변화가 되는 것이다." 출가를 단행하여 원기 61년(1976)의 간사(행사) 생활, 원기 62년~65년의 대학생으로서 학림사 생활이 나의 종교적 성찰의 시간이었다.

참회와 성찰의 시간에는 원불교 마음공부에서 보면 일종의 유념과 무념 공부를 하게 된다. 매사를 처리할 때 신중한 마음 곧 유념으로 처리하느냐, 아니면 방심 곧 무념으로 처리하느냐가 일의 성패를 좌우하기 때문이다. 유·무념 공부는 원불교의 취사(取捨) 공부로서 「일기법」에 잘 나타나 있다. 유·무념의 대조는 『정전』「상시일기법」에서 공부심을 갖고 유념으로 처리한 일과 주의심 없이 무념으로 처리한 횟수를 점검함으로써 나쁜 습관을 사전에 방지하자는 것이다. 무기력하게 생활을 하는가? 높은 뜻을 이루는 속깊은 공부를 하는가? 이것이 나의 유·무념 공부였다.

출가 후 대학생 초짜 시절(1977)에 속세의 습관을 잠시 지켜보며 행한 유·무념 처리의 몇 가지 예는 다음과 같다. 첫째, 기숙사에 식사하러 가는데 내가 뒷짐을 지고 걸어가자 선배가 부르더니 "행동 하나하나에 주의심이 있어야 한다."라고 지적했다. 둘째, 어느 날 총부 종법실 앞을 지날 때 부주의로 이를 닦으며 우물에 가다가 선배로부터 지적을 받았다. '아차' 하는 느낌이 들었다. 다시 그런 실수를 하지 않겠다고 유념으로 삼았다. 셋째, 얼마 전까지만 해도 입에서는 세속의 습관인 유행가가 속으로 흘러나왔는데 이제 유념 공부를 하니 점차 과거의 습관을 떼어가는 것 같다. 넷째, 2일 전 옷을 빨아서 학림사 건조장에 널어놨는데 지난 밤에 걷어온다는 것을 깜빡 잊었다. 유념해야 할 것에 대해 무념으로 임한 것이다.

출가 후 기숙사 생활을 하면서 무념을 범한 상황을 지켜보면서 유념을 통하여 '기질단련'을 해야 할 시기가 대학생 때라는 것을 알았다. 『대종경』「수행품」을 보면, 기질단련이란 군인이 고된 훈련을 받는 것과 같다는 것이다. 어느해 육이오 전쟁을 추모하기 위해 원불교학과 2~3학년생은 원불교 중앙총부에서 익산공단까지 행군하였다. 걸을 때는 덥고 육체적인 피로가 밀려왔다. 그러나 군인들의 훈련을 생각하면 기질단련의 행군은 어렵지 않다. 왕복 12km의 거리였으므로 돌아올 때는 다리가 아팠다. 힘들더라도 기질을 연마하고 낙원 세상을 이루어가야 할 것이다. 군인들의 기질 훈련처럼 예비성직자들이 유념공부로서 기질단련을 해야 심신 간에 성숙한다.

대학 1학년~3학년까지 매주 4시간 교련 수업을 받을 때도 기질단련의 시간이었다. 그리고 원불교학과 1학년 예비교역자 남학생들은 1977년 9월 16일~26일까지 전주 35사단에 입소하여 병영 집체훈련을 받던 중 심신이 너무 힘들었지만, 달리 생각해 보면 기질단련의 시간을 가진 것이다. 16일에 입소하자마자 소대장이 소리를 고래고래 지르며 대학생들의 군기를 잡았다. 10일 동안 힘든 병영 집체훈련을 무사히 마쳤는데, 병영 생활은 대학생의 국방의식이 얼마나 중요한가를 깨우쳐주었다. 기숙사와 군대는 기질의 훈련장과 같아서 인내력을 테스트하는 시간으로 삼았다.

출가하기 전 나의 기질은 부끄러움을 타서 사람들과 쉽게 다가서지 못했고, 막내로 자란 탓에 고집이 센 편이었다. 출가 후 간사 생활 가운데 이와 관련하여 일기장에 다음의 기록이 있다. "현재 간사로서 나의 기질 개조과정에 있어서 애로사항 몇 가지를 더듬어본다. 먼저 아만심을 어떻게 없앨 것인가? 그리고 신경을 예민하게 곤두세우지 않는 방법이 있는가? 다음으로 대중과 화합할 수 있는 배려의 마음을 갖는 방법이 있는가?" 삼동원에서 간사로 살면서 마치 출가 전에 이미 길들어진 습관을 극복하는 데 애를 먹었다.

흔히 사람들의 기질을 말함에 있어서 그 성향을 '강함과 부드러움, 느림과 급함, 재주 있음과 재주 없음' 등으로 구분한다. 여기에서 나의 기질은 어느 때는 급했다가 느리고, 강직했다가 부드러운 면이 있는 것 같아서 종잡을 수 없는 때가 많았다. 그러나 원불교에서는 '중도(中道)'의 성품을 간직하라고 가르친다. 나는 드러남도 싫고 그렇다고 숨겨져 있음도 싫어하는 중도적, 그러나 우유부단한 성향인 것 같으며, 이러한 기질의 단련에는 유·무념 공부가 꼭 필요함을 알았다.

유·무념 공부를 통한 기질단련을 하면서 세상사의 힘든 경계를 접하여 참아내는데 점차 길들어졌다. 우선 혈기의 대학생들에게 나타나는 언행이 눈에 거슬렸다. 대학 캠퍼스에서 일반 학생들의 대화 가운데 욕설이 섞여서 나오는 경우를 자주 들었다. 상대방으로부터 욕설을 들을 때는 기분이 별로 좋지 않았지만, 이들을 나무라기에 앞서 교화해야 할 무거운 책임감이 생겼다. 기숙사에서 예비교역자들의 순화된 언어를 듣다가 캠퍼스에서 일반 대학생들의 비속어를 들을 때마다 "앗, 경계다."라며 기질단련의 기회로 삼았다.

이처럼 예비교역자로서 기질단련의 항목으로 자주 나타나는 것은 언어계율이었다. 이따금 망령된 말을 한 것 같다. 말의 주의심 여부를 유·무념 대조로 점검했는데 무념을 하고 말았다. 빈 수레가 요란하다는 속담이 있듯이 말을 가볍게 해서는 안 된다. 종교인은 특히 언어계율에 신경을 써야 한다. 학림사의 융화단원들은 서로 존댓말을 사용하지 않으면 벌칙을 주기로 했다. 이는 유·무념 공부로서 마음 챙기는 데 도움이 되었다. 잠시 방심하면 언어 계율에 소홀해지는 것 같다. 법 동지들에게 주의심 없이 말을 주고받다가 얼굴 붉히는 일들이 종종 일어났기 때문이다.

기질단련에 방해되는 것으로 감정의 기복이 나타나는 경우가 있었다. 감정조절을 잘못하면 남에게 상처 주는 꼴이 된다. 수업 시간에 옆 동지와 감정이 묘하게 엇갈려 자칫 나의 감정을 드러낼 뻔했다. 그러나 잘 참아냈다. 대학 기숙사의 동지들과 대화하는데 감정처리를 잘해야 할 것이다. 마음이 요란하다는 것은 자신의 거친 감정을 순화시키지 못하여 나타나는 현상이다. 수행자로서 감정 순화를 해야만 마음의 평정이 생기며, 여기에서 기질단련이 수월해지게 된다.

감정 순화가 안 된다는 것은 무엇보다 화내는 마음, 곧 진심이 나타나기 때문이다. 기숙사 교우들에게 무의식적으로 화를 내고 의식적으로 참지 못하면서 마음공부에 방해되었다. 수도자에 있어서 화냄이란 수도 생활을 하는 데 있어서 큰 마장이며 자기의 속마음을 들키는 결과로 이어진다. 화나는 마음이 이따금 생겨났지만 아무리 고치려고 해도 작심삼일이 되고 말았다. 출가하기 전에 쉽게 화를 내곤 했으나, 출가한 후 참회 반성하고 새 인간이 되기 위해 노력해 왔다. 종교적 수행자로서 분해하거나 울화가 치미는 감정을 극복해야 하는 당위성에 직면한 것이다.

기질단련이 잘되지 않는 또 다른 이유는 '나'에 대한 집착 때문이다. 좁은 생각에 매몰되는 것이 곧 아상(我相)으로, 아상이 항상 머리에 남아있었다. 아무리 '나'라는 상을 없애려고 해도 쉽지 않았다. 모든 일을 하나하나 점검해야 하는데, 미묘하게 나타나는 아상을 없애기가 어려웠다. 날마다 어떻게 생활하고 있는가를 스스로 자문자답을 해보았다. 열심히 살려고 노력하고 있지만, 아직도 아상에 가린 자신을 발견한다. 이 상태가 계속된다면 진급 생활을 하지 못할 것이다. 거울에 먼지가 있을 때 닦아내듯이 아만심이 생길 때마다 마음공부가 필요한 이유이다.

아상의 극복과 같은 기질단련에는 수많은 역경의 고비가 따르기 마련이며, 이를 극복하려는 자신의 결연한 의지가 요구된다. 수요 야회에서 감상담을 한 교우가 자신을 '고비를 넘긴 사나이'라는 별명을 얻었다고 했다. 나 자신도 수많은 경계에 끌리지 않겠다고 다짐했다. 온갖 비바람을 이겨내야 장송(長松)이 되듯이, 우리에게 어떤 경계가 닥쳐와도 극기(克己)의 공부가 필요하다. 순·역 간의 경계를 극복하도록 기질단련을 하고자 했던 예비교무 시절이 인격성숙으로 이어진 셈이다.

결국, 예비성직자로서 유·무념 공부를 하는 목적은 기질단련이며, 이 기질단련을 하지 않고서 사회리더로서의 정신개벽은 이루어지지 않는다. 예비교역자의 4년 생활, 길다면 긴 시절의 행동 하나하나를 냉정히 판단해 보니 아쉬움이 많았다. 감정기복이 많았던 젊은 시절, 그래서 유·무념의 대조를 통해서 더욱 기질단련이 필요했다. 유·무념 대조로 기질을 단련하면서 정신을 개벽시키려는 자신을 바라보면 자랑스럽기도 했지만, 때로는 순간 방심했을 때는 아쉬움이 컸다. 예비교무 1학년 때 세속의 흔적을 없애려 했던 순간들, 2학년 때 수도인의 사춘기를 벗어나려 했던 순간들, 3학년~4학년 때 아상을 극복하려 했던 순간들이 유·무념 대조를 통한 정신개벽의 기수가 되려는 자기성찰적 몸부림의 과정이었다.

군대 생활과 외국어학원

　큰형은 군에 입대하여 미군과 함께 근무하는 카튜사에서 군 복무를 하였다. 그 인연으로 영어 회화에 익숙해져 제대 후 대구에 있는 미군 부대에서 군무원으로 오랜 기간 근무하였다. 둘째 형은 강원도의 최전방 GOP에서 힘들게 군 생활을 하였다. 겨울철 찬바람의 전방은 하루하루 혹독한 군대훈련의 현장이었을 것이다. 홍대용은 "군인의 무기(武事)란 백년토록 쓰지 않음이 좋으나, 하루라도 강습(講習)하지 않을 수는 없다."라고 『담헌서』에서 말하였다. 여기에서 그가 말하는 강습은 군인 훈련을 말하는 것이다.

　큰형과는 22년 터울이고, 둘째 형과 5년 터울인 나도 군대를 서서히 준비해야 할 시기가 되어 군대 생활에 대한 부담감이 없지 않았다. 두 형은 20대 초반의 나이에 군 생활을 하였다면, 나는 늦은 나이인 26세에 국방의무를 시작하였다. 예비교역자 시절에는 대학 2학년을 마치고 군대에 가는 것이 보통이었으며, 군대를 제대한 후 기숙사에 복학하면서 아직 군인티를 벗어나지 못한 경우가 있었다.

　군대를 마치고 바로 군대의 습관을 버리지 못한 경우 세속과 출가의 경계를 분명히 해야 하며, 세속에 고삐 풀린다면 성불제중은 뒤로 미뤄질 것이다. 사실 예비교무로서 단체생활을 하다가 군대에 가면 군 생활에 쉽게 익숙해지고 모범군인으로 근무한 후 제대하는 것이 보통이었다. 기숙사의 공동체 생활이 군대처럼 엄격한 규율과 자제력을 키워주고 있기 때문이다.

보통의 예비교역자들과 달리 나는 4학년 졸업 후 군대에 입대했다. 1981년 2월에 대학을 졸업한 후 병무청에서 입대 통지서가 날아왔다. 동년 6월 강원도 집결지로 입대하라는 통지서를 받고서 국가의 부름을 받았다. 원기 66년(1981) 초에 졸업한 66동이 동기생들은 같은 해 3월부터 8월까지 초급교무 훈련을 받아야 했으며, 나는 군에 입대하기 직전인 6월까지 동기생들과 교무 훈련을 같이 하도록 허락받았다.

그리하여 육군 입대 직전까지 원불교 중앙훈련원에서 4개월 동안 즐겁게 초급 교무 훈련을 받았다. 초급 훈련의 마지막 한 달은 수계농원에서 같이 훈련을 받으면서 열심히 영육쌍전의 훈련을 체험하였다. 농원의 농사일을 돕는 일이었으며, 쉬는 시간에는 동기생들과 배구를 하였다. 이들 가운데 배구를 좋아하는 이진하, 전원덕, 박인해, 김대선, 김진광, 김원영, 류성태 교무가 한 팀이 되고 수계농원팀은 김명덕 교무를 비롯하여 임직원이 한 팀이 되어 배구를 하면서 황톳빛 농원의 코트장 정취를 흠뻑 적시었다.

현재는 육영기관의 대학을 졸업하면 원불교 대학원대학교에서 2년의 과정을 마치고 석사수료를 하지만, 당시는 초급 교무 6개월 훈련의 일정을 완수하고 곧바로 부교무 발령을 받는 것이 원칙이었다. 1981년 6월 말이 되자 마지막 2개월 교무 훈련을 함께 하지 못한 상태에서 군대에 가기 위해 대전에 거주하는 어머니와 누나의 집으로 향하였다. 간단한 소지품과 아끼는 카메라를 가방에 챙겨 넣었다. 대학 4학년 때 일본을 방문했을 때 3만엔(한국 돈 9만원)을 주고 샀던 캐논 카메라로 그간 잘 간직해 왔다.

그런데 익산 터미널에서 대전행 버스에 몸을 싣자 어느 아저씨가 유심히 나를 쳐다보았다. 속으로 "저 사람은 왜 나를 뚫어지게 쳐다보지?"라고 생각하면서 잠시 경계를 하다가 피곤했던지 이내 의자에 기대어 잠이 들었다. 그러나 대전의 버스 종점에서 내리고 보니 가방에 카메라가 없어진 것을 알았다. 이미 버스 승객들은 흩어져버렸다. 군에 입대하려던 나의 쓸쓸한 마음을 아는지 모르는지, 그렇게 아꼈던 카메라를 잃어버리고 보니 서운했던 심경을 뭐라 표현할 수 없었다.

잠시 상실의 고통을 잊은 며칠 후, 입대 날짜에 맞추어 야간 군용열차에 몸을 싣는 순간 팽팽한 긴장감이 감돌았다. 4~5시간의 야간열차를 타고 밤 늦게 낯선 강원도에 도착하였다. 강원도에서 첫날밤 잠을 설친 후 다음날 103 보충교육대에 들어가 장정 생활 4일을 보내면서 정밀한 신체검사를 받았다. 그런데 어찌 된 일인가? 이곳에서 신체검사를 받은 나에게 '귀향(歸鄕)' 하라는 불합격통지를 받았다. 귀 고막의 천공으로 중이염을 앓고 있기 때문 이라는 것이다.

입영소에서 장정의 신분으로 4일간 머물다가 어쩔 수 없이 귀향의 차비를 받아서 보충교육대에서 나오는데 주변 장정들은 나를 포함한 귀향병 4~5명을 보면서 부러워하였다. 귀향 당하는 처지인데도 그들은 귀향 병사를 보고 부러워하는 눈치였다. 입대 당시 강원도 백령도에서 근무하고 있던 육군 병장 김순익 입학 동기에게 입대 소식을 미리 알렸는데 귀향을 당하고 보니 참으로 아쉬웠다.

다시 익산에 내려와서 귀향한 사유를 밝히고 초급교역자 동기생들과 마지막 훈련에 동참하여 7~8월까지 훈련을 완수하였다. 이 6개월의 훈련 생활은 지금 원불교 대학원대학교 2년 생활과 같은 것이다. 훈련 후반기에 동기생들과 중앙훈련원(현 원불교 대학원대학교)에서 나는 초급교무 「서원의 밤」 행사의 진행을 맡았다. 1981년 8월 훈련을 마무리하는 주요 행사의 하나였다. 초급 교역자들의 '서원의 밤' 행사를 하는데 대산종사께서 직접 내왕하여 관람하고 따뜻한 격려를 해주었다.

군에서 귀향한 직후부터 초기교무 훈련에 동참하여 훈련을 마무리한 후, 간사 근무지인 삼동원에서 한동안 머물다가 6개월 만에 병무청에 가서 다시 신체검사를 받았다. 그 결과 중이염이 낫지 않아서 현역 입영은 안 되고, 대신 보충역 판결을 받았다. 놀란 가슴에 중이염이 심각하다는 것을 알고 고막의 천공을 치료하기 위해 대구에 있는 이비인후과에 가서 고막 천공의 수술에 대해 의사와 상담하였다. 의사는 고막 천공 수술의 난이도 때문에 두 번의 수술 과정이 필요하다고 하였다. 그러나 나는 두 번의 수술비용이 없으니 한 번에 해달라고 간청하였다. 두 번의 수술에 120만 원의 경비가 부담스러워서 한 번에 해달라고 떼를 쓰다시피 했다. 다행히 한 번의 수술 총경비 60만 원은 큰형 20만 원, 누나 20만 원, 둘째형 20만 원의 후원을 받았다.

수술 직전에 두 손을 모으고 간절히 기도하기를 "저를 교단의 인재로 키우고 싶으시면 이 병을 낫게 해주세요."라고 하였다. 그리고 손에 염주를 쥐고 수술대에 누웠다. 난생처음 몸에 칼을 댄다고 생각하니 겁도 났지만 치료를 위해서 어찌할 수 없었다. 2시간가량의 수술을 하면서 국부마취를 했는데, 의사가 망치로 귓바퀴 뼈를 부수는 소리가 훤히 들렸으며, 마취를 시켰다고 해도 국부마취이기 때문에 아픔을 느낄 수밖에 없었다.

수술 후 6개월간은 귀가 먹먹하니 잘 들리지 않았다. 아픈 몸에 부득이 보충역 판결을 받았기 때문에 부산 전포교당에 머물며 유신옥 교무의 도움으로 6개월간 치료를 하였다. 그 뒤 부산에 머무르면서 영어 학원을 다니겠다고 대산종사께 사뢰었다. 바로 장산 법무실장이 남부민 교당으로 소개를 해주었다. 남부민 교당에서 몇 개월 머물다가 이곳에 간사가 새로 들어온다고 하자 나는 다른 교당으로 옮겨야 할 상황이었다. 이효원 교무에 이어서 김장원 교무가 양정교당에 머물도록 허락하여 나는 군 생활이라는 어려운 여건 속에서도 1년 반 교당에 머물면서 부산 서면의 영어 학원에 다닐 수 있었다.

6개월간의 귀 수술과 회복의 시간을 보낸 후, 양정교당에 머물던 1982년 3월 초, 보충병으로 입대하여 신병 훈련을 받았다. 이어서 부산 용호동 해안부대에 배치받고 밤에는 교당에서 생활하고 낮에는 군대에서 근무하였다. 얼굴이 유난히 검게 탄 군인으로서 오전과 오후에 해안 방위로 근무하면서 저녁 시간에는 교당에 귀가한 후, 서면에 있는 영어학원의 프리토킹free talking 반에 들어갔다. 당시 '스웨인'이라는 강사로부터 영어를 배웠다. 영어 회화는 크게 늘지 않았지만 거친 군대 생활을 하면서도 공부할 수 있다는 점에서 저녁에 피곤한 몸을 이겨내고 영어 학원에 다녔다.

나이 20대 후반에 해안 방위에 함께 한 군 동료들은 이희명, 최순철, 한덕칠, 정우호 등이었으며 하나같이 그들은 가정의 형편이 어려운 경우이거나 외아들 그리고 중졸 정도에 불과했다. 당시 고교를 졸업해야 현역에 입대할 수 있었으며, 다만 질병이 있는 사람에 한정하여 방위 보충역으로 근무하는데 나의 경우가 여기에 관련된다. 여러 난관을 극복하고 1983년 3월 23일 전역을 하였으니, 1년 20일 동안 부산의 동백섬이 보이는, 절간 같은 해안부대에서 M16 개인화기에 실탄 60발을 휴대하여 완전무장을 한 상태에서 근무했다.

전역 직전까지 교당 생활의 시간 관리로서 밤에는 양정교당에서 외국어학원에 다니고, 토요일에는 교당 청년 법회를 담당하였다. 그리고 미군 부사관 샤워월드와 친구로 사귀어 영어 회화를 배울 욕심으로 자주 만났다. 그가 양정교당에 와서 감상담을 할 때 나는 통역을 하였다. 양정교당에서 1년간 숙식을 허락해준 김장원 교무께 감사의 말씀을 올린다. 더욱이 양정교당의 후원으로 외국어학원에 다녔기 때문에 은혜 충만이었다.

훗날 교수가 된 후, 중앙총부에 근무하는 김장원 교무께 식사 대접을 해드렸더니, 은산님은 "양정교당에 있을 때 류교무에게 좀 더 잘해주었어야 했는데 미안하다."라고 하였다. 부산에서의 군 생활은 대산종사의 배려와 김장원 교무 및 이효원 교무의 후원으로 가능하였으며, 어려운 군 복무를 무사히 마친 것에 대하여 감사할 뿐이다. 교역자 생활 가운데 군입대로 인해 인고(忍苦)의 어려웠던 시기가 바로 이때였으며 기질단련을 제대로 한 것 같다.

제3편

중년기의
인재 양성

가족의 자녀교육

군 휴가 기간에 출가 연원 교무께 인사를 드리러 갔다. 군대 생활을 마무리하는 과정에서 미래의 삶에 대해 상담하기 위해 찾아간 것이다. 이날 점심 때가 되자 두산 서경전 교수가 점심 식사나 하러 가자고 하여 원광대 봉황각 휴게소에 갔다. 휴게소에서 간단한 스낵으로 식사를 하는데 갑자기 서프라이즈 게임과 같은 현상이 일어났다. 두산님이 휴게식당의 한쪽을 가리키며 봉황각에서 일하고 있는 저편 여대생을 소개해주겠다고 하였다. 알바 학생인 줄 알았는데 나중에야 안 일로서 봉황각 휴게소를 운영하는 분은 그 여대생의 어머니였고, 소개받은 여학생은 서교수의 외조카라고 하였다. 전생의 인연인지 외조카를 소개받은 순간 당황했지만 편안한 인상으로 다가왔다.

추천 교무의 외조카를 처음 만난 것은 군 휴가의 마지막 날로서 1982년 10월 24일이었으며, 이것이 곧 선연(善緣)으로 이어진 것이다. 다음날 군에 복귀한 후, 남은 몇 달의 군대 생활을 보내면서 서로 편지를 주고받았다. 당시 장모 될 분은 나에게 말하기를 "몇 명의 남학생이 딸에게 데이트를 신청해 왔지만 허락하지 않았어. 그런데 친동생이 어련히 알아서 소개했을까를 생각해 보니, 류군이 마음에 들어서 허락했다."라고 했다. 자상해 보이는 이 말씀이 귓전에 오랫동안 맴돌며 정감이 갔다.

봉황각에서 첫 만남의 시간을 가진 뒤 서로를 알아가며 미래를 약속하면서 남은 군 생활 5개월 동안 그녀와 청춘을 공유하며 익산과 군대 근무지인 부산 사이에서 편지를 주고받았다. 감성이 실린 글을 주고받으면서 미래의 배필감으로 좋다고 생각했다. 여성의 종교가 원불교이고, 소개해준 분은 나를 전무출신으로 추천한 교무였기 때문에 특별히 싫어하지 않는 한 결혼을 반대할 명분은 없었다.

군 생활을 마치고 1983년 3월 24일에 익산으로 거처를 옮기는 과정에서 마땅히 거처할 곳이 없어서 추천교무께 잠시 머물 교당을 물색해달라고 부탁을 드렸다. 원불교 남중교당에 기거하면 좋겠다는 말씀에 남중교당 심익순 교무의 배려로 한 달 정도 그곳에서 머물렀으며, 마침 조상원 교무가 이곳 교당에 기거하고 있어서 같은 방에 한 달간 머물렀다. 남중교당은 장모될 분이 다니는 교당이었으므로 여러모로 분위기가 좋았다.

홀연하게 군대 생활을 마친 3월 하순부터 원광대 원불교학과 조교로 근무하기 시작하였다. 이때부터 근무시간이 끝나면 정토 될 사람과 데이트하면서 결혼에 관하여 대화를 나누다가도 간혹 어려움이 있었다. 어느 날 정토될 사람이 약속을 뒤엎고 결혼을 안 하겠다는 것이다. 그 이유는 나이가 아직 23살밖에 안 되고 펼칠 꿈이 많아서 결혼이 싫기 때문이라고 했다. 이에 밤 10시에 남중교당에 찾아와 나에게 결혼을 포기해달라는 것이다. 겨우 달래서 보낸 후 다음날 추천교무를 찾아뵈었는데 며칠만 기다리라는 것이다. 나중에 안 일이지만 서교수가 외조카를 불러서 "네가 뭐가 잘나서 그러냐? 성태는 집념이 있고 공부도 열심히 하므로 장래라도 있지."라고 핀잔을 주었다는 후문이다.

정토의 친척 가운데 외삼촌의 역할은 그 당시 지대하였기 때문에 거절할 수가 없어서 서로 다시 결혼하기로 약속했다. 마침내 결혼 날짜를 정하였는데 나는 1983년 5월 15일이면 좋겠다고 제안했다. 날짜를 그날로 잡은 것은 원광대 교학대학 조교로 일하면서 "이날은 원광대학교 개교기념일이므로 결혼기념일은 원광대에 근무하는 한 영원한 휴일이 아닌가?"라고 하자 양가 모두 좋다며 쾌히 승낙하였다.

내 생애에 잊을 수 없는 1983년 5월 15일, 꽃이 한창 피던 봄날에 어머니와 친척들 그리고 교역자 동기들, 고향 친구들의 축하 속에 남중교당에서 결혼식을 소박하게 진행하였다. 이미 몇 년 전 정현인 교무도 이곳 남중교당에서 결혼식을 올렸던 곳이라 마음이 편안했다. 주례는 송천은 교학대학장이 맡았으며, 결혼 사회는 동기 김대선 교무가 담당했다. 결혼식을 마치고 오후 4시쯤 신혼여행지인 해남 대흥사로 향하였다.

보통 3박 4일 정도의 신혼여행을 떠나는데 무엇이 그렇게 바빴는지 1박 2일의 짧은 신혼여행을 마친 후 곧바로 집에 돌아왔다. 함께 기거할 신혼집을 알아본 후 200만 원 비용으로 전세방 방 두 칸짜리를 얻었다. 얼마 지나지 않아 여름이 닥쳤는데 태양의 작열로 인해 얇은 슬라브 지붕이라서 저녁에도 후끈거렸다. 한 달 정도 이곳에서 살다가 너무 더워서 근처로 이사하였으며 그곳은 교장선생 댁 작은방이었다. 여기도 좁아서 3개월 정도 살다가 다음으로 옮긴 곳은 신동에 있는 2층 주택이었다. 이곳에서 1년 남짓 살다가 15평짜리 신동아파트에 전세로 입주하여 한동안 살았다. 다음으로 영등동 주공아파트에서 전세로 살았으며, 그 뒤 동산동 삼호아파트에 35세에 입주한 후 지금도 여기에서 살고 있다.

결혼한 지 1년이 지나면서 첫 아이 만영이가 태어났으며, 이어서 3년 후 차녀 다영(지수)이도 태어났다. 결혼 초반에는 경제적으로 어려운 상황이었음은 물론 공부하는데 조교의 신분이어서 바쁘고 열악한 환경이었다. 정토는 억척으로 경제활동을 해야만 했고, 나는 조교이자 석사과정에 다니는 관계로 인해 밤늦게까지 공부했다. 두 자녀인 만영과 다영을 돌보는 일에 소홀하여 뒷전인 경우가 많았다. 이에 어머니가 오셔서 한동안 손자들을 돌봐 주었다.

1983년 4월부터 본격적으로 조교 생활을 하면서 9월에 석사에 입학했고, 이어서 1986년에 박사과정을 밟았기 때문에 경제적으로 어려움이 지속되었다. 정토의 눈물겨운 경제활동이 없었다면 15만 원 조교 월급으로 자녀교육은 쉽지 않았을 것이다. 마침내 1991년 3월 원광대학교 원불교학과 전임강사가 되면서 다소의 여유가 생겨 자녀 돌보는 일에 숨통이 트였다. 밤에 자녀가 쌔근쌔근 잠잘 때 강의안을 만들고 논문 쓰는 시간이 확보된 것이다. 정토는 경제활동을 하였기 때문에 나는 토요일과 일요일에 두 자녀를 대학 연구실에 데려와 틈틈이 돌보면서 연구 시간을 확보하였다.

자녀들과 학교에 오가면서 일주일에 두 번 정도 대학의 약수터에서 약수를 받아서 물통을 가져 날랐다. 어느 날 아빠도 모른 채 6살의 어린 딸이 혼자 텅 빈 약수통을 근방의 약수터에 가지고 갔다. 그곳에 가서 물을 조금 채운 후 무거운 약수통을 질질 끌고 오려고 하자 교학대 환경미화원이 이를 보고 웃으면서 대신 도와주었다고 한다. 만영과 다영에 대한 부모의 사랑은 내가 어린 시절 받지 못한 아버지의 사랑을 보상이라도 하듯이 배려하고자 하였다. 물론 엄마는 직장에 다니고, 아빠는 학교에서 공부하는 때가 많았기 때문에 자녀들과 충분히 놀아주지 못했다.

자녀교육에서 기억나는 것으로, 아들 만영을 자전거에 태워 외갓집에 잠시 맡기러 오갈 때 부자(父子)간 대화를 하였다. 이때 아빠가 "공부를…"이라고 하면, 아들은 "하다."에 이어서, 또 "밥을…"이라고 하면, 아들은 "먹다."라는 방식으로 문장 잇기 게임을 통해 국어에 관심을 가지도록 해주었다. 훗날 아들이 문예활동에서 시를 지어 상장을 받아온 일면에는 이러한 자녀교육과 관련한 방식이 영향을 미친 것도 같다.

아빠는 아들을 반듯하게 크도록 비교적 엄하게 가르쳤다면, 딸에게는 '딸바보'처럼 부드럽게 가르쳤다. 아들에게는 엄하게 지도한 관계로 아빠는 엄한 존재로 인식되었다. 1998년 3월 2일, 아들의 동중학교(익산 동산동) 입학식에서 반을 나누기 위해 시험 「배치고사」를 보았던 결과가 나왔다고 정토로부터 전화가 왔다. 입학생이 모두 9반인데, 여기에서 아들이 전체 5등을 했으며, 그의 반(7)에는 1등을 했다고 한다. 이에 나는 "성적에 별로 신경 쓰지 말라."고 하였다. 그러면서도 만영이 시험을 잘 보았다는 면에서 기쁨도 있으나 성적 위주의 자녀교육은 바람직한 방향만은 아니라는 생각이 들었다.

항상 예쁘게만 보인 딸은 동남초등학교 4학년 때 다정하게 "아빠! 거지들이 항상 하는 말을 뭐라고 해?"라고 묻자 나는 "잘 모르겠다."라고 했는데, 딸은 "거지말(거짓말)이야. 아빠는 그것도 몰라." 나는 이 말을 듣고 딸의 위트에 웃고 말았다. 아빠는 딸 바보가 되어 자녀교육이 이렇게 좋은가를 생각하니 잊을 수 없는 순간들이었다.

이젠 아들과 딸이 성년이 되어 결혼한 후 서울에서 가정을 이루고 산다. 아들 류만영은 2014년 9월 27일 익산 궁예식장에서 변아영과 결혼식을 올렸다. 지금은 손녀 류지효가 있으며 초등학교에 다닌다. 딸 류다영(지수)은 2019년 10월 5일 궁예식장에서 사위 염성민과 결혼하여 둘 다 서울에서 은행에 근무하고 있다. 자녀들이 성장하여 행복하게 살아가는 것을 보고 부모로서 행복할 따름이다. "결혼생활은 아름다운 오해에서 점진적 이해로의 과정이다."라고 말하고 싶다. 신혼 초의 아름다움만으로 살 수 없는 것이 인간 사이며, 어려움에 봉착해서 상호 부단한 이해의 과정이 있어야 행복한 결혼이 유지된다는 뜻이다.

누구나 새겨야 할 교훈으로 소태산 대종사는 자녀교육에 대해 말하기를 "자녀의 행과 불행은 곧 부모의 잘하고 못하는 데에 있다."라고 하여, 부모의 솔선수범을 강조하고 있다. 맹모삼천지교(孟母三遷之敎)나 신사임당, 한석봉 모친의 일화 등은 주변 환경과 부모의 마음 자세가 자녀교육에 지대한 영향을 미친다는 교훈이다.

전공 선택의 고민

오늘날 자주 거론하는 '신지식인'은 원래 자신이 선택한 분야에서 전문지식을 통해 새 가치를 창조하고 자아를 실현하는 인류, 즉 '호모날리지언 Homo Knowledgian'이라 정의할 수 있다. 이 신지식인은 자신의 진공 선택과 관련된 것으로, 그가 속해 있는 단체나 국가에 있어서 그 분야의 전문인재로 역할을 하는 것이다.

출가하여 대학 시절에 배운 나의 전공은 당연히 원불교학이다. 원불교 교무로서의 공부 범위는 원불교 사상과 교당교화를 중심으로 접근하기 때문이다. 전문 석·박사 과정을 밟는다고 해도 기본으로 원불교학을 전공 기반으로 삼는 것이다. 서양철학이나 동양철학, 심리학, 역사학 등을 전공한 교역자라고 해도 원불교 사상을 심화시키기 위해서 타 학문을 전공하는 것이며, 이를 기반으로 삼아서 원불교 해석학의 지평을 확대하게 된다.

이 같은 지평 확대는 진로선택과 관련되는데 좌산종사는 『믿음대로 산다』(2009)에서 진로선택 및 전공선택 등과 같이 실로 인생의 과정은 선택의 과정이며, 이를 선택하는 일은 우리의 몫이라고 하였다. 이에 나는 대학 시절에 미국에 유학하여 마이애미 플로리다의 대학교수로 있는 정유성 박사와 전공선택에 대하여 편지를 주고받았다. 당연히 해외 유학에 관심이 있어서 한동안 편지를 주고받은 것이다. 해외 유학의 희망이 있었으므로 전문분야에 대해 자문받기 위해서였다.

대학 4학년 때 영어를 전공으로 유학을 할 계획이라고 상의하자, 정교수는 깜짝 놀라며 "류군이 영어를 전공으로 공부하여 어떻게 미국인들을 교화할 수 있겠는가?"라며 반대하였다. 미국인이 한국에 와서 한국어를 전공하거나, 한국인이 미국에 가서 영어를 전공하여 그 나라 사람들을 교화하고 가르치겠다는 것은 무모한 행위라는 것이다. 정교수는 영어 전공 계획을 단념하고 동양철학을 전공하여 미국에 유학을 오면 좋겠다고 하였다.

미국에서 교수 생활을 하는 정교수의 충언을 깊이 새기면서, 전에 생각한 전공 선택의 방향을 달리 설정해야 하겠다고 결심했다. 만일 해외에서 대학원을 다닌다면 전공은 동양철학으로 하겠다는 뜻이다. 이 즈음 1981년 여름방학 때 신도안 조실에 방문하여 대산종법사를 뵈었다. 종법사께 대학교를 마쳤으므로 해외 유학을 하겠다고 하며 교단에서 학비를 도와줄 수 없는지를 조심스럽게 문의드렸다. 대산종사는 지금까지 교단에서 해외 유학의 학비를 도와준 적이 없다고 하였다.

이어서 대산종사는 "만일 네가 유학하려면 비행기 표 정도는 사줄 수 있다."라는 말씀에 결국 경제력이 부족한 나는 부득이하게 유학을 포기하겠다고 말씀드렸다. 대산종사는 "그러면 원광대 대학원에 진학하라."라고 하였다. 1980년 당시 유학비용으로 1년에 1천만 원 정도 필요한 관계로 도저히 해외 유학의 여건이 허락되지 않았기 때문에 미국 유학은 포기하고 말았다. 대산종사의 말씀대로 한국에서 대학원을 다니기로 마음먹고 새로운 출발을 시작하였다.

대학원 입학 시즌이 다가오자 교정원 총무부에 찾아가 원광대 대학원에 입학하겠다고 총무부장에게 상의했다. 교무로서 대학원을 진학하고자 할 때는 교정원 총무부서의 허락을 받아야 했기 때문이다. 나의 입학계획에 총무부장은 "나하고 이곳 총부에서 살면 좋겠다. 대학원에 가려고 전무출신을 한 것은 아니지 않은가?"라고 하였다. 이 순간 학문적 열정이 좌절된 느낌이 들었으며, 차분하게 다음에 상의하겠다고 하며 총무부에서 나왔다.

마침내 대학원에 진학하려는 꿈이 이루어졌다. 대학원 전공에 대해 고심하여 정유성 교무와 상의한 것처럼, 나는 '동양철학'을 전공하겠다고 결심하면서 마음이 사뭇 가벼워졌다. 며칠 후 또 고민이 생겼다. 동양철학 가운데 전공 영역을 구체화하는데 애로가 있었다. 한국철학·중국철학 등의 큰 분류에 대한 것으로, 이내 중국철학이 좋겠다고 생각했다. 전공 선택을 고민한 이유는 여러 가지일 것이다. 서울대 정진홍 교수도 전공 분야가 적성에 맞는지에 대한 고민은 스승, 동료, 선배 등과 만나서 해법을 찾았다고 『종교문화의 이해』(1992)에서 언급했다.

나 역시 전공 선택의 고민 속에 원광대 철학과의 김성관 교수를 만나서 상담을 하였다. 김교수는 원불교 학자 가운데 중국의 노장(老莊) 철학을 전공하는 사람이 없으므로 이를 선택하면 좋겠다고 하였다. 이때 불교학을 전공한 선배, 유학을 전공한 선배, 도교를 전공한 선배들이 있었는데 노장사상을 전공하는 교무가 없음을 알고 노장철학을 공부하기로 했다. 평소 순박함을 좋아하던 청소년 시절에 한적한 들판이나 소나무 길에서 뛰놀며 맘껏 즐겼기 때문에 노장철학의 전공 선택은 신(神)의 한 수 같은 느낌을 받았다.

마침내 1983년 2학기에 대학원에 입학하여 석사 공부를 시작하였다. 원광대 일반대학원 불교학과 소속의 동양철학 전공을 선택했는데 당시 전공으로는 종교학, 원불교학, 불교학, 동양철학이 있었다. 여러 전공 가운데 동양철학을 결정한 이유는 이미 밝혔듯이 정유성 박사와 김성관 교수의 도움이 컸기 때문이다. 중·고등학교 때 동네 서당에 다닌 경험도 있어서 고전 해독의 난관도 극복할 수 있다고 생각했고 동양철학은 크게 낯설지 않았다.

이제 석·박사의 지도교수를 어떠한 분으로 모실까를 나름 고민하였다. 대학 시절에 배웠던 4박사를 모실 것인가를 고민하다가 노장철학은 철학과 교수가 좋겠다고 판단했다. 류병덕, 송천은, 한기두, 한종만 교수 등과 상의를 하는 과정에서 내가 노장철학을 전공하겠다는 의지를 알고서 원광대 철학과에 석좌교수로 재직하고 있는 배종호 교수를 지도교수로 결정한 것에 모두가 좋다고 하였다.

배종호 교수는 그 당시 1년 전, 연세대 철학과 교수를 정년 퇴임한 후 원광대에서 석좌교수로 모셔온 석학이었다. 철학과를 방문하여 배종호 교수께 인사를 드렸다. 배교수는 매우 반갑게 맞이해주었고, 열심히 공부해보라고 격려해 주었다. 대학원 석사와 박사 과정에 다니면서 교학대학의 김기원과 노대훈 교수 2명을 대동하고 배종호 교수 강의를 청강하도록 권하였으며, 한동안 이분들과 동양철학 공부의 삼매경에 빠져들었다.

아니 전공에 공들이기 시작한 순간 삼매에 빠지곤 했다. 1998년 3월 1일 「국난초래와 우리의 교훈」이라는 중앙총부 일요법회 설교에서 김인철 교무는 다음과 같이 말한다. "장인정신이란 자기 분야에 최고가 되기 위해 최선의 노력을 다하는 것이다. 우리나라는 많은 사람이 자기 전공이 없고, 있다 하더라도 장인정신이 없이 이해에 따라서 이합집산을 한다."라고 하였다. 나에게는 전공에 따른 장인정신의 삼매 진경을 체험하는 시간들이었다.

아무리 생각해도 장인정신을 염두에 두며 동양철학을 전공으로 선택한 것이 잘했다고 판단한다. 노자와 장자는 인위적인 것을 싫어하고 무위자연의 가치를 강조한 철학자였으며, 나는 농촌 출신으로서 순박한 성격을 좋아하기 때문이다. 가식을 싫어하고 자연을 벗 삼아 달관(達觀)의 세계를 전한 노장(老莊)의 사상은 내가 지향하는 철학 세계의 이상향과도 같다. 동양철학의 큰길을 안내한 정유성 교수, 노장철학으로 안내한 김성관 교수, 한문 원전을 함께 공부하며 부족한 부분을 채워준 김낙필 교수, 석·박사 논문의 결실을 가져다준 배종호 교수, 원불교학의 천착에 도움을 준 4박사와 선배 교수들의 학덕은 세월이 흐를수록 고마움으로 다가온다.

조교·강사 8년의 내공(內功)

　1983년 3월 23일에 무사히 군대 전역을 하고 곧바로 원광대교 교학대학의 조교 생활을 시작하였다. 나의 전임(前任) 조교는 서원주 교무였다. 조교의 경력으로는 교양 조교로서 「종교와 원불교」 담당 2년, 원불교학과 조교로서 학사담당 2년을 포함하여 4년을 역임하였다. '조교(助敎)'라는 말은 문자 그대로 교수·학생의 보좌역할을 해주는 중간직책을 의미한다.

　먼저 교양 조교를 하면서 조교의 업무에 대하여 하나하나 익혀나갔다. 삭막했던 군대조직을 완수하고 사회생활로 뛰어든 뒤 바로 조교 생활을 시작한 관계로 학사업무가 손에 쉽게 잡히지 않았다. 이에 두 명의 조교 가운데 선임 조숙희 선생의 업무처리를 보아가며 꼼꼼히 그 역할을 수행하였다. 「종교와 원불교」 교양과목은 원광대 신입생들 전체 대상의 4학점 필수과목이었지만 현재는 3학점으로 1학점 낮추어진 상태이다. 교양 담당의 조교로서 관련 과목의 출석 체크를 하였으며, 출결 문제 등으로 찾아오는 학생들에게 상담을 해주었다.

　교양 조교 2년을 마친 후 원불교학과 학생을 위한 학사 조교를 해야 한다는 의견이 있었다. 교양 조교의 임무에 익숙해진 관계로 그 상태로 지속하고 싶었으나 일부 교수들의 요구에 응하여 원불교학과 학사담당으로서 2년간 역할을 하였다. 조교로서 해야 할 임무는 많은데 상대적으로 경제적 혜택은 열악했다.

1983년도의 조교 월급은 고작 15만 원이었다. 이 월급으로는 가족 살림에 별 도움이 되지 못한 관계로 과외수업으로 한길량 교무의 자녀에게 영어를 가르쳤고, 북일교당에 다니는 유향전 교도의 자녀에게도 영어를 가르쳤다.

그리고 대학에서는 학사담당 조교로서 원불교학과 학생들의 대학 생활에 관련된 일을 주로 담당한 관계로 예비교무들과 접촉이 많아졌다. 27~28세 때에는 교양 조교에 이어서 29~30세에는 학과 조교를 했다. 29세에 학사담당 조교를 하는데 원불교학과에 다니는 학생들의 10%는 나이가 비슷하였던 관계로 그들과 대면하면서 일을 처리하는데 거북한 측면도 없지 않았다.

원불교학과 학사 조교로서 모신 교수는 류병덕, 송천은, 한기두, 한종만 교수를 포함하여 서경전, 김성철, 김형철, 이운철 교수였다. 조교로서 학생과 교수의 중간자적 역할은 물론 성적처리 보조, 출결 보조업무까지 담당하였다. 은사인 4박사는 당시 교당의 교리강습과 일선교당 설교를 다니는 경우가 많았기 때문에 나는 학생들의 휴강과 보강업무를 세심하게 챙겼다.

어떻든 1983년 초에 조교 생활을 하면서 대학원 석사과정을 수료한 후 1986년 3월에 대학원 박사과정에 입학하였다. 석사 때는 조교업무만 담당하였으며, 박사과정에 입학하면서 조교 생활을 그만두었다. 이를 그만둔 이유는 대학원 시간강사를 하기 위해서 조교를 겸할 수 없기 때문이다. 또 박사수업은 준비에 많은 시간이 필요했기 때문에 학문의 매진을 위해서 정진할 수밖에 없었다.

학문의 적공을 위하여 대학원에 적을 두고 석·박사과정에 같이 다녔던 도반들로는 김경일·김인종 교무 등이었다. 당시 원불교학에 심혈을 기울이던 도반들이 이제 원로가 되었으니 참으로 세월이 빠른 것 같다. 박사에 입학한 후 1년 만에 대학 시간강사를 하였다. 첫 강의는 군산 개방대학(현 호원대학)에서 일주일에 4시간 직업윤리를 담당하였다. 원광대 박순호 교수의 도움으로 그의 제자인 호원대 여형구 교수가 강사를 알선해 주었다.

꿈에 그리던 일로서 대학 강단에 선다는 것은 경건하게 받아들여졌다. 시간 강의를 하기 위해서 군산 해망동에 있는 개방대학에 오가는 교통편으로는 둘째 형이 타던 125cc의 오토바이를 물려받아 타고 다녔다. 30대의 젊은 나이였으므로 오토바이를 타고 다니면서 고단했던 삶의 스트레스를 날리기도 하였다. 개방대학에서 2년간 강사를 한 후 내가 맡았던 직업윤리 과목을 이영관 교무에게 일임하여 이교무는 그곳에서 한동안 강사를 하였다.

강사 시절로서 야간강의가 있는 때에는 군산에 사는 둘째 형의 집에서 저녁식사를 했다. 그러나 여의치 못할 때는 개방대학의 교수식당에 가서 밥을 사 먹었다. 강사료도 적게 나오는데 식사비용까지 지출하고 나면 경제적으로 큰 도움이 되지 못할 것은 뻔한 일이다. 다만 강의 경력과 학생들의 대면 강의를 통해서 학습 방법의 개발에 많은 도움이 되었다. 본 대학은 1998년에 임피면으로 이전, 호원대학으로 개명되어 발전하고 있다.

돌이켜 보면 1990년 8월까지 조교 4년과 강사 4년을 통틀어 8년 동안 지자본위(智者本位)의 정신을 새기면서 묵묵히 학업 성취의 결실을 일구어 나갔다. 현재 교학대학 교수들 가운데 조교를 겪은 경우가 흔치 않은데, 나는 조교를 경험하면서 교수와 학생들의 중간 위치에서 학문적 내공을 쌓았다.

지금도 '조교'는 속칭 밥상의 조기로 연상되며, '시간강사'는 보따리 장사로 연상된다. 근래 강사들의 고충을 알고 교육부에서는 강사법을 전격적으로 단행하였다. 2019년 2학기부터 시작된 강사법에 의해 선발된 강사들 역시 강사법 이전의 강사와 큰 진전이 없는 상태로 어려운 것은 사실이다. 현재 원광대는 원불교학과 교양과목을 개설하고 있으므로 교역자 신분의 시간강사들이 있다. 교역자 시간강사들을 볼 때마다 초심(初心)으로 돌아간다.

초심을 돌아보는 4년의 강사 생활 후 전임이 되었는데, 학부에서 원불교학과 교수 활동 외에도 원광대 동양학대학원 동양철학 전공의 학과장이자 일반대학원 동양문화전공·기학전공의 주임교수로서 직접 강사들을 관리하다가 이제 후임에게 인계하였다. 약 20명의 외래교수를 관리하는 학과장의 역할은 쉽지 않은 일이다. 박사학위를 받은 제자들로서 강의하고 싶은 열망이 있어 이들을 선발하는 과정에서 많은 고민이 있었던 것도 사실이다.

갓 박사학위를 받은 학자들이 강사로 선발된 영광을 느낀다고 해도 그들에게 지불되는 강사료는 경제활동에 큰 도움이 되지 못한다. 시간강사의 어려운 점은 내가 강사를 직접 겪어봤기 때문에 잘 알고 있다. 행정적인 뒷받침의 부족, 편의시설의 불비, 강의 시간의 제한에 의한 강사료의 미흡 등이 그것이다. 4년간의 시간강사를 겪은 나의 강사 시절은 반드시 좋은 추억으로 생각하고 싶지 않은 이유이다.

일생의 인생사에서 매우 힘들었던 시절로서 8년 동안의 조교와 강사 시절을 추억처럼 되새기곤 한다. 1991년 3월에 전임이 된 후 조교와 강사로서의 어려웠던 시절을 생각하며 초심을 잃지 않겠다고 다짐을 했다. 조교와 강사 8년의 내공은 교수 활동 33년의 결실로 이어진 것 같다. 조교와 강사를 꼼꼼하게 점검하고 살았으니 교수 생활에 큰 도움이 되었다는 뜻이다. 이남희의 『하루만에 배우는 실전관상』에서는 "일시적으로 정체되는 시기에는 경거망동하지 말고 내공을 쌓아야 한다."라고 했다. 조교와 강사 8년의 정체된 시기에 조그마한 실수라도 범하지 않으려 노력했다.

이제 교수 생활을 마무리할 즈음, 초심을 새기려는 뜻에서 시간강사의 아픈 마음을 담은 글을 공유해보고자 한다. "정작 나는 누구란 말인가? 능력 없는 가장? 불효하는 아들에 든든하지 못한 남편? 불성실한 연구자? 학생들이나 몇몇 사람들은 나를 '교수님'이라 하지만, '강사'라고 대놓고 할 수 없어 차린 예의 때문이라는 걸 나도 안다." 이는 서울의 모 대학 강사가 일간지에 올린 글이다. 가슴 아픈 글을 굳이 선보이는 이유는 오늘날 고달픈 시간강사의 고충을 공유하고 또 나의 강사 시절을 새겨보려는 의도이다.

박사과정의 후원과 지식 불공

박사과정의 학비는 석사보다 비쌌기 때문에 누군가의 장학 후원을 받으면 좋겠다는 희망을 하였다. 곰곰이 생각하던 끝에 동향(同鄉)의 유향원 교무를 찾아뵈었다. 유교무는 당시 군산교당에서 교화의 책임을 맡고 있었으며, 나는 박사 수업료 마련의 고충을 말씀드렸다. 이에 대한 답변으로 교당 운영이 쉽지 않지만, 후진이자 후배의 박사 입학을 축하한다면서 쾌히 박사 입학금을 마련해주었다.

입학의 후원을 받았지만 2학기부터 대학원 학비 또한 마련하기가 요원했다. 이에 추천교무를 찾아뵈어 상의 말씀을 드렸다. 제자의 딱한 사정을 알고, 장학 후원자를 물색하는 과정에서 구타원 이공주 종사를 찾아뵈라고 하였다. 혹자는 박사에 들어갈 학비도 없으면서 왜 들어가려고 하느냐고 물을 수 있을 텐데, 가난이 죄이지 공부할 욕구는 막을 수 없다고 본다.

우이동의 서울수도원에 주재하는 구타원 종사를 찾아뵙고 큰절을 올리었다. 구타원 종사는 "류교무는 대학원에서 무엇을 전공으로 공부하느냐?"라고 물어본 후 "열심히 하라."고 격려해 주었다. 어머니도 구타원 종사와 인연이 있었다. 어머니는 생전에 대종사를 화해교당서 친견하였는데 대종사께서 "구타원 선생을 찾아뵙고 공부하라."라고 하였다고 한다. 구타원 종사는 어렵게 공부하려는 후진을 기특하게 여기며 박사 재학 2학기부터 장학금을 후원하겠다고 하였다.

박사수료에는 모두 6학기를 거쳐야 하는데 구타원 종사로부터 2학기 때부터 6학기까지 모두 5학기의 장학금을 지원받았다. 당시 등록금이 학기당 60만 원이었는데 구타원 종사로부터 매 학기 80만 원을 지원받아 모두 400만 원의 장학금을 후원받아 박사과정을 마치었다. 구타원 종사께 지면으로나마 감사의 말씀을 올린다. 선연(善緣)의 태동은 일찍이 있었으니, 대학의 신입생 때인 1977년 10월 30일 밤, 구타원 종사를 선진법회에 모시는 시간을 가진 적이 있다. 학림사와 정화원 생들은 대종사님을 모셨던 구타원 종사의 구전심수(口傳心授) 법문을 받들었다. 대종사를 모두 20년을 모셨다고 하니 법낭(法囊)으로서 지중한 인연이라 본다.

장학금의 후원으로 이처럼 공부를 지속하였는데, 고마움과 더불어 지식 불공을 하는데 시간을 온전히 활용하였다. 교역자는 삼학(三學)을 기본적으로 병진해야 하지만, 학창 시절에는 연구 중심의 수양과 취사를, 교역자 시절에는 취사 중심의 수양과 연구를, 퇴임한 후 원로가 되어서는 수양 중심의 연구와 취사를 공부해야 한다고 본다. 경제적으로 어려웠던 시기에 포기하지 않고 지식 불공에 매진할 기회가 되어서 은혜로웠다.

일생을 통틀어 볼 때 전문적인 학술 분야로서 지식 불공에 정진했던 시간은 석사과정에 이어서 박사과정 때의 일이다. 대학원생으로서 일주일에 두 번 수업을 준비하는데 '고전(古典)' 수업이 주를 이루었다. 대학원수업 외에 부족했던 고전연마가 더 필요하여, 김낙필 교수에게 원전 수업을 일주일에 2번 정도 받고 싶은데 한문을 지도해줄 수 있느냐고 했다. 쾌히 승낙을 해주어 『주역』 「계사전」, 서명응의 『도덕지귀』 등의 원전을 중심으로 일주일에 두 번 김교수 사가에 방문하여 공부했다. 밤 7시부터 시작하여 밤 8시 30분까지 수업이 끝나는 순간, 머그잔에 커피를 타온 김교수 사모께 감사의 마음을 전한다.

원전의 독해를 통해서 내공을 쌓는 과정에서 닳아버린 한문 사전을 두 번이나 바꾼 힘겨운 시간이었다. 한문 문구를 해석하는데 애를 태우다가 한나절이 가버린 때도 있었다. 방점도 없는 고전 한문을 해석하는데 하나의 에피소드가 있다. 원전 강독의 초기 시절의 일로서 '강절(康節)'이라는 문구가 있었다. 아무리 해석해 보아도 잘 안 되어 애를 먹었다고 지도교수에게 문의드리니 미소를 머금었다. 그것은 중국의 송대 철학자 소강절(邵康節)을 뜻한다고 했을 때 학부 시절의 한문 실력에 그만 실색하고 말았다.

훗날 교수가 되어서 나의 동양철학 전공 분야를 고려하여 일반대학원의 박사과정 대학원생들에게 『도덕경』을 강의해 왔다. 그리고 예비교무들에게는 「유교사상의 이해」와 「도교사상의 이해」 시간에 원전 강의를 하였다. 원전은 외국어와 같으므로 한자 하나하나를 옥편으로 찾아와서 공부해야 한다고 학생들에게 가르치곤 했다.

원불교학과 교수로서 이 같은 역할은 원불교학 연구에 도움이 되는 방향에서 지식 불공을 함으로써 인재를 양성하는 것이며, 지금은 교수 활동의 후반기를 정리하는 순간이다. 원불교학을 정립하면서 소태산의 가르침을 전파하는 동량(棟樑)이 되고자 다짐했던 초심을 되돌아본다. 교화와 교육 등을 담당하는 교무들은 세상 사람들의 학력이 높아짐과 더불어 지적 인식의 수준이 높아졌다는 점을 깨닫고 지식 불공에 소홀히 할 수 없다.

다음의 법문이 더욱 가슴에 와닿는다. "제일 먼저 중요하게 공부해야 할 것은 『정전』이니 우리의 『정전』을 숙어로나 문법으로나 진리로나 막힘이 없이 능수능란하게 안다면 제아무리 '석사 박사'가 질문을 할지라도 거기에 막힘이 없을 것이며, 따라서 교화에도 지장이 없이 잘할 것이니라." 이는 『정산종사법설』의 제1편 마음공부 22장에서 언급한 법어이다. 세상의 지적 수준이 높아진 만큼 석사교무 시대에 박사학위를 수여를 받는 교역자가 증가하는 것은 고무적인 일이라 본다. 이글을 최종 정리하는 2023년 12월 하순에도 나를 지도교수로 한 조명규 교무와 정명규 교무가 박사학위를 통과하여 무척이나 기쁘다. 조박사는 원불교 호학정신의 연구를, 정박사는 원불교 참회론 연구를 하였다. 박광제 교무는 박사심사를 부득이 한학기 연기한 상황이다.

이제 누구나 과학박사가 되었다면 도학박사가 되어야 할 것이다. 독서도 지식 축적에 그치면 안 된다. 최종적으로 영성(靈性)을 살찌우고 참된 구도자의 길로 나가야 한다. 독서를 하다 보면 영혼을 일깨울 감성의 시집(詩集)도 읽을 필요가 있다. 전에 읽은 시구(詩句)가 더욱 가슴 깊이 파고든다. 일기장에 기재한 옥세남John Oxenham 의 시를 소개한다. "모든 영혼에는 높은 길과 낮은 길이 열려 있다. 높은 영혼은 높은 길을 기어오르고 낮은 영혼은 낮은 길을 모색한다. 그리고 그 중간에는 안개 낀 편지가 있을 뿐, 그 나머지 인간들이 우왕좌왕한다. 그러므로 모든 영혼은 각기 자기 영혼의 갈 길을 작정해야 한다." 영성과 지성을 겸하는 상근기는 도학과 과학을 병행하라는 것이다.

박사과정 재학 중일 때의 지식 불공은 지적 영역의 확대와 더불어 도량의 전문가로서 역량 강화와도 같았다. 석사 2년과 박사 3년(현재는 2년)의 공부 기간은 유교의 팔조목에 나오는 것처럼 '격물치지(格物致知)'의 시간으로 사물의 원리를 파악하는 지식 확대의 시간이었다. 그것이 축적되어 33년의 교수 생활에서 교육의 큰 자산이 되었다. 그 바탕에는 5년의 대학원 생활이 전문 지식을 축적하는 시기로서 나에게는 제생의세의 역량을 강화할 수 있도록 저수지 물을 채우는 시간이었다는 뜻이다.

쉽게 말해서 지식 불공은 저수지에 물을 채우는 시간이다. 저수지의 물은 인간 배움의 저장소와 같다. 물을 저수지에 채우는 학부, 석사, 박사과정의 학창시절이 없었더라면 지식 축적에 부실했을 것이라 본다. '와즉영(窪則盈)'이라는 『도덕경』 22장의 언급은 "저수지를 만들어야 물이 고인다."라는 것으로 평생의 교훈이 되고 있다. 지식의 저수지를 만드는 기회를 얻은 것은 가난했던 방황의 젊은 시절에 다행히 원불교를 만나서 이루어진 셈이다.

맹자와 장자의 수양론

　역사적으로 성철(聖哲)의 생애와 사상을 연구하는 영역은 인물 탐구이며, 이는 국가와 세계에 기여한 유명한 인물에 대하여 학술적 지혜를 확대하는 일이다. 이를테면 철인에 대한 학술적 모색은 철학적 학습을 통한 인품의 이해로 이어지는 것이며, 이는 영성 함양의 과정과도 관련된다. 프랑스의 몽테뉴(1533~1592)는 기본적으로 '학습'이란 지식의 연마뿐만 아니라 육체의 숙련도 병행해야 한다고 보아 '영혼과 육체' 두 가지가 따로 분리되어서는 안 된다고 하였다. 맹자와 장자를 전공으로 하는 나의 석사와 박사과정은 철학적 이론의 체계를 정립하는 역량을 배양함으로써 인성의 함양과 사회 지성이 될 수 있는 겸전(兼全) 능력을 부여받는 학습 과정이었다.

　고등교육의 학습이란 이처럼 지성으로 나가는 길로서 우리나라의 경우, 해방과 더불어 근대화의 물결에서 비롯된 것이다. 여러 대학이 설립되면서 지식인과 사회 지성이 확대된 것은 현대 한국의 눈부신 발전상과 연결되었다. 1910년 이승만이 미국 프린스턴대에서 Ph.D(철학박사)를 받았고 이관용은 1912년 스위스 취리히대학에서 박사학위를 받았다. 이승만, 이관용, 서재필 등 사회 지도층의 역할에 더하여 대한민국에 4년제 대학이 생기고 철학과가 생기면서 김계숙, 박종홍 등이 박사학위를 받아 철학적 지성으로서 건전한 사회비판과 인재 양성의 역할을 충실히 하였다.

1946년에 원광대가 설립된 이후 20여 년이 지나면서 대학원 석사과정의 불교교육과(1967)와 박사과정의 불교학과(1972)가 인가되었다. 이때를 전후하여 원불교 교역자의 석사·박사가 배출되면서 인적 재원을 확보함과 더불어 원불교학의 체계화가 이루어지기 시작했다. 원불교학 연구 최초의 논문인 박길진의 「일원상 연구」(원광대『논문집』3, 1967)가 발표되었고, 뒤이어 서경전의 「원불교 교화방법에 관한 연구」(원광대학교 대학원, 1970)가 원불교학 최초의 석사학위 논문으로 발표되었다. 또 송천은의 「원불교 사상 연구」(원광대학교 대학원, 1974)가 원불교학 최초의 박사학위 논문으로 발표되었다.

1981년 2월에 나는 원광대 원불교학과를 졸업하고 1983년 9월 석사과정에 입학하였다. 석사과정에서 동양철학을 전공으로 선택하여 공부하게 되었다. 대학생 때는 원불교 사상의 기초를 공부하는 것에 초점을 두었지만, 대학원생 때에는 동양철학을 심화하는 과정이었다. 학부 시절에 학과 공부에 관심이 다소 미진했던 나로서는 석사에 입학한 이후부터 전공을 심화하는데 정성을 기울였다. 석사과정에서는 류병덕, 송천은, 한기두, 한종만 교수 등의 강의를 경청하며 전공의 기초를 학습함으로써 몇 편의 단편 논문을 썼다.

대학원 강의를 담당하는 교수로는 원불교학과 교수 외에도 외부 교수가 초청되었다. 대학 시절에서 전원배 교수로부터 논리학을 배웠지만, 석사과정에 진학한 후 나와 김경일 교무는 전교수의 마지막 철학 강의를 들었다. 전원배 교수는 한국철학계의 거목이었으며, 워낙 고령으로서 강의하였기 때문에 전교수의 자택에서 마지막 강의를 듣는 대학원생이었다. 이어서 고려대의 윤사순 교수를 초청하여 강의를 들었다.

또 배종호 교수는 연세대에서 정년퇴임을 하고 원광대 석좌교수로 초빙되어 배교수의 강의를 주로 들었다. 율곡 사상의 대가로서 한국철학 및 중국철학의 석학이었던 배교수는 동양철학을 전공하는 나의 지도교수였다. 철학과 이상곤 교수(퇴임)와 나는 배교수의 첫 제자가 되었으며, 배교수의 지도 속에

「장자의 양생론 연구」라는 제목으로 석사학위를 받았다.

본 석사 논문의 개요를 보면 장자가 말하는 도(道)의 본질과 양생의 개념을 설명하고, 양생에 저해가 되는 요인들을 하나하나 밝히었다. 예컨대 선입견으로서의 성심(成心), 분별 작용을 일으키는 지식(知識), 인위로서의 유위(有爲), 하늘을 거역하는 둔천(遁天)을 제시하였다. 이를 극복하는 양생법으로서 허정(虛靜), 심재(心齋), 좌망(坐忘), 제동(齊同)을 밝히었다. 이 모든 연구는 시공 자재의 초월낙(超越樂)을 강조하는 장자 철학에 매료된 것이며, 불교의 해탈 정신과도 직결되어 수행에 도움이 되었다.

석사를 수료한 직후 1986년 9월에 박사과정에 입학하였으며, 박사과정에 재학하면서 또 배종호 교수를 지도교수로 모시고 주로 동양철학의 원전(原典) 강의를 들었다. 석학이자 명강사로 알려진 배교수 강의 경청에 일부 교수들과 같이 참여하였다. 선배 교수들에게 배교수 박사수업에 함께 듣자고 건의한 것은, 배종호 교수의 강의가 해박하여 학문의 깊이를 공유하고 싶었기 때문이며 선배 교수들도 나의 제의에 선뜻 응하였다.

박사학위 청구논문 지도교수였던 배종호 교수는 나에게 박사 논문 목차까지 지도해주었는데, 건강이 좋지 않아 열반에 든 관계로 한종만 교수가 최종적으로 지도교수의 역할을 하였다. 박사학위 논문 제목은 「맹자와 장자의 수양론 비교」이며, 배종호 교수가 지도한 목차를 중심으로 소개해 보고자 한다. 맹자·장자 철학의 성립을 밝히고, 맹자와 장자가 지향하는 도와 수양의 목표를 설명하였다. 그리고 수양의 원리에 있어서 유가의 맹자와 도가의 장자 사상을 비교해가며 철학적 차별화를 기했다.

박사학위 논문의 핵심은 다음에 있다. 즉 맹자의 수양방법으로는 양기(養氣), 진심(盡心), 지성(知性), 과욕(寡欲)을 열거하였다. 이에 대하여 장자의 수양방법으로는 일기(一氣), 심재좌망(心齋坐忘), 복성(復性), 무욕(無欲)을 거론했다. 맹자와 장자 수양론의 큰 틀은 동양의 심성 수양 측면에서 통하는 면이 있지만, 규범적 가치판단을 중시하는 맹자와 무위적 사실판단을 중시하는 장자의 사상에 차이가 있음을 밝히었다.

이처럼 사상적 차별화를 하면서 맹자와 장자, 곧 유가와 도가의 사상을 대등하게 비교한 것이며, 1990년 2월에 마침내 철학박사 학위를 받았다. 이때를 전후하여 가산 김성택, 곤산 박광수, 규산 정현인 교수가 박사학위를 받았다. 34세가 되어 박사학위를 받게 되자 겸연쩍게도 주변에서 교역자로서 최연소 박사학위 수여자라고 칭송하였다. 박사학위를 받은 뒤 서원주, 김인종, 하상의, 김인소, 이명희 교무 등이 이어서 박사학위를 받았으니, 교역자 박사학위 시대의 서막이 열리었다.

전무출신의 길로 인도하고 박사학위를 받도록 기도해준 어머니, 그리고 장학금을 후원해준 구타원님·관타원님, 또 정토의 내조에 감사의 마음을 전한다. 학덕의 길로 나가도록 협력해준 두산님과 삼동원 지도교무께도 감사의 마음을 전한다. 더욱 감사한 것은 석사학위 논문과 박사학위 논문의 발간비를 후원받았다는 점이다. 학위논문 발간의 후원은 경제적으로 어려운 상황에 있던 차에 가뭄속의 단비처럼 은혜로움이 다가왔다.

박사학위를 받은 것은 주변의 은혜로운 협력에 힘을 얻어서 가능했던 일이며, 무엇보다 개인의 자아실현이라는 점에서 평가할만한 일이다. '고진감래(苦盡甘來)'라는 말이 있듯이 누구든 자기실현을 위해 노력한 흔적들을 돌이켜 보면 모진 고난을 이겨내는 인동초와 같은 것이다.

담대함과 호연지기

인생 중년기에 접어든 사람들은 경제적 안정을 취하여 의식주에 대한 소유욕이 커지면서 물질에 집착하곤 한다. 이 물욕(物欲)을 어떻게 극복할 것인가는 여생을 얼마나 행복하게 보낼 것인가와 직결된다. 인생 선반을 통해 점증하는 소유욕은 담대한 마음을 유지하는 데 장애물로 등장하기 때문이다. 지난날의 수행일기를 소개해 본다. "담대해지려면 어떻게 할 것인가? 우선 삼독오욕(三毒五慾)을 극복하는 노력이 필요하다." 자신에 집착하는 가장 큰 이유는 탐진치와 더불어 나타나는 욕심 때문이다. 불교에서는 이를 경계하였으며, 석가모니는 불행의 출발이 인간의 무한욕심 때문이라 하였다.

이목구비의 육신을 가지고 살아간다면 누구나 자신을 둘러싼 풍요의 물질에 대한 욕심이 스멀스멀 솟아나는 것은 당연한 일이다. 육신의 생명 유지에 기본적인 의식주가 필요하기 때문이다. 따라서 욕심을 무조건 없애라고 한다면 쉽지 않을 것이다. 작은 욕심을 큰 욕심으로 키우라고 하면 어떨까? 인간은 욕심에 끌리어 살아가지만, 욕심을 무조건 나쁘게 생각하지 않아야 한다. 여기에 발상 전환이 필요한 일이다. "소탐대실이기 때문에 작은 욕심을 큰 욕심으로 바꾸어야 한다. 큰 욕심이란 호연(浩然)의 기운을 간직하는 것이다." 예비교역자 시절에 스스로 이같이 다짐하며 살고자 했다.

인생에 있어서 누구나 사욕을 큰 욕심으로 바꾸는 담대함은 자신의 국량이 크고 담박하다는 뜻이다. 무엇보다도 소박 담대한 삶을 생각한다면 굳이 노자(老子)를 언급하지 않아도 여유롭게 흘러가는 물[水]이 연상되며, 단맛이나 짠맛이 없는 심심한 물맛을 음미하게 된다. 대학생 때 신행(信行)의 글에서 "한번 일어난 일은 산하대지가 그러는 것처럼 대지의 물처럼 담대하게 흘려보내야 한다. 지나간 일을 집착해서는 안 되며, 무념·무아를 실천해야 한다. 이것이 호연지기의 자세이다."라고 다짐의 독백을 하였다.

나의 이메일 아이디가 'stream'이다. 아이디의 'stream'이란 무엇을 뜻하는가? '물이 흘러가는 것'이다. 물은 어디에 정체되지 않고 흘러가는 것이며, 흐르는 한 부패하지 않은 생명수로 남는다. 'stream'을 아이디로 삼은 것은 물처럼 멈추지 않고 흘러가는 물을 연상한 것이며, 이 속에 오묘함이 있다. 'stream'이란 6자 가운데 앞의 3자에는 또한 's^{sung}' 't^{tae}' 'r^{ryu}'가 오묘하게 다 포함되어 있으니 영어 작명가로 등극할 일이다. 어떻든 인생사의 고통에 직면했을 때 거기에 연연하지 않고 물이 자연스레 흘러가듯이 집착 없이 살아가는 것이야말로 담대함의 인생관이자 나의 철학이다.

인생 중·후반기에 접어들면서 노장철학(老莊哲學)을 전공한 탓인지 더욱 소중하게 생각하는 가치관은 물과 같은 '담대함'이었다. 담대함은 홀로 있을 때의 자존감 곧 독존(獨尊)으로서 질박한 '자아(自我)'를 연상하게 한다. 예비교무 시절에 이따금 방심해질 때 다음과 같이 스스로 묻곤 하였다. "성태야, 너를 판단하려면 네가 홀로 있을 때를 관찰해보라." 홀로 있을 때 흐트러지지 않고 떳떳한 자존감을 간직하는 심법으로 살아가라는 채찍의 수행이며, 그런 마음 자세여야 담대함의 인품으로 나타나는 것이다.

친구나 주변 인연들로부터 자신인품을 긍정적으로 평가해주는 여러 항목 가운데 어떠한 항목이 존재하는가? 신뢰, 소박, 담대, 열정과 같은 용어들이 등장하는가? "류교무는 성품이 소박하고 꾸밈이 없어 좋다." 아마 나를 매우 긍정적으로 평가해주는 덕목이라고 생각하면서 겸손해하지만, 평소 생각한 것으로 가장 좋은 인품이란 다름 아닌 담대 솔직함과 순수함이라 본다.

주위 사람에게 너무 솔직하게 다가서다가 후회한 적도 있지만, 그래도 인위적 가식을 싫어하는 성격임은 틀림없다. 가식을 털어내고 무위(無爲)의 순박함을 추구하면서 대학에서 30대부터『도덕경』을 강론해온 영향 때문이다. 2023년 11월 30일 오후에 전재희 박사과정 대학원생이 전화가 왔다. "교수님의『도덕경』강의를 듣고 너무도 감명받아 서경대 석사졸업생 2명을 이곳 대학원으로 입학하도록 했습니다."라고 덕담을 해준 것도 고마운 일이다.

덕담은 덕담이고, 실제 좌우 선후배들과 대화를 나누면서 나 자신의 마음을 쉽게 노출하는 것이 단점이라고 충고해주는 주변의 동지들이 더러 있다. 성장하는 과정에서 이러한 지적을 받았던 것도 사실이다. 그러나 여전히 솔직담백함을 좋아하는 성격을 버릴 수는 없다. "선배 교우에게 나는 솔직 담백하게 마음을 털어놓고 허심탄회한 마음을 전했다. 그리고 선배의 조언을 잘 받아들여 잘살겠다는 마음을 가졌다." 일기장에 나타나 있듯이 인격 형성에 있어서 담백함을 지향하면서 진솔함을 추구한 마음 자세는 꾸어서라도 간직해야 할 인품과도 같이 느껴졌다.

그렇다고 담백 솔직함은 그저 얻어지는 것이 아니라고 본다. 홀로 있을 때 무욕(無欲)과 조신(操身)의 수행이 요구되기 때문이다. 교수로서 강단에서 도가철학을 강론하면서 무명(無名)과 무욕(無欲)을 강조하곤 하였다. 그리고 유가철학을 강의하면서 신독(愼獨)을 중시하였다. 즉『대학』6장에 나오며, 계신공구(戒愼恐懼)라는 문구가『중용』1장에도 있다. "홀로 있을 때 삼가라."는 교훈이다. 각산 신도형 교무도 자경칠훈(自警七訓) 가운데 하나로서 "항상 그 홀로 있을 때를 삼가라."(『여의』(각산문집Ⅱ, 1992))라고 하였다. 담백하고 진실함을 지향하기 위함이다.

담대함과 같은 맥락에서 '호연지기(浩然之氣)'는 우리가 순경과 역경에 처하여 고매한 인품으로서 간직해야 할 수행의 덕목이다. 이 호연지기의 인품은 고대 성철(聖哲) 맹자의 가르침으로, 11월의 스산한 어느 날 일기장에 그러한 인품을 기록하였다. "경계를 피하지 않고 진솔하게 대응하는 일이 수도의 자세인 것이다. 순경에서 사는 것도 좋으나 역경을 잘 견디는 것이 호연지기의 길이다." 내가 지향하는 것으로서 호연지기는 순간순간 나타나는 경계를 극복하는 마음공부로서 대장부의 이상적 인간상과도 같다.

호연(浩然)한 대장부의 의기(義氣)를 간직하는 일은 특히 미래를 짊어질 젊은이들로서 새겨야 한다. 맹자는 선한 성품을 간직하기 위해 부동심과 호연지기를 기르라 하였고, 또한 여행가 한비야는 이에 말한다. "우리 젊은이들도 세계를 많이 돌아다녀서 우물 안 개구리를 벗어나 세상을 보는 눈을 넓혔으면 한다. 더불어 세계와 어깨를 나란히 할 수 있다는 자신감과 세계가 전부 내 집이라는 호연지기도 함께 키웠으면 하는 바람이다."(『바람의 딸 걸어서 지구 세바퀴 반』 1, 1999) 세상을 넓게 보는 눈을 가진 대장부로서 담대한 호연지기를 지니자는 것이다. 남녀노소를 막론하고 대인(大人)이 되기 위한 글이다.

잠시 대학 시절의 산상법회(山上法會)를 상기해 본다. 여름방학을 기해 예비교무들은 종법사 배알을 위해 신도안에 갔다. 간사 생활을 시작하면서 전무출신의 첫 출발지로서 나의 친정과도 같은 신도안 삼동원에 가서 동산원장과 오희선 총무께 인사도 드리며, 계룡산 중턱 계곡에서 간단히 목욕재계하고 대산 종법사의 법문을 받들 때 '호연지기'의 정신을 체득하는 시간이 행복했다. 산상수훈을 받들듯이 계룡산에서 흐르는 물과 바람을 느껴보면서 호연지기의 법열을 체험한 것이다.

호연지기는 대자연의 기운을 체험하고, 또 일상의 생활에서 무욕 담대함으로 국을 키우는 일을 행할 때 길러진다. 아무리 법문을 많이 받들더라도 실천으로 이어지지 않는다면 그것은 성불제중을 향한 인품, 곧 신성으로 연결되지 않기 때문이다. 하루하루 신심과 서원이 채워짐을 느끼곤 한 것은 나의 커다란 포부, 곧 호연지기로서 국한 없이 온 누리에 불맥(佛脈)의 깃발을 날려보려는 서원을 간직하며 살고자 했기 때문이다.

그리하여 호연지기는 사사로운 경계에 얽매이지 않고 국 트인 대인(大人)의 심법을 닮아감과 같다. 일상의 경계가 이따금 이러한 심법을 시험하곤 한다. "오늘 합창을 약 2시간가량 연습해서 목이 아프고 마음속으로 힘들었다. 화나는 일이 있을 때 '나'라는 상대심을 놓고 국 트인 마음으로 임해야 하며, 그것이 인화력으로 이어진다." 소인이 아니라 대인으로 가는 길은 소아를 놓고 국트인 대아를 향할 때, 그리고 경계를 이겨내는 기질 단련의 힘으로 호연지기를 키워갈 때 가능하다.

기질 단련의 적공 시기에 맞게 호연지기의 정신을 키워왔던 시절을 회상하면서, 일기 두 편을 뒤적이며 읽는다. "3월 13일 새벽 5시 10분, 어둠의 장막을 뚫고서 배산에 올랐다. 높은 산을 오를 때 힘들었지만 정상에 올라와 보니 새벽 기운에 기분이 상쾌했다. 새벽기운을 머금고서 '야호'하고 크게 외치고 싶다." "4월 17일, 새벽에 행선(行禪)으로 배산을 향했다. 몇 번째 배산에 올라왔지만, 더욱 새로운 기분이었다. 짧은 명상시간을 가진 후 정상에서 산 아래를 내려다보니 대명천지의 세상이었다." 출가 후 신심과 서원을 키워가고, 시공을 붙잡아놓은 꽃밭 신심의 일기장은 그래서 좋다. 근래 배산을 주변으로 심신의 건강을 위해 맨발 걷기를 체험하곤 한다. 그리고 배산의 상봉을 오르내리며 명상을 한다. 대산 종사는 배산(盃山)은 항마봉이며, 만국만민을 건질 돛배라고 한 뜻을 조금은 알 것 같다.

수행 흔적이 기록에 나타나 있듯이 꿈많던 시절에 산행을 통해서, 묵언을 통해서, 새벽 좌선을 통해서, 일상의 삶 속에서 담대한 호연지기를 발견하면서 참 인격으로 다듬어가고자 노력했던 시절이 아름다웠고 또한 그립다. 어제도, 오늘도, 내일도 담대한 성품과 진솔(眞率)한 행동으로써 가식이 아닌 삶의 진국을 체험해야 한다는 소중한 단면들이 나의 인생관인 셈이다.

도학과 과학의 줄다리기

줄다리기는 어릴 때부터 즐겨온 전통 놀이로서 두 팀이 서로 힘껏 자기 진영으로 끌어당기는 한판의 게임이다. A팀과 B팀의 줄다리기 경주에서 어느 한 팀의 힘이 부족하면 다른 팀으로 쏠리는 경우 패하게 된다. 양 팀의 힘이 비등하면 승부를 가리기 힘든 경주가 된다. 그래서 양쪽 간의 씨름이 벌어질 때 좀처럼 승부가 나지 않는 경우를 빗대어 말하기를 "지금 줄다리기 중이다."라고 한다. 첨예한 대립으로 인한 양쪽의 줄다리기는 '시소게임'으로도 언급된다.

인생을 살아오면서 양쪽 간에 줄다리기를 힘겹게 하곤 했는데 그것은 학문 탐구와 인격 함양이라는 두 가지 영역이었다. 학문으로서의 과학이 한 영역이라면 도학으로서의 종교가 또 다른 영역이기 때문이다. 세계적 명성을 지닌 피타고라스는 '학문' 단체를 만들어서 학원을 창립하고 많은 사람을 지도하였다. 제자들에게 학문과 도학을 병행시킴으로써 엄숙한 도덕 생활과 종교적 신앙생활을 의무화시켰으니, 학자로서의 학문 탐구와 도덕성을 강조한 철학자이다.

다음으로 데카르트는 정신과 육체를 분리해서 생각하는 경향이었다면 헤겔은 정신이 더 중요하다는 경향으로 흘렀다. 어느 철학자의 말이 맞을까? 그러나 러셀이나 화이트헤드는 정신과 육체가 분리될 수 없다는 견해를 지니고 있었으며 그것이 현대철학의 흐름으로 이어졌다. 이분법적으로 생각하는 것은 과거의 유물임을 현대철학에서 입증하고 있다.

고금(古今)의 철인들이 그러했듯이 인류문명의 온전한 발전을 위해서 과학과 도학의 병행은 인간의 지속적인 과제로 등장하고 있다. 그러나 과학자의 연구소와 도학자의 훈련 도량이 서로 평행선을 달리는 경우가 많다. 종교 교역자가 되기 위해 출가한 후 기숙사 생활을 하면서 대학 생활과 예비교역자 생활의 괴리가 있었던 것도 사실이다. 이따금 공부에 있어서 고백할 것이 있다고 스스로 새겼는데, 도학과 과학을 병진해야 하는데 도학을 소홀히 하고 과학을 중시한 습성이 그것이다. 과학을 열심히 하면서 도학에 바탕을 두어야 한다는 것을 절감하는 것은 학창 시절이나 교수 시절의 고민 가운데 균형적 인격을 향한 채찍과도 같았다.

지난 시절을 돌이켜 보면, 학문에 집중하다 보니 주변에서 도학을 중시하라는 충고를 해주었던 것이 고마운 일이다. 도반들과의 법담(法談)시간에 나의 차례가 되어서 단점을 찾아내어 이론과 실천을 겸하고, 도학과 과학을 병진하는 법을 더욱 실천하면 온전한 수행을 하는 것이라고 했다. 과학의 학문과 도학의 수행을 겸하는 수행자의 과제는 시공을 초월하여 항상 줄다리기 게임으로 존재해온 것이다.

이러한 병행 공부는 지속적인 화두로 등장하였다. 특히 종교 지도자로서 두 가지를 아울러 진행한다는 것은 당연한 일이지만 쉽지 않기 때문이다. 과학과 도학의 병진과 관련하여 또 도반들과 토론한 적이 있다. 과학과 도학의 병진이 어렵다는 것을 느껴왔고 누구보다 고민을 많이 했다. 나는 과학을 잘하는 것도 아니고, 도학을 잘하는 것도 아니다. 양자 사이에서 중심을 잡는 일이 어렵다는 것을 한동안 느껴왔다. 종교인의 삶에서 중도(中道)를 실천하는 일이 쉽지 않기 때문이다.

중도의 생활이 쉽지 않다는 사실을 인지한 후부터 유·무념 공부로 일상을 대조하였다. 이에 과학과 도학의 병진에 대하여 많은 시간을 할애하여 의두 연마를 하였다. 도학을 주춧돌로 놓고 과학을 기둥으로 세워서 오로지 도학·과학을 병진하는 현명한 공부인이 되고자 다짐해 온 것이다. 현명하지 못한 사람은 어느 한쪽으로 쏠리는 생활을 할 것이고, 이와 달리 중도 생활의 지혜로운 공부인은 과학과 도학을 아울러 수용하려고 할 것이다.

따라서 과학 위주로 공부하고 도학을 소홀히 한다면 지도자로서 공부 표준을 잘못 잡은 것이다. 과학만능주의는 위험한 발상이기 때문이다. 원만한 인격을 갖춘 후 과학 공부를 해야 한다는 것이 공부 표준인 이유이다. 말로만 잘하는 종교인이 아니라 실천을 철저히 하는 종교인이 되어야 한다. 전인 (全人)이 되는 것을 목표로 삼아야 하는 점에서 과학과 도학의 중도를 잡고 살아가는 것이 쉽지 않다. 일생 공부의 표준은 전인이 되는 것이며, 그것이 일원상과 같이 원만함을 향하게 해준다고 본다.

원융한 일원상은 주체적 인간성의 회복을 통한 만물과의 조화를 도모하는 상징이다. 과학과 도학에 이어서 물질과 정신, 정치와 종교, 재가와 출가, 남자와 여자, 생활과 수행 등의 이분법적인 논리는 원만 보신불과 달리 한계에 봉착하고 만다. 소태산 대종사는 이러한 편벽신앙의 벽지불을 지양하고, 중도, 중화, 그리고 중용의 정신을 강조하였으며 그것이 사상적 통섭 곧 유불도 3교 통합활용의 정신과 직결되어 있다.

지도자라면 누구나 도학과 과학의 원만한 활용 방법에 대하여 어렵게 생각하지 않도록 자기 스스로 방법론을 터득해야 한다. 어중간한 중도인이 아니라 매사 최선을 다하자는 것이다. 대학생 시절에 고학년이 되어서 다행히 도학과 과학의 활용에 대한 실마리를 찾았다. 교역자가 되어서 과학을 공부할 때는 과학을 열심히 하고, 도학을 공부할 때는 도학에 열심히 하는 생활 표준을 갖게 된 것이다. 여기에는 조건이 따른다. 사심 사욕을 억제하는 일이다. 어느 하나에 끌리는 마음을 멈추고 그일 그일에 최선을 다하자는 것이다.

새벽에 법당에서 좌선할 때는 수양으로서 도학에 집중하고, 학교 강의실에서 학문을 연마하고 가르칠 때는 과학에 집중하면 좋다.

이러한 병행의 자세는 날마다 새롭게, 해마다 새롭게 시작하는 일과도 같다. 좌산종사는 1997년 새해에 종법사 신년법문을 설하였다. 과학과 도학을 병진하는 참 문명 세계로 인도하기 위해 마음가짐과 생활 태도를 가지라는 것이다. 병진 공부를 한 달만 잘하고 다른 한 달을 잘못하거나, 한해만 잘하고 다른 한해는 소홀히 한다면 안 되기 때문이다.

현대의 문명 세계를 선도하기 위해 실제 강단에서 학생들에게 학문을 가르치면서도 실천의 마음공부로서 예비교무 행사에 가능한 함께 하고자 노력했다. 1998년 5월 8일에 원광대 원불교학과 남서원관 학생들의 특별훈련이 변산 임해수련원에서 2박 3일 동안 열렸는데, 첫날 지도교수로서 참석하였다. 이날 밤 9시 30분에 학림사 학생들 전체 앞에서 다음과 같이 말하였다. "우리 출가자는 궁극적으로 도인이 되기 위해 노력하는 사람들이다. 많은 예비교무들이 서원관 생활(도학)과 학교생활(과학) 사이에 갈등을 겪는 경우가 많은데, 그 갈등은 공부길을 잡고 세월이 지나면 없어진다." 경계의 갈등을 극복하도록 서원관이나 학교에서 병행 공부에 공들여야 할 것이다.

이처럼 병행 공부는 과학을 전공하는 학자로서 쉽지 않은 일이다. 대학교수로서 실제 수양보다 학문에 치중할 때가 많기 때문이다. 그러나 교육에서 간과할 수 없는 것은 교역자로서 도학을 지향하는 인격 함양이다. 정산종사는 전북대학교 대학원에 진학하는 류기현에게 부탁하기를 "도를 구하는 것과 학문을 하는 것이 둘이 아니니라. 서원을 굳게 세우고 도와 학을 겸비한 인물이 될지니라."라고 하였다.(『정산종사법설』, 제5편 자비하신 스승님 80장) 스승의 가르침과 인재 양성의 요람에서 역할을 한 선배 교수들의 가르침이 여전히 귓전에 울림으로 다가오는 이유를 알 것 같다.

선지자에 의하면, 도학과 과학의 길은 정신문명을 실현하는 길이라 했다.

공부인은 정신문명과 물질문명의 개념을 명확히 알아야 도학과 과학을 병행할 수 있다는 것이다. 마음공부로서의 도학과 학문 공부로서의 과학의 겸전이 요구되기 때문이다. 과학을 중시하는 학자가 핵무기를 만들었다면 그것이 자칫 악용될 소지가 있으며, 여기에서 종교적 심법 즉 자비의 행위여야 방사선 치료, 원자력 발전 등으로 선용된다. 종교인으로서, 교역자로서 걸어온 기나긴 여정이 '지식'이라는 날카로운 무기를 얼마나 선용했는지에 대해 세심한 성찰이 필요하다.

여기에서 아인슈타인의 명언을 소개해 본다. "Spirituality without science is blind; science without spirituality is lame." 번역해 본다면 "과학 없는 영성은 장님이며, 영성 없는 과학은 절름발이다."라고 풀이할 수 있다. 그가 말하는 영성은 도학으로, 영성의 도학과 과학의 영역을 병행하지 못한다면 장애인이 되고 마는 것이다. 도가에서 과학을 무시해서는 안 되며, 학계에서 도학을 무시해서도 안 된다는 점을 새겨볼 때 아인슈타인의 명언은 원불교 교법과 다를 것이 없다고 본다.

교법을 생활의 표준으로 삼아온 나의 전반적 삶을 돌이켜 볼 때 기성 교역자이자 교수로서 인재 양성의 임무를 수행하면서 느낀 소감으로는 아인슈타인의 가르침에 전적으로 공감한다. 젊은 시절 시행착오를 겪었던 경험을 통해 예비교역자들에게 균형적 지혜를 알려주고자 노력했던 지난 세월이 그래서 더욱 의미로웠고 소중하게 다가온다.

직무수행과 봉사활동

대학 교직원으로서의 직무수행에 있어서 마음에 새겨둔 금언이 있다. 지식인이란 언제나 정열적인 지식욕과 진리표출의 욕구, 영감과 직관, 정치적 열정에의 무관심, 어떤 이해관계와도 무연(無緣)한 영적 목표에의 봉사 등을 그 특징으로 해왔다며 터보 후짜르가 『인텔리겐챠와 지식인』(학민사, 1983)이라는 저서에서 언급했다. 여기에서 '정치적 열정'에 무관심함이란 직장의 보직 욕심을 금하는 것이며, 이해타산을 두지 않는 '영적 목표에의 봉사'이다.

위의 언급에서 새겨둘 것으로 '보직'에 무관심이라는 용어가 떠오른다. 1999년 3월 6일, 원광대 총장으로부터 나에게 대학 기숙사의 사감 제의가 들어왔다. 이에 조금은 미안했지만 궁색한 변명을 늘어놓으면서 완곡하게 거절하였다. 기숙사의 사감 직책을 수행하려면 기숙사에서 숙식해야 하는데, 아직 장남이 중학교 2학년으로 사춘기에 접어들어 집을 비울 수 없다고 하였다. 개인적으로도 공부하는 데 시간을 할애하려다 보니, 보직에 관심을 두고 싶지 않아서 정중하게 사양한 것이다.

직무수행에 있어서 순번제로 하는 보직은 어쩔 수 없이 수행하였다. 그것이 곧 원광대 교학대학 학장이었다. 2005년 9월부터 2007년 8월까지 원광대학교 교학대학 학장을 역임한 이유이다. 학장직을 수행하면서 학생들을 위해 봉사하는 심정으로 다가섰다. 학장의 직무수행을 하면서 기억에 남는 것으로, 2박 3일 일정의 이웃 종교 탐방을 위해 대학 본부의 협조를 얻어냈고 처음부터 끝까지 동행하였다. 또 겨울방학을 기해 좌산종법사의 후원 속에 원광대 예비교무 전체와 강원도 휘닉스 파크에 가서 이틀간 스키를 배우며 즐거운 겨울방학을 보낸 것이다.

보직으로써 직무수행을 거부하지 못한 적도 있다. 2008년 2월 17일 오전 10시 원광대 총장이 "류교수, 나를 좀 도와주어야 하겠다."라고 하며, "이번에 민원봉사실과 학생상담센터를 총괄하여 학생지원센터를 신설하기로 하였으니 류교수가 학생지원센터장(처장급)을 맡아주면 고맙겠다."라고 하였다. 이에 완곡히 사양 의사를 밝히었다. "지원센터장은 출가교역자가 하는 것이 좋다."라며 출가 교무로서 열심히 도와달라고 재차 부탁하였다. 간곡한 요청에 나는 '학생지원센터'의 직무수행을 받아들여 2009년 3월부터 2011년 1월까지 원광대 학생지원센장을 수행하였다. 센터장을 맡으면서 원광대 운영위원회(간부회의) 위원으로서 2년간 활동하였다.

뒤이어 원불교 대학원대학교 허광영 총장의 요청으로 2012년 9월부터 2019년 6월까지 만 7년여 동안 본 대학원대학교 개방 이사를 맡게 되었다. 개방 이사란 원불교 대학원대학교 교직원 외의 이사를 초빙해오는 것으로 일종의 초빙 이사와 같은 성격을 지닌다. 당시 국가의 교육부에서는 이사진의 합리적 구성을 위해 대학구성원 이사와 대학 외부 이사를 일정 비율로 하여 이사진을 꾸리게 하였다. 이에 개방 이사로서 김도종 철학과 교수와 나를 초빙한 것이다.

다른 직책으로 교학대학 교수들의 순번제에 따라서 동양학대학원장을 맡을 차례가 되어 2013년 3월에 취임하였다. 당연히 2015년 2월에 대학원장 직을 2년 동안 마치고 물러나는 상황이었는데, 총장으로부터 동양학대학원장을 2년간 더 연임해달라고 하였다. 그리하여 2013년 3월부터 2017년 2월까지 4년간의 임무를 수행하였다. 본 대학원장으로서 대학원생 모집에 전념하여 석사생 발굴에 정성을 기울였고, 일반대학원 한국문화학과 주임교수로서 박사과정 대학원생 숫자 7명에서 38명까지 증가시킨 적이 있으며 2024년 전후 20~30명 전후의 박사대학원생들이 공부하고 있다.

다음으로 2018년 3월 2일, 원광대 정역원장을 임명을 받았다. 정역원은 원불교 교정원 국제부와 합력하여 원불교 100년 기념의 각종 교서 발간을 담당하는 곳이다. 그러나 학교의 재정 형편이 열악하여 부득이 정역원을 폐지하게 되어 2019년 5월에 정역원장의 2년 임무를 완수하지 못하고 사직하였다. 학교 사정으로 당연히 사직하는 것이 옳다고 생각하였다.

2019년 8월 중순 무렵 총장으로부터 직접 전화가 왔다. 교학대학장과 동양학대학원장을 해달라는 부탁이었다. 그러나 나는 이러한 요청을 단호히 거절하였으며, 그러한 이유는 이미 학장을 역임했고 농양학대학원장을 두 차례 연임했던 까닭이다. 이는 당시 학장과 대학원장을 수행 중이던 후배 김도공 교수의 열반 이후의 일이다. 총장의 재차 요청이 있었지만 이를 완강히 거절하였다.

그리고 2021년 2월 17일, 직행버스로 김해에 가던 중에 총장비서실에서 전화가 왔다. 비서가 나의 연구실을 방문하겠다고 하자, 지금 외출 중인데 무슨 일이냐고 물었다. 총장님이 지금 바쁜 관계로 대신 전달사항이 있다는 것이다. 원광대 도서관장의 직책을 맡아달라는 요청이었으며 나는 일언지하(一言之下)에 이를 거절했다. 도서관장의 직책은 젊고 패기 넘치는 교수가 맡아야 한다며, 내 나이 64세의 원로 교수로서 연구실에서 계속 공부하겠다는 초심을 되새겨 보았다.

화려한 보직보다는 봉사의 가치를 더 선호하는 마음을 간직하고 있었다. 출가하면서부터 종교 교역자로서의 봉사는 마음에 항상 염두에 두었기 때문이다. 오래전 학림사에 신입생으로 입사하던 3월 2일의 수행일기를 소개해 본다. "희생 봉사의 정신으로 모든 일에 임하고 새 마음으로 새 출발을 하겠다."종교인의 출발이 사회봉사와 직결된다는 사명 의식이 있어야 하는 것이 대학생 초보로서의 첫 자각이었다. 이러한 봉사 정신을 간직하며 살고자 했으며, 원불교학과 4학년 여름방학 때 제주도 도순지역에서 보름간 봉사활동을 하며 대학생으로서 가치 있는 봉사의 땀을 흘렸다.

교수의 신분이 되어 행동과 문필(文筆)이 공유된다는 점에서 우선 모교인 원광대 신문 사설을 쓰면서 봉사하는 심경으로 임하였다. 1997년 3월부터 1998년 8월까지 1년 6개월 동안 매주 신문 사설을 써달라는 원광대 신문사 주필 원석조 교수가 부탁을 해왔다. 이에 학교 사랑과 학생 사랑의 봉사 정신으로 정성스럽게 사설을 기고하였다. 아울러 전주일보사에서 7주 간격으로 6개월간 정산종사에 대한 글을 기고해달라는 부탁을 받아서 이 또한 시민 봉사의 마음에서 기꺼이 문필로 봉사 정신을 체험하였다. 이와 관련한 내용은『세상읽기와 원불교』(학고방, 2021)라는 필자의 저술에 게재되어 있다.

이처럼 보직 수행보다는 학생 시절과 평교수로 활동하던 때에 봉사하는 곳이라면 솔선하여 참여하였다. 교수들의 역할이 연구, 교육, 봉사가 아닌가? 봉사의 소명의식에 따라 1999년부터 8년간 원광대 사회봉사 지도교수로서 활동했다. 1999년 1학기 원광대 사회봉사 지도교수를 맡고서 2월 24일 교수 오리엔테이션에 참석하고, 교수들의 1일 사회봉사의 체험도 하였다. 원광대 사회봉사 지도교수 10명이 현장에 나가서 봉사활동을 하였는데, 장소로는 익산시 소재의 영산원(방문)과 배현송 교무가 원장으로 활동하는 동그라미재 활원이었다.

아울러 2001년 12월 28일 금요일 아침 9시부터 오후 3시까지 솔솔송 봉사센터에서「원광대학교 사회봉사 지도교수 1일 봉사체험」프로에 참여하면서 어르신 무료급식의 자원봉사를 체험하였다. 외부로부터 소외된 노인들에게 무료급식을 제공함으로써 지역사회와 함께한다는 자세, 어르신에 대해 공경하는 마음, 사회에 자선을 베푸는 마음 등을 조금이라도 간직하는 좋은 기회였다.

다음으로 2007년 12월 7일에 발생한 태안 기름유출사고에 대한 교단적인 봉사활동에 참여하여 원불교학과 학생들과 그곳 앞바다에서 하루 동안 추위를 극복하며 작업하느라 힘들었다. 이날 따라 바람이 심하고 날씨도 너무 추워서 바다 바닥에 붙어있는 기름을 헝겊으로 닦아내는 일로서 부득이 차가운 물에 손을 적셔야 할 상황이었기 때문이다. 목장갑을 끼고 작업한다고 해도 이미 장갑에 물이 스며들어 동상에 걸릴 정도로 힘들었으며, 얼어붙은 손가락을 '호호' 불어가며 봉사하였다.

봉사활동은 교단 내에서도 힘이 미치는 선에서 참여하였다. 2년 동안 수위단회 전문위원으로서 활동하면서 2004년 10월 11일 수위단 교육문화분과 전문위원으로서 「예비교역자 발굴 방안에 대하여」에 대해 발표하였다. 그리고 봉사의 책임으로서 원광학원 재직교무회장 맡아 수행하였다. 2015년 2월 13일자 〈원불교신문〉에서 "류성태 교무는 원광학원 교무들이 원불교 100년을 맞아 교단의 사업에 적극적으로 동참하고 있다. 학교 발전에 힘을 모으고, 출가자 인재 유입을 위해 장학금을 조성하겠다며, 원불교학과의 신입생 수가 줄어들고 교수요원 확보도 힘들어지고 있다."라고 소개하였다.

이어서 2018년 6월부터 2021년 12월까지 제7대 한국원불교학회장으로서 활동을 하였지만, 코로나 유행으로 학회 활동을 충실히 할 수 없었다. 펜더믹 현상에 따라 1차 학술회의 개최와 학회지 발간 비용을 마련하는 정도에 머물렀다. 학회의 발전은 곧 원불교 사상의 정립으로 이어진다는 점에서 심혈을 기울이고자 하였지만, 코로나 현상으로 기대만큼 활동하지는 못했다. 어떻든 중년기의 여러 봉사 가운데 인재 양성이라는 봉사가 무엇보다 크다고 보며, 낮없는 마음으로 봉사에 임하는 것이 보직 수행보다 훨씬 값진 것이라는 것을 깨달았다.

외부로부터 특강요청

강단(講壇)에 아무리 자주 선다고 해도 특강을 요청받으면 괜스레 부담 가는 것이 사실이다. 그만큼 특강이 지니는 의미는 강사로서 시청자에 대한 긴장감과 연결되며, 여기에 설득력 있는 특강 주제를 설정하는데 고민으로 다가온다. 고려대 인촌기념관에서 열린 고 김대중 대통령의 '대학특강'은 매우 이례적인 일이었다. 김 대통령은 상의 저고리를 벗고 칠판에 '우리 민족을 생각한다.'라고 쓴 후 강의를 시작했다. 1998년 6월 30일 이곳에서 특강을 한 김 대통령은 특강을 준비하면서 무슨 내용으로 말해야 할 것인가에 많은 고민을 했을 것이라 본다.

사회적 지도자라면 이따금 외부의 특강요청이 있을 것이다. 외부의 특강요청 가운데 나의 경우 기록해 놓은 것을 중심으로 소개해 보고자 한다. 먼저 2014년 10월 1일, 초청 강의로서 원광대 도덕교육원에서 일반대학생 1학년 40명에게 「사랑하는 후배들에게 전하고 싶은 인생 10훈」에 대하여 특강을 하였다. 그 내용으로는 다음과 같이 교양강좌 형식으로 강의를 하였다.

첫째, '단어'를 개념 없이 사용하는 것에 길들이지 말고 창의적으로 사용해보라는 것이다. 젊음의 창의력은 아이디어를 새롭게 하는 것이며, 이 멋진 아이디어는 새로운 영감을 가져다줄 수 있는 단어 사용과 직결되는 점이 적지 않다.

둘째, 아무리 화술이 좋다고 해도 평소 '책을 많이 읽는 사람'과 대적할 수 없다는 점을 명심해야 한다. 독서는 인생을 살찌우는 일이며, 자신의 지적 확장과 성숙으로 이어져 결국 현명한 사회 지도자가 된다는 점은 아무리 강조해도 지나치지 않다.

셋째, 젊은이로서 우물 안의 개구리란 다름 아닌 '외국어' 하나도 못 하는 사람이다. 세계는 한 가족으로 변화하고 있는데 외국어 하나도 구사할 줄 모른다면 시대에 역행하는 것이다. 영어는 이미 세계어로 변모했으며, 우리나라의 상점간판도 영어 간판이 급증하는 상황이다. 한글을 모르면 당연히 답답하듯이 지구촌 시대에 영어를 모르면 답답해지는 세상이 되고 있다.

넷째, 자신의 '감정조절'에 실패하면 인생도 실패한다. 인간은 사회적 동물로서 대인관계 속에서 살아간다. 서로 대화를 하면서 자신의 의견을 타인과 조율하지 못하면 갈등이 발생하는데, 이때 감정을 격화시키면 곤란하다. 지성으로서 자신의 마음을 다스릴 수 있는 감정조절이 필요한 이유이다.

다섯째, 대학생 때에는 상호 교감할 수 있는 친구가 많을수록 좋다. 자신에게 친구가 없다는 것은 여러 이유가 있겠으나 크게 보면 '배려하는 마음'이 부족하기 때문이다. 누구를 막론하고 자기에게 잘 대해주는 사람을 좋아한다. 즉 상대방을 배려하는 사람은 친구로서 호감이 간다는 뜻이다. 이타주의가 아니라 이기주의에 길들여져 자기만을 위해서 살아가는 사람은 친구가 적을 수밖에 없다.

여섯째, 노트 필기에 등한히 하는 학생은 수업 성적도 좋지 않다. 전공의 심화 과정에서 기억만으로 실력을 쌓기가 어렵기 때문이다. 기억에는 한계가 있으므로 중요한 사항은 기록해 두어야 한다. 노트 정리를 잘해두는 사람은 시험 성적도 좋으며, 기억력의 한계가 있을 때 기록해 둔 자료를 적절하게 참조하는 것이 좋다.

일곱째, 건전한 이성 교제는 아름다운 인생의 시작이다. 나와 성이 다른 사람과 아름다운 만남을 통해서 인생의 로맨스를 만들며, 후일에 배우자가 될 수 있는 인연으로도 기대된다. 이성 교제란 반드시 결혼을 전제하는 것은 아니다. 이성과 인격적 만남을 통해서 상호 성격을 파악하면서, 타협할 줄 아는 시기가 대학생 때라는 점을 알아서 젊은 시절의 청춘 가치를 공유하면 좋을 것이다.

여덟째, 행동의 절제를 모르면 그저 미성숙된 삶일 뿐이다. 중·고등학생 때에는 절제되지 않은 행동이 많지만, 성숙한 대학생이 되어서는 절제할 줄 아는 지혜가 요구된다. 대학생은 부모로부터 통제를 벗어나는 시기로서 자신의 행위는 자신이 책임진다는 의식을 키워야 한다. 따라서 행동의 구속력을 키울 때 사회 지성의 인품이 형성되는 것이다.

아홉째, 고등학교 때 열심히 공부했으니 대학에서는 놀자는 사람들은 후진국 대학생들의 전형이다. 선진화된 사회의 학생들은 고등학교 때 비교적 자유롭게 시간을 즐기고, 대학생 때는 진력해서 공부한다. 대학생 때 공부해야 하는 이유는 미래 직업이 이때 결정되기 때문이다. 대학에 입학하지 못하는 고교생은 적어도, 직장에 취직하지 못한 대학생은 많다는 점을 명심할 필요가 있다.

열 번째, 대학생 나이는 '자립'이란 용어에 익숙할 때이므로 부모에게 의존하는 마음을 벗어나야 한다. 일선에 뛰어들어 노동을 통한 돈의 가치를 아는 때로서 여러분은 일단 부담 없는 프리랜서에 관심을 가져볼 만하다. 부모로부터 돈을 요구하는 시기를 벗어나 독립할 때가 대학생 시절인데, 서구의 경우 대학 대학생들 스스로가 학비를 마련하는 편이다.

위의 열 가지 사항을 잘 알아서, 대학생 10훈을 실천하는 지혜를 발휘한다면 후회 없는 학창 시절을 보낼 수 있다. "젊어서 고생은 사서도 한다."라는 속담이 있듯이 머릿속에 있는 지식만으로 미래 인생을 설계할 수 없으며, 하나하나 행동의 실천에서 그러한 방안들이 구체적으로 마련된다.

다음으로 2007년 10월 6일, 원광여자중학교에서 한 학급을 대상으로 「옛
교육과 현대교육」이라는 주제로 교양강좌 형식의 특강을 하였다. "이 세상에
서 가장 행복한 사람은 누구일까?"라고 중학생들에게 질문을 던졌다. 이에
청소년을 가르치는 선생이라는 직업은 젊은 새싹들을 가르친다는 점에서 뿌
듯한 일이다. 맹자의 군자삼락(君子三樂)은 다음과 같다. 첫째 부모님이 살아
계시고, 둘째 형제가 무고한 것, 셋째 위로 하늘에 부끄럽지 않고 아래로 인
간에 부끄럽지 않은 것으로서 천하의 영재를 교육하는 것이다.

그렇다면 행복의 가치는 주변 사람들과 함께하며 얼마나 조화롭게 사는가
에 달려 있다. 동물들은 젖을 먹을 때 어미 젖꼭지에 시선을 두며, 갓난아이
는 젖을 먹을 때 엄마와 눈을 맞춘다. 비유컨대 학생들은 지적·인격적 성숙
을 위해 공부할 때 스승과 친구와 눈을 맞추는 것이 필요하다.

어머니와 스승을 향해 눈높이를 맞추며 살아가면서 행복이냐, 불행이냐를
선택할 성숙기에 있는 중·고등학생 시절이 매우 중요하다. 육체적 성장이 활
발한 시기로서 이성과 절제에 눈을 뜨기 시작하며, 그러나 잘못하면 타락으
로 이어진다. 청소년기의 경우, 자칫 반항 및 폭력이 자행될 수도 있으므로
여러분들은 학생으로서 항상 맑고 순수한 정신을 유지해야 한다.

여러분이 다니는 학교는 소태산을 교조로 모시는 원불교의 종립학교이다.
이 종립학교는 원불교의 교육이념에 바탕을 두고, 국가 교육을 근간으로 삼
아 여러분들을 훌륭하게 키우는 임무를 맡고 있다. 따라서 여러분은 종교적
영성 함양과 학문연마라는 형설의 전당에서 성실하게 마음공부를 하고 미래
를 개척하는 삶이어야 한다.

한편 1999년 1월 16일 저녁 7시에 개최된 중학교 동기생 모임에서 특강
을 요청받았다. 교수 생활 10여 년 즈음에 처음으로 동창 모임에 참여하였
으며, 여기에서 다음 동창 모임 때 특강을 해달라고 부탁받았다. 한두 달이
지나 특강을 하는 날이 왔다. 교수의 특권의식에 의한 특강이 아니라 동창

으로서의 친구들에게 대하는 형식으로 접근하였다. 특강 제목은 「인생의 나이-40대의 기로」이다. 동창들에게 전한 특강의 내용을 다음과 같이 정리하였다.

인생의 행로를 본다면 석가모니는 윤회를 밝히면서 생로병사의 굴레를 말하였다. 인간이 태어나면 반드시 늙게 되고 병들며 결국 빈손으로 왔다가 빈손으로 돌아가는 죽음에 이르게 된다는 것이다. 유교의 공자는 『논어』 「위정편」에서 나이별로 인생의 행로를 밝혔는데 15세에 학문에 뜻을 두고, 30에 자립하며, 40에 불혹(不惑), 50에 지천명(知天命), 60에 이순(耳順), 70세에 종심소욕불유구(從心所欲不踰矩)를 밝히었다. 동기동창 여러분은 지금 불혹의 나이에 살고 있다.

유사한 맥락에서 서양의 학자 에릭슨이 밝힌 인생행로를 소개해 본다. 「영아기」에는 신뢰감·불신감, 「유아기」에는 자율감·수치감, 「오락기」에는 주도감·죄악감, 「학동기」에는 근면감·열등감, 「청년기」에는 정체감·확산감, 「성년기」에는 친화감·고립감·정체감, 「노년기」에는 절망감·통합감을 변증법적으로 극복해 나가면서 인격을 확립해 나간다고 했다.

다음으로 루소는 인생의 견해를 10세에는 과자, 20세에는 연인, 30세에는 쾌락, 40세에는 야심, 50세에는 탐욕에 의해 움직인다고 했다. 동기생 여러분은 친화와 고립감, 그리고 정체감과 야심에 찬 시대에 살고 있다. 어떻든 인생은 아동기의 모방, 10대의 반항, 20대의 표류, 30대의 분주, 40대의 성숙, 50대의 노련, 60대의 포용, 70대의 초연함으로 이어진다. 친구들은 현재 일생의 인품이 정립되는 시기로서 40대의 성숙함을 잘 지켜나가야 할 것이다.

원불교를 창립한 소태산은 "나이가 30이 넘으면 그 사람의 일생 인품이 대개 틀 잡히는 때라." 하였고, "나이가 40이 넘으면 죽어 가는 보따리를 챙기기 시작하여야 죽어 갈 때에 바쁜 걸음을 치지 아니하리라."라고 하였다. 미리미리 생사 연마를 해두라는 뜻이다.

중년기에 접어든 동기 동창생 여러분은 이제 노년기를 대비하며 살아가야 한다. 중년기의 특징으로는 몸이 전과 다르므로 모험보다 현실을 중시하고, 이에 회룡고조(回龍顧祖)의 여유를 가져야 할 시기이다. 인생 중반에 들어서면서 자꾸 시간이 빨리 감을 느끼게 될 것이다. 따라서 40대로서 중년기는 인생의 '황금기'라는 것을 알고 즐겁고 행복하게 살아야 한다. 인생의 황금기를 보내면서 자신이 황금기임을 모른다면 인생을 허무하게 보내고 만다는 것이다.

40대 여러분을 위협하는 요인들로는 인간관계에 의한 스트레스의 압박, 가정불화의 소지, 사업 성취의 불확실성, 건강의 문제가 뒤따른다. 그러나 40대로서 여러분은 현실을 보다 행복하게 보내도록 노력해야 한다. 부부락, 성취락, 여행락, 도락(道樂)이 그것이다. 이어서 40대 이후 대비할 일들로는 무엇보다 건강 유지에 최선을 다하고 노후 복지를 대비할 것이며, 노후 자화상으로서 수필집이나 회고록의 집필을 권한다. 생사 대사를 해결할 수양의 시간이 필요하므로 명상의 시간도 많아져야 한다.

이에 종교적 가르침으로 친구 역할을 소개하고자 한다. 나를 이롭게 하는 벗이 셋으로 첫째 진우(眞友)요, 둘째 우량(友諒)이며, 셋째 우다문자(友多聞者)이다. "진우는 진정한 벗인 동시에 모든 일을 바르게 충고하여 나에게 바른 길을 걷게 하는 벗이요, 우량은 신실하여 자비로써 화하는 벗인 동시에 나에게 진실하여 거짓이 없고 자비로써 화하게 하는 벗이며, 우다문자는 사리에 박람 다식한 벗이니, 지식이 풍부한 벗인 동시에 나에게 지식을 넓히고 향상시키는 벗이니라." 본 법어는 『정산종사법설』, 제3편 「도덕천하」 36장에 나오는데 진정한 친구의 역할이 무엇인지를 가늠하게 해준다. 진실하고 선량하여 깨달음을 전하는 친구가 인생의 큰 자본이라는 것이다.

금강산과 독도 유람

원기 15년(1930) 5월, 팔박구일 동안 소태산 대종사는 제자 이공주 이동진 화 신원요 3인과 금강산을 탐승(探勝)하게 되었다. 대종사는 금강산을 탐승한 느낌을 다음과 같이 읊었다. "걸음걸음에 금강산의 경치를 다 더듬고 나니, 금강산 경치는 빈껍데기만 남았구나. 금강산의 아름다운 경치가 세계에 널리 드러날 때, 한국은 다시 세계 속의 새로운 한국이 되리라." 세계적 명산의 탐승에서 금강산을 숭엄하게 시구로 표현한 내용이다.

조상들이 한번 가보고 싶은 명산으로서 금강산을 생각하면 떠오르는 노래 가사가 있다. 1962년 한상옥이 작사한 가곡으로 「그리운 금강산」이다. "누구의 주제련가 맑고 고운 산, 그리운 만 이천 봉 말은 없어도, 이제야 자유 만민 옷깃 여미며, 그 이름 다시 부를 우리 금강산." 북한에서는 금지곡이지만 한국인이라면 언제 들어봐도 애달픈 감정을 달랠 길 없다.

남북 화해의 물꼬가 트였던 2001년 2월 15일, 나는 현대 금강호(2만5천 톤)를 타고 원광학원 재직교무회 회원들과 3박 4일 동안 북한의 금강산 여행을 다녀왔다. 정토와 함께 한 여행경비는 각각 37만 원 들었다. 금강산 가는 날 첫날밤에 금강호는 4m 정도의 높은 파도를 가르며 북한 장전항으로 항해하였는데, 배가 심하게 움직인 탓에 잠을 잘 때 그네 타듯이 울렁거렸다.

금강산 관광의 첫날은 온정리 휴게소에서 10분간 휴식한 후 구룡폭포(약

8km)를 산책하는 코스였다. 전날 밤에 눈이 많이 내린 관계로 등산화에 아이
젠을 차고 약 3시간 정도 등산하였다. 이어서 오후에는 금강산 온천에서 약
2시간 정도 온천욕을 하였다. 둘째 날의 코스는 온정리 휴게소에서 만물상
가는 거리였다. 만물상에 오르는데 눈바람이 심하게 몰아쳤지만, 만물상답게
기암괴석이 병풍처럼 둘러쳐져 있어서 참으로 아름다웠다. 오후에는 온정리
휴게소에서 북한 기예단이 펼치는 기예(技藝)를 1시간 30분 정도 관람하였으
며 관람비는 3만 8천 원이었다.

　귀가 닳도록 들었듯이 금강산은 가는 곳마다 세계의 명산으로서 아름다
웠다. 금강산 구룡폭포에 가면서 그린 감상으로 우리나라 설악산과 월출산
같이 가파른 듯 신기했다. 그리고 만물상에 오르면서 귀면암·절부암 등 멋진
곳을 하나하나 카메라에 남아왔다. "내가 정말 금강산을 다녀왔나?"라며 한
동안 실감이 나지 않았다. 그 이유로서 3일 동안 꿈에 그리던 금강산의 아름
다움을 어찌 다 보았다고 하겠는가?

　우리가 머무는 숙소는 육지가 아닌 바다 위에 둥둥 떠 있는 금강호였으며,
현대 금강호 쇼 단원들이 첫날 저녁 8시~9시 30분까지 연주를 하였다. 둘째
날 밤은 금강호 승무원들이 장기자랑을 베풀었고, 셋째 날은 관광객들의 노
래자랑이 있었다. 그리고 아침과 저녁 식사는 뷔페식으로 하였으며, 점심은
온정리 식당에서 즐겼다. 북한의 금강산 관광을 아쉽게 마치고 한국 동해에
도착했을 때는 2월 18일 오전 6시 30분이었으며, 익산에 도착하니 오후 3시
였다.

　금강산을 유람하고 느낀 점으로 소태산 대종사의 금강산 법문이 가슴에
새겨졌다. 곧 금강산이 천하의 명산이라며 금강산 유람 법문을 설하였다. 금
강산의 주인이 되려면 그만한 실력을 쌓으라 하였으니, 금강산 여행을 다녀
오면서 천하의 주인이 되도록 실력을 쌓겠다는 다짐을 했다. 남북분단 50여
년 만에, 그것도 북한을 처음 방문하면서 북한 주민들을 접할 때 가슴이 착

잡함을 느꼈다. 동포들끼리 분단의 설움을 느끼는 심정이 안타까웠기 때문이다. 그곳 북한 안내원들에게 "이곳 날씨가 춥냐?"고 물었으며, "이곳에 몇 개월 전에 원불교 교도 1천여 명이 다녀갔는데 알고 있느냐?"고 물었더니, "알고 있다."라고 매우 친절하게 답해주었다.

남한 사람들은 꿈에도 가고 싶은 금강산이지만, 동포들끼리 만나지 못하는 아쉬움은 너무도 컸다. 이번 여행에서 금강산의 삼불봉은 가보았지만, 비로봉은 가보지 못한 탓인가? 다음의 글이 가슴에 저미어 온다. "금강 비로봉에 봉황은 날고, 벌과 꽃들은 휘황하여라. 천인과 아수라 육도 생령들, 소리쳐 외치며 맹서 곧 하자, 모시고 무량겁, 길이 봉대하올 것을." 중산 정광훈 선진이 원기 47년(1962) 9월 30일, 「교전을 봉대하던 날」에 지은 시이다. 법보(法寶)의 봉대처럼 우리의 소원인 통일을 간절히 기대할 따름이다.

북한에 갈 수 있는 두 번째 기회로 개성방문이었다. 원광대 재직교무회는 호남 관광사를 통해서 2008년 8월 9일 하루 동안 10만 원 비용으로 개성을 관광하였다. 북한의 개성에 가는 절차가 까다로워 카메라는 160mm 이하 렌즈의 디지털카메라만을 허용하였다. 내 생전 금강산의 방문에 이어서 7년 만에 개성도 방문할 기회가 있었던 것이 앞으로도 여행을 기대할 수 있을지 천만다행이다.

개성관광 코스로서 고려박물관을 관람하고, 북한 박정남 안내원의 인도하에 우리 일행들이 대흥산성에 올라가면서 느낀 소감은 자연보호에 대한 것이다. 자연 그대로의 모습이어야 할 커다란 바위에 북한찬양의 문구 등이 각인되어 있어 아쉬움이 컸다. 표충사와 관음사의 대웅전에 들러서 이곳저곳을 관람하였으며, 북한의 긴 머리 승려와 사진을 찍었다. 이어서 우리에게 잘 알려진 선죽교를 방문하였는데 정몽주가 피를 토한 흔적을 찾아보니 우연인지 모르지만, 선죽교 교각에 선혈(鮮血)이 나타나 있어서 숙연하게 느껴졌다. 개성 방문지 가운데 박연폭포는 과연 장관이었으며, 폭포의 장엄함은 높이

37m, 너비 1.5m의 폭포로서 이곳 방문객들을 압도하는 기상이었다.

한편 우리나라 남단의 아름다운 섬을 여행한 추억이 있다. 2021년 무더운 여름날의 일정으로 8월 3일~5일까지 울릉도와 독도를 방문하였다. 포항에서 밤 8시에 출발하는 페리호를 3시간 타고 울릉도 사동항에 도착했다. 그동안 다닌 여행 가운데 비교적 늦은 65세에 울릉도를 찾았다. 지리적 특성상 솟은 섬이라 작은 관광버스를 타고 여행해야 할 정도로 노면 상황이 좋지 않았고, 오르막 내리막의 길이 있어 섬의 지형이 완만하지 않았다.

피곤한 하룻밤을 보낸 다음 날, 울릉도 여행코스 가운데 예림원을 방문하였다. 예술가적 감각에서 잘 관리한 30분 정도의 산책코스로서 자연의 아름다운 풍류와 예스러운 나무 조각품들이 즐비하였다. 곳곳에 조형물들이 세워져 있었고 전망대에서 올라보니 울릉도의 또 다른 전경을 볼 수 있었다. 사진에 취미가 있으므로 발길 닿는대로 이곳저곳의 풍경을 담았다.

이어서 저등의 촛대바위를 방문했는데 날씨가 너무 더워 긴 모자를 쓰고 다녔으며, 촛대바위를 배경으로 멋진 인증 사진을 찍었다. 촛대바위 옆 해안으로 내려가 보니 낚시하는 강태공들이 느린 세월을 낚는 것처럼 보여서 1952년에 헤밍웨이가 쓴 『노인과 바다』가 생각났다. 바닷바람이 얼굴에 스치는 바람결로 인하여 얼굴에 짠 냄새가 진동했으며, 머릿결은 끈적끈적한 상태로 제멋대로 흩어지곤 하였다.

오후에는 울릉도의 중턱에 있는 봉래폭포로 향하였다. 폭포 가는 길에는 삼림욕에 적당한 편백나무 숲이 있었으며, 중간에 풍혈(風穴)이 있는 곳으로 여름철에도 서늘한 바람이 불어와 잠시 쉬어가기 좋은 곳이었다. 무더운 날씨에 일행들과 한동안 풍혈의 기운을 받으며 땀을 식힌 후 풍혈에서 밖으로 나오는 순간 숨이 답답하여 '울릉' 한증막 같았다. 다음으로 케이블카를 타고 울릉도의 자그마한 산의 독도 전망대에 올라가서 주변 경치를 관람하였다.

그곳에서 일행들과 더위를 식히는 중 관람객들이 차가운 맥주를 마시는 모습을 보니 내 가슴속까지 시원하게 적셔주었다. 케이블카에서 내려와 울릉도에 설립된 독도박물관을 방문했는데, 독도의 역사를 한눈에 볼 수 있도록 하나하나의 장면들이 세심하게 꾸며져 있었다. 독도의 이곳저곳 사진을 보면서 독도 사랑에 남다른 한국인의 모습이 자랑스러웠다.

3일째 되던 날, 울릉도에서 페리호를 타고 독도 방문길에 나섰다. 독도사랑의 가사를 음미하고 있는데 배는 하냥없이 파도를 가로질러 갔다. "울릉도 동남쪽 뱃길 따라 이백 리, 외로운 섬 하나 새들의 고향, 그 누가 아무리 자기네 땅이라고 우겨도 독도는 우리 땅, 경상북도 울릉군 울릉읍 독도리 동경 백삼십이 북위 삼십칠, 평균기온 십이도 강수량은 천삼백 독도는 우리 땅, 오징어 꼴뚜기 대구 명태 거북이 연어알 물새알 해녀 대합실, 십칠만 평방미터 우물 하나 분화구 독도는 우리 땅…."

곡조 섞인 독도사랑 타령은 잠시 접어두고, 무엇보다 이곳 독도에 접안을 할 수 있을까 내심 걱정이 되었다. 3대(代)가 적선해야 독도 접안을 할 수 있다고들 한다. 독도 가는 길에 파도가 심하여 접안의 꿈을 접은 상태였지만 그래도 독도 초짜의 기대는 버리지 않았다. 선장이 한번 접안을 시도하자 접안이 되는구나 싶어 박수 소리가 여기저기에서 울려 퍼졌다. "접안을 할 수 있겠구나."라고 확신하는 순간, 너울성 파도로 인해 접안을 할 수 없다는 선장의 기내 방송을 듣고야 말았다. 애절한 아쉬움 속에서 그나마 다행으로 독도를 중심으로 360도 회전하는 것으로 접안을 대신하였다. 나는 갑판 위에 올라가 잠시 환희에 젖다가 독도의 아름다움을 사진에 담아내느라 정신이 없었으며, 다행히 사진 찍는 것을 위안으로 삼았다.

33권 저술의 나이테

그리스 철학자이자 소크라테스 제자인 플라톤의 수많은 저술 가운데 『편지』와 『소크라테스의 변명』은 그의 인생관이자 이데아 이론을 이해하는 데 도움을 준다. 인도의 녹립 및 근대국가로의 발전에 기여한 지도자로서 네루의 저술도 마찬가지이다. 그는 영국에서 교육을 받았지만, 간디의 감화를 받아 독립운동에 몸을 바쳤고 수상의 지위로 그 역할을 다 하였다. 네루는 세계적 시야로부터 사상을 이해하려는 입장에서 『자서전』(1936), 『인도의 발견』(1945), 『세계사론』(1934) 등 다수의 저서를 남기고 있다.

2천 년을 전후하여 불교계 석학으로 활동한 이기영 박사의 견해가 심금을 울린다. 그에 의하면 2500여 년의 역사가 흐르는 과정에서 불교계의 여러 족적(足跡) 가운데 대승불교의 논문과 저서들이 오늘날까지 전달되어 온 것보다 고맙게 생각해야 할 다른 고귀한 사실이 없다는 것이다. 이는 『인류문명과 원불교 사상』 하권(원불교출판사, 1991)에서 언급한 말이다. 이를 비유해서 말한다면 교학(敎學)의 정립을 위한 논문과 저술은 앞으로 원불교 법보(法寶)로서 소중히 간직해야 한다는 뜻이다.

종교 문화적 시각에서 법보의 중요성을 평소 중히 여기던 터였다. 출가하면서 용화회상(龍華會上)의 주역이 되려는 꿈과 더불어 교수로 처음 부임하던 날, 나도 모르게 하나의 주문이 입가에서 맴돌았다. "앞으로 교수 임기 33년 동안 33권의 저술을 만들게 해주소서!" 갑자기 이러한 문구가 주문처럼 외워지는 것을 보고 나 자신도 모르게 놀랐다. 1991년 3월에 원광대 교수에 부임한 이래 2024년 8월에 퇴임하는 기간이 33년이라는 점에서 '33'의 숫자가 각인되었기 때문이다. 이러한 주문은 매년 뇌리에 깊숙이 박혀 왔으며 이번의 『자서전』이 33권째라는 점에서 주문의 꿈은 실현된 것이다.

2001년 11월 8일, 원불교 대학원대학교 2학년생이 나에게 이러한 질문을 던졌다. "류교수님은 매년 저술 활동을 하는데, 만약 정말 쓰고자 하는 한 권의 저술을 하려 한다면 어떠한 책을 쓰고 싶습니까?" 갑자기 던진 질문이라서 순간 뭐라 답했는지 기억하지 못한다. 이제야 그 답을 알 수 있을 것 같다. 늦은 답으로 '자서전'이라 말하고 싶은 것은 개인 일생의 인생사가 담겨있기 때문이다. 또 지나온 활동의 흔적들이 교단 인물사의 변방에 나마 기록으로 남겨졌다는 점에서 기록 역사의 가치를 소중히 보기 때문이다.

그러면 33권의 저술을 발간 연대순에 의해 각각의 의미를 부여하면서 하나하나 소개해 보고자 한다. 처녀작으로는 『원불교와 동양사상』(원광대출판국, 1995)이다. 이어서 『동양의 수양론』(학고방, 1996)이 출간되었다. 세 번째 출간된 『성직과 원불교학』(학고방, 1997)은 쪽수가 700쪽이 넘는 분량이다. 그리고 『경쟁사회와 원불교』(원광대출판국, 1998)와 『정보사회와 원불교』(원광대출판국, 1998)는 2천 년대의 가치로서 정보와 경쟁을 염두에 둔 발간이다. 『지식사회와 원불교』와 『지식사회와 성직자』(원광대출판국, 1999)는 같은 연도에 간행되었다. 그리고 새천년에는 『21C가치와 원불교』(도서출판 동남풍, 2000)를 간행하였으니, 원불교의 새 시대를 대비한 저서로 자평(自評)할 수 있다.

다음으로 교학대학 원불교학과 학생들을 위한 학술서적으로는 『중국철학사』(원광대출판국, 2000)가 있다. 『정산종사의 인품과 사상』(원불교출판사, 2000), 『정산종사의 교리해설』(원불교출판사, 2001)은 정산종사 탄생백주년을 기해서 발간했다. 그리고 『원불교인은 어떠한 사람들인가』(원불교출판사, 2002)는 원불교 출판문화대상으로 '교정원장상'을 받은 것이며, 『원불교인, 무얼 극복할 것인가』(원불교출판사, 2003)는 교단의 매너리즘을 극복하기 위한 비판적 성격을 지닌다. 『소태산과 노자, 지식을 어떻게 보는가』(원불교출판사, 2004)는 성자와 철인의 만남을 중심으로 저술하였다.

이러한 저술작업을 하는 가운데 원불교 경서의 풀이가 필요하다는 생각에서 하나하나 천착해 들어간 것들이 있다. 먼저 『대종경 풀이』 상(원불교출판사, 2005)과 『대종경 풀이』 하(원불교출판사, 2006)는 1년 간격으로 출간하였다. 본 저술은 각 교당에 비치될 정도로 교역자와 교도의 사랑을 받으며 가장 많은 판매의 실적을 올렸다. 『원불교 해석학』(원불교출판사, 2007)의 간행 이후에 『정산종사법어 풀이』 1과 『정산종사법어 풀이』 2(원불교출판사, 2008)는 같은 연도에 발간되었고, 『정산종사법어 풀이』 3(원불교출판사, 2009)은 이듬해에 발간되었다. 이어서 『정전 풀이』 상(원불교출판사, 2009)과 『정전 풀이』 하(원불교출판사, 2010)가 간행됨으로써 『정전』, 『대종경』, 『정산종사법어』의 기본교서 풀이에 대한 고뇌의 흔적들이 있다.

원불교 교서와 관련하여 역사적 시각에서 저술작업을 시도하면서 『정전 변천사』(원불교출판사, 2010)를 발간하였고, 석사 때부터 전공으로 공부한 동양 철학으로서 『장자철학의 지혜』(학고방, 2011)를 발간하였다. 이듬해에는 『원불교와 깨달음』(학고방, 2012)을 저술하였고, 『견성과 원불교』(학고방, 2013)는 〈원불교신문〉에 3년 동안 연재한 「류성태 문목둘러보기」를 근간으로 해서 견성이 왜 필요한지를 조망하였다. 뒤이어 해외교화와 한국 태생의 원불교를 고려하여 『원불교와 한국인』(학고방, 2014)을 세상에 선보였다.

원불교 발전의 기로에 선 해가 다름 아닌 창립 100주년이라는 점에서 교단 100년을 환기하는 차원에서 『원불교 100년의 과제』(학고방, 2015)를 발간하였다. 그리고 이미 발간한 『중국철학사』를 보완하면서 『중국철학사의 이해』(학고방, 2016)를 펴냈고, 종교계에 흥미를 북돋을 수 있는 저서로서 『불교와 원불교』(학고방, 2018)를 발간했다. 본 저술은 발간된 후 얼마 지나지 않아 재간(再刊)되면서『대종경 풀이』와 더불어 가장 많이 팔린 책으로 기억한다.『개혁 정신과 원불교』(학고방, 2020)는 교단이 앞으로 개혁하지 않으면 안 된다는 점을 밝히었다. 그리고『세상읽기와 원불교』(학고방, 2021)는 그동안 지방신문 및 원불교 언론지 등에 기고한 시론과 사설 등을 모아 간행한 것이다. 33권째가 바로 인생 전반을 수필 형식으로 저술한『종교와 철학 산책』(학고방, 2024)이라는 점에서 애착이 남다르다.

다음으로 나의 단독 저술이 아닌 공역과 공저 작품들을 소개하고자 한다. 류성태 공역(김낙필·김혜광·안자은)으로 라다크리슈난의『전환기의 종교』(원광대출판국, 1986) 발간에 이어서 류성태 공역(양은용·박상권)의『종교철학(원광대출판국, 1987)이 발간되었다. 또 한종만·이운철·김낙필·류성태·김인종과 공저로 출판한『고운 최치원』(민음사, 1989)이 있다. 그리고 학교 교재로서 원불교학과 교수들의 공저로는『종교와 원불교』(원광대출판국, 1992)가 있으며, 원광대 원불교사상연구원에 원고를 제출한 것에서 추출하여 교학대 교수들과 공저한『원불교 수행론 연구』(원광대 원불교사상연구원, 1996)가 있다. 아산·아타원 회고록 집필 외에 공저는 그저 기록에 남겨둘 뿐 나의 단독 저서는 33권일 따름이다.

그동안 졸저(拙著)에 대해 아낌없는 충언과 격려의 글들을 두서없이 소개하고자 한다. 좌산종법사는 제4차 교무훈련(1997년 7월3~9일)의 「종법사 법문」 시간에 "우리 교단이 학문 연구에 너무 개념 위주의 연구가 지속되어 왔다. 즉 개념교학 연구에 치중되어 온 것이다. 그런데 류성태 교무의『성직과 원불교학』(1997)을 몇 군데를 읽어보니 공부 방법론이 많아 참 좋다." 법문 말씀이 끝난 후 사석에서 조원오 신문사 사장은 나에게 "류교무 한턱을 내야 하겠어."라고 하였다. 본 저서를 원광대 송천은 총장께 갖다 드리니, "한 우물만 파라."고 격려하면서 「혁대」와 「지갑」을 선물해주었다.

1998년 4월 21일,『경쟁사회와 원불교』와『정보사회와 원불교』(1998) 두 권을 원광대 일어교육과 모 교수에게 선물했다. 책을 선물한 이유로 그가 일본에 체류할 때 교토의 불교 구경거리를 언급한 것을 『경쟁사회와 원불교』 내용에 인용했기 때문이다. 책을 열심히 읽겠다는 말씀에 이어서 좋은 정보를 제공해주어 고맙다고 하였다.

1999년 1월 17일, 좌산 종법사를 뵙고 『지식사회와 원불교』와 『지식사회와 성직자』(1999) 두 권을 드렸다. 좌산 종법사는 목차를 하나하나 읽어보며 "류교무가 학문의 새로운 분야를 개척한 것 같다. 지난번의 『성직과 원불교학』은 교무학이라 해도 틀림없다."라고 격려해주었다. 그리고 1999년 1월 19일, 교정원 교화부장은 "류교수의 저서 『지식사회와 원불교』『지식사회와 성직자』 신간을 진심으로 축하하며 앞으로 교무학의 정립에 크게 기여할 것이라 믿는다."라며 본 저술을 선물받고 축하의 메시지를 보내왔다.

다음으로 『정산종사의 인품과 사상』(2000)과 『정산종사의 교리해설』(2001)의 발간에 대해 누구보다 송순봉 법사(정산종사의 따님)의 격려 말씀이 가슴에 다가왔다. "정산종사에 대한 두 권의 책을 발간해 주니, 류교무는 정산종사와 전생에 어떤 인연인가 모르겠네. 고마운 마음이 든다."라고 하였다.

법타원 김이현 종사는 2001년 12월 4일 영산성지에서 『원불교인은 어떠한 사람들인가』라는 책을 받은 후 답례 전화를 하였다. "류교무, 나 영산에 있는 김이현 교무입니다. 보내준 『원불교인은 어떠한 사람들인가』라는 책을 잘 받아보았고, 영산 식구들이 돌려보며 읽고 있습니다. 내용이 공감되는 바가 많아서 좋습니다."라며 5분 동안 전화 통화를 하면서 격려해주었다.

『대종경 풀이』 상·하(2005, 2006)를 읽어본 박용덕 교무는 2005년 7월 12일 원티스 「원불교 교역자광장」에 다음의 글을 올렸다. "나는 류박사의 1200쪽(상·하)의 저서 서품에서 부촉품까지 방대한 섭렵과 천착에 감동되어 촌에서 3만 원이라는 거금을 들여 아끼지 않고 사들였다. 『대종경 풀이』 발간을 계기로 우리 모두 새롭게 활불로 거듭날 것을 간곡히 축하한다." 김학종 교무도 댓글을 다음과 같이 달았다. "류교무는 서류 가방에서 꺼낸 두 권의 두꺼운 책을 식탁 위에 올려놓는다. 책 제목은 『대종경 풀이』 상·하권이다." 원불교 통서(通書)인 『대종경』 총 15품 전장(全章)에 걸쳐 일목요연한 풀이 형식의 참고서가 수도자의 곁으로 다가섰다고 했다.

2007년 4월 6일자 〈원불교신문〉 사설에 졸저 『원불교 해석학』과 관련한 글로서, 제목은 「원불교 해석학이 주는 의미」이며 황인철 사장의 글이다. "류성태 교무가 최근 『원불교 해석학』을 출간했다. 저자는 머리말에서 원불교 해석학의 정형 모색의 어려움을 토로하고 있다." 이어서 학문하는 사람들의 말에도 귀를 기울이자는 글로 매듭지었다. 교학대 김성택 교수도 "류성태 교수는 『원불교 해석학』 주제의 저술을 간행하여 교리에 대해 풍부한 해석학적 입장을 제시하고 있다."(『원불교사상과 종교문화』 39집, 2008)라고 평가하였다.

2008년 2월 16일 토요일, 경산종법사를 찾아뵈었다. 『정산종사법어 풀이』를 탈고한 후 두 번이나 꿈에서 경산종법사를 뵌 것에 대해 말씀드리고 책을 드렸다. 경산종법사는 『대종경 풀이』와 『정산종사법어 풀이』 발간을 치하하였다. 당신도 8권의 저술을 하면서 느꼈던 감회를 밝히며 "책 한 권을 발간하는 것이 정말 힘들다."라고 하였다. 최근에는 『중용』 해설서를 탈고하였다며, 앞으로 교법의 인격화를 통해서 교화 대불공도 같이 하자고 하였다. 그리고 『반야심경』의 주석서로서 『자유의 언덕』(경산종법사)을 선물로 주었다.

2009년 2월 6일, 좌산상사를 찾아뵈었다. 신간 『정전 풀이』 상·하권을 드리자 말씀 받드는 시간을 가졌다. 좌산상사는 이 책을 몇 부 구매하여 선물해야 하겠다고 하였다. 뒤이어 2월 15일 10시에 경산종법사를 찾아뵈었다. 신간 『정전 풀이』 상·하를 드리자 "책 발간이 교당 하나 세우는 만큼 힘이 든다."라고 하면서 다섯 눈(五眼)을 가지라는 의미에서 염주를 손에 걸어주었으며, 금일봉을 하사하였다. 저자의 산고와 독자의 관심은 정신문명을 선도할 사명을 지닌 상생의 관계이다.

군대에서의 특별한 강연

장남 만영은 군에 입대한 후 남단의 땅끝마을에 자대배치를 받으면서 군 생활을 시작하였다. 아들이 군대 생활을 하던 초반에 코피를 흘리고 건강에 이상이 생겼다는 연락이 왔다. 2006년 1월 25일, 나는 어쩔 수 없이 군대 업무와 관련이 있는 군인 제자에게 전화를 걸어 아들의 건강 문제가 심각함을 상의하였다. 전화를 받은 제자는 곧바로 나의 연구실에 찾아와서 그곳 군부대 담당자에게 건강 체크를 해달라고 부탁했다.

다행히 군대 담당자는 긴급조처를 취해주어 임시휴가를 받은 장남은 정밀 건강진단을 위해 대학병원에 방문하여 건강 체크를 했다. 건강검진 후 큰 이상이 없다고 판단되자 아들을 곧바로 군대로 복귀시킨 적이 있다. 이에 군인 제자가 아들의 건강검진을 하도록 공식절차를 밟아준 관계로 미성(微誠)을 전하는 뜻에서 빠른 소포로 필통과 혁대를 보냈다.

1년 6개월의 세월이 흐른 뒤 군부대의 요청으로 2007년 6월 15일, 장남이 근무하는 부대에 위문 겸 특강을 하러 갔다. 대대장이 한 달 전부터 "만영의 아빠가 원광대학교 교수로 활동하므로 특강을 부탁한다."라고 중대장을 통해 전갈이 왔기 때문이다. 그곳이 전라남도 영암의 월출산 기슭에 있는 부대인데 혼자 가기가 힘들어 나는 또 군인 제자에게 전화했다. 그는 전화를 받자마자 "제가 같이 가겠습니다."라고 기꺼이 답을 하여 고마웠다.

군인 제자는 군대에 특강을 하러 가는 날짜가 바뀌어 휴가 날짜도 번거롭게 되었다는 소리를 듣고 내심 미안했다. 또 출발 하루 전날, 동행하기 위해 밤을 꼬박 세며 출발일 직전에 마무리해야 할 중요한 일을 다 처리하고 왔다는 것이다. "교수님 한 시간만 운전해 주세요. 어젯밤 한숨도 못 잤습니다. 한 시간만 차 속에서 잠을 자겠습니다."라며 곯아떨어졌다. 딱 한 시간이 지나서 깨어나 다시 운전대를 잡는 그의 모습은 역시 군인다웠다.

마침내 영암 월출산 근처의 군부대에 도착하였다. 특강을 하게 된 계기는 장남 만영이 이곳에서 군대 생활을 하고 있었기 때문이다. 대대장이 또 직접 전화가 와서 간곡히 특강을 부탁하기에 나는 「미래의 비전, 왜 필요한가?」라는 주제로 1시간 정도 강의를 해주었다. 이에 군인 제자 김상욱이 동행하였으며, 군인들에게 제공할 요구르트 등 음료수와 빵을 준비해 갔다.

특강의 내용으로, 우리의 미래를 설명하면서 2002년 한국 월드컵 4강 신화의 주역인 히딩크 감독과 같은 '리더'의 몇 가지 습관을 소개하였다. ① 강력한 추진력, ② 비전 제시, ③ 자신감 고취 등이 이것이다. 또 군인들에게 환기하는 의미에서 2002년 12월 남덕우 전 국무총리가 노무현 대통령 당선자에게 바라는 다섯 가지 중의 하나로서 "비전을 짜라."였다는 것을 소개하였다.

비전에 있어서 소개할 내용이 또 있다. 언젠가 삼성그룹 이건희 회장은 중국에 가서 장쩌민 주석과 리펑 총리를 만났다. 장주석이 국가 지도자가 되려면 나라의 비전을 설계해야 한다고 해서 크게 감명받았다는 것이다. 이에 비전이 있어야 젊은 청년은 미래가 있다는 내용으로 군인들에게 말하였다.

'비전 vision'이란 어원 몇 가지를 소개해 본다면 visible(눈에 보이는), visual(시각적인), visualize(눈에 보이게 하다)라는 것이다. 어원적으로 비전은 우리의 미래에 대한 목표 의식이자, 현실 이상의 것을 내다보는 통견(洞見)이라는 뜻이다. 비전은 쉽게 달성될 수 없지만 꼭 그렇게 해야 할 설계와도 같다.

그러나 비전을 갖지 못한 기업가는 아쉽지만 투자 의욕을, 근로자들은 근로 의욕을, 학생들은 공부 의욕을 상실하게 된다. 이에 일본 도아대학 총장 야마자키 마사카즈에 의하면, 지식인이 책임감을 지니고 미래를 내다보는 비전을 제시하지 않으면 민주주의는 위험해진다고 하였다. 비전 없는 사람은 미래의 발전도 없는 것이며 인생을 불만족으로 살아가기 때문이다.

그렇다면 비전의 요소와 필요조건으로 무엇이 거론될 수 있는가? 조오지 바너에 의하면 비전의 요소는 선명한 그림을 마음속에 그리는 것, 바람직한 변화, 미래 지향성, 선택된 지도자 등이라고 하였다. 자신의 역량을 정확히 파악하는 것은 비전 설계에 있어서 매우 중요하다. 비전 설계 가능성은 자신의 영성지수SQ가 높아야 한다. 그것은 유연성을 갖춘 역량, 자기 인식의 명석한 판단, 난관을 극복할 수 있는 의지, 비전에 따른 가치 고양이다. 자기 혁신적 자세가 요구되고 열정이 필요하며, 또한 상호 인간관계의 신뢰성이 뒷받침되어야 한다는 것이다.

현대는 이러한 비전 제시의 능력이 요구되는 시대이다. 젊음이 무기인 군인 여러분은 국가의 부름을 받고 국방이라는 지대한 임무를 수행하고 있다. 여기에는 남북분단이라는 갈등의 현장에서 세계평화를 위한 군인 여러분들의 노력과 희생이 뒤따르는 것이다. 이제 군 제대를 앞둔 여러분은 휴식 시간에 틈틈이 비전을 마음속에서 상상해 내야 한다. 분명한 비전은 여러분들의 사기를 진작시켜 주기 때문이다. 자칫 지루해질 수 있는 시간에 비전의 상상력을 키워간다면 그것은 순간순간 찾아올지 모를 좌절감을 극복하게 해준다.

따라서 군인 여러분은 비전의 실현을 위해 자신감 넘치는 하루하루가 되도록 할 필요가 있다. 가난했던 두바이를 지구상에서 가장 역동적인 성장 거점(허브)으로 탈바꿈시켜 모래뿐인 불모지에 중동의 뉴욕을 건설했던 것처럼, 비전이 분명한 지도자는 어떠한 좌절 속에서도 자신감을 실현할 성취역량으로 살아간다. 이 자신감은 하루아침에 찾아오지 않는다. 여러분이 인생을 설계하고 구체화하는 순간 찾아온다. 그것이 여러분을 경쟁력 갖춘 사람으로 인도하게 해주기 때문이다.

경쟁력 갖춘 자신의 삶을 감동으로 이끌 주인공은 바로 자기 자신이다. 석가모니는 '유아독존(唯我獨尊)'이라 했던가? 감동이라는 의미는 자신에게 가슴 벅찬 일들로 가득할 때 더욱 새롭게 새겨진다. 군 생활의 지루한 하루가 아니라 밝은 내일을 기대하는 시간으로 바꾸는 일이 쉽지 않겠지만 그것이 감동으로 이끄는 열쇠이다. 감동의 무대는 경쟁 사회에서 비전을 갖춘 청년으로 탈바꿈하는 일이다.

앞으로의 시대는 무한경쟁의 시대이다. 여기에서 살아남기 위해서는 비전 제시의 안목과 이를 추진하려는 자기 긍정의 잠재력을 키워가는 일이 필요하다. 신념과 열정이 있어야 한다는 것이며, 덧붙여 인간관계도 좋은 방향으로 이끌어가야 한다. 그리고 비전 제시의 현실 가능한 항목들을 설정하여 자신의 의지를 불태우는 노력이 요구된다. 비전을 간직한 사람은 눈동자가 다르며, 특히 청년기의 미래는 맑은 눈으로 순간순간의 조각품을 새겨가는 과정에서 결정된다.

설사 군대 생활은 훈련 등에서 자신의 신체적 한계에 부딪쳐 비록 힘들 때가 있다고해도 여러분은 역경 속에서 조각품을 새기듯 비전과 희망을 키워가는 시기임을 알아야 한다. 그래서 더욱 인내가 필요하다. 자신의 기질 수양을 통해서 담대한 기상과 불굴의 투지를 기르는 것이 중요하다. 국방의무를 수행하지 않고서 앞으로 국가의 일꾼이 될 수 없는 일이다.

이에 여러분들에게 조선 영조 때의 실학가 담헌 홍대용(1731~1783)의 인품을 소개하고자 한다. 담헌은 활쏘기(射)와 관련하여 「권무사목 서(勸武事目序)」에서 다음과 같이 말한다. "전란 때에 강습하면 외적을 막고 왕실을 호위할 수 있으며, 평화 시대에 강습하면 간인(奸人)들의 넘겨봄을 끊고 화란(禍

亂)의 싹을 막을 수 있다. 이는 싸우지 않고도 남의 군사를 굴복시키는 것이며, 병가에서 이른바 좋은 것 중에 가장 좋다." 유비무환의 군인다운 의기가 스미어 있다.

프랑스의 한 병사가 치열한 전투 중에 가슴에 유탄이 박혔다. 동료 군인들은 병사의 가슴에서 쏟아져 나오는 붉은 피를 틀어막은 채 야전병원으로 이송했다. 그때 병원에서 수술을 집도하던 의사가 "조금만 더 깊이 박혔더라면 큰일 날 뻔했습니다."라고 했다. 그러자 그 병사는 오히려 이렇게 대꾸했다. "아니오. 내 가슴을 조금만 더 깊이 파보면 내 심장 중심에 내 조국 프랑스가 있다는 것을 알게 될 것이오." 애국의 충정이 프랑스 병사의 언급에 드러나 있으니 그저 가슴이 뭉클하다.

애국심이 그래서 소중하다. 고대 그리스의 민주적 토론장인 아크로폴리스에는 병역의무를 다한 시민이 아니라면 입장이 허용되지 않았다. 병역의무란 이처럼 절대 필요하다. 젊은 시절에 잘못 생각하면 시간만 허비하는 군대 생활이라고 할 수 있을지 모르지만, 군대 생활이 여러분들의 기질을 변화시킴은 물론 국가 사랑을 실천하는 때라는 점을 염두에 두어야 한다. 부모, 형제, 친구들이 군인 여러분의 헌신 덕택에 편안한 나날을 보내고 있다.

위의 내용까지가 특강을 한 전문이다. 특강을 한 뒤 2년이 지나서 나는 군인 제자에게 최전방에 한 번도 가본 적이 없다고 하였다. 이에 제자는 최전방에 초대하겠다고 하였다. 2009년 8월 말일 1박 2일간, 최전방 연천에 근무하고 있는 기무부대 김상욱 준위를 찾아가 남북 대치상황을 인식하는 계기가 되었다. 토요일 서울에 근무하는 기무부대 감찰실장인 심재정 대령과 더불어 연천에 가서 점심을 먹은 후 일요일 여의도교당(최명원)에서 설교하고 돌아왔으며, 제자 김준위의 후의(厚意)에 고마움을 전한다. 김준위의 상관으로서 심재정 대령은 예편 후 박사학위를 받고 원광대학교에 한동안 시간 강의를 하였다.

여행은 인생의 스승

세계의 7대 여행지로서 불가사의한 명승지의 나라들이 있다. 곧 중국의 만리장성, 페루의 잉카 유적지 마추픽추, 브라질의 거대 예수상, 멕시코의 마야 유적지, 로마의 콜로세움, 인도의 타지마할, 요르단의 고대도시 페트라로서 이는 영어로 'New 7 wonders of the world'라고 한다. 불가사의 여행지 가운데 나는 인도의 타지마할 한군데밖에 가보지 못했으니, 의미 있는 세계 여행을 다녔다고 자부할 수 있겠는가?

사실 인생 전반기에 여행은 빈번하지 않았지만, 여행하고 싶은 생각은 적지 않았다. 중반기에 혼자 가까운 곳을 취미 삼아 여행을 다니다가 정토와 여행을 같이 하는 것도 좋겠다고 판단했다. 내조(內助)에 고생한 사람과 동행한 첫 번째 해외여행은 1994년 5월, 5박 6일간의 말레이시아였다. 자녀 둘은 장모께 부탁하고 첫 해외 나들이를 한 것이다. 이전에는 여행을 다닐 여유가 없었고 자녀 양육과 학위논문을 써야 했기 때문에 엄두도 내지 못했다. 바쁜 일상과 힘든 상황에서 기껏해야 신혼여행을 짧게 전남 대흥사 다녀온 것이 전부였으며, 말레이시아는 그에 대한 보상 여행과도 같았다.

1995년 5월, 호주와 뉴질랜드를 여행할 기회가 왔다. 이번 여행은 김학종 부부와 동행하면서 호주의 드넓은 영토와 자연환경이 어우러진 모습 그대로를 관람하는 계기가 된 것이다. 호주 시드니의 오페라하우스 구경을 하고, 로

얄 보타닉가든을 방문하면서 아름다운 정원을 산책하였다. 브리즈번의 골드 코스트의 해변도 아름다웠다. 다음으로 블루마운틴의 열차를 타고 산을 오르내리는 것이 흥미 만점이었다. 하버브리즈를 건너서 유람선을 탔는데 옆에 낯익은 사람이 앉아 있어 누군가하고 유심히 보았는데 농구의 허재 선수와 국가 대표팀이었다. 허재 선수와 인증 사진을 찍으며 선상 여행을 즐겼다. 호주여행 도중 호주교당 장인명 교무를 만나서 교화 이야기도 나눴다.

호주와 뉴질랜드는 패키지여행이었으므로 뒤이어 섬나라 뉴질랜드를 방문했다. 아름다운 도시 오클랜드를 관람한 후 원주민들의 민속춤을 즐기며 로토루아 온천욕을 즐기는 기쁨을 누렸다. 뉴질랜드의 전형적인 농장인 아그도롬에서 양털 깎는 모습이며 훈련받은 개의 양몰이를 호기심으로 바라보았다. 무엇보다도 신비로운 곳은 와이토모의 동굴이었다. 본 동굴은 1887년 영국의 탐험가와 마오리 추장에 의해 발견되었다. 200만 년 동안 침식된 종유석들이 예술작품처럼 장식되어 있었고 석순과 석회암벽들은 경이로움 그자체였다. 동굴 내부의 천장에서 반짝이는 반딧불은 밤하늘의 별빛 그대로 신비함이었다. 캄캄한 곳에서 빛을 발하는 글로웜glowworm 이라는 곤충은 희귀종 반딧불이다.

2001년 7월 21일~24일까지 3박 4일간의 세 번째 해외여행으로는 필리핀에 갔다. 규산 및 건산 등 직장동료와 가족동반의 여행으로서 여행 경비는 1인당 경비 49만 9천 원이었다. 21일 일정은 저녁 8시 출발 예정이었으나 5시간이 연착되어 새벽 1시 30분에야 출발하여 도착한 시간은 새벽 4시 30분이었다. 필리핀은 시차가 한국보다 1시간 느렸으며, 연착됨으로 인해 피곤한 몸을 이끌고 필리핀 마닐라 니노이 센테니얼 국제공항을 빠져나왔다.

필리핀에서의 첫째 날은 카누를 타고 팍상한 폭포로 향하였다. 폭포에 가는 계곡은 장구한 세월로 인해 침하된 곳으로서 과연 장관이었다. 다음날에는 아침 9시 출발, 따가이따이의 따알화산 및 지프니 타기, 호수 관광, 승마

등을 체험하였다. 셋째 날 아침 8시에 마닐라 시내 관광을 하였는데, 헤밍웨이가 바다와 노인 소설을 구상한 마닐라베이, 독립투사 리잘을 추모하는 리잘공원, 500년 된 산티채타기 요새를 방문하였다.

다음으로 2005년 4월 17일~24일까지 5박 8일간 터키 여행을 하였다. 관광여행사는 OK Tour이며 여행 경비는 1인당 979,000원으로 동반자는 30% 할인이었다. 여행지역으로는 앙카라를 방문하여 유네스코 세계문화 유산에 등재된 트로이 목마를 구경하였다. 이곳은 신화에 나오는 트로이 전쟁의 흔적이다. 다음으로 지질 침하의 카파도키아를 방문하였는데 마치 이색지대 화성에 온 기분이었다. 이어서 파묵칼레를 방문하였으며 그곳의 높이는 약 200m로, 절벽의 샘들에서 나오는 칼슘 함유의 물로 인해 석화 폭포, 계단 형태의 분지 등으로 환상적인 공간이 만들어졌다. 뒤이어 에베소와 아이발릭에 이어 세계적 명소로서 자주 등장하는 성소피아 성당을 방문하였다.

2012년 6월 23일~28일까지 4박 6일 동안 라오스 여행을 하였다. 교학대학 교수들 가운데 희망자로서 모두 12명이 여행을 하였으며, 개인경비는 121만 원이 들었다. 비엔티안, 루앙프라방, 방비행 지역을 방문했다. 왕궁박물관, 왓씨앙통 사원, 쾅시폭포, 푸시산, 몽족 야시장, 탁밧참관, 빽우동굴(4000개의 불상), 쏭강, 몬도가네 시장, 탐낭 동굴, 튜빙, 카약킹, 소금 염전, 남능강탕원 선상디너, 탓루앙 사원, 독립기념관, 왓시사켓, '왓 씨앙쿠안'이라는 시멘트 조형의 불상 공원을 방문했다. 기억에 남는 것으로 새벽에 탁발하는 라오스 스님들의 거리 행렬이 장관이었으며, 우리 일행은 스님들에게 공양을 올린 후 나는 탁발하는 모습들을 카메라에 담았다.

2015년 2월 5일~13일, 원불교학을 전공하는 학연들과 인도여행을 하였다. 장선지, 조명규, 조덕상 교무 등과 함께 한 첫 방문 코스로서 영혼의 도시 바라나시에 도착하여 갠지스강과 화장터, 부처님 초전 법륜지 사르나트(녹야원), 스리랑카 사원 등을 관람했다. 바라나시에서 카쥬라호 행 버스를 타고 유네스코 문화재로서 에로틱한 힌두교 동군·서군의 힌두사원을 방문했다. 또 아그라의 타지마할 묘와 시키리성을 방문한 후 라자스탄의 자이푸르로 이동하여 16세기 언덕 위에 세워진 아멜성을 관람하였다.

뒤이어 1만 명이 동시에 기도할 수 있는 회교 모스크 자마맛스지도, 인도의 국부 간디의 유해가 화장된 라지 갓트와 간디 암살장소를 방문하였고 시크교 사원을 구경하였다. 다음날 인도 최대 규모의 국립박물관, 그리고 히마이툼과 연꽃 사원을 방문한 후 2월 13일 오후 1시에 인천공항에 도착하였다. 불타의 성지를 방문한 것은 석가를 연원불로서 섬기는 원불교 신앙인으로서 빼놓을 수 없는 코스였다.

여행 경비가 전혀 필요 없이 구경한 행운의 여행도 있었다. 2016년 6월 22일~26일까지 3박 4일 일정으로 북마리아나 제도 연방의 로타섬을 여행한 것이 그것이다. 한국의 캐논 카메라 본부 주최로 응모한 사람들 가운데 30명이 뽑혔는데 나도 여기에 포함되었다. 아마추어 사진작가들을 대상으로 선발된 관계로 무료의 여행을 다녀온 것이다. 잘 보존된 자연 그대로의 자태를 뽐내고 에머랄드 색의 해변을 방문하였다. 로타섬은 환경공해가 거의 없는 맑고 상쾌한 공기 그대로였으며, 옥색의 투명한 바닷물은 다른 세상이었다.

2018년 1월 31일~2월 6일(5박 6일) 지인과 불교의 나라 미얀마를 방문했다. 120년의 수도였던 미얀마의 양곤이 2005년 네피도로 그 수도가 옮겨졌다. 양곤 시내를 들려서 쉐다곤 파고다를 방문하여 기도하는 여인들의 모습에 이어 황금 불상의 장엄을 구경하였다. 전 세계의 스님들이 함께 수도하는 공동체 사원도 방문하였으며, 이어서 전통의 보족 시장을 관람했다. 한국인에게 아픔으로 기억된 아웅산 박물관을 찾아가서 한국 정치인들이 북한 공작원에 의해 희생당한 영령들을 위해 현장에서 숙연히 묵념하였다. 인상 깊은 광경으로 여성들이 자외선 차단제인 '다나카'를 얼굴에 투박하게 바른 모습을 보며 외형보다 실제를 중시하는 그들의 화장문화가 독특했다.

중국 여행으로는 2018년 7월 15일~20일까지 계림을 방문하였다. 몽족 마을 여인들의 민속춤을 관람하면서 같이 춤을 추며 정겨움을 공유했다. 구이린시에 있는 리강에 배를 띄워 유람하면서 이곳 풍경에 매료되어 눈을 떼지 못하였다. 이어서 은자암 동굴 안의 신비한 종유석을 관람한 후, 요산을 케이블카로 등정하여 전경들을 훤히 볼 수 있었다. 이어서 양삭에 있는 세외도원을 방문하여 한대의 고대유적과 복숭아나무를 구경하였다. 저녁에 계림의 큰 호수를 배경으로 꾸민 연극을 관람하였는데 장대한 무대기술의 연극이 단연 돋보였다. 2006년 정토와 중국을 이미 방문하였으며, 방문지는 상해, 소주, 항주였다. 맑은 물의 호수와 부자들의 정원은 맑고 화사하였다.

난생처음으로 아프리카 사막여행도 하였다. 동료 교수와 함께 한 여행으로 2019년 1월 19일~27일까지 8박 9일 동안 두바이를 거쳐 이집트를 방문하였다. 기자의 피라미드와 스핑크스 관람은 이집트 명소를 대변하는 우선순위였다. 그리고 압권으로 이집트 문명의 유물을 모아둔 이집트박물관을 방문하여 고대의 유물들을 하나하나 관람하였는데 2~3천 년 전의 고대사를 실감하는 것 같았다. 아부심벨은 람세스 2세가 건설한 7개 신전의 최대 규모로서 여행자라면 꼭 가보아야 할 곳이다. 버스를 타고 오는 도중 멤논의 거상을 멀리서 바라보는 것에 만족했고, 왕들의 계곡과 하이셉수트 여왕의 신전은 장엄 그대로 신들의 나라로 인도하는 곳처럼 느껴졌다.

한 번 가본 여행지로서 두 번째로 여행한 국가는 인도와 뉴질랜드이다. 재차 방문한 뉴질랜드의 경우 남섬만 방문하는 코스로서 2020년 1월 7일~17일까지 10박 11일의 일정이었다. 1995년에 뉴질랜드 북섬을 방문한 이래 25년 만에 처음 남섬을 방문한 것이다. 오클랜드 반딧불이 석회동굴은 25년 전과 크게 달라진 것은 없었으며, 이어서 마오리 민속촌과 쿠이라우 공원을 방문하였다. 로토루아 명승지를 관람한 후 레드우드 수목원에서 산림욕을 했다. 다음으로 밀포드 사운드를 관광하였는데 1만 2천 년 전의 빙하에 의한 폭포수들은 장관이었다. 그리고 마운트 쿡을 방문하여 '반지의 제왕' 촬영장소를 산책하였다. 마지막 날에는 2011년 지진으로 큰 피해를 본 크라이스트처치 시내를 둘러본 후 저녁 10시 20분 인천공항에 도착했다.

2020년 2월부터 3년간 전 세계적으로 유행한 코로나 펜더믹 현상으로 여행객들에게 자유로운 시공간의 이동을 불가능하게 했다. 다행히 2023년 여름방학 때에는 펜더믹이 엔더믹으로 바뀌며 해외여행이 자유롭게 되었다. 2023년 여름방학을 기해 8박 9일(7.15~23) 동안 중국 태산(泰山)과 공자의 고향 곡부(曲阜)를 방문했다. 고전시가 양사언(1517~1584)의 "태산이 높다 하되 하늘 아래 뫼이로다."라는 말에 익숙해 있듯이 태안(泰安)에 있는 태산에 올라가는 행운을 누렸고, 곡부를 경외심으로 방문하여 공자묘(孔子廟)에서 정성스럽게 예를 갖추었다. 이번 중국 여행에 이일찬·장정령 부부 박사의 안내하에 김영태 선생과 동행하여 유익한 여행을 하였다.

2024년 1월 12일~21일까지 9박 10일의 미국 서부지역을 방문하였다. 모두투어의 페키지 여행으로서 난생처음 미국여행을 하였으니 중학생 때부터 배운 영어를 너무 늦게 실전에 활용하는 기분은 참으로 묘하였다. 자이언캐년, 그랜드캐년, 요세미티 국립공원, 센프란시스코, 몬터레이, 로스엔젤레스, 페이지, 라스베이거스, 솔뱅 지역을 여행했는데, 이번 여행은 퇴임을 한 학기 앞둔 여행이라 퇴임기념 여행과도 같았다. 그러나 이번 여행에서 겪은 고통은 해외여행 가운데 처음으로 여권을 자이언캐년에서 잊어버렸다는 것이다. 여행 둘째 날부터 고통이 시작되었으나 다행히 LA에서 긴급여권을 발부받아 무사히 귀국할 수 있었다.

바로 이어서 동년 1월 26일~2월 5일까지 10일 동안의 긴 여행으로서 이일찬 박사 부부와 이명선 등 네 명이 중국의 오지이자 명승지로서 쿤밍, 리장, 샹그릴라를 방문하였다. 리장의 호도협과 차마고도 28밴드에 이어서 리장고성과 옥룡설산은 몰아 경지였다. 지상낙원인 샹그릴라의 티벳 흔적을 밟아보고 포탈라궁을 관람하였다. 내친김에 5월 27일~31일 친구 이한홍과 중국 태항산을 방문했는데 동양의 그랜드캐년다운 정취를 관람했다.

일반적으로 해외여행은 사치스럽고 비용이 많이 드는 것으로 생각할 수 있는데, 일생을 두고 차분하게 계획적으로 준비한다면 여행 비수기를 이용하여 저렴하게 다녀올 수 있다. 세계 여행을 통하여 그동안 얻은 보람은 견문 효과이다. 원광대 한종만 교수는 『남극을 가고 세계를 돌았다』(도서출판 한맘, 2011)라는 저술을 남겼는데, 나의 경우 여행은 인생의 스승임을 알게 해주었고, 좁은 시·공간을 탈출하여 휴식의 힐링이 되기에 충분했다.

여행은 산 경전으로서 인생의 스승과도 같다. 여행은 한편의 명화를 관람하는 것처럼 인생의 여락(餘樂)을 즐기는 것이라 보면 좋을 것이다. 여기에 미처 소개하지 못한 국내외 여행지들이 있지만, 기억에 남는 추억여행을 중심으로 그 감상을 기록하였다. 교수 말년기에는 버킷리스트의 하나인 노르웨이의 오로라를 비롯하여 페루의 마추픽추를 방문하는 일이 남았지만 실현될지는 미지수이다.

이제는 관심을 국내 여행으로 돌리고자 한다. 국내의 도보여행이 건강에도 좋을 것이라 본다. 유홍준의 『나의 문화유산답사기』는 1990년대에 전국을 답사하여 신드롬을 일으킨 여행의 역사 서적이다. 그동안 교직 생활의 짜인 일정에서 비교적 자유로워진 만큼 앞으로 우리나라 전 국토를 몸소 걸으며 박물관처럼 눈여겨보면서 황혼기의 인생에 여한이 없도록 소요유(逍遙遊)하고 싶은 마음이다. 2024년 5월 22일 홀로 무궁화 열차를 타고 가서 순천국제정원을 한나절 소요(逍遙)하면서 우리나라의 아름다운 국토가 소중하게 다가온 이유이다.

일선 교당의 설교 활동

어느 날 교역자로서 출가 전과 후의 직업 관념에 차이가 있다고 생각해 본 적이 있다. 사회의 지성으로서 대중 앞에서 설교해야 하는 것이 교무로서의 격조 있는 직업의식이라는 것을 알았기 때문이다. 설교를 위해 단상에 정식으로 오르기 시작한 것은 교무가 된 후부터였다. 수업시간이 여유로울 경우 교화 조력 차원에서 여러 교당에서 설교를 했으며, 여기에는 다만 기록에 남긴 것을 중심으로 일선 교당에서 설교한 내용을 정리해 보고자 한다.

1992년 8월 2일, 원불교 승부교당에서 「고향의 소중함」이라는 제목으로 설교를 하였다. 어린 시절 어머니를 따라 고향의 승부교당에 다녔으며, 그곳에서 어머니는 법회를 보고 어린 나는 교당 마루에서 혼자 잠들곤 하였다. 세월이 흘러 원불교학과 교수로 부임한 1년 차 되던 해, 어머니가 승부교당 법회에 참여한 가운데 아들인 나는 이곳 교당에서 설교하였다. 막내아들을 키운 어머니의 얼굴은 자비로워 무척이나 기분이 좋은 모습이었다.

1996년 8월 21일, 동이리교당에서 「법인절에 되새길 교훈」이라는 주제로 설교를 하였다. 법인절의 유래를 설명하고, 법인의 의의에 이어서 법인절에 새겨야 할 교훈을 중심으로 설교한 것이다. 법인절의 교훈으로서 법인성사를 보인 9인 선진의 얼을 새기며 기도 생활을 생명으로 알자는 뜻이다.

1997년 8월 10일, 익산 삼성교당에서 「도시와 농촌 사이에 사는 신앙인들」이라는 제목으로 설교를 하였다. 이곳 삼성교당은 도시와 농촌의 경계에 있어서 도농(都農) 지역의 교도들에 대한 신앙심 유발을 도모하고자 하였다. 근래 도시화 현상에 따른 이농 현상, 그로 인해 농촌 마을의 붕괴가 심각해지고 있음을 거론했다. 이어서 이웃 주민과의 신뢰를 통한 실지 불공과 절약을 통한 봉공 정신을 발휘하자는 내용으로 설교를 하였다.

2001년 대각개교절에 즈음하여 가장 분주하게도 하루에 3번의 설교를 강행했다. 4월 28일 대각개교절을 기념하여 오전 10시에 차황교당에서 「불타와 소태산 대종사」를 주제로, 오후 2시에 거창교당에서 「새 불법과 미래사회」를 주제로, 저녁 8시에 함양교당에서도 같은 주제로 설교를 하였다. 차황교당의 한교무가 "이번 대각개교절에는 파출소장과 면장 등 지역유지를 초빙한 관계로 류교수가 와서 법회를 보면 좋겠다."라는 부탁을 했다. 그리고 거창교당과 함양교당에서 원불교는 전통불교를 혁신하여 나온 종교로서 새 불법을 통해 깨달음을 열어가자고 하였다.

2002년 4월 27일, 동산교당에서 「인연은 인생을 좌우한다」라는 주제로 설교하였다. 인연의 소중성을 언급한 것으로, 주변을 상생의 인연으로 만들어야 한다고 하였다. 이에 주변 인연을 부처님 대하듯 불공하는 심법을 갖자는 것이다. 작년에 설교한 거창교당에 다시 가서 4월 28일 대각개교절을 기념하는 뜻으로 「대각과 불교혁신」이란 주제로 설교하였다. 새 종교와 생불의 의미를 새겼다.

2002년 부처님 오신 날을 기해 하동교당에서 설교하였다. 「석가모니와 소태산 대종사」를 주제로 접근하였는데 8상과 10상을 비교하며 상호관계를 거론했다. 뒤이어 수계교당에서도 부처님 오신 날을 기해 「석가모니가 이 땅에 오신 뜻은?」이라는 제목으로 설교를 하였다. 인생무상을 가르쳐 주기 위해서 고통의 원인과 해탈의 법어를 전하였다.

2002년 5월 5일, 원불교 중앙총부 일요 법회의 경강 시간에 「의두」라는 주제로 경강을 하였다. 먼저 의두의 형성사를 밝히고, 의두의 의의에 더하여 의두의 교리적 위상을 설명하였다. 이어서 의두와 성리의 차이를 언급하면서 의두 연마의 목적을 밝혔다. 그리고 의두 연마의 방법을 거론하면서 항상 까닭을 갖고 공부심으로 임해야 한다고 했다.

같은 해 9월 23일에는 수성교당에서 「가정 행복은 선택이 아닌 필수」라는 제목으로 설교를 하였다. 가족의 정체성을 설명하고 가족이 불행해지는 이유를 언급하였다. 모든 교도는 가정 행복을 위해 가훈을 설정할 필요가 있으며, 일원 가족의 공동체적 신앙생활이 궁극의 행복이라고 하였다.

2003년 3월 2일, 원불교 중앙총부 일요예회 시간에 「공중사를 단독히 처리하지 말며」라는 제목으로 경강을 하였다. 공사(公事)가 중요한 것은 원불교가 공동체 집단이라는 점에서 더욱 그렇다. 소태산은 교단 공사의 중요성을 알고 특신급 1조에 이를 못 박아 두었다. 원불교인은 공동체적 소속감으로 공중사의 결과보다는 과정이 중요함을 알아서 여러 사람이 의견을 모으는 중지(衆志)의 가치를 실천하자는 것이다.

2003년 9월 14일, 원불교 중앙총부의 처녀설교로서 「교역 생활의 중간평가」라는 제목으로 설교를 하였다. 이전에는 경강을 두 번 하였으며, 총부에서의 설교는 이번이 처음이다. 이날 아쉽게도 예비교무들이 추석 연휴로 법회에 참석하지 않았다.

2004년 1월 4일, 원불교 중앙총부 일요 법회에서는 '수신의 요법 2조' 「정신을 수양하여 분수 지키는데 안정을 얻을 것이며, 희로애락의 경우를 당하여도 정의를 잃지 아니할 것이요」라는 제목으로 경강을 하였다. '수신의 요법' 2조의 의미를 설명하고, 본 법어가 등장하게 된 이유를 언급하였다.

2004년 2월 29일, 여천교당에서 「봄맞이와 적공」에 대하여 설교를 하였다. 사계절 가운데 만물이 생동하는 봄의 특성을 거론하고, "봄바람은 사가 없이 불어주건마는…"이라는 법문을 새기면서 봄을 맞이한 수행자의 적공이 필요하다고 했다.

2004년 5월 26일, 부처님 오신 날을 기념하여 영산선학대학교에서 46명의 학생을 대상으로 「석탄일에 우리는 무엇을 새길 것인가?」에 대하여 설교를 하였다. 예비교무로서, 교역자로서 우리는 부처님 오신 날에 무엇을 새겨야 하는가? 삼처전심(三處傳心)을 알아서 윤회의 근원이 되는 무명 업보에 등불을 밝혀야 하고, 불교혁신의 정신을 새겨야 한다고 하였다.

2004년 7월 11일, 수계교당에서 「예전 편찬 도량, 예전의 중요성」에 대하여 설교를 하였다. 예전 편찬의 과정을 설명한 후, 『예전』을 경전으로 삼은 종교는 유교와 원불교뿐이라는 것을 강조하였다. 『예전』 편찬의 목적을 새겨보면 정산종사는 평생교육을 염원하였고, 의례 교화의 길을 텄으며, 경(敬)의 정신을 살리고자 했다.

2004년 9월 19일, 원불교 중앙총부 일요 예회에서 『대종경』 「서품」 14장을 중심으로 경강을 하였다. 그 내용은 백지혈인의 이적으로, 법호와 법명을 내리며 창생을 제도하라는 소태산의 법문에 대한 것이다. 여기에서 법인기도의 기간을 설명한 후 서품 14장의 대의를 밝히었다. 곧 지극 정성으로 천지신명이 감응했다는 것이며, 천신만고와 함지사지를 당하여도 이 공부 이사업을 하라는 것이고, 전날의 이름은 사사 이름이니 세계 공명으로 무아봉공을 하라는 것이다.

2005년 5월 15일, 부처님 오신 날에 「불교가 인도에서 사라진 이유?」에 대하여 북일교당에서 설교를 하였다. 현대 인도에서 신봉되고 있는 종교로서 인구 83%가 힌두교 신자라는 것이다. 다만 인도에서 불교가 정착하지 못한 점으로 출가 중심의 종교를 지향했기 때문이며, 사성제라는 계급사회를 평등사회로 혁신하려다 실패하였기 때문이다. 또 불교는 브라만교의 유일 절대자인 브라만을 사실상 부정한다는 점에서 인도인들에게서 멀어진 점을 원불교는 타산지석으로 새겨보자는 것이다.

2005년 11월 20일, 「수도인의 우선순위」라는 제목으로 중앙총부 일요 예회에서 설교를 하였다. 우선순위란 주종을 구분할 줄 아는 지혜, 본말을 구분할 줄 아는 지혜, 선후를 구분할 줄 아는 지혜라고 규정한 후, 원불교에서 말하는 우선순위의 중요성을 거론하였다. 「개교동기」에 있어 우선순위는 물질에 대한 정신, 심신에 있어 우선순위는 육체에 대한 마음, 공부에 있어 우선순위는 사업에 대한 공부를 거론하였다.

2005년 12월 18일, 여천교당에서 「연원의 공덕」이란 주제로 설교를 하였다. 소태산은 석가모니를 연원불로 삼아 미래불법을 천명하였음을 밝히었다. 이에 원불교 교화를 위한 연원 달기에 전력해야 할 것이다. 소태산의 제1대 제자로서 박사시화 선진은 1955년(원기40)에 교도의 4종 의무가 제정된 후 많은 사람들을 입교시키고 연원 교당을 만들어서 원불교 교세를 확장하고자 하였다.

2006년 3월 19일, 「신룡리 사람들의 과제」라는 제목으로 원불교 중앙총부 일요 예회에서 설교를 하였다. 1924년 4월 29일, 불법연구회의 창립총회를 보광사에서 개최한 후, 동년 10월 8일 전라북도 익산군 북일면 신룡리 344-2번지에 중앙총부를 건설한 성업(聖業)이 소태산 십상(十相) 가운데 신룡전법상이다. 이곳은 초기교단의 전법(傳法) 정신으로 다가서면서도 행정 중심의 중앙총부가 아닌, 신앙과 수행의 산실이 되어야 한다는 점을 밝혔다.

2006년 4월 28일, 대각개교절을 축하하는 의미에서 금마교당에서 「계시종교와 각(覺)의 종교」라는 제목으로 설교를 하였다. 계시종교로서의 서구종교에 대하여, 각의 종교로서 불교를 밝히면서 깨달음을 얻은 석가모니와 소태산의 가르침을 강조하였다. 입정돈망(入定頓忘)에 이르러 깨달음을 전한 소태산의 가르침을 새기며 진리의 깨달음과 인생의 해탈을 위해 진력하자는 의도이다.

2006년 9월 24일, 원불교 중앙총부 일요 법회에서 「세계 부모 아닐런가!」

라는 제목으로 설교하였다. 예비교무 2학년들의 부모님(소중한 인연) 모시기 행사가 중앙총부에서 개최되어 이들의 부모들이 참여한 가운데 교학대학장으로서 설교를 하였다. 부모는 예비교무의 가장 소중한 혈연이자 법연임을 강조하면서, 사은 조항에 부모은이 있는 이유를 밝히었다. 나의 부모를 만유의 부모가 되도록 법위를 향상하여 희사위로 올려드리자는 것이다.

2007년 3월 26일, 원불교 중앙총부 일요예회에서 「도미덕풍의 참다운 의미」라는 제목으로 설교를 하였다. 이는 경산종법사의 종법사 취임법문으로, 도덕성의 부활, 불법의 각증(覺證), 동남풍이라는 세 가지 의미 부여를 하였다. 특히 도락의 삶이 중요하며, 이 도락의 삶을 전개할 경우 덕화 만방의 세상이 됨을 강조하였다.

2007년 6월 11일, 원광대학교 대학교당 예회에서 「원광대의 기적과 평행선」이라는 제목으로 설교를 하였다. 원광대는 우리나라에서 가장 아름다운 캠퍼스로 알려져 있으며, 유일학림에서 출발한 원광대가 지방 명문사학으로 발전한 결실은 법신불의 가호에 더하여 교직원들과 학생들의 노력 결과라고 했다.

2007년 9월 8일, 북일교당 강형근 영가의 종재 설교를 하였다. 인생에 있어서 생로병사는 가장 중요한 일이지만, 고통을 극복하고 기쁨으로 돌릴 수 있는 것이 인간의 지혜임을 알아야 한다. 이에 영가의 종재식을 당하여 유족이 천도에 동참함으로써 생로병사의 원리를 깨닫고, 고통을 감내하며 기쁨으로 돌릴 수 있는 지혜가 필요하다. 생멸 거래와 번뇌 망상이 끊어진 본래 주인을 찾아서 미래 세상에 불과(佛果)를 얻도록 친지와 가족이 축원하고 선연의 삶을 살아가도록 하자고 했다.

2007년 12월 2일, 전농교당에서 「명절대재의 의의」라는 제목으로 설교를 하였다. 소태산은 원기 11년(1926) 4기념예법을 발표하고, 재래의 수많은 명절을 이날로 삼아 교당에서 합동 기념하자고 했다. 또 명절대재의 의의는 추수감사절과 같은 보은의 의미가 있고, 조상과 스승에 대한 추모의 의미가 있음을 밝혔다.

2008년 1월 27일, 원불교 중앙총부 일요예회 시간에 「인조견의 비단 행세」라는 제목으로 설교를 하였다. 정산종사는 "인조견은 결국 비단 행세를 못 하나니, 외식에 힘쓰지 말고 오직 실을 기르라."(『정산종사법어』근실편 9장)라고 했던 교훈을 새기자는 것이다. 인조견과 같은 가식의 외면은 재색명리와 관련되므로 실상과 허상을 분간하여 참 실상을 찾아가자는 측면에서 본 설교의 요점을 밝히었다. 허식과 가식에서 나를 벗어나자는 뜻이다.

2008년 6월 1일, 서산교당의 육일대재에 설교 연사로 참여하여 「참 열반의 의미」를 소재로 설교를 하였다. 소태산 대종사는 생사 해탈을 거론하면서 어디에도 집착하지 않도록 인류를 인도하였다. 이에 유주·무주 고혼(孤魂)들에게 천도를 올리고, 모든 선영(先靈)의 완전 해탈과 왕생극락을 이루도록 정진하자고 당부하였다.

2009년 4월 28일, 대각개교절을 맞이하여 북일교당에서 「깨달음과 성찰 항목」이라는 제목으로 설교하였다. 대각의 의미를 밝히고, 소태산이 불교를 혁신한 뜻을 새기자는 것이다. 이에 대각을 위한 성찰 조목으로 「조선불교혁신론」과 표어, 창립정신 등을 통해 깨달음의 세계를 지향할 필요가 있다.

2009년 5월 3일, 원불교 중앙총부 일요예회에서 「깨달음과 성찰은 다르지 않다.」라는 제목으로 설교를 하였다. 깨달음과 성찰이란 소태산의 대각정신에서 보면 성불의 길이다. 교단 미래를 향한 성찰을 지속적으로 해야 한다. 성찰 방법의 하나는 「불교혁신론」의 조항들을 새겨보는 것이며, 또 소태산의 불교혁신 정신을 일상의 삶에서 실천하는 것이다.

2009년 7월 5일, 화산교당에서 「4종 의무 실천의 중요성」에 대하여 설교를 하였다. 입교 연원, 법규준수, 보은미 실행, 조석 심고가 그것으로 원기 40년(1955년)에 제정된 교도의무 사항을 하나하나 새겨보며 살아야 한다고 하였다. 원불교 교법을 널리 전하는 일이 무엇보다 우선하기 때문이다.

같은 날 화산교당에서 일요예회를 마치고 종재식 설교를 하였다. 「원불교 천도의 원리 3가지」에 대한 내용이다. 원불교 천도의 원리에는 다음 세 가지가 있는데, 과거의 행실에 대한 청정 자성에 돌이켜 보는 자성 반조의 원리, 삼세의 원리를 깨달아 생사가 따로 없으므로 사후 천도가 필요하지만 생전 천도 역시 중요하다는 생전 천도의 원리, 세상의 많은 인연 가운데 불연으로 맺어지도록 하는 불연귀의(佛緣歸依)의 원리가 그것이다. 유족들은 교법을 신봉하여 봉공 생활을 지속할 것이며, 일상의 삶에서 윤회 해탈의 심경으로 살아야 한다.

2009년 8월 16일, 공항교당에서 「종교인과 비종교인의 차이」에 대하여 설교를 하였다. 종교인과 비종교인 사이의 차이는 깨달음을 향한 문답 감정의 여부에 있다. 소태산은 우주 대자연에 대한 의심을 통해 26세에 깨달음을 얻었으므로 신앙인으로서 마음공부를 통한 깨달음과 해탈의 길을 나아가야 한다는 것이다.

2010년 4월 25일, 곡성교당에서 「대각과 법호가 주는 의미」라는 제목으로 설교를 하였다. 대각의 의의는 성리 연마를 하면 누구나 깨달을 수 있다는 것이며, 여기에 공을 들여야 한다. 이어 법호와 법명을 받으면 진리의 인증을 얻는 것이며, 또 공부의 표준이 제시되는 것으로서 공인으로서 보은 불공의 삶을 살아가야 할 것이다.

2010년 7월 4일, 원불교 중앙총부 일요예회 시간에 「성직자의 직업병」이라는 제목으로 설교를 하였다. 성직자의 직업병이란 성직 생활을 오랫동안 하면서 매너리즘의 타성에 젖는 것을 말한다. 교역자들은 교도들이 극진히 대접해주므로 은연 슬쩍 찾아오는 대접 병이라든가, 무풍지대에서 오는 안일 병이 엄습함을 주의해야 한다.

2011년 11월 24일, 원불교 중앙총부 일요예회에서 「익산성지와 원광대」

라는 주제로 설교를 하였다. 원기 9년(1924) 소태산은 35세에 익산에서 전법(傳法)의 근거지로 익산군 북일면 신룡리 344-2에 터를 잡았다. 소태산 대종사의 포부를 정산종사가 이어받아 1946년에 그 터전을 마련함으로써 유일학림의 후신 원광대학교가 설립되었다. 이에 익산 성지에 세워진 원광대가 인류 구원의 인재 양성 요람으로 역할을 할 수 있도록 최선을 다해야 한다.

2011년 12월 15일, 원불교 상계교당에서 「일원상서원문-유상과 무상」을 제목으로 설교하였다. 원기 23년(1938) 12월 동선 중에 소태산은 「심불 일원상내역급 서원문」이라는 법문을 직접 초안해서 발표했다. 유상과 무상 법문은 진리의 인식 방법으로서 유상·무상의 만유 실체가 일원상임을 밝히는 내용이다. 깨달음이란 유상과 무상으로 전개되며, 무상의 생멸성과 유상의 불멸성을 인지함으로써 상호 대대(待對)의 관계를 인지하자는 것이다.

2012년 4월 2일, 원광대학 교당에서 「『대종경』 요훈품이 전하는 메시지」라는 주제로 설교를 하였다. 『대종경』은 대종사의 '언행록'으로 제자들의 근기에 따라 설해진 수기설법인데, 이 요훈품은 『대종경선외록』 요언법훈장, 『정산종사법어』 법훈편, 『대산종사법문』 3집의 법훈편과 관련된다. 요훈품의 가치는 솔성, 덕행, 봉공이라는 용어로 요약된다. 이는 마음공부, 겸양의 미덕, 학덕 성취라는 점에서 깊이 새겨야 할 것이다.

2012년 4월 22일, 중앙총부 일요예회에서 「석두암의 교훈」이라는 제목으로 설교를 하였다. 원기 6년(1921) 7월, 소태산은 석두암을 신축한 후 이곳에서 많은 성리법어를 설하였다. 또 석두암에서 창립 제자를 만나고 교강을 선포였으니 봉래제법상이라는 10상의 근거가 된 것이다. 그리고 이곳에서 조선불교 혁신의 초안을 세웠으므로 교법의 소중성과 성리 연마의 중요성을 상기하지 않을 수 없다.

2013년 2월 3일, 동안양교당에서 「해탈과 생사삼공」에 대하여 설교를 하였다. 대산종사의 삼공(三空) 법문으로는 관일체법공(觀一切法空)으로서 일체

법이 공한 자리를 꿰뚫어 보며, 양일체법공(養一切法空)으로서 일체 법이 공한 그 진성 자리를 길러야 힘이 나며, 행일체법공(行一切法空)으로서 일체 법이 공한 자리를 길러서 그것을 행하는 것이라 했다.

2013년 7월 21일, 중앙총부 일요예회 시간에 「원불교 백년의 의미」에 대하여 설교를 하였다. 백년 성업을 축하하는 의미에 더하여 2세기 교단의 역할을 모색해야 하며, 새 문명의 물결을 잘 받아들이는 자세가 요구된다. 또한 현대인들에게 깨달음과 치유법을 선사하고 원불교의 문화와 예술을 발전시켜서 교화성장이 이루어져야 한다.

2013년 10월 7일, 원광대의 대학교당에서 「무엇에 근실할 것인가?」라는 주제로 설교하였다. 우선 내면의 정신세계를 확충하는데 근실해야 할 것이다. 또 인재를 양성하는데 근면해야 할 것이며, 종립학교 발전에 근실해야 할 것이다. 아울러 학생들은 학업에 충실히 하여 미래 인재로 나아가는데 근실해야 한다.

2014년 12월 23일, 원불교 중앙총부 일요예회 시간에 「원불교 100년의 화두」라는 제목으로 설교를 하였다. 교단 백년의 비전으로 혁신과 신앙체험을 거론하였으며, 그것은 새로운 세기에 접하여 교단을 새롭게 혁신하지 않으면 살아남기 어렵기 때문이다.

2015년 8월 16일, 원불교 중앙총부 일요예회 시간에 「왜 개념인가?-교단 100년의 개념 파악」이라는 주제로 설교를 하였다. 성업 봉찬을 맞이하면서 개념을 파악하지 못한다는 것은 무개념(無概念)으로, 이 상태에서 성업을 맞으면 무의미하다는 것이다. 현재의 시점에서 '교단 백년'이라는 개념을 잘 못 알면 방향의 오류를 범하고 역사의식이 결핍한 방향으로 가고 만다.

2016년 5월 3일, 원불교 중앙총부 일요예회에서 「성직, 2%의 갈림길」이라는 주제로 설교를 하였다. 성직의 갈림길과도 같은 매직넘버 2%란 무엇인가? 긍정과 부정의 두 측면에서 살펴보도록 한다. 2% 부족할 때의 '부족(不

足)'은 우리말의 "모자라다."라는 뜻과 "더 필요하다."라는 뜻으로, 2%의 심법이 부족할 경우 성직의 기로에서 방황하는 우를 범하는 것을 성찰해 보자는 것이다.

2018년 11월 18일, 원불교 중앙총부 일요예회에서 「나의 화두-5대 불이신심」이라는 제목으로 설교를 하였다. 본래 4대 불이신심인데 하나 더하여 5대 불이신심이라 하면 어떨까? 4대불이신심으로서 진리, 법, 스승, 회상에 하나를 더하면 그것은 예비교무이다. 진리와 법과 스승과 회상을 지켜줄 후진인 예비교무는 교단에서 절대 필요한 존재이며, 이들에게 관심을 가지고 신앙과 수행의 지킴이가 되도록 하자는 것이다.

2021년 4월 18일, 원불교 중앙총부 일요예회에서 「기록문화와 법보(法寶)의 소중성」에 대하여 설교를 하였다. 영성을 살찌우는 것은 선진어록들이며, 9인 선진에 대한 문집은 법보로서 심신을 맑히고 밝혀주는 등불이다. 그러나 여전히 원불교인들은 기록문화보다 기억문화에 의존하는 성향이 있다. 기억문화는 현세대만 만족하는 것이라면, 기록문화는 교단의 오랜 역사로 남는다. 기록문화를 후진에 남김으로써 법보의 소중성을 살려가야 한다.

2022년 8월 28일, 원불교 중앙총부 일요예회에서 「무상(無常)」이라는 제목으로 설교하였다. 원광대 교학대학의 인재 양성 일원으로 처음 근무하기 시작할 때 4박사를 포함한 14명의 교수 가운데 14번째였던 나는 이제 가장 오래된 원로교수가 되어버렸다. 33년의 세월이 인생무상과도 같이 흘러간 것이다. 제행무상과 제법무아를 깨달아야 오온(五蘊)이 공하고 재색명리가 멸한 심경을 지니게 된다. 이처럼 현장 교화의 협력 차원에서 기록에 남긴 50여 회의 설교를 통해 자신 성찰과 교당 교화에 합력하고자 했다.

개강·종강법회의 설교

일선 교당의 설교 외에 예비교역자를 위한 설교도 적지 않았다. 서원관 예비교역자 교육을 담당하는 교수(교무)로서, 혹은 학장을 역임하면서 설교한 내용을 하나하나 소개하고자 한다. 설교한 내용을 기록으로 남긴다는 것은 쉽지 않지만, 꼼꼼히 기록 보관한 것을 다행으로 생각하며 이를 밝히려는 것이다. 그것은 일례로 새천년을 맞이하기 직전인 1999년 11월, "원광대학교가 원불교학 뿐 아니라 다른 많은 분야에서 세계적인 일류대학이 되어야 한다." 라고 말한 백낙청 교수의 「희망의 21세기, 어떻게 맞이할까?」(원광 303호)에 대한 사명의식이 가슴 깊이 새겨진 것과 관련된다.

2004년 12월 9일, 예비교무의 종강법회에서 「예비교무들로부터 느끼는 아쉬운 점과 하고 싶은 말」을 주제로 다음과 같이 설교하였다.

그간 우리 모두에게 다소 아쉬운 점이 있다면 그것은 무엇일까? 학창시절의 긴 세월을 보내면서 나 스스로 발견한 아쉬운 점을 하나 예로 들면 하루를 마무리하는데 주로 책에 매달렸다는 것이다. 늦게나마 밤의 독경 소리와 성가 소리를 듣고 선(禪)으로 마무리하고자 하는 마음을 갖게 되었으며, 이것은 자신의 심신 수양에 관련되는 것들이라는 면에서 간과할 수 없다.

이어서 『대종경』과 『정전』, 여타 교서의 내용을 지식에 의존하여 섭렵해왔던 점이 아쉬웠다. 교리의 이해를 건조한 지식으로 접근하려 하거나, 행동이

따르지 않는 법문 이해는 그저 지식일 따름이기 때문이다.

또 연구라는 교수 직책에 주로 안주해 왔던 점이 아쉬웠다. 젊은 시절에 학생지도와 사회봉사라는 일에 관심을 가졌지만, 연구활동에 집중했던 모습이 없지 않았다. 그러나 설교 등을 통해 일선 교화에 조금이나마 기여한 것이 교역자로서의 사명감 유지에 도움이 되었다.

그러면 예비교역자로부터 느낀 아쉬운 점이 있다면 무엇인가를 살펴보고자 한다. 대학생으로 학년이 높아갈수록 아쉬운 점이 발견된다. 교역자 고시를 준비한다는 구실로 4학년 때의 기숙사 생활 자세가 1~3학년에 비해 다소 무기력해진 모습, 생활 자세가 흐트러지는 모습이 보일 수 있다는 점이다. 다행히 지금은 고시제도가 없어져 1~4학년 예비교역자들은 초지일관으로 수행 정진하고 있다.

사실 대학생 시절은 공부하기에 적절한 황금기이다. 이에 시간 활용이 필요한데 시간의 아까움을 모른다면 세월을 낭비할 따름이다. 일생에서 집중적으로 교리연마를 하는 것은 예비교무 시절이다. 이때는 시간을 투자해서 공부해야 할 시기로서 배움의 황금기이다. 곁들여 예비교무는 구도심이 살아있어야 한다. 나이가 들면 힘이 달려 수양의 에너지를 지속하기 쉽지 않다.

출가자 여러분들은 축복받은 구도자들이라는 사실이다. 그것은 개인 중심이 아니라 중생들을 향한 성불제중의 염원이 가장 큰 희망이기 때문이다. 그대들이 가슴속에 깊이 새겨야 할 것은 구도적 정열로서 서원을 키워가며 제생의세(濟生醫世)를 담당할 '따뜻함'의 감성을 가지라는 것이다.

다음으로 예비교무들이 가슴속에 새기면서 경청해야 할 것은 중생들의 고통이다. "불자야, 울부짖는 세속의 소리가 들리는가?" 관음(觀音)보살이 되기 위해서 현실 읽기와 사회 읽기를 하자는 것이다. 그대들이 귀로 가장 섬세하게 들어야 할 것은 중생의 신음소리이다.

고통 극복의 성찰 시간으로 다가서야 할 상시훈련의 방학이 시작되면 '신기독(愼其獨)'의 상시일기를 써야 한다. 방학 때 학기 중에 부족했던 부분이나 아쉬웠던 부분을 채우는 시간으로 삼을 것이며, 방학에 혹시라도 몰아닥칠지 모를 유혹의 경계를 물리쳐야 한다. 1학년은 순종하며, 2학년은 재미있게, 3학년은 책임 있게, 4학년은 지도자답게 준비해야 한다.

2005년 8월 24일~26일까지 2박 3일 일정으로 예비교역자들은 삼동원에서 무문관 훈련을 하였는데, 「도방하는 왜 하는가?」에 대하여 특강을 하였다.

무문관이란 문 없는 곳[無門]에 빗장[關]을 걸어두라는 뜻이다. 육근의 문을 걸어놓아 육진(六塵)에서 육식(六識)의 번다한 작용을 잠시 쉬는 것이다. 무문관의 공부는 자의적으로 보면 '도방하(都放下)'이다. 모두[都] 내려놓으라[放下]는 뜻으로 일체의 분별 작용을 놓아버리는 공부이다.

무문관이 등장한 이유는 전통불교 교종의 분별 시비에 대해서 선종의 불립문자(不立文字), 직지인심(直指人心), 견성성불(見性成佛)이 거론된 점을 고려해볼 필요가 있다. 그리고 인간의 생체리듬에 따른 동정(動靜) 간 멈추는 수련이 필요하다는 것이다.

무문관의 교리적 접근을 보면 상시훈련법에서 정기훈련법으로 들어가는 공부법이다. 또 외정정에 대한 내정정 공부에 더하여 외수양에 대한 내수양 공부이다. 따라서 무문관의 도방하 공부는 정신수양의 요체가 된다. 분별성과 주착심이 없는 경지를 맛볼 때 심신의 수양이 되며, 그것은 선(禪)의 체험을 통한 불리자성(不離自性) 회복의 공부이다.

불리자성의 무문관이란 부처님에게 더하지도 않고 우리에게 덜하지도 않은 공부법인데, 대산종사는 자성의 자리를 잃어버리고 어두워지지 않도록 자성 금강을 키우는 공부를 하라고 하였다. 그것은 오탁 악세에 물든 우리의 성품을 본래 자리로 되돌리는 금강 같은 자성을 갖기 위함이다.

따라서 무문관 공부를 제대로 하려면 자성의 선심(禪心)으로 접근하여 무심·무아의 공(空)을 체험하는 것이 요구된다. 이를 위해서는 화두를 연마하는 것이 필요하다. 화두 연마는 행주좌와 어묵동정 간에 보보일체((步步一切)) 대성경(大聖經)의 경지에 이르는 길이다.

그렇다면 무문관의 도방하 공부를 할 때 점검할 항목은 무엇인가? 나로 인해 좌우 동지가 무문관 훈련에 방해받는가? 상시훈련의 방학 동안 즐거웠던 일, 힘들었던 일들이 계속 남아 있는가? 나의 사심 잡념을 녹이려고 순간순간 다짐하고, 신성으로 스승과 상연(相連)하는가?

2005년 8월 29일 저녁 6시 40분, 중앙총부 대각전에서 원불교학과 개강 법회가 있었으며, 「교단창립 100주년의 주역들」이라는 주제로 다음과 같이 설교하였다.

우선적으로 우리는 누구인가를 반조하면서 초발심으로 출발한 사람들임을 상기해야 한다. 곧 추천교무, 지도교무, 여러 스승의 지도를 받는 예비교무로서의 위치를 자각할 필요가 있다.

아울러 예비교역자들은 인생의 20대 청년들로서 일반 대학생들과 같이 전공을 선택해서 공부하는 사람들이다. 일반 대학생들은 사회에 취직하는 것을 목적으로 하지만, 예비교무들은 소정의 교육과정을 마치면 교무가 될 사람들로서 교단 100주년의 주역이 된다. 이를 위해서 여러분은 어떻게 살아야 하는가? 각자의 서원과 초발심이 사라지지 않는가를 성찰해야 한다.

또한 초발심의 대학생들로서 예비교무 시절은 공부 방법을 익히는 기간이다. 원불교 읽기에 더하여 세상 읽기의 방법론에 등한하지 말자는 것이며, 자신의 전공영역, 교화방법론 개발에 눈을 뜨고 있는가를 살펴볼 필요가 있다. 각자의 미래 교역자상을 스케치함으로써 활불(活佛)이 되도록 구체적인 방법론 터득에 충실히 하라는 것이다.

그렇다면 여러분이 미래형 교역자가 되는 방법으로서 우선 깨달음을 향해 부단한 구도 노력이 필요하다. 그리고 호학(好學)을 강조하는 교단 정신에 따라서 학창 시절에 열심히 공부해야 한다. 공부에 더하여 이큐EQ 시대의 교역자가 되어 영성을 키워가는 노력이 필요하다.

예비교무들이 이러한 공부를 하는데 교육환경이 또한 중요하다. 더욱 중요한 과제는 서원관과 교학대학의 원활한 가교(架橋)를 만들어가는 것이다. 상호 원활한 협조 속에 자신의 탄탄한 미래를 설계해야 한다. 예비교무 시절은 서원과 학문의 '기초공사' 기간으로 이에 충실하여 부실 공사가 없도록 하자는 것이다.

2005년 12월 9일 저녁, 원불교학과 한 학기 종강법회에서 「우리는 반성, 성찰하기 좋아하는 사람들」이라는 주제로 설교를 하였다.

명절대재를 기해 전야제와 뮤지컬을 진행한 예비교무들의 노고에 고맙기만 하다. 여기에서 행사의 결과도 좋지만, 그 진행 과정에서 나타난 성찰 사항들은 없었는가? 즉 교학대 및 서원관 임원들의 임기 종료에 따른 새 임원의 등장도 큰 변화인데 인사를 맡은 교우들과 손발은 맞았는지, 그리고 공사를 하면서 지도 교무와 상의는 충분했는지를 살펴볼 필요가 있다.

그리고, 2학기 수업 및 중간 기말고사 시험은 대학 생활의 본연이자 완성의 한 매듭이다. 중간 및 기말고사 등을 충실히 준비한다면 여러분의 노력은 미래를 향한 교화자원이 될 것이다. 학문 적령기로서 여러분은 수업 및 시험 준비에 충실했는지, 리포트는 성실히 작성했는지도 성찰할 사항이다.

군종 제도의 소수종교 차별로 인해 합심하여 상경한 것도 예비교무들로서는 역사의 현장이었다. 2005년 11월 29일, 전 예비교역자들은 5대 차량에 탑승, 국방부 주위에서 차가운 땅바닥에 앉아 기도식을 올린 숙연함이 가슴 뭉클했고, 역사의 현장에 함께하여 공동체의식을 느꼈다.

또 예비교역자 교육의 커리큘럼에 변화가 있었다. 성가 과목의 증설(2학년과 4학년)에 이어서 「교전개론」의 개칭과 수업 학기의 변경, 담당 과목의 교수 변경이 그것이다. 내가 강의해 왔던 「사서강독」의 폐강은 「상담심리」 개설을 위한 변화의 한 과정이었다. 커리큘럼의 개혁은 시대적 과제이기 때문이다.

다음으로 1980년에 지어진 교학대학 5층 건물의 환경변화를 거론할 수 있다. 원불교학과만 건물을 사용하다가 타 학과, 그리고 동양학 대학원과 공유하였다. 좁아진 공간을 나눠 사용함으로써 함께 하는 예절이 교화자의 자세이자 교학인의 아름다운 모습이다.

2006년 2월 20일, 원광대 원불교학과 졸업식에서 다음과 같이 학장으로서 훈사를 하였다.

영국 옥스퍼드대 졸업식은 '셸도니언 극장'이라는 중세 원형극장에서 열린다. 학생들이 한 명씩 나와서 소정의 교육과정을 마쳤다고 보고하면 총장이 인정하는 방식으로 진행하는 것이다. 영국의 처칠 수상은 이 대학 졸업식에서 "포기하지 말라. 절대로 포기하지 말라."라는 명언을 남기었다.

사회에 첫발을 내디딜 사회초년생들에게 웰슬리 여대 졸업식 연설에서 미국 클린턴 전 대통령의 영부인 힐러리 클린턴은 다음과 같이 말하였다. "이제 우리에게 주어진 과제는 불가능해 보이는 것을 가능하게 만드는 기술로서 정치를 실천하는 것이다." 세계를 움직이는 사람들의 훈사는 하나 같이 포기란 없으며, 불가능은 없다는 용기백배의 가르침이다.

이에 성공의 보따리를 마련하기 위해서 젊은 학생들은 학창 시절을 어떻게 보낼 것인지 고민해 봐야 한다. 미국에서 박사학위를 받은 안철수는 『영혼이 있는 승부』라는 저술에서 "펜실베이니아 대학은 가을이 아름답다고 한다. 그러나 나는 지금도 캠퍼스의 단풍이 얼마나 아름다웠는지 기억나지 않는다. 내가 수업에 들어간 강의실 외의 학교 풍경도 선명하게 떠오르지 않는다." 그가 졸업할 무렵에야 학교가 얼마나 아름다운지를 알았다는 것은 목숨 걸고 공부를 했다는 뜻으로 이해된다.

그러나 여기에서 주의할 사항이 있다. 학문적 열정만이 성공을 보장한다는 것에는 함정이 있다. 원광대학교 초대 총장이었던 숭산 박길진 박사는 "문자공부·학문공부는 졸업이 있으나 인간 공부는 졸업이 없다."라고 하였다. 균형 잡힌 인격 수업이 얼마나 잘 되어 있느냐 하는 것이 중요하다는 것이다.

2006년 6월 16일, 1학기 종강 법회에서 「예비교무들이여, 100주년의 주역이 되라」는 내용으로 학장 훈사를 하였다.

대졸 신입사원이 갖춰야 할 역량이 무엇인가를 소개하면서 예비교무들이 참조할 항목들을 밝혔다. 즉 그것은 예절 및 성실성, 주인의식과 도전정신, 협동성, 타인에 대한 배려, 조직문화의 적응 및 정보화 마인드, 외국어 실력의 국제 감각이라고 밝힌 대한상공회의소의 서울 시내 대·중소기업 510개 업체를 대상으로 조사한 내용이 설득력을 지닌다.

같은 맥락에서 주변 교무들의 예비교무 교육에 대한 여망과 부탁을 거론하려는 것이다. 이를테면 기본예절 교육이 필요하며, 인간관계론 및 상담심리와 교리 실력을 향상해야 한다. 또 경쟁력을 갖춘 교역자, 감사의 표현 능력, 영성을 키우는 것들이 포함된다.

2007년 3월 2일, 교학대학장으로서 원불교학과 개강 진급법회에서 「묵은 업 털어내기」라는 제목으로 다음과 같이 설교하였다.

개강이라는 용어와 진급이라는 용어를 거론하면서 반드시 우리가 해결하고 가야 할 것이 있다. 지난날에 알고도 짓고 모르고도 지은 묵은 업이 바로 그것이다.

그러면 여기에서 업(業)이란 무엇인가? 범어로 '카르마karma'라고 하는데, 이 업은 십이인연으로 윤회하는 것으로서 '본래 행위'(대비바사론)를 말한다. 여기에서 크게 선업과 악업이 나뉘는데, 『구사론』에 의하면 선업이란 안온(安穩)의 업으로서 좋아할 만한 결과를 초래하는 업과 열반을 얻는 업을 말한다. 악업은 고통의 결과를 초래하는 것이다. 또 무기업(無記業)은 잠, 호흡, 기아 등 고와 낙의 과(果)를 초래하지 않는 업을 뜻한다.

우리는 윤회의 굴레와 같은 악업을 털어내야 하는데, 악업을 벗어나기란 쉽지 않다. 이에 결사의 정신으로 임하는 것이 요구된다. 고려 보조국사는 「정혜결사문」의 저자로서 나이 33세(1190)에 거조사에서 정혜 결사를 맺고 형상에 집착하고 명리에 골몰하는 것을 버리고 진인(眞人)이 되라고 하였다.

집착의 악업을 극복하려면 참회하는 마음으로 욕심을 버려야 한다. 사참(事懺)으로써 성심으로 삼보 전에 죄과를 뉘우치며 날로 모든 선을 행할 것이며, 이참(理懺)으로써 죄성(罪性)이 공한 자리를 깨쳐 안으로 번뇌를 제거해나가야 한다. 어거스틴은 『참회록』에서 "내가 겪은 행복과 사랑을 기억하려 하는데, 본래 나만이 남아 있다. 지난날의 욕망을 버려라."라고 하였다.

이어서 스승을 모시는 마음으로 서원을 키워가는 일이 요구된다. 소태산 대종사는 시창 2년(1917)에 『성계명시독』을 통해 제자들의 10일 동안 지낸 바의 마음을 조사하여 그 신성 신퇴와 실행 선부(善否)를 대소하는데 청·홍·흑 3색으로 구분하도록 했다. 신성이 제일인 사람은 그 이름 아래 청점을 표하고 다음은 홍점, 그 다음 흑점을 표시하도록 하였다.

서원을 키워가는 예비교무 여러분은 해마다, 그리고 학기마다 전개되는 개강과 진급을 위해서는 청점을 표해서 묵은 업을 털어내야 한다. 개강(開講)이란 강의를 새롭게 시작하고 학습을 새롭게 시작한다는 것이며, 진급이란 승급이라고도 하며 궁극적으로 법위의 향상이다.

2007년 2월, 원광대 원불교학과 35명 출가 신입생의 입사 결제식에서 훈사를 하였다.

여러분은 이제 원불교 출가자의 가장 젊은이들로서, 고교를 졸업한 신입생으로서, 간사생활 후 바로 들어온 예비교역자로서, 또 편입 후 다시 시작하는 대학생으로서 미래 교역자이다. '출가'는 사회에서 결혼이라는 말로 쓰고 있지만, 도가에서는 세속을 떠나 성직에 합류하는 것을 말한다.

구체적으로 출가란 부모 곁을 떠남이며, 친구와 지인의 곁을 떠남이다. 출가자는 과거사를 지우고 새로운 스승에게 접붙임으로써 성불제중을 염원한 사람들이다. 이에 출가란 육신의 탄생에서 정신의 탄생으로 이어진다. 좌산 종사도 언급하였듯이 돌감을 장두감으로 접붙임이 출가이다.

출가를 단행하면 과거의 잘못을 잊고 선업을 쌓기 위해 노력하게 된다. 불교의 용수(344~413)는 출가 전에는 방탕한 생활을 하여 사형을 당할 위기에 있었으나 위기를 모면하고 출가하여 수도 정진을 하였다고 한다. 354년 타카스테에서 태어난 어거스틴도 방탕한 생활을 하다가 새롭게 변신한 성현이다. 이들은 종교적 수행을 통해 인생의 가치를 소중하게 깨우치며 살았다.

그러면 출가자로서 우리는 무엇을 깨우칠 것인가? 인간의 욕심을 극복하자는 것이며, 그 대상은 삼독 오욕으로 이것들을 없애는 것이다. 왕자 싯다르타가 왕위를 버리고 고행자가 되면서 욕심을 떨쳐내었으며, 그것이 세계에서 가장 존경받는 성자로 태어난 계기로 이어진다. 위대한 성자의 정신을 새기면서 출가한 본연의 의도는 인과의 진리와 영원불멸의 진리를 깨닫기 위함이다.

2007년 5월 6일 저녁 8시, 서원관 전체 염불 시간에 「도반이여, 동지여, 이것만은」이라는 제목으로 다음과 같이 설교를 하였다.

서원관과 인재라는 언급을 하면서 『정산종사법어』「근실편」16장의 법어를 항목화하여 새겼다. 옛날 중국의 어느 마을 문지기 후영은 한낱 문지기로되 역량과 재주가 장하므로 영명(榮名)이 세상에 드러나게 되었다. 여러분이 그를 본받아 큰 실력과 실행 있는 인물이 되라는 것이다.

교단의 실력갖춘 인재가 되려면 우선 영생이 있음을 알고 날마다 즐거운 삶을 살아가야 한다. 좌선하는 재미, 청소 시간에 청소하고 잡초 뽑는 재미를 느껴보자는 것이다. 이러한 재미를 느끼지 못하는 것은 나태와 안일 때문이다. 예비교무로서 나태를 극복하고 실력을 갖추는 적공을 해야 한다.

적공하는 예비교무여, 그대들은 야망을 갖고 서원관 밖을 바라보라. 현대인의 심리를 알고, 국가와 세계의 변화를 알라는 것이다. 그리고 이때 영성을 살찌우는 공부가 필요하다. 실력을 갖추어 개척교화, 농촌교화, 도시교화의 선봉이 되도록 진력할 것이며, 국제 인재가 되어 해외 교화에 꿈을 키워가도록 해야 한다.

2007년 6월 22일, 교학대학장으로서 종강법회에서 「지난 한학기의 회고」라는 제목으로 설교하였다.

여러분들을 가르친 교수, 그리고 예비교무를 지도해준 서원관 지도교무, 이에 가르침을 삶의 보감으로 삼고 살아가는 예비교무 여러분들은 한 학기 동안 수고가 많았다. 여러분은 일반 대학생과 무엇이 다른가? 도학과 과학을 병행한다는 것이며, 성불제중을 염원한다는 것이며, 신심 공심 공부심을 매우 중시한다는 것이며, 신앙공동체 생활을 한다는 것이다.

그러면 예비교역자 여러분이 해야 할 일은 분명해진다. 지난 학기를 거울 삼아 마음공부를 체로 삼고 신앙적 성찰에 게을리할 수 없다. 또 교리연마를 통해 깨달음을 향한 공부에 집중해야 한다. 이것은 삼학수행과 사은신앙을 중심으로 성직자로서의 실력을 갖추어야 한다는 뜻이다.

지난 학기를 새겨보면서 기억에 남는 일들을 살펴보도록 한다. 먼저 지난 겨울방학을 기해 영산 익산 예비교역자 전체가 강원도 휘닉스 파크에서 휴식을 하며 스키를 배웠다. 좌산종법사의 후원으로 2박 3일의 심신 휴양을 하였다. 이어서 학기 중에는 2박 3일의 타종교 탐방을 하였는데, 현장학습의 일원으로 학교로부터 후원을 받아서 가능한 일이었다. 서울의 명동성당과 천도교, 개신교 등을 방문함으로써 원불교의 정체성을 파악하고 종교 대화의 물꼬를 트는 데 도움이 되었다.

또한 새 학기를 시작하면서 서원관의 신축 봉불이 있었다. 4층 깔터에 가득 찬 청중들은 예비교무 숙소의 시설 하나하나 돌아보며, 현대식 건물의 혜택을 누리는 모습에 감회가 새로웠을 것이다. 선배 교무들은 이전의 학림사와 정화원에 살면서 열악한 환경에 어려움이 적지 않았기 때문이다.

내가 학장으로 취임하면서 교학대학과 서원관의 체제가 일원화되었다. 일원화 체제의 학장이자 교감으로서 당당하게 여러분에게 이 자리에서 훈사를 할 수 있는 것은 교단의 염원으로서 좌산종법사의 경륜이 있었기 때문이다. 대학과 서원관의 일원화 체제는 우리의 오랜 염원이지 않았는가?

이제 갈수록 인재 발굴이 중요한 시대가 올 것이다. 인구의 감소와 종교에 대한 무관심이 점증하고 있기 때문이다. 2007년 현재 원광대 예비교역자 98명 가운데 신입생 입학 숫자가 39명이며, 편입생 지원자들이 증가추세이다. 이에 여러분들의 수업 편의를 위해 계속 노력할 것이다.

서원관 신축과 더불어 대학의 학장 역할은 물론 기숙사의 교감의 역할을 하기 위해 나는 그간 사가에서 살다가 여러분들과 공동체 생활을 하고 있다. 이에 예비교무 여러분과 함께하는 좌선 시간은 극락을 체험하는 시간이다. 여러분과 함께 청소 시간에 잡초 뽑는 시간 역시 낙도생활이다. 일원화된 서원관 생활에 협력하면서 여러분들이 미래의 동량으로 성장해주기를 기도하고 있다.

2013년 2월 17일, 서원관 4층 깰터에서 새 학기를 시작하는 법회를 가졌다. 이에 원불교학과 신입생을 중심으로 하여 「목표설정이 중요하다」라는 제목으로 다음과 같이 설교하였다.

신입생은 이제 배춧잎이 소금에 던져진 것과 같다. 김치를 담그기 위해서 배추에 소금을 뿌리면 팔팔하던 배춧잎이 하룻밤 사이에 절여진다. 이것은 출가 이전과 출가 이후의 차이라고 보면 좋을 것이다.

여러분은 교법의 소금에 절여 세속의 티를 벗음으로써 성불제중을 염원한 출가자요 신입생들이다. 여기에서 세운 목표는 분명하므로 세속인의 목표와 예비교무의 목표는 다르다. 이를테면 경쟁 가치냐 상생 가치냐, 재색명리냐 성불제중이냐, 영어·수학 공부냐 한문·윤리 공부냐를 대비해 보면 예비교역자들의 답변은 당연히 후자일 것이다.

이러한 목표 성취의 방법은 무엇인가? 우선 마음을 비우라는 것이다. 잡철을 털어내야 정금 같은 보석이 빛난다. 마음을 비우는 것은 잡철을 털어내는 공부와도 같다. 불교가 위대한 점은 공(空)사상이다. 비우지 않으면 변화가 어렵다는 점을 알고 불교에서는 평생 비우며 해탈을 목표로 살아간다.

다음으로 교법의 이해에 있어서 이를 구체적으로 개념화하라는 것이다. 개념화의 두 가지 의의로는 의미 부여이며 논리적 접근을 위함이다. 그것은 교법을 의미화하고, 자신의 논리에 대입하라는 뜻이다. 그리고 교법을 전달할 표현력을 길러서 언어를 교화의 수단으로 활용해야 한다.

예비교역자로서 또 간과할 수 없는 것은 배운 것을 삶의 현장에서 체험할 필요가 있다. 이를테면 교단 정서를 체험하라는 것이며, 스승과 동지의 심법을 체험하라는 것이며, 사회참여와 관련하여 교법 실천을 체험하라는 것이다. 이를 위해서 예비교역자들은 목표의 장·단기 계획을 설정하는 것을 늦춰선 안 된다. 지금 당장 준비할 것은 계획을 세워 준비해야 한다. 하루를 계획하고, 한 달과 일 년을 계획함으로써 예측 가능한 미래로 만들어 가야 한다.

2024년 6월 19일, 원광대 원불교학과의 고별강연 형식으로 「교수 33년의 회고」라는 제목으로 다음과 같이 설교하였다.

원불교학과 교수로서 33년의 역할을 하면서 다음 세 가지를 회고한다. 첫째, 내가 강단에서 가장 많이 부른 호칭은 '예비교무'라는 것으로 교단의 가장 젊은 승보(僧寶)이기 때문이다. 예비교역자는 교단 2세기의 주역으로서 에너지의 혈기(血氣)를 도량의 법기(法器)로 키워가야 한다. 둘째, 여러분들에게 가장 강조한 것은 '지식 불공'으로 인지력의 지평 확대를 거론하였다. 대학생 시절은 삼대력 가운데 '연구'를 중심으로 수양과 취사를 병진해야 하는 이유이다. 셋째, 교화자의 인성함양으로 가장 강조한 것은 '이큐(EQ) 지수'를 키우라는 것이다. 머리로 받아들임도 좋지만 따스한 가슴으로 다가서는 것이 세상을 설득력 있게 구제하는 방편이기 때문이다.

설교의 준비와 구성

제리 파웰이 지은 『가장 훌륭한 25편의 명설교』(생명의 말씀사, 1989)라는 책이 눈길을 끈다. 죠나단 에드워즈, 죠지 휘트필드, 요한 웨슬리, 윌리암 캐리, 크리스마스 에번즈, 로버트 머리 맥케인, 챨스 피니 등 25명을 열거하여 이들이 명 설교자인 이유를 설명하고 있다. 본 저서의 키워드는 "설교는 우리의 영혼을 사로잡아야 한다."라는 문구이다. 영혼을 사로잡을 설교자가 되려면 어떻게 해야 할 것인가를 화두로 삼을만하다.

2003년 3월 12일, 원광대 원불교학과 야회시간에 예비교무 설교 강평을 마친 후 학생들에게 「설교 준비의 10훈」이라는 제목으로 맑은 영혼을 공유하는 뜻에서 다음과 같이 특강을 하였다.

첫째, 설교 '제목' 선정에 신중히 하라는 것이다. 그것은 나의 체험적 삶과 연결하고, 당시의 절후(節侯) 및 사건 등과 연계할 필요가 있으며 설교대상이 누구인가를 파악해야 한다.

둘째, 무엇보다도 설교 '준비'에 정성스러워야 한다. 준비 없이 하는 설교는 실패하기 마련이다. 또 설교안을 작성한 후 몇 번이고 연습에 몰두하는 것이 필요하다.

셋째, 설교 전에 이미 간절한 기도와 청정 수행이 따라야 한다. 설교 직전 법신불 전에 다짐의 심고를 올린 후 설교 단상에 올라서면 진리의 감응이 있다. 설교 전반에 생명력의 신앙 감성이 묻어나야 하기 때문이다.

넷째, 설교의 '색깔'을 분명히 해야 한다. 교양강좌 형식인가, 선진법회인가, 교리법회인가, 또는 학생설교인가, 청년설교인가, 일반설교인가를 분명히 하라는 것이다.

다섯째, 설교 내용의 '구성'이 중요하다. 설교 제목 선정의 이유, 설교의 짜임새, 그렇게 된 현실과 문제 제기, 어떻게 이를 극복할 수 있는가?, 그리고 결론에서 다짐의 기도가 필요하다. 이 모든 것은 기승전결로 연결될 필요가 있다.

여섯째, 설교 '예화'는 적절한가를 살피라는 것이다. 예화는 설교가 딱딱해질 때 감미료로 작용하는데, 설교 하나에 서너 개 정도의 예화가 들어가면 좋을 것이다. 또 예화의 적절성 여부, 그리고 예화의 복잡한 형식보다는 간결성 여부도 점검해 봐야 한다.

일곱째, 설교 단상에서 원고에 매달리는 설교인가를 고려할 일이다. 무엇보다 청중의 시선에 초점을 맞추는 것이 상호 소통에 도움이 되며, 원고를 사전에 소화해야 나의 시선이 원고에 빼앗기는 것을 극복할 수 있다.

여덟째, 설교의 내용을 동영상으로 촬영하거나, 여건이 허락되지 않을 때 소리 녹음을 통해서 피드백하는 것이 차기 설교에 도움이 된다. 비디오에 녹화하는 이유는 설교 당사자가 설교할 때 자신도 모르게 범하는 습관이나 사투리 등의 어색한 부분을 참조하여 고쳐야 하기 때문이다.

아홉째, 설교의 핵심은 설득력이라 본다. 교리해석의 경강이나 조리강령의 강연과 달리 설교는 감동으로 다가서야 한다. 설교의 감동을 위해 스스로 겪은 경험이 적절하며, 자신 먼저 감동하는 내용이 청중에게도 감동을 주는 것이다.

그리고 설교 단상에 있어 설교 당사자는 무대의 감독이자 주인공임을 알아서 적당한 제스처 등 매사를 꼼꼼히 준비하는 자세로 임해야 한다. 단상에서 힘차게 자신의 신앙체험과 수행담을 통해 상대방에게 다가선다면 설교는 흥미 공유는 물론 청법 대중과 신뢰를 두텁게 할 수 있다.

2007년 5월 22일, 원불교학과 서원관 전체야회에서 「설교의 구성」에 대해서 언급하였다. 우선 설교 구성의 체계적 정밀성이 필요하다. 자신의 일상을 언급하는 감상담이 아니기 때문이다. 이를 위해서는 설교 제목의 추상성을 극복하는 것과 메시지의 선명성이 있어야 한다.

설교를 위해 단상에 올라왔을 때 청중이 깊은 관심으로 집중하고 있는데, 자신의 설교 준비가 부족하다거나, 여타 구구한 변명을 하면 안 된다. 설교 첫 시작부터 구차한 변명이 드러나면 청중들에게 가볍게 보이기 쉽다.

설교 제목의 구상에는 다른 연사의 설교 제목을 피드백하라는 것이다. 그동안 원불교 설교의 특성 중의 하나는 수행·도덕성 위주의 설교였다. 지나친 개인 수행과 도덕적 설교는 신앙성 및 사회성의 약화를 가져온다. 그리고 설교 예화의 친화력 및 호소력이 있어야 하는데 예화가 길거나 자신 체험과 관련 없거나, 혹 의미전달이 약하면 설교가 무기력하게 된다.

따라서 설교 예화를 인용할 때 흥미를 유발해야 한다. 흥미가 있어야 하는 이유는 예화란 식사의 반찬처럼 설교의 풍성함을 가져다주기 때문이다. 그리고 예화 인용이 설교의 내용과 상황성에 맞게 적절한가를 살필 필요가 있다. 예화 자료가 실천을 유도하고 신앙체험을 전제로 하며, 교훈이 되는 일화 등을 중점적으로 하라는 것이다.

다음으로 설교의 시작과 마무리가 중요하다. 도입단계의 중요성에 더하여 설교 마무리 단계를 깔끔하게 정리해야 한다. 그것은 처음부터 호기심을 갖고 설득력 있는 제목으로 출발하라는 것이며, 설교 후반에는 강령적으로 요약하고, 설명 기도로써 마무리하는 것이 좋다.

또 연사는 설교의 기법을 숙지해야 한다. 스피치 연습을 하듯이 설교도 스스로 반복연습을 해야 한다. 이를테면 원고의 숙지, 표정의 적절성과 자연성,

시선의 고른 분배, 발음의 정확성, 비속어의 금지, 말의 속도 및 강약, 자신의 독특한 언어습관에 주의해야 한다. 이에 스피치 강습을 받는 것도 필요하다.

설교 시간의 준수도 설교기법의 하나라고 본다. 일반설교는 20~25분이 적당하며 30분을 넘기는 설교는 실패하기 쉽다. 지루한 설교는 청중들의 집중력을 떨어뜨리기 때문이다. 더욱이 원고를 의식 딱딱하게 읽는 식의 설교는 실패하기 마련이다. 그것은 자신감의 결여, 청중과 호흡의 실패, 단순한 나레이션에 불과하다.

그러면 설교 본론의 구성 방법에 대하여 살펴보고자 한다. 설교의 초기 단계는 다음과 같다. 자연스럽게 법어 경구를 소개하는 것이 좋다. 또는 최근의 시의적절한 사건, 평소의 관심사, 자신 수행을 매개로 한 제목의 설정과 이유를 밝힌다.

무엇보다도 설교에서 주목해야 할 것으로 설교의 실천 방법을 제시하는 일이다. 기승전결의 '전' 부분에 실천 방법론 두세 가지를 제시하며 이를 예화와 곁들여 짧게 설명한다. 설교의 실천 방법 부분은 기승전결의 '전' 단계이므로, 설교 중후반부에 언급할 것을 권한다.

실천 방법을 제시한 후 설교의 마무리 단계로 나가야 한다. 설교의 실천 방법론을 정리한 후 결론을 자연스럽게 유도하자는 것이다. 제목을 상기시키고, 다짐의 메시지를 신념으로 호소하고 결론을 맺는 방식이다.

설교 실패의 길이 무엇인가에 대해서도 고민해 보자. 시간 초과로 인해 지루함을 선물할 것인가? 원고에 매달림으로써 앵무새가 될 것인가? 신앙심이나 영성전달 아닌 교양강좌가 될 것인가? 설교의 예화가 빈곤한가? 겸손하다 못해 자신감이 부족한가? 설교에 대한 청중의 반응을 무시하는가?

요컨대 설교에 대한 준비와 구성은 예비교역자는 물론 교역자 모두에게 중요하다. 유비무환의 자세가 설교 준비자에게 깊이 새겨져야 하리라 본다. 교역자의 주요 임무는 설교에 있다는 사실도 놓쳐서는 안 된다.

ACRP의 참여와 국제학술회의

원불교 교단의 후원으로 아시아종교자평화회의ACRP가 서울에서 열렸다. 1986년 6월로서 이때 나는 대학의 조교 시절이었으며, 영어 회화에 관심이 많았기 때문에 본 회의에 조력할 겸 참가하기를 희망했다. 마침내 회의에 참석하여 회의장을 드나들면서 국제회의의 면모를 관찰하였다. 여기에서 박광전 원광대 총장과 김수환 추기경이 나란히 앉아서 담소하는 것을 보았으며, 그분들의 기풍이 괄목상대할 정도로 좋은 인상으로 다가왔다.

뒤이어 1996년 10월, 태국에서 열리는 ACRP에 참여하였다. 나는 크리스천 아카데미 강원룡 목사와 원불교의 전팔근 해외포교연구소장, 유일신 교무, 박도광 교무, 한지성 원불교여성회장과 태국의 국제회의에 동참하였다. 두 차례 종교 국제회의에 참여하면서 종교 간 평화회의가 세상의 평화 건설에 얼마나 중요한지를 새삼 깨닫게 되었다.

이때 처음으로 만난 한지성 원불교여성회장은 매우 차분하였고, 교무들을 대하는 태도가 존경심 그대로여서 한회장의 인품을 간접적으로 알 수 있었다. 한회장은 종교자평화회의에 참여하면서 틈틈이 일행들과 주변을 챙기면서도 교무들에게 선물을 사주는 등 원불교여성회장으로서 예의를 갖추었다.

ACRP 회의에 참여하면서 각 종교 지도자들의 품격있는 예절과 문제해결능력을 직시하면서 국제회의가 왜 필요한지를 실감하였다. 국제감각을 견지하기 위해서는 국제회의를 적극 참여해야 할 것이며 지도자로서 외국어 공부의 필요성을 새겼다. 모든 회의는 영어로 진행하기 때문이며, 회의에 참석하면서 어설픈 영어 실력으로 의사전달을 하는 데 한계를 느끼곤 하였다.

외국에 가서 한동안 살아보지 않고서는 외국어 공부가 정말 힘들다는 것을 알 수 있었다. 한 포럼에 참석하여 영어로 견해를 밝히다가 실력의 한계를 체감하였기 때문이다. 세계환경의 날을 전후하여 서울에서 열린 두 국제회의에 참석하며 우리의 뜻을 영어로 표현한다는 것이 얼마나 어려운 일인가를 다시 한번 느꼈다.

당시 미국에서 유학을 마치고 돌아온 박광수 박사의 역할이 돋보였다. 미국에서 10여 년을 수학하며 박사학위를 받아온 저력에 맞게 영어 회화를 척척 하는 모습을 보면서 기대와 신뢰감으로 다가왔다. 넓은 심성에 국제감각을 키운 박교무의 모습을 옆에서 지켜보면서, 내가 학창 시절에 유학하고 싶었던 마음이 바로 이러한 모습이다.

또한, 아시아종교자회의에서 돋보인 것은 원광대학교 전팔근 교수와 크리스찬 아카데미 강원용 목사의 활동상이었다. 이 두 분은 해외에서 개최하는 국제종교회의에 단골로 참여해온 지성들로서 여러 나라의 회원들과 상호 친밀도가 깊었다. 두 분의 활동상에 의해 한국의 종교적 위상이 높아졌다는 것을 알았으며, 원불교가 종교화합의 차원에서 국제 종교회의에 적극 참석해야 함을 깨달았다.

태국에서 전개된 ACRP 국제회의 마무리 시간에 원불교 측의 기도회가 있었는데, 나는 손수 기도문을 만들어서 낭독하는 기쁨을 누렸다. 국제회의 마지막 날에 각 종교의 기도문 낭독 시간이 있는데, 전팔근 교수가 원불교 차례에 기도할 기도문을 나에게 만들라 해서 당황했다. 그러나 차분하게 영역(英譯)을 한 후 박도광 박사의 교정을 받고서 기도문을 낭독하였다. 각 종교 간 기도문을 낭독하는데, 원불교 순서가 되어서 나는 원불교 대표로서 기도문을 또박또박 읽으면서 해외 활동의 일원이 되었다는 생각에 힘이 났지만, 앞으로의 과제도 많다는 것을 알았다.

이번 국제회의에 참여하면서 조금 무리한 탓에 몸살이 날 지경이었으며 회의 마지막 날에는 몸을 가누기조차 힘들었다. 일주일 동안 국제종교회의에 정성스럽게 참여한 탓에 몸이 탈난 것을 안 때는 회의 끝나가는 무렵이었다.

회의가 끝나던 날, 아시아 종교인평화회의에 참여한 원불교 교역자와 교도들은 회의식장에서 기념촬영을 하였다. 함께 참여한 원불교 신앙인들로서 자랑스러운 순간이었다. 교수 초반에 처음 참여한 국제회의였기 때문에 기대가 컸으며, 하나하나 회의 일정을 소화하고자 나름 노력했다.

다음으로 2012년 10월 27일, 일본 불교대학에서 열린 한·일불교 학술회의에 참여하였다. 박상권 교수는 치료와 관련한 기조 강연을 하였고, 나는 「병든 사회와 치료의 문제」를 발표하였다. 본 학술회의는 원광대학교와 일본 불교대학의 오랜 인연 속에서 격년제로 열리는 회의였다. 양국의 불교 대학이 전통적으로 개최해온 학술회의 가운데 나는 원불교 사상과 관련해서 국제학술 발표를 하였다.

일본에서 열린 한·일불교 학술회의 마치고 10월 29일 한국에 도착하자마자 감사의 마음으로 불교대학 야마기와 학장께 손수 쓴 편지를 보냈으며 그 내용을 요약하면 다음과 같다.

"Dear President Yamagiwa, Excuse me, but I am Ryu Sung-Tae of Won-Kwang univ, so privately sending this e-mail & photo with your welcome on my arrival in my country. Thank you for your warm-hearted welcome to us(Park, Ryu, Kim). I am sending some photos of a great academic meeting at your univ. I hope that you and your univ will be developed as always to a great level.

Sincerely yours : 2012.10.29. Ryu sung-Tae."

바로 이어서 10월 30일, 일본 불교대학 야마기와 총장의 답신이 왔다.

"Dear Prof. Ryu, Sung-Tae, Thank you for your warm e-mail greetings with memorial picture from Won-Kwang university. It was also great pleasure to meet all of you at my university in Kyoto, and I could be enjoying the discussions, talking and drinking with you for our collaborative researches in the future. I believe that the 22th conference and our meeting would be the good start for our kindly and tight bond for both. Best regards, Nobuyuki Yamagiwa. President, Bukkyo University."

다음으로 한일학술회의를 마치고 2012년 10월 30일, 일본어를 아는 지인의 도움을 얻어 일본 불교대 국제교류과 가와모토 과장에게도 감사의 편지를 보냈다.

"Kawamoto先生, おもてなしに本当にありがとうございました゚円光大学校のリュソンテです゚

4日間もありがたかったですね゚今後も良い縁で一緒にしたいです゚前回に撮った写真をお送りします゚一度送信せずに゙少しずつ考えを覚ますお送りさせてね゚ハパ仏教の大学の発展を念願いたします゚昨日総長様に記念写真一枚お送りして手紙を書いだ゙返事が来てありがたかったですね゚明日は松村先生の写真をお送りいたします゚Ryu, Sung-Tae."

이에 대한 2012년 10월 31일, 다음과 같이 가와모또의 답장이 왔다.

"柳聖泰先生, 佛教大学の川本です゚この度はお忙しい中゙京都にお越しいただき 本当にありがとうございました゚4日間という短い期間でしたが゙充実した時間を朴先生゙金先生゙そして柳先生と過ごさせて

いただいたことを大変嬉しく思っています゚また本学の不手際もたく
さんあった中゙いつも笑顔で接していただいた先生方に心より感謝し
ております゚記念の写真を゙早速送っていただきありがとうございまし
だ゚佛教大学国際交流課 川本　邦子 ※昨日はお休みをいただぎお
返事が遅くなり申しわけありませんでした゚”

　이번 한·일불교 학술회의에 참석하면서 일본 불교의 다양한 모습을 견문
하였으며, 그곳 대학교수들의 친절함을 느꼈다. 학술회의를 마친 후 하루 동
안 불교 유적지의 안내를 맡은 불교대학 사사다 교수의 친절함에 감사한 마
음이다. 물론 원광대학교에서도 국제불교 학술회의를 개최할 때 원광대 총
장의 환영과 일본 불교대학 교수들에 대해 따뜻한 답례를 하였다. 양교 간
학술의 호혜적 관계에 있어서 그간 양현수 교수의 역할에 이어 원익선·권정
도 교수의 통역도 돋보였다. 한국과 일본은 역사적으로 얽힌 점이 있지만 이
러한 학술회의를 통해 그 간극(間隙)을 줄여간다면 좋을 것이다.

　회고컨대 국제대회 참여와 더불어 나는 영역(英譯)『원불교 교전』의 재결
집을 위한 감수 작업에 동참했다. 아타원 전팔근 교수의 교전 영역의 감수
작업에 미국인으로서 잭 라즈, 성대진, 한기두와 합력하였다. 이때를 즈음하
여 1998년 10월 25일 정역위원회에서는 한기두, 이성전, 류성태, 김성관 교
수를 초청하였다. 곧 박성기 교무는『정전』영역 검토 작업을 한 후, 영어 교
전을 어떤 방향으로 재검토할 것인가에 대해 심도 있는 토론을 유도하였다.

　이제 원불교 3대 3회말을 보내고 4대를 맞이하는 시점에서 생각나는 베스
트셀러가 있다. 곧『세계는 넓고 할 일은 많다』(김우중, 1989)라는 저술이 시사
하는 것처럼 국제적 역량을 갖춘 대한민국의 교수상, 그리고 원불교 교역자
상이 요구된다. 원불교 2세기에는 결복과 결실이 실현되는 장이 되어야 한다
는 점에서 앞으로 국제적 감각을 갖춘 인재 양성이 관건이라 본다.

두 번의 출판문화대상

2022년 12월 제5회 롯데 출판문화대상의 대상 『서학, 조선을 관통하다』를 저술한 정민 교수의 소감 발표는 다음과 같다. "출판은 한 나라의 문화 지표를 가늠하는 중요한 잣대라고 생각한다." 그리하여 정교수는 "나는 들뜨지 않고, 다시 본래의 자리로 돌아가 학문에 매진하겠다."라고 의지를 밝혔다. 출판문화대상은 아무나 받을 수 없는 것으로 꿈에서나 생각할 것으로만 생각했다.

원광학원의 전임교수가 된 후 주문처럼 외운 염원은 '저서 33권의 출간'이었다. 앞으로 '교수 생활 33년의 임기'를 고려하여 매년 1권의 저술작업을 하고 싶은 생각에서였다. 주문을 틈틈이 외우면서 발간된 저술 가운데 독자의 사랑을 비교적 많이 받은 것으로는 『대종경 풀이』 상·하권이다. 이는 나의 저술 가운데 가장 기억에 남는 저서이기도 하다. 연구 논문을 발표한 보람도 크지만 매년 저술을 염원하면서 책을 발간한 기쁨은 무엇에 비할 것 없다. 한해에 두 권의 저술을 발간한 때가 있었던 것은 다른 한해를 걸렀기 때문에 가능한 일이었다.

교학 연구의 소명 의식으로 저술에 집중하였던 덕택에 2004년 11월 7일 원불교 출판문화대상 가운데 교정원장 상으로 『원불교인은 어떠한 사람들인가』라는 저서가 뽑혔다. "귀하는 원불교 출판문화 창달을 위해 원불교신문사가 제정한 제5회 원불교출판문화 대상에 위와 같이 입상하였기에 상패와 상금을 드립니다. 원불교 교정원장 이혜정.” 원불교 교정원장으로부터 저술과 관련해 장려상을 받은 것은 개인적으로 영광스러운 일이다.

또 2006년 10월 13일, 원불교 출판문화대상 가운데 종법사 상으로『대종경 풀이』상·하권이 채택되었으며, 이는 독자들에게 사랑을 받아서 많이 팔린 책이기도 하다. “귀하는 원불교 출판문화 창달을 위해 원불교신문사가 제정한 제6회 원불교출판문화 대상에 위와 같이 입상하였기에 상패와 상금을 드립니다. 원불교 종법사 이광정.” 이처럼 종법사 상으로 받은 출판문화 대상은 일생에 한 번 정도 있을까 하는 영예로운 상이라 보아, 이에 자만하지 않고 더욱 매진하겠다고 다짐하였다.

대상으로 선정된『대종경 풀이』상·하권은 원불교 기본 교서인『대종경』의 해설서이다. 소태산 대종사의 언행록인『대종경』의 15품을 폭넓게 풀이한 해설, 그리고 각 품과 관련된 법문소개 및 기존해설서와 참고논문을 참조하여 정리하였다. 본 저술은 일선교당 교무들의 설교 준비에 도움이 되고, 교도들의『대종경』공부 참고서로서 좋은 반응을 얻고 있다는 점이 출판문화 대상 심사자들의 공통된 평가였다.

시상식의 일시와 장소로는 2006년 11월 4일에 원불교 중앙총부의 반백년 기념관에서 거행하였다. 5개 부문으로서 130편이 응모한 가운데 뽑힌 것으로 시상식은 당일 중앙교의회에서 주관하였다. 중앙총부 반백년기념관에서 청법 대중의 박수를 받으며 대상을 받는 기쁨은 나 개인만의 기쁨이 아니었다. 미국에서 본토인 교화에 모델이 된 소원공 교무가 본 저서가 큰 도움이 된다고 몇 차례 전화하였다.

출판문화대상 수상자에게는 상금 1백만 원과 상패, 우수상 수상자에게는 상금 50만 원과 상패, 장려상 수상자에게는 상금 25만 원과 상패가 수여되었다. 부상으로 받은 상금 전액은 공중사에 기증하였다. 응모작의 심사는 교화의 파급효과와 재가 참여를 독려하고 현장 교화에 도움이 되는 작품들을 그 기준으로 선정했다. 심사위원은 신명국·한덕천·이상균·김준영·유용진 교무와 장재훈 교도가 참여했다.

수상작은 아니지만, 나의 저술 가운데 비교적 독자의 사랑을 받은 책을 중심으로 언급해 본다. 원불교 외에도 불교계의 사랑을 받은 것이 『불교와 원불교』(2018)이다. 본 저서 출간에 협조한 학고방 출판사의 판매 현황에 의하면 불교계 및 학계에 『불교와 원불교』가 많이 팔려 재판을 찍었다는 것이다. 『대종경 풀이』 상·하는 원불교 재가출가 교도들에게 많이 팔린 책이라면, 『불교와 원불교』는 일반 독자와 학자들에게 많이 사랑받은 책이다.

다음으로 수련에 관심이 깊은 사람들에게 많이 팔린 저술로는 『동양의 수양론』(1996)이다. 본 저서는 석사 논문과 박사 논문을 합본하여 만든 책으로 저서의 제목이 좋아서 홍보가 많이 된 것으로 안다. 교수 활동 초반기의 저술로서 이는 동양철학 학계에서 사랑을 받았으며, 특히 수련과 수양 중심으로 유불도 3교의 회통 사상에 기반한 것으로 학위논문이 가져다준 결실이다.

또한, 철학계에 많이 팔린 책으로는 『중국철학사의 이해』(2016)이다. 본 저술의 동기는 대학 학부에서 오랫동안 중국철학사를 강의해왔는데, 그간 교재로 사용하던 김능근의 국한문 혼용의 『중국철학사』가 어렵다는 학생들의 요청이 있었기 때문이다. 따라서 『중국철학사의 이해』는 한글 형식으로 비교적 쉽게 저술한 점이 특징이다.

독자의 큰 사랑을 크게 받지는 못했으나 자랑스러운 저술로는 『정전변천사』이다. 여기에서는 원기 12년(1927)의 『불법연구회규약』과 『수양연구요론』, 원기 17년(1932)의 『육대요령』, 원기 19년(1934)의 『삼대요령』, 원기 20년(1935)의 『조선불교혁신론』, 원기 28년(1943)의 『불교정전』, 원기 47년(1962)의 『원불교 교전』을 중심으로 『정전』 변천의 과정을 교사적(敎史的) 시각에서 논술하였다. 역사서를 쓰는 일은 그만큼 철저해야 하고 세심한 노력이 들어간다는 것이다.

다음으로 한국인으로서 긍지를 느끼게 하고 해외교화에 도움을 주는 저술로는 『원불교와 한국인』(2014)이다. 여기에서는 소태산의 한민족관을 포함하여 "금강이 현(現)세계하니 조선이 갱(更)조선이라."는 법문과 "금강산의 주인이 되라."는 법문의 자긍심을 높이고자 하였다. 2010년 2월 6일 아르헨티나 부에노스아이레스 교당에서 교화하고 있는 장호준 교무에게 책을 전달하였다. 『정전 풀이』 상하, 『대종경 풀이』 상하, 『정산종사법어 풀이』 1~3권이 그것이며, 몇 년 후에 다시 장교무를 만나서 『원불교와 한국인』을 선물하였다. 그는 해외에서 교화하는 관계로 한국인의 긍지를 갖고 더욱 읽어보고 싶다고 하였다.

또 교단 역사가 바뀌는 시점을 기해서 기획으로 쓴 저술이 있다. 『21세기의 가치와 원불교』(2000)와 『원불교 100년의 과제』(2015)가 그것이다. 새천년을 기념하여 전자를 저술했다면, 원기 100년을 주목하여 후자를 저술한 것이다. 이러한 기획 저술은 발간 연도를 맞춰야 하는 절박감 속에서 다양한 자료 섭렵을 통해 분석하고 의미를 부여하는 데에 초점을 두었다.

고독한 저술은 산고(産苦)가 따른다고 했던가? 한 권, 한 권을 발간할 때마다 고단했지만 그 결실의 행복감은 형언할 수 없다. 전문적 사유를 기반으로 해서 기록물을 남기는 보람이 원불교 사랑의 정신에서 발현되는 것임을 알 수 있다. 나름 역사적인 저술작업을 간절히 기대라도 했다는 것인가? 예비교역자 2학년 때의 수행일기에는 다음의 글이 있다. "무엇인가를 구하려면 얼마나 간절히 다가서느냐의 여부에 달려 있다." 꿀벌은 꿀을 찾기 위해 모든 꽃을 찾아서 꿀을 따듯이, 진리를 찾아서 그 해법을 구한 것이다. 꿀벌이 되어 꿀을 찾고자 노력한 결과, 교수 취임 후부터 간절한 마음으로 주문을 외운 끝에 33송이의 꽃을 만들어낸 것이다.

여기에서 후학들이 나의 저술을 어떻게 평가할 것인가에 대하여 호기심이 발동할 수도 있다. 졸저(拙著)가 어떻게 비추어지는가도 궁금한 일이지만 그 것이 긍정적이든, 부정적이든 개의치 않을 것이다. 다만 최선을 다했다는 점이며, 본 저술을 기반으로 해서 앞으로 교학 연구자들과 새로운 차원의 교리 체계화를 위한 문제의식을 공유하고자 한 것이다.

나의 저술에 대한 학계의 평가가 조심스러우면서 자랑스러운 것은 기왕 저술된 것은 평가를 받아야 하고, 또 부분적으로나마 평가를 받을만한 자리를 만들었다는 점이다. 저술에 대해 여러 평가가 있을 수 있겠지만, 원불교 사상을 연구해온 학자로서 비판을 위한 비판이 아니라면 평가받는 것만으로도 행복한 일이다.

저술작업에 진력해온 현시점에서, 원불교학과 학생들에게『신앙론』과『수행론』을 강의해오면서 강의 교재개발이 시급한 과제로 떠오르고 있음을 감지하고 있으며, 후배 교수들이 노력하고 있다. 비록 졸저이지만 원불교 경전 해석학의 필요성을 인지해온 결과『정전 풀이』상하 2권,『대종경 풀이』상하 2권,『정산종사법어 풀이』(1~3) 3권을 발간한 점이 자랑스럽다. 원불교 기본 교서의 해설서인 만큼 세상에 선보이는 과정들이 긴장의 연속이었다.

앞으로 원불교 교서의 해설서 발간에 대한 학계의 사랑과 평가는 많을수록 좋다고 본다. 일례로 최근 원불교 교서의 연구 경향에 있어서, 한기두 교수와 한종만 교수의『정전』『대종경』해석서를 평가하면서 류성태의『대종경 풀이』상-하(원불교출판사, 2006),『정산종사법어 풀이』1-3(원불교출판사, 2008),『정전 풀이』상-하(원불교출판사, 2009) 등이 대표적인 사례라고 양은용 교수는 「원불교 학술활동의 현황과 과제」(2011)라는 연구에서 밝히었다. 저술평가의 잣대로 볼 때, 두 권의 졸저가 출판문화의 대상에 올랐으므로 이제 퇴임 시점과 더불어 절필을 선언하면서 개인적으로 영광이며, 아울러 후학들의 적극적인 저술작업을 기대한다.

예비교역자들과의 졸업여행

'천이궁(遷移宮)'이란 상학(相學) 이론에서 잦은 이사 및 이동과 관련되어 있는데, 여행을 좋아하는 나에게 역마살이 있는 것 같다. 어려서부터 외롭게 자란 탓인지 여행하는 것을 좋아하기 때문이다. 유적지를 여행하며 글을 남긴 도올의 이야기가 새겨진다. "나는 너무도 많은 곳을 맨발로 뒹굴고 뛰었다. 철조망에 찢기고 정강이와 손바닥에 피멍이 든 곳이 한두 군데가 아니다." 그의 언급처럼 모험의 여행이란 견문(見聞)의 학습현장이 아니던가?

일반적으로 대학교수의 역할은 학생 지도, 학문 탐구, 사회봉사 세 가지를 거론할 수 있다. 이 가운데 학생들의 지도교수로서 예비교무들과 졸업여행 및 해외연수에 함께한 추억의 감성을 전하고자 한다. 그들과 동행한 여행 가운데 인상 깊었던 여행지로서 인도, 네팔, 일본, 독일, 프랑스 등을 중심으로 소개할 것이다.

1989년 1월 1일부터 시작된 한국의 해외여행 자유화는 경제적 부흥의 시대에 접어든 결과로서 국민이 여행의 기쁨을 만끽하는 힐링의 시간으로 이어졌다. 대학생들의 교육연수 성격이 해외여행과 맞물린 것은 1990년대이다. 원광대 김정룡 총장의 후원 속에 1994년 5월 7일~12일의 6박 7일 일정으로 예비교무들의 첫 해외여행이 이루어진 것이다. 안민순 교무, 이종화 교무와 나는 인솔지도의 자격으로 예비교역자들의 첫 해외 졸업 여행지로서 태국, 홍콩, 싱가포르를 다녀왔다.

이때가 30대 후반의 젊은 교수 시절로서 일원학년(학년이름) 학생들과의 멋진 해외 나들이었다. 첫 국가의 방문지로는 홍콩이었으며 당시는 중국에 귀속되기 전의 홍콩이어서인지 활력 넘치는 자유의 여행코스였다. 홍콩야시장의 구경에 이어 높이 솟은 아파트를 바라보며 이곳이 좁은 국토임을 느꼈다. 마카오 방문, 하버시티 구경, 빅토리아 하버의 산책은 홍콩 여행의 진수였다. 또 나단로드는 마천루와 노점상이 공존하는 곳으로 홍콩 여행가들이 추천하는 코스이다. 저녁엔 백만불 야경을 관람하며 선상에서 예비교무들과 흥겨운 음악 멜로디에 맞춰 나도 모르게 춤을 추다 보니 땀을 흠뻑 적셨다.

이어서 싱가포르를 방문하였는데, 첫인상으로 깨끗한 도시에다가 눈부신 발전상이었다. 싱가포르의 공원 중에서 보타닉가든을 방문하였으며, 이곳은 1822년에 설립되어 200여 년의 역사를 지닌 대표적인 공원 겸 대형 식물원이다. 새들이 여기저기서 지저귀고 다양한 꽃들이 향기를 뿜어내고 있어서 마치 지상낙원 샹그릴라와 같은 착각을 불러일으킬 정도였다. 싱가포르 사람들은 국가법과 예절을 철저히 지키는 것으로 유명하며, 대중 규칙을 어겼을 때 범칙금이 반드시 뒤따랐다.

이번 졸업여행 3국 가운데 마지막 여행지는 태국이었다. 태국행 비행기를 타고 창공을 날아가는데 하늘에서는 번개가 치며 요란한 빗소리에 비행기가 갑자기 흔들거리며 요동을 쳤다. 무사히 태국에 도착하고 보니 국토에 홍수가 날 정도였다. 불교 유적지 아유타야를 방문하였는데 긴 세월의 무상함으로 인해 불탑들은 무너져 내리기 직전이었다. 1350년경에 건립된 아유타야는 수코타이Sukhothai에 이어 시암Siam 왕국의 두 번째 수도로서 번성하였지만, 18세기에 미얀마인들에 의해 철저히 파괴된 흔적들이 여기저기 남아있었다.

태국 여행 중에서 인상 깊었던 곳으로 불교 법왕이 주재하는 사찰 방문이었다. 예비교무들은 법왕을 알현하면서 법문은 영어로 전해졌으며, 이를 통역할 사람이 없어서 나는 부족한 영어 실력으로 통역하느라 진땀을 흘렸다. 안민순 교무가 나에게 통역을 잘하였다고 했지만, 어설픈 통역에 미안함도 있었다.

다음으로 대학생 활동 후원 차원에서 원광대 주관의 「2003년 교육기행」 응모에 뽑힌 원불교학과 사람사랑위원회(종교부)는 2003년 7월 8일~23일의 보름 동안 인도와 네팔 연수를 하게 되었다. 지도교수로서 나는 하태은, 박도연, 노성대, 원성제, 이혜성 교우와 동행하였다. 학교 후원 외에 필요한 여행 경비는 교수와 예비교무가 공평하게 부담하기로 하였으며 교육부, 원불교학과, 원불교신문사 등에서 약간의 후원금을 받았다.

배낭여행 형식으로서 첫날의 장거리 비행에 심신이 고갈되었으나 무사히 인도에 도착하였다. 이슬비가 내리던 날 인도의 간디 묘를 방문하면서 인도인의 추모 정신을 엿볼 수 있었다. 평평한 묘비석에 빗물이 고일 때마다 계속 걸레로 닦아내는 모습이 인상적이었다. 이어서 아그라에 있는 타지마할 묘를 방문했는데 사진으로만 보던 장면이 눈앞에 아름다운 장엄 그대로 선명하게 드러났다. 다음으로 고도(古都) 바라나시를 방문하여 게스트하우스에서 하룻밤을 지낸 뒤 새벽, 갠지스강에 가서 배를 타고 강변을 둘러보니 많은 순례객이 강물에 목욕하는 모습이 황홀해 보였다. 강가 저편에서 장작을 피워 화장하는 모습에 코를 찌를듯한 누린내는 인생의 무상을 느끼게 했다.

인도 방문에서 빠뜨릴 수 없는 것으로 불교 성지를 순례하는 것이다. 초전 법륜지 녹야원에 도착해서 석가모니가 5비구를 향해 설법하던 곳을 둘러보았다. 뒤이어 보드가야에 방문하여 석가모니의 깨달음이 무엇인가에 대해 알아보려고 명상을 하면서 보리수 아래에서 한동안 숙연하게 앉아있었다. 다음으로 석가모니가 태어난 룸비니를 방문하였는데, 이곳은 인도의 국경 너머 네팔 지역이다. 룸비니 석탑들의 흔적은 고즈넉한 석양의 모습에 고금을 넘나들었다. 특히 아소카 왕이 세웠다는 룸비니 석탑은 원형에 가깝게 보존되어 있었다. 뒤이어 룸비니 근처에 있는 한국사찰 대성사를 방문하였다. 한국의 비구니 스님이 안내하였으며 사찰의 저녁 공양을 맛있게 먹고 감사의 마음으로 300루피를 불전함에 올려드렸다.

네팔의 시내는 인도보다 거리가 깨끗해 보였다. 수도 카트만두에 방문하여 힌두사원을 방문하고 장엄한 부도 탑을 돌아보았다. 여기에서 원성제 예비교무의 사촌이 며칠간 가이더를 해주어 편안하게 구경하였다. 네팔의 옛 왕궁터에는 고대의 건축물들이 잘 보관되어 있었으며, 뒤이어 카트만두에서 포카라 행 버스를 탔다. 버스로 9시간의 긴 험로 여행이었으며 포카라에 도착하자 원성제의 부모가 우리 일행을 반갑게 환영해주었다. 부모는 손수 호텔을 잡아주고 저녁 식사도 공양해주어 외국에 유학을 보낸 부모의 애틋한 자녀 사랑을 느끼게 했다. 포카라 교당을 방문한 뒤 7일간 네팔 일정의 아쉬움을 남긴 채 귀국길에 올랐다.

또 다른 여행으로는 2004년 5월 4일~8일, 영산·익산 3학년 87동이 예비교역자들과 함께한 일본 졸업여행이다. 첫째 날 익산에서 9시에 출발하여 오후 늦게 부산 국제터미널에 도착하였다. 저녁 7시에 카메리아호를 타고 일본으로 향하였다. 다음날 선내 조식 후 하카타항에 도착하여 1100년의 역사를 지닌 다자이후 텐만궁을 관람한 후 벱부로 이동하였다. 유노 하나 온천을 방문하여 우미지옥 열탕을 본 후 벱부 국제대학을 방문하였다. 이어서 기타규슈로 이동하여 훼리호에 승선한 후 이날 밤 선상에서 머물렀다.

다음 코스로서 교토로 이동하여 청수사를 방문한 후 1397년에 건립된 금각사를 방문하였다. 그리고 교토대학의 견학 이후 오사카로 이동하여 PL학원 학교법인을 돌아본 후 593년에 지은 일본 최고의 궁사(宮寺)를 방문, 조선통신사 왓소 축제의 사천왕사를 구경하였다. 곁들여 신사이바시, 도톤보리, 덴젠타운을 견학한 후 피곤해진 심신을 겨우 가누며 오사카 파크호텔에서 휴식을 취하였다. 다음날 텐리(天理)로 이동하여 천리교를 견학한 후 나라에 가서 고구려 승려 담징(579~631)의 벽화로 유명한 법륭사와 동대사를 방문한 후 나라 국립박물관을 관람하였다.

여행 마지막 날에는 호텔 조식 후 일본 3대 성의 하나인 오사카성에 방문하였으며, 한국인의 거리 쯔루하시 재래시장을 견학하였다. 여행의 아쉬움을 뒤로하고 간사이 국제공항에 도착한 후 오후 1시에 출국 절차를 마쳤다. 그리고 오후 3시 인천국제공항에 당도하여 저녁 10시경에 익산에 무사히 도착하였다. 이번 여행에서 나는 손수 찍은 여행 사진 1,000여 장을 만들어 CD에 구워서 학생들에게 선물로 나눠주는 기쁨을 만끽하였다.

일본 연수 2년 후 이와 유사하게 서원관 학생들의 졸업 연수가 또 있었다. 곧 2006년 5월 8일~13일, 89동이 예비교무의 일본 여행에 함께하여 2년 전과 비슷한 여행코스를 탐방하였다. 일본의 고대 불교 사원으로서 다이안지(大安寺)를 견학하고, 이어서 교토의 대표적 사찰인 청수사를 관광했다. 사찰 방문 후 오사카 교당을 방문하여 김법조 교무의 일본 교화 이야기를 들었다. 12일의 코스로는 온종일 자유 테마 여행을 하였으며 팀별 가고 싶은 곳에 가는 등 우토로 마을을 방문한 팀도 있었다. 마지막 날에는 사카 역사박물관, 쇼토꾸 태자가 불교진흥 목적으로 세운 사천왕사를 견학하였다. 13일 오후 4시 55분에 일본 오사카 공항을 출발하여 6시 50분 인천 국제공학에 도착한 후 새벽 12시 익산에 도착하였다.

졸업 연수에 동행한 이래 13년이 지난 2019년 7월 3일~18일, 보름 동안 나는 김동인 서원관 교감과 원광대 원불교학과 4학년 예비교무들의 졸업 연수에 동행하였다. 해외연수 코스는 유럽을 중심으로 원불교 해외교당의 방문과 독일·프랑스의 명승지를 돌아보는 일정이었다. 지도교수로 함께 하면서 출발 6일 전에 주의사항을 4학년 단톡방에 올렸다. 여권을 항상 휴대하도록 하고, 숙소 보관용 가방과 휴대용 작은 가방의 두 종류가 유용하다고 하였다. 또 현금 소매치기를 조심하고 스마트폰 분실을 막도록 당부하였다.

마침내 디데이인 7월 3일 새벽 5시 30분쯤 여행 출발 전 성탑을 참배하였다. 곧바로 버스에 올라 인천공항에 도착한 후 12시에 독일행 비행기에 탑승하였다. 7월 4일 독일에 도착하자 먼저 홍숙현 교무가 교화하고 있는 프랑크푸르트 교당을 참배한 후 점심을 공양받고 오후에 숙소로 복귀하였다. 5일에는 이명희·이원조 교무가 교화하고 있는 쾰른교당을 방문하여 친절한 안내 속에 3일간 이곳에서 숙박하면서 자매 교무의 교화체험담을 들었다.

다음날 세계적으로 유명한 쾰른 대성당을 방문하였는데 종교적 건축양식에 압도당하였다. 7월 8일에는 뮌헨역으로 이동하였고, 이어서 퓌센행 기차에 탑승하여 조별 관광을 즐겼다. 이곳에서 괴테의 생가를 방문하여 여러 곳을 둘러보면서 그의 서재를 살펴보았는데 전에 괴테의 『이탈리아 기행』을 감동으로 읽었기 때문에 이를 연상하듯 매우 숙연함으로 다가왔다. 그리고 디즈니 마크 노반슈타인 성을 방문하며 그곳의 우아한 경치를 관람하면서 마치 디즈니 성의 주인공과 같은 우쭐함이 느껴졌다.

7월 10일에는 뮌헨 공항에서 프랑스 리옹으로 출발하였다. 리옹에서 숙박한 후 11일에는 떼제로 향하였다. 수많은 기독교인이 함께 기도하는 떼제 공동체 프로그램에 이틀간 참여하면서 세계평화를 위한 기도를 올렸다. 이곳 주변이 장관이어서 유럽 한울안 공동체에서 활동하고 있는 박주명 교무를 만나는 기쁨과 더불어 김동인 교무와 카메라를 들고 산책을 하였다.

다음으로 세계인들이 방문하는 루브르 박물관에 갔다. 가이더의 박물관 안내와 더불어 수많은 사람이 긴 줄을 서서 기다린 후 마침내 행운아처럼 '모나리자'의 진품을 구경했다. 사진을 연신 찍으면서 짜릿한 명화(名畫)를 보는 심경은 여행의 백미였다. 1503년~1506년 동안 공들인 레오나르도 다빈치의 작품을 카메라에 담는 동안 일행과 잠시 떨어지는 일도 있었다.

7월 14일에는 파리교당에 방문하여 김신원 교무(유럽 교구장)와 함께 하는 시간을 가졌다. 프랑크푸르트와 쾰른 교당에서 따뜻하게 환대해준 교도들의 친절함, 그리고 해외 교무들의 눈물겨운 교화 이야기를 들을 수 있었다. 7월 15일 파리 개선문을 관람하고 몽생미셸을 관광하였다. 나는 임진수, 한광희, 김원중 예비교무와 한 팀이 되어 개선문 가까이에 가려고 했는데 이날 하필 수많은 군중이 데모하고 있었기 때문에 멀리서 관람할 수밖에 없었다.

파리 여행에서 체험한 것으로 결코 잊지 못할 사건으로는, 여행 전 학생들에게 치안을 주의시킨 당사자인 내가 어처구니없게 파리의 기차 안에서 소매치기를 당하였다는 사실이다. 보험용으로 항상 2달러를 반바지의 뒷주머니에 넣고 다녔는데 어느 순간 이곳에 손이 쑥 들어오는 느낌이 들었다. 곧바로 손을 호주머니에 넣어보니 어느새 돈은 털렸으니 섬찍했다.

설상가상으로 파리에서 기차를 탔는데 세 명의 젊은 여성이 슬그머니 다가서더니 나의 휴대용 여행 가방을 열어서 휴대폰과 돈 등을 훔치려 하였다. 그 순간 옆에 있던 임진수 예비교무가 "어어~" 하는 것이었다. 나는 "왜?" 하고 물으니, "가방 보세요."라는 것이었다. 가방이 반쯤 열려있었고 주변 여성들이 이를 훔치려다 들켰으니 천만다행이다.

7월 16일 명승지 여행으로서 명화 '노트르담의 꼽추'로 잘 알려진 노트르담 사원을 방문하였다. 하지만 아쉽게도 3개월 전인 4월 15일 화재로 인하여 일반인의 출입이 어려웠고 여전히 퀴퀴한 냄새가 진동하였으며 한창 복구 중이었다. 이어서 저녁에 에펠탑을 방문하였으며, 운 좋게도 이날 프랑스 독립 기념일이어서 밤에 폭죽을 터뜨리는 장관을 연출하였다. 나는 현장에서 에펠탑 불꽃놀이 장면을 연신 카메라에 담느라 정신이 없었다.

보름간의 숨 가쁜 일정을 마무리하고 7월 17일 오후 3시에 파리 공항으로 이동하여 저녁 7시 30분 비행기에 탑승하였다. 인천에 도착한 것은 7월 18일 오후 1시 50분이었다. 예비교무들과 일체가 된 해외연수를 통해서 결복을 향한 국제적 안목을 갖게 함은 물론 해외교당에서 전력을 다하는 교무들의 노고에 감사함을 느끼게 하는 순간들이었다.

교학대 학장과 교감 시절

2005년 6월 29일, 원불교 교육발전위원회의 인사에 의해 나는 교수 생활 15년 만에 교학대학장으로 선임되었다. 원광대 원불교학과 교수의 경우 교발위의 결정에 의해 인사 임명권이 부여되기 때문이다. 이때가 49세인 지천명(知天命)의 나이로서 학생 지도에 대한 무거운 책임감이 함께 하였다. 앞으로 교학대학의 운영에 있어서 적극적·합리적으로 임할 것이라는 다짐을 통해서 학장으로서 품위를 지키면서 열심히 봉사할 것을 기도 드렸다.

학장에 선임된 후 마음가짐은 학생을 위한 교육서비스 제공을 위해 성실히 임하겠다는 자세였다. 페트로프스키는 『인간행동의 심리학』에서 말하기를, 학장의 직책을 맡은 사람은 학생들이 질병에라도 걸리면 의사의 지시를 따르는 환자의 역할을 다해야 한다고 했다. 이와 동시에 가정에 들어가면 어머니에게 순종하는 아들의 역할을 이행하며, 또 주인의 심정에서 손님을 친절히 접대하는 것이라 했다. 이는 학장이자 교육자의 임무에서 학생들을 위한 일이라면 어떤 난관도 피할 수 없는 의무라는 것이다.

학장에 선임된 후 2005년 9월 12일, 교학대학 4층 시청각실에서 학장취임 봉고식을 거행했다. 봉고식 의례의 집행은 대학법당 황도묵 교무가, 사회는 박윤철 교수가 맡아서 진행하였으며, 교학대 교수들의 참여 속에서 예비교무 전체가 참여하였고 서원관 사감은 물론 많은 내빈도 참여하였다. 이들 모두의 축하 속에서 앞 단상의 오른쪽 내빈석에 조정근 이사장과 정갑원 총장이 자리하였고, 왼쪽 단상의 의자에는 전 학장인 이성전 교수와 현 학장인 내가 나란히 앉았다.

조정근 이사장은 축사로서 원광학원의 못자리판인 원불교학과의 중요성을 강조하였고, 이어서 정갑원 총장은 교학대학의 역할을 강조하며 축사를 해주었다. 전팔근 원로 교무의 축사에 이어서 이종진 교화부장이 격려의 말씀을 해주었다. 덧붙여 교학대학 교수로서 김성택, 김성훈, 양현수, 박광수, 박도광 등이 덕담을 건넸다.

학장을 축하하는 의미에서 30여 개의 화분을 받았다. 축하 화환을 보낸 명단을 보면 나용호 원광대 부총장, 학생회관 사진관 사장, 김성관 교수, 김정기 교수, 최재규 교수, 김진광 교무, 김학종 교무, 원광대 동창회장, 삼동원 교무, 손홍도 교수, 송민정 선생, 양응천 교무, 영산대학장, 오희선 교무, 이중훈 교무, 이기주 동서, 이한홍 친구, 효도마을 교무 일동으로 이들 모두에게 다시 한번 감사의 마음을 전한다.

학장 봉고식에서 받은 난과 화환은 식을 마친 후 주위 인연과 공유하는 뜻에서 선물했고, 교학대 학장으로서 귤을 사서 교학대 교학과에 기증했다. 봉고식 행사부터 기쁨의 공유와 더불어 무거운 책임감이 함께 하기 시작한 것이다. 2년 임기의 교학대학 학장을 시작하면서 총부 교정위원회 회원과 원의회 회원으로서 활동하였으며 원광대 교무위원으로 활동하였다.

이어서 교학대 학장으로서 좌산종법사를 배알하는 시간을 가졌다. 벌곡 삼동원에 정양 중인 좌산종법사께 인사드리고 법설을 받들었다. 학장의 역할은 중요하므로 대학에서 학생들에게 희망을 주는 학장이 되어달라고 했다. 저술한 책을 올릴 때마다 좌산종법사는 아낌없이 격려해주며 "내가 쓰고 싶은 글을 이 책에 기록한 것 같다."라는 격려 말씀을 빠뜨리지 않았다.

학장으로서 처음으로 해결해야 할 일은 숙원사업인 기숙사의 신축이었다.

마침내 2007년 5월 28일, 원광대 원불교학과 학생들의 기숙사로서 서원관의 신축 봉불식을 거행했다. 중앙총부 뒤편 연방죽의 들판에 1천5백 평 규모의 학림사와 정화원이 일체형으로 지어졌다. 서원관 신축건물 4층 깰터에서 원근 각지의 교무님들을 모시고 봉불식을 거행하였는데 축하객이 많아서 법당에 발을 디딜 틈조차 없었다. 서원관 건물은 원불교 재단에서 부지를 제공하고 학교에서 기숙사를 운영하는 형식으로 새롭게 단장한 것이다.

학장취임 후 1년 만에 신축된 기숙사는 남향으로서 숲이 펼쳐져 보이는 양지바른 곳이다. 학장으로서 서원관을 건축하는 과정에서 어려운 일이 적지 않았다. 중앙총부 구내의 수도원 쪽에서 서원관으로 가는 길이 없어서 새 길을 만드는 일이 우선 난관으로 봉착한 것이다. 당시 교무처에 근무하는 모현철 교무에게 부탁하고 나용호 부총장에게 협조를 구했으며, 최종적으로 정갑원 총장과 상의하는 과정이 복잡했다.

교학대 학장과 서원관 교감(총사감)을 겸임한 후 나는 학생들과 같이 기숙사 생활을 하였다. 구조적으로 학장 역할만이 아니라 서원관 교감의 역할까지 담당해야 했기 때문이다. 이곳에서 숙식하면서 묵학 시간에는 학생들과 조용히 공부하고, 새벽을 깨우는 염불과 좌선 시간에 동참하여 조촐하게 염불과 좌선을 하였다. 마치 20대의 예비교역자 시절로 돌아간 느낌이었다.

교감으로서 학생 지도는 주로 새벽 좌선과 아침 청소시간에 하였다. 새벽에 조는 학생들을 깨우기도 하고, 서원관의 편의시설을 점검하면서 사감들과 함께하는 마음으로 임하였다. 기숙사 공동체 생활을 하면서 예비교역자들을 좀 더 가까이 바라볼 수 있었으며, 이들을 훈계하면서 칭찬에도 인색하지 않았다. 특히 좌선 시간에 죽비를 잡고 조는 학생의 어깨를 두드려주던 일이 산사의 안거(安居)만큼이나 수양하는 시간이었다.

기숙사 교감으로 역할을 하면서 학생들의 심리를 이해하는 시간도 가졌다. 미국의 전 클린턴 대통령의 부인 힐러리 여사는 자신이 웰즐리 여대의 기숙사 3층에서 생활한 체험담은 다음과 같다. "나는 침대 위에 앉아 창밖의 잔잔한 호수를 내다보면서 인간관계와 신앙에서부터 반전운동에 이르기까지 온갖 것을 고민하며 많은 시간을 보냈다."(『살아있는 역사』, 2003) 기숙사 생활에서 대인관계 및 신앙생활에 대한 고민이 있었다는 것으로, 이러한 고민과 명상 속에서 그녀의 삶이 크게 성장했으리라 본다.

교학대 학장과 기숙사 교감을 겸하는 일은 교단의 오랜 숙원사업이었으며, 교학대학과 기숙사의 일원화를 추진하도록 좌산종법사의 하명이 있었기 때문에 가능하였다. 기숙사 운영의 교단적 염원은 대학과 기숙사의 일원화였는데, 그동안 교학대 학장과 기숙사 교감이 따로 존재하는 이원화의 생활구조에서 학생들의 괴리감이 없지 않았다. 이러한 폐단을 지양하는 뜻에서 좌산종법사는 학장과 교감을 겸직하는 일원화 체제를 교육부장에게 진행할 것을 주문하였다. 당시 기숙사의 경우 정성만 교무가 교감이었으며, 이에 나는 학장에 취임하면서 교학대 학장과 기숙사 교감을 겸하게 된 것이다.

학장과 교감의 역할을 동시에 수행하면서 힘들었던 점이 적지 않았지만 나름의 최선을 다하였다. 교학대학에서 대학행정과 교수직을 수행하는 일 외에, 기숙사에서 학생들의 전체일정을 조율하고 서원관 운영의 실무를 점검해야 하였다. 당시 수석 사감이던 박법일 교무와의 일정 조율도 중요한 일이었으며, 이러한 과정을 통해서 교학대학 교수진과 기숙사 사감진의 일상적인 이원화의 시각을 극복하는 데 노력하였다.

학장으로서 교감을 겸한 일원화는 후임 한창민 학장에 이르기까지 4~5년 계속되었으나, 다시 이원화의 길을 밟게 되었다. 학장이자 교감으로서의 역할이 쉽지 않다는 판단에 따라 경산종법사는 다시 학장의 역할과 교감의 역할을 분리하도록 하였다. 다소 아쉬운 점이지만 종법사의 경륜과 또 행정의 편의성 등을 고려한다면, 교수의 역할과 교감의 역할을 각각 전문화하자는 측면이 강조된 것 같다.

기록과 자료정리

학문 탐구에 발을 디딘 후 기록의 중요성을 인지한 것은 석사과정에 다닐 때였다. 1984년 봄날, 류병덕 교수가 대학원 수업을 할 때 '지식의 재활용'을 언급하면서 자료를 통한 색인 작업을 해두면 그 지식은 장차 유용하게 쓰인다고 하였다. 이때 류교수의 말씀을 깊이 새기며 문방구에 가서 독서 카드를 통해 '가나다' 방식으로 자료를 정리하기 시작하였다. 독서 카드로 기록하고 정리한 장수를 뒤늦게 확인해 보니 모두 1만2천 장 정도가 되었다.

항상 하던 버릇으로 독서 카드에 꼼꼼히 자료정리를 하고 있던 어느 날, 한창민 교수가 나의 연구실에 방문하여 이 모습을 지켜보았다. 한교수는 내가 답답해 보이는 듯 자료를 독서 카드에 기록하지 말고 컴퓨터에 직접 입력하라고 하였다. 한 달 뒤에 또 한교수가 연구실에 방문하여 자료를 컴퓨터로 정리하라고 재차 강조했다. 그 이유는 컴퓨터에 기록된 자료는 검색의 편의성은 물론 곧바로 논문 쓰는데 활용할 수 있다는 것이다. 이러한 충언을 받아들이면서 독서카드의 자료정리와 보관을 컴퓨터 작업으로 전환하게 되었으며 그 뒤 유용한 자료가 축적되기 시작하였다.

1997년 9월 12일 점심시간에 조수현 서예과 교수를 우연히 만났다. 나의 연구실에 조교수를 초대하여 녹차를 마시면서 30분가량 대화를 나누었다. 조교수에게 『성직과 원불교학』이라는 저서를 선물했는데, "류교수는 어떻게 그렇게 살아있는 자료를 모았느냐?"라고 물었다. 조교수에게 자료정리 방법을 일일이 소개하며, 컴퓨터를 통해 「가나다」 순으로 한다고 했더니, 구타원님이 그렇게 많은 자료를 모아두어 감명을 받았는데 앞으로 류교수가 그렇게 역할을 하면 좋겠다고 하였다.

독서 카드에 자료를 기록하든, 컴퓨터에 자료를 기록하든 간에 자료의 기록과 보관은 지식인의 가장 중요한 학문 탐구의 방법이라 본다. 국내 1호 기록학자 김익한(1960~)이 말한 "기록(記錄)이 힘이다."라는 것을 확신하며, 역사는 기록의 산물이므로 기록 이전은 선사시대일 뿐이다. 자료의 가치가 유익하게 활용될 수 있는 역사의 시대가 지성인에게 부여되었다.

이따금 스스로 묻곤 한다. "너의 일상을 기록에 남기고 있느냐?" 이러한 질문은 사회적 지성 모두에게 유효하다고 본다. 만물의 영장으로서 기록과 관련하여 구분해 본다면 두 부류의 사람이 있다. 한 부류는 많은 독서를 하면서도 기록하지 않는 사람이 있다면, 다른 부류는 독서를 하면서도 공감되는 바의 중요한 부분을 기록하는 사람들이 있다. 기록 이전과 기록 이후, 곧 선사시대와 역사시대에 살아간다고 할 때 어느 시대를 선택할 것인가?

인류에게 희망을 주고 문명의 발전을 가져다준 시대적 산물은 바로 역사시대의 문자이며, 문자를 통해 기록하는 인간의 특권은 합리적이고 이성적인 동물이기에 가능한 일이다. "기록을 하면 두 귀로만 듣는 것이 아니라 눈·마음까지 가거든, 그러니까 기록하는 습관을 들여야 할 것 같아. 기록을 해야 해. 좋은 말씀은 말할 것도 없지만 자기가 할 이야기도 기록해야 해. 오늘부터 기록부를 가져야겠어." 이는 이철행 종사가 『어찌 이밥을 먹고』(2012)라는 회고록에서 강조한 육성자료이다.

언젠가 「성공 위한 시테크 전략 20」(USA 투데이)의 주요 항목으로 떠오르는 것은 "모든 업무상의 편지와 리포트, 수입 명세서 등에 날짜를 기록하고 표시를 해두는 습관을 기른다."라는 글이다. 성공의 조건으로 일상의 삶을 기록으로 남겨둔다는 것이다. 길을 헤매거나 잘 모를 때 이정표의 기록내용은 목적지를 실패 없이 찾도록 도와준다.

이에 문명인의 국가로서 기록물 관리는 필수적이다. 미국의 경우 1939년 민간 주도로 루스벨트 대통령도서관이 만들어져 대통령과 참모, 행정부 각료 등이 소장한 개인 기록물을 수집해 소장하기 시작했다. 1974년에는 대통령 녹취 기록물 보존법이 만들어져 워터게이트 사건 조사 등을 위해 닉슨 대통령의 관련 기록을 몰수해 관리했다. 이어서 1978년에는 대통령 기록물법을 제정하고, 대통령과 관련한 기록은 국가가 소유한다는 원칙을 확정하면서 레이건 대통령을 시작으로 기록물을 수집해 관리하고 있다.

그렇다고 일상을 기록에 남기는 것만이 반드시 옳다는 뜻은 아니다. 할 일도 많은데 기록에 매달리다 보면 시간을 허비할 수 있기 때문이다. 그러나 의미 있는 중요사항에 대해 기록하는 습관을 지닌다면 여기에는 지성인의 사명감과 역사의식이 싹튼다. 월시는 『역사철학』에서 역사는 과거 사건들의 단순한 기록이 아니라 '유의미한' 기록이라고 하였다. 우리가 무심코 기록한 것이라 해도 시간이 지나고 오랜 세월이 흐르면 역사를 바꿀만한 소중한 기록물이 될 수 있다는 것이다.

젊은 학창 시절의 추억을 아련한 기억 속에 묻어두는 것보다는 일기장에 기록하고, 사진 등을 기록물로 남긴다면 그것은 세월이 흐를수록 개인 역사의 소중한 보물이 될 것이다. 두뇌가 기억하는 것만으로 한계가 있기 때문이다. 20대 청춘기의 일기장 보관에 이어서, 주름살 없는 팽팽한 얼굴을 당장 기록영상물로 찍어 보관한 후 인생 후반에 꺼내 본다면 얼마나 멋진 선물인가?

사마천의 중국 역사는 글을 구상한다기보다는 쓰는 것이었고, 쓴다기보다는 세상에 선물하는 것이었다. 역사적 기록물로서 세기의 명작 『사기』는 과거 중국사의 흔적 그대로를 잘 드러내고 있음을 상기할 일이다. 이를 거울삼아 우리가 지금부터 기록하는 습관을 지닐 때 역사의식에 더하여 지성으로서 이론화 작업에 큰 도움이 된다는 사실을 명심할 일이다. 축적된 기록물은 인생을 성숙시키는 근거가 되며 합리적 사유의 설계도는 물론 후천세대의 역사로 이어진다는 것을 새길 필요가 있다.

기록가치의 중요성을 인지해오던 2021년 4월 18일, 원불교 중앙총부 일요예회에서 「기록문화와 법보(法寶)의 소중성」에 대하여 설교를 하였다. 설교 단상에서 청법 대중들에게 일생을 기록물로 남기는 삶을 살자고 하였다. 청소년 때 기록해둔 「백화일기」, 예비교무 시절의 「수행일기」, 성인이 되어 감각 감상과 심신작용처리건의 「마음일기」를 다시 꺼내어 읽어보기 시작했고, 이것을 기반으로 해서 퇴임 전에 일생을 정리하는 자서전을 집필하겠다고 대중 앞에서 약속했다.

약속의 의미를 새기면서 기록과 자료정리가 필요한지를 인지한 이상, 자료를 어떻게 보관해야 할 것인가도 알아야 한다. 기록해 놓은 일기장이나 노트가 한동안 보관되어 있다고 해도 한순간 잃어버리면 안 되기 때문이다. 대체로 청소년기부터 기록해둔 자료가 30~40년이 지난 뒤에도 보관된다면 그야말로 보물이 되는 것이다. 중학생 때 쓴 일기장을 보관해둔 지 50년 만에야 세상에 빛을 보아 자서전의 중요 자료로 사용되고 있음은 얼마나 다행한 일인지 모른다. 아들의 청소년기 일기장을 오랫동안 집에 보관해준 어머니의 섬세함에 더하여, 이 일기장을 새로운 기록물로 탄생시킨 자서전은 나 자신의 생생한 역사로 자리할 것이다.

자료 보관의 연장선에서 기록물의 흔적들을 역사적 유물로 만드는 일이 문명인의 의무라는 점은 아무리 강조해도 지나치지 않다. 우리가 선천시대의 사람들이 아니라 후천시대의 사람들이라는 점을 염두에 두라는 것이다. 후천시대에 필적하게도 역사의 기록물이란 영어로 번역하면 'Record' 또는 'Archives'라고 하며, 선사시대를 벗어나 역사시대로 진입한 '아카이브'는 문명사를 선도할 개벽시대의 산물인 셈이다.

'철산'이라는 법호

1929년(원기 14) 1월 16일, 단회에서 이춘풍 서울교무가 2건의 의견을 제출하였다. 제1건은 본회 총재인 박중빈에 대한 성호(聖號)를 지어 올리자고 하여 그 성호를 '종사주(宗師主)'라 호칭하였다. 제2건으로는 본관 남녀 회원들이 혹 '선생님'이라고 부르는 사람이 있는데, 좁은 소견에 자존심이 생길 우려도 없지 아니하니 서로 법호가 있을 경우 법호라 호칭하는 것이 좋을 것이라고 하자 소태산은 1건은 을, 2건은 갑으로 점수화하여 허락했다.

원불교 법호의 시작이 여기에서 비롯된다. 나의 경우 2003년 3월에 '철산'이라는 법호를 받았다. 당시 법호를 받은 교도는 총 696명으로 재가 교도는 649명, 출가 교도는 47명(남12, 여35)이었다. 출가 교도의 경우 법위 승급에 따른 증여자는 22명, 연조에 따른 증여자는 25명이다. 이때 '철산(哲山)'이라는 법호를 받은 만큼 앞으로 더욱 적공하라는 뜻으로 새기었다.

원불교에서 법위(法位)가 향상된 것을 기념하여 출가와 재가 교도들에게 수여하는 법호에는 소중한 의미가 담기어 있다. 원불교를 창립한 대종사의 호는 '소태산(少太山)'이며, 여기에는 우주에 작고[少] 큰[太] 모든 산(山)을 망라한다는 뜻을 지닌다. 교조를 계승한 정산종사의 법호는 솥 '정(鼎)'이다. 정산은 자신의 법호에 대해서 새기기를 "이 솥 정(鼎)자는 뜻이 깊다. 모든 곡식이 솥을 거쳐 나와야 먹을 수 있는 밥이 되듯이, 모든 법도와 공부인의 언동이 법주의 감정을 받아 나와야 새 기운을 빌려 쓰는 것이다."라고 하였다.

이처럼 법호는 신앙과 수행에 진급하는 출가와 재가에게 부여되는 것으로 의미 심대한 호칭이다. 대산종사의 호는 큰 대(大)이며 좌산종사의 법호는 왼 좌(左)이다. 좌(左)의 경우 오른쪽[右]이 더 힘이 있는 것인데, 왜 왼쪽의 '좌(左)'란 법호를 받았는지 궁금하였다. 그러나 『도덕경』 31장에 "군자거즉귀좌 용병즉귀우(君子居則貴左 用兵則貴右)"라는 문구를 알고서 '좌(左)'의 의미심장함을 알았다. 성인군자의 경우 왼쪽을 귀하게 여긴다면, 군인의 경우는 오른쪽을 귀하게 여긴다는 문구를 보니 전자가 '좌산(左山)'이라는 호칭과 직결되어 있기 때문이다.

사실 법호는 법납(法臘)이 오래된 경우와 수행의 법위가 높은 분들을 칭하는 경칭이다. 한 사람을 두고 여러 가지로 불리는 경우가 있으며 그 가운데 가장 존엄한 호칭이 법호이다. 장응철 종사는 다음과 같이 언급하고 있다. "나를 부를 때 높여주는 분은 '경산님'이라고 법호를 부를 것이고, 내 친구들은 응철, 또는 옛 고향 친구들은 '유석'이라 부를 것이다. 이렇게 이름을 다르게 부르지만, 그러나 나는 똑같은 한 사람이다."(『반야심경 강의-자유의 언덕』, 2000) 예컨대 '성태'라고 부르든, '철산'이라고 부르든, '류교무'라고 부르든, '류교수'라고 부르든 같은 사람이지만 도가에서 '철산'이라고 부르는 것은 법납과 법위를 고려한 존칭으로 새겨지기 때문이다.

철산(哲山)이란 법호를 수여받은 후 나의 법호에 왜 '철(哲)'이라는 한자가 주어졌는가에 대하여 다소의 경이감과 호기심이 발동하였다. 서양철학은 인간의 경이감과 호기심에서 출발했으며, 이는 "인간이란 실제로 무엇인가?"와 관련된다. 아리스토텔레스는 철학적 출발점은 '경이감'에서 기원하고 있다고 보았다. 나의 인생 중반기에 철산이란 법호는 자신의 존재란 무엇인가, 그리고 왜 밝을 철(哲)자의 이미지로 각인되고 있는가에 대한 지적 경이심 내지 호기심으로 이어졌다.

이에 철산 법호를 내려준 좌산종법사께 법호 수여의 의미를 묻는 계기를 가졌다. 원기 88년(2003) 5월 봄날, 좌산종법사는 시자(侍者)들과 원광대를 산책하는 중이었다. 나는 종법사께 다가서서 인사드리고 "종법사님, 제가 차 한 잔 대접해 드릴까요?"라고 했다. "그래, 커피 한 잔 마시자."라고 쾌히 승낙하였으며, 캠퍼스 수덕호의 분위기가 좋아서 봉황각 2층으로 안내했다. 종법사를 포함한 3분의 시자와 2층에 올라와 앉으니 수덕호가 아름다워서 좌산 종법사도 좋아하시는 모습이었다.

커피를 마시는 도중 좌산종법사께 "하나 궁금한 게 있는데요. 질문드려도 되나요?" "그래?" 지금이다 싶어서 "종법사님 저의 법호를 '철산(哲山)'으로 내려주셨는데 그 이유가 궁금해서요." "류교무가 원불교 책도 많이 발간해서 지혜가 밝지 않나? 그래서 철산이라고 법호를 내렸지."라고 즉답을 하였다.

이에 짐작으로 다음과 같이 생각하였다. "지혜가 밝아서라기보다는 미래에 지혜롭게 살라는 의미에서 철산이라는 법호를 주셨구나." 더불어 원불교학을 전공하면서 석·박사 논문을 철학의 범주에서 썼기 때문에 철학박사를 받아서 그렇겠다고 판단했다. 어떻든 법호의 의미로 새겨보는 소중한 시간이었다. 좌산종법사의 법호 수여에 대한 본의를 새긴 후, 나는 '철(哲)'의 의미를 더욱 무겁게 받아들이며 법호에 어긋나지 않고 진중하게 살도록 하고자 다짐했다.

이제부터 더욱 지혜가 밝은 사람으로 살아가겠다고 하면서 문자 그대로 '밝을 철(哲)'자를 새기는 시간이 많아졌다. 지식에 밝고, 진리에 밝도록 적공하자는 것이다. 지식에 밝은 것은 박사학위가 있기 때문이라고 할 수 있지만, 그것만으로 충분하지 않다. 진리에 밝으라는 뜻으로 혜명(慧明)을 밝히라는 사명감을 더하고 싶다. 앞으로 지적 지평을 확대하여 진리를 연마하여 밝은 삶을 살아야 할 것이다. 정토 임덕근 역시 철타원이란 법호를 수여받아서 감사한 마음이다.

흥미롭게도 나의 법호 '철산'은 한자로 쓰면 밝음(哲)의 뜻이지만, 한글 형식으로 음미하면 쇠 철(鐵)자로 이해하기 쉽다. 산에 있는 철광석에서 철을 제련하는 것으로 보이기도 하고, 대장간에서 농기구를 만들 때 사용되는 재료가 철이기도 하다. 우스갯소리로 철이 있느니 없느니 하는 식으로 이해하기도 한다. 광석처럼 강하고 또 철이 들어야 하지만, 분명한 것은 밝게 판단하고 지혜롭게 살아야 한다고 본다.

대체로 학문하는 사람들의 법호를 학산(學山), 연타원(硏陀圓) 등으로 법호를 내리는 성향이 있다. 학문을 연구하라는 뜻이다. 실제로 교학대 교수들의 법호에 있어서 학산의 법호가 두 명이 중첩된 적이 있었으므로, 이 가운데 김낙필 교수는 진산이란 법호로 갱신하였다.

어떻든 철산이라는 법호를 새기면서 마음의 다짐이 있다. 불가에서 말하는 '지비(智悲)'를 새겨보면 밝음의 '지(智)'에만 머무르지 않고 '비(悲)' 곧 자비를 실천하는 자세를 가져야 한다는 것이다. 앎의 지식에만 머문다면 출가한 본연의 목적과는 차이가 있을 수 있기 때문이다. 비(悲)란 불타가 언급하듯이 슬플 때 슬퍼하는 자비의 모습임을 생각하면, 감성이 따듯하고 영성을 맑히는 지혜로운 삶이어야 한다.

영성을 맑히는 일원(一圓) 가족으로 태어나서 출가를 선택한 까닭에 의미있는 일생을 살아왔다고 자부한다. 막내아들을 교역자로 인도한 손도심 어머니는 계타원(繼陀圓)의 법호를 받았으며, 큰형 류종근은 현산의 법호를 받았다. 둘째 누나 류숙정은 숙타원으로, 둘째 형 류현기는 기산으로 법호를 받았다. 계타원, 현산, 숙타원, 기산, 철산, 철타원의 인연은 전생에 돈독한 불연(佛緣)이었으리라 본다. 그러한 인연이 어머니의 신앙심에 의해 '일원 가족'으로 살게 했고, 출가하여 복락을 수용할 수 있는 지비(智悲)를 갖추도록 한 동인이 되었다.

도반의 향기-동기동창

2022년 1월 초에 극단 춘추에서 「막차 탄 동기동창」이라는 공연이 있었지만, 실제 관람하지는 못했다. 서로 다른 환경에서 살다가 50년 만에 만나 지난날의 회한을 풀고 마침내 동료애로 받아들이며 상호 존재감을 알게 해주는 연극이라고 한다. 나 역시 초등학교를 졸업한 지 50여 년이 훌쩍 넘어서버렸다. 반세기의 시공간을 달리하던 동기생들은 서로 가치관이 달라졌을 것이고 이에 많은 변화가 있을 것이다.

고교 1학년 당시의 일기장을 소개해 본다. "북면초등학교 제38회 동창회를 하는 날이다. 고교수업 때문에 참석하지 못했다. 물론 공부할 때 마음은 들떠 있었다. 코 흘릴 때의 친구들은 이제 의젓한 신사 숙녀로서 청춘을 뜻있게 보낼 수 있도록 아무도 낙오자가 없길 바라며 보람 있는 일꾼이 되길 바란다. 먼 훗날 서로 멋있게 만나자." 동창회란 졸업 후 매년 열리는 것을 원칙으로 하며, 고교 1학년 때가 되어서야 초등학교 동창회가 정례적으로 열리고 있다는 것을 알았다. 중학교 동창회는 이보다 늦게 개최된 것으로 여건상 두어 번 참석하고 그만두었으며, 고등학교 동창회는 참석조차 못했다.

세월이 흘러 대학생 때의 동기동창을 언급해 본다. 대학생으로서 4년간 같은 공간에서 수업을 받다가 졸업을 하여 교역에 임하는 시절 인연은 소중하다. 1970년대 중반, 대학에 다닐 때는 교학대학이 생기기 이전으로서 원광대 문리과대학에 원불교학과가 속하였기 때문에 원불교학과만의 강의공간이 따로 없었다. 따라서 문리대 건물에서 수업을 받거나 본관 옆의 건물에서 수업을 받고, 도서관(현 학생지원관)의 한 공간에서 수업을 받기도 하였다.

좁은 강의실 공간에서 수업을 받은 대학동기생들은 같은 커리큘럼, 같은 교수와의 만남을 통해서 돈독한 정서적 공감대가 형성되었다. 원기 62년 (1977) 원광대 원불교학과에 입학하여 같은 학년이 된 신입생들은 남학생 20명과 여학생 20명을 합하여 모두 40명이었다. 간사 근무를 하고 온 동기생들이 많아 수업에서 힘들었던 과목이 교양필수 영어였다. 기숙사에서 영어복습을 이끌 교우 한 사람이 필요했다. 고등학생 때의 경험을 살려서 내가 그 역할을 하기로 추천받아서 영어모임 공부의 리더 역할을 했다.

그리고 대학생 사춘기로서의 2학년 때 기숙사 회보 『학림』이 폐간되었는데, 동기생들은 『불맥』지를 만들어 한동안 지속하다가 『학림』으로 승화, 복간시키는 계기를 만들었다. 동기생들은 또 '불맥학년'으로서 육일대재를 기념하여 「불맥의 대행진」의 연극을 주관하고 열연의 연기를 했다. 이날의 수행일기를 소개한다. "오늘은 선진을 추모하는 육일대재이다. 불맥학년들은 교단의 큰 행사를 치르기 위해 열심히 임하여 연극의 결실을 보게 된 것이다. 무슨 일이든 성패의 여부는 정성과 자신감에 달려 있다." 동기생들은 어리숙한 듯 연극에 다소 미숙한 점도 있었으나 단합하여 나름 큰 성과를 얻었다.

다음으로 대학 3학년 때, 동기동창은 설악산으로 수학여행을 가서 가을 단풍이 무르익은 자연에 동화되었다. 새벽부터 백담사를 걸어가며 단풍 구경을 하다가 대청봉까지 올라갔다. 험한 산에서 내려오는 도중 몇몇 여학생들이 너무 힘들어 울기도 했다. 젊은 학생들도 힘든데 한종만 지도교수는 내색도 하지 않고 대청봉을 오르내리면서 상호 유대감을 과시하였다.

또 동기생들은 1980년 7월, 4학년으로서 제주도 봉사활동에서 서로 부대

끼며 보람을 느끼었다. 한림, 애월, 도순에서 분반 활동을 통해 봉사하였는데, 나는 도순에서 봉사활동을 했다. 이때 도순교당에서 야학 수업으로 영어를 가르쳤는데, 당시 야학 수업을 받던 중학생이 강덕제 교무이다.

대학을 졸업하고 원기 66년, 훈련교무 때의 동기생들은 원광대의 불맥학년에 머무르지 않고 영산대학의 졸업생들과 하나 되면서 '66동이'가 되었다. 학창 시절의 중앙교우회 행사 때 영산·익산 예비교역자 단체모임에서 앞으로 같이 할 학년의 인연으로 서로 인사를 주고받으며 얼굴을 익히고 이름을 알았다. 영산·익산의 졸업생들이 동기로서 훈련 교무로 만나 6개월간 교무 훈련을 함께 하면서 이제 '66동이'라는 이름으로 동고동락의 교역자 생활을 하고 있다.

동기생들의 모임은 해외여행으로 이어졌다. 2010년 6월 14일~19일까지 4박 6일 동안 66동이 동기생들과 베트남과 캄보디아 여행을 하였다. 동기생 모두가 참여하지 못했지만, 희망자 16명이 각자 56만 원을 부담하여 즐거운 여행을 떠났다. 동기생 모임에서 여행을 주관하라는 부탁을 받고 나는 여행 일정과 패키지여행을 계획하였다. 동창들과 여행을 하는 기쁨은 동질감 속에 오붓한 순간들이었다. 특히 캄보디아 여행에서 함께 한 김균현 가이더를 입교시켜 입교증을 경기도 하남시 덕풍동 한솔 리치빌로 보내주었다.

소중한 인연으로 만난 동기동창들로서 서로 챙기며 여행 등 희로애락을 공유하는 것은 당연한 일이다. 『원불교인은 어떠한 사람들인가』라는 졸저를 동기생에게 보냈는데, 최심경 교무(당시 영산선학대 여사감)가 2001년 11월 11일 이메일로 보낸 편지 내용이다. "먼저 책 발간을 진심으로 축하합니다. 언제나 정열적인 연구를 하는 성태 교무님, 참 대단하고 훌륭합니다. 빈손으로 자주 받다 보니 정말 염치가 없습니다. 그러나 동창이 이렇게 거룩한 일을 한다는 것이 자랑스럽습니다." 잘 보고 유익하게 사용하겠다고도 하였다.

이처럼 동창들 간에 감성을 공유하면서 계절 변화에 따라 서로 안부를 묻는 경우가 적지 않다. 2001년 12월 14일 이선철 교무가 보내온 메일 내용이다. "오늘은 책을 보다가 메일 보내는 시간이 되었습니다. 항상 바쁘고 생동감 있게 사는 모습이 좋아 보입니다. 만날 때마다 뭔가 생기 있는 듯한 모습이 떠오릅니다. 추운 날씨에 건강관리 잘하고 연말의 시간을 잘 보내길 염원합니다." 안부를 주고받으며 건강을 챙겨주는 동기생들의 모습에서 도반의 향기를 느낀다.

그러나 2023년을 전후하여 퇴임한 경우가 많아 세월의 무상함이 야속하기만 하다. 계절의 변화에 따라 하염없는 세월이 흘러가면서 서로서로 챙기는 모습은 동지 도반의 정이 있기에 가능한 일이다. 2001년 12월 31일, 송인걸 교무가 보내온 메일이다. "보내준 카드 감사합니다. 성태 교무도 원기 87년 새해가 멋진 한 해가 되길 심축합니다. 더욱 건강 유의하고 학문의 길에 정진하여 일원 철학의 대가가 되세요." 이렇게 격려하는 동지가 가까이 있으니 행복하다는 것으로, 교단의 사관(史官)을 자청하여 저술까지 남긴 송인걸 교무의 안부는 고마울 따름이다.

아울러 교화하기에 척박한 현장에서 서로 안부를 묻고 해외 교화에 물꼬를 튼 교무의 어려움을 들어주는 것은 동지들 몫이라 본다. 2002년 3월 11일 홍콩 교화에 임하고 있는 이순오 교무가 보내온 글이다. "해외교당의 일이 어렵습니다. 지금까지의 교화 과정들에서 마음공부를 많이 하고 있습니다. 이곳의 적응 기간이 좀 짧았다는 느낌도 들고요. 우리가 가진 것에 맞추어서 하려니 또한 역부족입니다. 홍콩의 경우 땅은 정부 땅이고 집만 매입하기 때문에 집을 지을 때 몇 년을 정부와 계약을 하고 짓는답니다." 국내외를 막론하고 험지에서 교화사업을 하고 있는 동기동창들의 모습은 더욱 자랑스럽게 여겨졌다.

행여나 동기생들이 아프면 자신의 아픔인 마냥 서로를 위로하며 다독인다. 어느 날 몇몇 동기생들과 만덕산에 갔다. 그곳에서 병 치료를 위해 휴양하고 있는 동기 최심경 교무에게 위문차 방문하였다. 김원영, 김진광, 안선주, 류성태 4명은 오후 1시 30분에 이곳에 도착하여 잠시 담소를 나누고 함께 만덕산 초선터에 올라갔다. 영기 어린 초선터에서 기도를 마친 후 동기생교무들은 만덕산 정상 그리고 미륵사를 등산하여 저녁 6시 30분에야 만덕산훈련원에 도착했다. 저녁 귀가할 때는 저녁 8시 30분이었다.

동기동창들의 소식은 매스컴을 통해 전해지기도 한다. 인생 중반기 즈음의 2월 6일 전해덕 교무가 보내온 메일이다. "방학은 잘 보내나요? 그제 서울원음방송에서 동창 교무의 목소리를 들었지요. 너무도 반가웠어요. 21세기의 주역이 된 듯하여 나도 덩달아 임오년의 주역인 것 같습니다. 원광대학을 명문 대학으로 이끄는데 보탬이 되었으면 해요." 원음방송에서 동기동창의 목소리가 들리면 그렇게 반갑고 고마운 일이라는 것이다. 이관도 교무가 서울원음방송 사장을 하고 있는데, 같은 학년으로서 원근친소의 여부를 떠나서 동기동창에 대한 기대감은 남다르다.

약간의 객기가 발동한 탓일까? 조금은 어색할지 모르지만, 동기생들에 대한 호기심 어린 나의 문장력을 소개해 본다. 동기생들의 법호 '첫 글자'를 가지고 시를 지어 메일로 동기들에게 보낸 적이 있다. 몇년 전 10월 9일 한글날, 66동이 동창들에게 시를 지어 전체 메일을 띄웠다. "매화와 영지에 비를 내리니(우매지), 큰 연못을 두호하누나(호홍연). 강하에 구름이 흘러가니(운강하), 궁궁을을의 별을 제도하여라(도을성). 문학과 철학도 꿰뚫어 보고(인문철), 어짊의 뜻을 완성해 화하니(완인지화), 진실로 유순하고 부드럽고 겸손함이 함께하여라(윤손유겸). 공을 깨달아 마음 사용 한가로우니(요공여심용), 오로지 힘써 정진하고 온화 자비를 베푸소서(유근진선온화)."

동기들의 법호 앞글자를 시구(詩句)로 조합하여 하나하나 열거해보면서, 동고동락하며 문명 세계 건설의 주역이 되고 마음공부의 주인공이 되자고 다독여 본다. 자랑스런 동기도반들을 잠시 머리에 떠올려 본다. 김대선(화산),

김도진(손타원), 김원영(인산), 김정숙(우타원), 김진광(유산), 류성태(철산), 박법종(홍산), 박신유(여타원), 박인해(완산), 박지명(윤타원), 송인걸(인산), 안선주(호타원), 양세정(지타원), 양윤성(매타원), 유덕중(유타원), 은성의(겸타원), 이관도(도타원), 이기영(공타원), 이길량(연타원), 이선철(선타원), 이순오(지타원), 이정길(지타원), 이진도(근타원), 이진하(요산), 장인관(윤타원), 전원덕(진산), 전해덕(하타원), 정인신(강타원), 정정자(을타원), 최심경(성타원), 최자은(온타원), 한성심(화타원), 홍귀연(심타원), 황연호(용타원).

자랑스럽게 법호를 불러보며 그리움으로 다가오는 동기생들의 진한 향기는 법정(法情)으로 내 가슴속에 오래도록 머물러 있다. 범산 이공전 종사는 다음과 같이 말한다. "나는 7세 때 마을 서당에 들어가 천자문을 내리외웠고, 이듬해 3월 4년제 묘량보통학교 2학년에 입학하였다. 다산, 성타원, 정타원, 민산, 신산 등 오늘날 교단의 동량들이 한 반이었고, 6년제 영광 보통학교에서는 균타원, 한산, 무산 등 제제다사(濟濟多士)가 또한 동기동창이었다."(『범범록』, 1987) 하여튼 동기동창은 사바세계에서 같은 배를 타고 가는 영원한 도반이며, 영묘원에까지 함께 하는 동지들이라는 것이다.

진정 세월은 흘러가는 것인가? 2023년 여름, 삼동원 간사 동기에다가 교무 동기인 요산 이진하 교무의 열반은 회자정리(會者定離)의 소식을 알게 해 준다. 동기동창은 한없이 그리운 법정(法情)으로 심월(心月)이 상조하므로 모두가 불지(佛地)를 향해 법의 향기를 오래 간직하면서 정진하고, 또 건강하기를 기도 올리는 이유이다.

동기생들은 상생상화의 시공을 함께한 법연들이기에 다정할 수밖에 없다. 경산종사는 『노자의 세계』(도서출판 동남풍, 2003)에서 말한다. "나의 동기동창이 사장이 되었으니 나도 그래야 된다. 어떤 사람이 사장이니 나도 그래야 된다. 옆집 사람이 사는 것을 내 마음에 기준으로 삼고 그 기준에 맞추려는 상대적인 삶을 산다." 초중고 및 66동이여! 서로의 상대심을 초월하여 법력 증진하고 합심 합력하며 삼세를 드나들고 해탈의 도락(道樂)을 즐기고 싶다.

사자성어 응모 당첨

종교 교역자로서 지역사회 행사에 동참한다는 것은 간접 교화의 측면에서 바람직하다. 교무의 활동반경이 어느 곳에든 구애될 것이 없다고 생각한다면 세계, 국가, 지역사회, 소규모 그룹모임 등이 교화의 장일 것이다. 『원불교헌규집』에 의하면 사회의 변화와 교단 발전에 따라 교화의 형태도 다양해지고, 교화·훈련·신앙의례 등을 진행하며, 지역사회에 맑음과 깨달음과 은혜를 공급하는 중심이 교당이라 규정하고 있다. 지역사회 교화를 위하여 지역 주민과 함께 하는 곳이 교당이며, 교역자의 대내외적 역할이 여기에 있다.

익산이라는 지역사회에 처음 발 디딘 것은 청소년 시절, 이웃집 친구가 익산상고에 다닐 때였다. 비슷한 시기에 나의 사촌형이 익산의 춘포면 삼포리에 살고 있었기 때문에 이곳 마을을 방문하였다. 그 당시는 1970년대로서 익산역 주변이 번화가였고 구시장 역시 번잡한 시장이었다. 익산역에서 원불교 중앙총부까지 도로는 2차선으로 좁고도 구불구불하였다.

몇 년 후 20세의 나이에 출가하여 원불교 중앙총부가 있는 익산군 북일면 신룡리에서 예비교무 생활을 하면서 이곳은 제2의 고향이 되었다. 교육도시라는 익산지역의 내력도 알면서 과거에 살았던 고향과 달리 철도 중심의 교통편의와 교육환경이 좋았다. 흥미롭게도 유행가 「고향역」의 가사가 익산과 관련되어 있다. 일부를 소개하면 "코스모스 피어있는 정든 고향역, 이뿐이 꽃

뿐이 모두 나와 반겨주겠지, 달려라 고향열차 설레는 가슴 안고, 눈 감아도 떠오르는 그리운 나의 고향역." 나훈아의 노래로서 '고향역' 작사자 임종수가 황등역과 익산역을 오가면서 기찻길 주변의 코스모스를 바라본 향수에 더하여, 순창에 있는 어머니를 그리워하며 지은 글이라고 전해진다.

현재 태어난 고향보다 세 배 이상의 시간을 익산에 살면서 제2의 고향으로 정착된 익산시 지역사회 행사에 동참한다는 것은 당연하면서도 보람 있는 일이다. 교역자로서 익산을 알기 위해 지역사회 자료들을 어디서 얻을 것인가에 관심을 가지는 이유이기도 하다. 예컨대 공공도서관, 상공회의소, 시청 및 도청의 기획과, 도시기획과, 부동산 기관, 대학, 각종 학교, 신문사, 방송국, 전화국, 보험회사, 백화점, 기타 설비회사 등을 방문하는 노력이 필요하다고 명성훈은『교회 개척의 원리와 전략』(1999)에서 언급하고 있다.

때마침 2012년 1월, 익산시에서는 당해연도의 사자성어를 공모하였다. 익산시청 홍보과장(오익산)이 1월 11일 공보를 알리는 전화가 왔다. 이에 나는 사자성어를 어떻게 만들면 좋을까를 고민하여 며칠 동안 상상의 나래를 폈다. 떠오른 아이디어로 사자성어를 제출하였는데, 운 좋게도 내가 제출한 것이 1위를 차지하였음은 물론 올해(2012)의 사자성어로 결정되었다.

1위를 차지한 사자성어를 소개하면 '용지익지(龍智益智)'가 그것이다. 그 어원을 보면 첫째 용지(龍智)는 '용지혜촉(龍智惠燭)'의 사자성어에서 앞의 두 글자를 딴 것이고, 둘째 익지(益智)는 '광인익지(廣仁益智)'의 사자성어에서 뒤의 두 글자를 합해서 '용지익지(龍智益智)'라는 사자성어를 만든 후 익산시청에 제출하였다.

그 의미를 좀 더 구체적으로 해석한다면 사자성어의 뜻을 분명하게 알 수 있다. '용지익지'의 뜻을 풀이해보면 용지혜촉(龍智惠燭)은 용(龍)의 지혜와 빛, 그리고 고승(高僧)의 지혜와 빛을 뜻한다. 이어서 광인익지(廣仁益智)의 의미는 인(仁)을 넓히고 지혜를 더한다는 것으로, 유교 철학자인 문중자

(584~617)가 언급한 말이다. 용지혜촉은 실제 원불교에서 보면 용화회상을 말하고, 이어서 고승이란 미륵사지와 관련되며, 또 원불교 교역자를 지칭하는 것으로 풀이하면 좋을 것이다. 인(仁)을 넓힌다는 것은 은(恩)을 확산하는 것과 같다는 의미에서 사자성어는 원불교의 역할론과도 소통하고 있다.

이에 익산시청 홍보과에서 용지익지(龍智益智)의 의미를 부여하도록 연락이 와서 나는 추가적인 두 가지의 설명을 덧붙였다.

첫째, 올해 '용(龍)' 띠에 해당하므로 익산 시정(市政)은 용의 지혜와 빛을 발하고 익산의 지혜를 펼치라는 뜻으로 신성한 용을 상징화했다. 용의 힘을 받아서 익산 시민들이 하나같이 건강하고 행복하며, 지역발전에 지혜로움이 더하자는 뜻이다. 익산에 용화산(龍華山)이 있는 것도 우연이 아니다.

둘째, 위(上)에서 덜어 아래(下)를 채워주는 섬김과 배려의 '익(益)' 괘를 실천하여 시민 모두가 행복한 익산을 열어나가자는 의미이다. 익은 『주역』에 '익괘(益卦)'가 있으므로 시정 당국에서는 백성들을 섬기라는 뜻으로 새기라는 것이다. 따라서 익산시 시장과 공무원들이 익산 시민을 받들고 섬기어 모두 잘사는 시민이 되자는 의미로 다가선다.

사자성어의 적극적인 의미 부여에 있어서, 원래 하나의 사자성어가 아니라 두 개를 합하여 사자성어로 만들었으니 응용의 묘를 살린 셈이다. 용지(龍智)의 의미를 살림으로써 신성하고 고귀한 용을 형상화하여 용화회상을 만들면 좋을 것이며, 익지(益智)의 뜻을 살림으로써 더욱 시민을 섬기는 익산시를 이끌어가자는 것이다.

또 종교사적 시각에서 볼 때 용화회상(龍華會上)이란 불교적인 의미와 걸맞게 익산 주변에는 미륵사지가 있으므로 본 용어와 적절하다. 익산 금마면 기양리에 위치한 미륵사지는 백제 최대의 사찰로 30대 무왕에 의해 창건된 곳이다. 서동과 선화공주가 만난 곳으로 알려져 있으며, 백제의 유서 깊은 미륵사지 뒤편에 미륵산이 있다. 대학생 때 몇 차례 다녔고, 결혼 후 자녀를 데리고 미륵산에 자주 올라간 경험이 있다. 용화회상 미륵불의 출현을 기대하며 미륵산을 바라보는 마음은 출가 초심을 새기는 서원과도 같았다.

그리고 익산이라는 지역사회에 원광대학교가 있다. 원광대 전신 유일학림이 1946년 설립된 후 박광전이 초대 대학장으로 부임하였으며, 오늘날 굴지의 명문사학으로 자리매김하였다. 20세에 출가하여 익산에서 학창 시절을 보냈고, 27세인 1983년에 조교 4년, 이어서 강사 4년, 교수 33년을 보냈으니 모두 40여 년이 된다. 기나긴 세월 동안 '용지익지'의 지(智)를 기반으로 하여 인재 양성에 노력을 기울인 셈이다.

더구나 익산은 소태산 대종사의 전법성지(傳法聖地)로서 신룡전법상이라는 십상(十相)의 숨결이 살아있다. 그는 원불교를 창립한 후 부안 봉래정사에서 5년을 머무르다가 원기 9년(1924)에 원불교의 총부 부지를 물색하였다. 『우담바라』(2001)의 작가 남지심은 소설 「소태산 박중빈 출사표」라는 글에서 소태산의 행적지를 추적해볼 때 '영광→익산→서울→부산'으로 이어지는 대종사의 영적 에너지에 더하여 도산 안창호(1878~1938)가 익산 총부에 찾아왔다고 소설가의 시각에서 그 의미를 부여하고 있다.

따라서 유서 깊은 익산은 전법성지임을 알고 지역사회 교화에 최선을 다해야 할 것이다. 원기 9년(1924)에 익산군 북일면 신룡리 344-2번지에 터를 잡으면서 올해(2024) 100주년의 역사를 새기며 원불교가 이곳에서 교화사업을 펼치고 있기 때문이다. 원불교의 4대 성지로서 영산, 변산, 익산, 만덕산 가운데 익산은 전법성지의 숭고한 장소로서 익산의 지역교화에 정성을 기울여야 한다. 지천명(知天命)의 시기에 응모했던 '용지익지'의 사자성어는 익산 시민과 함께 하는 지역 교화의 아름다운 추억으로 그 빛을 발하고 있으며, 이순(耳順)을 훌쩍 넘겨서도 그 의미가 더욱 새롭게 다가온다.

석·박사의 학과장

미국 조지타운대학교 데이비드 스타인버그 동양학과장은 그의 직책을 수행했던 여러 가지 사업 가운데 다음을 회고한다. "지금 생각하면 별 것 아니라고 할 수 있으나 당시로는 도서관을 갖추고 있고 겨울에도 공부할 수 있는 난방이 되는 따뜻한 환경을 제공하고 학술지를 발간하는 일만 해도 대단한 것이었다." 그가 말한 도서관과 학술지는 지성의 전당으로서 상징적 가치를 지닌다.

대학원은 어느 나라에서든 최고의 지성이 모인 학문의 전당으로 알려져 있으며, 그곳에서 사회의 고급인재가 길러진다. 곧 대학원 각 학과장의 역할은 전공영역에 따라 입학한 대학원생들을 각 분야의 전문가로 만드는 일이라 본다. 새천년 이전에는 원불교 교역자로서 대학원에 진학하는 일이 쉽지 않았다. 보이지 않은 대중의 정서와 현역의 과중한 업무에다가 학비라는 경제적 부담 때문이었다.

현재 원불교 교단의 모든 교역자는 석사과정을 마쳐야 하며, 그 역할은 원불교 대학원대학교에서 담당하고 있다. 그 역사를 보면 1998년 11월, 원불교 대학원대학교가 국가로부터 정식적으로 인가를 받은 후 석사교역자 시대라는 숙원사업이 결실을 이루었다. 원불교 개교 이후 처음으로 배출된 당시의 석사교무 숫자가 31명이다. 석사교무가 탄생한 것은 시대변화에 따른 전문

인재의 양성과 관련된다.

나 역시 이곳 원불교 대학원에서 몇 년 동안 강의를 한 적이 있다. 즉 원불교 대학원대학교(김형철 총장)에서 2010년대를 전후하여 '동양철학'과 관련한 교과목으로 강의를 하였다. 그것이 인연이 되어 허광영 총장 때로서 2012년부터 2019년까지 원불교 대학원대학교 개방이사로서 활동하였다. 본 대학원이 생기면서 원불교의 숙원사업인 고급인재 양성으로서의 석사교무 시대가 열린 것이다.

원불교에 대학원대학교가 생기기 이전에 대학원 희망 교역자들은 원광대학교의 일반대학원의 석사와 박사 과정을 밟았으며, 나 역시 그 일원이었다. 대학원을 수료한 후 원광대에 부임하여 대학생과 대학원생들의 수업을 하였다. 기억에 남는 것으로 2006년 9월 2학기에 외국인을 대상으로 강의를 하였는데, 영국인과 미국인으로서 데이비드와 폴이 그들이다. 영어 실력이 짧아서 강의하는데 애로가 있었으나 나름 최선을 다하였다. 이어서 2007년 1학기에는 원광대 한국문화학과 일반대학원 박사과정 대학원생들에게『주역계사전』을 강의했는데 김정혜, 신철순, 김우정 교수 등이 그 대상이었다.

원광대학교 일반대학원의 역사를 보면, 석사과정 불교교육과는 1967년에 설립되었고 박사과정 불교학과는 1972년에 인가되었다. 원불교학 전공의 석사·박사를 배출하여 전문가로서 지자본위의 인재가 탄생하기 시작했다. 박사과정의 4년간 불교학과장이면서 원불교학과 주임 및 지도교수를 맡으면서 원불교학 전공의 박사들이 탄생하였는데 정성철, 장선지, 최도운, 양제우, 조덕상, 안훈, 조명규, 정명규, 박광제 교무(심사 중) 등 모두 9명이다.

일반대학원의 주임교수는 근무연수에 따라 자리를 옮기는 경우가 있는데 그것은 선배 주임교수의 퇴임과 맞물리는 일이다. 일반대학원의 한국문화학과(동양문화)와 불교학과(기학)석·박사 학과장을 김낙필 교수가 오랫동안 담당하였다. 2014년 2월에 자연스럽게 김교수가 퇴임하면서 나는 동년 3월부터 학과장을 맡았다.

2014년 원광대 일반대학원의 '대학원위원회'에서 학과장으로 위촉된 시기를 전후하여 한국문화학과 박사과정 대학원생들은 모두 7명이었다. 그리고 이들의 커리큘럼은 주로 동양철학 분야가 주를 이루었으며 명리 전공 교수들이 명리 과목을 강의하는 경우는 극소수에 달했다. 이에 나는 학과장으로서 명리분야 교수를 적극적으로 발탁하여 강의하게 하였으며, 명리와 풍수 그리고 관상학 분야를 집중적으로 육성하기 시작하였다.

그 결과 박사생이 7명이었던 숫자가 몇 년 만에 38명에 육박하였고, 근래는 석사 50명 전후, 박사 30명 전후의 대학원생들이 공부하고 있다. 학생들의 숫자가 많아지고 논문지도를 정성스럽게 했다는 공로로서 2020년 1학기말 원광대학교 대학원에서 식·박사 '우수 지도교수상'(제201046호)을 받았다. 대학원에서 상장을 준 내력을 밝히면서 대학원 주임교수들에게 대학원 입학의 현황을 안내해주었는데, 한국문화학과 동양문화 박사생들의 숫자가 2019년 원광대 일반대학원에서 1등을 하였으며, 2020년에 의대가 1등, 동양문화 전공은 2등을 하였다.

회고컨대 특수대학원인 동양학 대학원 원장을 2년간 수행한 후 연임을 하면서 모두 4년 동안 동양학 대학원장으로서 임무를 수행하였다. 본 동양학 대학원장을 맡으면서 동양학 전공의 주임교수 역할을 하는 과정에 어려움도 적지 않았다. 대학원생들은 시설이 부족하다며 건의했고, 또 교수들의 수업에 대한 불만 사항도 있었으며, 시간표를 변경해달라는 등 학문적 서비스를 요구해 와서 대학원생들의 관점에서 협력하고자 하였다. 동양학 대학원의 서예과 학과장도 역임하였다. 서예전공 석사생들에게 한동안 고전을 강의하였으며, 후에 장석호 박사에게 고전강의를 가르치도록 배려하였다.

한동안 석사와 박사의 학과장(주임교수)으로서 강의하면서 기억에 남는 것은 코로나로 인한 비대면 수업이다. 2019년 1월부터 코로나가 난무하여 처음으로 비대면 줌zoom 강의를 하였다. 원광대학교에서는 학부와 대학원생들에게 2020년 1학기부터 비대면 수업을 하도록 했기 때문에 줌으로 강의하는 것이 다소 서툴렀으며, 학부생은 물론 석·박사생들을 처음으로 온라인 수업에 적응하는데 애로가 있었다. 대학에서 줌 강의 방법으로 원불교 교과목, 대학원에서는 『도덕경』, 『중국철학사』 등을 강의하였다.

석사와 박사 논문지도를 하면서 대학원생들에게 엄한 질책을 게을리하지 않았다. 2021년 6월 5일, 6명의 동양학과 석사논문 심사 때 학과장으로서 심사 당사자들에게 엄격하게 논문을 지적하여 좋은 논문을 유도하도록 했다. "논문 심사를 받으면서 혼나는 것은 영광이다. 나의 경우 박사심사 때 이것도 논문이냐는 심사위원장 고려대 김충렬 교수의 지독한 면박을 당했던 것이 훗날 얼마나 도움이 되었는지 모른다. 시간이 지나면 심사받던 시간이 추억으로 남을 것이다. 모든 학생은 학과장의 채찍에 기쁜 마음으로 받아주었으면 한다."라는 심사평으로 조언을 했다. 또한, 최근 15명 정도의 석사생들을 대상으로 2022년도에 3학기, 2023년도에 2학기 대학원생들에게 「논문지도 및 보고서」 강의를 하면서 논문작성의 구체적 방법을 강의하였다.

석·박사 학생들의 원만한 수업 진행을 위해 학과장으로서 노심초사했던 것은 다음과 같은 것들이다. 20여 명의 전문 외래교수들을 초빙하여, 강의를 철저히 준비하도록 하는데 학교에서 충분한 금전적 보상을 못 해주는 아쉬움이 있다. 대학원 커리큘럼 조정에 있어서 학생들의 요청사항이 무엇인가 점검하면서, 그들이 원하는 교수 강의 방법과 내용을 꼼꼼히 들여다본다. 아울러 그들의 논문지도에 정성을 기울이고 있지만, 힘이 미치지 못한 부분도 있다. 대학원의 행정에 대한 건의사항은 학과장으로서 합력하면서도 대학본부에서 받아들이지 못하는 사항에 대해서는 학생들에게 양해를 구했다.

노심초사하는 학과장을 지켜보던 어떤 교수는 말하기를, "가지 많은 나무에 바람 잘 날 없다는 말이 있다."라면서 학과장으로서 학생모집에 너무 기력을 소모하지 않으면 좋겠다고 충언한다. 사실 초창기에 박사과정 주임교수를 맡은 후, 강의실에서 강의한 첫 제자들은 지금 생각해봐도 한 집안의 식구 같이 느껴진다. 박사학위를 받은 오서연, 이기선, 정혜승, 전정훈, 박지원, 고성주 등의 첫 제자들에게서 감성적 유대감이 발동한 탓이라 본다. 그러나 세월이 흐르면서 박사생들의 숫자가 7명에서 20~30여 명으로 육박하자 가족적 친밀감보다는 냉정하면서도 효율적인 학사관리를 해야 할 일들이 나타나기 시작했다.

중요한 학사관리는 석·박사의 수료와 더불어 학위취득에 의해 전문 인재가 되도록 돕는 길이다. 석·박사 논문을 지도하면서 이론을 '기승전결'로 정립할 수 있는 논리와 참고문헌을 이용할 수 있는 능력을 길러주는 것이 중요하다. 석사과정은 학위논문의 형식적 접근에 길들이는 기초과정이라면, 박사과정은 그야말로 논문의 수준 높은 문제의식과 논술에 길들이는 전문과정이다. 석사학위 수여에 머무를 수만은 없는 이유이며, 박사 수료자는 또 수료만으로 만족할 수 없는 이유이다.

석사학위 취득에 이어서 박사학위를 받는 것은 사회 전문가로서 일취월장하는 길이며, 자아실현의 정점에 이르는 길이다. 2024년 2월에 동양학 석·박사과정의 학과장을 내려놓으면서 동양철학 수업을 담당할 고시용(원국)·박성호(세웅) 교수 등에게 전하고 싶은 말은, 지성적 지도자는 일생 가르치며 가치부여를 해주는 최령(最靈)한 존재라는 것으로, 그 혜지(慧智)를 사회에 공헌하는 자세로 임하여 자아실현의 자존감을 세워주라는 것이다.

"아이가 커서 어른이 되고 범부가 깨쳐 부처가 되며, 제자가 배워 스승이 되는 것"이라고 말한 『대종경』 부촉품 14장의 법문이 새겨진다. 오늘의 제자는 내일의 스승이 된다는 것을 가슴 깊이 새기면서, 그대들이 곧 스승이 될 것이니 지식 축적에 더하여 인격 함양을 소홀해서는 안 된다.

제4편

장년기의
자아실현

교수로서의 사명의식

미국 캘리포니아 주립대의 로버트 버스웰 교수가 원광대 원불교사상연구원 개원 30주년 기념 국제학술회의에서 교수의 사명의식을 불러일으키는 주제강연을 하였다. 그는 「불교와 원불교에 있어서 학자적 삶과 조화로운 삶」이라는 제목의 논문 발표에서 교학의 연구에 학자적 객관성을 고수해야 한다고 했다. 교수가 전통종교에 대한 학자로서 조정자의 역할을 해야 학생들은 그 교수를 정신적 스승으로 받든다는 것이다. 중요한 것은 교수로서 종교의 고착된 교조주의적 한계를 냉철하게 비판할 수 있는 사명의식을 갖고, 전공 분야의 학자적 수준을 견지해야 한다는 뜻이다.

교수로서 사명의식의 고취는 무엇보다 학문적 지평 확대와 비판적 역할이 있어야 가능한 일이다. 나는 34세(1990) 2월에 박사학위를 받고 동년 9월에 문교부(교육부) 전임교수로 발탁되었다. 그리하여 1990년 8월에 문교부 전임교수 절차를 밟았으며, 원불교 중앙총부 교육부의 승인을 받아야 가능했다. 문교부 승인의 전임강사 자격을 부여받은 후 원광대에 재직하는 교무과장 한길량 교무를 우연히 만나 이번 학기에 교수로 취임했다고 했다. 그는 이에 축하한다는 덕담을 하고 부탁하기를 "요즈음 교수가 되면 인사의 각도가 점점 낮아진다고 하는데, 류교수는 그렇지 않으면 좋겠다."라고 하였다. 뼈 있는 충고 말씀에 겸손을 지키라는 뜻으로 받아들였다.

드디어 1991년 3월 원광대학교의 정식 전임강사로 발령을 받은 후 교수로서 활동하게 되었다. 문교부 전임에서 원광대 전임으로 승인받기 위해서는 번거롭게 재차 중앙총부 교육부의 승인을 받아야 했다. 이에 여자 수위단 중앙 김이현 교무와 남자 수위단 중앙 이광정 교무께 인사드렸다. 이분들은 "류교무가 원광대에서 주인정신으로 예비교무들을 가르치면 좋겠다."라고 하였다. 남녀 수위단 중앙단원의 격려 말씀을 새기며 신임 교수로 최종 발령을 받음과 동시에 신임교수로서 사명감을 가졌다.

대학 당국에 의해 교수 연구실을 배정받았는데, 교학대학 5층 서쪽(중앙총부 방향)에서 두 번째 칸이었다. 5층이 최상층이기 때문에 겨울에는 춥고 여름에는 더웠지만, 당시에는 공간이 부족하여 어쩔 수 없는 일이었다. 이전까지 대학원 강의실로 쓰이고 있던 공간이 개인 연구실로 새롭게 단장되었다. 복도 서쪽 난간에 위치하여 중앙총부가 보이며, 밤 9시 30분에 심고 목탁 소리에 이어서 10시에 원음각의 종소리가 울리면 하루의 일과를 마감하는 신호가 규칙 생활을 하도록 유도했다.

대학에서 개인의 연구실 공간이 확보되자 기분이 얼떨떨했지만 설렜으며, 더욱이 대학본부에서 교수 연구실을 새롭게 페인트칠을 해주고 책상과 의자, 비품들을 가져다주었다. 이곳이 나의 연구실이라니 믿어지지 않았으며 새롭고 포근해 보였다. 강의실 공간으로 쓰였던 곳이라 벽에 이미 박힌 못을 뽑아낸 후 나의 책상을 창문 쪽으로 향하게 하고, 유리창에 한지를 바르며 커튼을 다는 등 공부의 분위기를 자아내는 장식을 하였다.

1983년도에 조교 생활을 할 때 숭산 박길진 총장이 재직하고 있었지만 1991년 교수로 부임하였을 때 김정룡 총장이 주재하였다. 당시 원불교학과 교수로는 4박사를 비롯하여 서경전, 김형철, 김성철, 김성택, 노대훈, 김기원, 양현수, 박광수, 정현인 교수가 재직하고 있었으며, 당시 학장으로는 송천은 교수였다.

전임강사로 부임한 후 처음으로 교학대 원불교학과 교수회의에 참여하였다. 교수 구성원의 막내로서 조용히 회의실에 앉아 경청만 하였다. 은사 교수들이 많았기에 어색하였으며, 처음에 회의 분위기를 파악하는 것이 잘 안 된 탓도 있다. 막내 교수로서 임석하였는데 회의 분위기로는 4박사가 의견을 주로 개진하였고 이어서 서경전, 김형철, 김홍철 교수 등이 간헐적으로 의견을 교환하였다.

교수 워크샵이 있을 때는 막내 교수로서 항상 조교와 같은 자세로서 심부름하였는데 매사가 조심스러웠다. 원로 교수들이 스승들이어서 직분상 나와 대등한 관계라 해도 사제의 분위기 속에서 선진을 모시며 떨리는 심정으로 다가섰다. 여름에 지리산으로 교수 워크샵을 가면 거기에서 막내 교수로서 수박을 자르고 심부름을 하는 등 분주한 시간이었다. 교수의 신분이라 해도 조교와 같은 경외의 심경으로 임하였다.

정식 교수로 부임한 이상, 그 역할 가운데 무엇보다도 강의를 잘해야 하겠다는 생각을 했다. 강의 역량이 학생들의 수업 만족도에게 영향을 미치기 때문이다. 사실 1978년 대학 2학년 때 강의를 어렵게 하는 교수를 비판한 적이 있다. "강의 시간에 어느 교수가 불만족스럽게 강의를 하여 우리 학생들은 수업을 마치고 그 교수를 비판했다. 그러나 조금 후 학생이 스승을 비판하는 일은 바람직하지 않은데 시비를 말하는 것에 대해 미안함이 없지 않았다." 수행일기에 기록되어 있듯이 학창시절의 교수 비판에서 이제 역지사지(易地思之)의 입장이 되니 밀려오는 두려움은 어쩔 수 없었다.

교수가 된 후 전공과목을 강의하기까지 몇 년의 시간이 흘렀다. 전공을 가르치는 기존의 선배 교수들이 많았기 때문이다. 처음 5년 동안은 교양과목으로「종교와 원불교」를 가르치는 것에 만족했다. 교양과목을 가르치면서도 간접 교화의 장으로 활용하여 견학의 목적으로 원광대 1학년생들을 대동하고 원불교 중앙총부를 방문하였다. 교양강의 경력 5년이 지나면서 원불교학과

2학년 담임 교수를 맡았다. 뒤이어 전공과목으로 중국철학사를 처음 강의하면서 얼마나 기뻤는지 모른다.

교수 생활을 하면서 전임강사 2년, 조교수 4년, 부교수 5년에 이어 2002년 10월 4일 오후 4시, 원광대 조정근 이사장으로부터 '정교수' 임명장을 받았다. 이때 이사장은 격려 말씀을 통해 "원광대학교는 원불교 창립 1대(36년)를 결산하면서 당시 총예산의 1/2은 원광대 건립에, 1/2은 중앙총부 장엄 사업에 쓰였다. 교수들은 이것을 알아야 한다. 또 원광대 도서관의 건립은 원불교 중앙총부 도서관의 책을 모두 이전하여 이루어진 것이다."라고 하였다. 원광대학교의 발전은 원불교 신앙인들의 기쁨이요, 원광대의 고통은 원불교인의 고통이므로 교수들은 이에 존경받는 교수로 헌신해주기를 바란다는 뜻이다.

2020년대를 전후하여 함께 한 교수들 가운데 이성전, 한창민, 박윤철, 박도광 교수가 퇴임하였고, 후배 교수들로 고원국, 원익선, 임진은, 염관진, 허석 교수가 활동하고 있다. 내가 막내 교수였던 90년대 초반의 분위기와 원로 교수로서 현재의 분위기는 30년이라는 격차가 있는 탓에 상당히 다르다. 젊은 교수들은 인터넷에 능하고 창의적 교수법에 탁월하다는 점이다.

당시 원불교학과 교수들 가운데 4박사를 중심으로 원로로서 교단사의 자문 역할을 했지만, 현재의 경우 사기가 저하된 느낌을 지울 수 없다. 1991년 14명에서 2024년 6명으로 감소한 교학대 교수의 숫자는 물론 원불교학과 학생들의 숫자 감소 등 복합적 요인이 작용하고 있기 때문이다. 2024년 8월에 퇴임하면 교수 숫자는 채워지지 않고 줄어들 것이 뻔하다. 어떠한 난관이 닥치더라도 심기일전하여 원불교학과 교수로서 인재 발굴과 교학 정립이라는 사명의식이 새롭게 고양해야 할 과제가 부여된 셈이다.

아산·아타원의 회고록 집필

"호랑이는 죽어서 가죽을 남기고 사람은 죽어서 이름을 남긴다."라는 말이 있다. 여기에서 이름이란 존재감이다. 또 일생 살아온 존재감으로는 '자서전'이라 말하고 싶다. 1945년 노벨 생리의학상을 받은 페니실린 발명자는 세계에 널리 알려져 있다. 그리고 부인인 그리스 플레밍 여사는 군사 정권으로부터 고문을 받고 일생의 흔적으로 쓴 자서전에서 "고문은 고문당하는 자뿐 아니라 고문하는 자까지 파멸시킨다."라는 유명한 말을 남기고 있다. 이에 자서전은 자신의 이름값으로 대신하는 상징물이라 본다.

또한, 제2차 세계대전을 치렀던 영국의 제61대~63대 총리 윈스턴 처칠(1874~1965)의 5부작 자서전이 노벨문학상 수상으로 이어진다. 처칠은 당대의 각종 문서를 확인하고 이를 사서(史書)와 관련시키면서 통찰력을 통해 그의 존재감을 보여주고 있다. 처칠의 문장력도 좋지만, 그의 미래를 바라보는 혜안(慧眼)이 역사에 남을 노벨상으로 이어진 것이다.

이처럼 자서전의 발간은 개인만의 영광이 아니라 그 가치를 공유하는 동시대인의 역사적 산물이기도 하다. 2006년 어느 날, 캠퍼스의 산책길에서 아산 김인용 원로교무를 우연히 만났다. 잠시 인사를 드리고 보니 무언가 전할 말씀이 있어 보인다. "교단의 역사가 그냥 이루어지는 게 아니야. 신룡 캠퍼스의 역사도 마찬가지야." 너무도 소중한 말씀이었기에 기록에 담아두었으면 하는 생각이 스쳤다. "아산님, 그러면 회고록을 남기세요." 아산님은 손수 쓰신 기록이 없다고 한다. 그래도 회고록을 만들어야 할 것 같아서 원광대 창립터전의 마련에 심신을 바친 일이 너무도 숭고하다고 판단했기에 회고록을 집필해드리는 것이 좋겠다는 사명감으로 다가왔다.

이때 내가 교학대 학장을 하고 있을 때로서 일과를 마친 후 저녁 시간에 아산 회고록을 집필해드리기로 하였다. 아산은 평소 글을 쓸 기회가 적었고 또한 메모하는 습관도 없었으니 자료가 남아 있지 않았다. 대산종사는 어느 날 "아산은 글도 안 쓰고 말도 잘 안 하니 누구라도 책을 한 권 써 주면 좋겠다."라고 하였다는 것이다. 아산은 회고록 내용 가운데 "대학 캠퍼스에서의 우연한 대화가 필연이었는지, 나의 희미한 기억들은 되살아났고 지나온 교역자 생활을 회고하게 되었으니 이 또한 때가 무르익어서인가 보다."라고 회고하였다.

아산 원로는 조금 수고스럽겠지만 회고록을 집필해준다면 고맙겠다고 하여 나는 2007년부터 2년간 저녁 시간을 이용해 1~2시간 구술해드린 것이다. 숭산 박광전 초대총장을 보좌하며 원광대학교의 발전에 공로가 큰 선진이었기 때문이다. 역사의 작업과도 같이 『개벽회상의 공도생활』이라는 회고록은 2009년 2월 26일 오전 10시에 발간되었다. 2년 이상 거의 매일 하루도 거르지 않고 아산님을 뵙고 산책하면서 대화를 한 결과 집필의 실마리가 풀렸다. 지속적인 만남을 통해 원로의 기억력에 폭발력이 있음을 확인하였기 때문에 원광대 역사를 알리는 회고록이 집필되었다.

순연한 공심과 기억력은 분명 아산으로 하여금 일생을 그대로 숨겨버릴 수 없게 하였다. 때론 아버지처럼, 때론 스승처럼 다가섰으며, 아산의 상당수 지인들도 그를 한결같이 칭송하는 글이었기에 컴퓨터에 마주 앉아 이들 증언을 구술하느라 정신이 없었다. 다행히 아산과 지인들의 기억력이 또렷하였으며 그 속에서 주옥같은 대학 발전사의 기억을 더듬으면서 역사적 흔적을 찾아냈다. 사막의 모래 속에서 금을 캔 것과도 같았다.

2008년 9월 6일 나는 집필의 심회를 아산 회고록에 다음과 같이 밝히었다. "인생 나이 80대 중반 당사자는 흔적도 없다. 그러나 흔적이 필요할 때도 있다. 그것은 당사자가 아니라 뒤따라오는 사람을 위해서이다. 산을 오르더라도 먼저 간 사람의 흔적이 여간 요긴한 것이 아니다. 길 잃은 후발주자들에게 그것이 생명선일 때가 많기 때문이다." 우리 선진의 흔적이 남겨질 마지막 기차역, 그러나 기차는 떠나려고 시간을 재촉하였다.

아산 회고록을 구술하면서 소중한 기억으로는 대종사께서 "인용이는 살림을 시켜야겠다."라고 공회당에서 말씀하셨다는 내용이다. 또 아산 원로가 양하운 대사모를 전주에서 익산에 비행기 태워드린 적이 있는데 아름다운 효성이라 본다. 대사모에 대한 효도는 당시의 원불교 교역자라면 당연한 도리라 보며, 원광대 관리처에서 근무하던 아산의 입장에서 비행기(헬리콥터)를 태워드리는 추억을 만든 것이다.

우연인지 모르지만 나는 '아'자 돌림의 아산에 이어서 아타원의 회고록을 집필하게 되었다. 아타원 전팔근 교수와의 인연은 1977년으로 대학생 때의 일이다. 다음의 일기를 소개해 본다. "대학 1학년 2학기에 전팔근 교수의 강의 '영어수필' 수강 신청을 해서 들었는데 오늘 종강을 했다. 전교수는 결석이나 지각을 한 번도 안 한 학생을 호명했는데 나의 이름도 여기에 있었다. 모든 것에 성실할 때 보람이 있고 그 결실이 이루어진다. 이 가운데 서원은 이루어질 것이다." 공부에 정성을 더하여 결석도 없었으니 당연히 성적도 좋게 나왔다.

개인적으로 아타원을 만나 뵌 것은 대학 2학년 때이다. 영어공부에 관심이 많았으므로 용기 있게 중앙총부 보은원에 기거하는 아타원을 찾아뵈면서 영어공부를 어떻게 하면 잘하는지에 대하여 문의를 하였다. 아타원은 당시 원광대 사범대학장을 맡은 교수로서 영어강의를 하고 있었다. 아타원은 나에게 단어를 열심히 외우고 문장을 눈에 익히라고 하였다.

　대학 강단에서 수업을 받았던 인연에 더하여 개인적으로 찾아뵙 된 것을 계기로 하여 회고록을 집필해드린 인연이 된 것이다. 물론 대학 조교 생활을 할 때 아타원은 원광대 부총장이었으며 이따금 인사차 찾아뵈었다. 아타원은 내가 공부를 열심히 하는 줄 알고 외국인과 함께 하는 원불교 영어『교전』교정에도 동참하도록 하였다. 다음으로 태국에서 열린 아시아 종교자평화회의ACRP에도 동행한 적이 있어서 소중한 선·후진이 된 것이다.

　2009년 봄철 어느 날, 아타원이 전화를 하여 만나자는 것이다. 아타원과 이따금 외식을 한 적이 있었기 때문에 같이 식사하자는 의도로 받아들였다. 그런데 갑자기 아타원은 자신의 회고록을 만들고 싶다며 이에 협력해주면 어떻겠냐는 것이었다. 삼시 망설이다가 평소 아타원을 존경했기 때문에 "그렇게 하겠습니다."라고 하였다.

　아타원 회고록을 구술할 때 나는 원광대 학생지원센터장의 직책을 맡고 있었으며, 시간을 일부러 내어서 말씀을 받들었다. 회고록 집필은 하루에 1~2시간의 만남을 통해서 아타원의 일생 역사를 듣는 것부터 시작하였다. 컴퓨터의 활자판을 두드리면서 경청하는데, 아타원은 눈을 지그시 감고서 당신의 인생사를 회고하면서 교단 역사의 한 장면 한 장면을 구술했다.

　아타원의 회고록을 구술하면서 새겨봐야 할 내용이 있다면 해외 교화에 대한 개척의 역사이다. 이어서 영어 교전의 번역과정에 대해 하나하나 받들면서 교단 역사의 현장에 있다는 느낌이 들었다. 아타원은 2010년에 간행한 회고록「서문」에서 "회고록은 구술 형식으로 엮어갔는데, 이 구술에 철산 류성태 교무가 노고를 아끼지 않고 정성을 다해서 협력해준 데 대하여 깊이 감사한다."라고 하였다. 개인적으로 아산과 아타원께 원광학원 창립과 발전의 역사를 흔적에 남겨드린 점이 대학에서 동시대에 근무한 후진으로서 보은의 당연한 도리라고 본다.

저술의 미완성

그동안 발표한 논문들은 성격별로 분류하여 이를 저서로 발간하는 것을 원칙으로 삼았다. 다만 33권의 저서에 게재하지 못한 논문들을 여기에서 정리하여 '저술의 미완성'이라는 장(章)을 남기고자 한다. 이를테면 두툼한 한 권 분량으로서 15편의 논문은 저술에 수록되지 않았다는 것이다.

여기에서는 졸저에 게재되지 않고 학술지에 실린 논문들에 한정하여 하나하나 밝힘으로써 논문 제목과 목차를 중심으로 이를 소개하고자 한다.

첫째, 「소태산의 선악관」은 『원불교사상』 24집(원광대 원불교사상연구원, 2000)에 게재하였다. 1장에서는 선악의 서구적 개념, 선악의 동양적 개념, 선악의 원불교적 개념을 거론하였다. 2장에서는 진여자성에서의 선악, 개유불성에서의 선악을 밝히었다. 3장에서는 인생의 요도에서의 선악관과 공부의 요도에서의 선악관을 거론했다. 4장에서는 선악 업보의 차별에서의 선악, 능선능악·무선무악에서의 선악을 밝혔다. 5장에서는 인과신앙에서의 선악, 솔성요론에서의 선악, 참회문에서의 선악, 일기법과 계문에서의 선악을 거론하였다.

둘째, 「원불교의 참회문 연구-『불교정전』과 『교전』의 비교를 중심으로-」는 『원불교사상과 종교문화』 89집(원광대 원불교사상연구원, 2021)에 게재한 논문이다. 1장에서는 「참회문」의 형성으로서 참회의 개념과 의례적 성격, 그리고 원불교 「참회문」의 형성과정을 논하였다. 2장에서는 「참회문」의 변천과 문제점을 밝히었으며, 3장에서는 「참회문」의 해석학적 과제를 밝히었다.

셋째, 「대산종사의 스승관」은 『원불교와 평화의 세계』(대산김대거종사탄생 100주년기념사업회, 2014)에 게재한 논문이다. 1장에서 부모로서의 스승, 공부인으로서의 스승, 교화자로서의 스승을 언급하였다. 2장에서는 큰 스승으로서의 천지인(天地人) 삼재론과 대산종사, 교단 주법으로서의 대산종사, 인류 구원자로서의 대산종사를 거론하였다. 3장에서는 스승의 역할과 과제로서 심사(心師) 심우(心友)의 역할, 사대불이신심과 사제관계, 중근병의 극복과 스승관을 거론하였다. 본 연구는 원기 61년(1976) 간사 시절에 신도안에서 가까이에서 모신 스승상, 그리고 예비교무와 초급교무 때 훈증 훈련에서 느낀 대산종사의 스승상 등을 정신적으로 기반으로 삼아 학술적으로 접근한 것이다.

넷째, 「숭산종사의 수행관」은 『동양학연구』 제18집(원광대 동양학연구소, 2022)에 게재한 논문이다. 1장에서는 숭산의 종교적 소양과 가정교육, 학교 교육과 청소년기, 유학 시절의 견문과 불교 섭렵을 거론하였다. 2장에서는 숭산의 수행론과 원불교 교서에 나타난 수행론 등을 밝히었다. 3장에서는 숭산의 활동상에 나타난 수행론으로서 「일원상」의 수행과 삼학 병진, 교리 해석학과 수행의 지평 확대, 인재교육과 지덕겸수의 전인, 무심담백의 심법과 언행일치, 종교와 생활 병진의 사실 수행을 거론하였다.

다섯째, 『『논어』와 『대종경』의 회통관」은 『한국종교』 제34집(원광대 종교문제연구소, 2010)에 게재한 논문이다. 1장에서는 경전 편집상의 회통을 밝히었고, 2장에서는 언행록으로서의 회통을 주장하였다. 그리고 3장에서는 핵심적 회통 사상을 거론하면서 유교의 고전과 원불교 교서를 중심으로 원불교와 유교 관계를 언급하였다.

여섯째, 「김광선 종사의 생애와 사상」은 『원불교 구인 선진, 개벽을 열다』(도서출판 모시는 사람들, 2016)에 게재한 논문이다. 1장에서는 팔산종사의 생애를 밝히었고, 2장에서는 교조 소태산과의 인연을 거론하였다. 3장에서는 팔산 종사의 교단 활동, 4장에서는 팔산종사의 인간상을 중심으로 접근하였다.

일곱째, 「교역자 회고록 발간의 필요성」은 『정신개벽』 17집(신룡교학회, 2011)에 게재하였다. 1장에서는 회고록의 중요성을 밝히었다. 2장에서는 회고록 저술의 실제로서 아산종사와 아타원종사의 회고록 집필 과정을 거론하였다. 3장에서는 회고록 저술의 과제를 중심으로 언급하였다. 회고록을 통해서 교역자 자신의 교화, 교육, 자선에 관련하여 훗날 흔적을 남긴다면 후학들에게 큰 도움이 될 것이다.

여덟째, 「원불교 사회윤리의 유교적 접근」은 『원불교학』 창간호(한국원불교학회, 1996)에 게재하였다. 1장에서는 소태산 당대의 사회윤리와 공자 시대의 사회윤리를 밝혔다. 2장에서는 「최초법어」 수제치평의 사회윤리적 의의를 밝히었고, 3장에서는 수신 요법에서의 사회윤리, 제가 요법에서의 사회윤리, 치국과 강약진화 요법에서의 사회윤리, 평천하와 지도인 요법에서의 사회윤리를 밝혔다.

아홉째, 「원불교와 유교의 성론(誠論) 비교」는 『원불교사상』 20집(원광대 원불교사상연구원, 1996)에 게재한 논문이다. 1장에서는 유교에서의 성(誠) 개념에 있어서 천도로서의 성, 인도로서의 성, 지성(至誠)의 성, 진실무망의 성을 거론하였다. 2장에서는 일원상 진리의 유상(有常)과 무상(無常)의 성, 천지팔도에서의 성, 팔조의 성, 솔성요론에서의 성을 언급하였다. 3장에서는 유교의 성과 원불교 성 개념의 비교로서 천도와 일원상 진리, 인도와 인생의 요도, 지성과 삼학팔조, 진실무망과 솔성요론을 밝혔다. 4장에서는 유교와 원불교의 성론 비교로서 천도·천제 구조의 성, 지성감천의 감응 원리의 성, 도의 실천적 인륜의 성, 성경신 이념의 성을 거론했다.

열째, 「유교교화가 원불교에 시사하는 점」은 『원불교사상』 21집(원광대 원불교사상연구원, 1997)에 게재하였다. 1장에서는 유교 '교화개념'으로서 수신 도덕의 교화, 인성순화의 교화, 예의범절의 교화, 천인합일의 교화를 논하였다. 2장에서는 유교 '교화방법'으로서 경서교화, 수제치평 교화, 예악교화, 관혼상제 교화를 논하였다. 3장에서는 유교와 원불교 교화의 회통으로서 도덕교화, 교서교화, 성가교화, 의식교화를 밝혔다.

열한째, 「세전의 유교적 성향 연구」는 『원불교사상과 종교문화』 제80집(원광대 원불교사상연구원, 2019)에 게재하였다. 1장에서는 정산종사의 성장과 유학(儒學)을 밝히었다. 2장에서는 『세전』 찬술과 유교적 편제, 3장에서는 『세전』 사상의 유교적 성격을 거론하였다.

열두째, 「정신수양의 도가적 접근」은 『원불교사상과 종교문화』 34집(원광대 원불교사상연구원, 2006)에 게재하였다. 도가와 원불교의 비교논문으로서 1장에서는 정신의 개념을 거론하였다. 2장에서는 정신수양의 목적을 언급하였으며, 3장에서는 정신수양의 방법을 밝히었다.

열셋째, 「장자의 지식과 득도론 연구」는 『원불교사상과 종교문화』 제95집(원광대 원불교사상연구원, 2023)에 게재하였다. 1장에서는 장자 시대의 지식론을 언급하고, 2장에서는 장자의 지식 이해를 거론하였으며, 3장에서는 장자의 득도와 견독(見獨)에 대하여 논하였다.

열넷째, 「노장의 득도론 연구-도 인식의 비판적 접근을 중심으로」는 『원불교사상과 종교문화』 제97집(원광대 원불교사상연구원, 2023)에 게재하였다. 1장에서는 득도의 개념과 필요성, 2장에서는 도 인식의 비판적 성찰, 3장에서는 득도론의 해석학적 방향을 거론하였다. 본 연구는 교수 현역시절에 쓴 마지막 논문으로 장식된 것이다.

그 외에도 「원불교와 도교사상 연구」는 1장으로서 훈련법과 민간도교의 공과격, 2장으로서 교법형성 과정의 회통, 3장으로서 단전주와 내단사상을 거론하였는데, 교수 시절 초창기에 쓴 탓으로 이를 게재한 논문집의 자료를 정확히 파악할 수가 없음을 아쉽게 생각한다.

카페와 블로그 앞에서

　요즘은 사회관계의 네트워크 시대로서 누구에게라도 '카페'라는 용어에 익숙해 있다. 오프라인의 커피를 마시는 카페가 있는가 하면, 온라인에서 운영하는 카페가 있는 것이다. 카페라는 이름으로 온라인과 오프라인에서 사람들을 만나고 대화하며 세상 살아가는 이야기를 주고받는다. 오프라인의 카페는 사람들이 모일만한 곳에 있으며, 온라인의 경우 네이버 카페는 1999년 12월 15일 네이버에서 출시한 커뮤니티형 소셜 네트워크 서비스를 시작한 것이다. 그리고 1995년 2월에는 박건희와 이재웅이 '다음 커뮤니케이션'을 설립하여 대한민국 최초의 웹 메일 서비스를 열었다.

　지금이야 그렇다고 해도 1990년대를 전후하여 젊은 교수 시절에는 이러한 온라인의 공해가 적었고, 또한 소통의 장이 부족했던 것도 사실이다. 이에 종교를 직업으로 선택한 대학생들과 어떻게 하면 살갑게 소통하며 지낼 수 있을까를 나름 고심하였다. 그리하여 온라인 이메일을 주고받으며 정서를 공유하고, 만나서 대화도 하며 친밀감의 형성이 좋다고 판단하였다.

　또 사진의 영상(映像)을 통한 만남도 필요하다고 보아 자연스럽게 세상에 유행한 지 얼마 되지 않은 디지털카메라에 관심을 가졌다. 국내의 멋진 풍경, 지나치기 쉬운 스냅사진을 카메라에 담아 주고받는다는 것을 상상해 본 것이다. 40대 시절에는 200만~300만 화소의 최신형 디지털카메라를 휴대하여 여행이나 및 산책을 할 때마다 정경을 순간순간의 스냅사진을 찍었다.

2003년 1월 어느 날, 최도운 예비교무가 "교수님 카페 하나 운영해보세요. 그러면 젊은 학생들과 함께 소통하는 데 많은 도움이 됩니다."라고 하였다. 이에 나는 고심하다가 "그럴까?" 하며 다음Daum 카페를 개설하였다. 같은 해 2월 3일, 마침내 「영상 세계와 원불교」라는 카페를 '다음'에 등록하였다. 다소 어설펐지만, 영상을 통해 본 교단의 뉴스, 영상 가십, 영상 인물 등을 카메라에 담아서 카페에 올리는 일을 시도하였다.

처음에는 인터넷 활용이 어색하였으나 하나하나 배워가며 다음카페의 운영 방식에 익숙해졌다. 회원 가입과 방법을 지인들에게 친절하게 알리면서 카페 운영을 위한 적극적 의지가 발동되었다. 다음카페 「영상 세계와 원불교」(cafe.daum.net-stream666)는 2년 4개월간 운영한 후 회원이 3천 명에 이르게 되었다. 2003년 11월 28일, 본 다음카페에서 원불교 사이버 교화에 정성을 들인 활동상에 대해 〈원불교신문사〉에서 취재하였다. 여기에서 「도반의 미소 머문 보물창고」라는 제목으로 다음의 기사가 실렸다.

"이젠 낡은 사진첩을 덮자. 그리고 세상 어디에서나 펼쳐 볼 수 있는 우리 모두의 사진첩을 만들어보자. 홈페이지가 일반화되면서 포털사이트 다음에만도 337개의 원불교 카페가 개설되어 활동하고 있다. 이중 유난히 눈에 띄는 '영상 세계와 원불교'. 이 속에 들어가면 예비교무들의 풋풋한 얼굴부터 선진님들의 다정한 모습들이 우리를 반긴다. 어느새 그렇게 많은 사진을 찍었는지, 도반들의 일상의 모든 모습이 사진으로 올려져 있다. 그래서 사진 한 장 한 장을 들추다 보면 신심이 생겨나고, 초발심이 샘솟고, 서원이 반조된다. 누가 애써 강조하지 않음에도 자연 그런 마음이 생겨난다. 아마 이 카페를 꾸민 사람의 순수한 열정과 노력이 '아낌없이 주는 나무'처럼 박혀있기 때문인 모양이다."

"'버드나무'란 이름으로 카페를 운영하고 있는 류성태 교무(원광대 원불교학과), 언제부턴가 디지털카메라와 디지털 비디오카메라가 손에서 떠나는 일이 없다. 시간이 되고, 인연만 닿으면 어디에서든 사람을 찍고 풍경을 찍는다. 그것이 역사의 현장이 되기도 하고, 또는 풋풋한 만남이 되기도 한다. 그렇게 찍고 또 찍어서 올린 사진만 해도 벌써 수천 장. 24일로 첫돌을 맞이한 카페에는 이미 교단의 수많은 얼굴과 영상이 차곡차곡 쌓여 이젠 보물창고가 되었다. 회원 수만도 수천 여 명. 문득 바람 부는 날, 도반이 그리울 때면 이곳에서 편지도 읽어보고 사진도 뒤적이며 서원을 반조해 보자. 그리운 스승님과 다정한 동지 그리고 따뜻한 후배들이 모두 모였다."

카페 회원들의 수가 적을 때는 큰 부담이 없었지만, 본업이 교역자이기 때문에 시간을 쪼개가며 대학에서 강의하고 연구하며 학생들과 상담하면서 카페를 운영하기가 힘들었다. 고민 속에 개인적으로 카페를 폐쇄하고자 하였다. 그러나 회원들이 다시 개설해달라고 성화여서 새 마음으로「원불교 사람들」이라는 이름으로 카페를 시작하였다. 본 카페의 카페지기는 물론 류성태이고, K교무(운영자), K교무(운영자), C교무(운영자) 교무가 합류하였다. 여전히 나로서는 카페 운영이 큰 부담으로 작용하였다. 이러한 부담으로 2006년 3월 21일,「원불교 사람들」의 카페를 폐쇄하기로 하고, 카페 운영에 너무 시간이 많이 소모되기 때문에 카페의 주인을 바꾸고자 결심하였다. 재가 이도인 교도에게 부탁하여 운영권을 넘기게 된 것이다.

회고해 보면 새록새록 영상 속으로 기억이 되돌려진다. 다음카페를 운영하는 카페지기로서 영상의 중요성을 인식하여 외출 때 카메라를 직업의식처럼 가지고 다녔기 때문이다. 2003년 7월 예비교무 2학년들과 여름방학을 기해 성지순례로서 카메라를 들고 영산성지에 갔다. 이때 영광의 핵방패장 설치 문제로 교단에서는 신경이 곤두서 있었다. 예비교무들과「만고일월비」를 참배하고 있는데, 부안군의 데모군중들이 영산성지로 들이닥치고 있었다. 나는 영산선학대학으로 밀려드는 군중들의 광경을 정신없이 카메라에 담았다.

　　　　　종교와 철학 산책

그들이 영산성지까지 들어온 것이 곧 영산성지 침탈의 도화선이 되었다.

성지 침탈과도 같은 당시 데모의 원인을 살펴보면 부안에 핵폐기장을 건설하는 문제가 지역사회에 이슈로 되었기 때문이다. 원불교가 폐기장 설치를 거부하는 것에 대해서 지역 군중들로서 경제발전에 저해가 된다는 식의 항의였다. 나는 성지 현장에 있었으므로 당시 급박한 군중들의 데모 사진들을 찍어 원불교 교역자들의 인터넷 모임인 원티스 '자유게시판'에 올렸다. 사진의 위력이 대단했다는 것을 새삼 느끼게 되었다. 이와 관련한 기사가 〈원불교신문〉 2003년 7월 18일에 자세하게 실렸으며, 교단에서는 이미 7월 1일 영산성지 난동을 규탄하고 영광핵폐기장 유치 저지를 위한 집회가 7월 10일 영광군청에서 열렸다.

한편 2017년 7월 18일에 시작된 「류성태 사이버 원불교사전」을 잠시 운영한 적이 있다. 교화의 방법에는 여러 가지가 있을 것이다. 교당에서 교도들을 만나고, 순방을 통해 이교도들을 만나며 교법을 전파하는 것이 교화의 큰 틀이라 본다. 오늘날 사이버에서 원불교를 알리는 것도 교화의 한 틀이라 본다. 인공지능 4차 혁명의 시대에 접어든 시대적 상황에서 농경사회의 교화만을 고집하는 것은 바람직하지 않다. 「사이버 원불교 사전」을 블로그에서 필요한 부분만 운영하다가 업무의 과부하로 현재 멈춘 상태에 있다. "원불교란 어떠한 종교인가?" "원불교 법명은 무엇인가?" "원불교 100년의 과제는 무엇인가?" 등의 수많은 궁금증을 「류성태 사이버 원불교 사전」에 올릴 예정이었으나 역부족이었다.

열정과 시간의 부족으로 인해 템포를 늦추는 방식을 선택한 것이다. 사진 찍기에 관심을 두기 시작하면서 전에 집중적으로 하던 방식의 카페 운영은 지양했다. 그리고 간혹 사진을 찍으면 올리는 방식의 사진 카페를 부담 없이 하기로 하고 「류성태의 사진전 & 지혜」라는 사진 카페를 운영하고 있다. 2007년 8월 2일에 사진 카페를 개설한 후 9월 26일 하루 동안 1,079명이 방문했고 27일에는 919명이 방문했다. 글을 쓰지 않고 단지 사진만 올리는 관계로 부담 없이 본 카페를 비교적 편안하게 운영하는 계기가 된 것이다.

점차 사진찍기에 조예가 생기면서 사진 카페를 하나 더 운영하기로 하였다. 카페 이름은 「Photo u in Wisdom」으로 여기에는 그간 찍은 사진들과 삶의 일상사를 올리고 있다. 사실은 2019년 12월 10일 「류성태의 사진전 & 지혜」라는 카페에 한 이방인이 나를 취조하듯이 접근하였기 때문에 거부감이 생기자 이를 개명하였다. 곧 「Photo u in Wisdom」의 사진 카페를 2007년 9월 말, 네이버 운영 매체를 통해서 만들었다. 세월이 흐르자 이제는 이두 개의 사진 카페를 간헐적으로 운영하고 있다.

그동안 사이버 교화에 관심이 많았던 관계로 이와 관련한 논문을 발표하였다. 「21C 사이버 교화의 방향(영상 세계와 원불교-카페 운영을 중심으로)」이 그것이다. 본 주제로 원불교사상 총발표회에서 발표하였으며, 본 논문은 졸저 『소태산과 노자, 지식을 어떻게 보는가』(2004)에 게재되었다. 카페 운영을 경험한 여러 아이디어를 모아서 실천 교학 논문으로 발표하는 것은 사이버 교화에 관심이 많은 후진들을 위해서도 필요한 일이다.

사이버 교화를 위한 일련의 노력이 원불교 교단에도 알려졌다. 2013년 12월 12일 교정원 정보전산실 사이버 교화과가 주관 'sns오픈식 및 sns위원 위촉식'을 거행하였는데, 경산종법사는 이날 참석하여서 sns활동 우수자들에게 상장을 수여하였다. 상장 수여자로서 류성태, 정천경, 김현길, 김도영 교무 등이 선정되었다. 이때 나는 외장 하드를 받고 또 경산종사 친필의 '심불봉안(心佛奉安)'이란 나무 조각품을 선물로 받았다. 앞으로 어느 종교든 시대교화가 필요하며, 오프라인 교화 외에 온라인의 카페 운영이나 블로그 운영은 사이버 교화에 활력을 불어넣는 데 도움이 될 것이다.

카메라와 일체가 되어

세계 최초의 사진은 1826년 조셉 니엡스가 찍은 다락방에서 온 바깥 풍경이다. 사진역사가 200년이 흘러온 현재 나의 청소년 시절에 흔하던 흑백사진은 이제 어디에서도 인화하기 쉽지 않다. 지금은 컬러 사진 시대로 접어들었기 때문이다. 디카가 나오기 전 필카 시대에는 사진을 찍어달라고 아쉬운 소리로 부탁을 해야 가능했다. 그리고 사진을 찍으면 흑백사진을 사진관에서 뽑아서 앨범에 보관했다.

꿈많던 청소년 시절에 사진찍기를 매우 좋아했다. 취미생활이었다고 할 수는 없지만 사진 찍기를 좋아했던 중학교 2학년 겨울방학 때 기록한 일기를 소개해 본다. "친구 기영과 함께 읍내에 가서 카메라를 빌려왔다. 집에서 친구 재옥과 같이 사진도 찍고 동네 친구의 사진을 찍어주었다." 그리고 메모 칸에 "camera promise"를 적어놓은 것을 보니, 카메라를 빌려와서 손수 사진을 찍기 시작한 것은 중학교 2학년 겨울방학이었던 것 같다.

사진 찍기에 재미를 붙인 관계로 용돈이 조금이라도 생기면 사진을 찍고 싶어서 카메라를 빌려오고 싶은 유혹을 받았다. 물론 카메라를 빌려 사진을 찍는 것은 중학생 신분으로서 경제적 부담이 따르던 때였다. 친구와 함께 정읍 일성사에 가서 카메라를 빌리곤 하였으며, 30 마크의 필름 2통을 사면 카메라는 빌려준다. 빌린 카메라를 가지고 기영, 용우, 태권과 마을 뒷산 월봉봉에 올라가서 사진을 찍었다. 웃으며 또는 억지로 웃게 하며 사진을 찍어주었다. 그러나 사진 인화는 어머니에게 용돈을 타다 썼기 때문에 죄책감이 남아 있다.

카메라를 빌려 필름 2통(40판)을 사서 사진을 찍고 찾는데 보통 200원~300원 비용이 소모되었다. 어머니께 돈을 달라고 하여 300원을 받았다. 사진을 인화하는데 돈이 없어서 찾을 수 없기 때문이다. 사진관에 가서 사진을 찾았지만, 사진이 잘 나오지 못했다. 밤에 이웃집 용우와 말다툼을 했는데 사진이 잘 나오지 못한 것에 대한 불만의 표시였다. 사진이 선명하지 못한 것은 사진 찍기에 익숙하지 못하거나 실수로 필름에 빛이 들어가는 경우였다.

카메라를 빌리는 것은 비용 부담의 문제로 연중행사나 특별한 행사 때에 가능했던 일이다. 어느 날 카메라를 읍내의 문화사진관에서 빌렸다. 젊은 시절을 추억에 남기기 위해서 고향 친구들과 사진을 찍었다. 이때 고향 친구들이 나에게 별명을 지어주었는데 '식철'이었다. 사진을 찍어주는 '작가'는 아닐망정 '식철'이라는 별명이라니 우습기만 하다. 어머니가 집을 이따금 비우므로 혼자 밥을 해결하기 때문에 혼자 밥을 짓는 데 능숙하여 철이 들었다는 뜻으로 식철이라 한 것 같다.

사진에 관심을 가지고 간헐적으로 사진을 찍기 시작한 것은 중학생 때의 일이지만, 사진에 취미가 생기기 시작한 것은 고등학생 때였다. 카메라를 빌려왔다는 소식에 동네 친구들이 모여들었다. 고교 시절의 일기를 소개해 본다. "친구 기영과 화영사에서 카메라를 빌려왔다. 마을 친구들과 5km 거리의 보림사 사찰로 향했다. 사찰에서 같은 동네 친구들과 함께 게임을 했다. 참여 인원은 태권, 승제, 성태, 기영, 경자, 향란, 보림, 봉례, 순자, 은숙, 금자 모두 11명이다. 사진을 찍고 오후 4시쯤 귀가했다." 친구들과 사찰에 간 이유는 소창 목적이 있겠지만 산골 절간의 풍경을 카메라에 담고 싶었기 때문이다. 상당수 친구의 얼굴 기억이 없는 것을 보니 인간은 망각의 존재인 것 같다.

과거의 사진 추억과 달리 지금은 주로 스마트폰으로 사진을 찍는 관계로 흔해 빠진 게 사진이다. 이제 사진을 찍는 것이 대수롭지 않을 정도이다. 일상의 사진이야 그렇겠지만 작가 흉내를 내려고 했던 것은 나이 40대 후반이며, 그로 인해 사진 찍기는 일상이 되었다. 자신에 맞는 취미활동을 하면서 무기력함을 벗어나 심기일전에 도움을 받기 때문이다. 출가 후 예비교역자 시절에는 봄과 가을에 소풍 갈 때 사진 담당자가 찍어주는 사진에 만족하는 정도였다. 당시는 카메라를 소유할만한 경제적 여유가 없었지만, 세월이 흘러 중년 신사가 되어 심기일전으로서 사진 찍기는 취미의 일환이 되었다.

오랜 뜸을 들인 결과라던가, 중·고등학교 시절에 잠깐 취미를 붙인 사진 찍기의 잠재의식이 인생 중년기에야 발동했다. 교역자 사우회 사진 전시회에 처음으로 참여하였다. 2009년 대각개교절을 기념하여 사진 3점을 출품하였으며, 출시된 작품은 서원관 앞 연꽃 사진으로 사진전시 후에 이 사진을 서원관 1층 게시판에 전시토록 기증하였다. 다른 작품의 하나는 미륵산 동탑을 석양 무렵 역광으로 찍었는데 일원상이 선명하게 나타났고, 다른 하나는 덩굴손이 석양의 태양을 가로질러 일원상을 뚫는 형상이었다.

한번 맛 들인 사진 전시회 탓에 원불교 사진협회의 일원으로 원불교 대각개교절이나 명절대재 행사에 사진 3점을 출시하는 경우가 빈번해졌다. 비록 명작은 아니지만, 아마추어 작가의 사진 정도에 만족하여 사진을 전시하는 관계로 심적 부담이 별로 크지 않았다. 사진 전시 때마다 주변의 인연들로부터 사진을 잘 감상하였다는 말을 듣곤 했으며, 당시 전시된 작품 사진은 이따금 지인을 위한 선물로 요긴하게 활용되었다.

2013년 10월 18일, 사진과 관련한 나의 「마음일기」에 '운해여, 운해여'를 다음과 같은 내용으로 기록하였다.

원불교 교화단 사진 특성단에 들어와 활동한 지 어언 4년여의 세월이 흘렀다. 중학교 2학년 때 처음 카메라를 빌려 호기심으로 사진을 찍었으나 그냥 찍은 기억뿐이다. 찍은 필름에 실수로 빛이 들어가 많은 사진을 버렸으니 아쉬움도 있었다. 대학 4학년 때 문교부 선발 대학생 해외연수의 기회로 일본에 가서 캐논 카메라를 3만 엔(당시 엔화는 원화의 3배 정도)에 사서 2년 정도 사용하다가 분실해서 그 뒤로 사진을 찍지 않았다. 그러나 교수로 활동하면서 대학생과 접하는 기회가 많아지자 '다음 까페'를 운영한 것이 디지털카메라를 다시 잡게 된 계기가 되었다.

막연히 사진이 좋아서 취미로 시작한 활동이지만, 요즘은 취미에 더하여 흥미를 느낀다. 흘러온 세월 속에 담아놓은 사진들이 제법 애착으로 남는다. 사진의 취향은 현장을 담아서 좋고 컴퓨터에 저장해 두면 훗날 추억에 남게 되어 더 좋다. 사진을 찍으면서 하나의 화두가 떠올랐다. 사진을 잘 찍는 기술이 뭘까? 정말 사진을 잘 찍는 작가들이 있으니 그것이 사진 기술일까? 그렇다면 멋진 사진은 기술이 뒷받침되어야 능사일까? 아니면 좋은 카메라가 능사일까?

초보자는 흔히 좋은 카메라여야 한다고 생각한다. 그래서 처음부터 비싼 카메라를 사는 경우가 있다. 이론상으로 좋은 카메라가 좋은 사진을 만든다는 것은 사실이다. 그렇다고 저렴한 카메라는 좋은 사진을 담을 수 없을까? 어느 날 사진작가에 의하면, 사진 잘 나오는 것은 좋은 카메라여야 한다는 생각을 버리라는 것이다. 또 사진은 부지런히 여기저기 다니면서 발 품팔이를 해야 좋은 사진을 담을 수 있다고 하였다. 오랜 사진 출사의 경험에서 작품 사진이 나오기 때문이다.

무엇보다 사진에 대한 열정, 그리고 발 품팔이를 통해 온몸으로 사진을 담는 정성이 사진 기술 못지않게 중요하다. 새벽녘에 주암댐 운해를 담았다. 지난밤 9시 원불교 사진협회 회원으로부터 전화가 왔다. 내일 새벽 5시에 운해를 담으러 가자고 했다. 전화를 받는 순간 내일 바쁜데 하며 변명을 하려다가 "네, 그렇게 하겠습니다."라고 답한 후 다음날 새벽에 주암댐 국사봉에 올랐다. 너무도 황홀한 일출 광경이었다.

일교차가 큰 새벽에 이곳에 와보니 일출도 보고 붕어섬의 운해는 장관이었다. 사진은 많은 출사 경험이 요구된다. 모든 것에는 취향에 더하여 정성이 필요하다. 오늘의 출사를 통해 사진은 발품팔이의 정성이 으뜸이요, 기술은 다음이라는 교훈을 더욱 새기는 계기가 되었다.

아름다운 사진 창조에도 불공이 필요하다. 대종사의 법문에 의하면 "불공하는 방법을 알아 불공을 한 후에 성공하는 것도 또한 구분이 있나니, 그 일의 형세를 따라서 정성을 계속하여야 성공이 있으리라."(『대종경』 교의품 14장)라고 하였다. 불공의 심경으로 아름다운 사진을 담는 교화단, 교단 역사를 담는 교화단이라면 너욱 좋을 것이다. 새벽의 찬 공기속에 피어난 운해를 남고서 느낀 감상은 오늘의 일기를 빛나게 한 것 같다.

이처럼 일기장을 뒤적이면서 또 생각나는 것이 있다. 2009년 6월~10월까지 원광대학교 대외홍보처에서 주최하는 디지털사진 공모전에 참여하였다. 참가자 33명 가운데 총 89점이 응모되었다. 이번 'Moving WonKwang to 2010' 디지털사진 공모전'에 참가해 선정된 작품은 학교 홍보물 제작에 활용되었다. 나는 원탑 대동제 전야제에서 찍은 사진을 포함하여 3장의 사진을 출품작으로 제출하였는데, 2010년 원광대 달력 사진에 사용되었다. 이때 받은 동상은 사진 출품작 중에서 유일한 상이었다. 취미활동으로 사진 찍는 것에 만족했지만 대학의 여교선 교무가 응모해 보라고 하여 출품했다.

사진에 관심이 많은 덕에 해외여행도 공짜티켓을 받은 적이 있다. 카메라 캐논사에서 주최하는 2016년 6월 22일부터 3박 4일 일정의 로타섬 여행 프로그램에 응모하여 운 좋게도 당첨되었다. 여행경비는 캐논사에서 일체를 담당하였으며 3박 4일 동안 경치 좋은 섬을 방문하였다. 태평양 북서부의 북마리아나 제도 연방에 속한 섬으로, 면적 96km^2의 로타섬은 환경공해가 없어서 맑고 상쾌한 공기와 투명한 바닷물은 마지막 샹그릴라, 곧 유토피아의 모습으로 다가왔다. 서울 캐논코리아㈜에서 파견한 전문 사진작가와 동행한 로타섬의 출사는 국제사진작가가 된 마냥 기분이 우쭐한 사진 출사였다.

『범범록』에 선진들의 사진 기록이 있어 흥미롭다. 이공전 종사는 좌산종사, 항산종사와 더불어 인도여행을 하면서 다음의 글을 남기고 있다. "칠엽굴 굴 안과 굴 밖에서 여러 장의 기념촬영을 했다. 보호 수행한 인도 경찰, 안내해준 프라사도씨 부자, 중간에 나타난 이발사와도 촬영하였다. 아난이 이 굴에서 여시아문 하올 적에, 감격한 노 비구는 체루비읍(涕淚悲泣) 하였네라, 나 한번 여시아문을 다시 외쳐 보노라."(원기 69년 8월 19일) 성지 순례하며 찍은 선진의 기념사진은 두고두고 교단 역사에 남을 것이다.

삶의 윤활유와 같이 취미활동으로서 카메라와 함께 하는 출사는 역사와 추억을 만드는 장이다. 원불교 사우회와 더불어 출사를 1년에 몇 차례 다녀왔지만, 코로나 펜더믹으로 그 횟수가 줄어들었다. 2021년도 중반기 출사의 선두기러기 황인철 작가, 손수 운전을 해주던 고대진 작가, 어릴 적부터 사진에 관심이 많았던 박현덕 작가, 사진 열정의 사나이 나세윤 작가, 출사 안내에 친절한 천지은 작가, 사진 출사에 비교적 늦게 참여한 윤관명 작가와 일체가 되어 출사에 합류했던 보람이 크다.

여기에서 강조하고 싶은 것은 개인 역사의 기록물을 만드는데 일기 외에 사진만큼 좋은 자료는 없다는 점이다. 연도별로 찍어놓은 사진을 컴퓨터에 자료화하여 보관하면 사진을 보고 싶을 때는 언제나 감상하면서 과거의 시공간을 영상물로 리얼하게 회상한다. 특히 여행 중에는 바쁜 일상의 일기 쓰기가 쉽지 않은 관계로 카메라에 담은 사진을 참고삼아 글을 쓰는 일은 유용하기만 하다. 즐겁게 찍은 사진을 컴퓨터에 연·월·일 별로 보관해두는 것이 좋다고 본다. 과거에는 사진을 앨범에 보관했지만, 지금은 디지털 시대이므로 컴퓨터 파일로 보관해둘 것을 제안한다.

3대의 교수를 바라보며

염상섭의 대표적인 장편소설 『삼대(三代)』는 1931년 1월 1일부터 9월 17일까지 총 215회에 걸쳐 《조선일보》에 연재된 소설이다. 본 소설은 삼대에 걸친 가계의 전개를 통하여 당시 사회적 변천과 정신사의 이면을 밝힌 명작으로 알려져 있다. 용어로서 공유되는 '삼대'라는 말은 원광대학 원불교학과의 발전사와 교수변천사 그리고 동양 문화(철학·기학) 석박사 과정의 삼대 교수 활동사를 다루고자 하는 본 자서전에도 썩 어울린다.

원광대학은 유일학림(唯一學林)을 모체로 원기 36년(1951)에 설립되었다. 그 뒤 유일학림은 원기 38년(1953) 1월에 교학·국문 두 과의 4년제 대학으로 승격되었으며, 원기 40년(1955) 3월 드디어 정규대학의 교육과정에 의해 교역자를 배출하기 시작하였다. 원기 52년(1967)에는 대학원을 설립하고, 원기 56년(1971) 12월에는 종합대학교로 승격하는 쾌거도 이루었다.

유일학림이 설립된 이래 원광대학교에서 정식으로 교역자가 배출되면서 교학대학은 원불교의 중심기관으로 인재 양성의 역할을 하고 있다. 이에 원기 62년(1977) 창립 2대 2회를 마감하는 글로서 『원광』 95호에서는 3분의 교역자들이 대학교수의 역할을 언급하고 있음이 주목된다.

당시 이광정 교무는 교학대학에 대해서 말하기를, 교역자들이 법에 대해서는 능통하도록 훈련이 되고 교육과정에서 이를 중요시해야 하는 것으로,

장래 교단의 모습에 큰 영향을 미치게 된다고 하였다. 이공전 교무는 대학에서 이러한 과목을 다룰 수 없다면 훈련과정에서 다루어야 한다고 했다. 김인철 교무는 교학을 정립하는데 교수들의 분야가 있고 실천교학은 교화 현장에서 경험을 토대로 정립되어야 한다고 했다.

같은 맥락에서 백낙청 교수는 원광대 개교 60주년 기념 학술발표회에서 「통일시대 한국 사회와 정신개벽」이라는 논문을 주제로 원광대 원불교학과에 대하여 충언하고 있다. "종립대학으로서 원불교 교리에 대한 연구 및 교육의 본거지 역할을 제대로 하는 일이 긴요할 것이다. 국내 다른 대학들에 원불교학과가 없기 때문에 저절로 1등을 하는 데에 만족하지 말고, 타종교의 교학 연구에 비해서도 경쟁력을 지니며, 일급의 인문적 교양을 갖춘 교역자를 배출하고, 신도가 아닌 학생들의 인문교육에도 앞장서는 대학이 되어야 할 것이다." 백교수의 진심 어린 충고는 깊이 새겨야 할 것이다.

교학대학 원불교학과 교수는 2023년 현재 3대(代)를 걸쳐 인재 양성의 과업을 계승하고 있다. 1대로서 원광대학 박광전 초대총장에 이어서 김정룡 총장, 그리고 송천은 총장은 원불교 교역자이자 교수로서 교학 정립의 초석을 쌓았다. 또 원불교학계에 4박사로 일컬어진 류병덕, 송천은, 한기두, 한종만 교수 등의 교학 연구로서의 선구자적 역할도 빼놓을 수 없다.

원불교학과 신입생으로 입학한 후 2학기 때(1977) 기록한 나의 수행일기를 소개해 본다. "류병덕, 송천은, 한기두, 한종만 교수가 학림사와 정화원을 방문하였다. 4박사는 우리를 가르쳐주는 하늘 같은 교수들이다." 대학 신입생으로서, 예비교무 1학년으로서 4박사에 대한 존경과 신뢰는 출가 후 겨우 반년 정도 지난 상황에서 그 위상에 걸맞게 '하늘 같은 교수들'이었다.

직접 우리를 가르친 교수들로는 위의 4박사 외에 서경전, 김형철, 김성철 교수 등이다. 4학년 때 타과교수로서 상담심리를 가르친 김성관 교수는 철학과 전임강사였다. 그리고 내가 전임교수가 되었을 때 이미 김성택, 노대훈,

박광수, 정현인 교수가 선배교수로 활동하고 있었다. 또 교수진에 동참한 후 5년여 지난 이래 한창민, 이성전 교수가 들어왔다. 그리고 10여 년이 지난 후에 박도광 및 박윤철 교수가 뒤이어 원불교학과 교수로 부임하였다. 내가 교수 때 학생이었던 고원국, 임진은, 원익선 등은 현재 교수로 활동하고 있으며, 물론 염관진, 허석도 본 교수 대열에 동참하여 정성을 다하고 있다.

오늘날 선·후임 교수들은 주관적이기는 하지만 나를 중심으로 3대(1대 : 4박사 및 은사, 2대 : 나를 포함한 동년배 교수, 3대 : 현재 나의 후배 및 제자 교수)를 거치면서 인재 양성에 정성을 다하고 있다. 아울러 예비교역자들을 조석으로 지도하는 서원관의 지도교무들도 교육에 함께하고 있다. 강의를 담당하는 교수교무의 역할과 서원관 지도를 담당하는 지도교무의 역할이 상호 협조적 관계로서 중요하기 때문이다. 김동인 교감과 이혜성, 박대원, 이대종 사감의 역할이 기대되는 이유가 여기에 있다. 충북대 교육학과 김도현 교수는 원기 93년도 기획연구로서 「예비교무 교과과정 개선연구」 발표에서 인재육성의 방법에 대해 언급했다. 서원교과 과정의 지도자에게 교학교과 과정을 하게 하거나, 교학교과 과정의 지도자에게 서원교과 과정을 담당하게 하는 방식이 아니라, 적절히 분업하되 긴밀히 협조한다는 원칙을 세워두어야 한다는 것이다.

교학 연구와 예비교무 지도에 성실히 임하면서, 3대에 걸친 교학대학 교수들은 종립대학에서 도덕 대학의 위상을 세우고 역할에 최선을 다하고 있다. 여기에는 교육여건이 뒷받침되어야 한다. 교학 연구의 발전은 교단 발전뿐만 아니라 원광대학의 경쟁력을 높여주는 현실적인 대안이 되며, 원광대학교가 진정으로 도덕 대학의 교육목표를 추진하기 위해 교학대 교수의 숫자를 최소한 과거 수준으로 회복시킬 필요가 있다는 김성훈 교수의 「원불교학 연구의 당면 과제」(한국원불교학회, 2002)라는 발표가 주목을 받은 이유이다.

앞으로 예비교역자 모집에 이어서 원광대 교수요원 확보가 과제이다. 이에 대하여 나는 2015년 2월 13일자 〈원불교신문〉의 기사에서, 원광학원 교무들은 원불교 100년을 맞아 교단의 사업에 적극적으로 동참하고 있다는 서두의 글을 장식하면서 원광학원의 현실적인 어려움에 대해 밝히었다. "우선 원광학원에 70여 명의 출가만 남아 인력 감소가 심각하다."라며 원불교학과의 신입생 수도 줄어 교수요원 확보가 힘들어지고 있다고 토로했으며, 교수요원으로 정책 인재가 적극 발굴되어 파견돼야 한다고 덧붙였다.

한편 교학대학 교수들에 대한 아쉬운 부분이 없는지를 살펴보면서 성찰의 기회로 삼아야 할 부분이 있다. 「교학대학 불신의 원인」으로는 ① 교단 구성원들의 교학대 교수들에 대한 기대에 적극 대응하지 못한 점, ② 교단적 과제에 대한 참여도의 미흡, ③ 교학대 교수들에 대한 일부 상대적 평가절하 풍조이다. 그 「대응방안」으로는 ① 전공 분야의 연구 심화 및 교육방법 개선 노력, ② 교무와 교수로서의 역할에 대한 자체 모임의 정례화, ③ 교화 교과의 다양한 접근 노력이라는 것이다. 이 지적은 1999년 11월 13일 오전 10시에 교학대 강의실에서 교수, 교육부, 학생 대표 모임에서 교학대를 대표하여 박상권(광수) 학장이 브리핑한 내용이다.

돌이켜보면 원광대에서 원불교 인재 양성이 시작된 이래 교학대 선배교수들은 원불교가 고등종교임을 논문으로 학계에 발표함으로써 유사종교로 간주하려는 일부 풍토를 개선하는 데 큰 공헌을 하였다. 또 교정원 교육부의 상타원 이문성 부장의 정책 후원 속에 현재의 교수들은 교학을 정립하고 예비 교무들의 신심 서원을 지도하며, 소태산의 경륜을 실현하는데 서원과 지식 가치를 동원하여 합력하고 있다.

오늘날 무엇보다 교단 현안으로 떠오르는 것은 예비교무 지원의 수가 급격히 줄어들고 있다는 점이다. 인재발굴에 대한 교수들의 사명감이 그 어느 때보다 막중하다고 본다. 더구나 교단사에 대한 교무의 역할에 더하여 대학 강단에서 교수의 역할을 동시에 해야 하는 막중한 사명의식을 지니고 있다.

1960년대~2000년대에 활동한 은사 그리고 교대(交代)한 3대 교수들의 혼적이 오버랩되면서 상념들이 주마등처럼 스치곤 한다. 4박사 시대의 교학 정립과 예비교역자의 지원이 성황을 이루었던 영광이 지금은 사라져가고 있다. 이는 교학대학 교수들의 문제만은 아닐 것이다. 하지만 예비교무 교육을 맡은 입장에서 더욱 사명감을 가지고 최선을 다하는 자세가 요구된다. 교학 정립에 최우선을 두고 역할을 해야 하면서도 인재발굴 및 지도와 교단 정책에 도움이 되는 연구 성과물을 만들어내야 한다. 33년의 교수 생활을 정리해야 할 현시점에서 이러한 현안들을 남겨둔 까닭에 무거운 책임감을 느낀다.

교학대학 3대의 교수 및 사감들과 시공을 같이 한 학연(學緣)은 생사고락을 공유해온 전생의 선연(善緣)이다. 교육의 일터에서 인재 양성의 길을 열어준 교단과 스승들께 감사한 마음이다. 다시 대학 1학년 때의 수행일기를 돌아본다. "오늘은 스승의 날이다. 기숙사 사생들 모두 스승들을 찾아뵈어 스승들이 교단에 헌신한 점을 감사히 여기며 스승의 노래를 불러드렸다. 대종사, 역대 종법사, 교단 선진을 비롯하여 개인적으로 떠오르는 원불교학과 4박사, 출가 연원 교무, 간사근무지의 교무들께 감사의 마음을 전한다." 지금까지 함께한 법맥(法脈)의 학연(學緣)들에 대한 감사의 마음은 재언의 여지가 없다.

2023년 5월 스승의 날을 맞이하여 서원관 행사에 동참한 나는 즉석에서 학생들에게 한 말씀 해달라는 김동인 서원관 교감과 염관진 원불교학과 학과장의 요청에 다음과 같이 말하였다. "벌써 스승의 날 행사에 참석한 횟수가 33년째이다. 스승이란 서양에서 'Teacher'라 하며, 동양에서 '선생(先生)'이라 한다. 어원적으로 보면 서양의 경우 '가르침'에 관련되는 것으로 지식의 확충과 개념 인식의 확대를 뜻하며, 동양의 경우 '먼저 태어난 사람'이라는 뜻이다. 여기에서 먼저 태어난 사람이 선생이므로 언행의 모범이 되라는 것이다." 이에 동서를 통틀어 지식의 확충과 행동의 모범을 보이는 스승의 어원적 해석을 깊이 새긴다면 3대에 걸친 사제 간 돈독한 신뢰와 노력이 인재 양성에 밑거름이 된다는 것을 부인할 수 없다.

아울러 동양학대학원과 일반대학원의 동양문화와 기학 석·박사 과정에서 형설의 공을 쌓아 박사학위를 받은 외래교수들도 3대에 걸쳐 교수 활동을 하고 있다. 이미 퇴임한 김낙필 교수 외에 나(1대)의 첫 제자들로서 관상학 분야의 오서연 교수, 풍수학 분야의 강두열 교수, 명리학 분야의 정혜승 교수 등이 2대로서 대학원생들을 가르치고 있다.

그리고 이들이 가르친 대학원생 가운데 문정혜, 이천수, 윤상흠, 김성우, 조원래 교수 등이 합류하여 3대로서 인재양성에 협력하고 있다. 또 기학 분야의 백정기, 박종걸, 김은주 교수가 2대로서 역할을 하고 있으며 배윤진, 김동 교수가 뒤이어 3대로서 그 역할을 충실히 수행하고 있다.

전문 인재를 양성하는 과정에서 슬픔과 기쁨이 없었던 것이 아니다. 박사학위를 받고 교수 생활을 하다가 열반에 든 원인호 교수에게 애도를 표하는 이유이다. 그리고 이들이 박사심사를 받을 때 지도교수인 나 자신도 같이 심사받는 심정에서 노심초사하였으며, 마침내 종심을 마치고 박사심사에 합격했을 때 가슴 속에서 뜨거운 희열감이 솟아나곤 했다. 또 이들이 교수로 초빙되었을 때에 재능기부라는 측면에서 뿌듯한 보람이 함께 하였다.

원불교학과 교수로 23년을 활동하다가, 나머지 10년의 세월 동안 일반인 석·박사의 규모를 키우는 과정에서 진통이 없었던 것은 아니다. 교역자 인재양성과 일반인 인재양성 사이에 나타나는 정서적 갭(gap)으로 인해 심적 고통이 적지 않았다는 뜻이다. 2024년 초반에 학과장이자 주임교수를 내려놓은 상황이므로 후임 교수들이 대학원의 발전을 위해 진력하고 있음에 감사하고 든든한 마음이다. 국가와 세계 발전을 위한 전문 인재를 양성하고 있다는 자부심으로 임해주기를 바라는 마음은 간절하기만 하다.

5층 계단을 오르내리며

언젠가 박사학위 논문심사의 주심을 맡기 위해 원광대학교에 내왕했던 고려대 김충렬 교수가 말하기를, 원광대는 우리나라에서 유일하게 정문에서 아래로 내려가는 지리적 특징이 있다고 했다. 서울의 경우 대부분의 대학들은 지형적으로 정문에서 올라간다면 원광대는 내려가는 곳이라는 점에서 김 교수의 놀랄만한 관찰력이 돋보인다. 이곳 익산은 김제평야가 옆에 있는 평평한 곡창지대로서 높은 산도 없고 비교적 평면에 건설된 도시이다.

평평한 신룡벌에 위치하여 인재 양성의 터전이 된 교학대학은 원광대 최초의 건물이 있던 곳의 바로 옆에 세워졌다. 최초의 건물은 현재 사라지고 그 자리에 원광보건대 도서관이 자리하고 있다. 이곳이 원광대 최초건물이 있던 곳이라고 아는 사람은 거의 없어 보인다. 원광학원 전신으로서 유일학림의 최초 석조건물은 부실하게 지어져 부득이 허물어버렸다는 아산 김인용 종사의 전언(傳言)이 귓가에 맴돈다.

원광대 최초건물 바로 옆에 있는 교학대학은 5층 건물이지만 이곳에 들어오려면 도로에서 한 계단 위의 높은 위치에 지어진 건물이므로 원광대 도서관 1층에서 바라보면 6층 높이의 건물이다. 원광대학교의 상징성을 띠고 있는 교학대학이기 때문에 평평한 지형의 캠퍼스 가운데 비교적 높은 곳에 설계하였고, 거기에 더하여 각층별 높이도 다른 대학보다 더 높다.

교학대 건물의 위치는 원광보건대학의 캠퍼스 부지와 겹친 곳이기도 하다. 그래서 교학대학이 지어진 초기에는 5층 건물 가운데 2층까지는 보건대학의 도서관으로 사용되기도 하였다. 나중에 보건대학은 이 건물을 보건대 소속 건물로 매입하기를 희망하였던 곳이다. 그러나 교학대학이 이사할만한 마땅한 장소가 없었기 때문에 건물 매입은 없던 일로 하였다.

1980년에 건축된 교학대학은 내가 대학을 졸업한 직후 지어진 건물이다. 건물이 지어지기 전까지 예비교무들은 주로 문리과대학에서 공부를 하였으며, 대학 2학년 때(1978) '교학대학'이라는 이름으로 새롭게 인가를 받은 후 2년 만에 지어진 건물이다. 지금은 45여 년을 넘겼으니 상당히 낡았고 오래된 건물에 속한다. 교학대 학장으로서 원광대 교무위원 회의에 참여한 나는 교학대학 건물의 낡은 상황을 밝히고 화장실이라든가, 건물 벽에 금이 간 상황을 말하며 리모델링을 해 달라고 하였는데 당시 총장은 이러한 건의에 관심을 두지 않았다. 그러나 사안의 심각성을 인지하여 2년 만에 화장실의 리모델링이 이루어졌고, 2019년에 엘리베이터가 설치되었다.

교학대학 건물의 사용 구조를 보면 1층은 행정 사무실이 있고 2층은 원불교사상연구원과 종교문제연구소가 있다. 3층은 마음인문학연구소가 있으며, 4층과 5층은 주로 교수연구실로 사용되고 있다. 그리고 각 층마다 원불교학과와 동양학대학원, 일반대학원의 강의실이 자리하고 있다. 1980년에 건립된 당시 교학대학 교학과는 4층에 있었는데, 당시 송천은 학장이 계단을 오르내리며 운동하기 좋게 일부러 그랬다고 한다. 2000년 초반에 교학과는 1층으로 이사하였는데 행정의 편의성을 도모하는 차원이었다.

교수의 부임 이전에 나는 4년간 조교를 하였는데 그때 4층에 있는 교학과에 오르내리며 근무하였기 때문에 더욱 바쁜 일정이었다. 4층 계단을 오르내리면서 바쁜 심정에 푸념하곤 하였다. 언제 이곳에 엘리베이터가 놓일 수 있을까 생각했지만 요원한 희망 사항에 불과하였기 때문이다. 그러나 교수 활동의 후반기에 편의시설이 리모델링 되어 다행이다. 조교 4년, 강사 4년, 교수 33년이라는 세월을 합하면 41년이라는 횟수를 교학대학에서 근무한 셈이기 때문에 2019년 엘리베이터가 놓였다고 해도 35년 이상 4~5층 건물의 계단을 오르내리느라 진땀을 흘렸다.

엘리베이터가 설치된 후에도 이따금 옥상까지 6층의 계단을 4~5회 오르내리며 운동을 했다. 특히 여름에 운동량이 적어짐을 알고 계단을 오르내리면 이마에 땀이 송골송골 맺힌다. 어느 누가 계단을 오르내리는 수고로움을 쉽게 받아들일 것인가? 건강과 운동의 가치를 생각해낼 때 비로소 계단을 오르내리며 근력을 키워갈 수 있다고 본다. 그러나 요즘 엘리베이터로 오르내리는데 더 익숙해졌기 때문에 운동량이 적어져서 아쉬움이 남는다.

높은 곳에 이르려면 계단을 오르내리지 않는 비법이 있을까? 그것은 불교의 화두에서나 거론될법한 일이다. "닦을 것도 없고 밝힐 것도 없어서 모든 계단을 밟지 않고도 홀로 높고 청정한 것을 이르되 도(道)라 하나니라."(『사십이장경』 2장) "만일 이 마음을 깨달으면 참으로 이른바 계단을 밟지 아니하고 지름길로 부처 지위에 올라서, 걸음걸음이 삼계를 초월하며 집에 돌아와서 문득 모든 의심을 끊을지라."(『수심결』 15장) 불경에서는 하나같이 계단을 밟지 않고도 저 너머의 세계에 도락(道樂)을 즐길 수 있다고 가르친다. 그러나 불교 화두와 달리 현실은 현실이다. 계단을 오르내리며 운동량을 키워가야 건강을 지킬 수 있다는 신념이 확고한 이유이다.

분주한 일상이 아니면 건강을 위해 계단을 오르내리는 운동을 하고자 한다. 50세에 당뇨를 앓기 시작하여 근력 운동을 위해 엘리베이터가 옆에 있어도 일부러 계단을 오르내리는 때가 종종 있다. 당뇨에는 약보다는 식이요법이 좋고, 식이요법이 좋다고 해도 운동이 필수적이다. 운동은 대체로 일과를 마친 후 원광대 운동장이나 배산을 산책하는 편이나 비가 올 때는 교학대학 옥상까지 6층을 오르내리곤 했다. 5회 정도 오르내리면 어느 정도 혈당이 떨어져 건강에 좋다는 것을 느꼈기 때문이다. 더욱이 유산소운동에 계단처럼 좋은 것은 없으며, 신체의 근육량을 기르기 위해서도 적격이다.

2008년 어느 날, 원광대 개척에 혈성을 다한 김인용 종사가 교학대학을 방문하였다. 당시 회고록 작성을 위해 아산종사를 자주 만나곤 했는데 그날도 교학대를 방문하여 말하기를, "이곳은 두꺼운 철근이 들어갔고 건물도 높이 지었지. 내가 젊었을 때 이 계단들을 날아다니며 공사에 임했어. 지금은 힘이 없어 다리가 떨리네."라고 하였다. 힘들게 오르내렸던 5층 계단이 더욱 힘들게 느껴진다는 것은 나이 들면 생로병사의 이치에 순응해야 하며 무상 세월을 붙잡아둘 수 없다는 뜻이다.

퇴임 즈음에 다리 떨림을 느끼기 시작하였는지 더욱 힘들게 오르내리는 나의 연구실이 5층이 높아보인다. 그러니까 1991년 교수가 된 때부터 2019년 엘리베이터를 놓기 전까지 거의 30여 년 동안 계단을 손수 오르내리며 땀을 흘렸다. 힘들지만 한편으로 근력도 생기고 비교적 운동을 많이 하는 편이다. 현재 엘리베이터에 의존하면서 계단으로 오르내리는 시간이 줄어서 좋지만, 운동량이 부족한 편이다. 문명의 이기(利器)를 활용하는 인간은 그 편의성에 지나치게 의존하는 관계로, 육체적 건강을 담보해내는 계단 오르내리기의 아날로그 시대가 끝나가고 있다는 생각에 씁쓸한 감정이다.

하지만 교학대학 5층 연구실이 갖는 매력은 5층 베란다에서 보는 일몰 광경으로, 원불교 총부의 서편으로 지는 석양의 태양이 무상하게도 아쉽다. 건물을 지은 지 40여 년을 넘긴 고즈넉한 교학대학의 전경은 석양이 되면 노을빛으로 물들어 있어 황홀함 그대로이다. 이곳 건물이 원불교 교역자를 양성하는 곳이라는 것을 보통사람들은 잘 모른다. 그래서 '교학대학'이라는 한글 간판이 쓰이기 직전까지 한문으로 쓰인 교학대학(教學大學)을 수학대학(數學大學)으로 읽는 경우가 빈번했다. 그리고 교학대학 앞에 있는 건물은 원래 도서관 3층 건물이었으나, 2천년대 초반에 이를 허물어 새롭게 지은 도서관 7

층 건물이 교학대학의 아름답던 전경을 가로막고 있어서 답답한 심경이다.

또한, 그 옆에는 테니스장이 있었지만 이곳에 WM관 건물을 지은 관계로 설상가상으로 교학대 전경을 가로막은 상황에 있다. 예비교역자들의 수도 적고 전망도 막힌 상황에서 풍수 전문가에게 교학대학 건물의 위치에 대해 질문한 적이 있다. 교학대학 건물 옆에는 솔밭과 불법연구회 산업부가 위치한 곳이어서 좋다는 것은 인정하지만, 앞의 두 건물이 가로막고 있어서 풍수지리에서 볼 때, 명운(命運)이 쇠락하는 형상이라고 했다. 물론 세속에서 말하는 명운에 좌우될 것은 없으며, 교학대학에서 인재 양성에 책임을 맡은 교수들은 사명감으로 최선을 다해야 할 것이다.

그 사명감에 더하여 다시금 계단 걷기의 중요성을 생각하며 가능한 산책의 유산소 운동을 하고 있다. 걷기 산책의 중요성을 잘 알기 때문이다. 나는 2012년 6월 11일 〈원대신문〉 '신룡벌단상' 코너에서 「걷기 싫어하는 사람들」이라는 제목으로 글을 쓴 적이 있다. "젊은이들 가운데 걷는 것을 싫어하는 사람들이 많다는 것을 알게 되었다. 땀이 나서 싫고, 아파서 못 걷고, 걸으면 피곤해서 싫고, 바빠서 싫다는 것이다." 이처럼 걷기 싫어하는 사람들에게 자신의 건강을 담보할 수는 없을 것이다.

1970년대 전후에는 학생들이 걸어서 통학하거나 자전거가 통학수단이었으나, 요즘 그보다 더 쉬운 킥보드가 캠퍼스를 잠식하고 있다. 힘들지 않게 전동장치로 움직이는 킥보드 등에 카드를 긁어서 캠퍼스를 쉽게 이용하도록 아이디어를 개발한 자본가의 시대에 진입하였다. 그리고 교수들이 강의를 위해 캠퍼스와 캠퍼스를 이동하는 승용차보다는 선보(禪步)를 추천하고 싶다. 교학대 5층 건물의 높은 계단을 오르내리면서, 또한 식물원 산책로를 거닐며 명상에 젖는 시간을 가진다면 건강과 삼매의 선보가 되어서 더욱 좋을 것이다. 행선(行禪)의 가치를 통해 일행삼매(一行三昧)에 이르는 맛을 느끼기 위해서이다.

연구실 24시

미국에서 사용하는 말로 'Twenty four seven(24/7)'이라는 용어가 있다. 문자 그대로 말하면 쉼 없이 24시간 영업한다는 뜻이며 '일 년 내내' 운영한다는 말로도 통한다. 이를테면 일반 슈퍼마켓과 달리 '24시 편의점'이 이와 관련된다. 편의점은 어느 때든지 이용할 수 있다는 점에서 밤늦게 활동하는 야간근로자에게는 편리하게 이용되고 있다.

24시간 탐구하는 공간은 내가 꿈을 꾸던 연구실이다. 『생각 좀 하며 세상을 보자』는 이건희 삼성 전 회장의 글에서 "대통령이 되고 법관이 되기보다 연구실에서 밤을 지새우는 고독한 과학자의 길을 가야겠다는 어린 새싹들이 많이 나와야 한다."라고 회고한 내용이 한동안 진한 감동으로 다가왔다. 밤을 지새우며 공부하는 일이 과연 가능한 일일까를 생각해보면 아무래도 힘든 일인 것 같지만, 이를 흉내라도 낼 수 있을까 생각해 본 것이다.

어느 것에도 방해받지 않는 절대공간으로서의 교수 연구실은 여러 차원에서 공부하기에 적합한 곳이어야 한다. 나의 연구실은 교학대학 꼭대기 층에 위치하여 조용하다는 점에서 맘에 든 것이다. 다만 한서(寒暑)에는 취약하나 겨울에는 난로를 통해, 여름에는 에어컨을 통해 극복할 수 있었다. 이곳의 빈 공간은 원래 넓은 강의실이었지만, 당시 공간이 부족하여 강의실의 가운데를 칸막이로 하여 사용했던 곳이다.

종교와 철학 산책

1991년 3월 초에 학교에서는 신임교수 연구실의 사방 벽에 하얀 페인트칠을 해주어, 마치 이사 가면 방을 새롭게 도배한 것과 같았다. 대학 캠퍼스에 개인의 새 공간을 갖게 되는 설렘에 더하여, 쾌적한 공간에 책꽂이를 사다가 놓고 책들이 쌓일 때마다 느껴지는 충만감은 이루 말할 수 없었다. 책꽂이는 비용이 저렴한 앵글로 만들었으나, 책들은 먼지에 노출되는 것을 감수해야 했다.

9평의 좁은 공간이기는 하지만 개인 연구실을 배려받으면서 "이게 꿈인가?"라고 생각하면서 탐구의 일터에서 교학 연구와 학생지도를 통해서 열심히 보은하겠다고 다짐했다. 대학입학 직전에 처음 캠퍼스 구경을 하였는데 신룡벌 공간이 넓고 신선한 느낌이 들었으며, 이 광활한 캠퍼스 가운데 나만의 공간이 생기다니 탐구에 대한 경이심은 한동안 계속되었다. 새 연구실에 캐비닛을 들여놓고 책상과 응접 의자를 배치하고 보니 제법 공부할 분위기가 생겼다. 어느 때는 어린 두 자녀를 돌보아야 할 상황에 직면할 때 학교에 데리고 와서 잠시 놀아주다가 연구실 응접 의자에 잠을 재우기도 하였다.

아련한 추억을 담은 교수 연구실은 밤낮없이 24시간 공부할 수 있는 불가침 영역으로 자리하였다. 그만큼 연구실은 간섭없이 자신의 전공 분야를 탐구할 수 있는 최적의 장소였던 셈이다. 연구실을 부여받은 초심(初心)으로 돌아가 보면, 이곳에서 교학을 연구하고 학생들을 상담하는 공간으로 활용할 수 있다고 생각하니 기대감이 컸다.

캠퍼스에서 나만의 공간에 머물며 기도하는 마음으로 다가서면 어느새 교학 연구와 명상의 산실이 되었다. 또 교학대학 바로 옆 주변(현 디지털대)은 익산 총부 초창기의 산업부가 위치한 곳이므로 휴식 시간에 그 주변을 산책하곤 했다. 즉 불법연구회가 자급자족을 목적으로 개간한 땅에 원예와 양잠을 시작했던 성적지로서, 원기 13년(1928) 산업부 자리가 바로 교학대 옆 솔밭이고, 교단의 유서 깊은 장소 근처에 나의 연구실이 위치하여 있다.

솔밭 옆의 교학대 5층 연구실은 초기교단의 유서 깊은 곳에 둘러싸여 책을 쓰고 논문을 쓰는데 안성맞춤이었다. 책상 앞에서 사유(思惟)하면서 홀연히 공부할 수 있는 여건이 조성된 것이다. 원불교학 논문과 저술의 작업은 비록 좁은 평수(坪數)라 해도 고요한 공간이 없으면 가능할 수 있을 것인가? 노자에 의하면 방은 텅 비어서 유용하고 그릇은 텅 비어서 유용하다고 하였다. 연구실 역시 텅 빈 공간으로서 학문을 연마할 수 있게 해주었다.

앨빈 토플러는 『부의 미래』라는 저술에서 연구실의 역할이 매우 중요함을 말하였다. "연구실에서는 매일같이 새로운 발견이 이루어지고 있다." 토플러의 언급처럼 지식 가치를 통해 영민한 학생들이 원하는 강의안을 마련하고, 교학 연구의 실마리를 찾는 곳이 교수 연구실이다. 앞으로도 각 대학의 연구실은 밤에도 불이 꺼지지 않는 24시 공간이 되어야 할 것이다.

모두 퇴근하고 저녁이면 연구실에서 독서를 할 때마다 사계를 잊고 살았으며, 어쩌다 가을철이 되면 결실을 생각하듯 연구하는 마음도 결실로 채워지는 충만감이 들곤 하였다. 추석이건, 설날이건, 토요일이건, 일요일이건 나의 연구실은 특별한 일이 아니면 비우지 않도록 노력하였으니, 그것이 비록 작은 결실이지만 교학 연구의 산실로 이어진 셈이다. 대학 연구실의 공간은 나만의 고독한 공간으로서 세상사와 인생을 탐구하는 항해의 시간과도 같이 느껴졌다.

밤늦게까지 탐구하고 실질적 연구 활동을 해야 한다고 스스로 다짐했지만 쉬운 일은 아니었다. 공부하다가 비라도 오면 또한 집에 가는 것이 쉽지 않았으니 연구실에서 잠을 자는 횟수가 많아졌다. 학교 당국에서 잠자는 것을 원칙적으로 허락하지 않지만, 집에 가는 날이 손으로 꼽는 경우가 많아졌다. 일선의 교화 현장에서 교화에 집념하는 교무들처럼 나 역시 열심히 공부함으로써 교단에 보은하려는 마음으로 살고자 했기 때문이다.

11월의 어느 늦가을에 어느 예비교무가 서신을 보내왔다. "항상 예비교무들을 위해 아침 일찍부터 교수 연구실에서 밤늦도록 연구하고 준비하는 모습에서 저희는 열심히 신심 공심 공부심 자비심을 지닐 수 있는 마음이 일어납니다." 이에 그들에게 신심과 공심, 공부심을 일으켜달라는 뜻이다. 연구를 위한 연구가 아니라 교단의 미래 인재를 길러내는 심층적 교학 연구와 교화 발전의 방안을 탐구해달라는 채찍으로 받아들였다.

많은 채찍으로 시간을 보내온 연구실을 비워줘야 시간이 다가왔음을 새겨 보면서 나의 조그마한 결실은 무엇일까? 진로상담, 신문기고, 논문과 저술작업 외에 특별히 기억나는 사례를 소개해 본다. 교학 연구의 여러 결실 가운데『원불교 대사전』편찬작업에 합류한 것이다. 2005년 12월 나는 원불교대사전 편찬실무위원회로부터 원불교 사상 이해의 단어 풀이에 대하여 원고를 요청받고 연구실 공간에서 탈고한 항목들은 다음과 같다.

「대항목」으로는 대종경, 원불교창립정신, 유교 등이다. 「중항목」으로는 공자, 대종경선외록, 대종경편수위원회, 맹자, 사서삼경, 삼강오륜, 오상 등이다. 「소항목」으로는 거경궁리, 걸·주, 교단품, 교의품, 근검저축, 논어, 대학, 명명덕, 미발지중, 변의품, 부촉, 부촉품, 불지품, 삼천지교, 서경, 서전서문, 서전홍범, 서품, 성경신, 성리대전, 성리품, 소학, 수기치인, 수제치평, 수행문, 시경, 신기독, 신성품, 실시품, 요훈품, 유학, 이소성대, 인(仁), 인의대도, 인의예지, 인자(仁者), 일심합력, 전망품, 주역, 중용, 창립, 창립주, 천도품 등이다. 원고의 분량에 있어서 대항목은 40~50매, 중항목은 10~15매, 소항목은 3~5매 분량으로 침잠의 숙고를 통해 섬세하게 기술했다.

아쉽게도 '좌산종사'에 대한 항목의 서술을 요청받아 완성한 후 좌산종사의 감수를 받았음에도 불구하고, 생존 인물은 사후에 입력한다는 원칙에 의해『원불교 대사전』에 입력되지 않았음을 밝힌다. 좌산종사 항목에 대해 준비하는 과정에서 상사원에 방문하여 직접 좌산종사의 재가를 받았던 것은 개인적으로 기쁘게 생각한다. 교단 역사 항목들의 서술에 동참한 보람은 탐구의 에너지를 발산한 「연구실 24시」와 함께 하고 싶은 마음이다.

논문 심사의 치열함

교수 활동 전반을 회고하면서 기억에 남는 것으로는 여러 가지가 있겠지만 매우 긴장감 속에 이뤄진 박사심사이다. 학위논문을 통과한 K 교무의 다음과 같은 메시지가 왔다. "관심과 보살핌! 감사합니다. 논문은 겨우 통과되었답니다. 그러나 논문은 못 돌릴 것 같아요. 너무 창피해서요." 겸손의 표시이겠으나 논문을 통과해도 고통, 통과하지 못해도 고통을 가져다주는 것 같다. 논문 심사를 받은 후 기가 죽어 한없이 낮아지는 심리가 표출되곤 하지만 모진 풍파를 용케도 견뎌낸 반야용선과 같은 안도감도 있을 것이다.

사실 지식·정보 가치가 중시되는 오늘날, 전문 인재로 등장하는 데는 자격증 취득과 관련되는 것이 석·박사 논문이다. 이에 학위논문을 준비하거나 심사 중인 경우, 다음과 같이 몇 가지 참고사항을 거론하고자 한다. 1990년 2월에 박사학위를 받고 1991년부터 교수로 부임한 이래, 2024년까지 박사학위 심사를 하면서 도움이 될만한 내용을 중심으로 몇 가지를 언급하고자 한다.

첫째, 박사학위 논문을 쓸 때 자신의 한계를 겪어보지 못한 경우 공부의 진경(眞境)을 맛보지 못한 사람이다. 여기에서 말하는 한계란 자신이 학위논문을 심사받는 과정에서 실력에 무력감을 느낀다는 것이다. 학문탐구에 대한 자신의 무기력함을 체험하면서도 수준 높은 학위논문을 쓰도록 엄격하게 심사받는 체험을 해보라는 뜻이다. 논문 심사를 받으면서 한계를 느껴보지 못한 사람이라면 개인역량이 출중하여 논문을 매우 잘 써서 무난하다는 평을 듣게 되어 문제의 소지는 없다. 그러나 대체로 5명의 심사위원으로부터 엄정한 논문 심사를 받다 보면 주눅이 들듯이 어느 순간 아무 생각이 나지 않는 무력감을 느끼는 것은 다반사이다.

둘째, 박사학위 논문 심사의 예심이나 초심·재심과 종심을 받는 날, 머리를 들어 하늘을 올려다보아 노랗게 보이는 경우를 체험하지 못하면 이 역시 공부의 진수(眞髓)를 맛보지 못한 사람이다. 다소 비약적인 표현 같겠지만 심사하는 날 하늘이 노랗게 보인다는 것은 기력이 다하여 현기증이 날 정도로 공부에 최선을 다했다는 뜻이다. 논문작성에 최선을 다했더라도 예비심사에서 가슴 졸이고, 초심에서 조마조마하고, 재심에서 끝이 보이지 않고, 종심에서 한고비 넘긴 것 같지만 "끝이 안 보인다."라며 수정해야 할 부분이 적지 않음을 느끼는 것이다. 박사학위를 받은 제자들 가운데 성월스님은 재심과 종심 때 논문 통과의 과정에서 진통을 겪으며 복도에서 심사 결과를 기다리다가 지도교수인 나에게 "교수님, 출가할 때보다 가슴이 더 조이고 떨립니다."라고 고백했던 기억이 또렷하다.

셋째, 박사학위 논문 심사를 받을 때 "심사 교수들의 논문 내용의 첨삭 간섭이 너무 심하다."라는 생각을 하곤 하는데, 심사 교수의 눈높이에서 볼 때 논문의 날카로운 지적은 당연한 일이다. 학계에 컴퓨터가 두루 보급되지 않았던 1990년 2월, 나는 200자 원고지로 환산하여 모두 1800여 장의 논문을 자필로 써서 박사학위 청구심사 논문으로 제출했다. 그런데 심사과정 중에 한종만 지도교수가 원고지 300장 분량을 없애버리는 것을 보고 얼마나 아까웠던지, 그저 지켜보고만 있었다. 금과옥조의 자료를 다 없애버리라 할 때 황망하고 서운했는데, 심사 교수의 첨삭 과정이 훗날 생각해보면 타당한 지적이었으며, 군더더기를 잘 없앴다는 것을 깨달았다.

넷째, 5분의 심사위원들에게 박사학위청구 논문을 처음 전달했을 때 심사위원들로부터 첫마디가 "이것도 논문이냐?"라는 지적을 받더라도 감내하라는 것이다. 나의 학위심사는 고려대 김충열 교수가 주심을 맡고, 부심으로 연세대의 이강수 교수에 이어서 원광대의 류병덕, 송천은, 한종만 교수가 부심을 맡았는데, 박사학위 청구논문을 전하고자 주심의 사가(私家)에 어렵게 찾아갔을 때의 고통은 잊을 수 없다. 김충열 교수의 사가는 서울의 산 중턱에 위치하여 있었으므로 주소를 찾기 힘들어 1시간 정도 헤매다가 겨우 찾았다. 김교수는 나를 본 순간 "내 집도 못 찾는 주제에 어떻게 심사를 받을 수 있겠나?"라고 문전박대를 하였으며, 문전에 있던 사모가 나를 안심시켜 겨우 사가에 들어가서 심사 교수로부터 30분간 훈계를 받았다.

이제 박사학위 청구논문 심사과정에서 지적을 많이 받은 것을 중심으로 언급해보고자 한다. 물론 박사청구 논문 심사 때 별로 지적을 받지 않은 박사후보생도 있을 것이다. 그것은 자신의 진정한 노력의 결실이기도 하지만, 너무 쉽게 통과한 박사학위 수여자는 냉철한 의미에서 복이 없는 경우에 속할 수도 있다. 아무리 잘 쓴 논문이라 해도 문제점은 산적해 있으며, 이에 심사 교수의 예리한 지적사항을 수정하는 일은 더없이 소중한 것이다.

논문에서 지적을 가장 많이 받는 부분은 서론의 「연구 목적」과 「선행연구 분석」이다. 그것은 환자가 약국에 가서 약을 살 때 내가 왜 이 약을 사야 하는가에 대한 목적의식을 분명히 하는 것과 같다. 그리고 기존 선행연구 논문들을 분석해내지 못한다면, 약국에서 당장 사야 할 약이 다른 약과 비교해볼 때 어떻게 다른지를 간과할 수 있기 때문이다. 그것은 제출된 청구논문에서 논조의 비교 준거(準據)를 찾지 못하는 일이며, 결과적으로 논문의 표절 시비 및 창의성이 부족한 결과로 이어진다.

이어서 심사 교수로서 박사청구논문의 목차는 심사 기초단계부터 가장 많이 검증되는 부분이다. 물론 지도교수의 지도하에 목차가 구성된 것이라 해도, 여타 심사 교수들이 객관적이고 냉철하게 지적함으로써 미처 생각하지 못한 부분이 발견되는 것이다. 논문의 목차는 설계사가 건물을 어떻게 짓겠다는 설계도와 같다. 목차의 세부항목도 검증 대상이다. 목차 설계의 핵심은 '기승전결'로 엮어져야 하는데 '기'와 '승'은 있지만 '전'이 약하다든가, 결론 부분의 내용이 미약한 경우 논문의 구조가 부실해질 수 있다.

　다음으로 소홀하게 넘길 수 없는 부분으로, 박사학위 청구논문이 기본적인 형식에 충실한지를 검증한다. 이를테면 주석을 다는 형식이 잘 되어 있는지, 원전 인용은 바르게 되어 있는지, 장(章)마다 작성된 분량은 균형이 맞추어져 있는지를 살펴보라는 것이다. 그리고 원전의 주석은 일차자료인지, 주석 형식은 올바른지에 대한 비판적 검증이 필요하다. 인터넷 주소도 검색일과 사이트 주소를 정확하게 기재했는지에 대한 확인이 중요하다. 곧 박사학위 논문답게 형식을 제대로 갖추고 있는지 꼼꼼하게 검증한다면 논문 완성도는 상당히 높아질 것이다.

　지도교수로서 가장 꼼꼼하게 지도하는 부분이 '단락의 논술적 구성'이다. 세부목차를 통해 각 단락의 설계가 이루어진 이후에 논술을 전개하는 것이 기본인데, 단락의 체계적인 구성을 하지 않고 바로 논술을 전개할 경우 논리의 '비약'이 따른다. 단락의 소재가 중복되어 애매하거나 논조가 흐트러지는 것은 곧 논조의 일관성 결여로 인해 그 생명력을 잃어버리게 된다.

　박사청구 논문을 심사하면서 매우 아쉽고 반드시 고쳐야 할 부분은 또한 무엇인가? 박사청구 논문 제목에 어울리지 않게 문제의식이 결핍되고 문제의 해법을 제시하지 못하는 경우이다. 박사학위청구 논문의 생명력은 문제의식으로 논리를 전개해 가야 한다는 것이다. 이것저것 비슷한 자료들을 동원하여 나열하기 식의 '짜깁기' 형식이 되는 경우가 적지 않기 때문이다. 따라서 학위논문의 창의성은 하나의 주제에 대한 자신의 문제의식을 분명하게 드러내어 해법을 얼마나 새롭게 제시하느냐에 달려 있다.

　박사청구 논문 심사를 하면서도 심사 교수들이 의외로 세밀하게 점검하는 부분은 논문 후반에 있는 「참고문헌」이다. 본 논문과 관련하여 고전자료, 단행본, 학위논문, 학술논문을 충분히 섭렵했느냐에 따라 양질의 논문이 결정되기 때문이다. 또 논문의 성격에 따라 동양철학의 경우 「참고문헌」 가운데 '원전류'는 얼마나 전문적이며 주석서는 그 가치 있는가를 알아야 한다. 단행본은 또한 전문성이 깃들어 있는가와 학술논문은 본 연구를 뒷받침할 만큼 충분한가를 점검할 필요가 있다. 참고자료의 질과 양을 점검하면서 철저히 준비해야 한다는 뜻이다.

다음으로 논문의 수정에 더하여 교정작업은 마무리단계이다. 내가 박사학위 청구논문을 준비할 때가 1980년대 후반이다. 이때는 600자 원고지에 논문을 하나하나 자필로 작성한 관계로 초심과 재심, 종심의 지적사항을 수정하는데 고충이 뒤따랐으며, 단순 교정작업도 오랜 시간이 걸리곤 하였다. 교정을 하면서 삭제할 원고 부분을 제거하고 다시 새 원고를 연결하는 과정이 너무 힘들었다. 다행히 오늘날 컴퓨터 작업에서 활자판 '델키delete'를 사용하면서 논문 첨삭이 수월해지는 등 컴퓨터에 의한 논문작성 방식에 코페르니쿠스적 진전이 있게 되었다. 이러한 감회는 기원전과 기원후의 실상과도 같게 느껴진다.

초심과 재심, 종심의 박사학위 논문 심사를 통과하는 과정이 얼마나 힘들었는지 심사 교수들이 꿈에 나타나는 경우가 있다. 그것은 박사학위 심사가 그만큼 냉정, 엄격하게 전개되는 과정에서 심리적으로 겪는 환영(幻影)이다. 제출된 논문형식을 평가하는 중에 심사 교수의 불호령으로써 "이 논문은 석사 논문 수준에 불과하다."라며 원고지를 던져버리는 수모를 겪지 않은 것만으로도 다행이다. 박사학위 심사에 모두 통과된 결과물은 과거에 누려보지 못한 값진 선물과도 같다. 준엄한 회초리와 냉철한 비판이 약이 되었다는 사실은 수준 높은 박사 논문으로 탄생하는 고진감래(苦盡甘來)인 셈이다.

인재 양성의 요람에서

약 700여 년 전 옥스퍼드 대학에 재직하던 로저 베이컨 교수는 많은 학생과 일반인들로부터 존경을 받으면서 명망 있는 인물로 알려졌다. 그만큼 인재 양성의 기관에서 그의 역할을 충실히 하는데 신뢰와 존경이 뒷받침되었기 때문이다. 종교계의 교육기관에서 인재 양성을 담당하는 교수의 솔선과 신뢰, 곧 베이컨이 말한 가르침을 평생 교훈으로 삼아야 한다는 것이다.

교단의 3대 사업 가운데 교육사업 기관으로는 예비교역자의 교리 섭렵과 교단 교화의 역량을 길러주는 4기관으로서 원광대, 영산선학대, 원불교대학원대, 미주선학대학원일 것이다. 인재 양성의 기관에서 봉사하는 교역자를 교수교무 혹은 지도교무라 한다. 네 군데 육영기관의 교무들은 출가한 예비교무들을 정성껏 지도하여 공부와 사업에 유능한 인재로 파견해야 하는 책임이 부여되어 있다.

엄중한 책임감 속에 육영기관 교무협의회에서는 원기 107년(2022) 7월 19일~20일 양일간 영광 국제마음훈련원에서 워크샵을 하였는데, 상호 토론한 결과 「우리가 갖추어야 할 우선순위 5가지」를 거론하였다. 첫째 출가 개념 및 전무출신 기본정신 확립, 둘째 교법 체득(교법 이해 및 실천), 셋째 전무출신 품성 함양(진실, 공감, 이해), 넷째 교육자의 역량 강화, 다섯째 학교 간 공유 및 연대였다.

3대사업 가운데 교육사업 기관으로서 영산선학대와 원광대학교는 건학이 념을 실현하는 인재 양성의 요람으로서 큰 역할을 해왔다. 원광대 교학대학 의 건학이념은 교단의 인재육성을 위한 원불교학과의 교육과정을 독립적으로 운영, 불교학의 정립과 세계적 수준의 학문체계 발전을 위한 역할, 원불교 개교정신과 건학정신에 맞는 학교 운영과 협력이라는 세 가지 항목이다. 교 단 교육기관으로서 종립대학의 교수교무들은 각 대학의 건학이념을 실현하 기 위해 최선을 다하고자 노력하고 있다.

　교립 원광대의 전임교수가 된 후에도 여타 교육기관과의 협력이 필요하 다. 원불교 대학원대학교에서 노장철학을 수년간 강의하였으며, 당시 김형철 대학원대 총장이 주재하던 때였다. 그리고 허광영 대학원대 총장이 부임한 이래, 2012년 9월부터 2019년 6월까지 7년간 개방 이사로 선임되어 그 역할 을 하였다. 대학원생들의 강의에 이어서 개방 이사로서 인재 양성의 현장에 협력하며 지적 역량을 키우는 계기가 된 것이다.

　돌이켜 보면 청춘의 나이인 27세부터 인재 양성의 요람인 교학대학에 몸 을 담기 시작하여 출가자로서 학문적 적공과 내적 수양을 해오다가 35세부 터 전임교수로서 막중한 책임감으로 활동하였다. 종립학교는 신뢰받는 교역 자와 존경받는 교역자 양성을 목표로 하며 관련 구성원들의 부단한 노력이 필요하기 때문이다.

　이에 인재 양성을 담당하는 교수로서 존경과 경외심을 받기 위해서는 다 음 몇 가지 항목을 언급하고자 한다.

　첫째, 선·후진 간의 친밀한 가교를 형성하면서 학생들로부터 존경과 신뢰 를 받는 교수여야 한다. 원기 56년(1971) 10월 10일, 교단 반백주년 행사 가운 데 교역자총회에서 교단의 새 방향에 관한 논의를 한 끝에 다음과 같이 교역 자 결의문을 채택하였다. "우리는 선·후진 동지 간에 존경과 사랑, 신의와 화 합으로써 법연을 더욱 두터이 한다." 좌우 인연들의 사랑과 신의가 뒷받침되어야 존경을 주고받으며 돈독한 동지애를 발휘하게 된다. 여기에서 선·후진이란 구체적으로 후진의 예비교역자와 선진의 교역자들이다.

둘째, 교수의 지식 자랑에 앞서 지행(知行)을 일치하는 교수여야 한다. "동양사상은 지식을 위한 지식이 아니며, 실천과 행동을 위한 것이다."라는 도올의 『동양학 어떻게 할 것인가』라는 저술 내용이 설득력을 지닌다. 동양철학 가운데 중국의 주자는 지(知)와 행(行)을 구분한 뒤, 이 양자의 합일을 추구하였으며, 이에 대해 왕양명의 경우 지와 행이 애초 분리되어 있지 않다고 하였다. 예비교역자와의 사적 만남에서, 또한 강의실에서 지와 행이 일치되지 않는 강의를 할 때 서먹해짐을 보았고, 지행합일에 공감의 정도가 깊다는 것을 알게 되었다.

셋째, 교수의 생명력으로서 원불교 사상의 정립에 정성을 다하는 자세가 요구된다. 강돈구 교수는 2009년에 게재한 「원불교의 일원상과 교화단」이라는 연구 논문에서 "이미 원광대학교 교학대학 등을 통해서 교학적인 논문과 책이 많이 발간되어 자료수집과 섭렵에 노력이 따르게 되었다."라고 하였다. 교수라는 직분의 하나가 교리와 사상의 정립이며, 이를 위한 저술과 논문 창출이 교수의 생명력으로 자리한다.

넷째, 봉사의 가치를 소중히 하는 교수여야 한다. 인도의 종교가이자 사상가로서 라마크리슈나(1836~1886)는 "인간이 곧 신(神)의 모습이기 때문에, 인간에게 봉사하는 활동은 다름 아닌 신에 대한 숭배이다."라고 하였다. 봉사활동은 사은(四恩)에 보은하는 행위이다. 소태산은 처처불상이니 사사불공을 하라고 하였는데 봉사활동은 곧 사사불공(事事佛供)과 같다. 성불제중이라는 하나의 서원으로 출가한 예비교무, 그리고 범부 중생 모두가 불성을 간직한 화신불이라는 점에서 인간 불공과 사회불공이 참 봉사의 가치이다.

봉사 가치의 체험을 통하여 출가자로서 사명감을 갖고 사회일터 및 교육현장에서 헌신한다면 이보다 보람 있는 일이 또 있겠는가? 예비교무들이 학창시절을 마치고 교역자로 성장하여 일선 교당에서 사회의 일꾼으로 열심히 살아가는 모습을 볼 때의 보람은 더없이 클 것이다. 인재를 길러내는 교역자라면 이 같은 보람의 가치를 음미할수록 더욱 사명감이 생긴다.

그러나 교육과 연구를 주업으로 하는 교수들의 사기가 저하된 경우가 없지 않았던 점을 솔직하게 고백한다. 교단의 주요 정책 입안에 전문 교수들이 역할을 할 기회가 적다거나, 대학에 근무하는 경우 생활여건에 따른 대학과 총부의 정서가 서먹한 점도 없지 않았다. 그러나 출가자의 시각에서 볼 때 교단의 발전과 원광대의 발전은 서로 맞물리는 톱니의 두 바퀴라는 점에서 서로 공감하고 다가서는 자세가 중요하다고 본다.

인재 양성의 요람에서 공감되고 중 사기를 북돋우는 전화 한 통을 받았다. 2009년 4월 24일 오전 10시, 교산 이성택 교정원장이 전화하였다. 원기 100년을 맞이하면서 「교육의 방향-백년의 비전 수립」과 관련하여 국제 인재를 양성해야 한다며, "류교무가 후진들에게 많은 관심을 가져 국제 인재의 양성에 적극 힘을 쏟아달라."는 것이다. 이에 나는 "교정원장께서 직접 전화를 주어서 감사합니다. 최선을 다하여 국제 인재를 양성하는 데 일조(一助)하겠습니다."라고 하면서 5분 정도 심기일전의 전화 통화를 하였다. 상하좌우의 도반간의 사기를 북돋게 하는 소통의 만남은 서로를 정진케 하는 길이다.

앞으로 육영기관의 교역자들은 전문지식에 더하여 실행력을 갖추고 교단 현실에 대한 안목을 키워가는 영성적 교육인의 자세로 일관해야 한다. 출가 이전인 1973년 10월 12일의 일기 내용을 소개한다. "나는 이론보다는 실천이 중요하다고 본다. 이를 항상 아로새길 것이다." 이것이 교역자로 살아갈 전조(前兆)였던 것이며, 이상적 인생관의 첫 출발이었다고 본다. 청소년기에 기록해 둔 일기장 속의 가치관은 현재 대학 강단에서 아름다운 마무리를 준비하고 있는 나에게 여전히 유효하다.

가르쳤던 교과목들

정산종사는 교단의 실력에 세 가지가 있다고 했다. 그것은 교재를 정비하는 일, 교역자를 양성하는 일, 그리고 교단 경제를 안정케 하는 일(『정산종사법어』 경륜편33)이라고 하였다. 교재정비를 새겨보면서 교학대 원불교학과에서 가르친 교과목과 교재개발을 중심으로 접근해보고자 한다.

1991년 3월 2일, 원광대학교에서 나에게 맡겨진 첫 교과목은 「종교와 원불교」 교양강의였다. 처음부터 전공 교과목은 맡겨지지 않았기 때문에 신입생 4개 분반의 교양과목을 7일에 12시간의 강의를 하게 된 것이다. 교양강의 담당 교수와 같은 인상을 줄 정도로 교양 중심의 강의를 할 수밖에 없었다. 원불교학과 선배 교수들이 이미 전공과목을 담당하고 있었으므로 일단 신임으로서 교양과목을 강의하는 것으로 만족해야 했다.

2년 뒤, 1993년 1학기부터 학년 담임이 맡는 「생활지도」 수업을 하게 되었다. 원불교학과 1학년~4학년이 필수로 듣는 과목으로서 본 교과목은 기숙사 생활과 대학 생활을 망라하여 상담, 안내하는 교과 수업이었다. 처음으로 담임을 맡은 학년은 2학년으로서 '일원학년'들이었다. 이들은 교학대 강의실에서 강의를 시작한 첫 제자들이라 해도 좋을 것이며, 일원학년으로서 조성언, 황덕전, 동정수, 이혜성, 김수련 학생 등의 얼굴이 눈에 선하다.

「생활지도」 수업시간에 만난 일원학년 학생들이 3학년이 되자 봄철, 해외 졸업연수를 하게 되었는데 나는 지도교수로 동참하면서 사제 간의 돈독함으로 이어졌다. 예비교역자들의 첫 해외연수로서 1994년 5월 7일부터 6박 7일의 일정이었다. 일원학년의 지도교수 자격으로서 첫 해외연수의 여정(旅程)에 합류하여 태국, 홍콩, 싱가포르 여행에 동행할 수 있었다.

다음으로 교양을 강의한 지 5년 만에 김형철 교수로부터 전공과목으로서 「중국철학사」를 이어받았다. 김교수는 원불교 대학원대학교의 총장 발령으로 인하여 이 과목을 인계하면서 전공 수업을 하게 된 것이다. 나의 전공이 동양철학이기 때문에 중국철학사 강의를 하게 되었으며, 본 전공 수업에 임하면서 비로소 원불교학과 학생들과의 수업이 자연스럽게 이루어졌다.

교양 외에 원불교 전공과목을 강의하면서 교재개발의 차원에서 2000년 3월 『중국철학사』를 발간하였다. 총 612쪽으로서 원광대출판국 이름으로 출간하였는데, 700부를 인쇄하고 인쇄비는 280만 원이 소요되었다. 『중국철학사』의 신간은 원불교학과 3학년 전공 수업의 교과서로 사용되었다. 교재개발로서 책을 발간하는데 정성을 들였으며 모두 네 번의 교정을 보았다.

2010년에는 전공과목 「일원상론」을 노대훈 교수로부터 이어받았다. 본 교과목은 4박사 가운데 여산 류기현 교수가 강의했던 것으로, 류교수의 퇴임으로 노대훈 교수가 그동안 강의해 왔다. 노교수의 강의가 지속되다가 퇴임 직전에 회의를 통해 나에게 본 강의를 인계해주었다. 「일원상론」을 7년 정도 강의하면서 강의교재로서 졸저(拙著) 『정전 풀이』 상·하권을 발간한 후 개교의 동기, 교법의 총설, 일원상의 진리, 일원상 신앙, 일원상 수행, 일원상 법어, 게송 등을 가르쳤다. 전임이 된 이래 20년 만에 원불교학 강의를 하게 된 소회는 남다르다.

뒤이어 대학원생을 대상으로 중국철학사의 효율적 강의를 위해 『중국철학사의 이해』라는 제목으로 개정판을 발간하였다. 『중국철학사』가 2000년에 발간된 지 16년이 지나면서 문구 등의 새로운 교정과 판형을 다르게 출판하였다. 개정판『중국철학사의 이해』는 동양학대학원 석사생들의 교재로 사용하였고, 또는 일반대학원 박사생들의 교재로 사용하였다. 그리고 동양학대학원 석사과정에서 중국철학사를 강의하는 이천수 교수가 2023년부터 본 교과목을 강의교재로 사용하고 있다.

이어서 원불교학과생을 대상으로『대종경』강의를 맡게 되었으며 본 교재는 졸저『대종경 풀이』상·하권을 중심으로 강의하였다. 「대종경 교의론」을 5년 정도 가르치다가 박도광 교수가 이를 맡게 되면서 나는 「대종경 수행론」을 가르치게 되었다. 10여 년 동안 강의한 범위는 성리품, 불지품, 천도품, 신성품을 포함한 요훈품, 실시품, 교단품, 전망품, 부촉품이다. 2021년부터『대종경』과목이 3과목으로 늘어난 까닭에 「대종경 수행론」의 범위는 요훈품, 실시품, 교단품, 전망품, 부촉품으로 좁혀서 가르쳐왔다.

2017년 2학기에는 「일원상론」 강의를 지속해오다가 후배인 김도공 교수에게 인계하였고, 2018년 1학기에 「신앙론」 강의를 맡았다. 「신앙론」의 강의교재는 또한 졸저『정전 풀이』상·하권이었다. 사은의 강의 범위는 천지은, 부모은, 동포은, 법률은이며, 사요의 강의 범위는 자력양성, 지자본위, 타자녀교육, 공도자숭배이다. 원불교 신앙의 핵심이 사은과 사요이므로 여기에 나오는 원문의 해석, 사은 사요의 형성사, 사은 사요의 의의, 사은 사요의 실천 방법들이 주로 강의 범주이다.

사은 강의의 기대효과에 대하여 「수업계획서」에서 다음과 같이 밝혔다. ① 일원상과 사은의 관계, 일원상과 사요의 관계를 분석한다. ② 사은과 사요의 원문 암기와 이해에 초점을 둔다. ③ 사은과 사요의 등장 배경과 형성사에 대하여 살펴본다. ④ 사은과 이웃 종교의 사은 사상을 비교하면서 신앙혁신의 의의를 모색한다. ⑤ 암기 중심에서 이해에 초점을 두고, 사은 사요의 형성사, 그리고 그 원리와 특징들을 살펴본다. ⑥ 수업시간에 질의응답을 통해서 실천방법을 모색하면서 자율적인 실천 의지를 배양한다.

뒤이어 예비교무들에게 「수행론」을 가르치게 되었다. 「수행론」의 강의 범위는 일원상 수행, 삼학, 팔조, 사대강령이다. 「수행론」의 강의목표는 일원상 수행의 의미파악, 삼학 팔조의 본의 및 실천유도, 원불교의 사명으로서 사대강령의 실천지향이다. 교육의 기대효과는 일원상 수행의 요체를 파악하도록 하며, 일원상과 삼학의 관계를 이해한다. 더욱이 학부생들의 원전 이해에 더하여 토론을 통해서 삼학팔조 수행의 체질화를 지향한다.

그리하여 『정전』의 핵심과목으로서 「신앙론」과 「수행론」의 공통적인 수업 전개 방법은 다음과 같다. ① 강의 진도를 각 15주에 따라 체계적으로 전개한다. ② 강의 사안에 따라 과제를 부여하여 발표하게 한다. ③ 삼학 팔조는 교리의 강령인 교리적 위상으로 파악한다. ④ 교리에 대한 문제의식을 지니도록 하여 학생 스스로 풀어갈 수 있는 실력을 배양하도록 한다.

원불교 교서과목 외에 『사서강독』과 『중국철학사』를 한동안 가르쳐왔는데, 이의 통폐합 교과목은 「유교사상의 이해」로 개칭되었다. 덧붙여 유불도 3교의 철학적 의미가 강조되는 맥락에서 또한 「도교사상의 이해」를 가르쳐온 것이다. 본 강의는 도교사상의 개론적 전개와 더불어 『도덕경』 강의를 통한 동양의 수행론에 초점을 두었다. 원불교학과 동양철학 분야의 강의를 맡아온 셈이며, 2024년도부터 박성호(세웅) 교수가 이를 이어받았다.

강의방식에도 세월의 흐름과 더불어 변화가 있었다. 젊은 교수 시절에는 목소리가 매우 높았으며, 중년기에는 다소 차분해진 느낌이었다. 교수 후반기에는 오히려 조용한 목소리로 요점 파악과 설득력을 중심으로 강의하였다. 강의를 준비하는 자세는 교재를 개발하는 것에 초점을 맞추어 『대종경』 수업 교재로서 『대종경 풀이』 상·하를 2005년에 발간하였고, 『정전』 수업교재로서 『정전 풀이』 상·하를 2009년에 발간하였다. 인재 양성을 위한 교재의 개발이 무엇보다 중요하며, 그리고 강의방식의 진지한 방법론 개발은 교수 교무로서 간과할 수 없는 부분이다.

20년과 30년의 연공상

사위국(舍衛國)의 제타 숲에 머물면서 불타는 아난다에게 '세 가지 착한 뿌리'가 삶의 큰 공덕이라고 하였다. "여래에게 공덕을 심는 것이니 이 착한 뿌리는 끝이 없느니라. 다음에는 바른 법에 공덕을 심는 것이니 이 착한 뿌리도 끝이 없느니라. 또 거룩한 대중에게 공덕을 심는 것이니 이 착한 뿌리도 끝이 없느니라." 이는 「삼보 공양품」(『대정장』 2권)에 나와 있는 법문이다. 삼공 (三功), 곧 여래에 대한 공덕, 정법에 대한 공덕, 대중에 대한 공덕이 중요하다 며 누구나 공로와 공덕을 쌓을 것을 주문하였다.

그동안 나는 어떠한 공덕을 쌓아왔는가를 자문하고 싶다. 원광학원에 몸 담았던 세월을 통틀어 말한다면 네 번이나 강산이 변할 정도이다. 1983년부 터 대학에 몸담기 시작했으므로 2024년 현재 40여 년의 시간이 흘렀다. 원 광대에 처음 근무하면서 계약직의 성격인 조교 4년과 시간강사 4년이란 세 월을 보냈다. 육영기관에서 교육의 업무를 담당하기 시작한 초급교역자 시 절은 그야말로 손발로 뛰고 땀 흘리며 살았던 봉사와 도약의 시간이었다.

조교와 강사 시절에는 학생지도와 지식 불공을 하던 때로서 학문성취에 충실히 하고자 하였다. 석사과정 2년과 박사과정 3년을 수료하는 과정들이 이것으로, 초급교역자 시절은 전문 지성으로서 성장할 수 있도록 전공을 향 한 기초학문에 충실했던 때이다. 이때 석사과정과 박사과정의 학비 마련에 힘들었던 점은 경제적으로 어려웠던 탓이다. 조교의 월급은 당시 15만 원이었고, 조교를 마친 후 강사로서 활동할 때의 1시간당 2만 원 정도였던 것으로 기억하는데 평균 6시간의 시간 강의를 하였으므로 강사료 12만 원 정도 받았다.

이 같은 고단한 지식 불공의 과정을 거친 후 교수로 임용되면서 강의에 연륜이 쌓이기 시작하였다. 세월이 흐르다 보니 자연스럽게 대학에서 '연공상'을 받게 되었으며, 이는 교수 근무를 연수로 계산하여 공로를 표창하는 상이다. 한 기관에서 20년을 근무할 경우와 30년을 근무할 경우 직장에서 포상을 받는다.

20년 연공상을 받을 때는 2011년 5월 15일 개교기념일이었다. 이때 받은 연공상으로는 상패와 금 5돈이었다. 당시 금 한 돈 가격은 20만 원이었으며, 금 5돈을 개인이 보관하는 것보다는 경제적으로 보탬이 되는 것이 좋겠다고 판단하여 교내 학생회관 금은방에서 100만 원에 팔아서 교재개발에 사용하였다.

수여받은 30년 연공상은 2021년 5월 15일 개교기념일에 받았다. 상패와 상품으로 금 10돈을 받았으며, 이를 기념으로 남겨두기로 하였다. 금 10돈이 교직 30년 생활의 보상이라고 생각하니, 강산이 세 번 변한 채 지나온 삶의 희로애락을 표시하는 상징물로서 보관해두어야 하겠다는 생각이 들었다. 하지만 『도덕경』 9장의 교훈이 생각났는데, "금옥만당 막지능수(金玉滿堂 莫之能守)"라는 언급으로서 금과 옥이 집에 있으면 능히 간직할 수 없다는 교훈에 따라 한 돈당 30만 원에 판매하여 교재 발간비로 사용하였다.

30년 연공상의 상패는 제2021-01호로서 다음과 같이 치하하고 있다 "귀하는 원광대학교에 30여 성상을 봉직하면서 건학이념의 구현에 헌신적으로 노력하였을 뿐만 아니라 맡은 바 직무를 성실히 수행하여 학교발전에 기여한 공로가 지대하기에 개교 75주년을 맞이하여 이 상을 드립니다." 대학의 건학이념을 구현하는데 정성을 다한 교역자 생활이 헛되지 않았음을 알 수 있게 해주는 상패인 셈이다.

30년 연공상을 받은 후 가족에게 알렸다. 가족들은 카톡방에 축하의 글을 올렸다. 숙타원 누나는 단톡방에 "와, 수고 많았네요. 축하합니다. 가문의 영광, 남은 생 건강만 하세요. 자랑스러운 철산님, 감사합니다."라고 문자를 보내왔다. 그리고 기산 형은 "축하해, 진짜 가문의 영광이네~^^."라고 문자를 보냈다. 나와 가장 가까운 남매로서 누구보다 더 기뻤을 것이다.

정토 역시 나에게 진심으로 축하한다고 했으며, 자녀 만영과 지수도 아빠가 상을 받아 축하드린다고 하였다. 누나의 딸 이인순 외조카는 "우리 손도심 외할머니 살아계셨으면 정말 기뻐하셨겠네요. 막내 외삼촌 열심히 꾸준히 성실하게 살아오심을 감축드립니다."라고 문자를 보내왔다. 외조카 은경 덕신 인순 3명은 현재 교육공무원으로서 열심히 살아가고 있어 자랑스럽다.

외사촌 형에게서도 축하의 카톡이 왔다. 어린 시절 어머니가 태어난 고향인 외갓집에 자주 갔기 때문에 친화의 감성이 전해진 것이다. 그곳은 북면 화해교당 근처에 있는 오산으로 집에서 2km 거리에 있으며, 도보로 30분 정도 걸린다. 명절 때면 어머니와 외가에 가서 며칠간 머물다 왔다. 외사촌 손봉선 형은 "곧 퇴직하는 것이지? 먼저 동생의 교수 퇴직과 상패와 금메달 10돈 영원하리라. 제2의 인생을 살아가야 하니까 새롭겠네. 환영하고 축하해."라고 하였다. 축하해주는 혈연들의 마음에 감사를 표하고 싶다.

원광대 교학대학 교수들에게 연공상 받은 사실을 알릴까 망설였다. 이때가 코로나 상황이라 행사를 개최하지 않았기 때문에 일부러 알리지 않는다면 모르고 지나가는 상황이었다. 당연히 축하의 글들을 단톡방에서 확인했다. 박도광 교수는 "철산님, 축하드립니다."라고 하였고, 고원국 교수는 "그동안 노고에 감사드립니다. 건강하세요."라고 하였다. 그리고 임진은 교수는 "축하드립니다. 학교를 지켜오셨네요."라 하였고, 염관진 교수와 허석 교수

역시 "축하드립니다."라고 하였다. 학사지도를 담당하고 있는 고승현 교무는 "30년이라니 그동안 너무 애쓰셨습니다. 축하드려요."라고 하였다.

연공상을 받는다는 것은 무엇보다 무탈하게 원불교학 연구, 그리고 학생들 강의와 상담에 정성을 다한 보상이라 본다. 또 연공상의 의의로는 교수로서 사회봉사에 기여했다는 점을 거론할 수 있다. 젊은 교수 시절 10여 년 가까이 학생들의 봉사 지도교수를 하고, 지역민들을 위한 봉사활동을 하며 나름대로 봉사의 가치를 느끼게 되었다. 특히 익산시청의 환경 감시요원으로서 5년 동안 활동하면서 자동차의 매연, 산하대지의 오물 수거에 대한 봉사를 통해 환경의 중요성을 불러일으켰다.

어떻든 교수로서 20년과 30년이라는 두 번의 연공상을 받았다는 것은 인재 양성과 원불교학 정립을 위한 시간이었다는 점에서 직·간접적인 교화의 장에서 봉사했다고 본다. 젊은 교수 시절에 원광대 일반 학생들에게 「종교와 원불교」 교양강의를 통해 원불교를 알리는 간접교화를 하였고, 또 교학대학에서 원불교 사상을 알리는 교재개발 및 예비교역자 양성, 대학원 인재 양성에 노력했던 점이 기억에 남는다.

이제 연공상을 받고 보니 어느새 퇴임해야 할 시기가 성큼 다가왔다. 아쉽지만 '회자정리(會者定離)'의 원리에 따라 후학들에게 물려 주어야 할 시간이 카운트 다운되고 있다. 1991년 문산 김삼룡 총장재임 때 교수로 임용되던 해, 원불교학과 교수는 14명이었던 숫자가 나 외에 이제 모두 퇴임하였다.

대학에서 연공상을 받을 후배 교역자들이 앞으로도 배출될 것이다. 연공상이 단지 세월만 채워서 받는 것이라 보기보다는 한 직장에서 성실하게 근무한 가치를 고려해 보아야 한다. 만일 내생에 어떠한 직업을 가질 것인가를 묻는다면, 현생에서처럼 어느 곳에서 일하든 정성스럽게 불공의 심정으로 임할 것이다.

메시지와 서간문의 주문

"편지 동자야 먹 갈아라. 우리 임 전 편지 쓰자. 병들어 누운 임이 요즈음 어떠신지? 이 편지 받으시와 벗을 삼아 보소서." 감성의 시구(詩句)로 전하는 본 글은 『육타원종사 문집』에 나오는 편지 내용이다. 신앙공동체에서 도반들과 서신을 주고받는 마음은 정겹고 고운 동자를 만나는 기분인 것 같다.

물론 자신의 진솔한 마음을 담아서 편지로 전하는 일은 쉽지 않은 일이다. 서로 허물없고 무난한 관계가 형성되어야 가능한 것으로서 격려하고 인정해 주며 감사함을 전하는 글이야말로 나의 존재이유이며 살맛 나는 세상을 살아가는 길이다. 상대방에 대한 예절을 갖춘 감성의 공유 속에서 조용하게 자신의 마음에 비추어 문자(메일, 카톡, 메시지)를 보내는 일은 상호 신뢰와 공감이 뒤따라야 가능한 일이기 때문이다.

예비교역자들과 잦은 만남과 메일 교환을 했던 시기가 2000년 전후의 젊은 교수 시절로서 이때 학생들과 소통의 의욕이 충천했다. 그 당시를 떠올리며 이들과 주고받았던 서간문과 메일을 중심으로 공유의 감성을 터치해 보고자 한다. 소태산 대종사는 평소 지방 교무·교도들에게 말하였다. "나한테 편지 자주 해라. 어떻게 살아가는지, 어떻게 공부하는지 사실대로 숨김없이 써야 한다. 그래야만 공부가 날로 발전할 수 있을 것이다." 편지나 메시지는 상호 어떻게 공부하며, 성숙한 삶을 어떻게 살아가는지 직·간접으로 알게 해주는 매체이다.

원불교학과 2학년의 한 예비교무가 '수업 과제물'에 대해 질문한 메일 내용이다. "리포트를 자세히 읽어서 저희에게 조언을 해주는 교수님은 아마 처음이 아닐까 생각이 듭니다. 실망은 하지 않습니다. 부족하다는 건 채울 수 있는 희망이 있고, 발전의 가능성이 있기에 더 기쁩니다." 리포트의 작성이 형식적인 측면이 없지 않아 분발토록 꾸중을 했음에도 불구하고 오히려 자신 반성의 계기로 삼은 예비교무의 심법이 아름답다.

어느 봄날의 토요일, 새 학기에 서원관 3학년에 편입한 6명들과 소중한 만남을 기리며 미륵산에 놀러 갔다. 미륵산 입구에 있는 「신토불이 식당」에서 순두부를 먹고 미륵산 등산을 하였는데, 그날 저녁 한 편입생이 "미륵산에 오르면서 행복한 시간을 나누었습니다. 편입생들에게 힘 밀어주어서 감사합니다."라고 메일을 보내왔다.

다음으로 서원관 2학년에 재학 중인 어느 예비교무가 '열정'을 거론하면서 보내온 내용이다. "교수님의 열정, 그것은 과연 어디에서 오는 것일까요? 저 자신을 바라보면 꺾이곤 하는데 교수님을 보면 많은 반성을 하게 됩니다. 아마도 법신불에 대한 간절함과 끊임없는 기도 속에서 열정이 나오는 것이 아닌지 생각합니다." 나에게 과분한 표현이지만 학생들을 가르치는 시각에서 볼 때 지도자라면 누구나 사명감 속에 열정이 뒤따른다.

대학만이 아니라 원불교 대학원대학교에서도 한동안 강의를 한 적이 있다. 나의 「노장철학연구」 강의를 듣던 이곳 대학원생 14명과 수업을 마치고 미륵산에 다녀왔다. "환영해주신 교무님 감사합니다."라고 답신이 왔다. 원광대에서 강의하고 학문의 폭을 넓히면서 원불교 대학원대학교에서도 출강하였기 때문에 예비교역자들과 미륵불을 기리며 미륵산 정상에 올랐다.

2천 년 초반 11월의 쌀쌀한 계절에 대학원대학교에 재학 중인 황덕전 예비교무가 이메일로 보낸 편지 내용이다 "교수님과 저희 일원학년은 불적지

답사로 태국 홍콩 싱가포르를 다녀왔는데, 그때 참 재미있었어요. 꿈처럼 아련히 떠오르네요. 그때 여행 기억을 떠올리면 교수님의 통역에 의지해서 여행했던 것이 제일 먼저 생각납니다." 예비교무들이 역사상 처음으로 해외연수를 갔을 때 첫 담임 교수로서 동참했던 추억이 아련하게 다가온다.

이어서 '깨달음'을 전하는 스승 상을 주문하는 메시지도 있다. 대학원대학교 1학년 예비교무가 보내온 메일이다. "교무님, 늘 깨어있는 스승의 모습으로 있습니다. 그 자리에 그렇게 우뚝 서 계심이 저에겐 큰 은혜입니다. 보내주신 책은 많은 이에게 깨달음을 주고 스스로 공부의 자료로 활용하겠습니다." 깨달음을 향하는 것은 교역자 모두의 과제이다. 사제 간의 돈독한 인연이 계속되는 것도 무명(無明)을 벗어나는 과정일 것이다.

다음은 교역자들과 주고받은 메일 내용을 소개해 본다. 어느 날 P교무가 보내온 메일 내용이다. "교수님의 따뜻한 정에 마음이 훈훈해지고 항상 정진하는 모습이 좋습니다. 스승님들의 기대에 어긋나지 않는 후진이 되도록 노력하겠습니다." 선·후진들 사이에 상대방을 항상 공경하면서 부족함을 채워주는 격려의 글들이 참으로 멋지다.

이처럼 서신이나 메일의 교환은 상호 신뢰 속에서 안부를 묻고 법정(法情)을 공유하기에 충분하다. 연말에 J교무가 보내온 글이다. "원불교 이론의 산실인 대학에서 책이 많이 나오지 않는다는 생각을 하고 있었는데 여러 권의 저서를 발간하는 교수님을 볼 때마다 대학에서 바쁘게 사는 분이라 생각했습니다." 산고(産苦)의 고통을 겪는 저술에 대해 격려해주는 도반의 글을 읽다 보면 어느새 지난 고통을 잊곤 한다.

미국에서 교화를 하고 있는 H교무가 살가운 메일을 보내왔다. "살아가면서 사람들에게 자신에 대해 많은 찬사와 얘기를 듣지만 고요하고 소박한 모습이라 표현해준 분은 교수님이 처음이 아닌가 합니다. 몇 번이나 물음표를 달아보았어요. 그리고 철학자 입장에서, 교무 입장에서, 박사 입장에서, 종교학자 입장에서 그렇게 고요하고 소박한 모습의 주인공이 되어야겠다는 생각을 했답니다." 주고받는 이미지가 자신의 성찰 속에서 여러 호칭으로 투영된다.

어느 해 정초에 교무가 나의 아이디에 대한 섬세한 감상을 보내온 메일이다. "언제나 느끼는 것이지만 버드나무(애칭)와 stream(시냇물-이메일 주소)이 정말 어울린다는 생각입니다. 새해에는 더욱 건강하세요. 모든 일들 원만 성취하기를 염원합니다. 저도 교수의 응원 속에 열심히 살겠습니다." 사소한 일같지만 세밀한 관심과 감성의 공유는 시너지 효과를 낳는다.

어느 해 11월 중순에 원불교 대학원대학교에 근무하는 K교무가 사회적 역할을 희망하며 보내온 메일이다. "학창시절 총부에서 동료들에게 영어를 가르치는데 쩌렁쩌렁하게 열정을 다해 가르치던 기억이 생생합니다. 요즘도 늘 마음을 다해 가르치는 모습을 멀리서 바라고 있습니다. 가까운 인연이나 동창 교무에 대한 마음의 열정을 교단과 사회에 환원한다면 참으로 큰 에너지가 되리라 생각합니다." 좌우 인연에 대한 관심과 사회적 역할을 강조하는 모습에서 제중(濟衆) 사업의 소명의식을 불러일으켜 준다.

다음은 내가 기고한 글에 대하여 감상을 보내온 것으로, 2천년대 어느 4월에 제산 손흥도 교무가 보내온 메일이다. "류교수님, 66동이와 함께 한 멋진 사진 잘 봤습니다. 따뜻한 관심 항상 감사드립니다. 이번 원불교 신문에 연재해주신 '문명충돌론과 종교분쟁'의 내용은 잘 읽었습니다. 세계적인 관심의 핵심 사항을 밝게 정리해주어서 모두의 지견을 열어가게 해주니 우리 교단의 큰 경사입니다." 제산님은 1991년 이래 한의대에서 교수로 역할을 한 분으로 공심과 신심이 장하여 항상 닮고 싶은 선배교무이다.

또한, 내가 선물로 보내준 저술에 대하여 Y교무가 보내온 메일이다. "교수님이 직접 축하도 해주고, 거기다 책까지 보내주어서 기분이 좋았어요. 교수님을 보면 노력하는 느낌이 들곤 했었어요. 저는 조금 게을러요. 익산엔 이미 첫눈이 내렸다던데, 겨울맞이 따뜻하게 하세요?" 정녀 선서의 길을 축하하는 글을 보내면서 졸저를 선물한 것에 대한 답신이다. 겨울의 첫눈 소식을 전하는 감성이 따스하게 전해오는데 교도들 교화에도 이러한 감성을 잘 터치하는 교무라는 생각이다.

2009년 7월 17일 사천교당의 장연환 교무가 보내온 뜻밖의 메일로서 졸저(拙著)에 대한 감사의 글을 소개한다. "어느 교무님이 교화 현장에 나오면 설교 준비가 되지 않아 늘 준비되지 않는 설교를 하게 되어 고민이라고 할 때 이해하기 어렵더니, 한 교당에서 3년째를 맞이하면서 어린이집과 교당을 함께 운영해야 한다는 핑계로 정말이지 이제는 법회준비가 어렵습니다. 고민 끝에 원광문고에서 교무님의 『정전 풀이』를 비롯해 『대종경 풀이』, 『정산종사법어 풀이』까지 구입하여 교학과 학생 기분으로 공부하면서 법회준비를 하니 정말 쉽습니다. 법회를 준비할 때마다 '이 책이 없었더라면 어떠했을까?'를 어느 선배교무에게 말했더니 마음속으로만 그러지 말고 직접 전하라 해서 이렇게 고마운 마음을 전합니다." 여러 메시지의 감성 가운데 이 글은 동토(凍土)에 눈 녹듯이 위로를 받은 느낌이다.

다소 과분한 표현들이 섞여서 첨삭하고자 했지만, 내용 그대로 올리는것도 생생할 것 같아서 받아본 글 그대로 옮겼음을 양해 바란다. 서로 문자메시지와 이메일, 혹은 편지를 사심없이 주고받으며 안부를 묻고 격려하는 인생의 도반이 있다는 것은 아름다운 삶을 엮어가는데 큰 자산이 아닐 수 없다. 그동안 받은 메일을 소중하게 보관해왔고 그 가운데 지면이 허락하는 선에서 그 내용을 소개하였다. 지나온 날의 아름다운 감성을 담아 보낸 도반의 글들을 읽다 보면 어느새 시간 가는 줄 모르며, 이는 어느 한 사람만의 감성은 아닐 것이다. 한 순간이라도 서간문이나, 문자메시지, 카톡을 통해 공유의 감성을 전하는 가슴 따뜻한 감성의 교역자상을 기대해 본다.

노을은 아름답다

어느 가을 석양에 어느 법동지가 보내온 글이다. "저녁 먹고 원광대 캠퍼스를 산책했습니다. 노을 지는 저편을 보면서 많은 생각을 했습니다. 지금은 그냥 앞만 보고 가는 것이 중요한 것 같다는 생각이 듭니다. 간간이 아주 간간이 뒤돌아보면서요." 이 글을 받을 당시에 나는 40대 교수였는데, 60대 후반에 들어선 원로가 되어 되돌아볼 때 '노을'이라는 용어가 범상하지 않음을 알게 되었다.

초등학교와 중학교 동창생들의 일부가 세상을 하직하고 고등학교 동창생 몇 명도 세상을 떠났다는 소리가 들린다. 세월은 무상하다던가? 매스컴에서 70세 동갑들이 여행을 와서 한 방송과 인터뷰를 하는데 동갑내기 40%도 안 남았다는 소식에 세월 무상을 느낀다. 60대든, 70대든 간에 인생의 석양 근처에 도착하고 보니 쓸쓸한 여명(黎明)에 접어든 인생길에 보람이 있었지만 아쉬움도 남는다.

세월이 흘러 인생 후반의 노을 무렵에 연어의 귀소본능을 연상하듯이 고향을 다시 한번 생각해 보며 명상에 잠기는 시간이 많아진다. 몇 년 전에 이어서 2023년 10월 12일, 고창읍성과 핑크뮬리 정경을 구경하고 오면서 고향 탄생가에 가보았다. 잡초가 우거지고 무상함이 그대로 전해온다.

수양의 마음으로 고향을 다녀오고 다시 자연 명상을 즐기며 뿌리 의식을 생각하면서 태어난 고향이 소중하다고 판단하였으므로 시골에 부모가 살았던 고향 터전을 그대로 가슴에 간직하고 있다. 말년에 한 번씩 가보고자 하는 회귀 본능의 현장이다. 금곡마을은 아버지가 태어나고 어머니가 열반 전까지 살았던 고향으로, 어린 시절 나의 큰집이었던 조그마한 집터는 낙엽귀근(落葉歸根)의 소식을 알리고 있지 않은가?

낙엽이 흩날리는 석양의 노을은 쓸쓸한 사계절 가운데 가을 중반과도 같다. 가을의 아름다움은 우주 대자연을 매우 황홀하게 한다. "거리에는 코스모스 나풀나풀, 농촌의 황금 열매인 벼의 고개 숙임 등 모든 게 황홀하게 보인다. 사람들은 봄을 화창한 계절, 여름을 녹음의 계절, 가을을 여명의 계절, 겨울을 은둔의 계절로 생각한다. 이 계절들 가운데 나는 여명기의 가을이 제일 좋다." 고등학생 때의 일기장이 현재의 나 자신을 연상시키는 것 같다. 가을은 스산하지만 분명 1년의 후반기로서 결실의 계절인 것이다.

노을을 바라보는 시간이 많아진 요즘, 교학대학 5층의 연구실 복도 서쪽에 서서 총부 너머에 붉게 물든 태양을 바라보며 아쉬워하고 있다. 연구실 바로 옆에 공간이 있어 베란다에 의자를 놓고 서산으로 지는 태양을 물끄러미 바라보는 심정은 현재의 인연들과 회자정리(會者定離)로 임하는 심경과 같다. 젊었을 때는 그럴 틈이 어디 있겠느냐며 화들짝 하겠지만, 이순(耳順) 중반을 넘기면서는 남의 일 같지 않다. 원불교 총부 너머를 바라보면 고속열차가 서울과 목포로 오르내리고, 노을에 줄지어 날아가는 철새 기러기 무리를 멋진 사진으로 남기고 싶지만, 카메라를 이내 들이대면 어느새 기러기는 저만치 날아가고 있다.

벌써 해탈을 화두로 삼는 노인의 티가 난다는 말인가? 1952년 헤밍웨이가 『노인과 바다』를 저술한 소설책이 생각난다. 늙은 어부 산티아고는 84일째 물고기를 한 마리도 잡지 못한다. 노인은 포기하지 않고 다시 바다로 나선다. 다른 어부들이 가보지 않은 더 먼 바다까지 나간 노인은 마침내 아름다운 청새치 한 마리와 맞닥뜨린다. 하지만 그 청새치는 노인의 조각배보다 힘이 셌다. 노인은 며칠에 걸쳐 바다에서 청새치와 고독한 사투를 벌인다. 결국, 그 노인은 녹초가 되어 소년이 기다리는 항구로 뼈만 남은 물고기를 들고 돌아온다. 아침 햇살과 달리 황혼의 쓸쓸함을 느끼게 하는 소설의 한 장면이다.

황혼에 접어들 즈음, 절망이 아니라 새로운 희망을 품은 도연명(365~427)은 이모작의 소식을 알았던가? 진나라의 유명한 은둔자로서 자연파의 시인이자 생명파의 시인 도연명의 「잡시」를 소개해 본다. "동쪽 울타리 아래 국화 한 송이 꺾다가, 문득 한가히 남산을 바라본다. 산 기운 맑아서 저녁노을이 곱고, 나는[飛] 새와 함께 돌아온다." 도연명이 남산을 바라보니 어느새 하루는 다 가버리고 석양이 됨을 알게 되었다. 그렇지만 산하대지의 기운이 맑음을 알고서 다시 창공을 날아가는 새와 더불어 희망을 안고 집에 와서 희망의 날을 기약한 것이다.

서산에 걸친 노을의 태양을 바라보는 중·노년기의 감상이 청년 시절과 다른 것은 사실이다. 한 여류 여행가는 『바람의 딸 걸어서 지구 세바퀴 반』 1권에서 노을이란 사라지는 것으로 보고 있다. "아름답게 물들어가는 저녁노을을 바라본다. 그러나 노을은 오래 가지 않는다. 아름다운 것은 늘 저렇게 잠깐 있다가 사라지는 걸까?" 이순을 넘은 그녀에게도 노을의 상념이 새롭게 다가설지 모를 일이다.

노인의 쓸쓸함은 『마의상법』의 「면상」 편에서 기색으로 나타난다. "얼굴 털 색이 가늘고 부드럽고 혼탁하면서 마르며 바람이 없어도 먼지가 있는 듯 하면 주로 가난하여 요절하여 죽는다." 노인의 얼굴 기색은 그야말로 초췌한 모습이다. 근육마저 나약하면 걷기도 힘들어진다. 그러나 노인들이 근면하고 운동에 집중한다면 관상법에서 말하는 것처럼 요절보다는 장수할 수 있을 것이다. 노년기에 접어들어 생명의 경외감으로 생동감 있게 살라는 경종으로 다가서는 글이 아닐 수 없다.

노을 무렵을 살아가는 사람들은 경외감으로 다음 글을 읽을 필요가 있다. 초로(初老)의 한 신사가 묻는다. "저는 이미 늙기 시작하였는데 아직 제 몸을 신중히 다스리지 못하고 있습니다. 지금부터라도 정신을 가다듬어 몸을 신중히 다스려서 복, 재산, 장수를 얻고자 합니다." 미즈노 남보쿠는 다음과 같이 답한다. "당신이 1년 이상의 여명(黎明)을 가지고 있다면 지금부터 1년 동안 조심하면 그 후 1년을 더 살 수 있다. 또 10년의 여명이 있다면 그 10년 동안 삼가고 절제하여 그 후 10년을 더 살 수 있다." 이처럼 여전히 여명이 남아 있다면, 그리고 여명을 준비하면 인생은 희망적이라는 것이다.

노을이 절망으로 비춰지는 것이 아니라 희망으로 보이는 것은 늙음이 아니라 노사연의 노래 가사처럼 '익어감'의 인생에 가깝기 때문이다. 이순을 넘기고 오랜만에 초연한 고독의 시간을 선물 받으니 얼마나 황홀한가? 석가모니는 "아아 짧구나, 사람의 생명이여! 백 세에 달하지 못하고 죽는다. 설령 더 오래 살고 싶어도 늙음 때문에 죽는다."라고 하였다. 늙음 때문에 죽는다는 사실이 고독함으로 이어지는 것도 사실이다. 노을과 대화를 통해서 더욱 고독해지며, 그것은 성숙한 '나'에게로의 부단한 노크인 셈이다. 경기의 후반전에 진땀 나는 역전승의 쾌감처럼, 지난 허울의 가면을 벗어버리고 이제 진실 면목의 자신을 향한 성찰의 몸부림이 필요하다. 전반전에는 바쁜 인생을 살았다면 후반전에는 초연히, 그리고 여유롭게 살아야 할 이유이다.

노을녘에 노송(老松)을 보면 더욱 아름답다. 노송은 그대로가 아름답다는 사실을 있는 그대로 직시할 필요가 있다. 노익장을 선보이려는 안위적 행동은 좋지 않다고 본다. 대산 종법사는 소나무를 가리키며 "소나무야, 너는 언제 그렇게 컸느냐?"라고 묻는다. 소나무는 "어떤 모진 비바람 눈보라가 몰아치더라도 잘 견디었기에 그렇게 컸다."라고 했다. 본 법문은 대학 2학년 때 기록한 수행일기로서 노년기에 접어든 자신에게 던지는 화두이자 또 모두에게 영생(永生)을 준비하라는 노송의 메시지로 다가오고 있다.

마음일기 모음

일기는 자신의 행동을 진솔 투명하게 하며, 그것은 쌓여가는 세월 속의 맑은 얼굴이라는 흔적을 남기도록 인도해준다. 정창환의 『얼굴 여행』(도솔 오두막, 2006)을 읽어보면 고개가 끄덕여진다. "사람은 생긴 대로 산다. 둥글게 생겼으면 둥글게 살아가고 모나게 생겼으면 모나게 살아간다. 그리고 그 삶은 얼굴에 둥글게 또는 모나게 흔적을 남긴다. 그래서 얼굴이란 한 사람이 살아온 '인생의 일기장' 같은 것이다." 우리 각자의 얼굴은 살아온 삶의 일기장이라고 하니, 내 얼굴은 어떤 모습인지 당장 거울을 보고 싶어진다.

인생을 통틀어 남겨진 흔적 가운데 중학생 때부터 기록한 나의 「백화일기」는 단연 보물이다. 청소년기의 성장통을 겪으면서 감상을 기록한 것으로 일기장은 더없이 소중한 이유이다. 대학생 시절의 「수행일기」에 이어서 교역자 생활을 하면서 기록한 「마음일기」는 불성(佛性)을 지닌 '나'를 찾아가는 것으로 영성을 살찌우는 매개체였다. 날마다 꼼꼼하게 기록하지는 못했지만, 하루의 생활상에서 감각감상과 심신작용처리건이 있을 때마다 수행의 일기를 썼다.

어느 해 5월 6일의 마음일기로서 「자유의 창공」이라는 제목으로 다음과 같이 기록하였다. "교학대학 5층 복도에서 참새 울음소리가 구슬프게 들려 가보았더니, 복도 안에 들어온 참새가 밖으로 다시 나가지를 못하고 울부짖고 있었다. 그 참새를 잡고 보니 참새의 주둥이가 아직 여물지 않아 겨우 날아온 새끼임을 알았다. 그 참새를 잡아서 곧바로 창밖으로 날려주자 참새는 자유를 찾은 듯 허공을 향해 힘차게 날아갔다. 참새의 자유를 찾아준 나에게 아무런 고마움도 표하지 않고 도망치듯 날아갔다." 아마 날아가면서 "오늘 나는 참 운이 좋았어."라고 지저귀며 날아가는 자유 새의 모습을 바라보며, 미물 곤충이라도 살고자 하는 생명력 앞에 그저 신비할 따름이다.

7월 19일에 기록한 「수도인의 불감증」이라는 마음일기를 소개한다. "요즈음 교역자들의 불감증에는 3가지가 있음을 생각하였다. 첫째, 목석 도인형의 불감증이다. 수도인은 목석처럼 살아야 할 때가 있다. 그러나 사회적 동물인 인간은 상호 인간관계에 있어서 감사의 표현을 모르는 목석같은 삶이 과연 바람직한 수행인가? 둘째, 세속 초탈형의 불감증이다. 초탈락이라면 좋을 터인데 세상을 귀찮다는 듯 별로 반응이 없는 것은 오히려 자신의 무기력을 더하게 해준다. 셋째, 무관사 부동형의 불감증이다. 수도인으로서 무관사에 부동해야 하는 것은 당연한 일이다. 그러나 세상은 나와 관련이 없다는 식으로 냉담자로서 살아가는 행위는 바람직하지 않을 것이다." 주고받는 선물에 대한 감사의 표현 부족이라든가, 챙겨줘야 할 일들에 소홀히 하는 모습이라면 아무리 수도인이라 해도 냉정한 성격의 소유자일 것이다.

어느 신년 1월 19일, 손방 제17단의 일원으로서 「숭례문 국보 1호의 화재를 접하고」라는 제목으로 기록한 마음일기를 소개한다. "국보급이 2008년 2월 10일 밤의 화제로 5시간 만에 사라진 후 11일 아침에야 국민은 이를 알고 망연자실했다. 얼마나 부끄럽고 창피한 일인가? 철없는 노숙자가 '확 불 질러버려.'라는 소리와 함께 저질러진 참극이다. 오늘 국보 1호의 화재손실을 안타깝게 바라보며 우리의 마음공부가 시민의식으로 이어지길 기원한다." 그 외에도 서구종교 맹신주의자에 의해 발생한 낙산사의 화재를 보고 국보급 사찰이 사라지는 안타까움마저 보았다.

해를 바꾸어 2월 8일의 「군교화의 활력」이라는 제목의 마음일기로서, 내가 속한 교화단에서는 처음으로 군 교화에 힘을 불어넣기 위해 논산 군종 센터를 방문하였다. "아침 8시 30분에 총부 정문에서 출발하여 논산훈련소에 가보니 이미 군인들이 법당에 들어와 영상물을 보고 있었다. 전국 각지에서 훈련소에 들어온 젊은 군인 500여 명이 법회에 참여했는데, 원불교에 다녔던 젊은이들은 6명에 불과하였다. 나머지는 논산훈련소에서 처음으로 원불교에 왔다고 하며, 원불교 법회에 모두가 잘 적응하려는 듯 김홍기, 이윤원 교무의 활력 넘친 법회 기운에 흠뻑 빠져들었다." 원불교의 군 교화가 활발하게 전개되고 있음에 감동의 전율로 다가온 것이다.

2010년 11월 2일 「가을, 수도인의 결실」이라는 제목으로 마음일기를 작성하였다. "거년과 금년의 가을은 모두의 우주의 한 수레바퀴에 의해 굴러가는 성주괴공 속의 춘하추동이 아니던가? 가을을 맞이하는 농부처럼, 겨울을 기다리는 철새처럼, 봄을 기약하는 들꽃처럼, 여름을 고대하는 피서객처럼 우리는 이렇게 살아왔다. 또 그렇게 궤적을 그리며 살아갈 것이다. 하지만 잊을 수 없는 것은 가을이 갖는 결실이다. 수도인의 참맛은 적공의 시기를 놓치지 않는 결실에 있지 않은가?" 나의 마음 도량을 통해 지속적인 적공의 결실을 염두에 두며 쓴 일기이다.

또 다른 어느 해 9월 어느 날, 가을 하늘을 바라보며 「가을 산책과 황등호수」라는 제목으로 마음일기를 기록했다. "우리는 굳이 가을 혹은 겨울이라고 한정하며 계절의 감성에 대하여 언어로 표현하곤 한다. 언어의 현란함으로 세상 변화를 치장하곤 하는데 자연은 무엇이라 표현하지 말라고 해도 스스로 표현해낸다. 소태산은 『대종경』 불지품에서 인간락을 벗어나 우주 대자연의 천상락을 느끼도록 했다. 이곳에서 또 허공법계를 소유하라고 했고, 대자연의 박람회 교훈을 전했다." 가을에 접하여 높은 가을 하늘을 바라보며 초기교단의 흔적이 스며있는 황등호수를 산책한다면 욕심의 굴레로 인해 만들어진 갈애(渴愛)를 극복할 수 있을 것이다.

2016년 1월의 「사회인 불공」이라는 제목으로 수록한 마음일기를 소개해 본다. "어느 날, 석사 논문의 지도를 받으러 온 대학원생에게 논문지도를 하면서 부족한 부분을 혼내듯 지적하자 '미치겠습니다. 죄인 취급하는 느낌을 받습니다.'라고 하였다. 논문지도에 있어 부족한 부분이 태반이어서 지적을 좀 심하게 한 결과이다. '왜 이렇게 기본적인 주석(註釋)을 다는 법도 몰라요? 문장이 말도 안 되네.'라고 하니까 그에 대한 답변이 미치겠다느니, 죄인 취급당하는 기분이라는 것이다. 이에 나는 등골에 식은땀이 흐르는 것 같았다. 며칠 후 간접적으로 들리는 말이 '자신이 말한 잘못을 잘 안다.'라는 것이었다. 앞으로 학생 불공을 보다 친절하게 해야겠다는 마음을 가졌고, 화난 마음을 삭이는 데 애를 먹었다." 숨막히는 교화현장이 따로 있겠는가?

어느 해 6월 1일 출사(出寫)로 사진교화단 활동을 하면서 제출한 「춘하추동의 미학」이라는 제목의 마음일기를 소개한다. "자연의 변화가 과거와 현재가 같이 굴러가는데, 오늘의 변화 상황이 색다르게 다가오는 이유는 무엇인가? 굳이 이를 거론한다면 카메라를 가까이 한 취미 덕분이라 본다. 즉 아름다운 자연을 담아내는 사진 교화단에 합류하게 된 것과 무관하지 않다. 자연의 변화에 흠뻑 빠져버린 나의 현재 일상이 그리 싫지만은 않다." 무미건조한 삶 속에서 자연의 변화를 담아내는 카메라의 신비로움에 그저 매료될 뿐이다.

2018년 5월 10일 수록한 「봄바람」 소재의 마음일기를 소개해 본다. "봄바람은 사가 없건마는 산 나무라야 그 기운을 받는다고 했다. 요즘 강의를 하면서 느끼는 것으로 열심히 경청하는 학생들이 있는가 하면, 어떤 학생은 그저 시간 가는 줄 모르고 조는 학생이 있다. 바쁜 일상에 의해 피곤함이 있을 법한 일이다. 혼을 냈더니 이내 정신 차려 마음을 챙기고 수업에 임하는 모습을 보면서, 그것이 바로 봄바람을 잘 받아들이는 태도일 것이다." 조는 학생을 엄한 경책으로 다시 챙기게 했으니, 학생에 대한 선생의 자비로운 경책이 필요하다. 이내 '은생어해(恩生於害)'라는 용어가 떠오른다.

2021년 6월 22일에는 「교서증보판 오류와 사이버 대화의 도」에 대하여 마음일기를 기록하였다. "『원불교 전서』 증보판의 오탈자 교정에 대한 원불교 교무들의 관심사는 다른 어느 때보다 뜨겁다. 교서의 정역 사업은 더욱 시비가 따를법한 일이다. 대종사와 역대 종법사 법어의 문자 교정이 쉽지 않기 때문이다. 언어는 시대에 따라 변하며, 교리는 시대에 따라 체계화 과정을 밟는다. 정역 사업에는 시비가 있으므로 반드시 공청회와 감수작업이 필요한 작업이었다고 홀로 가슴을 쓸어내린다." 이러한 교서 정역 작업 가운데 어느 하나에 소홀할 경우 문제의 소지가 생긴다. 늦은 감이 있지만, 오류수정과 감수작업들이 성찰되고 차기의 결집에 도움이 되어야 할 것이다.

2021년 10월 13일, 「코로나 펜더믹이 주는 교훈」이라는 제목으로 마음일기를 썼다. "코로나 자체는 절멸되어야 할 바이러스 병이며, 그로 인한 지구촌 펜더믹 현상은 인간의 고통을 가중시킨다. 선지자들이 구한말 각종 괴질 등 병증의 심각함을 지적하고 있음을 보면, 오늘의 이 현상이 괴질의 단면이라면 어떻게 받아들여야 할 것인가? 병든 사회인 현실을 우리가 인지한다면 그 치료법이 앞으로 시대적 교법이 될 수 있다고 본다." 코로나가 무서운 전염병임에 틀림없지만 방역사업에 합력하고, 나아가 원불교는 지구 환경보호에 앞서야 할 것이다.

지난 시절의 「백화일기」, 「수행일기」, 「마음일기」의 내용을 소개하면서, 일상을 기록하는 일지의 형식이 아니라 마음공부에 도움이 되는 감각감상과 심신작용 처리건을 기록하는 생활 일기는 '지견(知見)'을 넓히고 수양력을 얻기 위한 원불교 일기법의 특징이다. 1932년(원기17), 소태산은 훈련법을 정기훈련법과 상시훈련법으로 나누고 정기훈련과목으로서 정기일기를 쓰도록 하였다. 일기 기록을 통해서 역사의식에 근거한 정견(正見)의 해오(解悟)를 얻는 일은 지속적인 신앙체험과 수행의 보람이다.

'슬로우' 인생을 꿈꾸며

근대 과학의 좌우명은 '속도'였으며 생존경쟁의 사회에서 굼뜬 꼴을 보아줄 수 없었다. 우리는 '빠르게 더 빠르게 좀 더 빠르게' 슬로건을 내걸고 달려왔다. 속도감엔 그리움, 아쉬움이 있을 여지가 없다. 숭산종사는 "참으로 세월은 빠르다. 빠르다 못해 달려가는 시간, 되돌아보면 모든 것이 서툴고 보람보다는 아쉬움이 많은 발자국을 남기고 흘러가고 있다."라고『숭산문집』에서 회고하고 있다. 사람들 사이에 회자되는 말로 거북이는 느리지만 토끼는 빠르다고 하며 완급의 속도에 놀아나는 인생사였다.

세월이 빠르다거나 느리다고 하는 사람들이 있다. 느리다고 푸념하는 사람은 현실의 삶이 너무 고달프거나, 현재의 힘든 상황이 빨리 가기만을 기다리는 심리일 것이다. 나는 1982년 3월에 군에 입대하여 부산 동백섬이 보이는 용호동에서 해안 방어의 임무를 수행할 때 세월이 참 느리다는 것을 알았다. 제대를 앞둔 군인들에게 '국방부 시계'는 느리게 가는 것 같았다. 언제쯤 군 복무 마칠 것인가를 지겹도록 고민하기 때문이다. 신병이 자대에 배치되어 들어오면 고참은 "너의 제대일이 언제냐?"라고 묻는다. "몇 년 몇 월입니다."라고 하면 상관은 짠한 얼굴로 신병을 바라본다. 하나같이 군인들은 세월이 빨리 갔으면 하는 바람일 것이다.

정말 세월이 빠르다는 사람들이 있다. 연말이 되면, 한해가 바뀌고 나이가 한 살 더 먹게 되면서 세월이 빠르다는 것을 알게 된다. 1973년 12월에 기록한 일기장을 뒤적여 본다. "세월은 붙잡을 수 없이 빠르구나. 세월이 빠르다고 탓할 것만이 아니라 매일매일 거기에 따르는 노력, 즉 땀방울이 있어야 한다." 세월이 빠르던, 느리던 세월 자체가 빠르거나 느린 것이 아니며, 내 마음의 조급함이 그 영향을 미친다. 철없던 중학생 시절의 세월 감상이 어떻든 간에 삶의 여유를 갖고 살아가도록 해야 할 것이며, 너무 빠르다거나 느리다는 생각도 그 순간의 심신작용과 관련되어 있다.

세월이 빠르기도 하고, 느리기도 하다는 생각은 일상적으로 자신의 나이에 빗대어 그 완·급의 정도를 가늠하게 해준다. 곧 세월의 흐름 정도가 20대에는 20km, 30대에는 30km, 40대에는 40km, 50대에는 50km, 60대에는 60km로 달린다는 말이 그것이다. 시간은 어김없이 흘러가지만, 나이가 들수록 세월이 빠르게 가는 것 같다. 대체로 50대부터 세월이 빠르게 지나가는 것을 직감한다. 해야 할 일은 많은데 아직 이루어 놓은 것이 없다는 아쉬움으로, 설상가상 이순(耳順)부터 가속도가 붙어서 세월이 더 빨리 가버리는 기분은 이내 지울 수 없다.

빠름과 느림의 미학(美學)으로서 아리스토텔레스의 『상학』에서는 느리게 행동하는 사람의 징표는 '품행이 단정한 사람'이라고 하였다. 급하게 서둘다 보면 경솔하게 보이지만 천천히 차분하게 행동하는 사람은 단정하다는 것이다. "움직임이 느림, 말하는 데에는 천천히 하고, 숨을 내쉬는 듯하고 … 눈꺼풀을 느리게 깜박인다. 왜냐하면, 눈을 재빠르게 깜박이는 것은 한편으로 겁쟁이임을 표시하고 다른 한편으로 불같은 성깔을 표시하기 때문이다." 세월을 빠르다고 느끼면서도 세월을 느리게 가도록 하는 마음의 여유에서 '슬로우-slow' 인생의 법칙을 새겨두면 어떨까를 생각해 봄직한 일이다.

그렇다면 '슬로우' 인생으로 산다는 것은 어떻게 산다는 말인가? 매사를 급하게 서둘지 말아야 한다. 성질 급한 사람들은 매사 성급히 서두르는 성향이 있다. 나는 이따금 왜 서두르는 성격일까를 고민하다가 어느 날, 동네 어르신을 만나서 일곱 살 때 열반하신 아버지 이야기를 들었다. "자네의 아버지는 성격이 좀 급했지."라고 말을 하지 않은가? "아, 나는 아버지를 좀 닮았구나."라고 생각하면서 매사를 여유롭게 슬로우 인생을 살자고 생각했다. 스티븐 챈들러는 "서둘지 말고 천천히 선택하라. 그리고 그 한 가지에만 집중하라. 그것이 인생에서 성공하는 길이다."라고 『성공을 가로막는 13가지 거짓말』에서 언급하였다.

흥미롭게 얼굴의 관상을 보면 눈썹과 눈썹 사이, 곧 미간(眉間)에서 완·급의 성격이 나타난다. 지평(地坪)이 편저한 『관상해석의 정석』에 남자 관상에 대한 언급이 있다. "남자의 표준적인 눈썹 길이는 미간이 콧날의 연장선에서 시작하여 눈썹꼬리가 눈구석에서 바깥쪽으로 2mm까지 이르는 정도이다. 이보다 길면 성미가 느긋하여 심사숙고하는 편이고, 짧으면 성격이 급하고 즉흥적인 면이 강하다."라고 했다. 관상에서 시사하는 것처럼 여유롭게 살라는 의미로 새겨진다.

그러나 슬로우 법칙을 무시하면 경솔하게 처신하는 결과를 가져다줄 것이다. 외국인들이 비교적 한국말을 쉽게 배우는 단어는 '빨리빨리'라는 말이다. 한국인들은 그동안 경제성장을 괄목할만하게 이루어온 근면한 민족이다. 그러나 경제성장에는 빨리빨리 문화가 영향을 미치고 있어 고질적인 병폐로 지적되곤 한다. 한강 다리가 무너지거나 아파트 건물이 무너지고, 삼풍백화점이 무너지는 현상을 지켜보면서 공기(工期)를 단축하려는 급한 성격이 한국인이라는 것인가? 빨리 자고 빨리 일어나며 빨리 달음질하고 쇠뿔도 단김에 빼는 성향이 없지 않아 보인다. 밥도 빨리 먹고 건물도 빨리 지으라 한다. 그러나 투르키에 사람들은 '수하힐리, 수하힐리'라고 하여 '천천히 천천히'를 외치고, 중국인들은 '만만디'라 하여 천천히 행하기를 권한다.

급한 성격은 물론 국적에 관련된 것만은 아니며, 사람들의 성격에 따라 다르게 나타난다. 상대방보다 빨리 밥을 먹는다면 그는 급한 성격의 소유자이다. 주어진 일을 대충대충 빨리 해결하려고 한다면 이 또한 급한 성격이다. 식사를 빨리하거나, 숙제를 빨리 해치운다거나, 매사 판단을 빠르게 한다면 성격이 급한 사람이 겪는 일상이다. 나 역시 식사를 빨리하는 편으로 식사를 천천히 하면 건강에도 좋을 것이며, 판단을 신중하게 한다면 실수가 적을 것이다. 그러나 내겐 느린 성격도 있다. 서둘지 않을 것은 미루어두는 습관이 그것이다.

여행도 가능한 천천히 도보여행을 중심으로 하라고 권하고 싶다. 걷고 또 걷다 보면 삼매의 명상 세계에 빠져들고, 거기에서 보슬비에 옷 젖는 법칙을 이해할 것이다. 어느 여행가는 세계의 오지를 걷고 또 거닐면서 슬로우 여행을 하였다. "낙수가 바위를 뚫는 그 한 방울 한 방울의 힘을 믿는다. 한 발짝 한 발짝이 모여 마침내 산꼭대기에 이르는 그 한 걸음의 힘을 믿는다. 천천히, 그러나 꾸준히 가는 것이 훨씬 빠르고 확실한 길이라는 것도 굴뚝같이 믿고 있다."라고 『중국견문록』에서 밝히고 있다. 서서히 걷고, 꾸준히 가는 법칙이 도보여행의 묘미이자 아름다운 인생사인 셈이다.

젊은 시절의 분주한 일상에서 벗어나 교직 33년의 세월이 저물어가기 시작한 2024년도에 이르러 나에게 인생 이모작이라는 묘유(妙有)의 시간이 엄습하고 있다. 그래서 색다른 일터를 만나서 마음의 여유를 찾고 문화유적지를 탐방하고 싶다. 유홍준의 『나의 문화유산답사기』가 길을 안내할지도 모른다. 직행버스보다는 완행버스를 타고, 그리고 도보여행을 하면서 발길 닿는 곳에, 눈길 멈추는 곳에 멈추어 슬로우 여행을 즐기면서 여유롭게 다니고 싶다. 또 기차여행을 한다면 완행열차를 타면서 차창 밖을 바라보며, 열차 속에서 세인들의 세상 돌아가는 이야기를 들어가면서 슬로우 비디오를 틀어놓고 구경하듯이 여행하고 싶다.

자연을 구경하듯 천천히 여행하는 것은 긴 호흡으로 차 한잔의 여유를 즐기면서 인생을 되돌아보는 즐거움을 마련하는 시간이 있어야 가능하다. 지나온 삶을 회상해보며 그간 스친 인연들을 조용히 생각하고, 또 챙기지 못한 인연들을 챙기도록 하자는 것이다. 어느 선배 교수의 언급이 귓가에 맴돈다. "한적한 산사(山寺)에서 나누는 차 한 잔의 맛과 선문답에도 많은 묘미가 있다." 그는 「현대 한국불교 두 가지 흐름과 관련하여」라는 글에서 이러한 글을 남기고 있다. 이제 차 한 모금을 입속에 고요히 적시며 녹차 향을 음미하면서 만났던 인연들을 생각하며, 못다 챙긴 사람들과 선문답으로 심심상연(心心相連)하는 것이 수행자의 묘미가 아니겠는가?

궁극에 가서 '천천히'라는 상념도 놓아버리는 것이 진정한 슬로우 인생의 묘미일 것이다. 빠르게 간다는 시간관념에 사로잡히다 보면 '천천히'라는 말에 집착할 것이기 때문이다. '과불급(過不及)'이 바람직하지 않은 이유는 너무 급하거나, 너무 느리면 좋지 않기 때문이다. 순치황제 출가시에는 "백년 삼만 육천 날이 승가에 한나절 쉼만 못하네.(百年三萬六千日 不及僧家半日閒)"라는 글이 있다. 길다면 긴 3만6천일이 한나절보다 못하다는 이유는 무엇일까? 길다 짧다는 시간의 상념을 벗어나라는 뜻 외에도, 긴 허송세월이 짧은 시간의 실다운 명상보다 못하다는 뜻이다. 시간이 길든, 짧든 간에 고요히 침잠된 명상 속에서 남은 인생을 여유롭게 바라보는 지혜가 필요한 이유이다.

천천히 사는 고금(古今)의 지혜로운 처방은 '도방하(都放下)' 공부이다. 퇴임을 전후한 시점에서 여생(餘生)은 또 다른 인생의 시작이다. '졸업(卒業)'이라는 'Commencement'의 뜻은 오히려 시작(始作)을 말한다. 인생 2모작으로서 퇴임 후 넉넉한 인생이 다시 시작되는 셈이다. 이순(耳順)의 후반이 되면 집착하지 말고 저만치 물러나서 세상을 바라보고 슬로우 여행을 즐기면서 차 한잔을 머금고 명상의 시간을 많이 가져야 할 것이다. 그동안 '나'에 매몰되었던 순간들을 벗어나 여유로운 미소를 머금은 채 '자연'에 합류하는 시간을 가진다면 더없이 아름다운 나날이 될 것이다.

대종사 족보에 오른 영광

『5백 년 내력의 명문가 이야기』에 이어서 『조용헌의 명문가』라는 저술은 조선조의 명가(名家)를 소재로 삼은 것이다. 두 권의 저자는 나의 교수 시절, 원광대에 잠시 조교로 근무한 적이 있다. 원광대 운동장에서 같이 운동하면서 몇 년 동안 자연스럽게 나에게 '형님'이라고 하며 살갑게 다가선 그대로 친밀감이 형성되었다. 그는 명리와 풍수에 대한 안목이 있었고 문장력도 대단하다고 생각했는데, 아니나 다를까 매스컴의 전국구 스타로 등극하였다.

어느 시대든 뼈대 있는 명문가에 속해 있다는 것은 자랑할 만한 일이라 본다. 소태산 대종사는 신라 시조 박혁거세의 후예라는 언급이나, 백범은 신라 마지막 왕의 후예라고 하는 것은 고대의 혈연적 유산일지 모르겠지만, 가계(家系)에 대한 깊은 관심은 후손으로서는 당연한 일이라 본다. 『백범일지』를 보면 다음과 같다. "우리는 안동 김씨로 경순왕의 후손이다. 신라의 마지막 임금 경순왕이 어떻게 고려 태조 왕건의 따님 낙랑공주와 혼인하여 부마가 되어 우리의 조상이 되었는지 『삼국사기』와 안동 김씨 족보를 보면 알 것이다." 신라 초대임금의 후손인 소태산 대종사, 그리고 신라 마지막 임금의 후손인 백범의 가계는 뼈대 있는 집안인 셈이다.

2021년 8월 18일, 나는 풍수학자와 풍수 여행을 하였다. 여행 목적지는 경북 구미에 있는 박정희 전 대통령의 선친 묘소인데, 묘소의 길 찾기가 어려울 정도로 관리가 잘 되어 있지 않아서 씁쓸한 마음이었다. 박정희 대통령 부친의 묘비명을 읽어보니 소태산 대종사의 족보와 항렬이 같았다. 박혁거세의 후예이면서 박중빈(朴重彬)의 '빈(彬)'자 항렬과 우연의 일치인가? 박대통령의 부친도 '빈'자 항렬로서 박성빈(朴成彬)이었다. 두 분의 항렬이 직접 연결되는지 확인해보지는 않았지만, 족보를 보니 평천하(平天下)의 박중빈과 구국(救國)의 박정희를 둔 박성빈은 뼈대 있는 집안임에 틀림이 없다.

2010년 어느 날, 박용덕 저술의 『초기교단사』를 읽은 지인(知人)으로부터 전화가 왔다. "류교수, 대종사 족보에 등장하니 참 대단하네." 전화를 받은 후 내가 대종사 족보에 올라와 있다는 것이 그리 대단한 일도 아니며, 또 믿기지 않았다. 성자를 스승으로 모시는 법연이 이미 시작되었지만, 원근 친척의 혈연과 관련되어 있다면 굳이 숨길 일이 아니라 본다. 곧 법연 및 혈연의 인연이 대종사와 직계로 연결되든 방계로 연결되든 간에 크게 중요한 일은 아니지만, 자서전에서 이를 숨길 일도 아닐 것이다.

그래서 사실관계를 확인하기 위해서 2021년 5월 26일, 박용덕 교무에게 문자메시지를 보냈다. "주산님, 대종사님 족보에 제가 수록된 책명이 무엇이지요?" 다음날 답신이 왔다. "『소태산 박중빈 불법연구회』에 류박사 이름 2번 나와, 서술문과 도표에." 또 말하기를 "『초기교단사』 1권에도 나오지."라고 하였다.

사실을 확인해 본 결과, 족보에 오른 내용은 다음과 같다. "대종사 형님의 아들은 슬하에 7남 1녀를 두었고 장남 종인이 명치대를 졸업하였다. 서병옥·박근애 부부는 6.25동란 때 세 아들을 잃었다. 4남 서경전이 원광대 원불교학과 교수로 전무출신 하였고, 5남 서광렬이 강남교당 교도로서 대호법위에 올랐다." 서경전·서광렬과 서정오(필자의 장모)는 남매지간이며, 서정오 맏딸이 나의 정토 임덕근이다.

이어서 주산의 글에는 다음과 같이 기록하고 있다. "장녀 서정오 슬하에 차남 임규호와 맏사위 류성태가 전무출신하고 있다." 이처럼 박용덕 교무의 『원불교초기교단사-소태산의 대각 방언조합운동의 전개』 1권(원불교출판사, 2003)에 언급되고 있는 것을 보면, 나의 이름이 정토 덕택에 대종사 족보에 오른 것은 영광이라 아니할 수 없다. 조심스러운 표현이지만 대종사 가계 저술에 나의 이름이 두 번이나 기록됨으로써 법연으로서, 또 혈연으로서 숙세(宿歲)의 영예를 동시에 안은 것이다.

물론 초기교단사의 족보를 거론하는 것으로 개인의 영예를 강조하려는 뜻은 아니다. 족보의 언급은 조선 시대로 거슬러 올라가는 느낌을 받기도 하고, 다른 측면에서 인맥이나 연줄을 연상하게 하는 점에서 자서전에 이와 관련한 글을 쓰는 것에 대하여 잠시 고민을 했다. 그러나 출가한 불연(佛緣)으로 성불 제중을 다짐하면서 부담 없는 마음으로 자서전에 허심탄회하게 족보의 영예를 밝히는 것이 반드시 부끄러운 일만은 아닐 것이다.

어떻든 족보에 오른 사연은 두산 서경전 교수의 누나 서정오(장모)와의 인연에서 시작된다. 남매로서 서경전과 서정오의 어머니가 소태산 대종사의 형님 따님으로, 그로 인해 소태산 대종사는 서교수와 장모에게 외당숙 작은할아버지이다. 그리하여 이 두 분은 사석에서 소태산 대종사의 장남인 숭산 박광전(초대 원광대 총장)을 외당숙이라 불렀다.

서경전 교수의 친누나(서정오) 딸이 나와 결혼을 했으므로 정토 임덕근의 외할머니가 대종사의 형 따님인 셈이다. 정토로서는 소태산 대종사가 외당숙 증조할아버지인 셈이다. 쉽게 말해서 족보상에서 보면 정토는 서교수를 외삼촌이라 부르고, 서교수는 대종사의 장남 박광전 종사를 외숙이라 부른다.

사실 두산 서교수와 나의 인연은 출가의 연원이자 이끌어준 스승이다. 나이 20세(1976)에 숙타원 누나와 원광대 봉황각에 두산님을 뵈러 갔다. 출가의 인연 맺음과 관련되는 것으로, 누나는 나를 전무출신으로 인도하기 위해서

494   종교와 철학 산책

익산에 동행하였다.

교역자 선택의 길이 험난하지만 보람 있는 일이라며 서교수는 말문을 열었다. "잘 왔네. 류군이 전무출신을 하면서 공부하고 싶으면 석·박사도 갈 수 있다."라고 하였다. 나는 전무출신이 어떠한 길인지 아직은 잘 몰랐지만 서교수의 안내를 받으면서 숙세의 인연과 같이 느껴졌으며, 교역자의 생활도 잘 할 수 있으리라는 확신이 생겼다. 이같이 첫날의 상봉은 기대감과 설렘으로 다가왔다. 뒤이어 신도안 삼동원에서 1년간 간사 생활을 한 후, 기숙사에 입학하여 대학 4년 동안 서교수는 보호자처럼 나를 자상하게 보살펴 주었다.

세월이 흘러 교역자가 되어서 27세(1983)의 결혼 인연도 서교수의 도움이 있었다. 나의 정토가 바로 서교수의 친누나 맏딸이기 때문이다. 동년 5월 15일에 결혼식을 올린 후 상보는 사위와 정토에게 원광대 초대총장인 숭산 박광전 댁에 찾아뵈라고 하였다. 정토는 숭산종사가 외당숙 할아버지였기 때문이다. 신혼부부로서 큰절로 숭산님께 인사드리니 "결혼을 축하한다. 앞으로 잘 살아라."라는 덕담을 해주었다.

돌이켜 보면 족보문화는 조선조 풍토와 연결되는 것 같아 굳이 자랑할 필요는 없으며 그로 인해 어색한 점이 있다. 이종훈 전 중앙대총장이 말하기를, 조선조 우리 한국인은 족보 문화가 지속되어 과거에 합격할 경우 영광을 족보에 알리고자 하였다고 한다. 중국에도 과거제도가 있었으나 족보문화가 발전하지 못했으며, 일본의 경우 과거제도가 없었고, 한국만 유독 족보문화가 발전하였다. 이를 보면 뼈대 있는 민족이 한국인이다.

그러나 신분상 진골, 성골, 육두품의 어느 곳에 속하는 것이 중요한 일은 아니다. 신라대 육두품 출신인 최치원을 보면 족보보다는 열심히 노력하는 자가 명문가의 출신임을 알아야 할 것이다. 출가자로서 법연과 혈연이 함께 한 숙세의 선연을 따라 공도에 헌신하려는 마음으로 일관한 점에 은혜로울 뿐이다.

비움(空)의 철학

　비움이란 불교의 공(空)과 관련된다. 공의 의미는 쉽게 말해서 방에 가득 찬 물건을 비우고 부엌에 채워진 살림살이를 비워내는 것과 같으며, 궁극적으로 번뇌를 일으키는 모든 욕심을 비워내는 것으로 연결된다. 비움 곧 공의 진정한 의미를 찾아야 하며, 공이란 현상세계에 갇힌 모든 상념을 깨트리는 일이다. 또한, 공은 인위와 가식, 갈애(渴愛)와 집착을 없애고 완전한 자유를 지향하는 것이므로 그것은 진정한 해탈에 이르는 길이다.

　불교의 사상 가운데 핵심 사상은 해탈을 향한 공사상이다. 색즉시공(色卽是空) 공즉시색(空卽是色)이라는 용어는 널리 대중에게 알려진 용어이다. 이는 현상세계가 공이요, 공이 곧 현상이라는 상즉(相卽)의 소식을 거론하는 것이다. 기원후 1세기에 『반야경』, 『유마경』, 『법화경』, 『화엄경』, 『무량수경』 등이 편찬되었으며, 3세기에는 대승 교학의 핵심인 공(空) 사상을 역설한 용수(150?~250?)의 『중론』이 나왔다. 대승 8종의 종조인 용수는 모든 인연연기(因緣緣起)란 공이라 하였으며, 그것은 또 중도(中道)라고 하였다. 그의 논리는 연기, 공, 중도를 하나로 연결하여 상즉의 진수를 보여주고 있다.

　이제 일상의 삶에서 비움의 의미를 새겨보고자 한다. 중학교 3학년 때(1972) 일기장에 친구들 이름을 써놓았는데, 긴 세월이 지나서 일기장에 기록된 친구 이름 가운데 모르는 이름이 태반이었다. 50여 년의 시공 공백으로 친구들을 완전히 잊어버린 것이다. "오후에 영어 수업을 받고 있으니 경상, 인규, 은규가 놀러 왔다. 나는 친구로서 반가웠다. 수업을 마치고 저녁에 이들과 사진을 찍었다. 친구들을 데리고 우리 동네에 왔다." 지금 아무리 생각해 봐도 인규 외에 경상과 은규라는 친구가 머리에 가물가물하다. 이는 한순간의 망각일지 모르지만 진정한 비움은 인연에 대한 집착마저 비우는 일이라 본다. 과거의 인연을 잊고 정리할 줄 알 때 비움이 시작되는 것이다.

그런데 비움에 대한 경계가 있었다. 고등학교 3학년 때(1975) 나는 규율부 (지도부) 후보로 추천되었으나 선임으로까지 이어지지는 않았다. 일찍 비움의 철학을 깨닫도록 해주었는지 모른다. "담임선생이 나를 포함한 학생들 6명을 지도부실로 오라고 하여 갔다. 여러분 6명이 규율부 대상자라고 했다. 나는 확실히 규율부가 될지 안 될지 모르겠다." 고등학교에 다니며 학교 정문을 드나들 때 규율부가 멋져 보였으며 그로 인해 규율부가 되고 싶었지만, 선생님은 배려 차원에서 나를 규율부 명단에서 제외하였는데 한편으로 아쉬웠다. 규율부가 되고 싶었으나 욕심을 비우고 보니 오히려 편안하였다.

2015년까지 나의 연구실은 책으로 가득 찰 정도로 정돈되지 않았다. 어느 날 지인이 찾아와서 "연구실 정돈이 안 되어 있네요."라고 하였다. 이 말은 또 얼마 지나지 않아서 학생들로부터 내 연구실이 정리되지 않은 책들로 놓여 있다고 소문이 났다. 연구실에 욕심으로 쌓아둔 책들을 바라보며 정리정돈을 소홀히 한 결과라 생각하고 상당 부분 비워내는 작업을 하였다. 책을 소장하고 싶은 욕심을 비워낸 것이다.

3년 뒤에 또 책이 정리되지 않은 것을 알고 필요 없다고 판단한 책들은 비워냈다. 물론 중요한 교서와 『원불교사상과 종교문화』 시리즈, 철학 서적들은 보관하였다. 교수 초반에 구매한 책들이 이제는 비워야 할 시기가 되어 후학들에게 넘겨주고 남은 책들은 고물상에 넘겼다. 학문을 업으로 삼는 학자로서 책을 정리하는 일이 쉽지 않았지만 '공'의 소식을 화두로 삼아 연구실을 비우니 마음이 여유롭고 공간이 넓어서 참 좋다.

평소 아끼던 책들이라 아쉬움도 있었으나 비움의 가치는 고경에서 전해주고 있다. 『도덕경』 48장에는 다음의 글이 있다. "학문을 연마하면 날로 더해지고, 도를 배우면 날로 덜어진다(爲學日益, 爲道日損, 損之又損)." 학문이란 지식을 연마하는 것을 말하며, 도(道)란 여기에서 수행하는 것과 관련된다. 지식의 한계를 지적한 것으로, 노자는 인위적 학문 지식보다는 자연의 이치에 따라 무지(無知)의 세계에서 살라고 했다. 이것이 바로 비움의 철학이며, 지식이 갖는 한계를 직시하라는 것으로 해석된다. 누추하게 쌓인 것을 덜어내라는 노자의 가르침이 곧 공(空)이자 무(無)인 셈이다.

고금을 통하여 '비움'의 공부를 알아차릴 때부터 맑은 자성을 발견하게 되는 것 같다. 그러면 수행자로서 당장 비워야 할 것은 무엇인가? 비워야 할 대상은 마음의 번뇌이자 욕심의 번뇌이다. 이를 비워내지 못할 때 해탈의 도락을 누릴 수가 없다. 맑은 자성을 찾아가는 마음의 자유는 어디에도 끌리지 않는 행복을 말하는 것으로 홀연함 그대로이며 비움으로 가는 길이다.

일생을 살아가면서 늦게야 알아차린 비움의 대상을 다음 몇 가지로 성찰해보고자 한다.

첫째, 육신의 애착에 관련되는 사항을 비워내는 일이다. 인간은 오온(五蘊)의 집착과 십이인연의 굴레에 쌓여 강력한 자석과 같이 끌어당기려는 유혹에 빠지고 만다. 그로 인해 윤회의 수레바퀴는 계속 돌아가는 것이다. 육신에 집착하고 주변의 친구에 애착하는 것이 고통이다. 또 가족에 대한 애착을 벗어나기가 쉽지 않은 일이지만 언젠가는 그 애착의 굴레마저 넘어서야 한다. 지속적인 학습과 명상을 통해서 애착을 벗어나려는 노력이 신앙과 수행의 적공이다. 마침내 지수화풍으로 흩어지는 내 몸마저 극복할 필요가 있다.

둘째, 물질에 대한 탐착이 생기는 이유에 대한 성찰이 필요하다. 무엇보다 그것은 주변의 소유욕과 관련된다고 본다. 우리가 평소 좋아했거나 가지고 싫었던 것은 수없이 많다. 어린 시절에는 자전거를 가지고 싶었고, 고등학교를 졸업할 때는 좋은 직장에 취직하고 싶었다. 출가해서도 나를 둘러싼 물질계에 대한 욕망이 즐비해 있었다. 이 모든 것이 허무한 일이라는 것이다.

셋째, 사회적 명예에 대한 갈애(渴愛)는 없는가를 반성해 본다. 좋은 명예를 얻어 주변으로부터 존경을 받고 싶은 욕망은 누구에게나 있기 마련이다. 적어도 중년기까지 이러한 명예욕은 치성해 있다고 해도 과언이 아니다. 도가에서 나이가 들수록 명예욕이 더욱 증가한다는 말이 있다. 남으로부터 대접을 받고 싶은 마음도 일종의 명예욕이다. 대학에서 나에게 사감직, 학장직, 도서관장직을 해보라고 했지만, 그것을 거절해본 경험이 있다. 비워보니 오히려 교직 생활이 홀가분함을 알게 해주어 감사할 따름이다.

넷째, '나'라고 생각하는 아상(我相)이 있다면 이것이야말로 궁극적으로 비워내야 할 것이다. 아상에 가린 욕망이란 무서운 것으로, 생을 마감할 때까지 비우기 힘든 것이 아상이다. 네 가지 상 가운데 '나'를 비워내는 일은 진정 나를 사랑하는 길이자 해탈이며 상대방으로부터 신뢰를 회복하는 길이다. 『금강경』 3장에 나오듯이 아상, 인상, 중생상, 수자상을 비워내지 못하면 보살이 아니라는 것을 어제와 오늘도 새기고 있다.

불교의 교리 가운데 가슴속에 깊이 다가오는 단어가 있다면 해탈이다. 해탈이란 곧 비움의 결과라 본다. 이 해탈은 무명(無明)에서 벗어나 깨달음으로 가는 길이다. 고집멸도(苦集滅道)의 사성제(四聖諦)를 체험하고 비워내는 것이 해탈이다. 이 해탈은 니르바나 곧 열반이라고 본다. 모든 번뇌가 나를 짓누르는 무명 속박의 세계를 비워내는 것이 해탈로 가는 지름길임을 깨달아야 할 것이다. "아제아제 바라아제 바라승아제 모지사바하"를 날마다 외우며 모든 집착의 고통을 비우고 피안의 세계로 가고자 하는 이유이다.

좌우명은 인내와 성실

　교단 원로들의 친필 좌우명이 대중에게 전시된 적이 있다. 새천년 직전 (1999년)의 대각개교절을 기념하는 원로법사 친필 좌우명 및 선화 특별전이 소태산 기념관에서 개최된 것이다. 전시된 원로법사 43분 삶의 표준인 좌우명 가운데 「거룩한 한 소리에」(박장식), 「큰 스승 처음 뵙던 그 날」(김정룡), 「심진화만상 기정통구천(心眞和萬像 氣正通九天)」(양도신)의 좌우명은 이 회상 만난 신성(信誠) 충만 그대로였다.

　인생의 좌우명은 성현 위인 달사들이 살아왔던 삶의 가치이며, 우리 자신도 이들의 인품을 닮아가려는 슬로건으로 표출된다. 여기에서 일간지 기자들이 본 성현의 좌우명은 무엇일까? 중앙일보 이은윤 기자의 질문에 원불교의 좌산 종법사는 "응무소주이생기심(應無所住而生其心)"이라 했다. 자비심이 이것으로 마음을 비워서 그 마음을 일으키라는 뜻이다. 중앙일보 정명진 기자의 질문에 불교의 법전 종정은 좌우명으로 "안으로는 부지런히 남모르게 수행하고 밖으로는 다투지 않는 덕을 쌓는다(內勤剋念之功 外弘不爭之德)"라고 하였다. 원불교와 불교의 최고수장에 대한 인터뷰가 우연치고는 거의 닮은 꼴이다. 응무소주이생기심이나 남모르게 수행한다는 것이 불법실천이라는 공통 가치의 좌우명이기 때문이다.

　세인들로부터 존경받는 성현의 좌우명을 새기면서 우선 나의 청소년 시절을 돌아보며 스스로 다짐한 것들이 있다. 고등학교 1학년 때(1973)의 다짐한 글들로는 다음 네 가지가 있다. "① 어머니께 효도해야 한다. ② 집안일을 내 손으로 하겠다. ③ 건달이 되어서는 안 된다. ④ 절약을 실천하겠다." 이처럼 젊은 시절에 맹세한 네 가지는 좌우명이라기보다는 일종의 소박한 약속 조항과도 같다.

이보다 더 명확하게 거론된 좌우명은 1975년의 일기장에 기록되어 있다. "오늘부터 새로운 각오가 뚜렷하게 심장에 맺혀 있다. 자신에게 요구하는 것은 단 2가지뿐으로, 인내와 성실이다." 아직은 앳된 고등학생의 좌우명이었지만 출가 후의 좌우명과 별로 다를 것이 없다. 출가 전이나 후의 좌우명은 일관성을 지니는데 그것은 선택의 여지가 없는 최고의 가치이기 때문이다. 그래서 어려움을 겪을 때마다 인내와 성실을 잊어본 적이 없다.

먼저 인내와 관련한 내용을 소개해 본다. 고등학교 3학년 때의 일기가 그것이다. "쓰디쓴 인내를 하면 달고 좋은 결실이 나타난다. 자신은 오히려 어렸을 때부터 역경에서 자란 것을 다행스럽게 생각하며 보람을 느끼고 밝은 미래를 설계할 것이다." 수많은 역경 속에서 어려운 일을 극복할 힘이 생긴다. 살면서 여러 고통을 겪어봐야 스스로 이겨낼 줄 알고 스스로 존귀함을 깨닫게 된다. 인간은 사회적 동물이며, 우선 나부터 인고(忍苦)와 독존(獨存)을 알고 살아야 할 것이다. 청소년 시절에 홀어머니 슬하에서 고생하며 살았기 때문에 '인내'는 나를 사랑하는 삶의 지상명령과도 같았다.

젊어서 고생은 사서도 한다던가? 유년기와 소년기 때부터 나름 고생을 했다고 생각한다. 어머니가 43세에 막내아들을 낳았으니 젖배를 곯았다. 스스로 궁핍을 의식할 수 없는 나이였지만 아마 힘든 일상은 여기에서 비롯된다고 본다. 또 7세에 아버지와 사별을 하였다. 홀어머니가 자녀를 키우느라 갖은 고생을 하였으며, 4남매의 막내로서 어머니의 많은 사랑을 받았지만, 청소년기에 농사일을 도와야 하는 수고로움이 적지 않았다.

인내는 그리하여 청년 시절의 일상이 되었다. 뜻대로 되지 않는다고 해서 계획했던 일을 그만두면 그것은 실패나 다름없다. 중학교 3학년 때와 고등학교 3학년 때의 고백을 소개해 본다. "세상만사 뜻대로 되는 것이 아니다. 자기 생각과 노력이 따라야 한다. 참음 없이 성공은 없는 법이다." "자기 뜻대로 되지 않는 것이 인생인가 보다. 모든 것을 인내로써 절제하며 기다리는 것이 필요하며 오히려 모든 일이 쉽게 풀리면 이상할 것 같다." 인내를 통해서 미래의 방향을 찾았고, 그리하여 학창시절에 겪은 긴 방황의 시간을 잘 견디내 인생 내내 좌우명이 되었다.

지난 삶을 돌이켜 볼 때 인내와 성실의 가치는 청소년 시절부터 새겨졌음을 이미 밝혔다. 검정고시를 준비하면서, 가난한 살림에 홀어머니를 위해 힘든 가사를 도우면서 체득된 것 같다. "인간은 노력하는 기계이다. 살아보겠다는 그 신념 때문에 노력해야 한다. 이 세상에서 누가 보리밥 좋아하고 일하기 좋아하는 사람이 있겠는가? 삶의 신념 때문에 피땀 흘려 노력하고 있다." 희망을 갈구하는 헝그리hungry 정신이 곧 인내와 성실로 연결된다는 것을 중학생 때부터 체득해 왔다.

조금 고생한다고 방황하여 현실을 박차버리면 경쟁 사회에서 낙오한다는 것은 누구나 아는 사실이다. 청소년 시절부터 시작된 좌우명에 어울리게 다음과 같이 고백하고 있다. "나는 지금 성장하고 있다. 인간은 행복하게 살고 싶지만 아직은 잘 모른다. 조금 고생한다고 일을 박차버리면 사람 취급을 받지 못한다." 젊은 시절의 고생은 성장을 위한 시련기로 노출된 것이다. 모든 어려움을 참고 어머니의 염원을 따라 효도할 수 있도록 학업을 포기하지 않고 공부에 매진했던 순간이 자랑스럽게 여겨진다.

조금은 일찍 철이 들었는지 모르지만, 고등학생 때부터 고통을 극복하는 인내력 여부에 따라 성공이냐 실패가 뒤따른다는 것을 알았다. 고3 담임선생이 훈화 말씀을 해주었다. "여러분들은 날씨도 덥고 해서 각자 계획에 많은 차질로 나태해졌다. 인간이 살아가는데 이런 고비를 어떻게 잘 견디느냐가 성공으로 가는 길이다. 만약 여러분들이 이 고비를 넘기지 못하면 그만큼 성공의 길이 늦어지는 셈이다." 류수열 담임선생의 훈화는 젊은 시절 '고진감래(苦盡甘來)'라는 삶의 에너지로 작용하여 장차 긍정적 힘을 갖게 해주었다.

고등학교 졸업을 전후하여 익산의 춘포면 삼포리에 위치한 사촌형 집에 잠시 머무르면서 근면, 곧 성실성을 더욱 알게 되었다. 사촌 형댁은 농촌사회에서 모범적인 가정이다. 아침 일찍 자개를 찍기 시작하여 쉬는 시간도 없이 저녁 10시 30분까지 일을 한다. 근면 상을 탈 자격이 있다. 요즈음 많이 시정되었지만, 농촌은 겨울에 도박하는 사람들이 종종 있는데 이곳 사촌 가족은 자개를 찍으며 생활을 부지런하게 하니 가히 모범 가족이다. 출가 직전에 잠시 사촌댁에서 머무르며 일을 도왔던 덕에 사촌 가족의 근면과 성실을 알게 되었다.

하지만 몸이 느슨해지거나 고통스럽게도 무기력할 때 어려운 일들을 겪게 된다. 아침 일찍부터 추운 날씨에 이웃 동네의 한 노인이 산에서 나무하는 것을 보았다. 늦잠 자느라 정신없을 때가 많았던 시절을 생각하면서 그 노인이 새벽녘 서리가 맺힌 나무를 맨손으로 잡아 땔감준비를 하는 모습을 새기곤 하였다. 나무하는 노인은 손이 얼마나 시려울까를 생각하니 자신이 부끄러웠다. 잠시 무기력했지만 청년기에 이 광경을 지켜보면서 근면 성실로 살아가는 동네 어른께 미안한 마음이었다.

성공한 사람들의 공통된 특성은 근면 성실하다는 것이다. 출가 후 간사 시절에도 성실에 대한 화두는 머릿속을 떠나지 않았다. "사회 유지들을 보면 나는 어깨가 처진다. 그들은 유지가 되기 위해 노력으로 피땀을 흘려 당연한 결과를 얻었으며, 나도 그러한 인물이 되기 위해 노력할 것이다." 출가하여 올바른 길을 걷는 것을 자랑으로 삼고, 그에 부합한 노력과 성실을 통해 미래의 인재가 될 것을 염원했다. 20세에 간사 생활하면서 인내로 극복한 일상이 이처럼 수행일기에 기록되어 있다.

수행을 중시하는 출가자로서 조석으로 절대자 앞에 인내와 성실을 다짐했다. 이를 위해서 새벽에 졸지 않고 좌선을 하며 성실히 수행하려는 노력이 필요했다. 눈을 부릅뜬 새벽 좌선으로 일원의 진리를 얻고자 했으니 더욱 성실히 노력해서 열심히 생활하겠다는 예비교역자 시절의 다짐처럼 나의 좌우명은 출가 전이나 출가 후에도 한결같으며, 퇴임 전이나 퇴임 후가 다를 리 없다. 자녀들이 부모로부터 받아가야 할 교훈은 인내와 성실 두 가지이며, 이것은 부모 자녀 모두에게 마찬가지라 본다.

교역자의 길을 걸으면서 근면과 성실은 곧 도가의 구도심으로 이어진다는 것을 깨달았다. 구도적 정열을 통한 인내와 성실은 불지(佛地)에 이르는 정신 무장의 자세이다. 교역자의 삶에서 나태와 안일은 강급의 세계일 뿐이다. 인재양성기관에 근무하면서 힘들었던 상황 속에서도 논문과 책을 쓰고 학생을 지도하면서 시간을 허비하지 않도록 마음 챙긴 것은 인내와 성실이라는 좌우명에 큰 영향을 받았기 때문이다.

비교적 초년 운세가 불우했던 것이 다행이라 할까? 중고등학생 때의 수많은 역경 속에서, 그리고 예비교역자 시절의 고행 속에서, 젊은 교역자 시절의 학업 불공이라는 고단함으로 이어진 담금질이 인생 중후반기의 삶에 보약이 되었다. 안일을 벗어나 일생을 신기독(慎其獨)의 자세로 생활해오고자 했던 가치로서 인내와 성실이라는 보약은 그 무엇과 바꿀 수 없는 것이다. 더욱이 순간순간의 시간을 허비하지 않았던 '촌음(寸陰)'의 가치가 인내와 성실과 맞교환된다는 것도 다행히 알게 되었다.

영생의 동지 도반들

　인간은 홀로 살 수 없는 존재라는 것은 아리스토텔레스가 이미 "인간은 사회적 동물이다."라고 언급한 것에서 증명되었다. 어느 집단이든 사교적 관계를 통해 정감을 건네는 일이 당연한 것으로, 도가에서도 도반(道伴)이라 하면 단짝을 의미하는 것이며 같은 길을 가는 친구를 말한다. 신앙과 수행 목표가 같아서 불법을 통해 한 회상에서 공동체로 살아가는 사람들이다. 도반의 다른 말로 동지 혹은 '법동지'라고 부른다.「불법연구회 회가」가사에 '제생의 세 주장하는 우리 동지들'이라는 용어가 있듯이 동지(同志)는 같은 사명의식을 북돋우는 호칭으로서 일원회상에 모인 선진과 후진 모두를 망라한다.

　그래서 원불교 교역자들의 호칭으로서 동질감을 가지고 부르는 편안한 용어가 동지이다. 원기 38년(1953) 4월26일에 제1대 성업봉찬대회가 열렸는데 총결산 후에 정산 종법사는 원불교에 희생과 헌신을 한 교역자들을 '동지'라는 용어로 호칭하고 있다. 동지들이 공부와 사업에 정성을 기울인 그 숨은 공부와 숨은 공로를 치하하며 다음과 같이 말한다. "앞날의 적공에 더욱 분발할 대중만 삼는다면, 이분들이 참으로 알뜰한 우리 동지요, 참으로 등급 높은 공인(功人)이다."

　동지라는 용어는 이처럼 같은 뜻을 가진 불연(佛緣)이자 법연(法緣)으로서 친근하게 사용되고 있다. 경산 종사는 다음과 같이 말한다. "어떤 동지가 그랬다. 사람마다 품격이 있는데 부처님은 아버지 같기도, 어머니 같기도, 장군 같기도, 문인 같기도, 어린이 같기도, 노인네 같기도 하여서 도무지 무엇이라고 표현할 수 없는 그런 품격일 것이다."(『작은 창에 달빛 가득하니』, 2012) 그래서 동지는 매우 편안한 용어이자 불법을 신봉하는 법연으로서 친구 같기도 하고 부모 같기도 하다.

도반이자 동지의 또 다른 표현으로 정겨운 구어체(口語體)가 '동이'이다. 좁혀보면 나와 같은 연도에 출가하여 대학 동기의 학년이 불맥동이요, 원기 66년에 초급교무로 출발한 도반이 66동이다. 4년간의 수학 기간을 통해 법정이 쌓여 잊지 못할 동기가 곧 66동이인 것이다. 2022년 2월 원불교 중앙신협 김진광(이사장)은 2021년 종합경영평가에서 경영우수상을 받았다. 같은 동지로서 66동이 서로가 축하의 메시지를 주고받았던 것도 동창으로서, 또 도반으로서 공유하는 기쁨이다.

동지(동이)이자 도반이란 보은 봉공의 일터에서, 또는 인재 양성의 일터에서 협력하는 공동체적 교역자들이다. 정산종사는 어떤 동지가 무엇을 잘했다고 칭찬하는 말을 전하면 "그래, 그래 그래야지."라고 하며 더할 수 없이 기뻐하였고, 반면에 동지들의 허물을 조금이라도 꺼내 놓으려 하면 못하게 하고 들으려고도 않았다.

원광학원의 일터에서 33년을 함께 근무한 공동체 일원의 교역자들은 종립학교의 발전을 위해 헌신한 도반들이다. 원광학원을 건립한 창립 선진도 도반에 속한다. 선진의 얼을 이어받아 학교의 발전과 인재 양성의 주역으로 동참하는 후진들도 도반이다. 더욱이 교학대학 원불교학과에서 예비교역자들에게 교리를 가르치고 상담, 지도해온 선·후배 교수들도 소중한 동지요 도반들이다.

덧붙여 출가 재가로서 교법을 공부하며 시공을 함께 하는 것에 걸맞은 '법동지'라는 호칭이 있다. 교법을 공유하며 도락(道樂)을 느끼는 사이가 법동지인 것이다. 교도로서 교당에 다니는 가장 중요한 이유가 무엇인가에 대한 응답 가운데 마음의 편안함, 인격 향상, 법동지가 좋아서라고 하였다.(『세미르통신』 9호, 2010) 교당이라는 같은 공간에서 법동지들이 정법 교리를 실천함으로써 심신의 안락을 얻는 일은 무엇보다 소중하다.

또 일원상의 깃발 아래, 친화를 도모하며 휴식의 힐링 시간을 가지며 여행·산행을 즐기는 경우가 도반들이다. 한 달에 한두 번 만나서 같이 식사를 하고 커피를 마시며 산행을 즐기는 것은 자연스럽다. 미륵산·함라산·선유도 등을 포함하여 산하대지를 여행하는 것은 일상의 업무에 지친 심신을 맑게 해준다. 김진광, 김학종 교무와 함께 한 힐링의 시간은 잊을 수 없는 추억들이다. 2022년 1월 31일 김학종 교무는 "이 세상 무엇도 나를 구속하지 못한다. 다만 내가 나를 구속하고 있을 뿐이다."라는 글을 보내왔다. 나는 이에 "중산, 해탈했네요."라고 화답을 했다. 동년 3~4월에는 유산·중산 등과 선유도를 선보(禪步)로, 또 사이클로 여러 차례 다니면서 "조그마한 우주선에 이 한 몸 태우고서 다북찬 호연대기 노삼아 저어가니 아마도 방외 유객은 나뿐인가 하노라."의 심경이 되었다.

그리고 한 달에 한두 번 정도 만남의 시간을 통해서 찻집에서 대화를 즐기는 도반으로는 심산 백정윤 교무이다. 이따금 야외 드라이브를 즐기면서 식사하고 커피를 마실 때, 서로 지나온 생활을 공유하며 담소를 나누는 도반이 있다는 것은 진정 고마운 일이다. 길타원·철타원 정토끼리도 가까운 사이이고, 딸들도 친구라는 점에서 소통하는 점이 많은 것이다.

이처럼 살갑고 친밀한 법동지들은 일생을 살면서 일상의 희로애락을 공유하며, 숙겁의 불연(佛緣)으로서 법정을 나누는 은혜로운 사이이다. 2005년 9월 25일 중앙총부 일요 법회에서 나는 「잘 사느냐는 질문의 뜻?」의 제목으로 설교를 하였는데, 여기에서 반갑게 법 동지를 만나면 "잘 사느냐?"는 질문을 주고받는다면서 말문을 열었다. 이러한 담소를 주고받는 것은 동지 도반들로서 서로의 공부의 진급을 권면하는 심리가 있기 때문이다.

이에 도반이자 동이와 동지를 다음 세 가지로 분류하여 하나하나 언급해 보고자 한다. 어떠한 사이가 도반인가를 구체화하려는 것이다.

첫째, 산하대지의 여행을 함께하는 경우이다. 국내·외를 망라하여 지금까지 여행을 함께 한 동지이자 도반들을 기억에 떠올려보면 여러 이름이 거론될 것이다. 호주와 뉴질랜드를 같이 여행한 교무, 필리핀을 같이 간 교무, 베트남을 같이 여행한 66동이, 라오스를 여행한 선·후배 교무, 예비교역자 지도교수로 졸업여행에 함께 한 후진 도반, 대만으로 사진 출사를 같이한 사우회 법동지, 금강산과 개성의 명승지를 함께 한 원광학원 재직 교무들의 얼굴이 떠오른다. 이들과 법담과 법정을 공유하여 아름다운 추억을 만들며 인생을 풍요롭게 하였다.

둘째, 도반들로서 애경사 등을 통해 희로애락을 공유한 경우이다. 애경사란 교역자의 부모 열반과 교역자 자녀의 결혼식 등을 말한다. 원불교 중앙총부와 정토회관에서 애경사의 정보를 공유해주는 감사함이 여기에 있다. 외롭고 힘들 때 보듬어 주는 법정의 도반이 옆에 있는 것만으로 마음의 위로가 되는 것이다.

셋째, 원불교 출가 교화단원이 법동지로서 함께 하는 소중한 인연들이다. 현재 내가 속한 교화단(건방 제1각단)의 구성을 보면 단장 이양명, 중앙 김용상, 김형선, 임선경, 원현장, 권정덕, 오재경, 정민규, 송대성, 김준성 등이다. 이들과 한 달에 한 번 모임을 통해서 법담을 나누며 친목을 도모하고 법력 증진을 기원하므로 소중한 도반들이다.

넷째, 교화사업에 함께 하는 출가·재가, 그리고 좁혀보면 교육사업에 함께 하는 교역자들이다. 일원상기 높이 들고 종교교육의 일터에서 대종사와 정산종사의 경륜을 담아 사회 인재의 양성과 교역자 양성에 심신을 함께 하는 동지가 이들이다. 매년 애경사를 챙기고 1년에 한두 차례 소풍 가면서 법

동지 간의 우의를 다지는 시간도 있다. 코로나 이후 몇 년 만인 2023년 10월 14일에 완주 대둔산에 가서 가을 힐링을 즐기며 서로 심심상련(心心相連)하는 교역자들이 소중한 이유가 여기에 있다.

다섯째, 일원 가족으로서 살아가는 경우가 나의 도반이다. 현산, 숙타원, 기산 남매가 도반이며, 정토 철타원이 도반이다. 원불교 신앙을 통해서 한 가정을 꾸려가는 류만영 류다영(지수) 자녀가 불연(佛緣)이자 도반이다. 여기에서 일원 가족의 중요성이 나타나는 것이다. 한 가족으로서 영생의 불연이 된다면 이보다 좋은 일은 없으리라 본다.

이러한 항목들을 새기면서도 무엇보다 중요한 것은 도반의 진정한 뜻을 새겨야 할 것이 있다. 단순히 사적인 친목만을 도모하는 유희나 가족의 안위만을 생각하는 것이 도반의 참뜻에 충족하지 않기 때문이다. 여기에는 사적인 관계를 넘어서 공적인 영역에까지 인연 고리가 분명한 '윤리(倫理)'를 담보해야 한다. 윤리의 '윤(倫)'은 그 어원에 있어서 무리·동료의 뜻이고 '리(理)'는 이치·도리의 뜻이므로 그 윤리란 종교성을 담보한 인간 관계의 도리란 뜻이다.

이처럼 도반의 개념은 좁게는 동료, 친구, 동이 등을 포함하면서 넓게는 도리, 질서, 교법(敎法)을 함께 하는 법동지를 말한다. 인생의 소중한 가치를 염두에 두면서 서로 희로애락을 공유하며, 법담의 신앙공동체적 유대감으로 진정한 도반이 된다는 것은 복 가운데 큰 복으로서 인연 복이다. 이들과 삼세에 걸쳐 불지(佛地)를 넘나들며, 각자의 법력향상과 더불어 윤회와 해탈을 담론하는 대상이 바로 법동지이자 도반으로서 소중한 인연이다.

일일삼성의 항목들

　그동안 한문 공부를 하면서 귀에 닳도록 듣는 말은 증자(BC 505~BC 435)의 가르침이다. "나는 날마다 세 가지로 내 몸을 살피노니, 남을 위하여 일을 도모해 줌에 충성스럽지 못한가? 친구와 더불어 사귐에 성실하지 못한가? 전수받은 것을 복습하지 않는가?" 이것이 '오일삼성오신(吾日三省吾身)'이라는 내용으로 시작하는 글이다. 누구나 알고 있지만 실천하기 어려운 것이 바로 일일삼성(一日三省)이라는 교훈이다.

　일기를 쓰는 목적도 성찰의 내용을 크게 벗어나지 않는다고 본다. 일기는 하루하루의 소중함을 인지하여 일상의 소중한 기록을 통해 지나온 삶을 반성하자는 것이기 때문이다. 일기를 쓰기 시작한 중학생 시절에 대학노트 여러 권을 사서 번호를 매기며 일기장 시리즈로 사용했는데, 두 권째 일기장의 겉표지에 '반성'을 목표로 한다는 뜻에서 영어로 'Reflection'이라는 제목을 붙였다. "첫 노트의 일기장을 다 채운 후 다음 일기장 'Reflection'으로 계속 이어 갈 것이므로 착오하지 마세요."라고 노트 후미에 글을 써두었다. 1972년 중학교 2학년 후반기에 일기를 쓰기 시작하면서 무엇보다 '반성Reflection'이라는 표제(表題)로써 청소년기의 시절을 성찰하는 계기로 삼았다.

　성찰의 일기를 쓰면서도 세월 변화의 중요성을 인식하도록 일기장 중간중간에 은행잎을 넣어두면서 감성 터치를 중시했다. 또 유익한 신문기사가 있으면 일기장에 붙이곤 했는데, 그것은 자신의 삶에 대한 가치추구와 성찰을 위함이었다. 중학생 때부터 철이 들도록 인격성숙을 도모함이었을 것이다. "일간스포츠 신문기사를 보니 도움이 될 기사가 있어 가위로 오려서 일기장에 붙여 놨다. 내용은 '남의 잘못을 탓하지 말고 자신부터 반성하라.'라는 문구였다." 얼마나 소중한 내용이면 일간지 기사를 일기장에 오려 붙이고자 했겠는가? 학창시절을 의미 있게 새기고 또 새기자는 뜻이다.

이처럼 타성에 젖기 쉬운 일상을 새기며 참회 반성함으로써 하루를 기록하는 이유는 오늘 하루를 어떻게 살았는가를 살펴보려는 의도 때문이다. 예비교역자 시절의 일기도 마찬가지이다. "오늘 하루 공부는 잘못한 것 같다. 아쉬움에 가득 찼지만 잘 살려고 해도 안 되는 안타까움의 시간이었다. 오직 참회를 통해서 무기력감을 벗어나야 한다." 성찰의 다짐은 일상의 생활을 방심하며 산다면 안 된다는 약속과도 같았다. 기질 단련의 청년 시절에는 출가 수행자로서 타성적 생활을 반성하려는 내용으로 채워져 있다.

그러면 출가하여 성직을 택한 후 참회의 내상으로 삼은 것은 무엇들이 있는가? 그 출발에는 자녀로서 부모에게 불효한 내용이 스며있다. 부모께 특별히 잘못한 것은 없다고 할지 모르겠지만 생명의 은인에게 아무리 잘해도 불효자와 같은 생각이 든다. 출가 후 서원관 생활에서 취침 전에 과거 어머니께 불효했던 점을 반성하곤 했다. 출가 이전도 마찬가지였다. 다음은 고교 시절의 고백을 소개해본다. "오늘은 어머니의 무한은혜에 감사한 마음이다. 과거에 어머니에게 불효했던 일들이 생각나서 참회하는 시간을 가졌다." 자녀로서 불효의 내용은 출가 전후를 포함하여 수없이 많을 것이다. 사춘기 때 집안일에 무관심하고 나가서 놀았다고 혼났던 일이며, 용돈을 달라고 졸랐던 일, 수학여행을 가고자 우겼던 일, 출가 후 예비교역자로서 수학 시절에 경제적 부담을 드렸던 일 등이 후회스럽다.

또한, 철이 든 후 자신의 참회는 아무래도 예비교역자 시절, 대학생으로서의 나태한 생활과 관련되어 있다. "며칠 후에 기말시험이지만 공부가 제대로 안 된다. 게을러진 마음이다. 시험 때마다 생각하지만 미리미리 공부하지 않고 닥쳐서 준비하는 일에 대해 참회 반성을 한다." 학림사 사감이 기말시험을 보는 학생들에게 좋은 성적이 중요하다면서 부지런히 시험을 준비하라고 당부하였다.

이처럼 참회 반성의 항목은 다양할 것이다. 특히 인생 중후반기를 준비하는 뜻에서 그간 성찰했던 항목으로 몇 가지 항목을 되새겨보고자 한다.

먼저 선연 선과를 중시하자는 것으로 무엇보다도 참회는 인과 업보를 모를 때 나타난다. 선업을 지어야 함에도 악업에 유혹되는 경우가 없지 않았다. 신입생 시절, 중앙총부 일요 예회 시간에 아타원 전팔근 교수가 '참회'에 대하여 설교를 하였다. 인과보응의 이치와 삼세 업보를 모르고 살면 참회하는 마음이 없기 때문이라고 하였다. 범부 중생은 잘못을 저지르고 부끄러워하는 마음이 없다는 것이다. 2023년 10월에 열반한 아타원님을 추모하면서 예비교무로서 감명받은 참회의 설교는 교수 후반기에도 여전히 유효하다.

다음으로 수행자로서의 바른 언어생활이 필요하다. 언어와 행동이 일치된 삶을 살아야 하지만 표리부동한 경우가 많았기 때문이다. 원불교학과 학생으로서 교과서를 사는데 「교학개설」은 추천 교무님이 준다고 하여 4권 중 3권만 사려고 하니 못 판다는 것이었다. 그래서 진심이 나서 왜 못 파느냐고 항의를 했다. 나는 말조심을 해야겠다고 생각했다. 나중에 안 일이지만 내가 항의한 분이 교학대학 김성철 교수여서 마냥 겸연쩍었다.

매사에 신중해야 하는 것처럼 이따금 객기(客氣)로 상대를 놀라게 하거나, 슬프게 하거나 힘들게 하였다면 이 역시 참회해야 한다. 어느 날 만우절이라 옆 동지를 속이고 싶은 객기가 발동하였다. 속고 속이는 것이 과연 바람직한 일은 아닐 것이다. 내가 남을 속이는 것보다는 내가 세속인들에게서 속을지라도 결국 그를 교화하는 일이 나의 일이라 본다. 만우절에는 합리적인 거짓

말이 될 수도 있으나 이것은 객기라고 본다. 만우절에 도반을 장난삼아 객기로 두어 번 놀린 적이 있어서 이를 참회한다. 365일 가운데 상대방에게 조금이라도 고통을 주었다면 본의든 본의가 아니든 객기의 발동이었으니 진정 참회한다.

곁들여 수행자로서 참회의 주요 대상은 세 가지로 귀결된다. 삼독심으로서 탐심과 진심 치심이 그것이다. 대중과 토론을 하면서 주견을 내세워 상대방을 설득시키려고 아집을 부리곤 하였다. 마음공부를 하면서 큰 마장이 아닐 수 없다. 삼독심이 없어야 능히 큰 공부를 할 수 있다. 마음공부의 마장이 곧 삼독심이라는 것이며, 큰 인물이 되려면 이 삼독심을 벗어나야 할 것이다.

삼독심을 제거함으로써 생활 반조(返照)의 능력을 키워가게 된다. 반조하는 것은 자신을 돌이켜보아 어디에도 오염되지 않은 맑은 영성을 키우려는 목적이 있다. 반조에는 다음 몇 가지가 있다. 어느 스승으로부터 살아가면서 4가지 반조에 대해 들었다. 서원반조, 목적반조, 자성반조, 유훈반조를 통해서 대종사의 심통 제자가 되라고 한다. 출가 당시의 서원을 반조하고, 종교인으로서 전무출신을 서원한 목적을 돌아보자는 것이다.

이처럼 종교 신앙인이자 수행자로서 참회 반성은 필수적이다. 일반 사회인과 종교인의 차이는 진정으로 반성하는 자세로 살아가는가와 관련되어 있다. 성직자로서 일반인을 대할 때 굴기하심으로 살았는가, 아니면 자만심으로 살았는가도 반성의 대상이다. 그리고 성직자는 성스러운 생활이며 세속인은 속스러운 생활이라는 성속 분리의 이분법적 사유가 은근슬쩍 나타났던 점도 참회한다.

결국, 인격의 완성과 진급 생활은 참회 반성에서 비롯된다. 자신의 인품이 존경받는 사람인가를 새겨보는 시간이 많을수록 좋을 것이다. 소태산 대종사의 가르침처럼 이 세상의 생명체 가운데 유일하게 반성할 줄 아는 최령(最靈)의 존재는 인간뿐이다. 그래서 인간은 만물의 영장이라고 했다.

최령의 존재로서 우리는 월말이나 연말에 참회 반성을 하는 습관이 있다. 월말의 반성은 다음과 같은 것이 일상이었다. "지난 한 달 동안 부족했던 점, 어리석었던 점을 청산하고 새로운 각오로써 또 새달을 맞게 되었다. 과거를 거울삼아 나의 생활을 반조하면서 진급하는 생활을 하리라 확신한다." 어느 해 연말의 반성은 또 다음과 같다. "이제 호랑이 해의 다사다난했던 일들이 지나고 있다. 내년을 맞이하기에 앞서 호랑이 해에 나의 반성할 점이 적지 않았다." 그러나 월말·연말의 반성만으로는 안 된다. 일일시시(日日時時)로 반성하여 자아(自我)를 발견해야 할 것이다.

일일삼성을 하는 이유는 '나'의 주체성을 견지하면서 불성(佛性)을 회복하자는 것으로, 일생을 후회 없는 생활로 이끌어가기 위함이다. 현재 나는 어떻게 살 것인가? 미래의 나 자신을 바르게 새기며 살고 있는가? 맑은 영성을 지닌 존재로서 자신을 부끄럽거나 외롭게 하지 않도록 후회 없는 삶을 살겠다고 자문자답(自問自答)을 해본다. 삼세(三世)에 걸쳐 부지불각(不知不覺) 간에 지은 지난날의 무지했던 삶을 참회하면서 자성을 맑히고자 하였으니, 이 모든 것은 성현의 인격을 닮아가기 위한 구도심으로 살고자 하기 때문이다. 오늘날까지 '나'로 인해 아쉬움이 있었거나 조금이라도 고통받은 사람이 있다면 합장 공경하며 그분에게 진심으로 참회 반성한다.

참회를 새기던 교수 후반기 즈음인 2021년 「원불교 참회문에 대한 연구」를 『원불교사상과 종교문화』 제89집에 게재하였다. 본 연구는 『불교정전』과 『정전』을 중심으로 비교한 것이다. 100여 편을 발표한 논문 가운데 참회 논문이 한 편이라도 있어서 다행이지만, 조금이라도 "시즉명위진참회(是卽名謂眞懺悔)"(참회게), 곧 삼세 죄업의 참다운 참회에 이르도록 다시 각성케 하자는 것이다. 뒤이어 지도교수로서 「원불교 참회사상 연구」(정명규, 2023)라는 제목의 박사학위 논문을 지도한 보람도 여기에 있다.

나의 인생 점수는?

'아코더'라는 닉네임의 소유자가 '2022 만다라트 피드백'으로 매겨본 인생 점수의 항목을 보면, 성장, 창조, 생산, 건강, 경제 등의 조항이 나타난다. '만다라트'란 활짝 핀 연꽃 모양으로 아이디어를 다양하게 발상해 나가는 데 도움을 주는 사고의 기법이다. 이는 불교의 '만다라' 형태와 유사하다는 점에서 흥미롭다. 인생의 점수를 매겨본다면 과연 나는 성장과 건강, 창조의 삶을 살아왔는가를 살펴보는 것으로 인생 전반을 정리해보고자 한다.

학교 성적처럼 과연 인생을 점수로 매기는 일은 가능할까? 인생 전반에 대해 평가의 호오(好惡)를 쉽게 판가름할 수 없는 것이므로, 학교에서 학생들의 서열을 정하는 방식으로 인생을 점수로 평가할 수 없다고 본다. '꼴'의 전문가 신기원은 말하기를 "내 의지와는 상관없이 흘러온 인생의 거대한 물줄기인 것이다. 이 세상에 태어난 것 자체가 바로 운명이 아니던가?"라고 하였다. 본인의 의지와 달리 흘러온 인생을 운명으로 받아들일 뿐 점수로 환산하는 것은 어리석은 일인지 모른다. 일생을 점수로 환산하는 일이 가능할 것인가의 고민 속에서 몇 항목들을 열거하고자 한다.

첫째, 부모에 대해 효도를 하였는가와 형제간 우애를 하였는가에 대한 나의 성적은 어느 정도일까? 이는 맹자의 군자3락 가운데 두 가지이지만, 7살 때 (1963) 아버지를 여읜 슬픔에 부정(父情)은 별로 느껴보지 못했다. 대신 어머니

의 사랑 속에 충분하지는 않았지만 나름대로 효도는 했다고 본다. 어머니는 4
남매 가운데 한 사람은 원불교 교무를 지원하면 좋겠다는 소망에 부응하여,
출가한 막내아들로서 삶을 돌이켜 보았을 때 참 잘한 일이라 본다. "일자출가
(一者出家)에 구족(九族)이 생천(生天)한다."라는 말이 있지 않은가? '생천'은 깨
달음(혹은 구원)과 관련되는 것으로 불교 용어이다. 불타는 재가 신자에 대하여
보시와 계율, 생천에 대한 법을 설하였다. 각각 시론(施論), 계론(戒論), 생천론
(生天論)으로서 차례대로 법을 설한 차제설법(次第說法)이 그것이다.

　둘째, 친구들과의 교류에서 질투나 투쟁은 하지 않았는가에 대한 점수는
어느 정도일까? 기억에 새겨지는 정도의 투쟁은 하지 않았지만, 친구들과 의
견대립이야 없었겠는가? 미완의 존재라는 점에서 상대방과 갈등이 없을 수
없기 때문이다. 출가 후 수행일기에 이따금 등장하는 내용을 보면 가늠할 수
있다. 인간의 사상(四相)은 아상, 인상, 중생상, 수자상으로 이 가운데 '아상'에
사로잡힌 경우가 많았기 때문이다. 밤에 잠들기 전에 5분간의 명상과 새로운
다짐으로 서로의 갈등을 극복하기 위한 기질 수양을 한 셈이다.

　셋째, 학창 시절은 충실한 생활이었는가? 고향 친구들의 일부가 중학교를
마치고 출세 가도를 위해 서울과 부산 등지로 올라가서 돈을 번다고 했으니,
이들에게 학문의 단절이 있었다. 나 역시 한때 친구 따라 도시에 가서 취직
함으로써 어머니를 편하게 모실까 하는 생각도 없지 않았다. 그러나 어머니
가 아들에게 진정으로 의도하는 것은 고등학교의 진학과 원불교 교무가 되
는 것이었다. 학부, 석사와 박사를 마치기까지 정성을 들인 것에 어느 정도
충실했다고 판단한 이유이다.

　넷째, 자녀교육과 가족생활에 소홀하지 않는가를 성적으로 매긴다면 어
느 정도일까? 자녀로는 장남인 만영과 차녀인 지수(다영)가 있다. 자녀들이
초·중·고를 다닐 때 학습지도에 더하여 보살피는 마음으로 사설 학원에 보
내어 공부할 수 있는 환경을 만들어주도록 노력하였다. 그 결과 장남은 대학

에서 법학과를 졸업하고, 차녀는 미대 대학원을 마쳤으며 현재는 둘 다 결혼하여 사회의 일꾼으로서 역할을 다하고 있다.

다섯째, 직장생활에서 직무에 충실하였는가? 원불교 3대 사업으로서 교화, 교육, 자선 기관 가운데, 33년간 교육기관에서 근무하였다. 대학에서 학생들을 가르치면서도 봉사, 교육, 연구라는 큰 틀에 어긋나지 않도록 균형감각을 가지고자 노력했다. 예비교역자들의 교육과 원불교 사상의 연구라는 두 평행선에서 나의 역할이 무엇인지를 항상 돌이켜 보면서 최선을 다하고자 하였지만 미진했던 부분도 있을 것이다.

여섯째, 건강의 성적은 어떠한가? 질병에 시달리는 등 육신 건강에 문제가 없었는가? 이것은 신체적인 에너지와 직결되는 문제이기 때문에 관심을 두지 않을 수 없다. 매사에 건강보다 더 중요한 일은 없다. 어린 시절에는 시골에 의료혜택이 부족하여 조그마한 질병에 시달렸으므로 항상 건강을 유의하며 살아왔다. 성년이 되면서 큰 질병은 걸리지 않았지만, 일상의 삶에서 건강 관리에 대한 주의심으로 살았다. 50세에 당뇨를 앓기 시작하여 지금껏 식이요법과 운동으로 치료하면서 건강을 유지하고 있으며, 건강을 인생의 우선순위로 생각하고 있다.

일곱째, 인생 성적표에 있어서 취미활동과 여행 분야는 어느 정도 점수일까? 청소년기에는 특별한 취미가 없었지만, 중학생 때 유행가를 따라 부르며 우상에 사로잡힌 기억이 있다. 정작 고상한 취미활동을 시작한 것은 40대 중반으로, 카메라로 사진 찍기를 좋아했다. 50대에는 원불교 교역자들의 사진반 모임인 '사우회'에 가입하여 1년에 몇 번 출사하면서 취미활동을 했다. 힐링의 여행도 행복한 시간이었으며, 국내외 여행의 문을 열기 시작한 이래 견문을 넓히는 등 의미있는 순간들을 만들었다. 앞으로도 건강과 시간이 허락한다면 국내외 여행은 지속하고자 한다.

여덟째, 사회 봉사활동의 점수는 어느 정도일까? 고등학교에 다닐 때는 봉사활동의 가치를 크게 느끼지 못하였다. 그러나 출가하여 예비교무로서 봉사의 가치를 알게 되었으며, 대학 4학년 때 제주도 봉사활동을 통해 제생의세(濟生醫世)의 참 의미를 알게 되었다. 세상 사람들을 위해 봉사하는 일들이 출가의 본연이라는 것이다. 교학대학에 근무하면서 1999년부터 10여 년 동안 원광대의 「사회봉사」 지도교수가 되어 봉사에 직접 참여하였고, 사회봉사를 하는 학생들의 학점관리를 했다. 퇴임하고도 건강만 허락한다면 나름 틈틈이 자원봉사를 해볼 생각이다.

아홉째, 무엇보다도 인생의 성적 가운데 스스로 약속한 것들을 지키려고 노력했는가? 이순(耳順) 절반을 넘어선 시점에서 곰곰이 생각해 볼 때 스스로 다짐한 약속을 지키고자 했지만 지키지 못한 일도 있었다. 약속을 지키지 못한 일이 한두 가지였을 것인가? 내가 지킨 약속으로는 크게 두 가지가 있다. 어머니와 누나와의 약속으로서 '전무출신'의 길을 가겠다는 약속을 지킨 것이 그 하나이다. 그리고 1991년 교수에 부임했을 때 교수 활동의 총 33년 가운데 교학 정립을 위해 1년에 한 권씩 모두 33권 쓰겠다고 주문처럼 외운 약속을 지킨 것이다.

열째, 종교인으로서 도락(道樂)을 즐기며 자아성취를 하고자 했는가? 대종사로부터 최초의 견성 인가를 받은 삼산 김기천 종사의 글을 소개해 본다. "심신이 태연하고 세욕이 냉담하여지며, 도락이 진진할 것이니, 비유하건대 사다리로 인하여 천공(天空)을 올라감에 심신이 상쾌하고 활연한 것 같다." 삼산종사는 선진감상으로 「대중살이 하는데 몇 가지 감상」을 이처럼 밝혔다. 출가한 본연의 초발심을 잃지 않으며 구도심으로 살아간다면 도락의 경지에 이를 수 있다고 본다. 출가 본연의 성취감은 이러한 도락을 즐기느냐의 여부와 관련된다.

지나온 나의 인생사를 약술한다면 10대에는 가족의 가난과 사춘기의 유혹들을 잘 극복했고, 20대에는 대학생으로서 예비교역자의 인품함양을 위해 인고의 시간을 겪음과 더불어 결혼과 가족부양이라는 힘든 일상의 시작이었다. 30대에는 사회의 일원으로서 실력을 쌓으면서 박사학위를 받음과 더불어 교수로서 가치실현의 장이 마련되었다. 40대에는 그동안 쌓아둔 지적(知的) 자산을 활용하며 학문성취를 향해 한걸음 전진한 시기였고, 50대에는 인재 양성에 정성을 기울이며, 취미활동에 관심을 가짐으로써 중년기를 내실 있게 보내고자 하였다. 60대부터는 신체의 쇠락과 퇴임이라는 엄연한 현실에 다가서면서 인생 후반의 초연함과 생사연마의 과제를 안고 살아가고 있다.

전반의 인생사를 돌이켜 볼 때, 지인(知人)에게 자신의 인생 점수를 몇 점으로 매길 것인가라는 우문(愚問)을 던진 적이 있다. 2022년 1월 15일의 일이다. "나의 인생 점수는 90점이라도 되겠는가?" 그의 대답은 "성공한 인생이 아닌가?"라고 답하였다. 자신할 수는 없는 일이지만 그래도 나의 인생을 성적으로 점수 매긴다면 과연 A 학점 이상을 받을 수 있다는 것인가? 출석을 잘하고 리포트를 잘 낸 사람, 그리고 필기시험을 잘 본 사람들에게는 A 학점 이상을 주었으며, 이에 견주어 나의 지난 삶을 돌이켜 보면 고달픈 인생시험에 잘 통과했다고 본다.

그러나 일생의 인생사를 점수로 매긴다는 것은 당돌하고도 무모한 일인지 모른다. 감히 나의 지나온 삶에 행복한 점수를 받았는가를 묻는다면 "순간순간 힘든 상황도 있었지만 큰 틀에서 보면 행복했다."라고 답하고 싶다. 에바 일루즈가 저술한 『해피 크라시Happycarcy』(2021)라는 책을 인용해본다. "행복하지 않더라도 불행한 것만은 아니다."라는 문구가 긍정 가치로 새겨진다. 누구나 인생 후반에 불행하지 않았다면 "나는 행복했다."라고 단정할 것이다. 지금껏 살아온 삶에서 닥쳐온 불행을 벗어나기 위해 진력한 노력과 신행(信行)의 흔적들이 있었다면 당신은 후한 점수에 더하여 행복한 사람이다.

생사를 친구삼아

"Rise and Shine"이라는 미국 속담은 "일어나 태양빛을 보라."라는 뜻이다. 아침마다 일어나 창밖을 내다보면 태양이 동녘에 떠오르고 파란 하늘이 싱그럽게 보이는 것은 내가 살아 있다는 증거이며, 아침에 일어나지 못하면 그저 죽음일 따름이다. 『마음 습관이 운명이다』라는 책에서 다음과 같이 말한다. "사람이 살아 있다는 것은 하늘의 빛이 그 사람에게 머물러 있는 것을 의미하고 죽는다는 것은 하늘의 빛이 그 사람으로부터 떠난다는 것을 의미한다." 아침마다 둥그런 태양과 파란 하늘을 보면서 우리가 살아 있음을 다행으로 생각해야 할 것이다.

생사의 갈림길을 처음으로 지켜본 것은 내 나이 7살 때로서 아버지의 열반이고, 두 번째가 9살로서 친누나의 열반이다. 어린 시절이었기 때문에 아버지의 열반에는 큰 슬픔을 느끼지 못했고, 누나의 열반은 고통의 감정을 아는 때로서 어머니를 통해서 그 슬픔을 크게 느꼈다. 아버지 열반에 어머니는 크게 우는 모습을 보이지 않았지만, 친누나 열반 후 3년 동안 어머니는 눈물로 세월을 보냈다.

다음으로 청소년기에 동네 어르신들의 죽음을 보고 간접적으로 슬픔에 잠기곤 하였다. 동네 어른들이 열반하면 삶의 허무함, 즉 인생무상을 느끼곤 했으며 인생은 빈손으로 왔다가 빈손으로 가는 것을 서서히 알기 시작했다. 친

종교와 철학 산책

구 재옥의 할머니 꽃상여가 나가는 것을 지켜봤다. 인간이 태어나면 언젠가는 저렇게 된다. 우리 동네 평촌 할아버지가 열반한 후 그의 동생 연태 할아버지가 또 열반하였다. 한 해 사이에 세 형제로서 평촌, 연태, 연택 할아버지가 죽음에 이르니 인생 무상하다. 살아 있을 때 즐겁게 살아야 하는데 왜 인간은 죽어가는가? 연태 할아버지는 버스 운전사였으며, 비 오는 날 내가 초등학생으로서 학교에 갈 때 버스에 태워준 고마운 분이다.

중학생 때에는 생명 탄생의 기쁨과 죽음의 슬픔이 깊이 다가오기 시작했다. 동네에서 어르신이 열반하면 슬프고, 또 새 생명이 태어나면 기쁜 날이었다. 고교 1학년 때의 일이다. 대설인데 간밤에 눈이 내렸다. 새벽에 동네 세울 할아버지가 열반하여 슬펐다. 대신 송규 아저씨 부인이 다음 날 딸아이를 낳아서 기쁘다. 하지만 우리 인간은 죽는 일도 어렵고 탄생하는 일도 어려워서 생사를 마음대로 할 수 없으므로 생사윤회의 인생사가 범상하지 않다.

윤회의 시각에서 보면 삼세(三世)가 있다고 하는데 죽음이란 엄습해 오는 생의 마지막 맞닥트림과 같다. 산나는 것은 죽음으로 가는 것임을 깨닫게 되니 잃어버린 시간의 무상함이 더욱 다가온다. 고등학생 때 다음과 같이 생각하였다. 곧 잃어버린 재산은 근면과 절약으로 다시 얻을 수 있고, 잃어버린 지식은 공부를 통해 다시 얻을 수 있고, 잃어버린 건강은 절제와 약에 의해 다시 얻을 수 있다. 그러나 잃어버린 시간은 영원히 얻을 수 없다는 것이다.

생사 문제에 깊은 관심을 가지기 시작한 것은 고교를 졸업한 후 출가하면서이다. 도가에서는 인격함양에 초점을 맞추고 수행을 하며, 이에 생사를 초월해야 한다는 의식이 싹텄기 때문이다. 식사하러 오갈 때마다 나는 죽음의 무덤으로 한발 한발 다가선다고 생각했다. 법동지들이 성탑을 지날 때마다 생사해탈의 영생 길을 준비하며 합장하는 것을 보고 자신도 아침저녁으로 합장하는 마음으로 초연한 심법을 갖자고 다짐했다. 예비교무 1학년 때의 다짐에 나타나 있듯이 산다는 것이 결국 죽음으로 이어진다는 인생사의 무상함을 가지고 여기에 화두가 걸리곤 하였다.

　대학 2학년 때 자주 찾아갔던 곳이 있다. 그곳은 원불교 중앙총부에서 가까운 거리에 있는 알봉으로서 선진묘역이다. 추석을 앞두고 중앙교우회 회원 전체가 선조의 안식처인 알봉 묘지에 가서 벌초 작업을 했다. 영면한 선진들이 창립 교단의 터전을 만들기 위해 얼마나 고생을 하였는가? 벌초 이전에는 잡초가 무성하였는데 벌초를 하고 나니 알봉 묘지가 깨끗하게 단장되었다. 예비교역자가 된 지 겨우 1년이 지났는데 전무출신 가운데 열반한 분들이 많아졌다. 지금은 옮겨졌지만 중앙총부 뒤편으로 가면 선진의 묘역 알봉이 있어 이따금 그곳에 가서 선진을 추도(追悼)하며 넋을 위로해 드렸다. 선진에게 다가선 죽음의 문제가 종교 수행자에게 멀리 느껴지지 않았다.

　공평하게도 죽음의 문제는 인간만이 아니라 사생(四生)에게도 관련된다. 모든 생명체의 죽음에 애도를 표하는 이유는 육도사생의 이치에 따라 생로병사가 어김없이 순환하기 때문이다. 하찮은 동물이라도 죽음은 안타까운 것이다. 고교 3학년 때 시골집에서 키우던 개가 죽는 모습을 본 모자(母子)에게는 슬픈 날이었다. 귀엽게 크던 우리 집의 개가 갑자기 죽었기 때문이다. 무슨 병으로 죽었는지 모르지만 아마도 쥐약을 먹은 것 같아 어쩔 수 없었다. 이 날따라 어머니와 나는 너무 허전하였다. 청소년기에 느꼈던 것처럼 유정(有情) 일체의 생사에 대한 슬픔이 애잔하게 다가왔다.

　이처럼 죽음에는 인간이나 동물이나 마찬가지이다. 소태산은 총부 부근의 개가 물려 죽게 되자 슬퍼하면서 천도재를 지내주라고 하였다. 다음의 감각감상도 같은 맥락에서 기록하였다. "학림사 동지들 몇몇이 죽어가는 개를 아낌없이 치료해주는 것을 보았다. 같은 생명체이기에 살려고 발버둥 치고 있는 개를 보니 측은해지는 것이었다. 요즘 인간 외의 생명체를 중요하게 생각하지 않는 측면이 있는데 살려고 하는 것은 어느 생명체라 해도 같다." 인간과 동물의 생사를 대등하게 비교할 수는 없겠지만, 희로애락을 같이하는 것은 자비의 심법으로서 당연한 일이라 본다.

하지만 생사 해탈 공부가 어려운 것은 어쩔 수 없으며, 이것은 중생과 부처의 차이에 관련된다. 범부는 생에 집착하지만, 부처는 해탈의 힘을 가지고 있다. 범부 중생에게 생사라는 것은 인생사에서 가장 큰 일이다. 아직은 열반인 소식을 접할 때마다 너무 가슴이 아프며 애도의 뜻을 표하면서 고단한 몸편히 쉬었다가 다시 와서 큰일을 하시라고 기도 올린다. 열반을 중생의 눈으로 보느냐, 아니면 부처의 심법으로 보느냐는 자신의 생사 해탈의 수양과 관련되어 있다. 생사 해탈이 어렵다고 해도 깨달음과 부처의 심법으로 살아간다면 언젠가 그 길이 보일 것이다.

물론 부처의 심법을 갖기란 쉽지 않을 것이다. 한 인간이 죽으면 끝이라는 생각을 하는 것은 부처가 아닌 중생이기 때문이다. 영생의 이치를 알게 되면서 요즘 생사를 친구삼아 초탈의 마음으로 살아가고 있다. 죽으면 끝난다고 생각하는 사람들이 주변에 많다. 영생의 이치를 깨달아서 현생에 선업을 지으면 내생에 선업을 받는다는 것을 알아야 한다. 죽음은 생사의 세계에서 보면 육체의 소멸이다. 그러나 영혼 불멸의 이치에 따라 영생의 이치에서 본다면 죽음은 육신의 변화일 뿐 또 다른 내생의 시작이다.

삼세 윤회의 이치에 따라 생사를 친구로 삼고 내생을 준비하는 것이 인생 후반기의 최대 화두이다. 60대 중후반을 넘어서니 후배의 열반 소식이 들리고 바로 위 선배의 열반 소식도 자주 들리며, 청소년기 및 출가 동기생 일부도 이미 열반에 들기 시작하였다. 현실의 탄생에는 선·후배가 있지만 죽음의 길에는 선·후배와 관련 없이 불현듯이 찾아온다. 조촐하고 홀연한 마음으로 생사를 친구 삼아야 하는 이유가 여기에 있다. 죽음에 초연하게 대처하는 여명기의 삶이 한가롭고도 조촐하게 받아들여진다면 그는 생사해탈의 극락을 체험하는 사람이다.

epilogue:

종교와 철학 산책

본 「총설」의 전개에 앞서 우선 저서의 제목을 『종교와 철학 산책』으로 정한 이유를 밝히는 것에서 그 실마리를 찾아보고자 한다. 필자는 2001년 1월 〈원불교신문〉의 신년특집에서 「뒷짐과 등짐의 차이」라는 제목으로 글을 게재하였다. 제목이 신선해 보였는지 당시 효산 원불교 교정원장은 중앙총부 직원회의에서 제목의 신선함을 밝히며 가르침을 설하였다는 소식을 접하였다. 시론이나 논문, 저서의 내용에 앞서 제목이 중요함을 느끼는 순간이었다. 제목이 상징하듯이 교역자의 삶에서 '뒷짐'을 지지 말고 구인(九人) 선진이 방언 공사 때 흘린 지게 '등짐'의 구슬땀을 새겨보자는 것이었다.

이 같은 제목의 상징성은 예술계에도 통한다고 본다. 1975년 미국의 현대 무용가이자 안무가인 테일러는 '산책'이라는 제목의 작품을 세상에 선보였다. 그 내용을 보면 버스를 향해 달려가는 소녀의 소박한 모습에서 신선한 아이디어를 가져와 친숙한 일상의 움직임을 흥미롭게 엮은 것으로 사랑을 받았던 작품이다. '산책'이란 제목은 이처럼 소박하고도 신선한 활동으로 다가와, 천천히 걷다 보면 그간 떠오르지 않은 아이디어를 얻게 되는 기쁨도 있다.

산책이 가져다주는 기쁨의 세계는 종교계에도 통하는 것 같다. 법정은 『맑고 향기롭게』라는 저서에서 "연구실에서 풀리지 않던 문제가 산을 오르거나 바닷가를 산책하는 무심한 여가에 문득 풀리는 수가 있다."라고 하였다. 풀리지 않은 일들이나 정리되지 않은 생각들이 고요한 해변의 산책을 통해 얻어지는 마술 같은 해법(解法)을 만끽하려는 모습에서 입가에 미소가 가시지 않는다. 물론 바쁜 현대인의 일상에서 산책을 선뜻 나선다는 것은 쉽지 않다. 그것은 매사 여유로울 때 가능한 일이기 때문이다.

그러나 마음만 챙기면 솔깃해지면서 바닷가를 산책하는 것은 물론 숲속의 오솔길을 걸을 수 있는 여유가 생긴다. 매일 치열하게 살다가 어느 날 갑자기 친구로부터 "우리 산책이나 할까?"라는 소리를 들으면 기분전환의 신호로 받아들여진다. 시골길 산책, 해변 산책, 올레길 산책을 통해서 마음의 여유를 갖고 삶을 되돌아보면 더없이 좋을 것이다. 심신의 건강을 위한 여유로운 산책이라면 누구나 반갑고 설레는 일이다. 그것은 힐링을 위해 자연과 함께 하는 시간이기 때문이다.

다만 철학 산책이라든가, 종교 산책이라 하면 다소 난해하게 들릴지 모른다. 형이상학적 용어이기 때문이다. 산책(散策)이란 심신간 건강회복을 위해서 천천히 걷는다는 의미로 알려진 탓에 고상한 철학 용어나 종교용어에 익숙하지 않은 것도 사실이다. 그러나 '산책'의 용어는 물리적 공간에서 '천천히' 걷는다는 것 외에 내면적 사유의 공간에서 되돌아본다는 의미로도 사용 가능하다고 본다. 이에 나의 일생에서 종교 생활과 철학 공부를 천천히 되돌아보고 이를 음미하고자 하는 뜻에서 종교와 철학 산책이라는 용어를 사용한 것이다.

어쩌면 본 저술의 표제(標題)를 『종교와 철학 산책』으로 정한 이유는 인생 전반의 큰 흔적이 종교와 철학에 연결되어 있기 때문이며, 또한 필자가 〈종교·철학 부문〉으로 「한국인 대상(大賞)」을 받은 것과 관련된다. 이를테면 2023년 7월 14일 서울 프레스 센터에서 K브랜드협회 주최로 받은 대상을 기념하여 저술 제목으로 설정한 이유 중의 하나라 보면 좋을 것이다.

현대사회의 특징을 '자기 PR의 시대'라 하는데, 기왕 2024년 8월의 정년을 앞두고 종교와 철학 부문으로 받은 상을 소개하고자 한다. 〈제2023-17-040호〉 순번 「제17회 2023 제17회 자랑스런 한국인 대상」 '종교·철학 부문 원광대 류성태'라는 이름으로 전달된 내용은 다음과 같다. "귀하는 대한민국 국가를 사랑하며 대중문화 사회발전에 크게 기여하여 왔으며, '2023 자랑스런 한국인 대상'에 선정되어 이 상을 수여합니다. 2023년 7월 14일, 대한민국 베스트브랜드협회 이사장 이윤태."

　여러 상을 받은 적이 있지만 다소 쑥스럽게 최근 「한국인 대상」이라는 상패를 수여 받고서 얻은 영예로움에 고마워하면서도, 한편으로 과연 내가 이렇게 큰 상을 받을 자격이 있는가를 고심하였다. 그러나 내 존재의 자긍심이 있지 않은가를 생각해 보면 상을 받아 여생을 의미 있게 살라는 것도 좋지 않은가?

　지나온 삶의 결과보다는 보은(報恩)하라는 권면의 뜻으로 새겨본다면, 본 대상의 의미가 남은 인생을 더욱 활력 있게 해줄 것이다. 인생 전반기에 살아온 삶을 돌이켜 보면 후회스러운 점도 없지 않다. 「종교와 철학」 분야로 투영해 온 이상 종교와 철학의 세계에서 그동안 살아온 자신을 반추(反芻)해보는 시간이 필요한 이유이다. 회룡고조(回龍顧祖)의 시간을 통해서 여생에는 보람 있는 생활, 은혜와 행복의 시간으로 채우고자 하며, 그것은 『종교와 철학 산책』이라는 저술 제목에 걸맞게 더욱 반조(返照)하는 장이 될 것이다.

　그러면 종교의 세계와 관련해서 지나온 발자취는 어떠할까? 내가 종교를 믿게 된 직접적인 계기는 어머니의 신앙심과 관련된다. 이미 본 저서 제2편 「출가와 예비교역자 시절」에서 '모태신앙과 원불교'라고 밝혔다. 유년기의 신앙 활동은 아스라한 기억뿐 뭐라 표현할 수 없지만, 초등학교 시절에는 원불교의 특별 행사에 간헐적으로 참여하여 구경하고 교당에서 식사도 하는 정도였다. 중고등학생 때는 원불교학생회에 참여하여 법회를 보고, 친구들과 건전한 오락을 즐겼던 시간이었다.

대학에 들어와서 단순한 교도가 아니라 교역자의 길로 나아가는 인생의 전환점을 맞이하였다. 고교를 졸업하고 잠시 진로문제로 방황하던 시기에 어머니와 누나의 적극적인 출가 권면에 의해 직업을 종교로 전환하여 원광대 원불교학과에 입학하였다. 기질 변화와 종교적 신앙체험에 길들어지면서 종교 산책을 한 것은 이때부터 시작된 것이다. 직업이 종교인이라는 점에서 일반적으로 속세(俗世)와는 다소 떨어진 삶이 필요하였기 때문이다.

20세부터 종교의 세계에 발을 딛고 계룡산 신도안에서 간사(행자) 생활을 마친 후, 대학의 원불교학과에 입학하여 본격적인 신앙생활을 통해서 얻은 교훈은 다음 몇 가지가 있다. 주마등처럼 스쳐온 지난날의 종교 산책을 더듬어보면서 몇 가지 새겨볼 항목을 노크해 보고자 한다.

첫째, 나의 종교는 모태신앙으로서 일생을 인고(忍苦)로 살아온 어머니가 몸소 보여준 자녀교육과 관련된다. 어머니가 자녀를 보듬어 주는 마음처럼 종교는 나를 한껏 품어주었다. 어머니의 사랑으로 자란 4남매 가족은 모태신앙일 수밖에 없었고 일원(一圓) 가족이 된 이유는 어머니의 돈독한 신앙심 덕택이다. 가난한 가정의 농촌 살림에서 어려움을 극복한 가장 큰 힘은 어머니의 신앙심이었다. '모계포란(母鷄抱卵)'이라는 용어가 있듯이, 어머니의 한결같은 신앙생활은 막내아들에게 깊이 각인되어 강인한 인내력과 절제된 행동으로 채워진 맑은 거울과도 같은 것이다.

둘째, 인생행로를 개척하는 데 종교적 힘은 위대하였다. 고교를 졸업하면서 사회에 진출하여 어떠한 직장을 가질 것인가를 고민하다가 잠시 방황했는데, 다행스럽게도 종교라는 직업을 선택하여 행복한 신앙생활을 하게 되었다. 어느 날 명리학자가 나의 명운(命運)에 대해 말하기를 "사업으로는 성공할 수 없고, 종교나 학계에서 성공할 운명을 받고 태어났다."라고 하였다. 절대론적 운명론자는 아니지만, 나름 일생이 보람 있는 삶으로 연결될 명운을 타고났다고 판단했기에 다행스럽게 종교계에 몸담고 종교적 힘을 얻어서 삶과 인생의 가치를 찾았다.

셋째, 나의 성정(性情)은 투박하고 외골수인데 도의적(道義的) 인격을 함양하도록 종교의 신념이 지대한 영향을 미쳤다. 막내로 태어나 부끄러움을 많이 타고 자기중심적이면서 고집이 있으며 다소 의타심이 있다는 지적을 받았다. 이러한 성정에 따른 기질적 약점을 극복하는 데 도움이 된 것은 신념에 따른 종교의 신앙과 수행이었다. 종교의 산책, 그리하여 종교의 위력에 감응을 받은 일생이 은혜로우면서도 자아실현의 현장이었다.

다음으로 '철학의 세계'에 발을 디딘 사연은 다음과 같다. 원광대 원불교학과를 졸업하고 해외 유학을 염원했던 나는 외국어 공부에 열중하면서 미국 유학을 하려고 하였다. 한동안 해외 유학의 부푼 꿈을 꾸던 차, 미국에서 교수 생활을 하고 있는 원불교 교역자 정유성 박사에게 영문학을 전공하겠다고 편지를 띄웠다. 정박사는 해외 교화에 꿈을 품은 나에게 "동양인이 서양학을 전공하는 것이 가능한 일이냐?"라며, 동양철학을 전공하라는 따끔한 충고를 하였다.

어떻든 가정의 경제적 사정이 어려워 해외 유학의 꿈을 접고야 말았다. 이에 선배의 충언에 따라 1983년 원광대 대학원의 석사과정에 입학하여 불교학과 동양철학을 전공으로 공부하였다. 석사 논문으로 「장자의 양생론 연구」를 제출하면서 마침내 동양철학의 세계가 점차 시야 속으로 들어온 것이다.

1986년에 박사과정에 입학하여 한 단계 깊은 공부를 하게 되었다. 1990년 2월 마침내 「맹자와 장자의 수양론 비교」라는 박사 논문을 통과하였다. 석사 2년, 박사 3년 동안 어려운 동양철학을 공부하면서 노자와 장자의 자연(自然)과 무위(無爲)의 가치를 인지하게 된 것이다. 연세대 정년 후 원광대 석좌교수로 부임한 배교수를 지도교수로 모시고 충실한 지도를 받았으나, 박사 논문 목차까지 점검해준 배종호 교수의 열반으로 한종만 교수가 뒤이어 나의 논문지도를 해주었다.

　동양철학으로 박사 논문을 받은 후 원광대 원불교학과에서 전임으로 강의하였는데 원불교 교서 과목 외에 철학 분야로서 「유교 사상의 이해」와 「도교 사상의 이해」를 담당하였다. 아울러 교수 중후반기에 원광대 일반대학원의 한국문화학과와 동양학대학원의 동양학과의 주임교수를 맡으면서 중국철학사와 도교 사상을 중심으로 강의하였다. 동양철학에 대한 안목이 생기면서 고독한 사유의 산책이 시작되고, 학부생과 석박사 학생들을 향한 원전 강의와 철학 담론을 통해 고금(古今)의 지평을 펼쳐나갔다.

　고상하면서도 담담하게 철학의 세계에 산책하면서도 뇌파를 쥐어짜는 어려운 고전(古典) 천착에 많은 시간을 할애하면서 다음과 같은 공부 표준으로 삼았다.

　첫째, 모든 의심의 출발은 "왜(Why) 그러한가?"와 관련한 것이었다. 다음의 예를 들어보자. 중고등학생 자녀가 아침 식사를 하고 학교에 늦지 않도록 어머니는 일찍 깨운다. 그러나 자녀는 새벽잠을 조금이라도 더 자기 위해 보통 "엄마 5분만요."라고 말한다. 이에 나는 대학생들에게 이렇게 답하지 말고 "엄마 내가 왜 일찍 일어나야 해요?"라고 한번 해보라는 것이다. 내가 일찍 일어나야 하는 이유를 알아가는 것이 철학 산책이다. 내가 왜 밥을 먹어야 하는가? 내가 왜 학교에 가야 하는가를 화두로 삼으라는 것이다.

　둘째, 인생의 가치관 정립은 "어떠한(How) 사람이 되려는가?"에 대한 것이다. 사회에서 어떠한 사람으로 살아갈 것인가? 직장에서 어떠한 사람으로 비추어지는가? 가족의 일원으로서 어떠한 역할을 할 것인가를 생각할 기회가 주어진다면 그의 철학적 가치관은 바르게 정립되어가는 징조이다. 이것이 곧 인격함양으로 이어지기 때문이다.

　셋째, 나와 대인관계는 "무엇(What)을 위함인가?"를 고민해 봐야 한다. 인간은 사회적 동물로서 좌우 인연들과 더불어 살아갈 수밖에 없다. 평생 수많은 이웃을 접하고, 친구를 사귀게 된다. 이러한 인연을 맺고 친구를 사귀는 이유는 무엇인가? 나의 영달을 위함인가? 아니면 돈독한 인연 관계를 맺으며 희로애락을 공유하기 위함인가? 이웃과의 인연은 무엇 때문에 필요하며, 친구는 무엇을 얻기 위해 사귀는가를 되돌아본다면 좌우 인연들이 상생(相生)의 인연으로 다가설 수 있을 것이다.

그러면 우리에게 잘 알려진 철학계 석학(碩學)들의 깊은 사유는 어디에서 나오는 것일까? 바로 명상의 산책을 통해서 나타난다. 쇼펜하우어는 철학 체계를 세우기 위해서 수목 사이로 명상을 하면서 산책하는 데 많은 시간을 할애했다고 한다. 그는 정원을 산책하면서 홀연한 생각이 솟아올랐으며, 수목의 싹이 꼭 어린아이 주먹과 같이 터져 나오는 것을 보고 큰 소리를 내고 기뻐했다. 칸트는 시계처럼 정확한 시간에 길거리를 산책하며 『순수이성비판』 등을 저술하였고, 노자와 장자는 대자연의 세계를 산책하면서 소요유(逍遙遊)의 기쁨을 만끽하였다.

어떻든 일생을 종교와 철학의 세계에 산책하면서 가장 가치 있고 행복했던 것은, 종교를 직업으로 선택함은 물론 교학(敎學)을 연구하고 대학 강단에서 예비교역자를 양성하는 일이었다. 이어서 일반대학생들과 대학원생들에게는 전공영역의 시야를 넓혀주는 일이기도 했다. 곧 대학생들에게는 성직 생활에 도움 되도록 인도하는 일이 보람으로 다가왔다면, 대학원생들에게는 석사 박사의 길로 인도하여 학문적 지평을 열어주는 것이 행복으로 다가왔다. 하나 더 언급한다면 본 저서를 포함하여 33권의 저서를 발간하면서 '강단 33년'과 '저서 33권'이라는 균형적 궤적을 이룬 것이며, 여기에 나의 기질이 외골수라는 성정에 어울리는 강기(剛氣)가 발동되었다.

무엇보다 종교는 인고의 생활 속에서 자신의 영성을 함양시켜주고, 철학은 고전의 성현들이 갖는 심법을 알게 해주어 인격의 넉넉한 심법을 가져다준다. 내면의 신앙생활 속에서의 종교 산책과 사유적 생활 속에서의 철학 산책은 삶의 결실을 가져다주는 데 도움이 된 것이다. 일상생활에서 자칫 방심하다 보면 게을러지기 쉬운데, 지난날 한마음을 챙긴 송대(松臺)의 산책과 신룡벌의 산책은 식사 후 커피 한잔 마시듯 달콤한 시간으로 다가설 수 있었다.

혹시라도 비 오는 날 심신이 느슨해진다면 우산 속에서 커피 한잔을 들고 산책해보라고 권하고 싶다. 가벼운 산책을 즐기면서 커피 한잔을 음미한다면 느껴지는 두 가지 맛은 달고도 쓴맛이다. 주변의 솔밭길을 산책하면서 느끼는 커피의 단맛 쓴맛은 인생의 애환(哀歡)을 겪는 현대인들의 감성에 공유될 것이다. 카페에서 커피를 마시면서 잠시 멈추어 '나'의 감성을 노크해본다.

자서(自敍)의 『종교와 철학 산책』을 정리하면서 문득 범산 종사의 회고록인 『범범록』의 서문이 생각난다. "글다운 글 한 편 쓰지 못하면서 새 회상 문필 언론에 관련해 온 지도 어느덧 40년이 가까워진다. 이제 붓을 놓고 수양에 전공할 때가 되니, 못나도 제 자식은 귀엽다던가? 제 글에 애착을 새삼 느낀다." 달필로 알려진 범산 종사는 "내 글도 글이라고?"라는 겸양으로 다가선 것이다. 그리고 애착으로 다가서는 측면도 있다. 필자 역시 겸허한 마음으로 『종교와 철학 산책』이란 자서전을 발간하면서 겸손한 마음이 앞선다. 크게 자랑할만한 일도 없지만 67년의 개인사를 이야기보따리로 그럴싸하게 꾸민 것 같아서 애착이라면 미안한 마음이다.

이제 아쉬움을 털어내고 초탈의 심경으로 우주 대자연을 산책하고자 한다. 치열했던 지난 시절의 아쉬움을 내려놓고, 여유롭게 산하대지를 거닐면서 심신의 안온(安穩)을 느낄 때이다. 대자연의 솔밭길에서 솔 향기를 맡아보고, 생명을 일깨우는 동남풍(東南風)에 귀를 기울여보자. 황등 호수의 신선한 바람이 귓가에 스치고 겨울잠에서 깨어난 풀벌레가 풍악을 울려주지 않는가? 속 마을[裡里]의 고요한 정적이 또 내 마음을 보듬어 주고 있다.

부록

〈부록 1〉 저서목록

《저서목록》

1. 『원불교와 동양사상』, 원광대출판국, 1995
2. 『동양의 수양론』, 서울 학고방, 1996
3. 『성직과 원불교학』, 서울 학고방, 1997
4. 『경쟁사회와 원불교』, 원광대출판국, 1998
5. 『정보사회와 원불교』, 원광대출판국, 1998
6. 『지식사회와 원불교』, 원광대출판국, 1999
7. 『지식사회와 성직자』, 원광대출판국, 1999
8. 『21C 가치와 원불교』, 도서출판 동남풍, 2000
9. 『중국철학사』, 원광대출판국, 2000
10. 『정산종사의 인품과 사상』, 원불교출판사, 2000
11. 『정산종사의 교리해설』, 원불교출판사, 2001
12. 『원불교인은 어떠한 사람들인가』, 원불교출판사, 2002
13. 『원불교인, 무얼 극복할 것인가』, 원불교출판사, 2003
14. 『소태산과 노자, 지식을 어떻게 보는가』, 원불교출판사, 2004
15. 『대종경 풀이』(上), 원불교출판사, 2005
16. 『대종경 풀이』(下), 원불교출판사, 2006
17. 『원불교 해석학』, 원불교출판사, 2007
18. 『정산종사법어 풀이』 1, 원불교출판사, 2008
19. 『정산종사법어 풀이』 2, 원불교출판사, 2008
20. 『정산종사법어 풀이』 3, 원불교출판사, 2009
21. 『정전 풀이』(상), 원불교출판사, 2009
22. 『정전 풀이』(하), 원불교출판사, 2010
23. 『정전변천사』, 원불교출판사, 2010
24. 『장자철학의 지혜』, 학고방, 2011
25. 『원불교와 깨달음』, 학고방, 2012
26. 『견성과 원불교』, 학고방, 2013
27. 『원불교와 한국인』, 학고방, 2014
28. 『원불교 100년의 과제』, 학고방, 2015
29. 『중국철학사의 이해』, 학고방, 2016
30. 『불교와 원불교』, 학고방, 2018

31.『개혁정신과 원불교』, 학고방, 2020
32.『세상 읽기와 원불교』, 학고방, 2021
33.『종교와 철학 산책』, 학고방, 2024

〈〈회고록 집필〉〉

1.『아산종사 회고록』, 원불교출판사, 2008
2.『아타원종사 회고록』, 원불교출판사, 2010

〈〈공저 및 공역〉〉

1. 류성태 외 공저,『고운 최치원』, 민음사, 1989
2. 류성태 외 공역,『전환기의 종교』(라다크리슈난), 원광대출판국, 1986
3. 류성태 외 공역,『종교철학』(동전부웅), 원광대출판국, 1987

〈부록 2〉 논문목록

1. 「원불교 용어고찰-효율적 교화를 위해서」, 『원불교학 연구』 11집, 원불교학연구회, 1980
2. 「소태산과 장자의 언어관 비교」, 『정신개벽』 3집, 신룡교학회, 1984
3. 「최치원의 종교관」, 『한국종교』 10집, 원광대 종교문제연구소, 1985
4. 「장자의 양생론 연구」, 석사학위논문, 1985
5. 「장자의 생사관」, 『정신개벽』 5집, 신룡교학회, 1987
6. 「노장의 수련법 연구」, 『논문집』 창간호, 원광대 대학원, 1987
7. 「좌선과 좌망의 연구」, 『원불교사상』 10·11합집, 원광대 원불교사상연구원, 1987
8. 「최치원의 한민족관」, 『한국종교』 11·12 합집, 원광대 종교문제연구소, 1987
9. 「도가사상에서의 인식-장자의 도와 언어를 중심으로」, 『정신개벽』 6집, 신룡교학회, 1988
10. 「원과 도의 연구-소태산과 노장을 중심으로」, 『원불교사상』 12집, 원광대 원불교사상연구원, 1988
11. 「정도전의 '불씨잡변' 고」, 『논문집』 3집, 원광대 대학원, 1989
12. 「은과 기의 연구-소태산과 장횡거를 중심으로」, 『정신개벽』 7·8합집, 신룡교학회, 1989
13. 「원불교의 시간관 연구」, 『정신개벽』 9집, 신룡교학회, 1990
14. 「장횡거 기사상의 구조적 성격」, 『역사·사회·철학』 4집, 채문학회, 1990
15. 「원불교와 유교의 언어계율에 관한 연구」, 『원불교사상』 13집, 원광대 원불교사상연구원, 1990
16. 「맹자·장자의 수양론 비교연구」, 박사학위논문, 1990
17. 「태극도설의 원리에서 본 일원상 진리」, 『인류문명과 원불교사상』, 원불교출판사, 1991
18. 「서명응의 도가사상」, 『한국도교와 도가사상』, 아세아문화사, 1991
19. 「유불도 삼교의 예술철학 연구」, 『정신개벽』 10집, 신룡교학회, 1991
20. 「원불교의 공간관 연구」, 『원불교사상』 14집, 원광대 원불교사상연구원, 1991
21. 「맹자의 효사상에 대한 연구」, 『범한철학』 7집, 범한철학회, 1992
22. 「맹자의 대인관 연구」, 『정신개벽』 11집, 신룡교학회, 1992
23. 「정산종사의 성품관」, 『원불교사상』 15집, 원광대 원불교사상연구원, 1992
24. 「노자의 처세론 연구」, 『한국도교의 현대적 조명』, 아세아문화사, 1992
25. 「조선조 후기 숭유사조에서의 도교사상 수용에 관한 연구」, 『정신개벽』 12집, 신룡

교학회, 1993

26. 「원불교사상의 유교적 접근-교화적 측면을 중심으로」, 『한국종교사상의 재조명』, 원광대 출판국, 1993

27. 「원불교 교화에서 본 세계관」, 『원불교사상』 16집, 원광대 원불교사상연구원, 1993

28. 「미래사회와 원불교학의 대응」, 『원불교학연구』 23집, 원불교학연구회, 1993

29. 「원불교사상의 인식구조-동양의 「一而二」 구조를 중심으로」, 『원불교사상』 17·18 합집, 원광대 원불교사상연구원, 1994

30. 「소태산의 생명관」, 『정신개벽』 13집, 신룡교학회, 1994

31. 「원불교 계율에 대한 연구」, 『한국종교』 19집, 원광대 종교문제연구소, 1994

32. 「소태산의 인간이해」, 『원불교와 동양사상』, 원광대학교 출판국, 1995

33. 「장자의 자연사상에서 본 환경보호의 방향」, 『정신개벽』 14집, 신룡교학회, 1995

34. 「구송 '법의대전'에 나타난 회상관」, 『원불교사상』 19집, 원광대 원불교사상연구원, 1995

35. 「원불교 사회윤리의 유교적 접근-최초법어와 수제치평을 중심으로」, 『원불교학』 창간호, 한국원불교학회, 1996

36. 「원불교사상의 합리성과 신비성에 대한 교학적 검토」, 『정신개벽』 15집, 신룡교학회, 1996

37. 「원불교와 유교의 성론 비교」, 『원불교사상』 20집, 원광대 원불교사상연구원, 1996

38. 「유교의 교화개념 연구」, 『정신개벽론집』 16집, 신룡교학회, 1997

39. 「소태산과 노장의 자연 인식」, 『원불교학』 2집, 한국원불교학회, 1997

40. 「원불교의 지식관」, 『한국종교』 22집, 원광대 종교문제연구소, 1997

41. 「유교교화가 시사하는 점-원불교 교화의 활로 모색을 중심으로」, 『원불교사상』 21집, 원광대 원불교사상연구원, 1997

42. 「장자의 자연·인간의 관계」, 『도교문화연구』 12집, 한국도교문화학회, 1998

43. 「장자의 지식관」, 『범한철학』 16집, 범한철학회, 1998

44. 「동양사상과 정산종사의 우주론」, 『원불교학』 3집, 한국원불교학회, 1998

45. 「정산종사의 유교관」, 『원불교사상』 22집, 원광대 원불교사상연구원, 1998

46. 「장자의 우주관」, 『도가철학』 창간호, 한국도가철학회, 1999

47. 「정산종사의 환경관」, 『원불교사상』 23집, 원광대 원불교사상연구원, 1999

48. 「정산종사의 학문관」, 『원불교학』 4집, 한국원불교학회, 1999

49. 「동산 이병은의 생애와 사상」, 『원불교 인물과 사상』(1), 원광대 원불교사상연구원, 2000

50. 「정산종사의 정의관」, 정산종사 탄생 100주년 기념사업회 편 『전통사상의 현대화와 정산종사』, 원불교출판사, 2000

51. 「장자의 시공 인식」, 『범한철학』 22집, 범한철학회, 2000

52. 「소태산의 선악관」, 『원불교사상』 24집, 원광대 원불교사상연구원, 2000

53. 「수산 이운철 연구」, 『원불교인물과 사상』(2), 원광대 원불교사상연구원, 2001

54. 「소태산 친저 육대요령의 고찰」, 『원불교학』 6집, 한국원불교학회, 2001

55. 「21세기와 원불교-호학 정신을 중심으로」, 『원불교사상』 25집, 원광대 원불교사상연구원, 2001

56. 「장자의 죽음 이해」, 『범한철학』 24집, 범한철학회, 2001

57. 「원불교의 지혜관 연구」, 『원불교학』 7집, 한국원불교학회, 2001

58. 「21세기 가치와 원불교-지식 가치를 중심으로」, 『원불교와 21세기』, 원광대 원불교사상연구원, 2002

59. 「장자의 제물론에 나타난 인식론」, 『범한철학』 27집, 범한철학회, 2002

60. 「창립정신의 정립 방향」, 『원불교사상』 26집, 원광대 원불교사상연구원, 2002

61. 「지식정보 사회와 교역자상」, 『원불교학』 9집, 한국원불교학회, 2003

62. 「노자의 지식론 연구」, 『범한철학』 34집, 범한철학회, 2003

63. 「소태산과 노자의 지식론 연구」, 『원불교사상과 종교문화』 27집, 원광대 원불교사상연구원, 2004

64. 「21C 사이버 교화의 방향-'영상세계와 원불교' 카페운영을 중심으로」, 『소태산과 노자, 지식을 어떻게 보는가』, 원불교출판사, 2004

65. 「대종경 연구방법론」, 『원불교사상과 종교문화』 29집, 원광대 원불교사상연구원, 2005

66. 「장자 제물론 편의 제동에 대하여」, 『한국종교사연구』 13집, 한국종교사학회, 2005

67. 「대종경 변의품 해석에 대한 기초적 연구」, 『원불교사상과 종교문화』 31집, 원광대 원불교사상연구원, 2005

68. 「원불교 영성함양에 대한 연구」, 『한국종교』 30집, 원광대 종교문제연구소, 2006

69. 「정신수양의 도가적 접근」, 『원불교사상과 종교문화』 34집, 원광대 원불교사상연구원, 2006

70. 「원불교 백주년의 교단적 의미」, 『한국종교』 31집, 원광대 종교문제연구소, 2007

71. 「원불교 생명윤리의 연구」, 『동양학연구』 3집, 원광대 동양학연구소, 2007

72. 「원불교 신앙호칭에 있어 신앙성 강화모색」, 『원불교사상과 종교문화』 36집, 원광대 원불교사상연구원, 2007

73. 「정산종사법어의 출전근거 연구」, 『원불교사상과 종교문화』 39집, 원광대 원불교사상연구원, 2008

74. 「『정전』 강의 방법론」, 『한국종교』 33집, 원광대 종교문제연구소, 2009

75. 「정전의 변천사 연구」, 『원불교사상과 종교문화』 43집, 원광대 원불교사상연구원,

2009

76. 「논어와 대종경의 소통에 대하여」, 『한국종교』 34집, 원광대 종교문제연구소, 2010

77. 「수양연구요론의 문목 연구-문목의 변천을 중심으로」 『원불교사상과 종교문화』 45집, 원광대 원불교사상연구원, 2010

78. 「사요의 용어변천에 대한 연구」, 『원불교사상과 종교문화』 48집, 원광대 원불교사상연구원, 2011

79. 「교역자 회고록 저술에 대한 연구」, 『정신개벽』 17집, 신룡교학회, 2011

80. 「실학사상과 원불교」, 『원평』 2호, 원불교교수협의회, 2012

81. 「원불교 초기교단의 강연 연구-기관지 『월말통신』 『월보』 『회보』를 중심으로」, 『원불교사상과 종교문화』 53집, 원광대 원불교사상연구원, 2012

82. 「문목의 해석학적 접근」, 『원평』 3호, 원불교교수협의회, 2013

83. 「장자의 심신수양론 연구」, 『동양학연구』 9집, 원광대 동양학연구소, 2013

84. 「원불교 치유론에 대하여」, 『정신개벽』 18집, 신룡교학회, 2013

85. 「원불교 해석학의 방향과 과제」, 『한국종교』 36집, 원광대 종교문제연구소, 2013

86. 「원불교 정기훈련법의 연구」, 『원불교사상과 종교문화』 56집, 원광대 원불교사상연구원, 2013

87. 「病める社会の診断とその治療」, 佛敎大學國際學術硏究叢書 4 『佛敎と癒しの文化』, 思文閣出版, 2013

88. 「소태산의 한민족관」, 『동양학연구』 10집, 원광대 동양학연구소, 2014

89. 「교서결집에 대한 연구-대종경을 중심으로」, 『원불교사상과 종교문화』 60집, 원광대 원불교사상연구원, 2014

90. 「교헌 개정과 교단 100년의 과제」, 『원평』 4호, 원불교교수협의회, 2014

91. 「대산 김대거종사의 스승관」, 대산김대거종사탄생 100주년기념논문집 『원불교와 평화의 세계』, 원불교백년기념성업회, 2014

92. 「동양의 인성론-중국의 인성론 전개를 중심으로」, 『원불교사상과 종교문화』 63집, 원광대 원불교사상연구원, 2015

93. 「팔산 김광선 종사의 생애와 활동」, 『원불교 구인선진, 개벽을 열다』, 도서출판 모시는 사람들, 2016

94. 「'회설'에 나타난 개혁사상-초기교단의 정기간행물을 중심으로」, 『원불교사상과 종교문화』 69집, 원광대 원불교사상연구원, 2016

95. 「대산종사법어 신심편의 성찰적 접근-대산종사의 소태산관을 중심으로」, 『원불교사상과 종교문화』 72집, 원광대 원불교사상연구원, 2017

96. 「원불교 교리도에 대한 연구」, 『원불교사상과 종교문화』 75집, 원광대 원불교사상연구원, 2018

97. 『세전』의 유교적 성향 연구」, 『원불교사상과 종교문화』 80집, 원광대 원불교사상
　　연구원, 2019

98. 「원불교 개교의 동기에 나타난 개혁정신 연구」, 『원불교사상과 종교문화』 80집, 원
　　광대 원불교사상연구원, 2020

99. 「교서결집에 대한 연구」, 『2세기, 원불교학 어떻게 나갈 것인가』, 원광대 원불교학
　　과, 2020

100. 「원불교 '참회문'에 대한 연구-『불교정전』과 『정전』의 비교를 중심으로」, 『원불교
　　사상과 종교문화』 89집, 원광대 원불교사상연구원, 2021

101. 「장자의 지식과 득도론 연구」, 『원불교사상과 종교문화』 95집, 원광대 원불교
　　사상연구원, 2023

102. 「노장의 득도론 연구-도의 인식과 득도의 비판적 접근」, 『원불교사상과 종교문화』
　　97집, 원광대 원불교사상연구원, 2023

〈부록 3〉 박사학위 제자와 박사논문

1. 조인숙,「조선 전기 다시 연구-서거정과 김시습을 중심으로」
2. 정화진(성철),「정산 송규의 건국론 연구」
3. 장종원,「소길의 오행대의에 나타난 오행설 연구」
4. 배성월,「선입견 극복을 위한 불교 명상프로그램의 구성과 적용」
5. 이기선,「경방역의 구성체계와 응용에 관한 연구-육효학 이론 근거를 중심으로」
6. 백정기,「대종교 수행에 관한 연구」
7. 김우정,「삼명통회의 외격 연구」
8. 신균이,「노자의 처세론 연구」
9. 오서연,「오행에 따른 인상 연구」
10. 정완수,「산양지미의 형기론에 대한 연구」
11. 강두열,「기문풍수지리 연구」
12. 정혜승,「홍연진결의 기문둔갑 이론에 관한 연구」
13. 장지환(선지),「원불교 천도론 연구-천도의례를 중심으로」
14. 원인호,「한국 고지도에 나타난 풍수관 연구」
15. 최영훈(도운),「원불교 장묘문화의 변천과 방향」
16. 신귀화,「노자의 수양본 연구-수양의 방법 모색과 마음치유를 중심으로」
17. 조성훈(덕상),「원불교 '일원상 법어'에 대한 연구」
18. 이영무,「적천수천미 명리이론에 관한 연구」
19. 배윤종,「존사법 연구」
20. 박종걸,「장자의 득도론에 대한 연구」
21. 양재호(제우),「원불교 성인관 연구」
22. 박인호,「조선시대 하륜의 풍수관 연구」
23. 윤영채,「조선시대 어진과 상학적 연구」
24. 황금옥,「오행정기의 명리 이론 연구」
25. 강래군,「궁통보감의 월령에 관한 연구」
26. 전민관,「하락이수의 명운 이론 연구」
27. 김기섭,「풍수지리의 호대사 연구」
28. 이창임,「상학의 음양론에 관한 연구」
29. 유병헌,「중국의 '기'사상 연구-고대와 중세를 중심으로」
30. 김재원,「역경과 명리학의 상관성 연구-성립과정과 운명론을 중심으로」
31. 한규진,「한국 무격에 대한 연구-종교·사회적 역할과 과제를 중심으로」

32. 여지연,「사마승정의 수행론 연구」

33. 한상열,「사주명리의 천수상 연구」

34. 이석현,「동양의 운명론 연구-유불도 삼교를 중심으로」

35. 서정선,「맹자의 왕도정치론 연구-항심과 항산을 중심으로」

36. 김태오,『황제택경』과『양택삼요』의 방위관 연구」

37. 오정우,「자미두수의 연원과 이론체계 연구-고전 격국을 중심으로」

38. 손순호,「입태사주의 질병론 연구」

39. 나남임,「명리학의 질병론 연구-중병환자의 사례분석과 회귀분석을 중심으로」

40. 장석호,「장횡거의 수양론 연구-우주론과 관련하여」

41. 김은주,「열자의 수양론 연구」

42. 김민숙,「MBTI와 명리학의 직업적성론 비교연구」

43. 문정혜,「조선중기 공신화상에 관한 상학적 연구」

44. 이영주,「장자의 수양론 연구-심재와 좌망을 중심으로」

45. 이희창,「한국 세시풍속의 풍농점 연구」

46. 정정임,「적천수천미 연구-연원 분석을 중심으로」

47. 신정해,「사회 문화적 인식변화에 따른 한국인의 얼굴분석-관상학 이론과 관점을 바탕으로」

48. 박나현,「적천수천미의 중화사상 연구-중화의 연원과 명리적 적용을 중심으로」

49. 송상섭,「명리학의 육친론 연구-적천수천미를 중심으로」

50. 안기(훈),「원불교 상·장례문화의 방향 연구」

51. 이천수,「주렴계 사상의 연구-태극도설을 중심으로」

52. 윤상흠,「명리 용신론의 비판적 연구」

53. 김성우,「서락오 간지론의 대대적 변화 연구-형·충·회·합을 중심으로」

54. 배윤진,「갈홍의 태식호흡에 관한 연구」

55. 임승국,「장자와 혜강의 음악관 비교연구」

56. 조영근,「녹문의 이기론에 관한 연구」

57. 조원래,「조선시대 종택의 풍수지리에 관한 연구-형기론과 현공풍수를 중심으로」

58. 장진수,「근사록의 학문관 연구」

59. 양탁생,「고전상학의 수명론 연구-동양의학과 관련하여」

60. 김동,「주역의 혼인관 연구」

61. 김지나,「동중서의 음양오행사상 연구」

62. 전정훈,「자평진전의 간명입식 연구」

63. 임진호,「음양오행 간지의 현대적 활용에 관한 연구」

64. 송두헌,「장자의 성인관 연구」

65. 조명규, 「원불교의 호학 정신 연구-소태산의 지식관을 중심으로」

66. 정명규, 「원불교 참회 사상 연구」

67. 강수연, 「홍국기문둔갑과 한국 민중도교의 연관성 연구」

68. 이진훈, 「초의 의순의 선 사상 연구」

69. 이주홍, 「풍수향법에 관한 연구-음택풍수 사례를 중심으로」

70. 고성주, 「주희의 태극 사상 연구」

71. 박지원, 「육효 서법의 현대적 활용에 관한 연구」

72. 전민식, 「풍수지리의 '기자수지모'에 대한 연구-기론과 수론을 중심으로」

73. 안영심, 「주역의 겸괘 연구-겸괘의 덕을 중심으로」

74. 유명숙, 「중년여성의 부부 위기 경험에 대한 명리학적 네러티브 연구」

75. 박광제, 「삼동윤리 사상 연구」(심사 준비)

76. 박경준, 「상학 오행의 기색론에 관한 연구」(심사 준비)

77. 허근, 「묵자의 겸애 사상 연구-기독교의 박애 사상과 비교를 중심으로」(심사 준비)

78. 김인화, 「격국론 연구-『자평진전』을 중심으로」(심사 준비)

79. 김희태, 「왕부지의 체용론 연구」(중간발표 준비)

| 지은이 소개 | 哲山 류성태

現 원광대학교 원불교학과 교수
원광대학교 교학대학장 역임
원광대학교 동양학대학원장 역임
근정훈장(옥조) 포상(2024)

| 주요 저서 |
- 원불교와 동양사상(1995)
- 동양의 수양론(1996)
- 성직과 원불교학(1997)
- 경쟁사회와 원불교(1998)
- 정보사회와 원불교(1998)
- 지식사회와 성직자(1999)
- 지식사회와 원불교(1999)
- 21C가치와 원불교(2000)
- 중국철학사(2000)
- 정산종사의 인품과 사상(2000)
- 정신종사의 교리해설(2001)
- 원불교인은 어떠한 사람들인가(2002)
- 원불교인, 무얼 극복할 것인가(2003)
- 소태산과 노자, 지식을 어떻게 보는가(2004)
- 대종경풀이(상~하)(2005)
- 원불교 해석학(2007)
- 정산종사법어풀이(1~3)(2008)
- 정전풀이(상~하)(2009)
- 정전변천사(2010)
- 장자철학의 지혜(2011)
- 원불교와 깨달음(2012)
- 견성과 원불교(2013)
- 원불교와 한국인(2014)
- 원불교 100년의 과제(2015)
- 중국철학사의 이해(2016)
- 불교와 원불교(2018)
- 개혁정신과 원불교(2020)
- 세상읽기와 원불교(2021)
- 종교와 철학 산책(2024)

종교와 철학 산책

초판 인쇄 2024년 4월 22일
재판 발행 2024년 7월 10일

지 은 이 | 류 성 태
펴 낸 이 | 하 운 근
펴 낸 곳 | 學古房

주   소 | 경기도 고양시 덕양구 통일로 140 삼송테크노밸리 A동 B224
전   화 | (02)353-9908 편집부(02)356-9903
팩   스 | (02)6959-8234
홈페이지 | www.hakgobang.co.kr
전자우편 | www.hakgobang@naver.com, hakgobang@chol.com
등록번호 | 제311-1994-000001호

ISBN 979-11-6995-491-4 03200

값 43,000원